U0627711

总主编　彭　明

20世纪的中国

——走向现代化的历程

（社会生活卷　1900-1949）

朱汉国　李少兵　王印焕
刘仕平　朱华东　彭世畦
刘是今　著

人民出版社

总序　中国共产党与 20 世纪的中国

彭　明

一　20 世纪是中国走向现代化的世纪

何谓现代化？学术界有多种论述；中国的现代化从何时开始？学人们也莫衷一是。

近代和现代，在西方是一个词：modern。

苏联史学界曾用"新"与"最新"两个词来区别历史的社会性，即：近代史指资本主义社会史，称为"新"历史；现代史指俄国十月革命后的社会主义社会史，被称为"最新"历史。

中国没有一个独立发展的资本主义社会，只有一个相应的变种：半殖民地半封建社会。我国史学界曾一度把从鸦片战争到五四运动的历史称为"中国近代史"，而把五四运动到中华人民共和国的历史称为"中国现代史"。后来感到矛盾很大，因此大多数学者的意见，认为从鸦片战争到中华人民共和国成立，应通称为"中国近代史"，因为它正好是半殖民地半封建社会从开始到结束的全过程。但中华人民共和国以后的历史如何叫法，也还有现代、当代称谓的不同。

不论怎样称谓，现代化大体上指的是：在经济上从封闭的农业社会走向工业社会、从自然经济走向商品经济；在政治上从封建专制走向民主；在思想文化上，应该有相应的精神文明。概括说来，就是要建成一个富强、民主、文明的现代化国家。

　　为了叙述的方便,本书不再混用近代、现代,而统一使用现代化这一史学界大体认同的名词。

　　中国和西方的现代化过程不同,它既没有像英、美那样有一个独立的"产业革命",也没有像法国那样有一个起着思想解放作用的启蒙运动。中国自鸦片战争沦为半殖民地半封建社会后,曾被迫建立过自己的军事工业,从而也使中国民族资本主义在 19 世纪 70 年代开始发生并在 20 世纪初年有所发展,但它的力量仍然微弱,要依赖帝国主义求生存,又不能和封建势力割断联系。因此,这时的中国走向现代化是一个被动的过程。

　　中国走向现代化的正式启动,应该是从辛亥革命开始的。如毛泽东所指出,辛亥革命"是在比较更完全的意义上"①开始了中国的民主主义革命。

　　20 世纪的中国有三次历史巨变。辛亥革命是第一次巨变,它的最大的功绩在于废除了两千年来的封建帝制,使此后的一切独夫民贼复辟帝制的企图都不能不归于失败。梁启超在 1922 年发表的《五十年中国近化概论》中说:"任凭你像尧舜那么圣贤,像秦始皇、明太祖那么强暴,像曹操、司马懿那么狡猾,再要想做中国皇帝,乃永远没有人答应。"②梁的这一段话,大体上反映了当时的社会心理。

　　辛亥革命以后,中国的民族工商业有所发展,即使在袁世凯统治时期,这种发展仍然没有停止。这当然不能归功于袁,而是孙中山在南京临时政府期间制定的工商业政策作用的结果。正因为如此,在第一次世界大战爆发后,中国的民族资本主义才可能有进一步的发展。

　　但是,辛亥革命(包括"二次革命")在政治、军事上是失败了的,政权落入以袁世凯为首的北洋军阀手中,使革命党人陷入极大的困境。孙中山的一切良法美意,诸如铁道建设、海港设计、实业计划等等,也只

---

① 《毛泽东选集》第 2 卷,人民出版社 1991 年版,第 667 页。
② 梁启超:《饮冰室合集·文集》三十九,中华书局 1989 年版。

能限于纸上谈兵。

历史的教训使一切志士仁人陷于深思:革命失败,中国走向现代化的阻碍,其根本原因究竟是什么?

二　解放思想的新文化运动

毛泽东在《如何研究中共党史》一文中提倡"古今中外法",又提到了陈独秀是"五四运动时期的总司令"。因此,我们研究现代化问题不能不从辛亥革命说起,也不能不对陈独秀在"五四"中特别是新文化运动中的功绩给以实事求是的评价。

辛亥志士陈独秀在"二次革命"后逃亡日本①,1915 年回上海并于同年 9 月创办《青年》(第二年改为《新青年》),由此在中国发动了一场意义深远的启蒙运动。在陈独秀看来,辛亥革命为什么失败? 就因为中国缺少从意大利的文艺复兴到法国的启蒙运动这一过程。这一课必须补上,不补上,革命就不能成功;成功了,也不能巩固。因此,陈把他发动的这场运动称为国民"最后之觉悟"。

陈的这一思路,他所要求人们达到的目标,从两个杂志的封面就很形象地显示出来了:

1.《青年》杂志的封面上印着"La Jeunesse",就是法语"青年"的意思。国内一些著述,对《青年》封面上的这样一个法语标题,往往不大注意,而有的国外学者却对它非常重视。如有一本著作写道:"这个时期最有影响的惟一的期刊,是文化革命刚开始时由陈独秀主编的《新青年》(开始叫《青年》),人们经常用它的副题‘La Jeunesse’来称呼它。

---

① 陈在辛亥革命前曾是安徽岳王会的会长,辛亥革命后任安徽都督府的秘书长。"二次革命"失败后,逃亡上海,1914 年东渡日本,曾帮助章士钊编《甲寅杂志》,并在雅典娜法语学校学习法文。有的著作说陈曾留学法国,不确。

这个副题的选择不是偶然的。它本身是法国文化和法国革命民主思想深远影响的反映,不仅影响了陈独秀本人,而且也影响了许多他的同代人。"①

2. 由《青年》杂志影响下的一部分爱好文学的青年,在此后不久创刊的《新潮》杂志也是以"The Renaissance"(文艺复兴)为副题的。

我们再从《新青年》杂志的内容来看,也大都是介绍和论述从意大利文艺复兴到法国启蒙运动时的文章。如《青年》创刊号的第一篇文章为发刊词《敬告青年》,第二篇即为《法兰西与近世文明》。所有这一切,都充分说明了陈独秀的上述思路。

"五四"新文化运动是一次彻底的反对封建主义的运动。《新青年》高举"民主"、"科学"两面大旗,向封建文化进行了彻底的不妥协的斗争,使中国青年从长期的封建教条控制下解放出来,被称为20世纪的第一次思想解放运动。正如瞿秋白所形容的那样,当时的思想界在封建主义的禁锢下,好像"久壅的水闸",一旦开放,"喷沫鸣溅",各种新思潮滚滚而来,而马克思主义也就作为新思潮的一种到了中国。

三 马克思主义在中国的传播

马克思主义在中国传播的历史研究中,我们应该注意到两个问题:第一,处理好内因和外因的关系;第二,马克思主义在中国的传播并不是一帆风顺的,有一个从空想到科学的过程,即使在五四时期亦是如此。

马克思的名字最早在中文报刊上出现,应是1899年,即出现在当年广学会主办的《万国公报》上登载的一篇名为《大同学》的文章中②。

---

① Wiold Rodzinski. *A History of China*. Volumel,1979.

② 彭明:《五四运动史》,人民出版社1984年版,第443页。

20 世纪之初,梁启超、朱执信等在他们的文章中也曾涉及马克思及其学说,孙中山在 1912 年的一次演说中,还曾称赞过马克思及其《资本论》。正如毛泽东所说:"这样看来,讲马克思主义倒还是国民党在先。"

但是直至 1917 年俄国十月革命以前,马克思主义并未能在中国传播开来;而在此之后,由于李大钊等的宣传、介绍,马克思主义的来源及其组成部分,才为中国的一部分先进分子所熟悉,其原著也开始陆续有了中译本。而李大钊则成为在中国的有代表性的第一位马克思主义者。在他的影响下,无论在启蒙思想家中(包括陈独秀),或者在五四运动中涌现的青年学子中,都出现了一批马克思主义者。这样,就不仅在思想上也在干部上为中国共产党的成立做了准备。

人们在论述马克思主义在中国的传播时,都十分强调俄国十月革命的影响。这当然是对的。但这毕竟是外因。外因是条件,内因是根本,外因通过内因而起作用。人们虽然也注意到了国内经济关系和阶级关系的变化,但对思想解放(新文化运动)的作用却研究和估计得很不够。从历史的联系不可割断来看,五四爱国运动中的积极分子大都是《新青年》影响下新文化运动中的先进青年。中国早期的马克思主义者(或者是"具有初步共产主义思想的知识分子")也无不受到新文化运动的影响。因此,思想解放对 20 世纪中国走向现代化的作用不可低估。新文化运动分为两个阶段,在第二阶段中马克思主义传播逐步成为它的新内容,它与"民主"、"科学"的目标并不背驰,而是其新的发展。把马克思主义排斥在新文化运动之外,显然是不对的。

人们在论述马克思主义在中国的传播时,还往往忽略了一个从空想到科学的过程。这个过程在早期也是很明显的。

当李大钊等在积极传播马克思主义时,在青年学生中还流行着互助论、工读主义、新村主义等,王光祈(时任少年中国学会执行部主任)把它们糅合在一起称之为"中国式……主义"(我们可以称之为"中国式的空想社会主义"),并在中国建立了一个工读互助团,发起了一场工读互助运动。这个团吸引了一批青年,建立了四个组,脱离家庭、脱离婚姻、脱离学校,过起了"各尽所能,各取所需"的世外桃源生活。这个团在 1920 年上半年出现,存在了 6 个月左右,最后以经济压迫、人心涣散而解体。

空想社会主义曾被马克思主义大师们称为"普遍的禁欲主义和粗陋的平均主义"。① 恩格斯在《社会主义从空想到科学的发展》一书中写道:"不成熟的理论,是和不成熟的资本主义生产状况,不成熟的阶级状况相适应的。"②

空想社会主义在中国的破产是件大好事,它促使了广大的先进分子勇敢地,而且理智地向科学社会主义跨进了一步。·他们纷纷走向工矿、农村,从事社会调查,有的则到国外从事勤工俭学。

由于中国工人阶级在五四运动(特别在"六三"及其以后)中力量的显示,由于先进知识分子的桥梁作用,特别是在各地共产主义小组建立后,马克思主义逐步与中国工人运动相结合。

1921 年中国共产党成立。通过"一大"、"二大",它不仅制定了自己的最高纲领,而且制定了当前的最低纲领,即民主革命阶段的纲领。

五四运动从思想上、干部上准备了中国共产党的成立,因此,毛泽东在《新民主主义论》中把 1919 年的"五四"至 1921 年称为新民主主义革命的第一个时期。

四　"漫漫长夜"中的"星辰"

中国共产党在 20 世纪 20 年代诞生,中国最早的马克思主义者李大钊和被誉为"五四运动总司令"的陈独秀,理所当然地成了这个党的

---

① 《马克思恩格斯选集》第 1 卷,人民出版社 1972 年版,第 281 页。
② 《马克思恩格斯选集》第 2 卷,人民出版社 1972 年版,第 409 页。

创始人,南陈北李、相约建党,成为中国共产党诞生史上的一段佳话。

　　北李南陈,
　　两大星辰。
　　漫漫长夜,
　　吾辈仰承。

　　这是当时的先进青年在李、陈相片下写的几句诗一样的颂语。这当然不只是对两位领袖的个人崇拜,而主要是指他们创建了一个伟大的党。由"星辰"二字不由使人想到1949年中国革命胜利时流行在群众中的一首歌中的一句歌词:"你是灯塔!"从"星辰"到"灯塔",一脉相传地反映了人民群众的心声,反映了对中国共产党的信任和期待。

　　从五四运动到中国共产党的成立,这是20世纪中国走向现代化一段极为关键的历史,因而也受到中国革命先行者孙中山的极为重视。1919年6月18日,他在《复蔡冰若函》中说:"试观此数月来全国学生之奋起,何莫非新思想鼓荡陶镕之功?故文以为灌输学识,表示吾党根本之主张于全国,使国民有普遍的觉悟,异日时机既熟,一致奋起,除旧布新,此即吾党主义之大成功也。"他在1920年1月《致海外国民党同志函》中又说:"自北京大学学生发生五四运动以来,一般爱国青年,无不以革新思想,为将来革新事业之预备,于是蓬蓬勃勃,抒发言论。国内各界舆论,一致同倡。各种新出版物,为热心青年所举办者,纷纷应时而出,扬葩吐艳,各极其致,社会遂蒙绝大之影响。虽以顽劣之伪政府,犹且不敢撄其锋。此种新文化运动,在我国今日,诚思想界空前之大变动。推其原始,不过由于出版界之一二觉悟者从事提倡,遂至舆论放大异彩,学潮弥漫全国,人皆激发天良,誓死为爱国之运动。倘能继长增高,其将来收获之伟大且久远者,可无疑也。吾党欲收革命之成功,必有赖于思想之变化,兵法'攻心',语曰'革心',皆此之故,故此种新文化运动,实为最有价值之事。"①

正是在新文化运动的影响下,孙中山不仅加紧了自己的著述、研究工作,而且积极指导他的左右办理《建设》、《星期评论》等刊物。

正是在五四爱国运动的影响下,孙中山在上海寰球中国学生会的演说中说:"试观今次学生运动,不过因被激而兴,而于此甚短之期间,收绝伦之巨果,可知结合者即强也。"②

孙中山在"二次革命"失败后,其势已经溃不成军。1914年在日本重组中华革命党,但团体狭小,也无能为力。五四新文化运动和爱国运动的勃起,给予他很大启示和勇气。就在五四爱国运动的当年——1919年10月,他把自己的革命党正式改为中国国民党,并重新提出他的三民主义③。

在五四爱国运动和新文化运动基础上成立的中国共产党,孙中山给予高度的重视。在当时共产国际的帮助下,促成了1924年1月的国共合作。这次合作,采取了共产党人参加国民党的党内合作形式,孙中山的意图就在于给国民党注入新的血液。他对那些反对国共合作的人说:"如果所有的国民党员都这样,那我将抛弃整个国民党,自己去加入共产党。"④

正因为有了这次国共合作,才在20世纪20年代的中国出现了第一次"大革命",出现了"打倒列强! 除军阀!"的北伐战争。

这次"大革命"有着深刻的经济根源。这就是五四运动前后(1914—1922年)中国资本主义比较迅速的发展。这次发展为"五四"

---

① 《孙中山全集》第5卷,中华书局1986年版,第66页。
② 《孙中山全集》第5卷,中华书局1986年版,第140页。
③ 辛亥革命后,孙认为"民族"、"民权"二主义俱已达到,任务只剩"民生"一项了,经过二次革命,他在重组中华革命党时才又提出"民权"任务,加上"民生",也只是二民主义。
④ 中共中央党史研究室第一研究部译:《联共(布)、共产国际与中国国民革命运动(1920—1925)》,北京图书馆出版社1997年版,第256页。

和"大革命"准备了一个新兴的阶级阵营,也为中国共产党奠定了自己的阶级基础。

回顾五四运动到中国共产党的建立前后这段历史,它在思想、政治、经济各方面的变化,说它是中国走向现代化的全面启动,是并不为过的。正是它影响了 20 世纪中国发展的进程。

出现于 20 世纪的第一次"大革命",由于 1927 年的国共合作破裂而夭折了。接着是十年内战、八年抗战,内忧外患,使中国现代化步履维艰。但是,又经过三年解放战争,中国人民终于走出半殖民地半封建社会的深渊。1949 年中华人民共和国的成立开辟了中国走向现代化的广阔道路。这时,距鸦片战争是 109 年,距辛亥革命 38 年,距五四运动 30 年,距中国共产党的成立 28 年。

五 中华人民共和国的成立开辟了 中国走向现代化的广阔道路

中华人民共和国成立是中国共产党新民主主义革命理论及实践的胜利。马克思主义和中国革命实际相结合的思想——毛泽东思想是这场革命的指导思想。筚路蓝缕,功不可没;毛泽东理所当然地成了众望所归的历史伟人。邓小平说,如果没有毛主席,我们革命的胜利可能要晚几十年。

中华人民共和国的成立是 20 世纪中国历史的第二次巨变,它开辟了中国走向现代化的广阔道路。

第一,中国自从鸦片战争以来,经过 109 年的斗争,使半殖民地半封建的中国从此结束。没有民族的独立,就不可能有现代化的中国。毛泽东在 1949 年中国人民"政协"第一次全体会议上的开幕词中说:"我们的民族将从此列入爱好和平自由的世界各民族的大家庭,以勇敢而勤劳的姿态工作着,创造自己的文明和幸福,同时也促进世界的和平和自由,我们的民族将再也不是一个被人侮辱的民族了,我们已经站起来了。"①

第二,实现现代化不仅需要民族独立,还需要民族的统一。如果不统一,在一个四分五裂、连年混战的状态中是不可能实现现代化的。中华人民共和国建立后不久,所形成的统一和政令所及的版图,在历史上是空前的(可以说,远迈汉、唐、明、清)。孙中山在建立民国时所追求的"五族共和",不但已经实现而且有所过之。56个民族生活在一个团结的大家庭中,共同发展。

对外独立,对内统一,这就为中国走向现代化取得了最基本的条件。

第三,中华人民共和国在建国之初的1951—1952年,完成了全国规模的土地改革,使数亿农民从封建的土地关系中得到解放。毛泽东在1945年所作的《论联合政府》中指出,"农民——这是中国工业市场的主体,只有他们能够供给最丰富的粮食和原料,并吸收大量的工业品","从而造成将农业国转变为工业国的可能性"②。他在1949年3月中国共产党第七届中央委员会第二次全体会议上的报告中,又重申了这一问题的重要性,并和中国现代化的历程直接联系起来。他说:"古代有封建的土地所有制,现在被我们废除了,或者即将被废除,在这点上,我们已经或者即将区别于古代,取得了或者即将取得使我们的农业和手工业逐步地向着现代化发展的可能性。"③

第四,将农业国变为工业国的可能性变为现实性,必须具备现代化的"机器"——工业。1944年8月31日毛泽东在《致秦邦宪》的信中写道:"新民主主义社会的基础是机器,不是手工。我们现在还没有获得机器,所以我们还没有胜利。如果我们永远不能获得机器,我们就永远

① 《人民日报》1949年9月22日。
② 《毛泽东选集》第3卷,人民出版社1991年版,第1077页。
③ 《毛泽东选集》第4卷,人民出版社1991年版,第1432页。

不能胜利,我们就要灭亡。现在的农村是暂时的根据地,不是也不能是整个中国民主社会的主要基础。由农业基础到工业基础,正是我们革命的任务。"①

旧中国给新中国留下的工业基础十分薄弱,现代性的工业只占10%左右。即使到1952年,现代工业在工农业总产值中的比重也只有26.6%,重工业在工业总产值中的比重仅占35.5%。毛泽东很生动地说:"现在我们能造什么?能造桌子椅子,能造茶碗茶壶,能种粮食,还能磨成面粉,还能造纸,但是,一辆汽车、一架飞机、一辆坦克、一辆拖拉机都不能造。"②因此,中国在全国解放以后由农业国走向工业国的道路上不得不借助国际力量的支持。这种支持的谈判在中华人民共和国建国前后即已开始,并且能在1953年开始的第一个五年建设计划中,集中力量支持发展重工业。周恩来说:"第一个五年计划所以要集中主要力量发展重工业,即冶金工业、燃料工业、动力工业、机械制造工业和化学工业,是因为只有依靠重工业,才能保证整个工业的发展,才能保证现代化农业和现代化交通运输业的发展,才能保证现代化国防力量的发展,并且归根到底,也只有依靠重工业,才能保证人民的物质生活和文化生活的不断提高。"③

应该指出,当时苏联帮助设计的156个工业企业是中国第一个五年计划的核心,其中有50%到70%的主要设备由苏联供应。此外,苏方还派其大批技术专家来华和接受中国派去的大量留学生、实习生。这在当时是起了大作用的。而所有这一切,没有中华人民共和国的建立,也是不可能实现的。

通过以上几个方面的分析,可以说:中华人民共和国的成立,开辟了中国走向现代化的广阔道路。

---

① 《毛泽东书信选集》,人民出版社1983年版,第239页。
② 《毛泽东著作读读》下册,人民出版社1986年版,第712页。
③ 《周恩来选集》下册,人民出版社1984年版,第177—178页。

中华人民共和国成立之初的性质,毫无疑义,仍然是新民主主义的。《中国人民政治协商会议共同纲领》(在宪法正式制订前具有代宪法的性质)明确规定:"中华人民共和国为新民主主义即人民民主主义的国家,实行工人阶级领导的、以工农联盟为基础的、团结各民主阶级和国内各民族的人民民主专政,反对帝国主义、封建主义和官僚资本主义,为中国的独立、民主、和平、统一和富强而奋斗。"国家必须"发展新民主主义的人民经济,稳步地变农业国为工业国"。

但是,新民主主义毕竟是一种过渡性的社会,它的前途必然是社会主义①。

1952年9月,毛泽东第一次提出"从现在逐步过渡到社会主义去"的设想。中共中央经过一年多的酝酿,于1953年9月庆祝建国4周年的口号中,向全国人民宣布了这一设想;在同年12月的宣传提纲中具体解释了"一化三改"的总路线,并于1954年9月载入中华人民共和国宪法。

建国之初,中共中央领导人对新民主主义建设(即过渡时期)的估计,少则十年、十五年,多则二三十年、几十年,即要经过一个相当长的时期。在总路线公布之时,也还是估计需要三个五年计划即十五年的时间,加上恢复时期三年,共十八年。但是形势后来发生变化,这样一个十五年的计划,不到三年就完成了。1956年1月15日,首都北京首先宣布完成三大改造,已进入社会主义。同年的第一季度,全国资本主义工商业基本实现了全行业公私合营。9月,刘少奇在中共第八次代表大会上宣布:"改变生产资料私有制为社会主义公有制这个极其复杂和困难的历史任务,现在我国已经基本完成了。"

---

① 1953年9月,周恩来在全国政协扩大的常委会上的总结发言中说:"集中地说,过渡时期就是新民主主义建设时期,就是逐步过渡到社会主义的时期,也就是社会主义经济成分在国民经济比重中逐步增长的时期。"《中国共产党的七十年》,中共党史出版社1991年版,第383页。

社会主义改造的加快,毫无疑问地产生了"要求过急、工作过粗、改变过快、形式也过于简单划一"的毛病①。实际上,毛泽东在中国三大改造即将完成前后的一段时间里,就开始感到了俄国过早地抛弃新经济政策的弊病,而在探索中国的社会主义建设道路问题。1956年4月,他在《论十大关系》的报告中指出,对马列主义和外国经验的学习一定要和中国的实际相结合。他说:"最近苏联方面暴露了他们在建设社会主义过程中的一些缺点和错误,他们走过的弯路,你还想走?"1956年12月上旬,他三次接见各地工商联和民主建国会的负责人时指出,全行业公私合营,谁也没有料到这样快,下一步的国有化就不要这样快了。快了,对国家对民族都不利。我怀疑俄国新经济政策结束得早了,只搞两年,退却就转为进攻,到现在社会物资还不足。针对三大改造后出现的地下工厂等问题,他明确表示:"还可以考虑,只要社会需要,地下工厂还可以增加。可以开私营大厂,订个协议,十年、二十年不没收。华侨投资的,二十年、一百年不要没收。可以开投资公司,还本付息。可以搞国营,也可以搞私营。可以消灭了资本主义,又搞资本主义。"②

从总的形势来看,1949至1956年,全国还是比较稳定的。特别是中共八大宣布今后已是"先进的社会制度同落后的社会生产力之间的矛盾",使全国人民欢欣鼓舞,中国科学院院长郭沫若以饱满的诗人热情高呼:"向地球开战!"集中全国第一流的专家做出的十二年自然科学规划,大都按期完成。

周恩来在中共八大会议的报告中指出:"我国社会主义工业化的主要要求,就是要在大约三个五年计划时期内,基本上建成一个完整的工业体系。"③后来他在1964年12月第三届全国人民代表大会上所作

---

① 中国共产党中央委员会:《关于建国以来党的若干历史问题的决议》。
② 《毛泽东文集》第7卷,人民出版社1999年版,第170页。
③ 《周恩来选集》下册,人民出版社1984年版,第225、139页。

的《政府工作报告》中又比较完整地向全国人民发出实现农业、工业、国防、科技四个现代化的伟大号召①。

中国在探索社会主义现代化的道路上,有成就,也有失误;有挫折,也有建树。两种历史趋势都在发展。但是经过十年(1957—1966年)反右、反"左"的循环往复,失误、挫折的积累与发展,最终导致了十年(1966—1976年)的"文化大革命"。

在"四人帮"滥施淫威的年代里,百花凋谢,万家墨面。1976年4月5日在首都天安门广场爆发了大规模的悼念周恩来的活动。人们永远不会忘记当年花山、诗海、人潮的那种生动场面。人们永远不会忘记广大群众所表达的那种"擒妖甘献我头"的坚强意志。

人们把这次活动称为"四五"运动,因为人们在这里又看到了"当年五四"爱国群众那种怒发冲冠、啮指血书、声泪俱下、为国献身的精神和场面。"五四"运动揭开了中国新民主主义革命的序幕,预告了帝国主义、封建主义在中国统治的坍台,而"四五"运动则敲响了"四人帮"的丧钟,奠定了粉碎"四人帮"的群众基础。特别应指出的是,广大群众在这场运动中表达了这样的意志:一定要实现四个现代化的伟大目标,只有如此,才是对亡者英灵的最大慰藉。

六 改革开放使中国走上社会主义 现代化的康庄大道

历史的经验值得借鉴。

如同毛泽东正确分析了中国国情,把马克思主义和中国实际相结合,形成新民主主义革命的理论、路线,从而指导中国革命取得了建立中华人民共和国的胜利一样,邓小平也正是继承了毛泽东实事求是的

---

① 《周恩来选集》下册,人民出版社1984年版,第225、139页。

精神,准确地分析了中国国情,把马克思主义和中国实际相结合,形成中国特色的社会主义理论、路线,从而指导了中国走上社会主义现代化的康庄大道。

如果说,马克思主义是良种,国情则是土壤。任何良种,如果不与土壤相结合,即理论与国情不适应,都是不会生根、发芽,更是不会开花结果的。中国共产党在民主革命阶段所犯的三次"左"倾错误,正是违背了中国国情、硬搬外国的教条所致;毛泽东所以正确,正是因为他正确地分析了国情,才使中国在 1949 年取得中华人民共和国开国的伟大胜利。

在三年的经济恢复阶段后,从 1953 年起又以三年的时间完成了"一化三改"、建立了社会主义制度的任务。但这是处在一种什么样的阶段呢? 如前所述,在当时的认识中是很不一致的,有的甚至认为在此后的不太长的时间内即可赶上世界上的强国。基于这种对国情的认识,才使中国在走向现代化的探索路程中遭受不少挫折、走过不少弯路。直到 1978 年中国共产党的十一届三中全会后,才有了比较清醒的认识。1978 年 12 月 13 日邓小平在中共中央工作会议上所作的题为《解放思想,实事求是,团结一致向前看》的讲话,成为开辟新时期、新道路,开创有中国特色新理论的宣言书①。由此而形成的改革开放,成为 20 世纪中国的第三次历史巨变。

1980 年 2 月,邓小平在中共十一届五中全会上的讲话,又围绕中国共产党在现阶段的政治路线问题,十分强调四个现代化问题。他说:"我们党在现阶段的政治路线,概括地说,就是一心一意地搞四个现代化。这件事情,任何时候都不要受干扰,必须坚定不移地、一心一意地

---

① 这次中央工作会议为随即召开的党的十一届三中全会(1978 年 12 月 18 至 22 日)作了充分准备。这次工作会议历时一个多月,邓小平在闭幕式上所作的这篇讲话,实际上是三中全会上的主题报告。见《邓小平文选》(1972—1982),人民出版社 1983 年版,第 130 页。

干下去。许多问题,不搞四个现代化解决不了。国民经济的发展,国民收入的增加,人民生活的逐步提高,国防相应地得到巩固和加强,都要靠四个现代化。"①

走向现代化,是一个世界范围的问题。自英国工业革命以来,经过几百年的时间,许多国家都已成为发达国家和半发达国家。但这些国家都是以"西化"为模式的。自第一次世界大战、第二次世界大战以来,相继出现了苏俄、东欧等一批社会主义国家,但由于经济、政治、思想文化诸方面的原因,在建设几十年后,都没有成功却相继解体。中华人民共和国成立后,特别在探索社会主义建设的过程中,既有外国模式的借鉴,也有自己的发挥、创造,虽然成绩斐然,但没有顺利地到达理想的彼岸。

因此,在中国这样一个经济比较落后的大国,如何使自己繁荣、富强,又避免走向"西化",而建成为一个具有四个现代化的发达的社会主义强国,就成为时代的重大课题。邓小平说:"过去搞民主革命,要适合中国情况,走毛泽东同志开辟的农村包围城市的道路。现在搞建设,也要适合中国情况,走出一条中国式的现代化道路。"②

要中国化,不要"西化",但又切忌闭关自守。邓小平说:"必须大胆吸收和借鉴人类社会创造的一切文明成果,吸收和借鉴当今世界各国包括资本主义发达国家的一切反映现代社会化生产规律的先进经营方式、管理方法。"③

邓小平根据从历史经验中形成的远见卓识,实事求是地判断国情,果断地把1956年以来的中国社会定位于社会主义的初级阶段,或曰

---

① 《邓小平文选》第2卷,人民出版社1994年版,第276页。
② 《邓小平文选》第2卷,人民出版社1994年版,第150页。
③ 《邓小平文选》第3卷,人民出版社1993年版,第373页。

"不合格"的社会主义①。他明确指出:"社会主义本身是共产主义的初级阶段,而我们中国又处在社会主义的初级阶段,就是不发达的阶段,一切都要从这个实际出发,根据这个实际来制订规划。"②

从这个实际出发,邓小平设计出"三步走"的战略,第一步温饱,第二步小康,第三步比较富裕,在21世纪中叶达到中等发达国家的水平。1987年4月30日,他在会见外宾时,全面阐述了"三步走"的战略目标和部署:"我们原定的目标是,第一步在八十年代翻一番。以1980年为基数,当时国民生产总值人均只有250美元,翻一番,达到500美元。第二步是到本世纪末,再翻一番,人均达到1000美元。实现这个目标意味着我们进入小康社会,把贫困的中国变成小康的中国。那时国民生产总值超过一万亿美元,虽然人均数还很低,但是国家的力量有很大增加。我们制定的目标更重要的还是第三步,在21世纪三十年到五十年再翻两番,大体上达到人均4000美元。做到了这一步,中国就达到中等发达的水平。这是我们的雄心壮志。"③1987年10月召开的中共十三大接受了这一完整的构想。

自中国共产党的十一届三中全会以来,在邓小平建设有中国特色的社会主义理论指导下,坚持改革开放,以经济建设为中心,取得了巨大成就。但各方面的干扰也不少,1992年年初,邓小平在南方谈话中又提出了判断改革成败的三条标准:"应该主要看是否有利于发展社会主义社会的生产力,是否有利于增强社会主义国家的综合国力,是否有利于提高人民的生活水平。"④他认为在"三个有利于"的前提下,搞

---

① 1987年,他在与外宾的谈话中,多次指出:"现在虽说我们也在搞社会主义,但事实上不够格,只有到了下世纪中叶,达到了中等发达国家的水平,才能说真的搞了社会主义,才能理直气壮地说社会主义优于资本主义。"《邓小平文选》第3卷,第225页。

② 《邓小平文选》第3卷,人民出版社1993年版,第252页。

③ 《邓小平文选》第3卷,人民出版社1993年版,第226页。

④ 《邓小平文选》第3卷,人民出版社1993年版,第372页。

改革要敢于大胆试验,看准了的就大胆地试,大胆地闯。1996年春夏之交,江泽民根据邓小平讲话精神也说过:改革当前正处在一个非常关键的时刻,只有坚持"三个有利于"的标准,改革才有正确的方向,才能不断深化,要鼓励探索,允许试验,坚持解放思想,实事求是,大胆去试,大胆去闯①。

要实现邓小平关于中国现代化建设的战略目标和战略部署,必须有一个和平的国际环境。邓小平在1984年年初就提出要在中国实现小康的战略目标至少需要20年的和平。几年后他又提出"要达到中等发达国家水平,还要花五十年左右的时间。因此,我们希望至少有70年的和平时间。"②

希望如此,有无可能呢?邓小平深刻地分析了国际形势及世界格局的变化,指出:"虽然战争的危险还存在,但是制约战争的力量有了可喜的发展。"他认为:"对于总的国际形势,我的看法是,争取比较长期的和平是可能的,战争是可以避免的。"③又说:"我们讲的不是小打小闹,是世界战争。"

因此,邓小平从80年代初开始,在多次谈话包括与外宾的谈话中,逐步形成了"和平与发展是当代世界两大主题"的科学论断。他说:"现在世界上真正大的问题,带全球性的战略问题,一个是和平问题,一个是经济问题或者说发展问题。和平问题是东西问题,发展是南北问题。概括起来,就是东西南北四个字。南北问题是核心问题。"④和平与发展相互影响,和平是发展的最基本的条件,而发展又是和平的最根本的保证。

邓小平关于国际形势及当代世界两大主题的论断,改变了长期以

---

①　孙健:《中国经济通史》下卷(1949—2000),中国人民大学出版社2000年版,第2312—2313页。

②　《邓小平文选》第3卷,人民出版社1993年版,第250页。

③　《邓小平文选》第3卷,人民出版社1993年版,第299页。

④　《邓小平文选》第3卷,人民出版社1993年版,第105页。

来所信守的世界战争不可避免的论断,这就使得中国能够更好地独立自主地坚持和平外交政策,从而保证了中国现代化事业的顺利进行。和平与发展,不仅仍是当今时代的两大主题,也将是新世纪人类社会追求的两大目标。世界上的霸权主义、极权政治、侵犯他国主权、干涉别国内政等仍在影响甚至威胁着世界和平与人类的安全,但是它们不顺应多极化和全球化的历史潮流,不符合世界人民的共同利益,不代表人类文明的方向。

按照邓小平的战略部署,中国的现代化历程走上了康庄大道,而且发展迅速。

江泽民在庆祝中华人民共和国成立 50 周年大会上,回顾、总结了中国人民自近代以来的奋斗历程,瞻望、规划了中国在新世纪的宏伟蓝图,包含了对中国近代以来现代化历程的精辟概括:

从 19 世纪中叶到 20 世纪的中叶,中国人民经过 100 年的浴血斗争,终于实现了民族独立和人民解放,根本改变了自己的命运。从 20 世纪的中叶到 21 世纪中叶,中国人民经过 100 年的艰苦创业,将基本实现社会主义现代化。中华民族将以更加强劲的英姿屹立于世界民族之林。

20 世纪已经过去。在新世纪来临之际,中国共产党也已走完 80 年的光辉历程。曾是中共"一大"代表的董必武老人在上海参观"一大"纪念馆时曾题辞曰:"其作始也简,其将毕也钜。"可谓语重心长。但是,中国共产党只要坚持"三个代表"的思想,就可无往而不胜。正如江泽民所指出:只要中国共产党"始终成为中国先进社会生产力的发展要求、中国先进文化的前进方向、中国最广大人民的根本利益的忠实代表",它就能够永远得到全国各族人民的衷心拥护并能够带领他们,"以更加强劲的英姿屹立于世界民族之林。"

目　录

总序　中国共产党与20世纪的中国 ……………………… 彭　明（1）

前言　20世纪上半叶中国民众生活的社会环境与基础 ………（1）

第一章　20世纪上半叶中国人口 ……………………………（31）

　　第一节　人口数量与人口结构 ……………………………（31）

　　第二节　人口的分布及流动 ………………………………（45）

　　第三节　人口问题对民众生活的影响 ……………………（62）

第二章　劳动生活 ……………………………………………（75）

　　第一节　社会新分工与20世纪上半叶社会阶层的流动 …（75）

　　第二节　社会各阶层的劳动方式 …………………………（85）

　　第三节　社会各阶层的劳动收入 ………………………（100）

第三章　民国百姓的饮食 …………………………………（119）

　　第一节　饮食的西风东渐 ………………………………（119）

　　第二节　各地民众的日常饮食 …………………………（134）

第四章　民国百姓的服饰 …………………………………（160）

　　第一节　西式服装的流行 ………………………………（160）

第二节　各地民众的服饰 ……………………………… （174）

第五章　中西合璧的建筑 ………………………………… （196）

第一节　多种多样的新建筑 ……………………………… （196）

第二节　各地百姓的民居 ………………………………… （212）

第六章　交通与邮电 ……………………………………… （229）

第一节　清末的交通与邮电 ……………………………… （229）

第二节　民国时期交通的发展 …………………………… （247）

第三节　民国时期的邮电 ………………………………… （268）

第七章　精神生活 ………………………………………… （282）

第一节　民众的宗教信仰 ………………………………… （282）

第二节　鬼神迷信和祭祀活动 …………………………… （303）

第三节　闲暇娱乐生活 …………………………………… （312）

第八章　家庭生活 ………………………………………… （322）

第一节　家庭婚姻观念的演变 …………………………… （322）

第二节　城市新式婚姻的出现与家庭结构的变迁 ……… （338）

第三节　乡村家庭生活的渐微变革 ……………………… （348）

第九章　医疗保健和社会生活保障 ……………………… （363）

第一节　20世纪上半叶中国民众的医疗保健 …………… （363）

第二节　社会生活保障 …………………………………… （384）

第十章　生活病态 ………………………………………… （413）

第一节　烟毒 ……………………………………………… （414）

第二节　盗匪 ………………………………………………… (433)

第三节　赌博 ………………………………………………… (451)

第四节　娼妓 ………………………………………………… (472)

第五节　乞丐 ………………………………………………… (490)

第十一章　20 世纪上半叶中国民众生活水平评估 …………… (509)

第一节　普通农民的生活水平 …………………………… (509)

第二节　工人的生活状况 ………………………………… (525)

第三节　公教人员的生活状况 …………………………… (535)

主要参考文献 …………………………………………………… (549)

后记 ……………………………………………………………… (555)

前言　20 世纪上半叶中国民众
生活的社会环境与基础

　　人类生活于一定社会中,自然受到社会环境的影响与制约。在某种程度上,社会环境与基础的优劣决定着生活于其中的大多数民众的生活方式及水平。在 20 世纪上半叶,中国的社会环境较为特殊。既有着疆域广阔、资源丰富、灾荒频仍的自然地理环境,又有着民族政区多样化、社会时尚西方化、战乱纷争连续化的政治文化环境。与此同时,社会生产发展与科学技术教育虽较晚清有所发展,但水平仍远非理想。这种特殊的社会环境与基础,为生活于其中的广大民众铺垫了生活的背景。

一、自然地理环境

　　法国年鉴学派著名代表人物费尔南·布罗代尔认为,人类社会存在着三种不同的时间量度,即长时段、中时段与短时段,其中作为长时段因素的地理环境对人类社会发展起着长期的决定性作用。20 世纪上半叶的中国尚是个以农为主的社会,自然地理环境对人类生活的影响就显得更为至关重要。

（一）辽阔的疆域

幅员广阔是中国的基本国情，但其疆域的具体情况在进入近代以后经历了一些变革。经过连续几代的征战与平叛，清"康乾盛世"年间的疆域达到了一个历史高峰："东逾瀛海，西邻波斯，南迄马来，北至兴岭，版图灿然，星罗棋布，巍为东亚大国"①。具体来说，乾隆时期（1735—1795 年），中国的疆域西达葱岭以西和巴尔喀什湖北岸及其西南，东到库页岛，北抵西伯利亚南部萨彦岭和外兴安岭，南及南沙群岛。但是，鸦片战争以后，随着列强的入侵，晚清政府被迫割让了大片的国土，中国的版图受到严重削弱。北京中央地学社在其 1926 年编印的《中华民国省区全图》中对此进行了汇总。见下表：

表—1　　　　　　　　中国三百年来失地简明表

年限	失地	条约	失地方里
天命以后	库页岛	自行放弃	30 万方里
康熙二十八年	额尔古纳河以西及乌得河流域	尼布楚条约	70 万方里
咸丰八年	黑龙江以北之地	瑷珲条约	1400570 方里
咸丰十年	乌苏里江以东之地	北京条约	100 万方里
	合计东北失地		3400570 方里
同治三年	西北大地	塔城条约	133.7 万方里
光绪八年	伊犁河南北地	伊犁条约	3.2 万方里
光绪九年	额尔齐雅河南北地	科布多界约	6 万方里
光绪十年	廓克沙勒河上流地	喀什噶尔东北界约	3 万方里
	合计西北失地		150.6 万方里
光绪二十年	潞江以东地	滇缅条约	35.5 万方里
	大金沙上游以东之地	滇缅条约	26.5 万方里
	野人山瓯脱地	滇缅条约	30 万方里

---

①　萧一山：《清代通史》（二），台湾商务印书馆发行，第 174 页。

年限	失地	条约	失地方里
光绪二十三年	瓦蓝岭侧三舟地	中英新约	方里未详
	科于山地	中英新约	6700 方里
光绪十一年	片马为英强占	未有条约	方里未详
光绪十四年	拉达克	无约沦失于英	12 万方里
光绪二十一年	澜沧江以东之江洪地	中法续议界约	7000 方里
光绪十三年	澳门	承认葡人永远管理	130 方里
道光二十二年	香港	南京条约	3360 方里
光绪二十一年	台湾及澎湖列岛	中日马关条约	13 万方里

资料来源:北京中央地学社 1926 年发行:《中华民国省区全图》,附录。

　　由上表可见,在清代不到三百年的时间里,仅仅是有据可寻的国土,中国自行放弃以及被列强割占的就达 600 余万方里。如果按照传统的认识,从 1842 年南京条约割让香港算起,至光绪二十三年(1897年),近半个世纪的时间内,被列强侵占的中国领土也有 500 余万方里,合 170 余万平方公里。这种统计还是比较符合实际的,因为在这半个世纪的时间里,仅仅是俄国就从中国东北和西北攫取了将近 150 万平方公里的土地。通过 1858 年中俄《瑷珲条约》、1860 年中俄《北京条约》以及 1864 年中俄《勘分西北界约记》,沙俄先后从中国割去了三块大的领土:黑龙江以北外兴安岭以南 60 多万平方公里;乌苏里江以东约 40 万平方公里;巴尔喀什湖以东、以南 44 万平方公里,从而成为第二次鸦片战争中的侵华暴发户。

　　由于晚清政府时期的失地与国土割让,至中华民国政府成立时,中国的疆域已较清"康乾盛世"时有所缩减。民国之初,"东起于东经(以万国子午线为标准)一百三十五度,当乌苏里江流入黑龙江之会口。西迄东经七十度零二十一分,当葱岭以西之巴达克山。南起北纬十五度四十六分,当广东省南西沙群岛南端之特里屯岛(即土莱塘),北迄北纬五十三度五十分,当萨彦岭山脊。东面黄海、东海,与日本及其属地台湾遥对。东南临南海,与美属菲律宾群岛遥对。东北依鸭绿、图们二江,界日属朝鲜;依乌苏里江、黑龙江,界俄属西伯利亚。北西两面,界俄属西伯利亚及中亚西亚。西南包不丹、尼泊尔二小国,界英属印度及缅甸。南界法属越南"。① 国土面积 11173558 平方公里。②

　　鸦片战争后半个世纪的列强争霸,不但使中国的周边疆域受到影响,境内主权也遭到侵犯。租界的设立即是其重要表现,虽不改变中国的疆域,但由于列强所享有的诸多权利,租界成为不受中国政府管制的中国领土上的"国中之国"。因此,租界的设立其实就是对中国主权与领土的侵犯。自 1843 年上海设立租界以来,列强先后在中国许多城市设立租界。而且,这些租界多数存延于整个 20 世纪上半叶,从而对这段时期的中国历史以及民众生活产生了重大影响。1931 年有人对各国在华租界进行过统计,其情形大致如下:

表—2　　　　　　　　　　各国在华租界一览表

所在地	租界名称	设立时期	附录
上海	公共租界	道光二十三年	公共租界分英租界、英新租界、美租界、美新租界四区
	法租界	光绪二十年	
天津	英法德俄日比奥匈意等租界	英、法二国租界辟于咸丰十一年,德租界辟于光绪二十五年,俄租界辟于光绪二十九年	德俄奥匈租界于欧战时我国收回自管,比租界于民国十九年收回
广州	英租界	咸丰十一年	在沙面岛上
	法租界		
厦门	美日二国租界及公共租界	美界辟于光绪二十五年日界辟于光绪二十六年公共租界辟于光绪二十八年	美界本为英租界,自光绪二十五年起由美继承,公共租界在鼓浪屿

---

① 丹阳洪懋熙编:《最新中华形势一览图》,国民政府教育部审定,东方舆地学社发行,1931 年新增订版,第 1 图附说。

② 《中国经济年鉴》(1934 年)上册,第 2 章,第 15 页。

所在地	租界名称	设立时期	附录
福州	公共居留地	道光二十二年	在南台岛泛船浦
宁波	公共居留地	道光二十四年	在江北岸
吴淞	公共居留地	光绪二十四年	自开商埠
镇江	英租界	咸丰十一年	在江边银台山下,民国十六年交还
芜湖	公共居留地	光绪二年	在江边陶沟弋矶间
九江	英租界	咸丰十一年	在江边龙开河东,民国十六年收回
汉口	英租界	咸丰十一年	德俄二国租界于欧战时我国收回自管,英租界于民国十六年收回
	俄租界	光绪十二年	
	法租界	光绪二十四年	
	德租界	光绪二十一年	
	日租界	光绪二十四年	
长沙	公共居留地	光绪三十年	在北门外湘江之滨
沙市	日租界	光绪二十一年	在市东南万里堤外
重庆	日租界	光绪二十七年	本划作英租界,但英迄未据有
蒙自	法租界	光绪二十一年	在东门外
苏州	日租界	光绪二十一年	在盘门外青阳地
杭州	日租界	光绪二十一年	在拱宸桥
济南	公共居留地	民国五年	在西关门外
烟台	公共居留地	咸丰十一年	在烟台山下
营口	英租界外国区域	同治十三年	代牛庄开为商埠
沈阳	日本居留地	光绪三十一年	在西关门外日车站侧
长春	日租界	光绪三十一年	在南满车站旁
哈尔滨	俄租界	光绪二十二年	现已收回,辟为东省行政区

资料来源:丹阳洪懋熙编:《最新中华形势一览图》,国民政府教育部审定,东方舆地学社发行,1931年新增订版,增附。

由上表可见,截至 1931 年,虽然已有部分租界陆续归还,但中国境内的外国租界尚有 20 余处。租界的存在,是对中国主权的蔑视与挑战。"自一八四二年至一八六五年所开辟口岸中之外人通商与居住地带,不论为租界或居留地,咸有一共同之性质,所谓共同性质者,即在外人地带内,不许中国人居住,但外人所雇用之家庭侍役,事务侍役,与堆栈侍役等,则不在此例"。① 也就是说,设在中国领土上的租界,成了排斥华人的外国领地。虽然出于种种考虑,租界后来允许华人进入,但始终对入住的华人进行资格与数量限制。外国在这里不但享有市政管理与司法裁决权力,还派驻军队进行把守,从而使租界的"国中之国"的特征更为明显。因此,租界在 20 世纪上半叶具有双重意义,既是中国主权衰落的表现,也是外来思想观念与生活方式输入中国的媒介。

在 20 世纪上半叶,还有两件事情对中国的版图影响深远,一是台湾的回归,一是外蒙的分离。台湾是中国第一大岛,甲午战后被清政府割让给了日本,沦为了日本的殖民地。太平洋战争爆发后,中国政府于 1941 年 12 月 9 日发表《中国对日宣战布告》,声明废止有关中日关系的一切条约、约定、合同,日本根据《马关条约》对台湾的占据丧失了法律依据。1943 年 12 月,中、美、英三国首脑签署了《开罗宣言》,规定战后东北、台湾、澎湖列岛等必须归还中国。1945 年 7 月签署的《波茨坦公告》又重申了这一决定。8 月 15 日,日本无条件投降,台湾亦依开罗会议之决定由中国收回。10 月 25 日,台湾省行政长官兼总司令陈仪代表中国政府正式宣告:自即日起,台湾及澎湖列岛已正式重入中国版图,所有一切土地、人民、政事皆已置于中国主权之下。在被日本割占 50 年之后,台湾重新回到了祖国的怀抱。

外蒙古地区很早就是中国领土的一部分,是清朝的北部边疆,东

① H. B. Morse:《中国境内之租界与居留地》,《东方杂志》第 25 卷第 21 号,1928 年 11 月 10 日。

至哈拉哈尔,南至瀚海,西至阿尔泰山,北至俄罗斯,面积为1566500平方公里。[①] 清政府一方面采取怀柔政策,尊崇喇嘛教,笼络教众,与蒙古王公联姻,一方面在外蒙设立正式管辖机制,1756年(乾隆二十一年)派官吏率卫队常驻外蒙的库伦,并设置有乌里雅苏台将军、科布多参赞大臣和阿尔泰办事大臣。而且,在整个民国时期,虽然受到种种限制,内地与外蒙人民的民间及商业往来仍然非常频繁。以河北阳原为例,该县民众在库伦谋生者甚多,1932年左右库伦停止了汇款业务,致使该县民众顿然焦急万分,"准备赴库者,亦已中止"。[②] 所谈虽是商业往来的困难,但毕竟反映了外蒙与内地紧密的经济联系。

但是,外蒙与内地这种紧密的联系遭到了俄国的破坏。沙俄对外蒙觊觎已久,一直想把它据为己有。19世纪中叶以后,通过一系列的不平等条约,沙俄取得了在外蒙免税通商等特权,其势力开始渗入外蒙境内。与此同时,沙俄利用各种机会拉拢和收买蒙古王公,恶意挑拨蒙古王公上层同清政府的关系,扶植亲俄势力。1911年10月武昌起义爆发,沙俄利用清政府无暇他顾之机加紧策划外蒙独立。12月16日,清政府驻库伦办事大臣三多被俄兵押送回内地之后,所谓的"大蒙古国"宣告成立,以"共戴"为年号,奉库伦活佛哲布尊丹巴为"皇帝"。翌年8月6日,科布多沦陷,沙俄控制下的分裂主义政权控制了外蒙全境。同年年底,沙俄政府派代表同库伦傀儡当局经过谈判,签署了由俄国一手炮制的《俄蒙协约》。通过这一协约,沙俄在外蒙获得了近似殖民地的种种特权,外蒙沦为沙俄的保护国。

沙俄策动外蒙"独立"发生于清政府自顾不暇之时,直至南京临时政府成立,日益恶化的外蒙局势才开始提上中国政府的议事日程。新

---

① 中国地图出版社编制:《世界地图册》,1990年版,图11。
② 《阳原民生艰苦》,天津《大公报》1932年4月23日。

成立的南京临时政府以及随后的北京临时政府对沙俄的侵略行径提出抗议，并表示对沙俄与外蒙所签的任何条款概不承认。但是，以袁世凯为首的北京政府在内外交困的情况下，对外蒙事件采取了拖延与妥协的态度，对咄咄逼人的沙俄不断做出让步与屈服。1913年11月中俄双方签订了《中俄声明》，俄国承认中国在外蒙古的宗主权，中国承认外蒙古的自治权，并承认俄国调处。随后，1915年6月7日，中俄蒙三方在恰克图签订了《中俄蒙协约》，外蒙古在形式上取消"独立"，改称"自治"。该协约将此前沙俄获得的各项侵略权益确认并加以具体化，中国除得到一个毫无实际作用的册封权及使用民国纪年外，于实际一无所获。1945年2月，苏美英三国首脑签订《雅尔塔协定》，维持外蒙现状成为苏联参加同盟国对日作战的条件之一。1945年8月14日，南京国民政府与苏联签订《中苏友好同盟条约》，声明于日本战败后，外蒙古独立问题由外蒙古公民投票决定。10月，外蒙古进行全民公决，赞成独立。1946年1月5日，南京国民政府正式宣告外蒙古独立。从此，外蒙古从中国的版图上消逝，中国的版图也从原来的秋海棠叶子状变成了现在的雄鸡状。

(二)复杂与多样的气候与土壤环境

中国疆域辽阔，各地区气候与土壤环境也形式多样。按照民国时期的统计方法，中国东西横广约9000里，南北纵长约7800里。[①] 如此广袤的土地，必然对自然资源的形成与分布造成影响。总的来说，中国的自然资源具有如下特征：大部分地区属中纬度地区，光照条件比较优越；河流众多，水资源丰富；矿产资源丰富多样，既分布广泛又相对集中；在地形和季风的影响下，我国的自然资源东西之间、南北之间存在着巨大差别。自然资源的这些特征，对各地区的社会与生产发展产生

---

① 丹阳洪懋熙编：《最新中华形势一览图》，国民政府教育部审定，东方舆地学社发行，1931年新增订版，第1图附说。

了重大影响。

气候与土壤对农业发展至关重要,较大的经纬跨度自然会造成气候与土壤环境的多样与复杂。虽然我国从总体上说是大陆性季风气候,但具体又包括多种形式。"蒙古、新疆等处,地处沟隅,山岭扼塞,全属大陆性;夏热冬寒,俱臻极点。且戈壁一带,沙砾满地,黄尘蔽天,暴风时起,干燥特甚。满洲地处北鄙,寒期颇长,九月飞雪,十月结冰,平地积雪恒至数尺,十一月而后,河面可以驱车矣。黄河流域,冬令寒冷,夏季微热,每岁雨量,以六七月为最多,春冬积雪,三月始融。长江流域,夏无酷暑,冬无祁寒,雨泽均调,四五月间,江河充溢,时有海风自太平洋输入,气候最为适宜。粤江流域,地近热带,气势熏蒸,炎热殊甚,雨量以春夏两季为最多,每岁七八月间,当有飓风自太平洋吹入,触浪排空,时有拔木覆舟之患,其他气候,大半属于海洋性矣"。①我国的气候不但形式多样,还跨越了寒温带、温带、暖温带、亚热带、热带与赤道带等多种气候带,这使得世界上的多种植物都可在中国生长与栽培。

土壤是植物赖以生存的条件,由于地形与气候条件的不同,中国的土壤在各地区之间存在明显的差异,农业与植被也相应发生变化。国民政府实业部在其编撰的1934年的《中国经济年鉴》中对此进行了详细的阐述。黄色土壤以黄土为主要成分,富含植物生长所需的钾镁磷钙铁等营养成分,最适宜种植小麦。主要分布于北方,"最发达显明之地,北起蒙边即约以外长城为界,而包甘肃东部,南抵秦岭山脉,中盖山陕高原,东至河南河北。至平汉铁路沿路平原边际,犹有原生黄土遍布"。灰色土壤分布于蒙古东部及黑龙江松花江流域兴安岭一带。因有未被氧化之植物质混合其中,故呈灰色。这一地区多数被森林覆盖,沿江一带则垦殖渐广。黑色土壤因含有植物腐化所生之腐殖质而呈黑

---

① 丹阳洪懋熙编:《最新中华形势一览图》,国民政府教育部审定,东方舆地学社发行,1931年新增订版,第1图附说。

色,能不施肥料自成沃壤。其地理位置,介在东北灰色土壤及华北黄色土壤之间,并介在东方湿润区域及西方干燥区域之间。自古以来或为森林覆盖或为渔猎民族所居,向未有人垦殖,至近一二百年以来,始由关内汉人及朝鲜移民渐施垦殖。外蒙南部及新疆干旱之区为褐色土壤,即戈壁之地,雨量极少,土地硗脊,所有植物惟有短草而已。蒙古西部及新疆中部,土壤为灰色、黑色及褐色土壤的混合物,即混合土壤。灰色沙漠土壤主要分布于大戈壁沙漠,雨量缺乏,夏热冬寒,温差极大,只有少数根系发达、叶呈纤毛状的植物生长于此。四川盆地及其周围高原或山地为红色土壤,川南、桂西以及滇黔高地亦有之。前者土质缺乏氮钾而颇富磷酸,麻类植物较易种植,后者因地势高耸,风化土壤不易保持,农业甚不发达,惟宜于种树,桐梓等树易于繁殖,桐油或其类似之植物油类多出此区。冲积土壤由流水冲刷搬移而成,大致可以分为三大类,粗者如砾,细者为沙,更细者为土。砾者不成土壤,不能种植,沙层往往夹土成为沙土,随其成分之不同,或适瓜果或适棉种,或适麦豆,但多不宜稻米。细土则黏性较强,表面宜于积水,适合种稻。依据泥沙来源,冲击土壤的性质区别很大,华北平原之冲击层多导源于黄土区域,有些盐碱成分较浓,于农业不利。中部长江太湖中各沙洲往往沙土与黏土相间,土质肥饶,农业发达。其中,江北浙东沙质较多,棉业兴盛,洞庭、鄱阳、高淳、太湖诸湖盆地,黏土最重,因而稻米最多。①

受上述气候与土壤环境影响,我国的植被在各个地区形成不同的分布形式。粮食作物与国计民生关系密切,计有稻谷、小麦、大麦、燕麦、高粱、玉米、小米、糜子、大豆、蚕豆、豌豆、甘薯等。20世纪30年代金陵大学农学院就中国土地利用情况进行了一次大规模的调查,其组织者将所调查的22省按照作物种类分为8个农业地带,且每个农业地带农民的生活程度因作物生长情况呈现出不同水平。春麦区

---

① 《中国经济年鉴》(1934年)上册,第2章,第75—78页。

（察哈尔、热河、青海、西康大部、甘肃一部），主要作物为春小麦、小米和马铃薯，因产量甚小，农民生活程度较他区低落；冬麦小米区（山西、陕西全部以及甘肃东南部），主要作物为小麦、小米与棉花，农民生活程度介于春麦区与冬麦高粱区之间；冬麦高粱区（山东全部、河南、河北大部、安徽北部），主要作物为小麦、小米、高粱、玉米与棉花，农民生活程度在三组小麦区中最高；扬子水稻小麦区（江苏、安徽、湖北大部），主要作物为水稻、小麦、大麦与棉花，农民生活程度高于冬麦高粱区，但不及水稻茶区；水稻茶区（浙江、江西、湖南以及福建大部），主要作物为水稻、茶叶与油菜籽，农民生活程度与扬子水稻小麦区无大差异；四川水稻区（四川全部、湖北一部），主要作物为水稻、小麦、玉米、油菜籽与鸦片，生产能力较高，但农民生活程度与其他水稻区无大区别；水稻两获区（广东全部与广西西南部），主要作物为水稻、甜薯与甘蔗，农民生活程度较高；西南水稻区（云南、贵州全部以及四川、广西一部），主要作物为水稻、鸦片、蚕豆、玉米，农民生活程度大致为水稻地带之平均水平。[①] 由此可见，气候土壤条件在决定当地作物种类的同时，对农民生活方式与生活程度也造成重要影响。

　　经济作物也深受气候土壤条件的制约，在地域分布上各有其特点。按照国民政府实业部编撰的《中国经济年鉴·1934》所言，20 世纪上半叶中国的经济作物可以分为植物油、蔬菜、果实、糖、茶、酒、烟、蚕桑、棉麻、染料、野草等 12 种。植物油分为两类，一类是用于食用者，如大豆、花生、油菜、芝麻、棉子、山茶、橄榄、椰子、桂子、茴香、核桃等。一类是用于工业者，如桐油、漆液、柏油等。在二者之中，尤以豆油、桐油最为重要。东北是大豆的主要产地，其田地种植大豆者约占十分之三，与中国腹地大豆用于自用不同，该地的大豆主要用于出口，从而成为当地最

---

　　① 卜凯主编：《中国土地利用》，金陵大学农学院农业经济系 1941 年版，第 58—103 页。

为重要的经济作物。桐油亦为我国之特产,两湖、四川为其著名产区。桐树生长于丘陵地、山腰瘠燥之土,自巫峡沿江而上,两岸山腰,多为大叶伞形之桐树。我国所产桐油,多数输至欧洲,用作制漆之原料。柑橘为果实中的代表,主要生长于淮水以南。其重要者主要为广西雄县之沙田柚,广东四会之四会柑,新会之甜橙,潮州之蕉柑,福建漳州之文昌柚,福州之福橘,浙江温州之瓯柑,黄岩之蜜橘,镇海之金柑,江苏洞庭之红橘,江西南丰之乳橘,等等。不过,受运输与储藏能力所限,中国虽是柑橘重要产地,但只有那些交通便利地区的柑橘,始能产生重大的经济价值。茶叶与柑橘相同,皆限于北岭以南。茶园多设于山地或丘陵地,大抵稻田之上即为茶园。虽然在18世纪末华茶已垄断世界市场,但自印度锡兰及日本茶叶兴起之后,华茶出口已年年递减,栽培茶园之农户,往往改种杂粮。糖业也是如此,19世纪后半期中国即为世界五大产糖国之一,进入20世纪后,不但重要的茶糖产地台湾被割让于日本,而且洋糖进口已呈蔓延之势,中国糖业深受打击,产量锐减。中国糖业原料,南为甘蔗,北为甜菜,因此南方之海南岛与北方之东三省都是适宜产糖之地。

烟草也是中国重要经济作物,福建永定种植最广,全县30万人口皆直接间接倚烟叶为生。进入20世纪以来,山东试种美国烟草,胶济铁路沿线的烟草种植逐年增加,成为上海各大烟草公司之重要原料。桑麻与棉花是衣着布匹的主要来源。中国产丝区域甚广,尤以太湖流域为最。苎麻产于湘赣等省之丘陵地,质地光亮,可织夏布。中国衣被所需,首为棉花。棉花之主要产地,原本为长江下游三角洲与湖北江汉间之平原,进入20世纪后北方农民也开始种植并有推广之势。总体来说,江苏为全国第一产棉省份,湖北、河北次之,上海、汉口、天津为三大棉市,皆为棉花总汇之地。除上述之外,中国的经济作物还有东北的人参、鹿茸、乌拉草,绥远的药材如防风、黄薯、甘草、党参、大黄等。

森林是另一重要自然资源。中国最大的森林区域总计有四,即南岭区、北岭区、西南区与东北区,其中以东北区最为广大,自大兴安岭、小兴安岭以至长白山脉,成一极宽广之带形林区。东三省树木以针叶树为最多,其种类有落叶松、红松、杉松等,另外也包括一部分阔叶树,如桦树、白杨树、柞树等。东北林区中,红松用途最广,质地高贵,产量丰富,为建筑材料之上选。杉松质量更佳,坚密耐久。落叶松也同样受市场重视,其性质历久而不变,经潮湿而不朽,因而成为枕木、柱木、电杆、矿洞柱子不可或缺之材料。西南区树木种类繁多,以西康、四川交界一带之高山为例,山顶以松杉为主,计有落叶松、松枞、帝杉、柏、桧与山毛榉等,山谷中则有栎、桦木、樱桃、槭树等,山腰中则有白杨与七叶树,灌木则有杜鹃、悬钩子、樱桃、葡萄、野杏等。但由于水道交通不便,西南区森林基本尚未开发。南岭、北岭两区树木质地优异,水路交通便利的汉口、福州、梧州等地由此成为全国著名的木材市场。

　　与农业相比,矿业同样是一个国家的重要经济命脉,既是一个国家工业的重要组成部分,也是衡量其工业水平的突出标准。中国矿藏之丰富闻名世界,富有煤、铁、金、银、铜、锡、铅、汞、煤油、井盐各矿。需要指出的是,矿藏储量表面上是一个客观问题,其实是一个主观问题,只有被人类勘测与认识,它才能真正造福于人类。因此,20世纪上半叶中国矿藏的储量,应以当时人的估算为准。与此同时,受技术与交通条件所限,中国矿藏的分布与开发并不呈同步发展,而且外资占了相当大的比重。煤是我国主要矿产,其分布极不平均,山西一省占全国总储量的51%,陕西占29%,也就是说,全国五分之四的煤矿聚于山陕二省。但就煤矿的产额来说,以1931年为例,辽宁第一,占30%,河北次之,占26%,山西第三,占8.3%,山东第四,占7.6%,河南第五,占6.7%,其他依次为湖南、热河、四川、吉林、江西、黑龙江等省。东北四省合计占了全国产额的三分之一以上。再以矿业公司论,年生产能力在5万吨以上者48个,占全国产额75%,其中外资矿厂占57%,国资矿厂占18%,前者为后者的三倍。铁矿储量丰富,但各地矿石质量有所差别。

据北平地质调查所估计,中国铁矿储量为10亿吨。其中辽宁一省铁矿储量为78700万吨,占了全国总量的78.7%,察哈尔第二,为9200万吨,湖北第三,为4700万吨,河北第四,为3200万吨,安徽第五,为2000万吨,山东第六,为1400万吨,热河第七,为1100万吨。中国的铁矿产量,据1931年统计为240万吨,辽宁产额占37%,即87万吨,次为湖北、安徽二省,不少公司的年开采能力都在十几至几十万吨上下。

据民国时期有关部门勘测,中国石油的分布,大抵自新疆北部,沿南山山麓而至玉门敦煌,复自甘肃东部,延入陕西北部,越秦岭山脉而至四川盆地,适绕西藏之半。另外,辽宁抚顺有油母页岩,内中所含石油储量,可占全国总储量之一半。就其生产能力而言,1931年中国产油额共计50万桶(每桶42加仑),而抚顺页岩油实占全国总额的93%。这些含油页岩位于主要煤层之上,由于抚顺煤矿久归日人经营,此项巨大利益遂连带被日人侵占。除上述煤、铁、石油之外,中国也储藏有其他金属矿石。黑龙江久以金矿著名,所含砂金多蕴藏于各河流之冲积层内,产金区域悉在两山夹成之低地,俗称金沟。进入20世纪之后,全国每年产金量有逐年减少之趋势,20年间每年产额从20万两减至10万两左右,其中吉、黑两省约占半数。银与中国货币至关重要,但其产量极微。冶铜历史悠久,惟老矿凋敝之时,新矿却很少发现。云南东川之铜矿久负盛名,清乾嘉年间产出最盛,民国以后日就衰落,年产仅数百吨。新疆天山南北藏有大量优质铜矿,但因技术问题未能充分采掘。中国锡矿首推云南个旧,元代即已开采,至民国时期仍呈一定规模。全区采矿工人四五万人,年产锡约七八千吨,十之八九运至香港出口。汞主要汇集于贵州一隅,原可年产千吨,进入近代之后由于战乱纷扰而产量下降。湘西凤凰一带盛产水银,1930年汞产量为贵州的3倍。中国锑产丰富,产额约占世界锑产80%以上。湖南为其重要产地,常占全国总产额90%。其他金属如钨矿等,亦在世界占有一席之地。赣湘粤三省之交,大庾岭山脉左右,进入20

世纪后几乎成为世界钨产之重心。锰矿为炼钢所必需,湖南、广东、广西皆为其产地,其中又以湖南湘潭为最多,约占全国产额半数,其次为广东钦县。①

　　中国水资源亦极为丰富。流域面积在 100 平方公里以上的河流大约有 5 万多条,大于 1000 平方公里的有 1500 多条。后者主要集中于长江、黄河、珠江、松花江和辽河等流域内,占 1000 平方公里以上河流总数的 57%。依其最后归宿,中国的河流可分为两类,一为注入海洋的外流河,一为流入封闭的湖沼或消失于沙漠而不与海洋沟通的内陆河(内流河)。虽然中国的内陆河流域面积只占全国总面积的 39%,但远高于世界平均数。内蒙古、新疆、青海、西藏大部分皆为内流区域,这些地区气候干燥,雨量稀少,蒸发大于雨泽,故水质多盐。外流河中以流入太平洋者为最多,流域面积约占全国总面积的 50%,其他依次为印度洋(6%)与北冰洋(5%)。中国不但拥有较广的水域,由于地势西高东低的原因,较大的落差还使水能资源蕴藏量异常突出。

　　综上所述,中国由于地域广阔而拥有丰富的自然资源。在农业方面,不但有品种多样的粮食作物,还有种类繁多的经济作物,几块较大面积的森林为植被的广博增添了色彩。矿业与水资源的丰富,也为中国经济的发展创造了前提。应该说,自然资源的丰富是中国经济发展得天独厚的条件,但能否充分利用这些资源则取决于当时的技术与社会环境。譬如,众多河流所蕴藏着的水能未能充分开发,但由于缺乏有效的管理却给人民带来了难以控制的灾荒。

(三)频仍的灾荒

　　灾荒的成因有多种,既与自然条件有关,也与人文社会环境关系密切。中国许多河流以多沙著称,黄河的输沙量不仅在中国居第一位,在

---

① 《中国经济年鉴》(1934 年)上册,第 2 章,第 105—114 页。

世界大河中也独占鳌头。长江的输沙量居世界第四,其他如辽河、海河
等也是榜上有名。大量泥沙的输送与沉积,在破坏生态环境的同时,也
加剧了河渠淤塞的程度。黄河即因大量泥沙沉积引起下游河床不断抬
高,成为高悬于华北平原的"地上河"。黄河水患,也由此成为华北农
村的重大危害。中国气候的特点,如降水量的分布集中与雨量年度变
化的悬殊等,也经常引发水涝灾荒的发生。另外,人们抵御灾荒能力的
薄弱,如灌溉设施的缺乏以及贫困的积累等,一定程度上也促发了灾荒
的频发。总之,进入近代尤其是20世纪之后,灾荒的频率愈加明显,自
然灾害的脚步也愈来愈近、愈来愈快。邓云特曾将中国灾荒的发展趋
势归结为三个方面:其一,普遍性,即空间上表现为无处无灾、无处不
荒,时间上则形成无年无灾、无年不荒的现象;其二,继起性,各种灾害
相互关联,大旱之年常伴以蝗灾,水涝灾害常随以疫疠等并发之势;其
三,积累性,在前期无数次累积的已有"病魔"基础上,灾荒呈现出扩大
再演之规模。①

　　水涝与干旱在灾荒中最为常见,其他如蝗、虫、雹、风、疫疠等往往
为其附带产物或伴生种类。一般来说,受气候条件影响,北方干燥少
雨,容易形成旱灾,南方则潮湿多雨,易于发生水灾。但是,事情经常
也有例外。例如,北方雨量高度集中的7、8、9月份,极易发生水灾,
其他月份则易产生旱情。沿河地区容易因江河泛滥发生水灾,未被
波及的地区则有可能遭受干旱。总之,由于自然条件与人文环境的
双重影响,20世纪上半叶的灾荒相当频仍。中国人民大学的李文
海、程歗等对此进行了汇总与整理,当时的中国几乎呈现无年不荒、
无处无灾的景象。

---

　　①　邓云特:《中国救荒史》(1937年),商务印书馆1993年影印版,第59—61
页。

表—3　　　　　　　　20 世纪上半叶中国灾荒简表

年份	主 要 灾 况
1900	黄河流域大旱,陕西、山西灾区各 60 余州县。闽江干流发生百年来最为严重的水灾。
1901	上半年甘肃、陕西、山西、河南、直隶等继续亢旱,入秋后则大部或一部洪涝成灾。鄂、湘、皖、苏、赣、浙等东南各省入夏水患,内蒙虫灾,云南邓川发生强烈地震。
1902	四川大部旱灾,小部水灾,灾民数千万。直隶春旱,皖北夏旱蝗灾,胶东暴雨成灾,京津、苏南、湖南辰州、黑龙江瑷珲流行瘟疫。其他省份也有水、旱、蝗、雹、风等灾发生。
1903	顺直一带春夏苦旱,七八月份暴雨成灾,各河漫决,黄河决口,山东被灾。陕西、四川、湖北、广东、奉天、吉林、湖南遭不同程度水患,浙江先涝后旱。
1904	西部地区发生历史上罕见的跨流域特大洪水,甘肃受灾尤为严重。河南先旱后涝。
1905	全国大面积水灾,云贵受灾最重。直隶、山西、河南、江苏等省遭水、旱、雹、虫各灾。
1906	水灾严重。广东 4 至 6 月暴雨成灾,入秋沿海各属遭遇台风。湖南灾民三四十万人,溺死三四万人。湖北、江西、云南先涝后旱,顺直、山东旱水交乘,台湾、新疆地震。
1907	两湖部分州县遭漫淹,直隶、山东、江苏、四川、黑龙江等省一部,部分省区鼠疫。
1908	广东、湖北、湖南、直隶及黑龙江部分地区有不同程度水患,山西、陕西、甘肃、新疆、云南、福建、江西、浙江等省,有遭受水、旱、雹、风、蝗灾之处。
1909	湖南、湖北、吉林、江苏、安徽、广东、奉天、新疆等省水患,台湾、云南地震。
1910	大面积水灾。主要灾区一在长江中下游六省,并波及河南、山东,一在东北三省。
1911	灾区扩展,灾情更加严重,安徽、江苏饿死七八十万人,黑龙江发生 1851 年以来特大洪水。吉林省城大火,五分之二地区化为焦土。
1912	直隶、浙江水灾。河南自夏至次年春旱灾。
1913	湖南、湖北、广东、浙江、直隶、吉林、山西、广西 8 省水灾。

年份	主 要 灾 况
1914	直隶、吉林、黑龙江、山东、山西、江西、湖南、四川、贵州、广西等省发生水灾。北方以山东为最重,南方以湖南、广东、四川尤甚。台湾、新疆发生强烈地震。
1915	广东、广西及江西、福建、湖南、云南等省部分地区暴雨为灾,四川旱区从上年的川南等地扩展到全省,湖北、安徽、江苏、直隶、河南被蝗,湖北、安徽尤重。
1916	1月黑龙江索伦山森林大火,蔓延五六百里,并波及奉天洮南。11月15日福州大火。入夏后湖北、江西、江苏、安徽、贵州等省部分县乡被水。
1917	直隶、奉天、河南、山西、陕西、四川、湖北、湖南、江西、福建、贵州等省的大部或一部被涝。山东全年苦旱,9月利津黄河大堤决口。云南大北关地震,损失惨重。
1918	湖南、湖北、江西、广东、福建、云南、贵州、山东、河南、直隶、奉天等10余省被水,但灾情轻于上年。西藏、吉林、广东有6级以上强震,广东南澳夷为平地。
1919	云南春荒苦旱,灾民遍地。直隶先涝后旱。四川部分县份遭旱、水、雹等灾。
1920	自春至冬,黄河中下游亢旱异常,京兆、直隶、山东、陕西、山西5省1区发生四十年未遇之奇荒。甘肃海原县发生8.5级大地震,人口死亡20余万。
1921	江苏、安徽、河南、山东、直隶、陕西、湖北、浙江8省大水,淮河流域4省最重。
1922	安徽、江苏、河南上年淮河泛滥之区,上忙荒歉。河南70余县遭遇旱蝗,湖北先涝后旱。山东上年河决处自2月至8月连决4次,其他地区则亢旱异常。
1923	夏秋之交河南大雨成灾,广东、山东、山西、浙江、江苏、江西、四川、东北等地,发生程度不同的水患。陕西大旱,赤地千里,竟至易子而食。
1924	全国16省区发生水灾,主要灾区为长江上中游的湘、鄂、赣3省,以及河北平原和黄河下游,尤以云南、湖南、直隶受灾最重。
1925	南旱北涝,西南数省被灾尤重。

年份	主要灾况
1926	湖南、湖北诸河泛滥,江苏、河南、山东、直隶、四川等省先旱后涝,山东尤甚。东北三省、甘肃、陕西及新疆部分地区干旱,东北旱情尤重,又间有被水之处。
1927	夏秋两季,山东、直隶、河南及山西北部旱,冀鲁一带蝗蝻四起。长江中下游发生特大洪水。甘肃古浪8级地震,使古浪、武威死亡4万余人。
1928	陕西、甘肃、山西、绥远、河北、察哈尔、热河、河南等8省发生严重旱荒,并波及山东、苏北、皖北、两湖、四川、云南的大部或一部,灾民3200余万口。
1929	灾患多重,陕、甘、豫大饥荒。
1930	西北及西南一些省份的旱荒仍在继续,灾民死亡人众。辽宁30个县市、黑龙江部分地区、广东22县、福建11县、湖北一部、苏北大部和苏南一部,以水灾为主。
1931	全国大水灾。江、淮、汉、运、闽、粤诸江河及黄河、东北各河纷纷泛滥,23省3/4的县份洪涝成灾,其中以江淮地区最为严重。
1932	由于连年灾祲以及上年的水灾,引发了一场全国性以霍乱为主的大疫,21省都有被疫之处,轻者数县,重者数十县不等,数十万人丧生。松花江流域出现特大洪水。
1933	8月上旬,因连降暴雨黄河出现特大洪水,陕、晋、豫、冀、鲁各省连决数十口,其中黄河北岸几处决口造成了大面积的灾区,从而形成该世纪以来的最大一次河患。
1934	全国14省发生大面积旱灾,其中以长江中下游的苏、浙、皖最严重。广东韩江及三江流域、福建南部、东北、绥远大部以及热河一带,所受灾害以水灾为主。
1935	河北、河南、山东、山西、陕西、察哈尔、苏北、皖北及湖北、浙江一部,春夏仍旱,入夏后又转旱为涝。长江中游出现区域性特大洪水,湖北、湖南、江西被淹。
1936	河南亢旱经年,入夏漳河决口,全省110县被灾,待赈饥民近千万人。皖北第3年苦旱,灾民700余万人。四川125县受旱,但入夏川中又遭水。
1937	上年旱灾仍未缓解,四川春荒,瘟疫盛行,被灾141县,夏秋间部分地区复又被水。皖北20余县春荒夏旱,入秋后部分地区转旱为涝。贵州44县大旱。山西春旱夏涝。

年份	主要灾况
1938	为阻挡日军进攻,国民政府下令炸开郑州花园口黄河大堤,造成河南、安徽、江苏三省重大水灾,漫淹44县市,受灾人口1250万人,死亡89万人。武汉失守后,国民党当局在长沙溃退前将该市焚毁,致使2万多人丧生,二三十万居民无家可归。
1939	冀、豫、鲁、晋4省严重水灾。
1940	全国大面积水旱交乘,多灾并发。河南黄泛区发生春荒,入夏暴雨成灾。湖北自本年至1942年流行霍乱,西北21县发生回归热病,疫重之县动辄死数万人。
1941	山东、陕西大旱经年。湘西、湘东部分县乡发生旱灾。河南92县市、甘肃47县、山西30县遭水、旱、风、雹、虫、冻等灾,河南尤重。
1942	中原旱荒。河南自春至秋,烈日当空,田地坼裂,风、蝗、雹灾交相侵袭,全省饥民1000万人,饿殍遍野。旱区波及晋中、晋南和冀南一带,鄂西、鄂北也发生大面积亢旱。
1943	中原旱荒持续。河南、河北、山西、山东4省苦旱,灾区广大,饥民遍野。
1944	中原旱情有所缓解,但局部仍较严重。河南、河北、山西、陕西、安徽遭遇旱蝗。
1945	旱灾蔓延全国,受灾省份达18个,灾民3000余万人,西北灾情最重。
1946	河南、湖南、台湾及山西、贵州等省以旱为主,陕西、广东、广西、四川大部、绥远沿河各县先旱后涝,辽宁、宁夏、河北、皖北、苏南、山东、浙江等以水灾为主。
1947	山西、河北、绥远、察哈尔4省春夏间大面积亢旱,6月以后陆续得雨,但部分地区又洪涝成灾。湖南大部、云南48县遭水旱虫疫诸灾。
1948	全国灾情以水灾为主。湖南全省被涝,湖北发生1931年以来最严重的水灾。江西、江苏、安徽、福建、广东、广西等也洪涝为灾。青海先旱后涝,鲁西、绥远旱。
1949	由于连降暴雨,6月底两广流域出现特大洪水,湖南水患几遍全省,黑龙江亢旱。

资料来源:李文海、程歗、刘仲东、夏明方著:《中国近代十大灾荒》,中国人民大学出版社,1994年版,附录,《中国近代灾荒年表》;中国第二历史档案馆:《民国以来历次重要灾害纪要》,《民国档案》1995年第1期。

　　上表所列为每年灾荒中其要者,尽管如此,我们依然可以从中得出 20 世纪上半叶中国灾荒频仍的结论。灾荒决不是抽象的概念,而有其活生生的内容。每遇大的灾荒,灾民动辄流离失所、饿殍遍野。国民政府实业部在其编撰的《中国经济年鉴》(1934 年)一书中,特别选择了民国 15 年来几次大的灾荒进行概述,其中包括 1917 年河北水灾、1920 年华北五省旱灾、1922—1924 年水灾、1928 年华北旱灾、1931 年江淮运水灾等。每次灾荒都造成了巨大的经济损失,给数以百万计的灾民带来了难以名状的痛苦。1917 年夏末秋初,顺直一带普降暴雨,河北五河泛滥成灾。据事后调查,计旧京兆及旧直隶一省,被灾 103 县,被淹地亩 240196 顷 72 亩,灾民 6351344 名。受灾时间自 1917 年 7 月至翌年 4 月止,长达 10 个月之久。1920 年直隶、河南、山东、山西、陕西五省大旱,受灾县份 317 个,灾民总数 1989.5 万,占灾区居民总数 4884.4 万的五分之二。1922 年江浙皖三省水灾,浙省 72 县中,受灾者实有 63 县,灾民总数约 600 余万人,苏皖两省灾区均在北部,灾民亦有 600 余万人。翌年夏末秋初水灾,灾情较上年更为严重,灾区遍及 18 行省,其中尤以旧京兆、旧直隶及湖南、江西、福建、广东、山东、河南、湖北等省区为最烈。据 8 月水灾初发生时调查,各省人民淹毙者已有 13115 人,受灾者多至 2027 万余人。1928 年至 1930 年秋,华北、西北 8 省亢旱,据国民政府赈务处调查,受灾县份达 535 个,计有灾民 3339 万余人。1931 年夏季,江淮流域发生百年仅见的洪水灾害。受灾最重的湘、鄂、赣、皖、苏五省,重灾区达 34000 平方公里,轻灾区约 8000 平方公里,灾民估计至少一千万人,农产损失值洋 4.57 亿元,建筑、农具、衣服、家具等损失约值洋 20 亿元①。

　　灾荒具有极大的破坏力,不仅使灾区民众的生命财产蒙受损失,还使社会发展遭受了巨大的磨难。每至灾荒发生,财物损失自然不可避免,广大灾民的生活更是陷入了朝不保夕的境地。旱灾主要通过粮食

_____

　　① 《中国经济年鉴》(1934 年),第 16 章,第 72—82 页。

减产来影响人们生活,水灾则直接对灾民的生命造成威胁。不唯如此,灾荒过后的经济恢复有时也备历艰难。这不但与灾民的承受能力有关,洪水携带的大量泥沙也经常造成土地的沙化。对灾民来说,土地沙化比灾害本身更为可怕,因为后者使灾民在几年内难以复耕。为了维持生存,大批灾民背井离乡、流离失所,为社会蒙上了一层动荡的色彩。

二、政治文化环境

人民群众的生活水平与方式,不但受到自然地理环境的影响,也深受政治文化环境的影响。20 世纪上半叶中国的政治文化环境,正处于一个极为特殊的阶段。多民族多政区的政治格局,除了带来文化生活的多样性之外,在当时的环境下还滋生了矛盾与分歧。以"驱除鞑虏,恢复中华"为号召的辛亥革命,一定意义上正是抓住了民族矛盾在近代社会比较激化这一特点。鸦片战争之后,西方的物质与文化伴随其坚船利炮进入中国。国民在抵御西方利权侵略的同时,又开始接受日渐西化的社会时尚。与此同时,权势的争夺与政府的更迭,加上外来势力的侵略,使 20 世纪上半叶的中国充满了连年的战争。所有这一切,都对当时中国民众的生活产生了深远的影响。

(一)多民族、多政区的政治格局

中国是个多民族的国家,这种情况的形成与自然环境的复杂多样密不可分。中国地域的广阔以及自然、人文环境的千差万别,使不少群体处于相互隔离的状态,久而久之,就形成了不同的民族。以云南为例,该省是少数民族最为密集的地区之一,地处我国西南边陲,山地和高原占了全省总面积的 94%。由于适合人类居住的地方小而分散,人们一旦在高山峡谷的阻隔之下分散开来,就经常与故乡本族失去联系。通过长期的隔离和与当地民族的融合,往往又形成新的民族。在该省几十万平方公里的土地上,居住着 20 多个民族。除汉族外,彝、白、哈尼、壮、傣、苗、傈僳、回、拉祜、佤、纳西、瑶等 12 个少数民族人口,占全省少数民族总人口的 90% 以上。类似的情况还有许多,在自然地理以及人文社会环境的双重作用下,中国境内分布有 50 多个民族,其分布格局呈现出与地理生态环境密切相关的特点,既显示了以汉族位居中原的分布大势,又具有地带性和垂直性以及穿插交错的分布规律。

民族是以差别作为前提的,多民族状态带给中国的必然是多方面的影响。所谓民族,按照斯大林的话,就是"人们在历史上形成的一个有共同语言、共同地域、共同经济生活以及表现于共同文化上的共同心理素质的稳定的共同体"。[①] 也就是说,民族的划分是以语言文化、宗教信仰、生活方式、风俗习惯、生产活动等社会因素的差异为根据的。各个民族之间的诸多差异,在丰富中国社会文化生活的同时,在经济、政治等方面也产生了深远的影响。

相对于占人口绝对多数的汉族来说,其他民族都被称作少数民族。汉族自古以农耕为生,凡易从事农耕的平原地区几乎都为汉族所居,而边疆及高原山地地带则是少数民族分布最为集中的地区。二者所处地带的区别,决定了他们在经济生活及生产方式中的差异。平原乃中国的精华地带,开拓历史悠久,水利事业发达,成为中国经济最为发达之地。而聚居于边疆及山岭高地的少数民族,则往往从事着与其居住环境相适应的生产活动。例如,藏族、蒙古族,由于所处环境适合发展畜牧业,所以其生产活动以畜牧业为主;居住在大兴安岭林区的鄂伦春族,以狩猎与林业为主;居住在三江平原与乌苏里江流域的赫哲族,则以渔猎为主。总起来说,由于居住环境的不同,汉族与少数民族生产活动的方式存在着较大的差异,其经济发展水平也存在着悬殊。

中国这个统一的多民族国家的形成,经历了长期的历史发展。促

---

① 斯大林:《马克思主义和民族问题》,《斯大林选集》上卷,人民出版社 1979 年版,第 64 页。

进民族融合的因素,除了经济、文化之外,还有政治这个非常重要的成分。在历代政府的民族政策中,武力与怀柔缺一不可。满族建清之后,由于实施满汉分治的民族政策,致使"五族共和"成为 19 世纪末 20 世纪初响彻全国的革命呼声。五族,即通常所说的汉、满、蒙、回、藏,一定意义上泛指全国的民族。五大民族的发展与分布,深受政治势力的影响。以满族为例,原为通古斯族,"居长白兴安之间。秦汉时为东胡,至晋时称鲜卑,始入中国;暨宋时辽金崛起,雄视北边;明末满人入主中华,驻防游宦,其族遂散居全国矣"。① 多民族政治格局的形成,对 20 世纪上半叶的中国产生了深远的影响。在统一融洽的背后,也隐藏着不稳定因素。沙俄分裂外蒙与英国插手西藏等事件的发生,一定程度上都与民族问题的复杂密切相关。

中国多政区的政治格局也是由来已久。秦设郡县,西汉建州,唐宋时成立道、府、路制,元代确立行省制度。清代沿袭明制,将全国内部划为十八行省,省以下是府和直隶州,府以下是县和散州,直隶州以下是县。边疆各族地区的政治区划,与内部诸省不同。蒙古族所在地区,分为乌里雅苏台将军辖区、西宁办事大臣辖区以及内蒙古六盟、察哈尔、土默特及套西二旗等三个地区。藏族所在地区设西藏办事大臣辖区,回族所在地区设伊犁将军辖区。而满族所在的东北地区,则设立盛京、吉林、黑龙江三将军辖区。光绪十年(1884 年),清政府将伊犁将军辖区改建为新疆省,翌年将原属福建省的台湾府改建为台湾省,光绪三十三年(1907 年),又因日俄战争后东北情况日渐复杂,而将原奉天、吉林、黑龙江三将军的统辖地区,分置奉天(盛京)、吉林、黑龙江三省,俗称东三省。这样,至 20 世纪初,中国版图上省一级的地方行政区划增加到 23 个。由于台湾在中日甲午战后为日本所夺,中国政府能够控制的行省只有 22 个。

---

① 丹阳洪懋熙编:《最新中华形势一览图》,国民政府教育部审定,东方舆地学社发行,1931 年新增订版,第 1 图附说。

民国成立后,对清代省内复为若干府厅州县的地方制度进行了重大改革。1913 年,在全国范围内废除府,改州、厅为县,直隶于省。但保留了"道",作为介于省、县之间的行政单位,以弥补辖县太多、管理不易的困难。地方行政区划成为省、道、县三级制。京师所在的顺天府改为京兆地方,并在各省之外,新建了四个相当于省的绥远、热河、川边、察哈尔特别区。南京国民政府成立后,迁都南京,废诸道,改为省、县二级制。特别区改称为省,绥远、热河、察哈尔仍沿用旧名,川边特别区改名为西康省。从甘肃等地分出宁夏省与青海省,直隶、奉天改为河北、辽宁。全国合为 28 省。又于首都及通商大埠或人口稠密之区专门设市,有的隶属于省政府,有的则直隶于行政院。隶属于中央政府行政院之市有六:南京、上海、北平、天津、西安、青岛。1930 年复改南京、西安、青岛为省辖市。在省、市、县之外,另设行政区二处,即威海卫特别区及东省特别区。二者原来分别为英人租借地和中东铁路附属地,收回之后,因其情况特殊而设立特区。蒙古及西藏仍保留其原有制度,但改称地方。抗战胜利后,中国的地方行政区划又有所调整。除在战时将陪都重庆增设为院辖市外,恢复南京、西安、青岛为院辖市,另新增沈阳、哈尔滨、大连、汉口、广州等院辖市。在省级设置上,台湾回归祖国,外蒙独立,东北三省改为辽宁、辽北、安东、吉林、合江、松江、黑龙江、嫩江、兴安九省。全国共有 35 省、12 院辖市、1 地方。

地方行政区划的设置与管理对一个国家来说至关重要。每个地方机关既有一定的管辖区域,又有一定独立的统治权力,同时,它还必须与上一级机关乃至中央保持一致,分级协助中央管理好全国的一切行政、经济等事务。20 世纪上半叶行政区划的设置,与当时的社会环境密不可分。从其变化的轨迹中,既可以窥探到国家领土主权的转换,也可观察到政治局势的变动。另外,中央与地方关系的疏密,对国家行政效率也影响深远。总之,多民族多政区的政治格局,带给当时社会的是多方面的影响。

（二）日渐西化的社会时尚

自鸦片战争后清廷被迫开关，外来事物以不可抵挡之势冲入中国。西方国家在战争与物质文化上所表现出的优势与丰裕，不但引起了国人的震惊，在相当大的范围内还激起了一场仿效的热潮。在近代百年的中国社会中，社会时尚呈现出日渐西化的趋势。尤其在能够接触到西方文化的开埠城市以及东部沿海地区，更成为引导时尚潮流的先锋。20世纪上半叶，这种日渐西化的社会时尚不但未有削减，其节奏反有加快的趋势。社会时尚牵涉范围甚广，涉及日常生活的方方面面。既包括观念上的，例如崇尚民主自由、重视商业活动等，也包括物质文化上的，集中体现于中国人的衣、食、住、行、娱乐、婚丧嫁娶、礼仪、教育等各个方面。而后者，则是我们通常意义上的关注对象。

服饰关系到人们的身份，仪容风度，也体现着人们的情趣，因而服饰的变化常常在社会时尚的西化运动中独领风骚。洋装是西方服饰中的代表，效穿洋装早在鸦片战争之后就已出现，不过当时多数限于华洋杂居的通商口岸与商埠。与外国人联系密切的买办、富商、洋行职员等，因受西方思想文化和生活方式的影响而穿起洋装，一些与外国商人、水手接触较多的青楼娼优也纷纷仿效西方女子，穿起"窄袖革履"的西式服装，用起手帕、围巾等舶来物品。辛亥革命后，"西装热"更在朝野上下迅速掀起。不但上层人物如此，就是一般民众，也经常为了时髦而前去购买廉价的旧西装。当时在不少都市，特别是一些通商口岸，男子穿西装、西裤、西式大衣，戴西式眼镜、墨镜，用西式手杖、怀表等已蔚然成风。与此同时，与西方服饰相关的洋纱、洋布、洋绸、呢绒等面料，香水等化妆品，金银钻石及仿真饰品，洋服洋鞋洋袜洋伞等，也开始为国人所接受，尤其受到妇女们的喜爱。上海是中国新奇服饰的发祥地，即使一般女工也不可避免。何德明在1937年编著的《中国劳工问题》一书中，专门提到了上海女工的装束。"一个女工月入虽极微少，而花在衣服装饰上的金钱，远它应占的成分。在上海方面有不少女工竟都高跟革履,烫发朱唇,俨然摩登女子"。①

西式服装在中国的流行具有两个趋向,一是简单地被国人所认同和接受,一是与中国服饰相结合,形成了翻旧出新、中西合璧的近现代民族服饰。在中西服饰融合过程中,中山装与旗袍可分别为男女服饰中的代表。中山装的原型为南洋华侨中流行的"企领文装",孙中山在辛亥革命后根据中国社会生活的需要,对其进行了改革创新。将原来的单片立领改为双片翻领,七纽改为五纽,三个暗袋改为四个有软盖的明袋。这种改革之后的新型服饰,既有西装穿着便利的优点,又有民族服饰简朴庄重的特色。旗袍原为清代满族妇女的服装,其特点是长衣大袖宽边,不露手足。20世纪20年代以后,旗袍在普及过程中发生了明显的变化,如袖口缩小,长度减短,腰身收紧等。此后,人们又吸收西方服饰的长处对旗袍进行了多次改革与创新。至30年代,旗袍已完全脱离了原来的式样,成为一种风格新颖独特的中国妇女的标准服饰。既保持了中国民族特色,又体现了西方服饰的优点,充满了时代的气息。

饮食文化在中国具有悠久的历史,几千年源远流长的中华文明,孕育了极为发达的烹调艺术。尽管如此,随着中西文化的交流与碰撞,西式餐饮还是在中国留下了自己的痕迹。19世纪60年代前后,第一批由国人经营的西菜行业开始在通商大埠出现。虽名为西菜,但其烹饪方法并不到位,以不中不西、不土不洋者占大多数。西菜被国人所认可与接受,也经历了与其他新式风尚极为相似的程序。最初,吃西菜是上层社会的一种时髦,被当做阔绰和排场的表示。随即,普通市民由于受趋众心理指使而争相效仿,导致西菜馆在都市中红极一时。一阵喧嚣过后,不伦不类的华式西菜已无法满足人们的要求,"口味正宗"成为新一代西菜馆招徕食客的标牌。进入民国之后,华营西菜业的发展进入了一个新的阶段。它们凭借食客人数激增、口味层次提高的优势,逐

---

① 何德明编著:《中国劳工问题》,商务印书馆1937年版,第204页。

渐以独立完整的欧美操作技艺和方式立足于中国餐饮业。与此同时，西式烹饪调料与用具也开始走进百姓家庭。例如，洋葱、土豆、瓜茄、卷心菜、胡萝卜等蔬菜种植面积在商埠郊县得以扩展，而番茄沙司、胡椒粉、咖喱粉、味精等调味品以及爆、烩、熏、焖等烹饪术语也逐渐为普通百姓所接受与使用。

租界是连接中西文明的一个窗口，也是将西方物质文明传递于中国的一个凭借。尤其在租界之内，西方人按照自己国度的房屋式样建立了社区，从而把西方的生活方式搬迁到中国的土地上。租界内鳞比卓立的洋房，确实给国人以耳目一新的感觉。特别是那些独院式的花园洋房，更以其与中国传统民居完全迥异的风格而受到时人的关注。潜移默化之中，中国沿海通商口岸及其毗邻地区的建筑式样也开始受到西洋居住文化的影响。中国近代百年民居住宅的西化，是一个由表及里、由浅入深，由局部装修、平面布局到造型结构、材料设施逐渐模仿西洋建筑的过程。在上海、汉口、南京、福州等南方城市以及天津等地，出现了中西结合式的早期里弄巷住宅。其特点是将原先的三合院、四合院的独立式建筑模仿欧洲联排式房屋的模式，加以横向联列，高度密集而成。到了 20 世纪 20 年代，西式洋房在中国社会上层成为一种时尚，一些军阀、官僚和大资本家在上海、天津、南京以及庐山、北戴河等风景胜地建造了许多欧式花园。为了讲究新奇，这些住宅经常附设娱乐设施，如在宅前增加游泳池、网球场，室内增加舞厅、健身房、日光室、小放映室，个别的还布置有佛堂、祖堂。随后，由于城市迅速发展与地价昂贵，高层大楼也开始在大型都市中出现，与此同时，里弄式花园住宅和里弄式公寓住宅也开始建造。西式建筑风格的传入，对中国近代民居住宅的发展具有深远的影响。

交通工具是人们出行必不可少的凭借，虽然 1876 年中国已有了第一条铁路，但直至 1889 年，中国的铁路建设才由创办而推广全国。20世纪上半叶，其他西方现代化的交通工具也陆续传入中国，并为普通百姓所接受。人力车在 19 世纪末由日本传入我国，20 世纪初成为国内城市的重要交通工具。名义上为外来产品,但由于用人力挽拉,仍属落后的交通工具。真正意义上的现代交通工具,应为机械动力牵引的电车与汽车。电车诞生于 19 世纪末期,20 世纪初由欧洲传入中国。由于铺设成本较高,截至 20 世纪 30 年代中期,开行电车的城市仍极为有限,仅有天津、上海、大连、北平、沈阳、哈尔滨、长春等。汽车几乎与电车同时传入中国,一开始就受到社会上层人士的喜爱,成为门第与阔绰的标志。出租汽车与公共汽车随后也以城市公共交通的身份出现,在民国交通发展史中具有重要地位。从社会时尚的角度而言,轿车无疑是身份尊贵的最高体现,但豪富与精英在任何社会都只能是少数,私人轿车在民国时期是一般人所望尘莫及的。对于顾惜体面而又无过高收入的中产阶级来说,价位适中且不失身份的人力车是他们的最佳选择。尤其是私人包车,由于具备车身干净新颖、车夫年轻力壮等特点,成了身份与地位的象征。政界领导、高校教授、医生、妓女以及阔绰客商等职业阶层,是人力车包车的固定人群。而电车与公共汽车等,虽具备方便快捷、票价低廉等优点,但由于其线路固定、站点死板以及拥挤杂乱等不足,而成为收入低微的劳工阶层的乘车工具。

　　婚丧嫁娶等社会礼仪,也集中体现了日渐西化的社会时尚。中国传统婚姻的缔结需要一套烦琐的程序,包括议亲、定亲、迎娶等步骤。而且,它注重的是家庭与家族利益,较少考虑结婚当事人的意愿。因此,有人对其特征进行了归纳:无自主性、买卖性、抑女性、承嗣性、繁缛性。① 进入近代以后,尤其是清末民初,随着资产阶级知识分子的提倡以及西方观念的传入,婚姻的缔结方式发生了某些变化,西方婚姻缔结中的价值观念与礼仪方式受到国人推崇与模仿。首先,父母主婚权下移,结婚当事人对自己婚事的参与权有所增加。其次,文明结婚的新式婚礼开始出现,在删繁就简的同时,吸取了西方婚礼中的证人、介绍人、

---

　　① 　梁景和:《论中国传统婚姻陋俗的特征》,《辽宁师范大学学报》1994 年第 5 期。

司仪人及证婚书、贺词、答词等形式。在 19 世纪末 20 世纪初丧葬礼俗也发生变化,以摒弃传统丧葬礼俗中愚昧落后成分、吸取西方举哀悼念色彩的新式丧葬习俗开始出现,而且尤其受到城市社会的欢迎。除此之外,一些源自西方的娱乐、礼仪以及节日也被完整或部分地引入,受到追求时尚人士的欢迎与效仿。

总之,20 世纪上半叶的中国处于一个新旧杂陈、中西结合的时期,仿效西方成为当时社会的一种时尚。在西化过程中,很多事物都表现出一个共同的特征,即地域与阶层方面的不平衡性。追求西方时尚的多数是能够接触到西方文明的地方与人士,因此,西式社会时尚的流行,与受西方文明影响强弱以及人们受教育程度及文明程度密切相关。从地域上来说,城市强于农村,东南沿海又强于内地。从阶层上来说,士为四民之首,是社会变革中最积极最活跃的因素,从而成为率先实践西方时尚的首倡者。当然,西化毕竟发生在传统习俗仍然根深蒂固的社会,西方习俗在传入过程中往往变形走样,中西掺杂成为当时流行时尚中的普遍现象。

第一章　20世纪上半叶中国人口

　　人口自身的情况,对现代化进程有着不可忽视的影响。人口与经济、社会发展相适应,就可以成为现代化进程的促进因素,为现代化提供助力。反之,如果人口与经济、社会发展不相适应,就会产生负面影响,迟滞、延缓现代化进程。20世纪上半叶,尽管战争和自然灾害不断,但中国人口增长仍超过一个亿。人口结构上,男女比例不和谐,男多女少;城乡人口相差悬殊,少量的人住在城市,绝大多数人住在农村;贫富分化严重,少数人富裕,多数人贫穷。所有这些,都说明人口结构不够合理,前现代化阶段的人口特征十分明显。在人口迁移方面,现代化缓慢推进使一小部分人从落后地区迁到发达地区,从农村迁进城市;但主要人口迁移是由于人地矛盾紧张、躲避战乱和逃避自然灾害。在这个时期,突出的人口问题是人口过多;高素质人口比例低,接受教育对相当多的人还属奢望;食物不充裕,许多人营养不良。

第一节　人口数量与人口结构

　　人口数量指统计范围内全部人口的总和。人口结构指人口按性别、年龄、地域、城乡、财产、家庭等的分布情况;它既涉及人口的自然属性,也涉及人口的社会属性。20世纪上半叶,不论是人口数量还是人口结构,都处在变化之中。

一、人口数量

要想得到准确的人口数据,应该具备三个条件:政治统一安定,负责人口统计的人员有责任心,按科学方法统计。这三条,在20世纪上半叶,都不具备。20世纪上半叶,统治中国的政府依次是晚清政府、北洋军阀政府、国民政府。三者都无力使天下统一,政治安定。三个政府的官员都缺乏起码的责任心。当时虽然也搞过多次人口统计,但方法不尽科学。因此,在这50年当中,政府虽然公布了大量人口数据,但可信度却令人怀疑。

在封建社会,户部负责人口统计,其他部门不得与闻其事。户部掌管钱粮,它只有先弄清人口底数,才能按人口情况向百姓摊派索要。20世纪上半叶,这种情况发生了变化。不仅政府部门调查人口,一些非政府机构和学者也在承担这项工作。主要有:(1)邮局。漫长的封建社会,送信靠驿站。但驿站不管普通百姓的信件和财物,只负责政府公文。到近代,在学习西方的过程中,引入了邮政系统,既为官府送信,也为百姓服务。邮政是经济活动,它的收入主要取决于业务多少,而这种业务,是由各地的人口密度和经济、文化发展水平决定的。为了摸清这些情况,合理地规划邮政业务,邮局用了很大力量开展人口调查。这样,邮政系统保留了一部分人口数据。(2)海关。海关为了开展自己的业务,需要掌握人口数据和经济统计材料。海关不仅沿海有,内地也有。民国年间,全国各地共有海关170多处。海关的调查资料中保留了大量的人口数据。(3)学者。主要是社会学家、经济学家、人口学家调查、估算出来的人口数据。金陵大学、燕京大学、清华大学、沪江大学、中国职教会等,都进行过人口调查,保留了一批人口数据。非政府机构从事过去完全由政府垄断的工作,这是社会正在发生变化的表现。

光绪《东华录》记载,光绪二十七年(1901年),全国人口为426447325人。它说明,当历史跨进20世纪时,中国人口已有4亿多人,人口基数已大得惊人。光绪三十三年(1907年),户部改为度支部,只管钱粮,不再管户口。把巡警部改成民政部,既管治安又管户口。中国历史上,将治安和户籍管理由一个政府部门负责,始于此时。是年,民政部通令全国,清查户口,并要求在光绪三十四年(1908年)十月前,将统计出来的人口数据报到民政部。但是,当时的清政府,已处于风雨飘摇之中,政事废弛,无人用心,到第二年十月,这次人口调查未能如期完成。直到宣统三年(1911年),各地才报上人口408182071人。当时的评论说,上报人口只占实有人口的90%左右,还有10%的人口没有统计上来。按照这个说法,清朝最后一年(1911年),全国人口应为四亿四千多万。当代学者通过对一省一省的逐个考证,得出的结论是,民国元年(1912年)初,全国人口为442945297人①。清末民初,时间非常接近,人口数量变化不会太大。这说明,清政权灭亡时,全国人口已达四亿四千多万。

从民国元年(1912年)到1919年,中国四分五裂,政局动荡。以孙中山为代表的革命者,前仆后继、百折不挠、流血牺牲,终于推翻了清王朝。但政权却落入了手握重兵、老奸巨猾的袁世凯手中。袁世凯虽大权集于一身,无皇帝之名,有皇帝之实,但仍不满足,想恢复帝制。1915年12月12日,他宣布,改中华民国为中华帝国,1916年为洪宪元年。他的倒行逆施,立刻引来了全国人民的反击。在舆论唾骂和武力打击下,袁世凯众叛亲离,重病缠身,命归黄泉。自此,群龙无首,各实力派互相攻伐。南与北斗,北方内部战乱频繁,南方内部争斗不断。政局动荡不止,天下混乱异常。这样的局面,对人口增长不利。另一方面,1914年,第一次世界大战爆发。各主要资本主义国家把主要精力用于欧洲战场,暂时放松了对中国经济的压迫。一时间,向中国出口的商品锐减。这为中国民族经济发展提供了市场。

---

① 路遇、滕泽之:《中国人口通史》(下),山东人民出版社2000年版,第982页。

利用这个有利时机,中国民族资本主义经济较快地发展了自己。原有工厂扩大生产规模,还诞生了一批新工厂;许多商品改入超为出超。经济发展,有利于人口增长。根据学者考证,1912年初,全国人口为442945297人。1919年末,全国人口为468487473人,年均增长率为7‰。[①]

1920年到1928年,中国一直没有统一政权,战争绵延不断。先是北洋军阀内部互相厮杀,而后是北伐战争。古语说,"宁作治世犬,不作乱世人。"战争对人口生产的消极影响不言而喻。这个时期,人口增长速度放慢。据学者考证,1928年年底,中国实有人口为495381199人,年均增长率6‰。[②]

1928年到1936年,国内战争规模超过已往。1928年,南京政府宣布国家统一完成。实际上,这是自我吹嘘,因为国家根本没有实现真正的统一。但是,旧军阀有的被消灭,有的宣布归顺中央,南京政府成了名义上的中央政府确是事实。南京政府建立后,从1927年上台到1936年年底西安事变和平解决,9年多的时间内,为了铲除共产党和革命根据地,实行了大规模的杀戮。1928年,江西人口为2400万人,到1936年年底,只剩下1600万人。8年减少800万人。其他有红色政权的省份也遭受了同样命运。国民党政权没有能力协调内部,各派兵戎相见,武力攻击。仅中原大战,各方投入总兵力就超过100万人,死伤超过30万人。内战不止,国防空虚,日本帝国主义趁虚而入,先是侵占东北,进而又进占长城以外的广大地区,给中国人民的生命财产造成了重大损失。这个时期的自然灾害也多于以往,水灾、旱灾不断。1931年,长江、黄河中下游地区发生严重水灾,难民超过1亿人,死

① 路遇、滕泽之:《中国人口通史》(下),山东人民出版社2000年版,第992页。

② 路遇、滕泽之:《中国人口通史》(下),山东人民出版社2000年版,第1003页。

亡 370 万人。1935 年,再次发生水灾,灾民 2400 万人,死亡 300 万人。由于人为的灾难和水旱肆虐,1936 年年底,全国总人口为 496723711 人①,与 1928 年人口持平。这个时期,中国人的生育观念并没有发生根本变化。人口处于停滞状态,说明当时的生存环境极端恶劣。

关于抗日战争时期的人口数据,一直存在分歧。许多学者认为,由于中日两国之间你死我活的大搏杀,到 1945 年,全国人口少于过去。这种看法从前很流行。近几年来,有的学者把 1949 年的人口和 1945 的人口进行比较,发现 1945—1949 年的年均增长率为 23‰。1945 年至 1949 年,处于大规模的内战时期,战争规模超过以往,人口增殖条件并不好,不可能有这样高的增长率。因此,他们认为,抗日战争时期,中国人口总数并没有减少,而是仍在增长。他们估计,到 1945 年年底,中国人口为 516458301 人,年均增长率为 4‰。② 这个增长率比 1901—1928 年低,但比 1929—1936 年高。

日本投降后,国共之间再次兵戎相见。这个战争关系中国前途和命运,也决定着双方的生死存亡。战争规模巨大,异常惨烈。这是对人口增长的不利因素。但人民解放战争进展得异常顺利,被解放的地区,很快就进行土改,恢复生产,发展经济。这对人口增长又很有利。到 1949 年年底,中国人口已达 545418598 人。从 1946 年至 1949 年年底,人口年增长率 13.6‰③,属于较高增长期。20 世纪上半叶,这个阶段人口增长最快。

人口的生产,与人的生育观念有关,受政治经济环境影响剧烈。

①　路遇、滕泽之:《中国人口通史》(下),山东人民出版社 2000 年版,第 1016 页。

②　路遇、滕泽之:《中国人口通史》(下),山东人民出版社 2000 年版,第 1038 页。

③　路遇、滕泽之:《中国人口通史》(下),山东人民出版社 2000 年版,第 1053 页。

1901年至1949年,对于绝大多数中国人来讲,生育观念并没有发生多大变化,人口数量变化主要取决于政治经济条件。20世纪上半叶,中国人口数量变化不均匀。从世纪初到1928年,人口增长速度在逐步放慢。1928年至1936年,人口停止增长,维持原有规模。从抗日战争开始到中华人民共和国建立,人口增长速度在逐步加快。这似乎预示着一个新的增长高峰即将到来。

二、人口结构

首先,看人口性别结构。一定数量的人口,男女要有一个合适的比例。如果男性过多,就会有一部分男性不能结婚,成为无对偶人口。反之,女性过多,同样会出现一部分无对偶女性人口。男女比例相差悬殊,既影响人口生产,也不利于社会安定。男性人口和女性人口之比叫人口性别比。计算公式是:性别比=男性人口÷女性人口×100。实际上是看每100个女性人口有多少男性人口与之对应。20世纪上半叶,中国人口性别比有两个特点,一是男性人口一直多于女性,性别比始终在100以上;二是性别比总的趋势在下降,在向合理方向发展。根据清政府民政部保存的数据,1910年,全国22个省共有男性198911382人,女性163415760人,性别比为121.7。山西省性别比全国最高,为135.5。根据《内政年鉴》,1912年,全国部分省份男女人口和性别比如下表:

表1—1   1912年部分省份男女人口和性别比

省份	男性人口	女性人口	性别比
河　南	19575700	16324383	119.92
河　北	13842243	11192801	123.68
山　东	16477131	14511721	113.54
辽　宁	6672537	5460866	112.19
吉　林	3154389	2425641	130.04

省份	男性人口	女性人口	性别比
黑龙江	1150435	878341	130.98
热 河	2619365	2010425	130.29
察哈尔	926775	695683	133.22
绥 远	372651	257081	144.95
山 西	5743144	4338752	132.37
陕 西	5268761	4095099	128.66
宁 夏	170860	133082	128.39
甘 肃	2351793	1966435	119.60
青 海	202291	165446	122.27
新 疆	1112179	985584	112.84
西 藏	616823	543935	113.40
四 川	27343294	20786302	131.54
云 南	4975527	4492170	110.76
贵 州	5097136	4568091	111.58
湖 北	15899960	13690348	116.14
湖 南	14744672	12872063	114.55
广 西	4325885	3553595	121.73
广 东	15232022	12778542	119.20
福 建	8907862	6941694	128.32
江 西	13337922	10649791	125.24
浙 江	11506858	9933293	115.84
安 徽	8954846	7274206	123.10
江 苏	16965542	15317239	110.76
合 计	227548343	188842609	120.50

民国年间,随时间推移,各地区人口性别比发生了一些变化,但总的态势一直是男性多于女性。以下是 1948 年内政部《户政导报》上公布的部分省份 1947 年男女人口数及其性别比:

表1—2　　　　1947 年部分省份男女人口及性别比

省　份	男性人口	女性人口	性别比
河　南	14902545	14351024	103.84
河　北	17363881	14656244	118.47
山　东	19955683	20120975	99.18
辽　宁	10222088	9096832	112.37
吉　林	5938799	4938456	120.26
黑龙江	4111467	3153716	130.37
热　河	3287177	2909797	112.97
察哈尔	1187604	962450	123.39
绥　远	1247727	982218	127.03
山　西	8322501	6899306	120.63
陕　西	5519895	4951292	111.48
宁　夏	422712	450945	120.45
甘　肃	3633246	3345199	108.61
青　海	683802	662518	103.21
新　疆	2152597	1894855	113.60
西　康	831554	819578	101.46
四　川	24730481	23377340	105.79
云　南	4496341	4532420	99.20
贵　州	5233403	5256288	99.56
湖　北	11307356	10355640	109.19
湖　南	13631924	12316704	110.68
广　西	7627723	6975524	109.35
广　东	15516131	13633548	113.81
福　建	5716352	5394111	105.97
台　湾	3211822	3172197	101.25
江　西	6467287	6004845	107.77
浙　江	10397712	9223121	112.74
安　徽	11769892	10523396	111.84
江　苏	21773936	19674312	110.67
合　计	241663638	220534455	109.6

城市人口性别比高于农村。下面是 1946 年 7 月全国几个大城市男女人口数和性别比：

表 1—3　　　　　**1946 年部分城市人口性别比**

城市	人数（万）	男（万）	女（万）	性别比
南京	80.9	45.8	35.1	131
上海	359.9	199.2	160.7	124
北平	168.8	99.2	69.6	142
天津	171.8	100.7	71.1	142
重庆	106.2	62.7	43.5	144
青岛	75.6	42.9	32.7	131

资料来源：刘铮：《人口统计学》，中国人民大学出版社 1991 年版，第 27 页。

城市人口性别比之所以高于农村，主要是近代城市在发展过程中，往往首先是农村的男性人口先到城市谋生，城市中聚集着大量的单身男性。

从清末到中华人民共和国成立，中国社会一直处于动荡中，战争几乎没有间断过。一般情况下，动荡的社会条件会使男性人口比例下降，女性人口比例上升。20 世纪上半叶，中国男性为什么一直比女性多？笔者认为，主要有两个原因。第一，人口统计上的问题。因为重男轻女，许多女性连名字都没有，因而登记人口时没有被统计进去。第二，人为杀害女婴。因重男轻女，许多女婴刚出生就被溺死，人为改变了人口性别比。《晋政辑要》上说："晋民素称朴厚，而溺女一事，竟狃于故习而不能湔除。往往初生一女，犹或冀其存留，连产两胎，不肯容其长大。甫离母胎，即坐冤盆，未识啼声，已登鬼箓。"[1]这种人为杀死女婴的做法，不仅山西有，其他地方也或多或少存在。

20 世纪上半叶，尽管人口性别比一直居高不下，但它一直在向合理

---

[1]　转引自刘长茂：《人口结构学》，中国人口出版社 1991 年版，第 23 页。

的方向发展。有的省,女性人口已超过男性。这里面有三个原因。首先,随着社会进步,接受男女平等观念的人日渐增多,人为溺死女婴的残忍做法日益消失;统计人口时漏登女性的现象也日渐减少。其次,战争一直不断,相当多的男青年在战争中失去生命。再次,有些省份大量向别处移民,首先迁移出去的往往是男性,留下人口中女性的比例自然就升高。比如山东,因大量男性迁往东北,留下的人口中女性比例迅速上升。中华人民共和国成立初期的人口统计显示,山东省女性多于男性。

其次,看人口年龄结构。人口年龄结构,反映各年龄段人口占全部人口的比例,也反映人口的寿命。人口学上,0—14 岁人口为少年人口;15—64 岁人口为劳动年龄人口;65 岁以上人口为老年人口。少年人口和老年人口是需要抚养的人口。从总的情况看,20 世纪上半叶,中国人的寿命并不长,出生率高,总人口中少年人口比例高。

20 世纪上半叶,人口寿命在逐步延长。65 岁以上老人所占比例稳步上升,就很好地说明了这一点。根据 1935 年的《申报年鉴》,1931 年江苏省人口年龄结构如下表:

表 1—4　　　　　**1931 年江苏省人口年龄结构**

年龄组	人口数	百分比
0—5	3190617	9.96
6—10	3298644	10.30
11—15	3017828	9.42
16—20	2813949	8.79
21—25	2843812	8.88
26—30	2812629	8.78
31—35	2582633	8.06
36—40	2431819	7.59
41—45	2139539	6.68
45—50	1964428	5.98
51—55	1602611	5.00

年龄组	人口数	百分比
56—60	1297779	4.05
61—65	914591	2.83
66—70	572206	1.79
71—	594910	1.85

　　笔者未能找到20世纪40年代江苏省人口结构数据，只能用福建省的人口结构数据做旁证。根据1947年的《中华民国年鉴》，当年福建省人口年龄结构如下表：

表1—5　　　　　　　　**福建省人口年龄结构**

年龄组	人口数	百分比
不满周岁	210512	1.90
1—4	793784	7.16
5—10	1318897	11.90
11—15	1242872	11.21
16—20	1117199	10.08
21—25	795713	7.18
26—30	764590	6.90
31—35	777732	7.02
36—40	750769	6.77
41—45	737119	6.65
46—50	645921	5.83
51—55	591140	5.33
56—60	491429	4.43
61—65	362202	3.27
66—70	269004	2.43
71—	216804	1.96

　　将这两个材料对比就可以看出，20世纪上半叶，老年人口比例在

提升,人的寿命在延长。这个时期,政治经济环境并不比过去好,人们在吃穿住等方面不但没有进步,实际上还在退步。为什么人的寿命还能延长呢? 一个重要原因就是西医的传入。在现代医疗技术下,许多传染病得到控制,大量过去不能治愈的疾病现在可以医治。

20 世纪上半叶,中国人口年龄结构的总体情况是:青少年人口比例高,超过 30%,65 岁以上老年人口占 4% 左右。按国际上的分类,属于典型的年轻人口型社会。

再次,看人口的家庭结构。家庭是社会的细胞,家庭结构反映着社会变化。中国历史上一直比较重视统计户数。历史上留下的人口数据,户数往往比人口数准确。

家庭规模。根据国民政府内政部的统计,20 世纪上半叶一些年份的人口数、户数和户平均人口数如下表:

表 1—6　　　**20 世纪上半叶部分年份人口数、户数和平均人口数**

年份	人口数	户数	户平均人口
1912	405810967	76366074	5.31
1928	441849148	83855901	5.27
1936	479084651	85827345	5.38
1947	461006285	86262337	5.34

从这个表可以看出,20 世纪上半叶,家庭的平均规模超过 5 人,但不足 6 人。

家庭规模,各地存在差距。东南沿海地区,商品经济相对发达,家庭规模小一些,三四口的小家庭比较多。东北、西北、西南等内陆地区,大家庭相对多一些。河北省的家庭带有结合南北的特点。根据《定县社会状况调查》,1930 年,全县户平均规模为 5.83 人。全县共有 5255户,其中,1 口之家占 3.69%,2 口之家占 7.65%,3 口之家占 12.84%,4口之家占 16.21%,5 口之家占 14.80%,6 口之家占 12.67%,7 口之家占

10.16%,8 口之家占 6.26%,9 口之家占 4.07%,10 口之家占 3.02%,11 口以上的家庭占 8.63%,最大的家庭有 65 口。1 口之家,主要是不能娶亲成家、无依无靠的光棍户。大家庭基本上是占有土地较多的地主。与全国情况相比,1 口和超过 8 口的家庭,比重都比较大。

家庭结构。根据《定县社会状况调查》,只有父母和子女两代人的家庭占 76%。有女婿同住的人家不到 1‰,也就是说,最多每一千户才有一户有女婿上门。1% 的人家有母系亲属跟着生活。收养人口现象比较常见,6% 的人家有收养人口。76% 的家庭是核心家庭(只有父母和子女),这点出乎人们的想象。在一般人的眼中,中国历史上,一直崇尚大家庭,追求"五世其昌",家庭规模肯定比较大,成员也比较复杂。而现实中却不是这样,为什么? 笔者认为,第一,家庭结构受制于生产力水平。封建社会的生产力,一直没能提供充足的生活资料。如果较多的人集中在一起,过大家庭生活,只能带来大量的分配矛盾,人为制造不和谐。因此,人们一般会选择分家单过。第二,统治者也不希望有许多成员复杂的大家庭。家庭大,政治经济力量也大,会危及政权。因此,政府往往采取一定的措施,把大家庭拆散。

20 世纪上半叶,家庭结构有这样两个突出特征:(1)家庭严格按父系组建。河北定县的调查材料显示:在被调查的 30642 人中,只有 10 人生活在母系家庭中,其余全部生活在父系家庭。不生育的夫妇,在领养孩子时,首选是男方的侄儿。只有当男方没有选择对象时,才考虑女方的亲属或其他人。(2)不主动形成男系大家庭。大约有 13% 的人随兄长叔伯生活。这种情况,并不是主动追求大家庭的结果,而往往是由于父母早逝,尚需要照顾。当他们长大成人之后,则重新分开,自己独立生活。

接下来,看人口的阶级结构。研究人口的阶级结构,实质上是分析财产的占有情况。要确定人口的阶级结构,首先要对各阶级有一个规定。新民主主义革命时期,为了开展土地革命,中国共产党对各阶级做了如下规定。地主,占有较多土地,自己不劳动,或只有附带劳动,主要靠出租土地或雇工耕种生活。富农,占有土地超出自己的耕作能力,并有良好的生产工具。自己也参加一定的劳动,但依靠剥削获得其生活来源的一部分或大部分。中农,占有的土地,基本上只供自己耕种,有时也租佃地主土地,有相当的生产资料,其生活来源全靠自己劳动,不剥削他人。贫农,占有较少的土地,或全无土地,有极少的生产资料,一般靠租种地主土地或从事雇佣劳动维持生活,受极残酷的剥削,生活贫困。民国时期的农村社会,就由这些阶级构成。对中国农村的阶级结构,中国共产党人有过调查,留下了大量的可靠数据。在《湖南农民运动考察报告》中,毛泽东说:"据长沙的调查,乡村人口中,贫农占百分之七十,中农占百分之二十,地主和富农占百分之十。百分之七十的贫农中,又分赤贫、次贫二类。全然无业,既无土地,又无资金,完全失去生活依据,不得不出外当兵,或出去做工,或打流当乞丐的,都是'赤贫',占百分之二十。半无业,或略有土地,或略有资金,但吃的多,收的少,终年在劳碌愁苦中过生活的,如手工工人、佃农(富佃除外)、半自耕农等,都是'次贫',占百分之五十。这个贫苦大众,合共占乡村人口百分之七十。"[①]这样的阶级构成,在20世纪上半叶的中国农村,具有典型性。

城市人口阶级结构。以1949年为例,当时全国城镇人口为5765万人。其中产业工人和手工业工人,连同他们的家属,占52%,共有3000万人。城市内的零工,包括做家庭服务的人员,占18%,大约有865万人。资产阶级,独立的小工商户,连同他们的家属,占14%,有828万人。自由职业者、政界、军界、警务人员等,占16%,人口在1000万左右。在14%的从事工商业的人口中,很大一部分是小工商户,自己劳动,其中只有一部分可称得上是资产阶级,最多占一半,也就是说,占全部城市人口的7%。这些人,再加上政界、军界、警界的官僚及其家属,人数大约占城镇人口的10%左右,他们是真正的剥削者。因此,城市剥削者和被剥削者的比例与农村大致相同。

---

① 《毛泽东选集》第1卷,人民出版社1991年第2版,第20—21页。

最后,看人口的城乡结构。20世纪上半叶中国人口的城乡结构,一直没有完全弄清楚,并且各位学者给出的数据相差很多。张仲礼说,1936年,中国城市人口占总人口的24.48%。[①] 但当时许多学者认为,中国人口的80%在农村。直到20世纪80年代,中共中央的文件中还在坚持这样的比例。造成这种情况的原因很多。但城市、集镇、农村的标准不统一是个重要原因。因标准不一,有的城市人口成了农村人口,有的农村人口成了城市人口。尽管有分歧,有一点是共认的:20世纪上半叶,中国人口的绝大部分生活在农村,中国城市化水平还不高。正因为全国绝大多数人口是农民,新民主主义革命时期,中国共产党说:"所谓民族问题,实质上是农民问题";"中国革命,实质上是农民革命";"新民主主义政治,实质上是授权给农民";"大众文化,实质上就是提高农民文化"。[②] 这些论断,根据就在于此。

第二节　人口的分布及流动

20世纪上半叶,中国人口分布极不均衡,个别地区极其稠密,比肩接踵;相反,一些地方却人口稀疏,荒无人烟。不论是地理分布,还是行政区划分布,这种情况都严重存在。这个时期的人口流动主要不是由于经济发展;原住地失去了生存条件,躲避战乱和灾害,是人口流动的主要原因。

一、人口分布

人口地理分布。早在20世纪二三十年代,学者们就开始注意地理

---

① 转引自刘方健、史继刚:《中国经济发展史简明教程》,西南财经大学出版社2001年8月版,第248页。

② 《毛泽东选集》第3卷,人民出版社1991年6月版,第692页。

环境和人口分布的关系。翁文灏在这方面有开创性贡献。他把自己的研究成果登在《独立评论》1932年第3号上,题为《中国人口分布与土地利用》。他认为,中国人口主要集中在以下几个地区。第一,白河、黄河、淮河平原,涉及冀、鲁、豫、皖、苏等省。是中国最大的平原,有人口8000万人,密度达每平方公里250人。第二,长江中下游平原,涉及湖南、湖北、江西、安徽、江苏、浙江等省。共有人口7000万人,平均每平方公里328人,个别地区甚至超过380人。第三,上述两平原周边的丘陵、低山地区,涉及山东、安徽、江西、湖南等省,共有人口9000万人,密度为每平方公里135人。第四,以浙、闽、粤三省为主的东南沿海,人口7000万人,平均每平方公里135人。在地图上,沿北平、郑州、宜昌、常德、梧州、钦州划一条线,上述四个人口集中的地区,都在这条线的东边。四区面积占全国总面积的15%,和新疆面积差不多,人口则有3.1亿人,占全国人口的70%以上。

最早制出中国第一张人口密度图的学者是著名人口学家胡焕庸。他收集1933年全国各省各县的人口数据,写成《中国人口之分布》一文,并在文后附上《中国雨量图》、《中国地形图》、《中国人口密度图》。① 胡先生把全国人口密度分为8级。第一级,每平方公里400人以上,包括长江三角洲、珠江三角洲、成都平原。第二级,每平方公里400—250人,北起河北平原,南到安徽颍州,属黄河冲击平原,雨量不足。第三级,每平方公里250—150人,属平原和丘陵混杂地区,涉及长江、淮河、汉水、渭河、汾河等河流域。第四级,每平方公里150—100人,涉及地区有松辽平原、桑干河流域以及两广之间、湘赣之间、浙皖之间、豫鄂之间、四川省的丘陵地区。第五级,每平方公里100—50人,包括长江以南的山地、泰山地区、晋豫间的黄河谷地、黄河三角洲。第六级、第七级(原文没有这两级的分界),每平方公里50—1人。主要是较高的山地和高原,涉及的范围非常广大。第八级,每平方公里1人以

① 《地理学报》1935年第2期。

下,涉及西康、青海、西藏、新疆、蒙古。胡焕庸提出,自黑龙江的瑷珲向西南,一直到云南的腾冲,画一条线,这条线以东面积为 400 万平方公里,占全国总面积 36% ,人口约 4.4 亿人,占全国总人口的 96% 。这条线以西面积 700 万平方公里,占全国总面积的 64% ,人口约 1800 万人,占全国总人口的 4% 。人口分布不均衡之严重,由此可见。

人口行政区划分布。20 世纪上半叶,各省公布的人口数据很多。由于当时尚未掌握人口统计的科学方法,再加上有意瞒报、不负责任的漏报,许多数据不够准确。当代学者对这些数据进行过评估。对于明显不准确的数据,给以修正。下面把民国元年(1912 年)和民国末年(1949 年)各省面积和人口情况系统做一交代。使用的面积来自《中华民国行政区划简表》,人口数据主要是当代学者路遇、滕泽之的考证结果。

河南省。面积 165180 平方公里,占全国总面积的 17.21‰,民国元年人口为 3083 万人,占全国总人口的 69.61‰,平均每平方公里 187 人。民国末年人口为 4224 万人,占全国总人口的 77.45‰,平均每平方公里 256 人,人口较稠密。

河北省。包括北平、天津。面积 144950 平方公里,占全国总面积的 15.1‰。民国元年人口 2793 万人,占全国总人口的 63.07‰。平均每平方公里 193 人。民国末年人口为 3418 万人,占全国总人口的 52.06‰,平均每平方公里 236 人,人口较稠密。

山东省。面积 153000 平方公里,占全国总面积的 15.94‰。民国元年人口 3104 万人,占全国总人口的 70.01‰。平均每平方公里 213 人。民国末年人口为 4590 万人,占全国总人口的 83.55‰,平均每平方公里 311 人,属人口稠密省份。

辽宁省。面积 257036 平方公里,占全国总面积的 26.77‰。民国元年人口为 1292 万人,占全国总人口的 29.18‰,平均每平方公里 50 人。民国末年人口为 2059 万人,占全国总人口的 37.75‰,平均每平方公里 80 人。

　　吉林省。面积 267763 平方公里,占全国总面积的 27.89‰。民国元年有人口 558 万人,占全国总人口的 12.6‰,平均每平方公里 21 人。民国末年人口为 1145 万人,占全国总人口的 20.99‰,平均每平方公里 42 人。

　　黑龙江省。面积 568762 平方公里,占全国总面积的 59.25‰。民国元年人口 203 万人,占全国总人口的 4.58‰,平均每平方公里 3.57 人。民国末年人口为 635 万人,占全国总人口的 11.64‰,平均每平方公里 11 人。在 20 世纪上半叶的 50 年中,黑龙江省的人口增长迅速,远远超过全国平均增长速度,人口增长迅速主要是由于大量移民的涌入。他们形容自己的人口变化情况是,"原有一个黑龙江,生出一个黑龙江,搬来一个黑龙江。"即使如此,但到 20 世纪中期,这里仍属地广人稀地区。

　　热河省。面积 178580 平方公里,占全国总面积的 18.6‰,民国元年人口为 463 万人,占全国总人口的 10.45‰,平均每平方公里 26 人。民国末年人口为 549 万人,占全国总人口的 10.07‰,平均每平方公里 31 人。

　　察哈尔省。面积 210083 平方公里,占全国总面积的 21.88‰。民国元年人口为 167 万人,占全国总人口的 3.76‰,平均每平方公里 7.96 人。民国末年人口为 261 万人,占全国总人口的 5.07‰,平均每平方公里 12.44 人。和全国平均水平相比,这里人口比较稀疏,但这里的生态环境恶劣。

　　绥远省。面积 268253 平方公里,占全国总面积的 26.9‰。民国元年有人口 150 万人,占全国总人口的 3.39‰,平均每平方公里 5.59 人。民国末年人口为 251 万人,占全国总人口的 4.6‰,平均每平方公里 9.36 人,属地广人稀地区。但该省有许多地带是荒漠,不具备生存条件。

　　山西省。面积 156728 平方公里,占全国总面积的 16.37‰。民国元年有人口 1008 万人,占全国总人口的 22.76‰,平均每平方公里 64

人。民国末年人口 1310 万人,占全国总人口的 24.03‰,平均每平方公里 84 人。

陕西省。面积 204805 平方公里,占全国总面积的 21.33‰。民国元年人口 936 万人,占全国总人口的 21.14‰,平均每平方公里 46 人。民国末年人口为 1451 万人,占全国总人口的 26.6‰,平均每平方公里 70 人。

宁夏省。民国年间的宁夏省和今天的宁夏回族自治区不同,那时的面积比今天大。当时面积为 276942 平方公里,占全国总面积的 28.85‰。民国元年人口 30 万人,占全国总人口的 0.68‰,平均每平方公里 1.09 人。民国末年人口近 74 万人,占全国总人口的 1.38‰,平均每平方公里 2.65 人,属地广人稀的省份。

甘肃省。面积 415000 平方公里,占全国总面积的 43.32‰。民国初年人口 526 万人,占全国总人口的 11.87‰,平均每平方公里 13 人。民国末年人口 1047 万人,平均每平方公里 25 人。

青海省。面积 733950 平方公里,占全国总面积的 76.45‰。民国元年有人口 77 万人,占全国总人口的 1.74‰,平均每平方公里 1.05 人。民国末年人口 148 万人,占全国总人口的 2.72‰,平均每平方公里 2.02 人,属于人口稀疏的地区。

新疆省。面积 1660400 平方公里,从面积上来说,是全国第一大省,占全国总面积的 172.96‰。民国初年人口为 252 万人,占全国总人口的 5.69‰,平均每平方公里 1.52 人。民国末年人口 433 万人,占全国总人口的 7.59‰,平均每平方公里 2.61 人。人口极为稀疏。

西藏地区。面积 921600 平方公里,占全国总面积的 96‰。民国元年人口 86 万人,占全国总人口的 1.93‰,平均每平方公里 0.93 人。民国末年人口不足 85 万人,平均每平方公里 0.92 人。西藏的许多地区属于无人区,人口主要居住在雅鲁藏布江河谷地带,尤其是拉萨周围。人口稀疏程度全国第一,并且人口没有增长,主要原因是这里的环境异常恶劣。

西康省。面积 526807 平方公里,占全国总面积的 54.88‰。民国初年有人口 229 万人,占全国总人口的 5.16‰,平均每平方公里 4.34 人。民国末年人口 435 万人,占全国总人口的 6.32‰,平均每平方公里 6.63 人。属人口稀疏地区。

四川省。面积 341941 平方公里,占全国总面积的 35.62‰。民国初年人口为 4631 万人,占全国总人口的 104.55‰,平均每平方公里 135 人。民国末年人口 5848 万人,占全国总人口的 107.22‰,平均每平方公里 171 人。成都平原的人口密度十分高,根据 1931 年的统计,这里平均每平方公里 336 人。民国年间,四川是中国人口第一大省。

云南省。面积 389741 平方公里,占全国总面积的 40.6‰。民国元年人口为 1250 万人,占全国总人口的 28.22‰,平均每平方公里 32 人。民国末年人口 1629 万人,占全国总人口的 29.87‰,平均每平方公里 42 人。

贵州省。面积 172305 平方公里,占全国总面积的 17.95‰。民国元年人口 1121 万人,占全国总人口的 25.32‰,平均每平方公里 65 人。民国末年人口 1432 万人,占全国总人口的 26.26‰,平均每平方公里 83 人。

湖北省。面积 186384 平方公里,占全国总面积的 19.42‰。民国元年有人口 2959 万人,占全国总人口的 66.8‰,平均每平方公里 159 人。民国末年人口 2621 万人,占全国总人口的 48.06‰,平均每平方公里 141 人。20 世纪上半叶,湖北省人口下降了一些。

湖南省。面积 216000 平方公里,占全国总面积的 22.5‰。民国元年人口 2844 万人,占全国总人口的 64.21‰,平均每平方公里 132 人。民国末年人口 3140 万人,占全国总人口的 57.58‰,平均每平方公里 145 人。

广西省。面积 218928 平方公里,占全国总面积的 22.8‰。民国初年人口为 1226 万人,占全国总人口的 27.67‰,平均每平方公里 56 人。民国末年人口 1789 万人,占全国总人口的 32.79‰,平均每平方公里 82 人。

广东省。面积 234755 平方公里,占全国总面积的 24.45‰。民国元年人口 3318 万人,占全国总人口的 74.9‰,平均每平方公里 141 人。民国末年人口 3070 万人,占全国总人口的 56.29‰,平均每平方公里 130 人。总人口数下降了一些。

福建省。面积 121184 平方公里,占全国总面积的 12.62‰。民国元年人口 1585 万人,占全国总人口的 35.78‰,平均每平方公里 131 人。民国末年人口 1216 万人,占全国总人口的 22.3‰,平均每平方公里 100 人。人口下降较多。

江西省。面积 166900 平方公里,占全国总面积的 17.39‰。民国元年有人口 2447 万人,占全国总人口的 55.24‰,平均每平方公里 147 人。民国末年人口 1568 万人,占全国总人口的 28.74‰,平均每平方公里 94 人。20 世纪上半叶,江西人口绝对数减少很多,这主要是长期战争造成的。

浙江省。面积 102737 平方公里,占全国总面积的 10.7‰。民国初年有人口 2204 万人,占全国总人口的 48.4‰,平均每平方公里 215 人。民国末年人口 2181 万人,占全国总人口的 38.83‰,平均每平方公里 206 人。半个世纪的时间内,人口总量基本上没有变化。

安徽省。面积 137574 平方公里,占全国总面积的 14.33‰。民国初年有人口 1983 万人,占全国总人口的 44.77‰,平均每平方公里 144 人。民国末年有人口 2818 万人,占全国总人口的 51.67‰,平均每平方公里 205 人。

江苏省。包括上海市,面积 109697 平方公里,占全国总面积的 11.43‰。民国元年有人口 3379 万人,占全国总人口的 76.28‰,平均每平方公里 308 人。民国末年有人口 4382 万人,占全国总人口的 80.34‰,平均每平方公里 399 人。属于人口高度密集的省份。

台湾省。面积 36000 平方公里,占全国总面积的 3.75‰。民国元年有人口 400 万人,占全国总人口的 10.16‰,平均每平方公里 111 人。

民国末年有人口 739 万人,占全国总人口的 13.57‰,平均每平方公里205 人。人口增长迅速。

20 世纪上半叶,中国人口分布,不论是自然分布,还是行政区划分布,都十分不均衡。将人口分布与中国地形、降水比较,就可以看到,自然环境对人口分布有决定性影响。人口行政分布密集的地方,也是自然条件较好的地方。从长期的历史发展看,行政区划对人口分布影响并不大,自然条件对人口分布具有决定性影响。

二、人口流动

20 世纪上半叶,人口流动规模相当大。既有国内从一地到另一地的流动,也有人口的国际流动。后一个问题,往往被忽视,即使很有影响的人口史著作,也不谈这个问题。这里先讲人口从中国向国外的流动。中国人口向国外流动,历史久远。近代,向海外移民之风比以往更盛。据国民政府侨务委员会的数据,1933 年,海外华侨,广东籍占58.3%,福建籍占 30.6%,山东籍占 5.1%,广西籍占 2.1%,其他省的侨民,都低于总数的 1%。沿海各省人口外迁的根本原因是人口增长过快,土地有限,所产粮食不够消费,难以维持生活。中国人海外移民的去向,首先是东南亚,其次是日本、朝鲜、俄罗斯,再次是南北美洲、大洋洲、非洲、欧洲。(1)东南亚。1930 年有中国侨民 546.2 万人,分布情况是:印尼 183.4 万人,泰国 110 万人,马来西亚 171 万人,法属印度支那 41.8 万人,缅甸 24.7 万人,英属北婆罗洲 8.3 万人,菲律宾 7 万人。抗日战争爆发后,南洋的中国移民猛增,1940 年,这里的华侨已达753.8 万人,其中印尼 134.5 万人,泰国 300 万人,马来西亚 235.8 万人,法属印度支那 42.7 万人,缅甸 19.4 万人,英属北婆罗洲 9.7 万人,菲律宾 11.7 万人。1941 年 12 月太平洋战争爆发后,日本大举进攻东南亚,这里的侨民总数有所下降。华侨在东南亚的主要职业是经商,也有一部分人从事橡胶种植,还有一小部分人开发锡矿。(2)日本、朝鲜、俄罗斯。1935 年,在日本的华侨有 20074 人,以福建、广东人居多,江苏、浙江次之,主要靠经商为生。1935 年,在朝鲜的华侨有 21771 人,山东人最多,广东人次之,主要以贩丝卖布为谋生手段。移民俄罗斯的中国人主要生活在西伯利亚,山东人最多,山西、河北次之。1925 年,西伯利亚远东地区共有华侨 72005 人。(3)美洲。华侨对美国西部开发贡献巨大。1930 年,美国有华侨 74954 人。1931 年,加拿大有华侨 46519 人。1931 年,墨西哥有华侨 23000 人。1936 年,中美洲各国共有华侨 9400 人,南美洲各国共有华侨 61700 人。南美的华侨大多居住在秘鲁和巴西,广东人最多。(4)大洋洲。1935 年,在澳大利亚的华侨有 15500 人。1936 年,新西兰有华侨 2850 人。同年,檀香山有华侨 27485 人。当时,散居在大洋洲其他岛屿的华侨还有 15000 多人。在大洋洲的全部华侨大约有 60000 人。(5)非洲。1910 年以前,移民非洲的中国人大约有 6 万人,后来逐渐减少。1930 年,在非洲的中国侨民只剩 16000 多人。(6)欧洲。1936 年,英国有华侨约 8000 人。法国 17000 人,德国 18000 人,比利时 500 人,意大利 300 多人,丹麦 900 人。1936 年,全部海外中国侨民为 7838888 人。关于海外华侨的总数,学者看法与官方不一致。早在 1921 年,著名社会学家陈达统计,当时在海外的华侨有 8179582 人。1930 年,吴景超估计的数字是 848 万—1149 万人。从双方统计的数据可以看出,学者们认为,当时实际的海外华侨要比官方统计得多,官方的统计数字不完全。当代学者估计,抗日战争前夕,侨居各国的华侨大约为 770 万人,约占全国总人口的六十分之一。①

20 世纪上半叶国内人口流动的走势是晚清时期的继续,人口流动的方向主要是东北、塞北、西北、西南。

东北地区土壤肥沃,水源充足,林地广阔,但这里冬季寒冷,不适宜居住;全年无霜期短,对作物生长不利。这里是满族人的发祥地,出于种种考虑,满人当政时,政府限制向这里迁民。20 世纪上半叶,随着现

---

① 袁永熙:《中国人口》,中国财政经济出版社 1991 年版,第 81 页。

代工业在东北发展,尤其是清政府垮台后,移民限制被解除,这里成了最主要的移民迁入地,大量移民涌入这里。迁往东北的人口,一部分是自发的。这主要是由于内地人口稠密,土地不敷耕种,所产粮食不够食用,再加上战争、社会混乱,人们无法安居乐业造成的。许多自发去东北的人,经历了一个由在东北季节性生活,到最后定居东北的过程。当初去东北的人,主要从事农业,基本上是男性劳力。刚到之时,投亲靠友,租种他人土地;当年收获后,或将粮食出卖,或寄存起来,在隆冬到来前,返回关内。第二年开春,又出发前往。当有了一定的积蓄后,就在那里置地造屋,将关内家室一起迁往。这时,就变成了东北的常住人口。这一点,很像20世纪80年代的那些先进城打工,最后在城里定居的农民工。除了自发迁去的人口,还有一部分人,是在当时政府的动员组织下前往的。为了开发东北,东北当地政府建立了屯垦委员会,各省、县也都设立了垦务机构,负责管理移往当地的人口。东北当地政府还向一些内地省份派遣招垦人员,劝说内地人向东北移民。1917年,《吉林农报》上说:"江省招垦局去春在外省招得垦户万余户,无奈地广人稀,不敷分布,又派员分赴各灾区招徕垦户。"①这里的江省,指黑龙江。1930年,东北政务委员会制定了《辽宁移民垦荒大纲》,对关内灾民来东北垦荒做了具体规定。它要求:对来东北垦荒者,减免火车票价;对垦荒获得的土地,给予办证;号召绅商帮助新来移民。还规定,"凡分拨各县之灾民,未到达以前,应由各县政府预定地点,分饬各村长,筹备住所,详查当地有粮之大户,先令垫备牲畜籽种及食粮。前项所借食粮,于第一年收获中扣还,籽种于第二年收获中扣还,牲畜价于第三年收获中扣还。均各加息一分。"当时,政府还把一部分荒地直接拨给移民,并规定五年以内不征税。1930年,黑龙江省制定了《沿边荒地抢垦章程》。规定:无论民荒还是官荒,都

---

① 转引自李德滨:《近代中国移民史要》,哈尔滨出版社1994年版,第143页。

在抢垦之列;原主不能按时完成开垦,他人即可承领开垦。从这些材料可以看出,当时的政府,十分欢迎移民前往。可惜的是,这个良好的移民开荒,增加富源的趋势,随着日军入侵被打断了。从20世纪初到"九·一八"事变,到底有多少内地人涌进东北,是个难以估算的数字。有人认为,用火车站、客轮码头北去的人口减去返还的人口,就是移民人口。这肯定漏洞巨大。因为当时的移民,许多人生活贫困,不坐车船,完全靠步行。当代学者用1930年的人口减去20世纪初的人口,再减去原东北人口自然增长的部分,得出的移民数字为579万人。① 从省籍来看,当时移入东北的人,主要来自山东、河北两省。

"九·一八"事变后,日军迅速占据了全东北。日本侵略东三省,不仅是为了掠夺,更重要的是把它变成日本领土,使它彻底从中国分离出去。为此,在占领之初,它严格限制关内的中国人向东北移民,加紧将本国人向这里迁移。"九·一八"事变后,日本当局制定了《满洲农业移民百万户计划》。它设想:在20年内,向东北移民100万户,约500万人口,占田耕种,永久定居。同时,它还打算从早已被其占领的朝鲜移民75万户,约400万人。这两部分人合在一起,大约为900万人;再加上当时在东北经商、搞工程技术的人员,总数可达1000万人。当时全东北共有中国同胞约3000万人。中外人口比例为3∶1。这样,日本就可以逐渐改变东北地区的风俗习惯、语言文化,变中国人为日本人,达到完全并吞中国东北的目的。

但事情不会按日本帝国主义的如意算盘发展。日本占领东北后,由于大量人口内迁,特别是大量的工程技术人员、知识分子返回关内,劳动力不足问题立即凸显。尤其是中日全面开战以后,战争规模空前,日本急需东北的物资,东北劳动力不足问题显得更加严重。无奈之下,

---

① 路遇、滕泽之:《中国人口通史》(下),山东人民出版社2000年版,第1103页。

日伪当局只好改变原来禁止移民的政策,鼓励中国人,尤其是青壮年移往东北。日本军事当局成立了"大东公司",专门负责招募华工。这个"公司"在山海关、天津、青岛、烟台、威海等地设立分支机构,诱骗中国人去东北做工。凡愿意去东北做工的人,可以到这些机构办理护照。其最初限制家属跟随,这使许多人不愿前往。但由于用工心切,最后又放宽限制,允许家属一同前往。这时去东北的人,主要是在日本控制的工厂、矿山、车站做工。受到非人的迫害。粮食实行配给制,每月给的粮食连半个月都不够,其他的部分只能以树皮、野菜替代,许多人被迫害致死。当时有中国劳工干活的地方,一般都有"万人坑"。人一死,往里一扔就算了事。国家软弱,百姓必然遭殃。当代学者估计,日本占领东北时期,即1931—1945年,由于各种原因,关内移入东北的人口大约为534万人。从20世纪初到1945年,共有大约1100万人移入东北。①

解放战争时期,移往东北的人较少,从东北向关内返回的人较多,出现了人口从关外向关内回迁的现象。这主要有三个原因:第一,日本占领东北时,许多人是被日本当局骗去的。在那里,不少人丢了性命,活下来的人也吃尽了苦头。日本投降后,他们不愿再留在那里,纷纷踏上了回乡路。第二,迁往东北的人,主要来自山东、河北两省。解放战争时期,这两省的大部分地区较早被解放,并开展了土地改革。由于土地改革,家乡谋生比以前容易多了,这对远在东北的迁出人口有一定的吸收力,有一部分人返回了家乡。第三,东北人民解放军(后来改为第四野战军)中,相当多的战士是东北人。东北解放后,为了解放全中国,他们进入关内。这部分人,至少有几十万人。从人口统计看,1949年的东北人口,与1945年比较,只增加了35万人。黑龙江、吉林人口比原来还少,只有辽宁有所增加。按人口自然增长率,

---

① 路遇、滕泽之:《中国人口通史》(下),山东人民出版社2000年版,第1108页。

也不可能是这种情况。因此,解放战争时期,肯定有大量人口从东北返回关内。

塞北地区指民国年间热河、察哈尔、绥远三省。塞,指长城上的各要塞及华北通往上述三省的关隘。这三省基本上都在这些要塞和关隘的北边,故称塞北。有些地方也称口北。三省人口都比较稀疏。热河,面积178580平方公里。其西部在今天内蒙古自治区的巴林左旗、克什克腾旗,属西拉木伦河上游。东部在西辽河高原。南部到朝阳、丰宁、绥东、滦平、承德一线。省府在承德。清朝统治时期,承德是重要的政治中心。皇帝夏季在那里避暑;周围有大量的皇家猎场供统治者消遣。由于这些原因,当时禁止百姓向这里移民。清政府垮台后,这里成了重要的人口迁入地。1912年,该省有人口4629790人,1928年达到6593440人,共增加1963650人。扣除自然增长的人口,大约有110万人属于迁入人口。

察哈尔省分三部分。南部低山地区,主要包括张家口、万全、宣化、龙关、赤城、延庆、怀来、涿鹿、怀安、阳原、蔚县等11县,是本省人口最稠密的地区。中部丘陵区全部在长城以北,包括宝昌、新明、商都、尚义、多伦、沽源、张北、康保、崇礼等县,人口稀疏。北部为高原区,属内蒙古高原的一部分。全省地广人稀,有大片湿地可供开发,具备一定的移民潜力。民国年间,康保、沽源、尚义等县设立招垦局,负责动员和安置移民。1912年,察哈尔省有人口1672485人,1936年有人口2390000人,增加人口717515人。按当时的增长率,这里自然增长的人口为457000人,其余26万人是移民人口。1936年以后,这里大部分地区被日本侵略者控制,移民基本停止。

民国年间,绥远省面积是268253平方公里。河套平原区,包括后套、前套和阴山南麓的丘陵地区,是全省政治经济文化的中心区域,归绥、包头、五原、临河等重要城市都在这个地区。塞北丘陵区,分布在河套以东、长城以北的广大区域。这个地区发展农业的条件不如河套地区。阴山以北地区,虽地势平坦,但多为沙漠,且气候寒冷,不适宜种植。鄂尔多斯高原区,在本省西部,多沙漠,十分干燥,自然环境恶劣。
从清代后期开始,就不断有内地人移民到河套地区。民国年间,当地政
府欢迎内地人来这里开荒种地,这里的各县还设立了垦务机构。这样,
许多人从内地来到这里。河套地区的移民,最先到达的,往往成了地
主,他们把土地出租给后来的移民,收取地租。1912年,绥远省有人口
150万人,1936年,人口增长到250万人,大约有60万人是外来移民。
抗日战争爆发后,张家口、大同、归绥、包头都落入日军之手,往河套地
区移民的势头被迫中断。

　　西北地区指甘肃、宁夏、青海、新疆四省。这四省虽然自然条件不
够优越,但总的来说地广人稀,还有移民潜力。甘肃面积415000平方
公里。分以下几个区域。陇山(今六盘山)至陕西省边界,为陇东高
原,包括固原、泾源等13县,属黄土高原,气候干燥,土地贫瘠。甘南高
原,从清水、秦安、甘谷等县直到四川边界,共有16县,气候比较湿润,
适宜农作物生长,是本省人口稠密地区。甘南高原西边的几个县,地处
青藏高原边缘,地势高,气温低,自然条件恶劣。陇中高原区,界于陇东
高原、陇南高原和河西走廊之间,共有22县,本省的政治经济文化中心
兰州就坐落在这里。陇中高原的西边是河西走廊,从东到西1000多公
里,共有17县。走廊的东部人口较多,西部人口稀少。清朝中期,甘肃
人口曾超过1000万人。但后来因镇压回民起义,这里人口减少了许
多。到清朝末年,人口只有500多万人。这说明甘肃吸纳移民的潜力
很大。20世纪上半叶,由于中原地区动乱不止,大量难民涌入甘肃。
1936年人口达到700万人,1945年达到967万人,1949年年底,人口突
破1000万人。这里人口自然增长率大约在8‰,除去自然增长的人
口,外来移民至少在250万人以上。

　　民国时期的宁夏省面积276942平方公里。从自然条件看,分三部
分。河套平原区,人口稠密,养育着全省绝大部分人口。同心、盐地高
原区,属黄土高原的一部分,人口较稀疏,每平方公里不足10人。阿拉
善高原,属流沙戈壁,一片荒漠,每平方公里不足1人,基本上不具备生

存条件。清朝中期,宁夏人口曾达到 140 万人。后来,因战争和政局动荡,人口锐减,1912 年,只有 30 万人。1949 年,人口达到 73.5 万人。除去自然增长的人口,移入人口不少于 30 万人。

青海省面积 733950 平方公里,1912 年有人口 77 万人。平均每平方公里 1.05 人,是典型的人口稀疏地区。日月山以东的河湟地区,包括西宁、互助、大通、乐都、民和、湟源、湟中、化隆、循化九县,是人口稠密地区。其他县人口稀少。有几个县,如同仁、玉树、都兰等,全县只有几千人,10 平方公里才有 1 人。20 世纪上半叶,到底有多少人进入青海,缺少记录,但通过计算,可以得出一个大致的数字。1912 年,青海人口 77 万人。1949 年年底,增长到 148 万人,增加 71 万。按当时情况,这里人口自然增长率应当不超过 6‰。增加的 71 万人中,只有 26 万属于自然增长,其余 45 万属迁入人口。

新疆省面积 1660400 平方公里,占全国总面积的六分之一。民国时期,大片的沙漠和戈壁滩遍布各县。有的县面积十分大,比内地的省还大,如且末县,面积 199000 平方公里;若羌县,面积 188177 平方公里,但这些县的人口并不多,有的县只有几千人,人口极为稀疏。全省范围内,只有 35% 的区域有人居住。阿尔泰地区,在新疆最北端,面积 66500 平方公里,20 世纪 30 年代人口密度大约为每平方公里 1 人。准噶尔盆地西部山区,气候条件与阿尔泰地区基本相同,分布着塔城、额敏、裕民三县。30 年代人口密度为每平方公里 1 人。伊犁河、奎屯河两河之间地区,山口向西,大西洋的湿气可以从西边吹进,雨水较多,农业条件较好,分布着伊宁、霍城、博乐、温泉等 12 县,30 年代人口密度为每平方公里 3 人。天山中部地区,地处天山北麓和准噶尔盆地南端,自然条件较好,分布着 12 个县。全省政治经济文化的中心乌鲁木齐也在这里。天山南麓塔里木盆地北缘,分布着阿合奇、柯坪、巴楚等县。昆仑山北麓塔里木盆地南缘,分布着和田、于田、民丰等县。1912 年,新疆只有 250 万人,从它的自然条件来说,还有很大潜力可供移民。20 世纪上半叶,向新疆移民一直没有停止。从 1912 年到 1945 年,来这里

的移民大约为 90 万人,1945 年至 1949 年,大约为 13 万人,半个世纪的
时间,共有 103 万移民进入新疆。

　　整个 20 世纪上半叶,共有约 433 万移民进入西北的甘肃、宁夏、青
海、新疆四省。[①]

　　西南地区指云南、贵州、四川、西康。云南省,面积 389741 平方公
里,处在云贵高原的西部。境内多山,地形复杂,几乎没有大块的平原,
农业耕种技术也比较落后。1912 年,全省人口 1250 万人,每平方公里
32 人。滇中地区自然条件好于其他地区,昆明处于其间,是全省人口
最稠密的地区。西部的横断山区,处于青藏高原东坡,北接西藏、四川,
西临缅甸,气温低,山高谷深,人口稀少,每平方公里 10 人左右。贵州
省,面积 172305 平方公里,处在云贵高原东段。气候较好,但基本上全
是山地,山峦叠嶂,没有大块平地,土质贫瘠,故而农业落后,进一步向
里移民的潜力有限。1912 年,全省有人口 1121 万人,每平方公里 65
人。四川省,面积 341941 平方公里,各地自然条件差异悬殊。成都平
原,地处川中,地势平坦,水源充足,发展农业条件优越,开发也很早,自
古就有“天府”美誉。主要包括成都、大邑、蒲江、乐山、峨眉、资阳、中
江、德阳、绵竹等 36 县市。是全省人口最为稠密的地方,每平方公里超
过 600 人。以重庆为中心的川东丘陵区,包括绵阳、大足、大竹、营山、
梓潼等 38 县市,也属于比较发达的地区,每平方公里超过 250 人。川
北川南的山区,耕地少,人口密度下降许多,每平方公里不足百人。川
西北是青藏高原的一部分,寒冷干燥,无霜期短,每平方公里不足 2 人。
1912 年,四川人口为 4630 万人,是绝对的人口大省,平均每平方公里
170 人。西康省,面积 526827 平方公里。清时这里未设省。民国初设
立川边特别行政区,1924 年改为西康特别行政区。1928 年,将川西的
12 县也划归它管辖,正式设西康省。西康省既包括西康特别行政区,

---

　　① 路遇、滕泽之:《中国人口通史》(下),山东人民出版社 2000 年版,第 1114
页。

又包含原四川西部的 12 个县。自西向东分别是昌都地区、甘孜地区、二郎山以东地区。本省的东部，即四川边界到二郎山一带，人口相对较多，每平方公里超过 50 人。位于青藏高原上的昌都地区，山高谷深，气候寒冷，人口稀少，每平方公里不足 1 人。

清代末期，因中原人口稠密，动乱不止，不断有人向西南地区迁移，但规模不大。当时英国在西藏的势力很大，缅甸、印度也在英国控制之下。英国想扩大其势力范围，觊觎西康地区。为了阻止英国势力向西康渗透，清政府组织向这里移民，但受自然条件限制，移入的人口不多。人口大量涌入西南是在抗日战争时期。卢沟桥抗战开始后，为了防备万一，国民政府组织平津的文教人员、公职人员向南撤退。这些人，后来都迁进了大西南。日军开始攻打上海后，国民政府曾组织搬迁一部分工厂。最初，这些工厂停驻武汉。后来，因日军沿长江西进，又继续西迁，最后迁进西南地区。日军攻占南京后，兽性大发，杀人 30 万，消息传出，平民百姓十分害怕，许多人闻日军开来，纷纷逃走。他们中，一部分人迁入西北，一部分人迁入西南。为了阻止日军进攻武汉，蒋介石下令炸开河南花园口黄河大堤，水淹 40 余县，难民超过 1200 万人，这中间也有一部分人进入了云、贵、川。抗日战争时期，到底有多少人迁到大西南，缺少记载。但从当时的历史背景看，这个数字肯定很大。抗日战争胜利后，相当多的人返回原籍，但留在当地的人也不少。

辽宁、河北、山东、江苏、浙江等省的沿海地区，都有大片的海滩荒地。从清朝末年开始，就不断有人前去开垦。民国以后，到海滩去开垦荒地的人越来越多。江苏启东县，清前期还是一片不毛之地。民国后期，人口已达 36 万人。阜宁、盐城、东台，原来也是荒滩。到民国末年人口达到 100 万人，每平方公里超过 200 人。可见，当时向沿海滩涂地区移民的规模也很大。

第三节　人口问题对民众生活的影响

人口问题是指那些由于人口自身繁衍、变化而产生的问题;对这些问题,人自身要负其责,解决的办法也要从人自身寻找。那些因自然环境发生变化而产生的问题,虽然也极大地影响着人类的生存和发展,但不属于人口问题。人口问题很多,但归纳起来,可分成两大类,即数量问题和质量问题。

一、人口数量问题及其影响

近代中国四分五裂、动荡不止,除了制度不合理这个最重要的原因外,确实还有大量的非制度原因。笔者认为,人口因素就包括其中。数量方面,人口过多,人均占有财富少,生存压力大;质量方面,人口受教育程度低,素质不高,人口质量不能满足现代化进程的要求。这些突出问题,加剧了社会矛盾的激化。

中国最大的人口问题是人口数量太大,人均占有资源少,人均财富少。为了维持同样水平的生活,中国人要付出更多的艰辛。笔者认为,中国人口增殖快,有两个原因:第一,自给自足的封建小农经济生产方式下形成的多子多福观念。小农观念有多种,这里没必要一一列举,但有一条与人口增殖关系密切,这就是多子多福观念。形成多子多福观念,与当时的生产力水平低下有关。小农经济靠手工劳动。在这样的生产力水平下,多一个子女就多一个劳动人手,多一个劳动人手就多一份财富。因此,子女多,劳动就多,财富就多,幸福就多。在当时的生产力水平下,人口数量对家庭富裕程度、国家实力有着巨大的影响。当时,对人口数量的要求比对人口质量的要求更迫切。正因为如此,清朝康熙年间"滋生人口永不加赋"的政策受到人们的普遍欢迎。人的行动受观念支配,多子多福观念大大促进了人口的增殖。第二,强烈的宗族观念。与其他民族相比,中国人的宗族观念较强。为家族增光,耀祖光宗,在中国人思想中占有十分突出的地位。一个人在社会上做错了事,不仅自己不体面,而且还丢了列祖列宗的脸,整个家族为之脸面无光。一个人在社会上有了地位权力,就拼命提携自己家族中人,形成一人得道、鸡犬升天的局面。在强烈的宗族观念下,多生子女就成了必然之事。中国人的宗族观念之所以强烈,与农业生产方式有很大关系。以农业为谋生手段,一个家族在一起生活,形成一个利益共同体,荣则共荣,毁则共毁。久而久之,人的家族观念就逐渐形成了。与之不同,以渔业、商业为谋生手段的人口,四处流动,到处漂泊,家族意识就较为薄弱。有学者研究,近代,随着商品经济的发展,沿海地区的家庭规模在变小。可见,家族观念受生产方式影响较大。

诚然,历史过程的形成,是多种因素综合作用的结果。但是,不管现在能分析出多少原因,结局已经形成,这就是我国人口十分多,数量巨大,人口对环境的压力短时期不易解决。

中国以农业立国。农业生产过程中,土地是最基本的生产资料,因此它十分珍贵。有土地就等于有财富,占财富主要就是占土地。生命靠土地产出去维持,土地就是命。有土地就有命,无土地就无命。人多地少的矛盾形成后,大大提高了土地的身价。为了生活,人们拼命占有土地。土地是最基本的生产资料,当人人都有一份土地的时候,社会就比较安定,人们就能安居乐业。反之,当土地被集中占有的时候,许多人没有土地,无以为生,于是就"暴民"四起,动荡不止,政权飘摇。中国封建社会的历史,就是一个土地集中、集中被打破、再集中、再打破的循环过程。

从清朝中期到民国,正处在新一轮土地集中形成过程中。清朝中期,土地集中已显端倪。著名学者洪亮吉(1746—1809)指出:"兼并之家,一人据百人之屋,一户占百户之田。"[1]可见,当时的土地兼并已经

---

[1] 洪亮吉:《洪北江诗文集·意言》。

有了一定的规模。鸦片战争前夕,情况更加严重,社会上出现了许多因失去土地而不能安居乐业的人,"不士、不农、不工、不商之人,十将五六,贫富大不相齐。"①鸦片战争后,社会严重失序,混乱愈演愈烈。在这样的社会背景下,小农手中的土地比以前更容易被有钱有势的人侵占,土地集中的速度快于从前。不但中国有钱有势的人拼命占地,就连在中国的外国人也加入到土地掠夺者的行列中,充当地主。这进一步加剧了土地占有的不均衡。在中国抢占土地的外来势力主要是教会和商人。教堂占地十分普遍。绥远省的"每个教堂各占有土地数百千顷,筑室耕田,自成都邑,仿佛一个个小独立国。"②全省 265 所教堂,占地达 500 万亩。在四川西部,天主教会占地 30 多万亩。直隶献县张家庄的法国天主教堂,占地 5975 亩,还有房产 3330 间。③ 经营农业有利可图,使一些在华的外国商人也购置土地,亲自经营。英美烟草公司在河南许昌有地数百亩。④ 日人新井泰治在内蒙古占地 15000 町步(一町步合 16 市亩)。⑤ 日人名峰八十一,在热河购地 200 方(1 方合 450市亩)。⑥ 日本的东亚劝业株式会社,在中国东北占地 124672 町步。⑦耕地面积相对固定,外来势力前来抢占,参与土地经营,使本来就已不敷使用的耕地更加紧张。清政府垮台后,统治中国的是大大小小的军阀,全社会弥漫着嗜武如命,武力横行,公理遭践踏,贫弱者凄惨无助的景象。军阀官僚利用手中的武力和权力,拼命抢占土地,大官僚大军阀同时就是大地主的情况比较普遍。袁世凯占地 400 顷,张敬尧占地 8万亩,张作霖占地 150 万亩,刘楷堂(云南总督)占地 25000 亩,李厚基

---

① 　金德群:《中国国民党土地政策研究》,海洋出版社 1991 年版,第 31 页。
② 　李文治:《中国近代农业史资料》第 1 辑,第 238 页。
③ 　《天主堂在献县等处的田产》,《近代史资料》1982 年第 1 期。
④ 　章有义:《中国近代农业史资料》第 2 辑,第 31 页。
⑤ 　章有义:《中国近代农业史资料》第 2 辑,第 30 页。
⑥ 　章有义:《中国近代农业史资料》第 2 辑,第 25 页。
⑦ 　章有义:《中国近代农业史资料》第 2 辑,第 27 页。

（福建督军）占地 20000 亩,赵恒惕占地 10000 亩。有枪就有地,有地就有钱,这是军阀发家的基本轨迹。土地的获得,主要不是靠商业原则,而是靠政治军事实力,这是军阀获得土地的基本途径。军阀统治时期,时间虽然不是很长,但社会空前混乱,几乎到了无法无天的地步,所以土地兼并更甚于从前。

西方发达国家农村土地演变的一般轨迹是:资产阶级掌权后,通过政治强制力和经济手段,打破原来封建的大土地所有制,培植起众多小农,并且允许土地买卖。小农制形成后,由于种种原因,在后来的发展过程中,部分小农破产,将土地卖给别人。有地的人日渐减少,土地日渐被集中占有,最后形成一批大土地所有者。这是资产阶级革命后土地关系演变的基本趋势。土地集中占有的过程,也是土地使用方法变革的过程。大土地所有者用新方式经营自己的土地:招募农业工人,用工资给工人做报酬;将现代科技引入农业,形成一整套全新的耕种、管理、收获、加工、贮存的方法;农产品基本上不是供自己消费,而是供应市场。农业发展到这一步,就形成了资本主义农场农业。农场农业的基本特点是:务农人口少,科技含量高,作物产量大,绝大部分产品投放市场。农场农业的形成过程,与工业化、城市化同步进行,互为条件,互相推动,协调发展。工业为农业提供技术、机械,城市吸纳农村多余的劳动力,并且成为农产品的主要消费场所。农场农业,彻底打破了原来一家一户的小生产,使农业生产变成了社会化大生产。这是农业发展史上的革命。

中国农村没有出现这种变化。由于人多地少,人口严重过剩,造成劳动力十分低廉。雇一个工人不需要许多钱,而其所带来的利润却很可观。因此,中国的地主都不愿花钱买农业机械。他们或者把土地出租,收取地租,或者直接雇用劳动力在自己的土地上耕种。因而,中国土地被集中占有以后,并没有向现代农场农业演变,而是继续重复过去的小农生产。因为人多地少,单位面积上的劳动人手多,精耕细作,中国农业单位面积产量并不低。如 20 年代,中国"小麦亩产和美国不相上下,稻米产量是印度和泰国的 2—3 倍。但中国人均耕地面积太少,故人均产粮相当低下,……一个中国农民一年生产的粮食仅为 1400 公斤,而美国是 20000 公斤,是中国的 14 倍。"①这样低的农业生产率,只够维持温饱,几乎没有剩余。马克思说:"超过劳动者个人需要的农业劳动生产率,是一切社会的基础。"②中国当时如此低的农业劳动生产率,只能维持简单再生产,不可能为现代化进程提供强大的助力。

土地集中占有,却仍用小农方式耕种,导致的一个严重后果就是农村日渐贫困。土地掌握在地主手中,无地和少地的人很多。为了生存,他们只有租种地主土地,向地主交地租。佃农的地租,通常在 50% 左右,个别的竟达 70%,其剥削之重,在世界上很少见。有的学者说,民国年间,全国佃农每年交地主地租 600 亿斤③,也有人说 700亿斤。④ 民国年间,中国有 4 亿多人;粮食亩产量,在南方水稻种植区,一般是 300—400 斤;北方麦黍种植区,一般只有 130—200 斤。把人口、亩产与地租总量相联系,地租之重,可以想见。落后的生产方式,沉重的剥削,使中国农村陷入了极端艰难的境地。广大农民一年到头辛辛苦苦,风吹日晒,到头来所剩无几;不要说扩大再生产,就连维持最基本的生活都不够。饥寒交迫,平常之事;卖儿卖女,到处可见;冻死饿死,司空见惯。农民的这种贫困化不是相对的,而是绝对的。历史学家漆侠说,中国农民的生活,明清不如唐宋,民国不如明清。可见,民国时期农民的生活,在上千年的历史上都是最低的。农村落入艰难境地,农民缺乏基本生活资料,是近代社会混乱、经济萧条的重要原因。中国现代化进程不顺利,充满曲折,人口过多是原

---

①　黄逸平、虞宝棠:《北洋政府时期的经济》,上海社会科学院出版社 1995年版,第 310 页。

②　《马克思恩格斯全集》第 25 卷,人民出版社 1972 年版,第 885 页。

③　金德群:《中国国民党土地政策研究》,海洋出版社 1991 年版,第 346 页。

④　胡绳:《中国共产党的七十年》,中共党史出版社 1991 年版,第 275 页。

因之一。

民国年间,许多人生活无保障,四处流浪。为了衡量到底有多少人被迫离开原来居住地,外出流浪,学者们发明了"离村率"这个概念。所谓离村率,就是离家流浪人口占村里原有人口的比例。离村,有各种原因。出嫁、上学、做工、经商,都可能造成离村。但离村率涉及的人口,是指那些在当地失去了生活依靠,被迫外出谋生的人。章有义编的《中国近代农业史资料》第 2 辑第 636 页有这样一个统计表:

表1—7

地名	村数	总人口数	离村人数	离村率%
仪征		2084	30	1.44
江阴	5	3414	80	2.34
吴江	17	1372	67	3.88
宿县	20	3478	105	4.02
沾化	12	5857	513	8.70
遵化	20	9085	241	2.65
唐县	18	6177	281	3.55
邯郸	24	4236	77	1.82
盐山	18	803	70	8.72
萧山		10355	795	7.58

这个统计表涉及的地区,虽然没有包括全国所有省份,但从南方的浙江、江苏,到北方的山东、河北,所涵盖的地域相当广大。它反映了这样一个现实:中国从南到北到处都有人背井离乡,流浪外地。

《中国近代农业史资料》第 3 辑第 882 页有一则河北定县十余年的人口离村资料,现抄录如下:

表1—8   河北定县人口离村情况

年份	往东北者	往东北之外者	离村总人数
1924	1085	451	1536
1925	394	338	732
1926	372	409	781
1927	398	369	767
1928	284	258	532
1929	325	449	774
1930	228	215	443
1931	322	1040	1362
1932	1778	1589	3367
1933	5012	2837	7849
1934	不详	不详	15084

定县是晏阳初为首的中国平教会推广农村改造方案的试验县。每年有20万元的专项拨款，又处华北平原，它的生活水平应在中等之上。这样的县每年有这样多的人离开本地外出谋生，其他落后地区的情况就可想而知了。

二、人口质量问题及其影响

人口质量，也称人口素质，包括精神和身体两方面。精神方面可分为道德的、学识的、心理的等多项指标，它们中有些目前还没有客观公正的评估方法。最常用的办法是考察人口受教育的程度。身体方面的素质，形成原因也有多种，如遗传、受孕、喂养、锻炼、环境等。本文主要考察食物的影响。一般来讲，食物好，身体素质就好；食物不好，身体素质也不会好。

先看人口受教育程度。为了便于讨论，先从葛剑雄教授主编的《中国人口史》第6卷中摘取几个表：

表1—9　　　**1929—1933年中国乡村人口受教育程度**

性别	人口总计（％）	是否受过教育（％）			是否识字（％）		
		未受教育	稍受教育	不详	文盲	识字	不详
男	100.0	54.1	45.2	0.7	69.3	30.3	0.4
女	100.0	97.7	2.2	0.1	98.7	1.2	0.1

表1—10　　　　**1929—1933年乡村受过教育的
人口所受教育的形式**

性别	总计（％）	教育形式（％）		
		旧式	新式	新旧兼有
男	100.0	66.5	28.3	5.3
女	100.0	31.1	63.5	4.7

表1—11　　　　**1929—1933年受过教育的
人口的平均在学时间（年）**

性别	平均时间	教育形式		
		旧式	新式	新旧兼有
男	4.1	4.0	3.7	7.5
女	3.0	2.8	2.9	5.3

从这些表中可以清楚地看出，当时，受过教育的人所占的比例较低。即使是受过教育的人，所受教育的时间也不长，绝大多数连小学都没有毕业。中国人口受教育程度低，和其他国家一比就可以看出来。1925年，日本每万人中，有小学生1939.17名，中学生567.27名，大学生21.44名。但到1928年，中国每万人中，只有小学生189.52名，中学生5.05名，大学生0.54名。[①] 由于教育落后，中国十分缺乏熟练劳

①　黄逸平、虞宝棠：《北洋政府时期的经济》，上海社会科学院出版社1995年5月版，第312页。

动力和科技人员。许多部门的生产只能因循守旧,即使买进先进机器设备也不会使用。因此,产品质量差,工作效率低,没有竞争能力。以丝为例,由于中国总停留在原来的加工水平上,不思改进工艺,中国丝的一部分国际市场,很快就被日本、意大利、美国生产的丝占去。中国茶叶原来有很好的国际市场,但因循守旧,不求提高。相反,印度、锡兰的茶农却积极改进种植方法和加工工艺,他们逐渐抢走了一部分原来中国享有的市场。总之,20世纪上半叶,中国在国际上无地位,绝大多数人生活艰难,国民受教育少、文化素质低是一个重要原因。这一点我们应该老老实实地承认。经过近一个世纪的探索,在20世纪末,中国终于确立了科教兴国战略。全人类几个世纪的历史告诉我们,走这条路绝对正确。只要我们坚定地在这条路上走下去,中华民族就会一天天繁荣起来。

为了全方位地系统考察当时中国的教育水平,在这里我们有必要对中国和部分国家的教育进行比较。

(1)普及义务教育。普及义务教育,指国家权力机关通过立法形式,规定所有适龄儿童和青少年必须接受一定年限的学校教育,并要求国家、社会、家长必须予以保证的国民教育制度。普及义务教育是近代以来世界教育改革最主要的潮流之一。西方普及义务教育的历史一般分为三个时期。16—19世纪中期为兴起时期。19世纪中期至20世纪初是普及义务教育在欧美和日本形成和实施时期。20世纪上半叶为发达国家完善义务教育和发展中国家开始实施义务教育时期。至此,普及义务教育已成为全球行动和社会进步的重要标志。中国义务教育经历了以下几个阶段:清朝末年拟议,辛亥革命时期认定,民国时期开始实施。但总的来看,由于战乱,经济破败,普及义务教育只是初步实施,到1949年中华人民共和国成立时,中国儿童受初级教育的比例仍很低。

贫穷是发展教育的最大障碍。穷人的孩子能不能上学是普及义务教育的关键。西方国家在开展义务教育的早期,也同样存在着穷人孩子上不起学的问题。即使不收学费,有的家庭也急需孩子早早工作,挣得收入补贴家庭。针对这个问题,早在 19 世纪 80 年代,德国、美国、法国等国的慈善团体,就开始向小学生提供膳食,以避免穷苦儿童饿肚上学,或中途退学。1912 年,英国通过了向小学生提供膳食的法案。同时,美国也有 30 多个城市实行这类法案。1918 年,德国在宪法中规定,儿童不但不必交纳学费,而且学生本人和学生家长还能得到社会提供的补助。应该说,发达国家的义务教育是名副其实的,真正做到了人人可以接受教育。这方面,中国落后了许多。20 世纪上半叶,享受初等教育,对一般中国人来讲,是一种奢望。因此,当时,绝大多数中国人是文盲。

(2)高等教育。不论中国还是西方,高等教育兴起都很早。西方 13 世纪就有大学,中国古代也有国家兴办的太学,还有各种书院。古代的大学,往往把上古的经典著作作为教材,用它们的价值标准陶冶人。因而,早期的西方大学主要是培养神职人员;中国大学是培养做示范的官绅。那时的大学,教人们向回看,向古人学习。这个时期,中外大学在一个水平上。西方文艺复兴之后,大学出现了自由主义思潮。人们可以自由发表自己的看法,探讨各种问题的解决方案。虽然传输整理知识的职能依然存在,但大学的更大职能是探讨新问题,为未来做设计。中国大学发展到这个阶段非常晚。与西方相比,相差至少一个世纪。在大学的这步转化过程中,中国落后了许多。近代,随着工业化的推进,实用科学在大学的地位日益突出,法、农、医、工纷纷登台,大学成了国家培养建设人才的重要基地。大学职能向这方面转化,中国又晚了很多年。20 世纪上半叶,中国现代高等教育处于起步阶段。由于缺乏人才、资金和办学环境,高等教育还处在比较低的水平上。即使这样的高等教育,能够享受到的人也是凤毛麟角,少之又少。这个时期,中国人口中出现了一批有世界声誉的学者和科学家,但他们绝大多数是西方学校培养出来的。

(3)女子教育。古代,妇女没有地位,很少参加社会活动,中外都如此。女性受教育,是自由平等观念兴起和工业化需要劳动力的产物。在西方,到 19 世纪,各主要国家基本上都确立了教育上的男女平等原则,并开始实施。1837 年,美国俄亥俄州的奥伯林学院首先向女子开放,1841 年,第一批女生在该学院获得学士学位。南北战争后,美国大学普遍招收女生,男女同校被固定下来。根据《欧美女子教育史》一书记载,1912 年,美国在校大学生中,有 36.3% 是女生。在实行男女同校的同时,还建立了一批女子学院。瓦萨尔女子学院,1865 年创立;韦尔斯利女子学院,1875 年创立;史密斯女子学院,1875 年创立;普林摩尔女子学院,1885 年创立。在发展女性教育方面,日本虽然稍晚,但进行得比较彻底。到 20 世纪初,随着义务教育的普及,女童入学率已相当高。中国各类学校招收女性,是辛亥革命之后。在此以前,很少有女子上学。据《中外教育比较史纲》一书记载,1912 年,全国所有小学共有女生 130984 名,1919 年达到 215626 名。1929 年上升到 1304043 名,占全国小学生总数的 14%。1917 年,全国共有女中学生 724 名;1929 年达到 33073 名,占全部中学生的 14.94%。能够接受高等教育的女性极为稀少。1920 年,北京大学招收 9 名女生。1922 年,全国各主要高校招收女生数如下:北京大学 11 名,北京师范大学 15 名,北京政法大学 7 名,北京农业大学 4 名,北京女子高师 236 名,北京工业专科学校 8 名,北京医学专门学校 14 名,北京美术专门学校 30 名,东南大学 44 名,上海商科大学 13 名,武昌高等师范 19 名,广东高等师范 13 名,河北大学 13 名,厦门大学 4 名,武昌外国语专门学校 7 名,广东政治专门学校 13 名,云南东陆大学 8 名,中国大学 14 名,北京平民大学 12 名,新华大学 4 名,上海美术专门学校 52 名,中国公学 3 名,豫章法律专门学校 6 名,群治法律专科学校 12 名,岭南大学 27 名。四亿多的人口,众多的学龄女性,只有这样少的几个人能接受教育,足见中国女子教育之落后。一个国家女性的素质,在很大程度上决定着这个国家人口的总体素质。中国女性人口受教育少,大多数女性处于文盲状态,这必然会影响到全体人口素质的提高。

前文说过,通过观察食物,可以从侧面观察人的身体发育情况。下面介绍 20 世纪上半叶中国人的食物水平,其目的在于说明当时人的身体素质。1927 年,太平洋国际学会在美国檀香山召开年会,美国农业经济专家培克博士提出,应该对中国的土地利用状况展开调查。随后,他草拟了调查计划。1928 年冬,该学会的康德利夫博士来华,参观了金陵大学的农业经济系,对该系的学术力量给予肯定,并请求该系师生协助完成中国土地利用调查计划,双方达成了协议。这之后,洛克菲勒基金会连续 5 年拨款资助该项目,使其顺利完成,并形成了《中国土地利用》一书。这部书保留了许多反映 30 年代中国人生活水平的资料。这次调查,范围涉及 16 个省,119 个地区,因而其材料比较全面。20 世纪 30 年代,生理专家认为,一个成年男子,每日需摄入热量 2800 卡路里,蛋白质 70 克,钙 0.8 克,磷 1.1 克,铁 0.015 克。这个标准,与 20 世纪 90 年代公布的标准出入不大。从调查结果看,39 个地区每日摄入的热量不足,占全部调查地区的 30%。这 39 个地区,有 27 个在北方小麦产区,12 个在南方水稻产区。人们摄入的热量中,仅有 2.3% 来源于动物食品,其他则来源于植物。水稻产区,摄入的动物热量占 3.6%,小麦产区只占 1%。从这个数字看,无论南方还是北方,人们平时都很少吃肉食。摄入的食物,一部分是面粉、稻米、玉米、小米、高粱,还有相当大的比重是芋薯。在全部的动物食品中,猪肉最多,而后依次是牛肉、羊肉、鸡肉、鱼肉。一个男子一年平均消费 8.35 个鸡蛋。鸡蛋属于奢侈品,平时不易吃到。许多农民用鸡蛋换钱。水稻产区的人口,68.4% 的热量来自水稻,5.6% 来自小麦。小麦产区的人口,23.5% 的热量来自小麦,0.6% 来自水稻,19.9% 来自小米,14.6% 来自高粱。小麦产区人口的主食比水稻产区丰富。136 个地区中,17 个地区摄入蛋白质不够标准。各地区人口摄入蛋白质差距很大,平均看,小麦产区高出水稻产区 20%。原因在于小麦产区食物中的大豆很多。摄入的蛋白质中,76% 来自谷物,4% 来自动物食品,其余来自蔬菜和薯类。食入的动物蛋白过少,会影响人的体质,因为动物蛋白品质优秀,容易吸收。

广大农村人口的食物中,几乎没有牛奶。从摄入蛋白质看,中国人远远少于西方。中国人钙的摄入量普遍不足。136 个地区中,只有一个地区每日摄入的钙达到标准。平均来看,每人每日摄入的钙只有标准的一半,其中有 5 个地区每日摄入的钙只有 0.2 克,仅为标准量的四分之一。儿童钙的摄入量不及西方发达国家的一半。比较来说,北方人口每日摄入钙多于南方,原因在于北方食物主要是小麦和豆类,这些食物含钙量远远多于水稻。水稻未加工前,含钙较多,但加工成稻米后,大量钙流失。另外,北方居民常吃一些黑豆,它的含钙量非常高。从这个材料可以看出,与发达国家相比,中国人的食物水平还不高。由此,可以得出结论,20 世纪上半叶,中国人的身体素质并不好。

1922—1925 年,金陵大学农业经济系对河北、河南、安徽等 6 省 13 个地区 2854 个农村家庭进行收入和生活费用调查。被调查地区中,江苏省江宁县淳化镇收入最高,人均 517.9 元。河北省盐山县人均收入最低,仅为 122.4 元。全部被调查地区人均收入为 266.8 元。而同期美国乡村人口人均收入达 1597.5 元,是中国的 6 倍。家庭平均生活费用为 231 元,全年的收入除去开销几乎没有剩余。在家庭消费上,河南开封最高,为 349.7 元;河北平乡县最低,为 88.6 元。19 世纪 50 年代,德国统计学家厄内斯特·恩格尔通过对比利时 153 个家庭进行研究,创造了恩格尔定律,即一个家庭用于食品开支的比例越高,其收入越低。食品开支与全部开支之比,称为恩格尔系数。一般认为,恩格尔系数低于 30% 为极富裕,30%—39% 为富裕,40%—49% 为小康,50%—59% 为勉强度日,60% 以上为绝对贫困。根据这个标准,20 世纪上半叶,中国农村基本上处于勉强度日和绝对贫困状态。

第二章　劳动生活

劳动是大多数人谋取生活资料来源的主要方式,工作岗位不同,人们的劳动生活也有很大的区别。根据工作种类的劳动方式、强度及收入的相近程度,可以将社会成员划分为若干社会阶层。详细分析各个阶层的具体劳动状况,既可以比较各个阶层在付出与回报关系上的异同,也可以对整个社会的经济发展状况以及大多数人的日常生活有所了解。各个阶层在劳动生活上的优劣对比,成为阶层之间相互流动的动力,从而推动了整个社会的发展变化。

第一节　社会新分工与20世纪上半叶
社会阶层的流动

鸦片战争以后,中国开始了由传统社会向近代社会的转型与过渡。社会转型的范围很广,牵涉到政治、经济、军事、文化教育等各个方面。无论是哪个方面的变化,都会引起职业结构的变动,推动社会新分工的发生。尤其是20世纪初清末新政以来,军队的编练、学校的兴办、官制的整顿、实业的发展以及新闻出版业的兴起、西方医药制度的引进,等等,在产生新的职业阶层的同时,也促进了社会的新分工。与此同时,由于社会变化的急遽,各个阶层之间的流动也较以往迅速。

一、社会新分工情况

进入 20 世纪之后,传统的"士农工商"的四大分类已不足以概括所有的行业,这从以下几个省市可以清晰地看出。

表 2—1   各地区职业别人口数目比较表

地区别 职业别	江苏(1919)		山西(1922)		南京(1925)		青岛(1926)		河北乐亭(1936)	
	人数	百分比	人数	百分比	人数	百分比	人数	百分比	人数	百分比
议员	187	0.0006	223	0.002						
官吏	6412	0.020	4994	0.042	2446	0.621				
公务员	17894	0.057	15802	0.134	13611	3.454	2419	0.914	987	0.294
军人			34027	0.288			1332	0.503	582	0.174
警士			8241	0.070			1232	0.465	1585	0.473
教职员	31649	0.100	38257	0.324	1266	0.321	384	0.145	608	0.181
学生	699697	2.229	1091376	9.250	23217	5.892	5357	2.024	18360	5.474
僧侣教徒	157679	0.502			1718	0.436				
律师	1072	0.003	91	0.001			25	0.009	36	0.011
新闻记者	787	0.002	93	0.001	105	0.027	92	0.035	12	0.004
医生	22023	0.070	7461	0.063	339	0.086	87	0.033	480	0.143
稳婆					52	0.013				
农业	12577470	40.081	5633422	47.744	18742	4.757	64348	24.307	127991	38.157
矿业	3291	0.010	68020	0.576	195	0.049			3553	1.059
商业	2825296	9.003	871436	7.386	61886	15.706	30038	11.346	46149	13.758
工业	2025407	6.454	608817	5.160	53667	13.621	23765	8.977	18426	5.493
渔业	390035	1.242	482	0.004	2635	0.669	10159	3.837	785	0.234
畜牧业			38701	0.328						

地区别\职业别	江苏(1919)		山西(1922)		南京(1925)		青岛(1926)		河北乐亭(1936)	
	人数	百分比	人数	百分比	人数	百分比	人数	百分比	人数	百分比
交通员							155	0.059	358	0.107
劳力	1406302	4.481	771732	6.541			12157	4.592	18571	5.536
娼妓	4044	0.012	806	0.007			269	0.102	40	0.112
其他	1895328	6.040	785972	6.432	69402	17.614	3963	1.497	1798	0.536
无职业			1819156	15.418	144982	36.797	108871	41.125	95112	28.355
不详	9315007	29.685								
合计	31379480	100.000	11799109	99.770	394010		264735		335433	

资料来源：江苏、山西、南京、青岛：王清彬等编：《第一次中国劳动年鉴》，北平社会
　　调查部1928年版，第1编，第2—5页；
　　乐亭：北宁铁路沿线经济调查部1936年编印：《北宁铁路沿线经济调查
　　报告》第5册山海关段调查，第1566页。

　　由于谋生方式的不同，城市与乡村的职业结构有着较大的区别。城市以工商为主，而乡村则以农业为主。不过，这里的江苏、山西两省的数据是该省城市与乡村的组合，已不能作为乡村的代表。尽管如此，上表的数据仍在一定程度上反映了城乡间职业结构上的区别。南京是大型都市，农业人口已微不足道，仅占4.76%，而工商业则为29.33%。青岛是个新兴城市，农业仍然占据着重要的地位，与工商业不相上下。江苏、山西以及河北乐亭虽然包含着省会及县城，但乡村仍为主体，农业仍为各地主业，三地从事农业的人口比例分别为40.08%、47.74%和38.16%。其实，这个数据还不是农业人口的全部。因为在所有的统计数据中，协助丈夫及家人从事农业的女性无一例外地都被纳入了无职业一栏。河北乐亭的无职业人口共有95112人，其中女性为80272人。这些女性真的没有职业吗？调查者对密云县统计数字的解释可以说明这一问题。密云的人口职业调查与乐亭同期进行，其统计

结果,全县 76018 名男子中,从事农业者 53212 人,而 70082 名妇女中,有职业者仅教职员 9 人,学生 198 人,其余均被列为无职业。但这些所谓无职业的妇女,其实绝大多数在从事着农业。"农民人数及户数,据该县人口职业统计,男子业农者共为 53212 人,所有帮助男子在田地工作之妇女,亦不下五万人,总计约在十万人以上"。① 如果将这些潜在人口计算在内,从事农业的人口将大幅度增加。1930 年李景汉在河北定县调查时发现,"定县既为农业社会,其人民之职业自然是以农业为主,约占 85% 左右"。② 值得一提的是,称作农户的家庭并非仅仅从事农业,多数农户在农业之外,兼做手工、经商等副业。在山东泰安,20 世纪 20 年代末时全县青壮年男子从事农业者为 80%,从事工业者 10%,商业 5%,文化教育 40%,军人 5%,游民 1%。总数之所以会超过 100%,是因为其他各业多为农业之外的兼业。正如县志所说,"泰安虽分脚色,其实皆农。教员、学生亦事操作,匠人忙时或田己田或为人佣,工、商与兵回家仍以农为事,游手不农者仅百分之一二,盖泰安以农为本位"。③

通过上表可以看出,20 世纪上半叶人口的职业结构与以往相比有了较大的变化。从固有职业的比例来看,产业工人的绝对数量在 19 世纪末 20 世纪初有了大幅增长。截取几个典型的年份为例,1894 年的产业工人总数,孙毓棠估计应为 10 万左右;1913 年的产业工人总数,汪敬虞认为当在 50 万人至 60 万人之间,另有人认为当为 117.6 万人;至于 1919 年的产业工人总数,刘立凯估计为 260 万人,张宗仁则估算为 190 多万人。④ 由于大家对产业工人的内涵意见不一,因而出现统计结果的差异在所难免。从这几组数据中我们可以看出,在 1894 年至

---

① 《北宁铁路沿线经济调查报告》第 2 册,丰台段调查,第 409 页。
② 李景汉:《定县社会调查概况》,第 149 页。
③ 《重修泰安县志》卷 4,1929 年铅印。
④ 刘明逵:《中国工人阶级历史状况》第 1 卷第 1 册,中共中央党校出版社 1985 年版,第 87—95 页。

1919 年的二十余年中中国的产业工人增长了将近 20 倍。另一份指数对比的材料也可对此予以佐证。据刘明逵对各地材料的整理,以 1895 年的指数为 100,至 1933 年全国人口的指数上升到 105.6,上海人口指数增长为 840.5,而全国工业人数的指数则增至 1805.5。[①] 由此可见,自 1895 年至 1933 年,无论是全国人口、城市人口(以上海为例)、还是工业工人的人数,都处于增长的趋势,但其幅度各不相同。就其增长幅度而言,城市人口的增长高过全国人口的增长,工业工人的增长又高过城市人口的增长。也就是说,人口城市化与城市人口工业化是这几十年中极为突出的现象,而这恰好是城市与人口近代化的具体要求与表现。

从新增职业结构来看,医生、律师、新闻记者很显然是随着近代化过程才出现的。在传统社会中,这几个职业岗位或者不存在,或者是另一番模样。仅以医生为例,在西方医学传入中国之前,中国的医疗系统非常简单,主要由开处方的郎中与卖草药的药店所组成。进入近代以后,尤其是民国时期,中国的医药状况发生了重大变化。据 1933 年 7 月中央统计处公布,全国 20 个省会以及 5 个特别市共有医师 3001 人,药师 608 名,药剂生 1296 人,助产士 2411 人,中医 11618 人,接生婆 670 人,医院 579 所,床位 16225 个,西药房 699 个,中药铺 3174 个。[②] 从这些分类名称中可以明显看出,中西结合所改变的不仅仅是中国的医药状况,还有医生这一职业的具体内容与形象。律师与新闻记者也是一样,前者是随着西方法律制度的引进而出现,后者则是近代报刊创建的结果。总之,20 世纪上半叶的中国,随着社会的转型与发展,不但固有职业结构的比例发生变化,还出现了一些新的职业岗位,社会分工出现了新的情况。

---

① 刘明逵:《中国工人阶级历史状况》第 1 卷第 1 册,第 122 页。
② 中央统计处编:《中国国民党指导下之政治成绩统计》,1933 年 7 月,第 41—42 页。

二、社会阶层之间的流动

"士农工商"是中国传统的职业结构的划分方法,与通常意义上的社会阶层还有着很大的差距。按照马克思主义的阶级分层理论,阶层从属于阶级,每一阶级内部划分为若干阶层。阶级或阶层的划分标准,依据的是人们在生产关系中所处的地位,也就是说,经济标准是马克思主义社会分层理论的主要内容。M. 韦伯在马克思阶级分层观点的基础之上,提出了一套不同的多元社会分层理论。韦伯认为,财富、威望与权力是划分社会层次结构的经济标准、社会标准和政治标准。这三重标准既互相联系,又可以独立使用。西方社会学家对社会分层的研究,大多继承了韦伯的上述观点。在将社会划分为上、中、下三个阶级的同时,又将每个阶级各分两层。当然,关于社会分层问题,学者们还没有达成一致意见,而且不同社会也会有不同的阶层划分。有鉴于此,笔者认为,20 世纪上半叶中国社会阶层的流动,包括了横向上的相互转化以及纵向上的相互渗透。也就是说,每一职业阶层既存在着向其他职业阶层转化的可能,也存在着在同一阶层内部上下之间的流动。

在以农为主的社会里,农民是阶层流动的源泉。不但经常向工人、商人、士兵及公教人员等其他阶层转换,其自身内部也存在着各类农户之间的流动。家庭副业是多数农民在农业耕作之外的兼业,但由于工商业与农业之间存在利益差异,有时竟能反客为主,农业耕作被降到了次要位置。民国时期的河北高阳是华北布业中心之一,该县县志记载,由于提倡工业,"全县日渐繁荣,商业繁盛,生活日裕,风俗渐靡,而对于力农亦渐就颓废"。究其原因,"盖终年劳苦,不逮工业一月所入"。① 但是,他们要真正地改变农民身份而转化为工商业的从业者,往往还需要与农业的脱离。离村成了农民与农业游离的必要环节,中国近代城市的产业工人绝大多数来自于离村入城的农民。法人谢诺通

----

① 《高阳县志》第 2 卷,1931 年铅印。

过整理资料发现,"在第一次世界大战结束不久的年代里,几乎所有中国新式工业和运输业的工人都是来自近年涌进城市的农民"。① 据20世纪二三十年代抽样调查,各地工厂工人出身于农民的比例,51名黄包车夫为71%,100名大连码头工人为69%,塘沽86名久大制盐业工人为59.3%,50名碱厂工人为44%。② 农民人城与近代工商业的发展密不可分,这一点已在学术界达成共识。来新夏在其编著的《天津近代史》一书中明确指出,"天津的近代产业工人,一般都来自北方农村中破产的农民或手工业者"。③

从事小型商业活动在农户间相当普遍,据实业部中央农业实验所1936年调查,全国22省兼营小商贩的农家占农家总数的15.1%。④ 在农业生产常年不足的地方,外出经商有时竟形成风气。就冀鲁豫三省来说,濒临东北的冀东以及铁路沿线的胶东等地,外出经商务工较为流行。据北宁铁路车务处调查,冀东人民以务农为主,但却具有外出经营的习惯。三河县民"多往外埠经商,少数壮丁,赴唐山充矿工,其余多赴北平经营旅店、洗衣、饭馆等业,或充侍役,而妇女赴平佣工者,为数尤伙,对于县中经济,补益甚大"。通县人民"外出赴平津两市,及张家口、保定、东三省等地,经营大规模商店者,颇不乏人,其中尤以在北平服务于银号、银行、金店、及洋货、绸缎、布匹庄者,为最多"。卢龙"居民出外,则以经商为谋生唯一途径"。昌黎在外谋生者,也"多商人或工人"。⑤ 宝坻赴外地谋生情形,在各区之间有所差异。"至平津作泥瓦匠者,以八区农民为多,在关外营澡堂及理发业者,以六七区居民

---

① 转引自刘明逵:《中国工人阶级历史状况》第1册,第167页。

② 转引自刘明逵:《中国工人阶级历史状况》第1册,第167页。

③ 来新夏编:《天津近代史》,天津南开大学出版社1987年版,第123页。

④ 实业部中央农业实验所:《农情报告》第4卷第11期,1936年11月,第292页。

⑤ 北宁铁路车务处1936年编印:《北宁铁路沿线经济调查报告》,第518(三河)、541(通县)、1481(卢龙)、1601(昌黎)页。

为多,赴平津开设鞋帽商店者,以四区农民为多,往山西、包头、甘肃、平、津等地贩土布者,以城内居民为多"。① 山东沿胶济铁路各县,外出谋生者也为数众多。海阳县民"性喜商业,经商最为擅长,凡东北及南北沿海各埠,胥有邑人之踪迹焉",昌邑县"人心机巧,勇于冒险","故年来在海外贸易及各口岸都会之经营绸业布业者踵相接"。福山因"当地生产,不足自给,故人民多逐利于四方,以维生活",黄县也因地狭人稠而"重商轻农","东北三省、朝鲜、平、津及沿海各海口,胥有黄人履迹"。对此,胶济铁路车务处1932年调查时对该地的"民生状况"有一总括,"东部滨海之地,民性冒险,故出外经商者甚多。福山、黄县、昌邑、掖县之人,足迹所至,几遍沿海各埠。又以地多岩石,稼穑维艰,故民多从事渔盐。其贫难自立,至东三省及俄领东南沿海各地作工者,年约三四十万人"。②

当兵对一些农民来说具有双重意义,一是解决吃饭问题,二是改换门庭。山东《泰安县志》记载,"民国连年征战,人人存图旅长之希望,于是当兵者逐渐加多,几倍于商"。当然,通过当兵而飞黄腾达者确实存在,但如愿以偿者毕竟为数有限。"无饷无食,死亡遣散转徙为盗匪者层见叠出,而团旅长嘎嘎乎难之"。③ 尽管如此,在生计逼迫下投身入伍者还是大有人在,而且,民国时期连年征战的特殊环境,也为农民当兵提供了便利。以河北为例,1921年天津《大公报》的散见材料记载了大量的征兵信息。直鲁豫巡阅使多次在直招兵,年初在正定一带招募新兵1300余名,以补充二十三师兵额之不足④;8月,以各军队缺额甚多,指派委员在河北各地招募新兵,其中,除陆军二十四、二十五、二十六等师自行指定招募区域外,二十三师及第十二、十四、十五混成旅

① 北宁铁路车务处1936年编印:《北宁铁路沿线经济调查报告》,第1062页。

② 胶济铁路车务处1934年编印:《胶济铁路经济调查报告总编·编》。

③ 《重修泰安县志》第4卷,1929年铅印。

④ 《本埠新闻·曹巡阅使之改编军师》,天津《大公报》1921年1月26日。

派员在沿京汉各县如磁县、邯郸、内丘、邢台、沙河、正定等地开局招募①;9月,因湖北前线军队单薄,拟再添招新兵6000人。② 更令直隶应接不暇的,应该说是外省军队的频繁征募。4月,江西督军电请直隶省长,拟于冀县、枣强、新河、束鹿、南宫等县招募兵士数千人,6月复派员赴邢台、邯郸、磁县、沙河、内丘、临城等县设局续募备补兵2000名,11月又电请派员前往直隶沧县一带招兵;湖北督军派员来直鲁两省招募新兵1500人,6月初招齐后已绕京汉路运赴湖北,10月复来河间、沧州招募;奉天亦来电请在昌黎、抚宁、乐亭一带招募新兵;冯玉祥所统之陆军第十六混成旅开拔入陕之前,亦急派副官、连长等人来行唐、定兴、蠡县、完县、定县等处从事招募,新兵额数在2500人以上。除以上各军外,来直招募的还有,陕西1500人,热河500人,福建2500人。该年年底,南京第八师师长又派员前往德州一带招募新兵三营。

1921年虽然发生战事,但并不是特别的年份,在灾乱连年的岁月中只能算作平常的一年。由此推测20世纪上半叶应招入伍的农民一定为数甚多,而当兵在离村农民的职业流向中也占了相当比例。据李景汉等调查,1934年1至3月,河北定县确知流向的1338名离村农民中,出外当兵者为101名,约占7.5%。1933年农村复兴委员会在河南调查时发现,"许昌贫农中出外工作的人数有八十四户,其中充当兵役或在本县保卫团充当团丁的有二十一人,占25%"。③ 在不从事农业的其他村户中,当兵比例也居高不下。许昌40户中,"有四个人出外当兵";镇平6村41户中,"当兵的有五个"④,其比例均在10%上下。这尚是平常年份的情势,一遇战乱,各路军队都大肆招兵买马,而贫困、动荡侵袭下的中国农民,无法维持生计时也自然走上了当兵吃粮这一路途。

---

① 《本埠新闻·募兵区域之分配》,天津《大公报》1921年8月16日。

② 《本埠新闻·曹使招新兵四团》,天津《大公报》1921年9月6日。

③ 行政院农村复兴委员会:《河南省农村调查》,第65页。

④ 西超:《河南农村中底雇佣劳动》,《东方杂志》第31卷第18号,1934年9月16日。

　　向其他行业转化只是阶层流动的一个方面,农民自身之间的分化也是一个极为常见的事情。来自内部与外部的种种压力,使乡村阶层处于频繁的分化与流动过程中。分家、变故能使富裕农户很快瓦解,人丁兴旺、勤劳耕作也能使贫困农户有所改进。灾荒、匪患、捐税、兵燹是所有农户不得不面对的难题,在某种程度上富裕农户经受着更多的诸如匪患、捐税等外来的损耗。自耕农是阶层流动的中转站,其自身地位的不稳定足以显示出阶层变动的频繁。在纯粹以农业为主的贵州大定,自耕农"不能长久的保持常态,不是盈,便是缩。要是有了盈余,便多置田产,当起新兴的地主来;否则衣食不敷,便售出所有,去给人当佃户。但经济支配之力是多么大,尤其是在那交通不方便的地方大定!所以在一年的短时期中,水旱的天然力,可以使地主成为自作农,而自作农成为佃户;或佃户自作农成了地主,而地主反成佃户的"。① 土地数量是乡村农户的分类标准,农村家庭的兴旺与衰败也都是通过土地的增减来实现的。贫困的农户有着购买土地的强烈愿望,转化到行动上就是辛勤努力的工作,而富裕农户相对来说就没有如此强大的动力,他们更注重生活的质量。无论在子女教育上,还是在婚丧应酬、日常生活上,他们的开支都高于普通农户。如果没有足够的收入,他们就可能面临衰落的命运。因此,与朝代兴替周期一样,富裕农户也难以避免盛衰转换的循环。"通常,一个家庭辛勤劳动、节俭生活,然后开始买地;第二代成员继续努力,结果家庭有了更多的土地,成了富裕家庭;第三代成员只顾享乐,花得多挣得少,不再买地,渐渐开始卖地;第四代卖掉更多的地,到最后家庭陷入贫穷。这个周期甚至不到100年就循环一次。奢侈浪费的成员死了,他们的孩子又开始积聚财产"②,新的周期

---

　　① 杨万选:《贵州省大定县的农民》,《东方杂志》第24卷第16号,1927年8月25日。

　　② 杨懋春:《一个中国村庄:山东台头》,江苏人民出版社2001年版,第129页。

又开始了。当然,造成富裕农户兴衰交替的原因,除了其自身的生活态度及素质外,还有一个更为重要的原因就是分家。分家对农户土地的削减速度,远远高过兴替周期中的自身损耗。"一次分家析产,经营式农场便会降为富农或中农"。①

综上所述,由于20世纪上半叶的中国正处于由传统向近代的转型时期,随着社会结构的变革,新的社会分工也随之产生。产业工人增多,从事工商业者激增,公务员制度在政府机关实施,医药制度逐步完善,律师、新闻记者也成为新兴职业。如此众多的职业阶层的出现,推动和加速了社会各阶层之间的分化与流动。在以农为主的社会里,农民成为阶层分化与流动的源泉。不但向其他行业或阶层转化,其自身内部也存在着分化现象。在民国时期大多数时间内,乡村阶层之间的流动都是自由与开放的。贫困农户可以通过辛勤劳作而置办田产,富裕农户也可能因为分家、懒惰而家道衰落。匪患、捐税、战乱、政局等外来因素,也不可避免地加剧着农户之间的分化与流动。总之,只要不是依仗政府赋予的权势,乡村大户就很难恒久地保持其优越地位,贫困农户也有着经济好转的机会。乡村农户之间这种没有封闭的流动态势,无意中缩减了他们原本悬殊的距离。贫困农户在挣钱买地愿望的激励下,经常将富裕农户作为学习的榜样。而富裕农户在世事沧桑的忧虑中,也主动消弭与贫困农户之间的差距。社会阶层之间变动的可能,在促进社会变革的同时,也暂时麻痹了人们对不平等现实的敏感程度。

第二节 社会各阶层的劳动方式

"士农工商"一直是中国社会职业阶层的笼统概括,20世纪上半叶

---

① [美]黄宗智:《华北的小农经济与社会变迁》,中华书局1986年版,第78页。

的中国虽增添了不少新职业,但"士农工商"仍然是人员组成的主体。从职业阶层的角度来看,在古代泛指"读书人"的"士",到了民国时期应该被"公教人员"所取代,因为受过多年教育的读书人主要就职于公务员与教师这两个职业。新增职业如律师、医士、新闻记者、公司职员等,应该与公教人员同处于一个阶层,因为他们在文化背景、工作环境、工资待遇以及生活程度等几个方面极为相近。另外,随着青壮年农民的大批入城,城市中形成了一个以人力车夫、搬运工、清洁夫役为主的苦力阶层。他们一般被称作自由劳动者,其劳动生活与工人相似,却远不如工人稳定,故而有时把他们与工人一起称作劳工。当然,社会阶层还不止这些,处于社会上层的政府首脑、高级官吏、富商大贾以及地主豪绅等,他们的工作与生活很难用整齐划一的标准来概括,处于社会底层的盗匪、乞丐、兵痞、娼妓、卜筮星算以及无业游民等,其生活环境也无法进行归纳。总起来说,谈及劳动方式与强度,人们感触最深的还是农民与工人两大阶层。从事商业者人数虽多,但除了少数规模较大者外,余者多与农民、工人不相上下。不但其店员、学徒习惯上又称作工人,而且经商者多半是农民在农业之外的兼业。至于公教人员,其工作方式也千差万别。有鉴于此,本文对劳动方式的陈述,主要针对农民与劳工。

一、农民的土地耕作

对大多数农民来说,农业耕作是他们的主要工作。在通常情况下,一个青壮年农民能够耕种的土地数目是相对固定的。1933年8月中山文化教育馆在南京金陵大学农学院的协助下进行了农工雇佣习惯的调查,据各地材料统计,"各省农工之耕作能力,若以其每年能耕作面积言之,则黄河流域上游各省如甘宁青晋陕察绥为最大,每壮农每年平均能耕作三十七亩有余,大多数人能耕作三十亩"。"其次为黄河流域下游各省,如河南、河北、山东。其壮农每年每人平均能耕作二十四亩有余,大多数壮农能耕作二十二亩。长江流域以南各省壮农能耕作之面积最小,每年每人平均能耕作十三亩有余,大多数壮农能耕作十一亩"。① 这是针对每个壮农常年劳动强度而言的,要完成上述田地亩数,还必须借助于耕畜,农忙时还得增加帮手。1934 年有人在分析河南唐河农民耕作能力时指出,"每一壮农,至多可耕地二十五亩至三十亩,农忙季节,并须由妇女及儿童参加农场劳动"。② 基于这种情况,每家农户能够独立耕种的田地数量是有限的。以每户有两个成年男子计,其耕作能力在北方最多为五六十亩,在南方则为二三十亩。超过此数,就必须雇用农工或出租土地,当然,土地不足也会造成农业劳动力的浪费。

　　追求最高的劳动收益是所有农户密切关心的问题。为了使自己的劳动力发挥到最大程度,很多农户不得不借助于租佃与雇佣来达到土地所有权与使用权的均衡。土地没有按照农户的耕作能力进行分配,大多数农民处于无地或少地的状态。据国民政府内政部 1932 年查报,江苏等 17 省 849 县农户中,私有耕地面积在 10 亩以下的农户占58.66%。③ 这些土地不足的农户,明显的存在着劳动力的浪费。为了缓解生计困难,他们必须为其剩余的劳动力寻找出路。对于除了种地几乎一无所长的农民来说,租进田地或担任雇工就成了首要的考虑。据实业部中央农业所统计,1933 年全国 731 县填报数据中,佃农占农户总数的 32%,半自耕农占农户总数的 23%。④ 雇农在农村中也占据着一定的比例,据陈正谟调查统计,黄河流域之雇农最多,占乡村人口的 11.41%,其次为长江流域,占 9.27%,珠江流域最少,占

---

　　① 陈正谟:《各省农工雇佣习惯之调查研究》,《中山文化教育馆季刊》创刊号,第 365 页。

　　② 赵纯:《河南唐河之农耕方法及生产关系》,《中国经济》第 2 卷第 2 期,1934 年 2 月。

　　③ 《江苏等十七省佃农概况之统计》,中央统计处编:《中国国民党指导下之政治成绩统计》,1934 年 10 月,第 39—40 页。

　　④ 实业部中央农业实验所:《农情报告》第 3 卷第 4 期,第 88 页。

8.13%,三者合计,19省雇农平均数为10.29%。① 这些租进土地或出任雇工的农户未必全然是上述自有耕地在10亩以下的农户,但二者比例的大致相仿,因而使人得出土地不足是农户经常租进田地或担任雇工的结论。

地主虽然不能自己耕种所有的田地,但他们也会在租佃与雇工之间进行谨慎的甄别。中国北方的劳动工资较低,每个农工的耕种面积也高于南方,因此北方诸省的地主倾向于自种而非出租。在河北高阳,"地主多系自种,发佃者少"。南宫县的地主,也是"自种者最多,必其所有之土地太多,自己照料不及者,始有发佃或出租"。而"武清大城一带之大地主,虽有地十顷、八顷,亦必自种,不肯出租于人"。② 在多数情况下,出租土地是由于地块的分散或距离较远所导致的耕种上的不便。在山东恩县的后夏寨村,"没有一户人家仅靠出租土地收取地租生活"。"该村土地所有制与受调查的其他村庄一样,有几块地分布在村庄不同地段的农户发觉有些地块成本太高,耕作起来不合算,把这些土地出租给邻近的缺地的农户能够得到更大的利益"。③ 还有一种情况,就是耕作上的不经济。"有些地主,在他们自己劳力所能耕种以外,余剩者已不甚多,买牛或为力所不逮,雇工更觉无利可图,于是租出一部分的土地"。④ 其实,即便是买牛与雇工,也会发生刚好不符合最佳耕作面积的情况,将余者出租或许更为有利。另外,雇工经营的土地面积也不是漫无限制的。据美国学者黄宗智对华北地区的推算,"在

---

① 陈正谟:《各省农工雇佣习惯之调查研究》,《中山文化教育馆季刊》创刊号,第368页。

② 章有义编:《中国近代农业史资料》第2辑,三联书店1957年版,第308页。

③ [美]马若孟著、史建云译:《中国农民经济》,江苏人民出版社1999年版,第118页。

④ 行政院农村复兴委员会:《广西省农村调查》,上海商务印书馆1935年版,第59页。

生产技术没有质性突破的情况下,经营式农作的最佳规模是 100 至 200 亩。超过这个规模,经营式农作便不合算,而农场主也可凭借他的财力,考虑采用其他谋利的方法"①,其中通常的办法是将土地出租。中国中部和南部的情况与北方不同。由于每个农工的耕作面积减少,工资也比北方偏高,对当地的地主来说,发佃收租比雇工耕作更为有利。这也是南方佃农比例较高的原因之一。

勤俭是农民的天性,无论男女老幼一年到头都在紧张地忙碌。在农村,普遍流传着"不卖力干活,就会吃不上饭"的信念②,富裕的农户也是"拼命工作节省下钱来买地和牲畜"。③ 1926 年 10 月《生活汇刊》记述了江苏金山县农民的劳动生活,大致可以窥见各地农民劳动生活之一斑。

一日间农夫之生活如下:天色未明,大约在五时以前,即起身准备几件农具,一头牛,赶到田里工作。早饭由家人送去,大概是半篮米饭,一碗盐菜。吃毕再上山,到午饭毕再做到六七时,回家晚餐。收获时要加做夜工,计工作时间共有十六时。有时晚上因防贼窃,或喂牲畜,须起来三四次。

一日间农妇之生活如下:早五时起,煮饭烧茶,即送到农场,与夫一同用饭。饭毕,亦帮助工作。午餐即以早上所余冷菜冷饭充饥。日暮时奔回家中,预备晚餐。晚间则纺纱织布。农妇可谓整日整夜,从事工作。

一年间农夫之生活如下:阴历正月初游玩数日,即整理农具,修理房屋。清明节后,起始翻土,播谷,插秧,下肥料,耘耨,忙碌异常。夏日无早熟稻收获者,为人修麻袋,亦无余暇。

---

① [美]黄宗智:《华北的小农经济与社会变迁》,中华书局 1986 年版,第 177 页。

② 杨懋春:《一个中国村庄:山东台头》,江苏人民出版社 2001 年版,第 75 页。

③ [美]马若孟著,史建云译:《中国农民经济》,第 146 页。

深秋后忙于收获,从事种豆种麦。九月以后,稍有余暇,于是有人到市镇上营商。亦有在家工作者。

一年间农妇的生活如下:二三月间预备食品,如磨面,晒菜;夏初帮助农作;深秋帮助收获;十月里缝制衣服;以后忙于纺织,一岁常是劳动①。

起早贪黑、终日忙碌应是农民劳动生活的真实写照,虽然各地农户的具体情况不会尽如上述,但这种劳动强度在当时还是相当普遍的。林耀华在记述福建家乡一个大户人家的生活状况时,不经意间对比了城乡两种生活节奏的差异。在福州受过高等教育的陈素珍来到丈夫乡村的老家后,很难适应农村的生活节奏。"黄家的日常生活,每天开始得很早。庄稼人黎明起身,吃完早饭就下地干活了。但素珍从来起不早。当她终于带着儿子来吃早饭时,男人们已在地里干了几个小时活了,妇女们也已做了许多家务,像刷盘洗碗、喂猪喂鸡、洗晒衣裤等,而老祖母早已去远处拾猪粪去了"②。

受地理气候、土壤类型、农作物种与复种指数等几项条件影响,中国各地的具体农业耕作有着很大的区别。但是,农具之落后、耕作方法之原始各地却如出一辙,这也决定了农民耕种土地之异常艰辛。农具与肥料是农业发展水平与土地耕作难度的衡量标准,从南北双方来看,这两项内容几乎都承继着几百年前的特色。1926 年东南大学教育科教授冯锐在江苏金坛县王母观村调查时发现,当地农具主要为犁、耙、斗车、脚车、锄、钉耙、锹等,不由得感叹:"农民所用农具,皆为旧式,毫无改良,大概皆由本地自制,输自外埠者甚少"。③ 铜山农具也是一样

---

① 王清彬等编辑:《第一次中国劳动年鉴》,北平社会调查部 1928 年版,第 1 编,第 532 页。

② 林耀华:《金翼:中国家族制度的社会学研究》,三联书店 1989 年版,第 104 页。

③ 国立东南大学教育科乡村教育及生活研究所编印:《江苏金坛县王母观村乡村调查报告》,第 12 页。

陈旧,据粗略统计,该县农具的种类、价格及功用有如下表:

表2—2 **江苏铜山农具种类、价格及功用表**

农具种类	每具价格(元)	功用	使用年限约数	修理及其说明
犁	6.00	耕地	10年	犁面及犁头每年约须修理或更换一次
耙	10.00	耙地	10年	耙齿每两年约须修理一次
耩子	7.00	播种	10年	耩足约须三年修理一次
木杈	1.00	脱麦粒	2年	用坏后多不加修理
木锨	0.60	堆物扬麦等	2年	用坏后多不加修理
镰刀	0.30	割麦等	1年	用坏后多不加修理
锄	0.50	中耕	10年	每年约须修理一次
脚头	0.40	刈玉蜀黍等	1年	用坏后普遍多不加修理
滚压器	3.00	滚压泥地	10年	用坏后普遍多不加修理
石磙	2.00	豆麦等脱粒	10年	用坏后普遍多不加修理
大车	200.00	拉运	30年	用牲畜力拉运,平常约每三年须修理一次
小车	10.00	载运	20年	用人力,约须每年修理一次
洪车	20.00	载运	20年	约须每年修理一次
铁铡	5.00	铡草	10年	普遍不加修理,损坏即弃置不用
拥盘	0.80	堆稿	3年	普遍不加修理,损坏即弃置不用
铁耙	1.20	耘土	5年	普遍不加修理,损坏即弃置不用
木耙	0.50	除皮	1年	普遍不加修理,损坏即弃置不用
排杈	0.50	迁移收获物	1年	普遍不加修理,损坏即弃置不用

资料来源:金维坚编:《铜山农村经济调查》,《江苏各县农村经济调查丛书》,江苏省农民银行总行1931年版,第34—35页。

农具是耕种土地的重要凭借,"春耕夏耘,秋收冬藏,刻刻不能缺少"。然而,从上表各项农具的质地及性能可以看出,广大农民因循的仍是传统的纯体力劳作。"统观全县各种农具,其构造式样,尚系数千年前之产物,陈陈相因,从无多大之改良,殊可慨叹!此项农具,全系在本地制造,价格尚廉,质料坚固,但多笨重而不灵活,在使用上固属耐久,然其工作效能之薄弱,则正不可言而喻矣"。① 河北定县在北方属于普通县份,1930年李景汉等在该县调查时,对农具种类进行了详细的记述。犁是不可或缺的整地用具,但非常吃力笨重。"耕地时犁钩挂套,驾以役畜,曳行田间,用两畜者居多,用一畜者甚少。本地农人多以为此种犁甚重,小牲畜不能曳行;并且耕地人手握犁柄,时常左右摇动,甚觉吃力,不如西洋犁之有犁轮,可以减少重量而平稳"。水车是重要的灌溉工具,"1畜1日平均可浇田3—4亩","惟价高贫家多不能购买"。当地农人常用的灌溉用具是辘轳,纯粹为人工操作。"辘轳头为圆柱形,长约一尺三四寸,系用榆木或槐木制,中空,两边圆孔嵌以铁圈,头外方安以木把,把如弓形,用时将头安于轴上,头上系绳及柳罐,人手持把旋转,绳绕辘轳头上,则柳罐满水上升,至井口时,以手倒罐水于沟中而流入田间"。"如用3人打水,1人看畦,1日能浇大种田(本地以大种田是未下过种子之地,先浇水洇湿,因土暄所以费水)三亩左右,浇小种田(小种田是已出苗之地)5亩以上"。②

　　从整地与灌溉用具中,我们已足可看出农民劳作之辛苦。然而,耕种土地并不仅限于这两个环节以江苏无锡第四区为例,一年的农事活动包括了整地、播种、移植、施肥、灌溉、中耕、收获等诸多环节。整地是种植以前的耕地工作,包括春耕与冬耕两项,用具为钉耙与锄头,时间依各种作物而不同。"全区农民,多以人力翻土,殊觉费工"。③ 整地之后,预备播种。"小麦原有撒播器,条播后,可以施用。今则全区小麦尽为撒播,小农之家,无财力专备器具,概以手播。至播种之时期方法,

　　① 　金维坚编:《铜山农村经济调查》,《江苏各县农村经济调查丛书》,江苏省农民银行总行1931年版,第34页。

　　② 　李景汉编:《定县社会概况调查》,中华平民教育促进会1933年版,中国人民大学出版社1986年重印本,第669、674—675页。

　　③ 　顾倬、朱云泉等调查编:《江苏无锡县农村经济调查》,江苏省农民银行总行1931年版,第99页。

习俗相沿,永无变动"。① 水稻在播种 40 天后,必须进行移植,俗称插秧。插秧是一种需多人合作的繁重工作,1933 年上海普益书局出版的《民间歌谣全集》收录了一首关于农夫插秧的歌谣。"老农夫,田插秧;自己插田,老婆拔秧;女修泥,男修晴(华丽),孙儿担去田中正(田中间),数人插得好模样,路上行人齐赞赏。"②歌谣的语气虽然欢快,但插秧之辛苦已由此可见。施肥是耕作的重要环节,稻田肥料以堆肥及豆饼为大宗,其他作物则以粪尿为主。其劳作强度不只在于施肥过程,更在于制造堆肥的过程。"每年清明前后,在田边或河岸开辟一地穴,深约五六尺(俗称灰仓)。同时向河中取挖河泥,与截断之稻柴,分层堆积。立夏以后,再酌量掺入紫云英,使之腐烂,即成堆肥(农民简称河泥)。另有河泥与水草相积而成之堆肥(农民简称草泥)"。③ 经过灌溉、中耕之后,便到了更为忙碌的收获季节。收割水稻需要镰刀、扁担、绳索、轧稻机和稻床等物,刈割后摊置田中晒干稻草,再用轧稻机脱粒,或用稻床脱谷。小麦则在晒干后用稻床打落。由上述作物的整个栽培过程来看,农民的劳动生活充满了艰辛。

二、劳工的生产劳动

劳工是工人与苦力的统称,是仅次于农民的另一庞大职业群体。据 1929 年的《新国民年鉴》登载,全国劳动工人分为工场劳动者与一般劳动者两类,前者又称产业工人,包括铁路、纺织、电气、印刷等业,工人总数 152.5 万人。后者包括车夫、脚夫、仆役、理发、缝工、建筑工人等,人数共计 341 万人,两者合计 493.5 万人。④ 由于兼业的关系,实际上的劳工数字应远高于这个数字,许多散布于农村的产业工人及普

---

① 《江苏无锡县农村经济调查》,第 100 页。
② 朱雨尊编辑:《民间歌谣全集》,上海普益书局 1933 年版,世界书局印行,第 14 页。
③ 《江苏无锡县农村经济调查》,第 106 页。
④ 上海新民书店印行:《新国民年鉴》(1929 年),第 14 编,第 31—32 页。

通苦力往往没有被统计在内。以河北为例,1931 年省内各县有产业工人 39.6 万人,手工业工人 619.4 万人。虽然手工业工人中也包括了部分的纺织业、制造业的工人,但即使仅以产业工人计,将近 40 万的数字也远超出了河北一省在全国产业工人中的比例。因此,中国劳工的实际数据远比统计数字为高。

在 20 世纪上半叶,绝大多数工厂的卫生及安全设施还非常有限,工人的劳动环境都非常原始与恶劣。纺织与矿业是当时主要的产业,然而其工人的劳动环境却相当恶浊。纺织厂的问题主要在于空气的污浊,"厂中温度,平日即较他处为高,灰尘与原棉之纤维,亦时常飞散空中。有时温度过高,灰尘四处飞扬,殊为不合卫生"[1]。有工人抱怨说,"厂里的机器很危险,一不小心就会受伤。并且棉絮的纤维,随着空气飞扬,吸到人体内容易得病,所以我们青年或儿童多半面黄肌瘦,常常有病,每天有很多去诊病的"。[2] 缫丝厂的温度更高,"供给沸水的汽管,常常保持着高温,在七八月间灼热的热浪里,这个地方,正如一位外籍经理所说:'是一个名副其实的地狱'"。[3] 缫丝间的工作环境也恶劣到可怕的地步。"工厂厂房低矮阴暗,毫无任何通风设备。工人和未成年的女工们排成长长的行列站在滚烫的沸水槽前烫着蚕茧。到处散发着一股令人恶心的气味"。[4] 压缩包装厂存在着同样的问题,1927 年 3 月《国民论坛报》的记者对武汉工厂的工作环境进行了详细的报道。

今天我去英国人办的压缩包装厂采访。这个厂有数百名女工和童工,她(他)们蹲在石板地上,絮尘漫天飞,她(他)们吸着这污浊的空气,一天要劳动十二小时。这个车间的工作

---

[1]　汪清彬等编辑:《第一次中国劳动年鉴》第 1 编,第 566 页。
[2]　刘明逵编辑:《中国工人阶级历史状况》第 1 卷第 1 册,第 287 页。
[3]　刘明逵编辑:《中国工人阶级历史状况》第 1 卷第 1 册,第 288 页。
[4]　刘明逵编辑:《中国工人阶级历史状况》第 1 卷第 1 册,第 291 页。

是把湿漉漉的棉花包一捆捆拆开,然后送到压缩包装车间去。妇女和童工每日劳动收入仅二十铜板(约九个戈比)。

另一个车间是压缩包装车间。一位工人站在一根大扳杆旁,按时一次次地扳动铁杆,以驱动大铁轮旋转,每扳一下他全身肌肉绷得铁紧。另一些工人负责压缩和包装的其他工序。这个车间的工人可算是这个厂工人中的"贵族"了,他们每天可得一百三十个铜板。

这个厂工人的样子看起来叫人可怕。厂里到处都可以听到止不住的咳嗽声。工人一个个面色苍白,骨瘦如柴。疲倦不堪的脸上布满灰白色的尘埃,透过灰尘可以明显地看到因发烧、打疟疾而出现的红晕,死神随时都会降临到他们的头上。

工人患病时,厂方一分钱也不给。厂里没有一块地、一间屋可供工人工间休息之用。也没有任何节假日是规定照发工资的。工人在星期日或某一节日不想上工,厂里便要扣发工钱。上班迟到两小时扣半日工钱。厂方把工人的劳动看成是尽量压缩开支的必要来源,从不关心工人的死活。

在分类车间里,童工们蜷缩着身体蝼蚁般在地上蠕动,拣选棉花。在这种令人窒息的厂房里,花絮飞扬,尘埃扑面,东西都看不清楚,工人们一天要在此劳动十二小时。他们连吃饭时间都没有,可一天只得到二十个铜板。[①]

如果说污浊是纺织业劳动环境的特点的话,那么,辛苦与危险就成了矿业的特征。劳动力的廉价束缚了动力机械的使用,绝大多数厂矿仍然雇佣着大批的矿工。1933 年 10 月,北平中国新闻社记者对北平门头沟拉煤矿工的劳动情况进行了调查,或可代表各地矿工劳动生活之一斑。"公司每日分三班,每班工作时间为八小时,早五点响笛,第

---

① 刘明逵编辑:《中国工人阶级历史状况》第 1 卷第 1 册,第 286 页。

一班即须马上出发入井去工作,小窑则只分两班,每班工作十二小时,下窑的道路极陡,空身上下尚觉吃力,何况更背有六七十斤的煤块的负担,牛马生活亦胜此多多,所以矿工没有一个不是面目青绿,神经呆钝,已非人世间的人了"。"拉煤的小工,他们是拿性命、健康,来换取窝窝头钱的。(在漆黑的窑下)上上下下的紧张蠕动着,淡紫色的嘴唇,衬了灰绿色的面庞,眼眶陷下去像个窟窿,一步三喘,三步一咳嗽,浑身上下分不出那是衣服,那是肉,远远望去,真是漆黑一片,头上个个顶着公子哥儿玩皮球时带的小球帽,只是颜色不像他们那样红绿鲜明而已(工人们称之为窑帽),在头额右面或正面,额前挂着电石灯或棉子油灯,用绒绳铜练匝在头壳上,一拐一拐的从三四十讨(一讨约五尺)的地下带着八九十斤的煤块爬上来了,只允许你喝一口冷水,就得再行,气喘喘的钻入窑里去。匆忙的原因,是每人必须要背上窑主所规定的斤数,不然便扣工资。很多的老人和十五六岁的小孩也是过着这样的非人生活"。除工作辛苦之外,通气排水及其他防险设备仅在几家大公司才稍微设置,"像那些小窑真是走进井去,就有点像沸水煮鸡子似的那么热"。[①]

比起工作的艰苦来说,事故的频发使矿工的工作更加恐怖。由于工作性质与设备的简陋,煤窑塌方、出水、失火的事情时常发生,矿工的生命自然也朝不保夕。仅以抚顺煤矿来说,在1925—1928年四年内因事故死亡的人数依次为160、217、207和503人。[②] 这应该说是平常年份的情况,因为仅据笔者所见,抚顺煤矿就曾多次发生重大伤亡事故。1917年1月11日晚10点,抚顺千金寨大山煤矿内瓦斯爆炸,大火燃烧近5小时,坑内近千名工人几全部葬身火海。[③] 据事后精确统计,死华

① 《工人生活状况拾零·北平门头沟矿窑里》,劳动季报社编辑:《劳动季报》第1期,1934年4月14日。

② 刘治万:《从煤矿谈到矿工需要问题》,劳工月刊社编印:《劳工月刊》第2卷第1期,1933年1月。

③ 《抚顺煤矿爆炸之惨剧》,天津《大公报》1917年1月15日。

工910人,日工17人。① 1931年2月7日夜火灾又起,"该矿当局为保全炭坑起见,立将洞口封闭,于是正在工作之华工3070余人,日人职员约三四十人,全数丧命"。② 由于是井下作业,每遇事故,坑内矿工几乎难以生还,这差不多已成各矿通例。也正因如此,矿工的工作才格外的危险,每次下井时都不知能否安全出来。没有保障是所有煤矿的通病,1920年10月开滦煤矿井下发现有毒煤气,当场熏毙挖煤工人数百名,至21日发稿之日止,已从井下运出尸身434具。1934年5月13日,淄川鲁大煤矿发生淹水惨剧,"工人五百三十六名尽遭牺牲"。③ 1936年7月23日,山西大同一场突如其来的山洪暴发,竟给保晋公司煤窑内的工人带来了灭顶之灾。由于"山洪高出窑口无法脱身,于是数百工人尽葬窑内"。④

劳动时间长短也是工人劳动强度的重要表现之一。虽然八小时工作制是绝大多数工会与工人的要求,但真正能够落实的微乎其微。在湖北武汉,"除一部分电灯、电话工人外,一般工人之工作时间在十一小时以上,最多工作时间有十四至十八小时者。计工作十一小时者,占百分之四十;十二小时者占百分之四十或五十;九时至十时者,占百分之八、九;十四至十六小时者,占百分之十一至十二;八小时者不过百分之一、二而已"。⑤ 其他城市未必与武汉相同,但平均每日工作时间多数都在10小时以上。至于休息时间,一般都安排在午饭时间,从0.5小时至1.5小时,以1小时者居多。例如,在所调查的东三省174个日

① 《调查抚顺煤矿大山坑火灾报告》,《东方杂志》第14卷第5号,1917年5月15日。

② 《抚顺煤矿发火案,华工死者确达三千》,天津《大公报》1931年2月14日。

③ 《淄川鲁大煤矿淹水惨剧》,《劳动季报》第4期,1935年2月。

④ 《大同附近山洪突发,煤矿被淹惨剧惊人》,天津《益世报》1938年8月7日。

⑤ 刘明逵编辑:《中国工人阶级历史状况》第1卷,第1册,第242页。

人工厂中,午休时间从46分到86分不等,平均66分钟。劳动强度除了每日劳动时间之外,还包括定期休息的间隔。据北平社会调查部整理,"各地劳动者全年休息日数,因所业不同,每月有差异。如各种新式工厂及矿山,有采星期休息制者,有采按月休息制者;铁路职工,大半每年有例假若干日;此均视各业之性质情形为转移。至旧历三节及国庆日,纪念日,则大抵均列入例假之中"。①

产业工人一般都有相对固定的劳动时间与场所,并受到严格纪律的管束,相比之下,劳工中的另一群体——手艺工人及苦力,虽表面上是自由职业者,但他们的劳动生活也非常辛苦。为了维持生计,他们必须拼命地工作。无论从数量还是从劳动方式上看,人力车夫都可以说是苦力与夫役的典型代表,从他们身上或可窥探出自由劳动者的一般概况。由于人力车夫是一个流动性极强的群体,莫说全国,即便具体到某个城市,其人力车夫的数目也很难作出一个精确的统计。故而各城市都根据人力车的数量推算人力车夫的数目,但他们所依据的比例关系在各地又有所不同。据1934年实业部调查,北平有人力车40500辆,人力车夫80000人,天津有人力车60200辆,人力车夫120000人。显然,这里所依据的,是车与人一比二的关系。在另一统计中,北平市社会局则按每二车三人计,从42774辆人力车中推算出其人力车夫为64161人。而在上海,据车业中人谈,"每车由三人至五人轮流租拉","全埠从事此生活者约十余万人"。②

人力车是城市中的重要交通工具,人力车夫在造福社会的同时,自己的工作与生活却是极其艰难与困顿。各地的租车习惯大体一致,每日分为两班。在上海,"第一班自上午三时至下午三时,第二班自下午三时至上午三时"③,在南京,则以每日二时为交接点,但其时间分配方

---

①　汪清彬等:《第一次中国劳动年鉴》第1编,第326页。
②　《沪公共租界改革人力车风潮将扩大》,天津《大公报》1934年3月25日。
③　《沪公共租界改革人力车风潮将扩大》,天津《大公报》1934年3月25日。

法有两种,一种与上海相同,"以上午二时至下午二时为早班,下午二时至翌晨二时为晚班"①,另一种则稍有不同,"早班自上午五时起至下午二时止,晚班自下午二时起至夜二时止"。② 后两种看似不同,其实无大区别,每日凌晨二时至五时街上无人,人力车夫自然不会出车,所以,这两种分法或许指的是同一种情况,只是其称谓不同罢了。当然,也有个别城市分班方法与上不同,武昌、汉口、汉阳三市即采取三班制,上午 6 点至正午 12 点为第一班,正午 12 点至下午 6 点为第二班,下午 6 点至夜 12 点为第三班。而在南昌,人力车夫则终日劳作,不分班。

人力车夫工作时间的长短纯依个人情况而定。由于拉车时需长途奔跑,其劳动强度极大,故而很少有人能够连续工作太长时间,由于这个缘故,统计车夫工作时间长短时,通常把其休息、吃饭、等座时间也计算在内。据北平市社会局调查,北平的人力车夫,其平均工作时间,日班为 10 小时,夜班则为 12 小时。这个数字估计是每次交接班内的全部时间,而并非其确实工作时间。因为以其劳动强度看,能达如此长时间者虽有不少,但它绝不可能成为平均劳动时间。另据言心哲统计,南京 1350 人力车夫中,每日工作时间以 7—10 小时者最为常见,占到总数的 60.59%。为挣得一家餬口之资,人力车夫每月歇工日数,大都很少。据统计,南京 1350 人力车夫中,53.11% 者每月从不歇工,52.24% 者全年没有年节假日。他们每为生计所迫,即使风雨雷电天气亦不能停止工作,除非有病,鲜有不终年劳碌者。

综上所述,绝大多数的农民与劳工都在为基本衣食而辛勤操作。比起辛苦与劳累来,他们更关心生计的有无。只要能勉强过活,他们便不去计较工作的种类。为了获得最佳的劳动产出,他们多半把劳

---

① 《南京的人力车夫》,《劳动季报》第 3 期,1934 年 11 月。
② 《北京人力车概况》,天津《益世报》1935 年 7 月 3 日。

动发挥到极限。农民们在起早贪黑耕种土地之余,农闲时兼作家庭
副业。工人们也为了获取工作的机会,不畏工种的艰险而辛勤劳作。
总之,在劳动是谋生唯一手段的情况下,大多数劳动者只能本能地
拼命。

第三节　社会各阶层的劳动收入

　　劳动收入是大多数人参加劳动的起点与归宿,也是社会阶层流动
的起因与动力。虽然从表面上看一分耕耘一分收获,但各个阶层在劳
动付出与劳动收入的比例关系上往往不够平等。农民处于最为不利
的地位,受土地数量的束缚以及自然环境的影响,他们的劳动经常得
不到应有的回报。工人境况稍好于农民,但他们的生活并不稳定,经
常受到失业的威胁。公教人员由于受过多年的教育,又处于社会的
中层,应该说是社会地位较高、收入比较稳定的阶层。但既然依靠政
府财政,财政收支的状况就成为影响公教人员工资能否按时发放的
因素。总之,劳动收入是人们赖以生存的手段,成了衡量生活质量的
重要标尺。

一、农民的劳动收入

　　农民的劳动收入主要来源于农业与副业,而农业往往是大多数农
户的主要收入。一般来说,没有足够土地的农户会把他们的劳力过多
地投入土地,从而造成土地的集约化经营,每亩的平均收入往往要高
于土地较多的农户。但是,这些土地狭小的农户在农具与劳动力的
使用方面存在着过多的不经济因素,每亩的生产成本也普遍高于面
积较大的农户。其结果,在每亩净收入、每成年男子劳动效率以及家
庭农业收入等几项比较指标中,愈是土地狭小的农户,愈处于劣势。
1922年卜凯对河北盐山150家农户的农场收入调查,即说明了这一

情况。

表2—3　河北盐山每作物亩与每"等全年人"收入比较表

（单位:元）

农场分组	农场数	平均作物亩	平均每作物亩之收入	平均每作物亩之工作成本	平均每亩收益	平均每农场之工作进款	平均每个"等全年人"之工作报酬
10 亩以下	33	12.2	5.38	2.22	3.16	23.07	33.73
11—20 亩	48	22.8	4.98	1.79	3.19	38.03	40.43
21—30 亩	34	36.5	4.70	1.40	3.30	38.72	40.27
31 亩以上	35	71.4	4.69	1.19	3.50	58.54	47.90
平均		34.9	4.81	1.44	3.37	39.67	42.38

资料来源:王清彬等编:《第一次中国劳动年鉴》第 1 编,北平社会调查部 1928 年印行,第 485—486 页。

　　这里的作物亩,指一年中各种作物之总亩数而言,如有复种,则须累计;等全年人,以一个人工作 12 个月为一单位,如共用 2 人,每人工作半年,即为一个"等全年人"。由表中可见,盐山 150 户农家中,平均每个成年劳动力年平均收入为 42.38 元。由于这里的每一"等全年人",几乎将全家的人口都折算在内,平均四五口人的家庭,一年农场收入也仅此而已。150 户农家之中,平均每户地亩年收入尚不及 40 元。当然,计算方法的不同会导致统计数据的差异。卜凯在计算每亩工作成本的时候,把家工工值也计算在内。而其他人的调查数据中,往往只计算雇佣农工的薪金而忽略家庭劳动力的工值,这或许是盐山农户收入数据较低的一个原因。如果将其中某些数据进行处理,就会发现各地农户劳动收入大体相似之一斑。据实业部中央农业实验所调查,江苏省江宁县化乘乡农家收入情况如下:

表2—4　　　　　**江苏省江宁县化乘乡农家调查**　　（单位:元）

类别	平均每亩收入	平均每家收入	平均每家农场支出	每劳动单位收入
5 亩未满	13.42	42.88	8.35	22.35
5—10 亩	10.73	74.99	22.14	29.13
10—15 亩	9.52	118.15	38.07	45.06
15—20 亩	8.53	140.99	48.18	44.79
20—25 亩	7.39	166.89	74.63	70.87
25—30 亩	6.79	182.00	90.27	65.84
30—40 亩	7.40	247.93	87.36	63.46
40—50 亩	6.75	296.70	127.53	66.32
50—60 亩	5.16	261.55	88.11	62.77
60 亩以上	5.70	358.70	222.66	65.94
平均	8.54	112.50	38.66	42.54

资料来源:《农情报告》第 2 卷第 3 期,第 27—28 页。

　　将表3 和表4 进行比较可以看出,表面上看盐山和江宁在各项指标中都有很大差异,实际上多半是由于折算方法的不同所造成的结果。二者的比较单位不相一致,江宁是农场面积,而盐山则是作物亩,包括了复种以后的累计。江苏的复种指数普遍在两茬以上,再加上南方的亩产又高于北方,因此,江宁的每亩收入比盐山的每作物亩收入高出将近一倍,乃在情理之中。与之相应,如果将江宁的田地亩折成盐山的作物亩,相同面积的农业收入就已经不相上下。这也是二者每亩及每户收入相差悬殊,但每劳动单位收入却大体相仿的原因所在。

　　农户的农业收入主要来自所种植的农产作物,但作物种类不同,其产量与价值也有所不同,有时甚至相差悬殊。据北京经济讨论处 1923 年左右调查,山东济南各种农作物之收支状况,详如下表:

表 2—5　　　　　**济南各种农作物收支状况表**　　　（单位:元）

产物	小麦		小米	高粱	黄豆	稻	大蒜	芥菜	萝卜	
	干田	水田							干田	水田
每亩总入款	12.68	20.75	13.66	10.18	9.05	19.56	61.42	40.00	18.00	27.00
每亩总出款	10.26	9.91	8.71	8.51	3.56	12.12	45.27	28.35	14.46	16.86
纯利	2.42	10.84	4.95	1.67	5.49	7.44	16.15	11.65	3.54	10.14

资料来源:王清彬等编:《第一次中国劳动年鉴》第 1 编,北平社会调查部 1928 年编印,第 491 页。

　　表中各农作物的每亩收入高低不同。高者如大蒜,每亩纯收入平均高达 16.15 元,低者如高粱,每亩平均只收益 1.67 元。但是,并不是所有的农田都适合种蒜,而且大蒜也需要太多的成本与人工,一般家庭没有能力应付。因此,作物收入虽有重大区别,但农户们很难据此调节自己的农业收入。每户的农业收入基本上还是依靠田亩的多寡,土地愈多,收入愈高。

　　农业耕作有农忙农闲之分,据金陵大学教授卜凯估计,"中国农人一年中工作时间,约在一百天左右;换句话说,中国总个的农民,一年之中,是有三分之二是不生产的"。[①] 勤奋是农民的天性,而且农业收入的有限也不足以支撑农户的全部开支,因此,副业不但成为可能,还成为必须,绝大多数农户在农业耕作之外还从事乡村副业。1935 年 9 月张奇英在《中国农村副业研究》一文中指出,"依吾人之估计,农民之有副业者,当在百分之九十左右"。乡村副业种类繁多,多数就地取材,对当地原材料进行初步加工。据实业部中央农业实验所 1935 年调查,各省农户经营副业情况有如下表:

---

　　① 彭泽益编:《中国近代手工业史资料》第 3 卷,北京三联书店 1957 年版,第 747 页。

表2—6　　　　**各省经营各种副业之农家占**
总农家之百分比（1935年调查）

省名	报告县数	养蚕	养鱼	养蜂	纺纱织布	编草鞋草绳	制土砖	编织草帽缨	帮佣	割柴草	兼营小商贩	兼营木匠	兼营裁缝
察哈尔	12	0.3	0.2	0.3	0.1		2.1		30.2	40.7	7.8	1.9	0.8
绥远	11						3.7		13.4	21.3	5.0	3.3	0.2
宁夏	6				9.2	2.9			9.5	35.0	16.9	4.6	0.3
青海	7			1.0		1.9	7.7		20.6	35.9	16.9	10.2	5.1
甘肃	23	3.9		12.4	11.2	4.5	6.6	0.4	28.2	33.5	23.9	8.6	3.2
陕西	49	8.9	0.2	5.1	37.0	8.2	7.3	0.2	17.0	26.0	18.0	7.5	4.6
山西	86	5.8		2.6	18.9	0.5	4.5	0.4	15.5	23.1	14.5	6.6	2.5
河北	118	3.1	0.7	3.8	30.9	0.7	6.1	1.9	15.5	25.5	17.5	8.3	2.6
山东	88	12.6	0.5	2.9	36.7	3.8	7.0	0.6	14.6	17.9	14.8	7.8	2.3
江苏	50	27.7	9.5	2.2	21.7	12.0	3.5	0.9	15.1	14.1	9.7	7.2	5.3
安徽	40	16.4	13.0	1.6	16.1	10.0	10.8		22.5	25.3	15.4	7.0	4.9
河南	93	14.3	2.8	3.0	47.6	1.5	6.1	0.8	9.5	20.7	14.5	7.1	1.5
湖北	28	10.3	14.1	1.9	29.2	10.5	6.7		26.9	36.5	20.5	10.4	10.0
四川	61	22.5	3.5	8.1	22.1	16.0	2.4	1.1	25.6	19.0	22.4	9.4	7.3
云南	30	3.9	2.3	4.6	8.9	17.6	1.3		24.4	33.1	13.8	6.4	9.9
贵州	15	12.2	6.0	6.4	21.7	16.2	5.5		19.6	25.7	22.8	9.2	4.5
湖南	33	4.4	22.7	1.9	16.6	18.9	10.6		22.8	41.3	20.1	8.7	8.5
江西	27	6.2	8.6	4.3	18.8	17.3	8.6		18.9	48.3	12.7	7.5	10.6
浙江	55	26.7	6.3	3.0	13.2	14.9	2.9	2.9	18.4	31.7	11.0	6.7	5.1
福建	30	1.2	7.2	3.5	5.1	11.7	5.3		14.5	51.3	17.5	7.6	4.1
广东	50	4.0	11.4	3.9	9.3	2.3	5.2	9.1	16.7	41.9	13.6	4.9	3.6
广西	40	0.9	11.7	1.1	22.2	8.4	6.9		17.5	47.4	20.5	8.0	7.2
加权平均	952	10.4	5.0	3.5	23.9	7.3	5.7	1.2	17.6	27.1	15.1	7.5	4.4

资料来源:实业部中央农业实验所:《农情报告》第4卷第11期,1936年11
月,第292页。

　　由上表可见,在所调查的全国 22 省中,经营副业的农家占了绝大多数。把经营副业的农户累加,其比例已超过了所有农户的总数,这表明有的家庭同时兼做几种副业。因此之故,副业在农民家庭收入中占据了相当的比例。1934 年据实业部调查,山东农家副业收入占总收入的 17%。据河北省府秘书处统计,1928 年河北各县副业生产在农户收入中的比例为 15%。[①] 这个数据尚是全省 130 余县的平均,个别县份远远要高于此数。例如,临城农户土布、家畜以及蜂、蚕收入占到了全部收入的 47%,东明、长垣两县农户在织布、烟叶、编织等方面的副业收入分别为全部收入的 50% 和 40%。高阳是华北棉纺织的中心,仅织布一项的副业收入就占全部收入的 42%。这是就全县而言,具体到织布区,其正业与副业的收入对比就更加明显。1932 年有人抽样选取了当地 382 个织布家庭,其中 344 户有净利的织户,平均每年全年收入152.91 元。其中,织布工资 75.11 元,自织布匹净利 45.60 元,两项合计为 120.71 元,占收入总数的 78.94%;而平均每户耕地净利,仅27.96 元,占 18.29%,其他副业及工艺收入 4.24 元,占 2.77%。

　　当然,由于地区之间的差异以及统计方法上的区别,农民的劳动收入很难用一个统一的数据来表示。不过,农民的劳动收入在各个阶层中几乎最低。农民以家庭为经营单位,上述所说劳动收入是农户全家一年所得。如果与接下来讲到的工人及公教人员进行对比后就会发现,农民在每成年劳动力的劳动收益中最为不利。也就是说,农民虽然辛劳困苦,但收入有限。勤俭既是农民之天性,也是他们对长期苦难生活的一种适应。

二、工商业者的劳动收入

　　与农民的农业耕作相比,工商业者能够获得更多的收入。不少地

---

　　① 《河北省各县农民生产概况统计表》,河北省政府秘书处 1930 年编印:《河北省省政统计概要》1928 年,农矿类,第 16—23 页。

方弃农经商风气的形成,就是对农业与工商业之间劳动收入差异的自然选择。满铁在河北昌黎县侯家营村调查时发现,"1900年该村有几家拥有200—300亩土地的大地主,但到1942年这些家庭都成为穷人,出现了一个新的拥有100—180亩土地的土地集团。这些大地主中的大部分是通过在东北做短工或在村庄以外的地方经营店铺获得收入的。在存了一些钱后,他们回到他们家乡的村子里购买土地"①。在所列举的9个新兴地主的发家途径中,有7位是通过到东北工作,2位是通过开设瓷器店。在到东北的7人当中,除1人原来是中农外,其余6位原来都是贫困的农户。这表明,外出从事工商是贫困农户改变自己处境的较为有效的方法。

城市工人依其出身分为两类,一种是入城务工的农民,一种是生长于城市的市民。二者虽然存在着转化的可能,但在此之前,他们的处境与待遇却相当悬殊。一般来说,由于刚刚入城的外地劳工与城市市民之间还存在着知识与技能方面的区别,入城农民多数只能从事城市或当地人所不愿充任的苦力。据北平社会调查所1927年调查,范旭东所创办的塘沽久大工厂有制盐工人五六百人,但其中的塘沽本地人为数极少,只不过几个而已。其中的原因,塘沽本地人更愿意通过学艺而掌握技能,"非至万不得已,不肯入厂做常工"。在工厂方面,也"很喜欢录用勤苦耐劳的农民"②,因此,这些不需要技能的苦力工作便主要由外地农民所担任。与此相似,以脏、累、险著称的矿厂工人,尤其是井下工人,也多数来自外出的农民。

工人工资的多少,在行业与性别之间有很大的区别。以天津为例,据天津日本人商业会议所调查,1927年该市劳动者每日工资如下:

---

① [美]马若孟著,史建云译:《中国农民经济》,江苏人民出版社1999年版,第261页。

② 林颂河:《塘沽工人调查》,《社会研究丛刊》第5种,北平社会调查所1930年版,第39—40页。

表 2—7　　　　　**1927 年天津劳动者每日工资表**　　　　（单位：元）

业别	最高	最低	普通	业别		最高	最低	普通
木匠	0.85	0.60	0.65	印刷工		1.45	0.24	0.63
泥匠	1.40	0.68	0.76	玻璃制造业		1.90	0.20	
石匠	1.18	0.67	0.73	棉丝纺	男	1.03	0.28	0.47
砌砖工	0.74	0.57	0.63	织业	女	0.80	0.24	0.37
盖屋顶工	0.72	0.59	0.63	烟草制	男	0.93	0.19	0.37
铅铁匠	0.81	0.62	0.68	造工	女	0.32	0.19	0.26
安玻璃工	0.85	0.66	0.69	火柴制	男	0.96	0.28	0.44
油漆匠	0.77	0.62	0.65	造工	女	0.44	0.18	0.28
洋服成衣	1.70	0.66	1.07	面粉制造工		1.00	0.40	0.60
鞋匠	1.58	0.36	1.00	制革业		0.76	0.29	0.42
电气工	1.19	0.44	0.68	骨粉制造工		0.75	0.35	0.42

资料来源：王清彬等编：《第一次中国劳动年鉴》第 1 编，第 51—52 页。

　　由上表可见，天津各种劳动者的每日工资，对技术要求较高者，如木匠、泥匠、裁缝、鞋匠等，均在七八角以上，即使是简单体力劳作的烟草、火柴等制造业，日工资也在 4 角左右。上海与天津相似，工人工资也普遍较高。但是，只有那些拥有技术的男性熟练工人才能获得较高的工资，女性不但工作种类有限，工资也只有从事同样工作男性工资的二分之一到三分之二。另外，工资的高低与该地的物价以及消费水平密切相关，在北平、天津、上海等这些国内首屈一指的大型都市生活，费用自然高昂。相比之下，全国其他地方的劳动工资就远不及此。1919年北京农商部曾饬令各省实业厅调查各业工资，其中也包括"农作"一项。由于一般农家多是自产自销，根本没有工资之说，这显然是从事农作的雇农。

表2—8　　　　　全国劳动者普通工资（计日供食）表（1919 年调查）　　　（单位:元）

类别			京兆	直隶	吉林	山东	河南	山西	江苏	安徽	福建	浙江	热河	总计
农作	男	年	25.00	30.00	31.75	20.86	14.75	20.67	27.40	73.00	40.50	33.50	23.36	21.57
		日	0.20	0.15	0.27	0.22	0.10	0.20	0.25	0.24	0.35	0.19	0.18	0.21
	女	年	12.00	15.93	17.00	11.42	9.00	9.50	18.80		36.67	16.00	17.86	16.42
		日	0.15	0.08	0.12	0.12	0.21	0.09	0.21		0.32	0.10	0.18	0.15
织工	男		0.16	0.16	0.38	0.22	0.19	0.19	0.28	0.16	0.33	0.25	0.17	0.22
	女		0.16	0.11	0.16	0.10	0.11	0.19	0.22	0.12	0.29	0.16	0.15	0.17
弹棉			0.30	0.17	0.37	0.24	0.16	0.24	0.26		0.48	0.24	0.28	0.28
染房			0.25	0.15	0.30	0.21	0.15	0.22	0.29	0.21	0.39	0.20	0.19	0.22
成衣			0.25	0.17	0.86	0.25	0.20	0.19	0.30	0.20	0.31	0.17	0.24	0.28
制帽			0.22	0.16	0.61	0.20	0.20	0.17	0.28	0.14	0.35	0.20	0.13	0.24
制鞋靴			0.22	0.17	0.46	0.22	0.20	0.16	0.29		0.34	0.71	0.21	0.24
制皮货			0.22	0.19	0.39	0.24	0.31	0.23	0.38	0.18	0.33	0.20	0.21	0.25
碾米			0.15	0.15	0.32	0.18	0.13	0.30		0.14	0.30	0.19	0.13	0.18
磨坊			0.15	0.14	0.31	0.17	0.12	0.29	0.19	0.17	0.34	0.17	0.16	0.19
酿酒			0.20	0.20	0.61	0.18	0.15	0.19		0.15	0.31	0.20	0.23	0.22
酱园			0.20	0.15	0.33	0.18	0.15	0.13	0.21	1.12	0.28	0.21	0.13	0.18
制茶			0.20	0.17		0.19	0.20		0.18	0.21	0.38	0.25		0.22
制烟草			0.19	0.16		0.19	0.17	0.21	0.29	0.22	0.38	0.19	0.16	0.21
木匠			0.28	0.17	0.44	0.20	0.18	0.16		0.15	0.33	0.20	0.23	0.24
瓦匠			0.28	0.15	0.36	0.19	0.15	0.20	0.24	0.16	0.38	0.20	0.23	0.23
石匠			0.26		0.39	0.24		0.20		0.24	0.40	0.27	0.22	0.26
制砖瓦			0.18	0.16	0.43	0.17	0.14	0.22	0.21	0.15	0.29	0.20	0.20	0.21
夫役			0.20	0.23	0.45	0.21	0.21	0.23	0.30	0.20	0.39	0.34	0.23	0.26

资料来源:王清彬等编:《第一次中国劳动年鉴》第1编,第33—40页。

　　当时的女性除从事纺织及农业外,多数并不涉足其他行业,因此上表中凡未单列女性工资者,我们都假定从业者为男,而且其中绝大多数行业确实也不适合女性。另外,为了便于比较,除农作一项列有年薪外,其余均为计日供食的工资。通过比较我们可以看出:农村工资普遍低于城市,上表由于包括了农村的劳工,因而各省工资较平、津、沪数目为低。另外,各省之间的劳动工资也有细微或显著的区别。城乡之间以及各省之间劳动收入的差异,往往成为农民入城及奔赴其他省市的原因与动力。从上表数据来看,各省各工的每日工资大都在0.20元至0.30元之间,也就是说,如果他们能够充分就业的话,普通工人的每月工资大体为6—9元。

每月6—9元工资的推测,大体符合各地工资的实际情况。北京青年会在其1924年所著的《北京地毯业调查记》一书中,概述了206家地毯行工人工资的情况。"地毯工人,每月所得工资,系按照技艺之优劣,及地毯铺规模之大小而定。寻常自2元起至20元不等。普通一般工人,每月所得约6元至9元。至饮食寄宿与艺徒同,概由地毯行主供给。每人膳宿费,每月平均,约需银3元之数"。① 天津地毯厂工人工资与北京相似,1926年调查所得,除供给食宿外,多数在6元上下。当然,工资有多种核算方式,行业性质、熟练程度、劳动强度都会导致工资高低的不同。不过,每人每月5—10元上下的工资在现实中却有很多鲜活的印证。

1926年北平社会调查所抽样调查了48户工人家庭,且很具代表性。"约有二十至二十八家为属于下户一类,其余皆属于次贫户一类。故四十八家之生活状况,实可代表北平近乎贫乏之工人阶级""此类贫民,实占北平住户之大部分,不仅包含半技能与无技能之工人,如手艺工人,小贩,人力车夫等,即下级警察、仆役与小店铺伙,亦均包含在内"②。在这48户家庭中,有工作者男72人、女74人,共计146人。

① 汪清彬等:《第一次中国劳动年鉴》第1编,第232页。
② 陶孟和:《北平生活费之分析》,社会研究丛刊第6种,社会调查所1930年版,第10页。

而这 48 户家庭 6 个月间的工资收入平均数为 93.45 元。分摊到每个有工作者身上,平均每人每月工资为 5.12 元①。当然,这里的有工作者包括了各种职业,例如人力车夫、学徒、搬运工、缝纫等等,但是,每人 5 元左右的月工资大体代表了当时普通工人的劳动收入水平。1927 年春李景汉组织燕京大学社会学系学生对北平西北郊区挂甲屯村 100 户进行了调查,"挂甲屯村距京较近,村人的生活与北京城外关厢居民的生活相似。村人主要的职业为各种工匠,车夫,仆役及政府机关的差事,少有种地为业者"。② 因此,该村家庭可以作为北平一般工人之代表。据统计,该村 100 户 406 人中,有职业的男子计 141 人,女子 29 人,合计 170 人,家庭收入主要来自这些有职业者的工资及营业所得。1926 年 12 个月间该 100 户家庭工资及营业平均收入数为 164.83 元,合计每个有职业者每月收入 8.08 元。③

经营商业受到很多不确定因素的影响,因而其收入在地区、行业以及各户之间的差异非常悬殊。不过,虽然存在盈亏双重性,但经商毫无疑问是迅速致富的途径之一,不少人就是由此实现了发财梦想。据日人调查,有一山东某氏,1901 年到辽宁四平某县城经营商业。初至该县时,以 13 元现金建立小铺,以后次第发展,1915 年经营杂货兼杂粮,已购置土地 1800 亩,1920 年兼营油坊业,土地已增为 3500 亩,1922 年改营粮栈兼当铺,至 1939 年调查时,已在该县 21 个村庄置办田地 113663 亩。田地数量的激增,成为验证其商业赢利及发展规模的标志。当然,能达到如此地步的豪富毕竟为数有限,多数经营商业者只是获得比务工稍高一些的报酬而已。李景汉对河北定县县城内的 467 个商店 1930 年的经营状况进行了调查,据统计,"467 处商店中资本不满

---

① 《北平生活费之分析》,第 26 页以及 30—31 页之间的夹表第 8 表。

② 李景汉:《北平郊外之乡村家庭》,社会研究丛刊,上海商务印书馆 1929 年版,"序言"第 3 页。

③ 李景汉:《北平郊外之乡村家庭》,第 28 页以及第 40—41 页间的夹表第 19 表。

100 元者计 46 处,百元以上者而不满二百元者计 57 处,二百元以上而不满三百元者计 51 处,三百元以上而不满五百元者计 81 处,五百元以上而不满一千元者计 81 处,超过一万元者约二十处左右。普通商店之赚利约为资本的 10% 至 40%,大多数商店的全年赚利数目不满三百元"。① 多数地方的商店赢利与此相似,赚取巨额利润的毕竟只是少数。1926 年北平郊外的挂甲屯村"靠商业谋生者共计一九人,占一切有职业男子的百分之一四。有铺主五人,其中赚利最多者为一一七八元,其余每家赚利皆在二百元以下。小贩计七人,包括卖青菜,糖果或烧饼等零食物品者。小买卖人中赚利最多者为一摆杂货摊者,全年收入三一二元,大多数的赚利约在百元左右,最低者为三一元。店铺中的伙计除用主人饭食外,全年工资及年节送钱约计百元。学徒除饭食外并没有工资,全年仅得年节赏钱两三元"。② 商业经营者的具体收入情况,从河北省实业厅视察处 1931 年对清苑一县的商业统计略窥一二。

表 2—9　　　　1931 年河北清苑商业经营分类统计表

项别	家数	资本（元）	全年卖项（元）	每年纯益(元)	每家每年平均纯益（元）	店员数	每人平均年工资（元）	每人平均年奖金（元）
杂货业	29	196000	417600	8352	288	725	125	8
绸布棉纱业	80	560000	774000	176000	2200	640	125	80
药材业	40	120000	240000	50000	1250	320		90
贩酒业	19	57000	475000	24700	1300	152	110	50
煤炭石灰业	69	553000	690000	357000	5173	1035	110	50
书籍文具业	23	57500		23280	1012	161	135	40
洋广货业	32	200000	960000	48000	1500	192	185	85
铁器业	27	108000	810000	67500	2500	243	140	50

① 李景汉:《定县社会概况调查》,第 712 页。
② 李景汉:《北平郊外之乡村家庭》,第 30 页。

项别	家数	资本（元）	全年卖项（元）	每年纯益（元）	每家每年平均纯益（元）	店员数	每人平均年工资（元）	每人平均年奖金（元）
皮麻绳业	21	42000	105000	21000	1000	126	110	40
粮业	101	95000	790000	79000	782	1050	90	18
煤油纸烟业	24	60000	400000	40000	1667	280	280	90
瓷器业	10	30000	80000	12000	1200	60	95	50
货栈业	13	65000	104000	19500	1500	208	110	160
钱业	22	3300000	4400000	660000	30000	264	140	115
皮货业	12	72000	144000	36000	3000	48	110	40
合计	522	5515500	10389600	1622332		5504	1865	966
平均(每家)		10566	19903	3108		11	124	64

资料来源:河北省实业厅视察处编:《河北省实业统计》(1931年),商业类,第1—63页。

　　这里所指的商业,是不包括一般小商小贩的规模较大的店铺。从业者分为两种情况,一种投资与经营者,他们承担风险,也享受普通劳动无法企及的收益。由上表可见,清苑 522 家商店平均每家每年纯益 3108元,占投资金额的 29%。杂货业开办较易,利润也低,每家每年仅 782元,而钱业则需要较大的投资,因而每家每年纯益达 3 万元。另一种是被雇的店员,他们收入与工人接近,但又高于一般纯体力型工人。因为做店员需要机灵聪慧、识字算账,在充任店员之前,大多还得进行几年没有工资的学徒生涯。这种筛选与培训增加了充当店员的难度,同时也造成了店员与普通工人之间的收入差,店员的平均年工资 124 元,奖金 64元,二者合计将近 200 元。当然,这也可能只是清苑一地的情况,在相当多的其他地方,店员与工人之间在工资收入上并没有明显的差异。

　　综上所述,在工商业不甚发达的 20 世纪上半叶,工人的劳动收入只是比农民略强一点而已。他们的工资多采日制,表面上看每月收入不低,但工作机会的短缺以及劳动力市场的恶性竞争,经常造成他们收入的不稳定。商业收入与资金多寡、运营模式密切相关，一般来说，资本雄厚的投资与经营者能够获得较高的收益，而一般的商人也只是获得比纯体力劳动略高一些的报酬而已。广大被雇店员的工资收入，基本与工人相当或略高于普通工人，因为他们往往必须具备经营商业所必需的机灵与技能。

三、公教人员的劳动收入

公教人员，是政府公务员和教师队伍的统称。这是一个依靠政府薪金维持生计的群体，收入适中，来源稳定，又有一定的文化。无论从生活方式还是从社会地位上来说，都可以称作社会的中层。另外，大部分公司职员因为在文化背景与工资收入上与公教人员比较相近，一般也被纳入到这一阶层。

在抗日战争爆发以前，公教人员薪资较高，普遍受到社会的羡慕与尊重。北洋政府时期，文官公务员分为四个等级，即特任、简任、荐任和委任。按照 1912 年 10 月 16 日公布的《中央行政官官俸法》，特任（各部部长）月薪 1000 元，简任（相当于今天的司局长、副部长级）月薪 400—600 元，荐任（相当于处级）月薪 200—360 元，委任（相当于科级以下职员）月薪 50—150 元。[①] 从数量上看，普通公务员即最末等的委任文官是政府公务员的主体。他们由办事员、书记官、省、县政府的科员以及县局级的秘书、科长、局长等组成，由于没有过多的权势，工资成为他们收入的主要来源。在民国成立后的二十多年时间里，委任文官的工资变动不大，1928 年调整为 40—200 元，1933 年 9 月 23 日国民政府公布实施了《暂行文官官等官俸表》，将委任文官月薪的最低起点增至 55 元。

与其他阶层相比，政府公务员的月薪还是相当可观的。即使以其最

---

① 参见慈鸿飞：《二三十年代教师、公务员工资及生活状况考》，《近代史研究》1994 年第 3 期。

低起限55元计,也远远超过了前述阶层中的一般收入。当然,能够充任公务员需要特殊的资格与条件,远非一般人所能达到。以最低层次的委任职公务员为例,就需要下述五项条件之一:"一、经普通考试及格或与普通考试相当之特种考试及格者;二、现任或曾任委任职经甄别审查或考绩合格者;三、现任雇员继续服务三年以上而成绩优良者;四、曾致力于国民革命五年以上而有成绩者;五、在专科以上之学校毕业者"。对再高一级的荐任职公务员,要求自然会更多一些。仅在学历与学识上,就必须具备:"经高等考试及格或与高等考试相当之特种考试及格者",或者"在教育部认可之国内外大学毕业而有专门著作经审查合格者"。①

这样的规定并非空穴来风,虽然在执行过程中经常根据实际情况进行变通,但担任高级公务员多数具备一定的学历,已在教育相对落后的民国时期成为普遍现象。以河南为例,据河南省政府秘书处统计,1933年12月在职的111位县长中,大学毕业者29人,占26.12%;国外大学毕业者8人,占7.27%;军官学校毕业者15人,占13.51%;县长训练班毕业者7人,占6.30%;专门学校毕业者35人,占全数的31.50%;国外专门学校毕业者1人,占0.90%;中等学校毕业者10人,占9.00%;其他各校毕业者6人,占5.40%②。这表明,河南省的111位县长绝大多数受过专科以上的高等教育。而当时的中国,受过中等以上教育的人还相当的稀少。据国民政府教育年鉴编辑委员会统计,1930年度中国每1万人口中得受中等教育的人数为11.07人,得受高等教育的人数为1人。由此可见,仅仅是教育条件一项,就拉开了公务员与普通人的距离,公务员工资收入较高自然也在情理之中。

民间所认可的公务员,要比通常意义上的较为宽泛。在百姓看来,

---

① 《公务员任用法》,1933年3月11日国民政府公布,《中华民国法规大全》第1册,第351页。

② 《河南省现任县长学历统计图》,河南省政府秘书处编:《河南省政府年刊》1933年,开封扶群印刷所印刷,调查类。

除了正式的办事员之外,其他在国家和政府机关做事的人,例如警员、勤杂工等,也属于公务人员。其实,从社会地位及收入方面来看,后者更像受雇的工人。李景汉等在对挂甲屯 100 户家庭 1926 年收入情况的调查,也包括了公务人员。"在政府机关作事者共计二十人,占一切有职业男子的百分之一四。办事员八人,每人全年薪水自一二〇至五〇〇元。警察每月薪水八元,往往只领几成,故全年收入仅六七十元。在军界者有连长一人,全年送家中四三〇元,排长二人,各送家中二四〇元。邮差一人,全年送家中九六元,修理电线者一人,全年送家中二七六元"。[1] 从其收入情况及工作性质可以看出,真正享受公务员待遇的只有办事员、军界连长及排长,其他则为政府机关中的勤杂人员。

在教师行列中,各级学校教师的工资差别很大,大学教师工资最高,小学教师的工资最低,中学教师与普通公务员大体相当。1917 年 5 月北洋政府颁布的《国立大学职员任用及薪俸规程》规定,国立大学教员分为 4 等,每等 6 级,共 24 级。其各级教员月薪,正教授 300—400 元,本科教授 180—280 元,预科教授 140—240 元,助教 50—120 元。除助教第 6 级至第 3 级的工资差为 10 元外,各级间级差均为 20 元。南京国民政府成立后,高校教师的工资又有所提高。1927 年 9 月,教育行政委员会公布《大学教员薪俸表》规定,各级教师的月薪,教授 400—600 元,副教授 260—400 元,讲师 160—260 元,助教 100—160 元。中学教员在 1932 年以前一般是时薪制。1922 年以前每小时 5 角至 2 元,1922 年学制改革后,初中一般每小时 1 元至 1 元 2 角 5 分,高中一般为每小时 1 元 7 角 5 分或 2 元。1932 年 11 月,教育部公布了《中等学校教职员服务及待遇办法大纲》,内中规定,"中等学校废除钟点计薪制,教职员之月薪应分别等级,依次递进,兼任教员得依时计薪,统由各省市厅局酌量地方生活程度比照现制较优办法分别规定"。钟点计薪制虽然废除,但它仍是确定中学教师工资高低的主要依据之一。

---

① 李景汉:《北平郊外之乡村家庭》,第 30 页。

《办法大纲》对中学教师的授课时间做了规定，"初中专任教员每周课内教学时间为二十二至二十六小时,高中专任教员课内教学时间为二十至二十四小时,各地如有特殊情形,须增加者,高初中均得酌量增加"。① 也就是说,中学教员每月课内教学时间在80—100小时之间,若仍依前述每课时1—2元计算,中学教员薪金则大致为100—200元,相当于高校的助教与讲师。

在教师行列中,小学教师月薪最低。1928年7月,国民政府公布了《小学校长任免及待遇暂行条例》以及《小学教员聘任及待遇暂行条例》,对小学校长及教员的月薪做出了详细规定,其内容详见下表:

表2—10　　　　　**小学校长及教员之月俸标准表**　　（单位:元)

类别 / 俸级别	月	高级小学校			初级小学校					
					城镇			乡村		
		第一级	第二级	第三级	第一级	第二级	第三级	第一级	第二级	第三级
小学校长 学级数	1—3	40—35	35—30	30—25	35—30	30—25	25—20	30—25	25—20	20—15
	4—6	45—40	40—35	35—30	40—35	35—30	30—25	35—30	30—25	25—20
	7—12	50—45	45—40	40—35	45—40	40—35	35—30	40—35	35—30	30—25
	13	55—50	50—45	45—40	50—45	45—40	40—35	45—40	40—35	35—30
小学教员 职别	正教员	40—35	35—30	30—25	35—30	30—25	25—20	30—25	25—20	20—15
	专科教员	35—30	30—25	25—20	30—25	25—20	20—15	25—20	20—15	15—10

说明:一、以上数目为初级俸,均包括膳费而言;

　　　二、以上级别系就个人学历及成绩而区别之标准,每级中之差数系就经济情形可以活动之范围;

　　　三、以上标准系制合于本条例规定资格之校长及教员而言;

　　　四、各县遇有特别情形,得由教育局长另拟标准,呈大学核行。

资料来源:《小学校长任免及待遇暂行条例》及《小学校员聘任及待遇暂行条例》,《中华民国法规大全》第3册,第4184—4185页。

---

① 《中等学校教职员服务及待遇办法大纲》,1932年11月4日教育部公布,《中华民国法规大全》第3册,第4184页。

由上表可见,在 1928 年所公布实施的月俸标准中,小学校长及教员的月俸在 10—55 元之间。不但同一类型的岗位存在一、二、三级的等级差别,就是在小学的初级与高级之间、初级小学的城乡之间以及学级与职别的高低之间,也都各存在着 5 元的级差。与其他公教人员相比,在小学任职的校长与教师的收入低了很多,差不多降到了城市熟练工人的地步。据北平社会调查部 1926 年调查,"北平小学教员之聘请,通常以一年为期,每月薪俸四十元。如管理学校行政事务,薪俸较多。但每星期授课时数不足二十四小时者,酌量减薪"[1]。小学教员虽然收入低微,与熟练工人无异,但由于其文化蕴涵与生活方式,习惯上仍被保留在中间阶级的低层。与小学教员收入与地位相当的,还包括"书记、录事、警官及银行公司之小职员。其每月之进款,皆与小学教员相差无几,平均约合四十元之谱。故自经济方面言之,彼等实可谓属于同一阶级。此外,复有工资较高之工人,如汽车夫,机器工人及电气工人等,亦可认为同属此一阶级,但因彼等并非文人,其生活标准或与教员有异也。概括言之,此项小学教员之生活,实足代表北平一部分之下户及大部分之中户家庭"。[2]

上表中的工资规定针对的是县立或区立小学的教员,但是对大部分村立小学来说,教师工资的高低则纯粹视经费情况而定,因而其工资经常低于规定水平。以山东长清为例,1933 年小学教师的薪金在县立、区立以及村立之间有着很大的区别,平均数分别为 24 元、16 元和 9 元。[3]月薪 10 元左右应该说是乡村小学的普遍情况,据河北省政府秘书处统计,1928 年度河北 130 余县初级小学的教员工资,平均为 9.1 元。[4] 在同

---

[1]　陶孟和:《北平生活费之分析》,北平社会调查所出版,商务印书馆 1930 年印行,第 82 页。

[2]　陶孟和:《北平生活费之分析》,第 11 页。

[3]　《长清县志》卷 8,学校志(下),现代教育,1934 年铅印。

[4]　河北省政府秘书处 1930 年编印:《河北省政府统计概要》1928 年度,教育类第 34—37 页。

一年,李景汉等对河北定县东亭乡 62 村 64 名初级小学教员工资的调查也印证了这一情况。在 64 人中,全年薪金在 80—119 元者为数最多,有 40 人,占全数的 62.5%。40—79 元者 19 人,占 29.7%。另有 5 人全年薪金在 120—139 元之间。也就是说,在所调查的 64 名乡村初级小学教员中,月薪在 6.7 元至 10 元之间的教员占了三分之二左右。①

　　总起来说,在抗日战争爆发之前二十多年的时间里,作为社会中层的公教人员,由于工资牢靠,物价稳定,基本上过着丰衣足食、令人欣羡的生活。当时在公教人员的待遇问题上也不是没有问题,但涉及的仅是一部分人,例如收入低微的乡村小学教师。这种其乐融融的景象在抗战爆发后很快成为回忆,随着物价的膨胀,他们薪金的实际购买能力大大降低,到国民政府最后的几年中,公教人员更陷入了衣食难以为继的困境。

---

① 　李景汉:《定县社会概况调查》,第 216 页。

第三章　民国百姓的饮食

　　进入民国以后,百姓的饮食结构发生了较大变化,乡村居民仍以传统饮食为主,城市居民的饮食则是中西合璧了。民国成立后,因为实行对外全方位开放政策,并着力扩大对外贸易,因此来华洋人愈加增多,并有过两次高潮,一次是20年代初的大批白俄来华。当时俄国苏维埃革命已取得成功,大批效忠沙皇的白俄从远东来中国避难,每年都有数千人,到30年代初期已达数万人,多集中在哈尔滨和上海。其中的一些人就开设了面包房、香肠店、俄式餐馆。第二次高潮是在第二次世界大战前后,大批欧洲犹太难民来华。当时,多数国家都迫于纳粹的淫威或出于对犹太人根深蒂固的歧视而拒绝接纳他们,而中国政府以人道主义为怀,给很多犹太人发放了入境签证。上海因为有轮船直抵欧洲各国,航线固定,加上是个国际化的自由港,对于犹太人而言,不仅从各方面能得到照顾和保证,还可以得到中外市民的善待,因此,许多人就定居下来。他们善于经商,很多人都开设了西式饭馆。

第一节　饮食的西风东渐

　　中国国门被打开以后,随着通商口岸的增多,来中国经商、传教、旅游的外国人越来越多,有的还定居下来。以上海为例,鸦片战争后,列强在此开辟了租界,一批最早的殖民者,如军人、官员、传教士和商人就来到了上海。以后陆续又来了冒险家、政治难民以及挟一技之长前来谋生的普通外国侨民。从19世纪60年代起,一切外国轮船,不论其最后的目的地是哪儿,它都要先开到上海,上海等地确确实实成了"冒险家的乐园"。

一、西菜西馆

来华洋人的增多,对西式菜肴饭食的大量需求,导致了中国西式饭馆的出现和发展。等到中国人逐渐接受了西餐,本着或炫耀或尝鲜等目的吃起西餐的时候,西式饭店、饭馆就愈加迅速地发展起来了。

中国最早的西式饭馆、餐厅出现在鸦片战争前的广州,因为当时广州是大清朝唯一的通商口岸。等到上海开埠,日益繁荣,欧美各国的洋人纷纷到上海创业,西式餐饮业的重心就移到上海了。此外,外国租界比较集中的汉口等地,也不乏西式饮食。

在广州,西式菜馆一开始主要集中在东堤大沙头和沙基谷埠等繁华地带。那时这一地区万商云集。茶楼、酒馆、果栏、商厦林立。以后,一些酒馆搬迁,集中于陈塘十八甫一带以及惠爱路、财厅路,昌兴街等地。

西式餐饮业在陈济棠治粤时期比较鼎盛,曾达数十家之多。每当夜幕降临,酒店里即宾客如云,纵情宴饮,一二百元一桌酒菜已不新鲜。有人是为了同外商做成生意而请客,有人是为了结交洋靠山而请酒,有人是为儿女留洋归来而喝欢庆酒,也有不少人纯为消闲、尝鲜或赶时髦、讲体面。

整个民国时期,各西式酒家经营手法都多种多样,各显神通,它们或以多种拿手好菜来吸引顾客,或以装饰优雅,陈设豪华引人入胜,也有的以优良的服务态度取悦顾客。

在菜肴方面,各店都力求味道纯正,尽量满足中外食客的要求。在口味方面,以英式为主,此外还有法、俄、德式西菜。

在装饰方面,由于西餐重视饮食环境,而且吃西餐的人都有些崇洋讲究的心理,因此各酒店、菜馆都不惜工本,将室内布置得洁雅、舒适。除表面装饰外,室内陈设更是悉心讲究,如座位舒适、色调和谐、光线适中、宽敞通风。还要保持清洁,台布要勤洗勤换,要为客人预备香巾,还要准备小孩专用高椅。有的还在雅座设有门帘、电铃,非经顾客招呼,绝不擅自进入,努力迎合西方人的习惯,也使不甚熟谙西方习俗的中国顾客领教一下外国的风俗,给其留下深刻印象,以扩大自己的影响。

在服务方面,要求店员待人接物必须恭敬殷勤、彬彬有礼。工作无论忙与不忙,都要聚精会神,随时听从顾客的招呼,不能和客人吵架、顶撞,违反的人要被"炒鱿鱼"。店员在店里不能喝酒抽烟,不能扎堆聊天,更不能对顾客评头论足,也不得乱翻乱看顾客的东西。酒店、菜馆人员,上自经理,下至店员,都必须衣服整齐,穿鞋着袜,指甲头发都必须清洁。

除了这些,从20世纪初期开始,各菜馆还实行女招待服务。广州西餐业最早使用女招待为顾客服务。著名的西式酒店六国、金轮等都以此招揽顾客,力求服务周到,让各种客人都满意。

最早使用女招待的,是一家叫文雅丽的茶室,老板是一个商人。说是茶室,其实就是一家菜馆,岭南文化之一习俗称谓也。女招待最初仅属临时雇佣,每月工资仅三五元,饭食由店里供给,大部分收入要靠客人给小费。因为费用不高,因此各酒店、菜馆竞相仿效,六国、金轮等店还在这方面大下工夫,大肆宣传。有些食客,如一些商人、官绅为了摆阔、挣面子,不仅饮食阔绰,且任意挥霍,毫不吝惜小费,有的数额竟几倍于菜钱,这样也可以博得女招待的欢心。各酒店见女招待作用这样大,更是争相雇佣。女招待的工作领域也迅速扩大,以前还只是斟茶奉酒、送食接物、添菜加饭、迎来送往,到后来则转移了重心。"一变为时装盛饰,陪酒清歌以博顾客欢心,其或狂言浪语,打情骂俏,乃至猥亵狎邪者有之"。① 不仅广州如此,到了二三十年代,其他大城市这种现象

---

① 《广州文史资料》第18辑(选辑),广东人民出版社1980年版,第281页。

也已很普遍了。

开放的广州人不仅吸收了西餐烹饪技术的优点,而且还广泛吸收了京、川、鲁、淮扬等菜系的精华,并根据本地特点,加以改良、改造。因此,在西菜中菜互相影响,取长补短方面做得最好的,是广州的饮食业。西菜传入广州后,很快被中国厨师们研究透,这些脑瓜灵活,思想不甚保守的厨师吸取西菜的长处,创造出许多亦中亦西,中西兼具的菜式品种,许多原料及制作方法,都参照或采用西法。在此基础上,粤菜作为一个菜系逐渐形成了。

粤菜制作精巧,讲究鲜、活、嫩、爽、滑,并以小炒见长,菜式强调花色繁多,美观新颖,因此很快在国内外赢得了声誉。

上海于1843年11月正式开埠,此后洋人们就纷纷来到上海。最早来到的英国人在租界住下后,恪守自己的饮食习惯,一日四餐。每到傍晚,便觉无聊,苦于没有享乐之处。至于公事、私事应酬,更苦于没有合适的招待场所。几个有头脑的洋人看准了商机,就在租界中开设西式酒店餐馆。1853年,老德记西餐馆开张,同年设立的还有埃凡面包店,制作销售面包、汽水及各种酒。1860年,英国人礼查在上海创办礼查饭店,为顾客提供食宿,其餐食由英国厨师主持烹调,所需原料大多购自国外。饭店生意不错,外国官员、商人、侨民常来此住宿、用餐。英国菜烹制手法比较简单,调味品如盐、醋、色拉油、芥末、胡椒粉随个人喜好使用,厨师很少用这些佐料来烹调菜肴。早晨起床前是"被窝茶"——一种很浓的能提神的加奶红茶。早餐吃咸肉、水果、麦片粥、咖啡、煎鸡蛋、果酱面包等等。午饭简单地吃些三明治。下午喝"下午茶",此为一些本为聚会聊天、打发时间的贵妇人所发明,后来竟成习俗。除了喝加奶红茶,还要吃点蛋糕、咖啡、饼干。晚饭为大餐,包括冷盘、汤、牛肉鸡肉、鱼和海鲜、点心水果、葡萄酒等,上菜还要讲究顺序,不能乱。

1910年,德大西菜社开张,它不仅做洋人的生意,也欢迎有钱有地位的中国人来用餐。该菜馆向客人提供德国式西餐,其看家菜是"德大牛排"，状似蝴蝶、外焦里嫩、外熟里生，味道腥鲜。此外还供应奶油烤鸡、腓利牛排、汉堡牛排、烩鱼、奶酪焗面等佳肴。奶油蛋糕、计司条、牛奶咖啡、火焰冰淇淋也是该馆名品。德国菜的总的特点可以归纳为一生二酸，其菜肴中生菜较多，如生牛肉、生鸡蛋等。其菜还多带酸味，如酸焖牛肉等。德国人还喜食香肠和土豆，几乎天天都吃。

30年代，上海复兴饭店创立，经营欧式西菜。该店名菜为"腓利牛排"、"奶油葡国鸡"、"丽娜鸡"、"花旗鱼饼"等。腓利牛排选用上好的牛里脊肉，削薄，上面洒上盐、胡椒粉等佐料，放入油锅中煎成焦黄，再用黄油煎一次，盛入盘中浇上沙司，再放入土豆条和蔬菜，就成了香气诱人的"佳肴"了。"奶油葡国鸡"则选用新鲜鸡肉切成块，上撒面粉、胡椒粉，入油锅煎黄，起锅后和洋葱、西红柿酱、糖、盐、咖喱油、酒、鸡汤一起先烧后焖，再加上奶油入炉烘烤，味极鲜美。

晋隆西菜社和大西洋西菜社则将中菜"烩八珍"用西法改进，进行西式烹调，变成色、香、味俱全的浓汤，很受中外食客欢迎。

上海著名的意大利式西菜馆是天鹅阁。其名菜为"墨西尼鸡面"，用意式烹饪法制成。该菜选用整鸡，蒸熟后取出胸骨，将鸡肝炒通心粉塞入鸡胸，再同奶油薄沙司等一齐放入烤箱烘烤。意大利菜比较讲究，强调原汁原味。在烹制上以炒、煎、炸、红烩、红焖为主。意大利人还善做面食，但把它们当菜吃，意大利通心粉世界闻名。其菜肴多烹至六七成熟就吃。至于做面食所用的面粉，多是进口的洋面粉。

1935年10月，意大利人路易在淮海中路开设喜乐迈法式西菜馆，它就是上海最负盛名的红房子西菜馆的前身。该菜馆主要经营蜗牛肉、芥末牛排、红酒鸡、红葱汤、奶酪小牛肉等。由于菜肴味道正宗地道，因此很受食客欢迎。不少法国人品尝了蜗牛肉、洋葱汤等菜肴后，都感叹"好像回到故乡一样"。1945年，中国人刘瑞甫买下该菜馆，1956年公私合营，菜馆正式定名为红房子西菜馆。刘少奇、周恩来、陈毅、法国总统蓬皮杜等名人都曾来此用餐。周恩来还多次向外宾推荐："吃西菜，上海有一家红房子西菜馆"。这些，都是后话了。

　　法国菜的特点是讲究烹调、用料,花色品种也繁多。它的用料有很多独特之处,如人们平素不以为食的蜗牛、马兰、洋百合,法国人也用来烹制菜肴。

　　法国菜的另一个特点是讲究营养、讲究生吃。由于选料严格,质量能得到保证,一些菜如牛排、羊排往往烧至几成熟就端出来吃,中国人往往只吃表面熟的那一部分,生的部分很少有人能吃得惯。法国菜的这一特点其他欧美菜也有。

　　法国菜的第三个特点是讲究用酒,要求也很严格,讲究酒的种类与菜的品种的搭配。如肉类用红葡萄酒,海鲜用白葡萄酒,色拉用甜酒等。

　　法国菜还讲究蔬菜的使用,其菜名也多与人、地、物有关。

　　上海西菜馆中还有一些俄式菜馆,经营者多为白俄。最盛时曾有十余家。俄式菜馆的名菜是罗宋汤,是把牛肉、牛骨、香菜、紫菜、芹菜、萝卜、土豆、辣椒、奶油、茴香、洋葱、面粉等放在一起烹制而成。鲜香味美,价钱又便宜,中下层的人也吃得起,生意挺兴隆。除此而外,这些俄式菜馆还提供牛肉饼、鱼头汤等。当时,较出名的俄式菜馆是"华东俄菜馆"。

　　俄国菜味道侧重酸、辣、甜、咸。其油大,制作也较简单。其调味品也较独特,有酸奶油、奶渣、柠檬、辣椒、酸黄瓜、洋葱、黄油、茴香等。俄国人善做鱼菜,对此情有独钟,喜食鲑鱼、鲟鱼、咸鱼、鱼子酱等。鱼子酱由鲟鱼的卵制成,初食觉得微腥,吃上几次就会上瘾,香溢满口,其中最昂贵的是里海鲟鱼的黑鱼子做成的鱼子酱。

　　除了西菜馆供应西菜,一些西式大饭店也供应西菜。20年代初期,上海已有几家大型西式饭店,如礼查饭店、汇中饭店、大华饭店。其内部餐厅、酒吧都向客人们提供西式膳食。三十年代,国际饭店、华懋饭店、都成饭店、上海大厦等大饭店又相继开业,膳饮设备更加完善,菜的品种质量也有显著提高。由于法国人善于烹饪,因此很多饭店的经理和厨师长都由法国人担任,但并不仅仅提供法式西菜,而是英、美、法、意、俄、德各种口味的菜都有。当时,国民政府的一些应酬活动经常在各大饭店举行,一些高官在品尝了饭店的西菜后往往赞不绝口,这就扩大了西菜的影响,连欧洲人看不上的美国菜也不乏拥趸。美国菜的特点是不拘一格,什么都敢在一块儿配,不讲究"照章办事"。其菜常用水果作为菜肴的配料,如菠萝焗火腿、苹果烧鸭、橘子烧鸭等,味道咸里带甜。

美国原来是英国的殖民地,但其民族构成却多种多样,非常复杂,因此美国菜的基础可以说是英式菜肴,但又融会了欧洲、亚洲各国菜的特点,创出了一些富有自己特色的菜点。一种是铁扒菜,把铁模具在火上烧热,将肉放在铁模具上烧烤,边烤边放佐料,香气四溢。另一种是色拉菜,美国人对此很感兴趣。他们把各种水果如苹果、梨、香蕉、菠萝、橘子和各种蔬菜如芹菜、青菜、土豆拌在一起,再放入色拉油、沙司和鲜奶油等调料,就成了口味别致、很有营养的色拉。有趣的是,尽管美国人很喜欢冒险,但他们却不喜欢吃辛辣食品。

北京的西式饭馆、酒店出现的较晚,而且是武力促成的。1900 年,中国北方爆发了义和团运动,皇太后慈禧恼恨洋人维护光绪帝,支持维新变法,就拉拢义和团反对洋人。清军和义和团一度联手攻打东交民巷外国使馆以及西什库教堂,还把德国公使杀了。列强不甘示弱,就纠集了八个国家的精兵数万人攻入北京,驻军于东单广场。洋兵们闲来无事,需要享乐,于是洋酒店、洋饭馆就应运而生了。现在的北京饭店,就是那时创立的。

1900 年的冬天,两个法国人邦扎和佩拉蒂在兵营东面开了一个小酒馆,卖红、白葡萄酒和煎猪排、煎牛排、煎鸡蛋等西式菜肴。因为当时这类酒馆为数极少,因此生意很兴隆,业务发展很快,第二年就搬迁了地址,扩大了店面,并将酒馆正式命名为北京饭店。不久,两个人因不合而将饭店卖给了意大利人卢苏。卢苏把它弄成了吃住齐全的饭店,并与附近西班牙人开的三星饭店激烈竞争。卢苏从外国兵舰舰长那买来成桶的走私葡萄酒,运到酒店化桶为瓶零卖,获利近 10 倍,因此很快就发了财。1903 年,他在东长安街王府井一带买了房子,把饭店迁到那里。以后北京饭店的地址就固定下来了,至今未变。1907 年,日益思念故乡的卢苏把饭店卖给了法国人,自己回国了。

北京饭店在法国人经营时期,得到了很大发展,很快就盖了一栋有48 套上等西式客房的五层楼房。1917 年,又在附近加盖了一栋七层法式洋楼,楼内设有酒吧间、露天舞池、电梯,成为当时北京最高级的饭店。饭店的饮食服务完全照搬法国的标准。厨房的师傅身穿大翻领、双排扣的卫生衣,戴白色卫生帽。厨师长的帽子是高筒的,洗涤得硬刷刷的。即便是帮着做宰割、加工等扎活的"帮厨",也得身着白围裙。饭店的酒吧里有各种酒水:苏格兰威士忌,法国人头马、拿破仑等高级葡萄酒,还有白兰地、啤酒、美国可口可乐。此外,也准备有咖啡、冰淇淋、水果、三明治、火腿、沙拉、计司等小吃。至于客人的饭食,是一日三餐外加下午四点的菜点,一律是西餐,饭钱算在房价中。

除了供应住宿客人饮食,饭店还积极承办对外宴会业务,这种服务始于民国初年。当时,很多外国机构、商会,民国政府各机关以及大军阀、大官僚和前清皇族,都在北京饭店举办宾会或酒会,方式大致有以下三种:

一种是在饭店内举办冷餐会。长桌上摆上了各种西餐食盘,刀叉勺也摆放完整。长桌上有五种酒杯,分别盛有烈性酒、红葡萄酒、白葡萄酒、香槟酒和啤酒,客人可根据爱好随时饮用。客人落座,厨师们早已将几种西式拼盘冷菜准备好,穿戴齐整的服务员迅速上汤上菜,客人一般都吃得挺满意。

第二种方式是在饭店内举办鸡尾酒会。鸡尾酒创自欧美,其名称的来源有好几种版本。较为流行的说法是,18 世纪的时候,欧美人嗜好斗鸡赌博。每逢盛大赛事,斗鸡场上都人山人海。一些头脑灵清的酒店店主就在附近开设酒馆,并千方百计把酒与斗鸡联系起来,他们把鸡们互啄下来的毛拣去装饰酒店,并别具匠心地把最漂亮的色彩鲜亮的鸡尾部分的毛插进各种颜色的酒里,吸引顾客。结果酒店果然生意兴隆,这种酒也因此得名为鸡尾酒。鸡尾酒一般是由两种以上的酒兑制而成,需要一定的技术,有的还要加入果汁等饮料。以后,人们就把以饮鸡尾酒为主,较为随意,不设固定座位的集会称为鸡尾酒会。当时,北京饭店等大饭店时不时举办这样的酒会,场面倒也热闹,不过这类酒会的吃食一般较简单,以炸土豆片、花生米、计司条和色拉、冷牛肉等来下酒。宾主在宴会中可以自由走动、交谈、选取食品。

袁世凯当上正式大总统后,曾在北京饭店举行了一次盛大的鸡尾酒会,招待各国使节。这次酒会按传统鸡尾酒会的时间,在下午三四点钟举行。当时在餐店中间布置有 U 字形的长台,上面放着各种西菜小吃。有三明治、花生米、橄榄、土豆片、计司条等。在餐厅的另一端,有一吧台,上面放着为酒会准备的各种鸡尾酒和其他饮料,有毕卡弟鸡尾酒、红色玛丽酒等。餐厅中只设少许座位,袁世凯本人和各国大使、夫人都是站着边谈边吃。侍者端着盛有各种鸡尾酒和西点的托盘,穿梭往来于客人之间。由于大家多数时间都是站着,因此酒会时间不长,一二个小时后就结束了。

最后一种是和饭店协商好,把饭店的厨师叫到自己家里举办私宴,要价一般都很昂贵。冯国璋、段祺瑞等都在家中举办过这种宴会。值得一提的是清废帝溥仪,为拉拢日本人,也曾约请北京饭店厨师在皇宫后花园中举办西式酒会,招待日本国会代表团。据溥仪和他的英国老师庄士敦的回忆,当时场面非常宏大、热闹,宾客如云,既有前清豪族,也有民国高官显宦,此外还有英、美、日等国公使及其夫人。当时御花园的东、西两个花厅摆放着西餐桌,西餐桌上摆满了各国名酒,香槟的浓郁酒香穿堂入室,令人陶醉。各种西式菜点琳琅满目,令宾客们胃口大开。而皇室专用酒杯、盘盏更使酒席增光添彩。溥仪此举,意在联络日本,以图复辟大业。酒席上日本等国公使、客人对他一口一个皇帝的称呼,更使他分外舒适陶醉。因此宴会结束后他对北京饭店赏赐优厚。

饭店以及来帮忙的厨师都发了一笔财。

　　除了北京饭店,北京还有一些较出名的西式饭店、饭馆提供法、德、俄等西菜,如六国饭店、德昌饭店、长安饭店。

　　六国饭店不仅是提供西式食宿的饭店,还是中外官员聚会谈判的场所。据时人记载,"六国饭店在中御河桥边,建筑壮丽,陈设华美,较之沪上汇中,殆过无不及。从前为外交俱乐部,光、宣之交,满清贵族,群学时髦,相率奔走于六国饭店,为外人点缀风景,实际上则昔之间接以金店为纳贿相关者,一变而直接以六国饭店为交易所矣。民国以来,政客达官,宴集寓宿,均以六国饭店为大本营。实则六国饭店,在京颇有政治上之集合势力,非仅图哺啜已也。无论何项调停疏通事件,比至六国饭店,则无不迎刃而解,何其遭际之幸也"。①

　　到1914年,北京较出名的西菜馆已有4家,到1920年发展到12家。这些西菜馆,时称番菜馆或大菜馆,"有为外国人设者及为中国人设者二种。中国人设者多在前门西一带。趋时者每在此宴客,其价每人每食一元,点菜每件自一角五六分至二三角不等"。② 西餐的日益流行,跟人们的"崇洋"心理和"尝鲜"心理有关。有的人确实适应并习惯了吃西餐,而更多的人则是不习惯、不适应,在心底里并不真正认为西餐好吃。20年代初期,一家报纸在北京进行了一次民意测验。回答爱吃中餐的人有1907人,占被测验者总人数的77%;回答爱吃西餐或"中餐西式"、"西式中餐"、"兼食中西食"者加起来才有570人,只占总数的23%③,由此也可见中国人的饮食习惯并不是那么容易改变,一些人明明吃不惯西餐却仍对它感兴趣,主要原因在于吃西餐在当时是一种时髦。

----

　　①　胡朴安:《中华全国风俗志》下篇卷1,上海大达图书供应社1936年第2版,第4—5页。

　　②　邱钟麟:《新北京指南》第2编,撷华书局1914年版。

　　③　《晨报副刊》1912年8月9日。

据当时的报纸记载,北京的"醉琼林"、"裕珍园"、"得利"等西菜馆经常是高朋满座,无论是套菜还是点菜都供不应求。很多菜馆都增加服务项目,如包伙、送菜上门、提前预订等。鲁迅在北京任教时,就曾到住所附近的"益昌"西菜馆包食每日的午餐。

西餐既是一种时髦,达官贵人自然趋之若鹜,并且实际上,他们也是中国人吃西餐的始作俑者。我们前面提到过的溥仪,在避居天津张园、静园时,曾一度早晚都吃西餐,为此他的随从曾找几位西餐厨师专门给他制作西菜和面包、冰淇淋。

袁世凯做中华民国大总统的时候,也聘有西餐厨师。

段祺瑞等高官的公馆里也聘有西餐厨师,供他本人以及宴客之用,当时这种现象并不少见。

1928年南京国民政府建立。其首脑蒋介石虽不喜食西餐,但他的新婚夫人宋美龄因为是在美国长大的,却是嗜吃西餐。她的姐姐宋蔼龄、哥哥宋子文也是如此。

吃西餐之风日盛,以至于到了30年代,连北京的中菜厨师都认识到了西菜的长处,开始注意兼收并蓄,使自己的技术更精益求精,也使菜肴更可口、更多样化。在这方面,西来顺饭庄可谓典范。

西来顺的创办人是褚祥。褚祥是北京牛街一带的回民,系厨师世家出身,小时候经常跟着父亲、哥哥们替人包办筵席,熟习清真饮食烹调技术。褚祥有抱负,目光也远大,他不愿意墨守成规,立志要革新、改进原来的烹调技术。于是他打破回民惯例,投入汉族经营的饭店学艺。这位清真饮食业的"改革第一人"目睹了中西融会的社会现实与时代潮流,又进入各种西餐馆学习西餐的烹调技术。手艺都学到手以后,褚祥就在西长安街附近创办了一个新型的清真饭馆,即西来顺。

由于西来顺兼收中外,因此一开张生意就很红火。它的菜肴既沿用传统汉、回菜肴的花色品种,重视色、香、味,还增加了不少西菜品种,并加以创新。褚祥不仅大胆使用传统中国饭庄拒用的西红柿、土豆、生菜、洋葱、莲花白等做菜肴原料,对于西菜调味品如味精、咖喱、胡椒、辣酱、西红柿酱和牛奶等也统统接纳。他认为中菜和西餐调和起来,互相取长补短,会使菜肴更趋完美。褚祥很注意不照本宣科,避免了有些新菜馆里出现的筷子和刀叉并用、不伦不类、不中不西的现象。他利用西菜菜蔬,参照改进后的西菜烹饪技术,创出了一些新品种如茉莉竹笋、扒四白、鸭泥面包等。

特别值得一提的是鸭泥面包。该菜选用新鲜面包,将其切成高厚半厘米的碎块,再用香油炸透,使其脆而不焦,并保持热度。与此同时,也要将鸭脯捣碎用高汤煨好。上席时,将炸面包块当客人的面倒入内盛滚烫鸭泥汤的盆中,随着一声"嗤拉",顾客往往惊笑起来,趁热品尝,味香醇长。

由于褚祥创出了这样美味的西菜,他很快就成了北京有名的厨师。

武汉的西菜馆也很有影响。旧时武汉的西菜馆有大、中、小三种类型。据《汉口小志》记载,1913 年汉口大旅社所设的"瑞海西餐厅"为武汉首家西菜馆。此后,一江、海天春、第一春、万四春、美的卡尔登、大中美等西菜馆陆续开业。到了 30 年代,武汉西餐业已形成一定的规模,且日益兴盛,对中餐业造成不小的压力。当时汉口有大中型西餐馆 26 家,西餐小吃更多。造成这种局面的主要原因有二,一是武汉开埠后涌入此地的各国洋人与日俱增,二是它的各种转口贸易日益繁荣。

当时,武汉的大型西餐馆主要是中国人经营,厨师多来自外国人的洋行帮厨,也有些是老板从欧美高薪聘请的厨师。这些菜馆大多供应份菜、套餐,也供应点菜,且多做下午、晚间的生意,以适应银行、企业里的中外职员的上下班规律,迎合其生活习惯。餐馆服务都很周到,有的还送菜上门。

外国人开设的西餐馆多分布于英租界等地,为外国侨民和商人服务。其菜肴以法、英两式居多。这些菜馆中较著名的有拜可、美尼琦西菜馆。这些菜馆因为服务对象主要是外国人,因此颇为讲究,西菜调料全部来自国外。

除了西菜馆，设在租界里的一些俱乐部、咖啡厅、酒吧也供应西式菜点，但多为小吃。

除了上述所举的几个城市，在天津、重庆、哈尔滨、沈阳以至一些中小城镇，也有西菜馆。

当时，能够吃得起西餐的人，至少要有中等收入，下层贫民百姓则是吃不起的。

整个民国时期，西菜虽然已进入中国，但由于各种复杂原因，如中国人的口味，地域的差异等，其对中国的影响、被中国人接受的程度也大不相同。冷菜、热菜较受欢迎，其中的一些菜肴也逐渐创出了牌子，成为大牌"番菜"。还有一些菜进一步中国化，乃至后来竟成了中式菜馆的菜目，名字也被更改。

至于汤类、米面食品类西菜，其中的一些品种始终无法在中国真正站稳脚跟，没有多大的市场，究其原因，是它们不适应中国人的口味。

二、科学饮食体系的逐步建立

西式饮食的输入及其影响的日益扩大，使中国饮食业在民国时期发生了很大的变化，它们共同促成了中国新的科学饮食体系的建立。这种变化表现在以下几个方面。

打破了中国饮食业的旧有格局，确立了新的饮食体系

"番菜"、"番点"、"洋烟"、"洋酒"大量地出现于中国饮食市场。与中国的川、鲁、粤、淮扬等各大菜系的美味佳肴以及中式糕点、白酒黄酒交相辉映。全国各大地区都出现了西餐馆和西点店，西式食品成为中国饮食市场的一个有机组成部分。中西饮食珠联璧合，共同构成了民国饮食业的新格局、新体系，并使之更科学合理。

丰富了中国饮食品种，完善了中国饮食结构

中菜与西菜在用料、烹制方法乃至食用方式上都存在着一定的差

异,因此中菜、西菜在品种和口味上有着很大的不同。西餐传入中国使中国厨师遇到了前所未有的挑战,其中顺应潮流者积极地吸取了西菜的长处,在西方烹饪精华的基础上创制出了大量的中国名菜。一些中菜馆菜单上的"西法鸭肝"、"西法大虾"、"纸包鸡"、"华洋里脊"、"牛肉扒"、"焗火腿"等菜,都非传统中菜。这方面的杰出代表首推北京西来顺的创始人褚祥,因其在用西法创制中国菜方面的贡献,他死后被人们冠以"大师"的美称。

在糖果、糕点、烟酒方面,洋糖、洋烟、洋酒被接受得更快更普遍,很多中国人也开店设厂生产这些洋食品。几十年过去了,其融入中国之深,扎根之牢,以至于今天很多中国人早已忘记了它们原本是洋食品。中国人的饮食结构也得以丰富、完善。

改进了传统的饮食方式和进餐习惯

中国人讲究聚族而居,反映到饮食上就是祖孙三代聚齐而食。宴会也罢,平时的一日三餐也罢,每每众人拥坐。汤菜置于桌上,大家汤匙、筷子齐下,往往伸到同一个盘里盆里。而西餐却是每人一套饮食用具,用公用餐具把菜弄到自己的盘里,各吃各的,不相侵扰。这种新颖、卫生的饮食习惯引起了中国人的兴趣,一些思想开放的人争相仿效。后来一些人看到用刀叉吃饭太不方便,就仍然使用筷子,但却是"中菜西吃",即各吃各的菜,彼此之间互不相扰。

就饭时习惯而言,中国传统餐制为早、中、晚三餐,个别地区只食中、晚两餐。民国时期许多饭店参照西制,实行五餐制。早晨简单吃些牛奶、饼干;八九点钟开始吃早餐,有煎蛋、麦粥、炸鱼、咖啡等;中午午餐较正式,要吃些菜肴;下午来点小食;晚上才吃富丽丰盛的大餐。不过,这种五餐制在中国民间始终没实行起来,大家都忙于生计,谁也没时间、没财力一顿顿吃个没完。

简化、改良了中国传统的宴客习惯

中国人宴客往往讲究排场。举个明显的例子。清代满汉全席,有几千种菜。仅其中的烧烤席,菜式品种就多达 180 多种。据清人徐珂《清稗类钞》记载,"烧烤席,俗称满汉大席,筵席中之无上品也。烤,以火干之也。于燕窝、鱼翅诸珍除外,必用烧猪、烧羊,皆以全体烧之。酒过三巡则进烧猪,膳夫仆人皆衣礼服而入,膳夫奉以侍,仆人解所佩之小刀……献首座之专客,专客起箸,遭座者始从而尝之,典至隆也"。①

中国传统筵席的另一个特点是"礼节"多,如座位的排序;新菜上桌,主客不动筷,其他人也不能动等等。

西方饮食文化传入中国后,中国官场和知识界兴起了改良、简化传统筵席的风尚。民国建立后,这一风尚更得到提倡和普及。改革家们参照西方筵席的程序、规则,创制出了"改良筵席"。在席面布置、菜肴品种数量、冷热搭配、上席顺序、食用方式上都有些变化,总体上趋向简约,可以说有中西结合的味道了。到二三十年代,大的官办筵席形成了八大菜、八小菜、四冷荤、四热荤、两甜点、外加一些水果的格局。而当时的家常筵席,也或多或少地借鉴了西法,注意了合理上菜、配菜。整个筵席,菜肴、点心、水果合起来不超过十五六种,既使客人吃得好,又较为快捷省事不浪费。

西菜理念的传入,使国人开始注重营养,认识到了科学饮食的重要性,兴起了研究食品科学的风气

中国传统饮食理论,着重于笼统的"补",欠缺具体而微的食品科学研究。西人这样讲究饮食营养,有时为此吃生的或半生不熟的东西,这使中国知识分子大感兴趣。他们开始学习营养学,并以此来分析中国传统饮食的利弊,在中国开拓了食品科学研究的新领域。

促进了中国饮食工业的发展

西式饮食及其制作技术传入中国,直接促进了中国资本家投资设厂从事生产。而西式饮食的被接受以及逐渐推广普及,更成了中国饮

---

① 徐珂:《清稗类钞》第 13 册,中华书局 1986 年第 1 版,第 6266—6267 页。

食工业发展的一个动力。

第二节 各地民众的日常饮食

中国地域辽阔,不同地区适宜种植的粮食作物品种不尽相同,同一种作物,成熟期也不同。比如小麦,有的地区可以一年两熟,有的地区只能一年一熟。因此各地民众的主食是有差别的,北方百姓多以小麦、红薯、土豆等为主食,嗜吃面食。南方多产水稻,百姓喜食米饭。各地气候也千差万别,有的地方干热,有的地方湿冷,因此民众所吃副食也不同。

一、东北民众的饮食

普通民众日常所吃的主食,以秫米为主,其次是玉蜀米,再其次是谷米。偶尔,也吃黍米,稻米则不是年节与待客是不吃的。这里秫米通称"高粱米",玉蜀米称"包米",谷米称"小米",黍米称"黄米",稻米称"粳米"。所吃的饭分三种:粥、水饭、干饭。水饭就是将粥中的汤汁去掉,加入水,便成了。高粱米、包米都可以加小豆煮食。还有一种饭叫"闷干饭",做时先淘去糠垢、沙砾,将米放进锅中煮熟,用笊篱捞入盆内,再将盆拿进锅中放好,再焖一会儿就可以吃了,吃起来非常香。

玉蜀米,俗称"包谷",这种米多用来做粥吃,又名"大荏子"粥,煮好颇费时间。农忙时农民吃三顿,闲时吃两顿。平常人家一般都吃两顿。面以小麦磨成的面为主,称"白面"。山间还有一种荞面,质地粗糙,不如白面精细。此外,小米、黄米、高粱、包米都可以磨成面,制成煎饼、火烧、饽饽之类的干粮。其中小米面可做煎饼、面茶及各种食品。煎饼在春夏两季有人设铺售卖,面茶则被当做一种饮料,多在春、冬季节被制作出售。也有的农家自己制作面茶。高粱面,"街市中有用沸水加糖冲而售者"①,这被称为"茶汤"。玉米面和大豆粉混在一起称"杂和面",可以用来制作饼子。黄米面则用来做各种粘饽饽,像夏天的"粘糕"、冬天的"黄米面饽饽"。白面、荞面虽也是一般的粮食,但价高量少,中下层人家不常吃,只在年节、待客时才吃。白面用途很广,可制作各种糕点、饼子等食品,其中以烧饼、麻花为最普遍,有人专做白面大饼售卖。

百姓日常所吃的普通副食品。春、夏、秋季,农民园子中有各种蔬菜,如葱、蒜、韭菜、芹菜、萝卜、豆角、莴苣、茄子、黄瓜、番瓜、西红柿、辣椒、土豆、地瓜之类,可以生吃,也可熟吃。秋末则储藏各种蔬菜,如葱、蒜、辣椒、土豆等。有的将茄子、豆角切成条或片,晒干,制成"干菜",储存起来冬天吃。还将白菜、土豆、萝卜等在地窖中储藏起来,以备冬天食用。将白菜用水渍泡,做成"酸菜",也是冬天副食的大宗。将萝卜、黄瓜、芥菜用盐腌起来,便是咸菜,可备四时食用。鸡蛋、豆腐、粉条为四时常吃的东西,不过豆腐更普遍一些。粉条为豆粉及米面混合做的,宽粉、细粉有三七(豆七升,米三升)、二八(豆八升,米二升)之分,好的纯用豆粉,俗称"好绿豆粉"。不过这种粉只在辽宁的义佳县多见,因此地产绿豆。粉条还可分为宽条、细条以及干粉、水粉。此外还有四季都吃的大酱,是用大豆制成,在冬、春之交用豆子制成块,放置数日使它发酵,到三四月的时候用咸水浸渍,再让它发酸便做成。另外还有面酱、酱油,称为"清酱"。

在林区有蘑菇、鸡蛋、木耳、粉条,这是待客的必需之物。

东北百姓吃的肉以猪肉为主,其次是牛肉,再次为羊肉,鸡、鸭肉只在过年及待客时才吃。冬季可以在一些地方的集市中见到野鸡、兔子、鹿、野猪等山珍海味,不过大多是富有人家才买的。鱼类则很少,一般冬季卖的多,有江鲤鱼、胖头鱼、撅嘴例子鱼等。冬天鱼都冻成了块,运输起来很方便。在辽宁锦州的春天有冷水索鱼、同勒鱼、他板鱼等,还

---

① 《吉林新志》第2编,1934年印。

有黄花鱼、白泥子。鱼也是富有人家才吃得起。

　　酒,以烧酒为大宗,也称"白酒"。制造的原料多用高粱及荞麦,也有用稷、小米、大麦、玉米的。制造白酒的铺子称"烧锅",这可算是"商业中巨擘也"。① 这种酒的销路很好,无论贫、富,喝的人很多,因"冬令严寒,饮之少足取暖,其嗜好亦有由也"。② 其次为黄酒,也称"清酒",又称"元酒"。造酒的原料为黍或大麦,销路与白酒不能比,只在红白大事上才用,还得佐以干果(如冰糖橘饼、青梅、贡圆等),后来因干果价贵,喝黄酒的人更少了。

　　烟则是无论男女老幼都喜吸的,在义佳县,"无论男女老幼,嗜叶子烟(又呼曰'干烟'。分片子、柳子,大把及本地产者曰'国烟')者颇多,虽盛夏亦终日不去口,近则多用纸烟,亦如之,盖成习癖矣。而水烟(分青丝、棉丝)、软烟(分蓝花、锭子等)遂(为)城市中小饭馆酒食品目,年来愈益丰备,烹制亦颇得法"。③ 吸食鸦片的也很多。对于鸦片,官方从清末就开始禁止百姓吸食,到民初仍禁止吸之,并不时严查罚办,使吸大烟的人有时近乎绝迹,但"至十六年,下准种、准吸及准设烟店之明令,一般有烟癖者骤然无量欢迎,种及设店者亦极歌诵(颂)功德,然不知此特国家用兵需款,不得已偶一为之"。④ 到了第二年则又开始禁止。

　　饮水,在桦甸县,"县境松花江之水,清冽而甘;辉发河之水,味虽纯而色浊。近山居者,多取用涧泉,宅川原者,多汲饮流溪;恒就自然来流,浅掘地面,停注取汲,凿及深泉之井不多。县城中,深井颇多,然多苦涩,甘冽者鲜"。⑤ 这种情况在多处可见。在有的城市,夏天时喜饮黄酒、啤酒、汽水、碧露、白兰地等。

---

　　① 《义县志》第18卷,1931年印。

　　② 《义县志》第18卷,1931年印。

　　③ 《义县志》第18卷,1931年印。

　　④ 《义县志》第18卷,1931年印。

　　⑤ 《桦甸县志》第10卷,1932年印。

水果有桃、李、杏、梨、瓜、果、葡萄、樱桃、山楂等,香蕉、柑橘来自南方。

燃料,烧的最多的是秫秸、茅草等。但在桦甸则没有这些,因是山区,林木丰富,所以一般在春初砍伐山林来烧,劈成段后堆在门侧可够一年之用。市区则要买木柴来烧,后来"木柴代价日昂,需燃料者过者,多改用煤火,但尚未普及;然冬日取暖之炉,用煤者已十有六七矣"。①

东北的蒙古人以炒米、牛羊肉、牛羊乳为普通食品,拿炒米和牛乳、白糖,用沸水冲食,一天吃一次,可一日不饿。宰杀牲畜,只吃肉,内脏及血认为污秽,都扔掉。黄油、奶酪是贵重的,只是作为赠品。还有奶豆腐,是把乳汁煎煮,去净水分后晒干切成块形制成。干肉则是便于携带储藏的食品,为御冬食物。至于鱼、米、面、蔬菜,则不是必需的食物。饮料则有乳酒(用乳汁发酵制成,色清如水,饮后易醉)、奶子茶(用盐和牛乳、茶一起煮制)、砖茶、红茶等。用具则是用桦木制成的木碗。宴客则以全羊席为上。

赫哲人在冬日款客多做鱼菜,过年则吃猎取的狍子、鹿、野鸡。男女都喜欢喝酒,尤其喜欢吃鱼。

整个东北地区,滨海各地,多产鱼鲜;山居之民,多吃野味。夏天,一些妇女多拿着小篮上山挖野菜。豆腐有水豆腐、冻豆腐(冬天冻成块)。东北还有冻梨,秋天成熟后,贩运各地,经过冬冻,变成黑色,吃的时候用凉水浸泡,一会儿便在表面结成冰,将冰去掉便可吃,清凉沁口。还有松子,山中最多,三年成熟一次。兴城、宫山的松子都特大,民国以前是做贡品的。榛子也很好吃,经野火烧落的最好。

二、华北民众的饮食

北京地区百姓的主食以玉米为主,其次是谷、麦、高粱。稻米主要

---

① 《桦甸县志》第10卷,1932年印。

从南边的省份运来。蔬菜以葱、韭菜、菠菜、白菜、萝卜、芥菜为主。豆腐、鸡蛋也是日常食品,肉类则很少吃,因其量少价贵也。人们冬春多吃两顿饭,秋天收获时有吃四餐的,其余都是三餐。早上喝粥,中午晚上吃面食,多自家做,有时也去馒头包子摊买。夏天的副食还有野菜,冬天常吃倭瓜、白薯、山药。夏天早晚吃水饭。

北京有很多极有特色的食品,现介绍几种:

火锅。以羊肉火锅最出名。很讲究底料、高汤。底料普通的有猪肉丸子和驴肉两种,高级一些的再加上熏肉、酱肉。高汤则以口蘑、冬菜、葱姜、羊尾油熬成。羊肉先用冰冷冻起来,再用大石头压紧,然后切成薄片,且要断丝切以确保吃时不塞牙。吃时拿筷子夹肉片在滚热的高汤中涮几下,蘸上芝麻酱调料放入口中,鲜香满口。涮羊肉的同时还可以涮菜,主要有大白菜、酸菜、豆腐、粉条等。羊肉火锅以"东来顺"最有名。

挂炉烤鸭。以"全聚德"最有名。选用北京填鸭为料,去除内脏后用果木烘烤,鸭色红光油亮、通身色泽均匀即好。吃食厨师当着食客的面用刀横切鸭皮、鸭肉,剩下骨架做汤。吃时把鸭肉蘸甜酱,和大葱一起放入薄饼中,卷好薄饼即可食之。食毕再喝鸭汤,鲜美异常。

烤肉。以"烤肉宛"、"烤肉季"最为著名,正阳楼的烤肉也不错。先用铁签把牛肉或羊肉串好,再蘸作料,放在铁炙子上,下架松木烧烤。烤熟后就蒜瓣、糖蒜、黄瓜来吃。作料以酱油为主,再加上醋、料酒、卤虾油、葱丝、姜末、香菜。

北京的小吃也值得一提。

如"艾窝窝",为回族食品之一,以糯米粉为料,中有糖馅,蒸熟后上面做一个凹坑,故名窝窝,其味甜香。

再如"糖炒栗子",更是北京市民冬季最爱吃的零食。

还有糖粥、酸梅汤等。

至于居民自己在家做着吃的家常菜,则主要有熬白菜、炒黄瓜丁、炒麻豆腐、炒雪里红、豆芽炒腌白菜(富裕人家再放点肉,即成美味)、萝卜汤。

天津因为临近海边,饮食有自己的特点。春有蚬子、蛏子、河豚、海蟹;秋有螃蟹;冬有铁雀、银鱼、黄牙、白菜等。青鲫、白虾则四季都有。比较常见的食品还有杏仁茶、炸银鱼、填鸭、炒山楂、山楂糕、炸冰核、白菜,白干酒、烫面饺、炸比目鱼条、酸沙紫蟹等。

河北居民以小米为主要粮食,有些地区则以玉米为主,还有些地方以小米、莜面、黍米糕为主。高粱米不多见,白面大米也不多见,仅年节才吃上一回。菜则主吃咸菜,兼有葱、韭菜和野菜。夏天也吃茄子,冬天吃白菜,肉只是过年才吃。平时三餐,冬天一日两餐。在张北县,以莜面为大宗。早餐,把莜面放入锅内,和水搅成团块,煮熟便吃。因农民急于下地劳作,此饭简捷便当,不费时间,且耐饥。午餐,用开水把莜面和成团,置于板上,推成薄片,入锅蒸之。此饭稍费时间,不过由妇女做,尚不耽误工作。晚餐,熬小米粥,或再做团块,或炒中午剩饭均可。每日之菜蔬,以咸菜及马铃薯为大宗。食时,浇以咸汤及辣椒,亦有浇醋者。马铃薯或当菜用,或当饭食,每饭均有。此普通之饭食也。中上人家,过节时均蒸年糕,再用麻油煮,是为煮糕。春节、元旦、端午、中秋,都吃饺子。中下之家,非过大年,不吃饺子。倘遇婚、丧、庆贺等事,均以八大碗为席。平时待客,以熬山药粉、熬豆腐、或炒鸡蛋为菜,外加烧酒一壶也就足矣。

在怀安县,小米多用来吃捞饭或熬稀粥。黍米以人力捣面作糕,用油炸,即成市上所卖之炸糕。莜面做法比较复杂,先将莜麦炒熟,磨成细面。吃时,仍需极热开水和好,搓成圆式面条,或圈如席卷,铺在笼内,再用锅蒸熟。另拌萝卜、绿菜、肉丁、黄酱食之。副食以马铃薯、豆腐、白菜为主。

在昌黎县,除了小米,玉米,也吃高粱,另外还以地瓜代粮食。春天用黄豆掺盐作酱或熬酱油,还会做成水豆腐,干豆腐。吃的油则有香油、酥油、花生油等。

在霸县,主食种类较多,以玉米、小麦、稷、高粱、黄豆、绿豆为主;大麦、芥麦、糜、黍、红豆次之。因此地出产稻子,所以有大米吃。地瓜则是秋冬的次要食品。蔬菜,春季有青菜、豆芽、藕、韭菜;夏季有豆角、黄瓜、倭瓜;秋冬有萝卜、茄子、马铃薯、菠菜、芫荽。豆腐、干粉也是普通食品。肉人们很少吃唯年节吃一点。此地缺乏水果,瓜类、花生、小枣的消费比较普遍。

在涿县,男子十四五岁便吸旱烟。

高阳县城因为工商业发达,人们生活水准较高。主食以米面为主,各种蔬菜、鱼、肉类则应有尽有。至于农村则与其他地方类似。

在邯郸人们以高粱为主食,除蒸煮外,还常用它来烙饼,俗名叫"红饼"。白面和其他地方一样不常吃,遇节、婚庆才吃一些。黍米、稷米、玉米(俗名棒子)用来蒸窝头,称"白窝"。菜分三种:园蔬、野蔬、树头菜。"园蔬"即菜园里种的菜,有菠菜(俗名青菜)、莴笋、莴苣、韭菜、黄瓜、茄子、菜瓜、油菜(俗名小菜)、辣椒(俗名秦椒,又名辣子)、眉豆、扁豆、芸豆、丝瓜、北瓜、冬瓜、萝卜(分红、白二种)、芥菜、白菜(俗名黄芽菜)、金针(亦名黄花菜)、米谷菜、蔓菁、镇江白、银条、甘露、山药,这些菜分季节吃。"野蔬"即野菜,有茵陈(俗名白蒿苗)、蒲公英(俗名补补丁)、枸杞菜、苦菜(俗名曲曲菜)、荠菜(俗名荠苗菜)、杏仁菜、马齿苋(俗名马舌菜)、刺菜、木老、灰灰菜、山韭菜、猪毛菜、马奶扫帚菜。以上数种,因系野外自然生长,产量都少,只有刺菜多一些,但人吃后损血,因此不是灾年人们都不吃它。"树头菜"即可吃的树叶树花,有香椿叶、臭椿叶、柳絮、槐叶、洋槐花、洋槐角、榆钱。至于粉皮、粉条、豆芽、豆腐,系人工制造,四季都可吃。有的农民种的菜较多,还在集市上卖一些。

在成安县,"近年来之面粉输入较多,初多日本株式会社出品,近则多邯郸怡丰公司出品。但此种面粉亦为少数人之食品,于一般平民尚无多大关系"。①

----

① 《成安县志》第16卷,1931年印。

武安县很贫瘠,中产之家才吃小米干饭、焖饭、米粥、窝头、团子;有的吃米面饸饹、抿秸、杂面条。农民多吃糠菜、野菜、榆皮、树叶。平常待客则只是荤素四碟,肉菜一碗。

山西同河南饮食相似,在运城地区以麦为主,谷黍次之。常吃面馍,面条多做汤。饼用来款待客人。在闻喜县,"妇女往来所携惟馍,岁时伏腊馈遗,亦馍馍"。[①] 这称为"馍馍礼"。

华北地区的蒙族饮食:以乳茶为普通饮料,以牛、羊肉为主要食品,而以麦粉、莜面、粟、黍为次要食品,至于其他杂谷、菜蔬等类,很少吃。由于宗教原因,禁食鱼、鸟和酸辣的食品。晨起则饮奶茶,和以炒面。晚上多肉食。至于茶,无论男女老幼,都酷嗜如命。在茶之中,加入牛奶及少量咸盐,名曰"奶子茶"。肉在半熟略熟之际,即刀割而食。蒙古人通常的食量很大,每次饮茶十几碗,吃肉十几斤,很饿的时候能吃下一只整羊。但是偶尔三五天不吃饭也不要紧。饮食的用具,只是简单的木碗和小刀而已。如果有客人来,则殷勤款待,让客人坐于佛坛旁边的上座,主妇捧茶,主人献烟,客人第二天离去,还会被赠送一天的粮食而不收分文。

蒙古人喜食牛奶,因此每家都养奶牛。在野草青青的时候取奶,奶量最多,一头牛一天出奶量,平均达四五桶。每户人家都有数头奶牛,有的富裕人家还有十几头。牛奶除平日做成奶茶饮食外,还用来做黄油奶皮子。黄油是牛奶中的精华,最为贵重。它的做法有很多种,较常见的是煮,以减其水分,并不断搅拌,把提取的凝固物用手捏圆,曝于日光,晒干贮藏,以供冬天食用,称为"酸奶坦子",是家家必备之物。"乳酒"即奶子酒,无色透明,类似清水,饮之酸甜,容易让人醉。蒙古人好酒,每户都酿"乳酒"自用。

---

① 《闻喜县志》第 25 卷,1919 年印。

三、西北食风

西北小麦产区的汉民普遍来讲以食小麦为主,间吃杂粮。但有些地区不产小麦,则以土豆、玉米、谷子、高粱为主食。一般是一日三餐,但冬天天短,则一日两餐。

在陕西宜川县,人们早饭吃馒头(富人用白面做,穷人则用苞谷或玉米做)、稀饭,稀饭俗称"米汤"。午饭多吃面条;晚饭则与早饭相同。副食蔬菜很少吃,多吃腌萝卜。一般在炕上设一木盘,食物放盘中,大家围在一起吃,有客人来了,也是以坐炕为敬的。

在甘肃的岷州,因为不产稻子、玉米,人们所吃的仅是麦、豆、青稞。麦子既精又贵,所以要掺上青稞、豆子吃。早上喝乳茶,吃面饼;中午吃面汤、青稞、豆。也有早晚都吃青稞、豆子的,佐以燕麦。油是用芥籽、蔓菁做的菜油。人们平常不大喝酒,"将逢佳节与婚嫁,丧葬飨宾诸事,始作酒;煮青稞拌曲为之,三四日可熟。寻常时,尊客偶至,供以乳茶,设点数碟,俱以面和蜜为之,日品类不等"。①

在陕西一些地方遇婚丧、寿诞等事,"早以饸饹为主。午以酒菜为主,贫者设八碗一品席,富者则为三八席(酒菜八碟,荤素各四;行菜八样,四大四小;座菜八碗)"。②

宁夏回、汉、蒙、藏民都有。

宁夏的东部,因为稻米麦子产量甚丰,因此居民的主食以米面为主,其次是糜子、谷子、荞麦面等。糜子俗称"黄米",分为两种:"黍"、"稷"。能用来煮饭、酿酒、造糖,用途很广。谷子即粟,俗称"小米",颗粒较小,仅能煮粥。肉食以羊肉为主,烧烤羊肉、爆涮羊肉,均别具风味。而手抓羊肉,尤脍炙人口。做法是把羔羊肉切成大块,放入笼中清

---

① 《岷州志》第20卷,转引自赵效《中国地方志民俗资料汇编·西北卷》,第214页。

② 《同官县志》第30卷,1944年印。

蒸至熟,另备盐末、椒面、酱油等调味品。吃时,即以手持肉蘸盐末等调味品,食毕以纸或面巾去手中油汁。更有所谓"全羊席",全部菜肴悉取于羊,而味道各有不同。百姓的肉食其次为牛肉,用途也很广。此地牛奶、羊奶的产量均很丰富,只是还没有新式消毒卫生的挤奶设备。至于猪肉,因为伊斯兰教禁止人食用,因此不多见。"考伊斯兰教人所以禁食猪肉,因为他们认为生物的食品,影响它的性格很大。如肉食的狮虎,性就凶猛;刍食的牛羊,性就驯良。猪性贪、懒、淫、污、蠢,几无一美德可取,所以绝对禁食"。①

在宁夏,家禽之食法多用烧烤。省城的银川饭店的烤鸭,颇为有名。还有手抓鸡,其制法、食法与手抓羊肉无大差异。宁夏各河渠、湖泊及黄河干流,均产鲤鱼、鲫鱼,亦颇驰名,有"冰冻鱼"、"开河鱼"等称谓。冰冻鱼,即于黄河冰冻时,渔人凿冰为洞,置灯于洞口,鱼见光跃出,遇冷即僵,一夜之间,捕获甚伙。开河鱼,即于每年三月河解冻时,鱼即纷纷出泥,出现于水面,可以用网捕捞。二者味道都很鲜美,为庖厨珍品,宴席佳馔。更有一种鸽子鱼,亦为宁夏黄河中的特产,传说是鸽子的化身。至于蔬菜,居民用量既少,而且不善于栽培。发菜是宁夏的特产之一,驰名遐迩。其他如山药、百合、西瓜、葡萄、苹果、红枣、冬梨等,也都有名气。居民日常用餐,每日二餐或三餐,早饭在九时或十时,晚饭在四时或五时,农民有一日四餐者。春夏多吃面,喜凉食;秋冬多吃米,喜热食。冬季各家室内有火炕,常日夜生火取暖,吃饭的时候全家人围坐在炕上的小桌子周围一起吃,其乐融融。

宁夏出产"黄酒",在寒冷漫长的冬季,有客人来访,即宰羊煮酒,围炉共话,亦一大乐事。一般人民多嗜酒,以之暖身。街头巷尾,可以经常听到猜拳的声音,或闻到酒香味,年节的时候尤其如此。因为回民完全禁酒,如果回民宴请非回民客人,有时也摆上酒,但仅为一种形式

---

① 《宁夏纪要》,1947 年印。

上的礼仪,主人是不喝的。

宁夏的蒙古族人的日常饮食,为牛、羊、驼、马肉,和奶茶、砖茶、炒米、糖、酒等物。鱼肉家禽被认为腥酸,不食。早晨,饮奶茶和炒面;晚上多吃肉,食量颇大,一餐需肉十斤多。吃饭不用筷子,以左手持肉,右手持刀,切而食之。砖茶,无论贫富,均嗜之如命,每次都要喝上十几碗。每人都有自用的木碗,平时就藏在怀里。宁夏蒙古族的饮食习俗,与华北的蒙古族很接近。

在青海,百姓吃的东西大宗是肉类(有完全吃生肉的部落),小宗是炒面,其余的就是各种牛奶产品。肉是牛羊肉,猪肉是绝对不吃的。牛羊多为自己放养,很少买外边的。吃肉时并不像内地人那么讲究肥瘦、鲜嫩。吃的方法,除了生吃,就是煮着吃,更不像内地人有炒、煎、炖、烧、黄焖、清蒸等许多法子,即使煮过的肉,有时仍鲜血淋漓。炒面,是把用羊毛和皮子从内地换来的青稞(形似麦,色黑,内地认作杂粮)在锅内炒熟,再用石磨磨成面粉,便成炒面。每顿饭时,先喝茶,喝够了茶,再在碗内搁一些面,拌而食之,就是炒面饭了。牛奶制成品较多,如酥油、酸乳、胶乳、乳渣、乳饼、乳饭等等,算是美味,非充饥要品,所以他们十分珍重。一般百姓吃饭的情形如下:每天清晨起来,用牛粪烧一锅茶(砖茶或松清茶),男女围坐,主妇在各人碗内放酥油一片,炒面一小撮,注入茶水供大家喝。众人且饮且谈,一两个小时以后,茶已喝足。这时酥油因浮在水面,也被喝完,炒面仍沉在碗底。各人将碗交给主妇,主妇从双格木匣中(一格装酥油,一格装炒面)再取酥油一大片,炒面一大撮放在碗中,交给各人用手搅拌,炒面酥油融成面泥,然后徐徐吃下。吃毕,再喝茶一二碗,就起身工作了。一日之内,每隔一二小时,照前次方法吃炒面一回。有客人来,也拿这些东西款待。若是尊客到来,就再加一块馍(馍是由内地买来,长年放在屋里,因为天气寒冷,虽然时间长,也不会坏)。有钱人有时也买些挂面放在屋里,用来招待客人。但是"一般贫民,以挂面系由西宁运来,价值甚高,故除宴客、过节时一用外,平时多食稀粥。粥为稞麦浸水后,以火爆成半熟,再经磨成粗粒,倾入肉汤,略加肉片,而煮成之者也"。①

在青海人的食物里,有很多羊毛,人们并不知道羊毛吃进肚子里对身体不好。民国时一位到青海去的内地人,曾对此有形象的描述。"他们连毛都吃,仿佛没有看见,并且不知道的样子。我可是吃不惯,除了晚饭看不见,没法取去的时候,总得把羊毛一根一根抽去。有一次我吃炒面,忽然发生一种好奇心,想这碗炒面有多少羊毛,不妨把它数数。于是一面吃,一面抽,心里数,数到一千余根,还没有完。不料主妇看见,对我说道:'羊毛上边没有嘴,你吃下去,不会把你肠子咬了的。'合帐的老幼男妇听得主妇的话,一齐笑了。我不好意思,也跟着冷笑了一阵,再不能数下去,终于不知道那碗炒面里有多少根毛"。②

青海省首府西宁产一种新食品饼干,一般蒙、藏族人在西宁旅游时,都要买一些饼干带回去,作为返乡时馈赠的礼物。青海人都喜欢喝酒,但蒙族人民只在婚事及宴会时才喝。烟则有鼻烟、旱烟。鼻烟壶多用牛角制成,外表嵌上宝石、珊瑚、银花,很精美,"遇有宾客,则互出壶相敬;俗传与佛阁、小刀、骏马称为蒙、藏随身四宝。"③不吸鼻烟的,则随身带长杆旱烟管,管上系绣花烟袋。

青海蒙、藏人宰杀牛羊时不用刀,而是用绳子系紧嘴,使其窒息而死。他们的帐幕中都有铁灶或土灶,灶后是粪仓,粪上便放吃用的碗。也有用筷子的,不洗,用时以粪来擦洗,一人一碗,不混用。

新疆的回族则禁吃猪肉,其他像狗、驴、虎、豹等牲畜自己死的,也一定要去净污血才可以吃。新疆回族还"戒犬、豕,并戒烟、酒,如以彘肉触其忌者,辄视为莫大的侮辱"。④

---

① 《青海》,1945 年印。
② 《青海风土记》第 10 卷,1933 年印。
③ 《青海》,1945 年印。
④ 《新疆考察记》,1934 年印。

新疆蒙古族多以牛羊肉、乳制品为主食。乳制品又分奶酒、奶皮、酥油等。吃完饭，即将油污的手指、嘴唇随意向衣袖、衣襟上擦拭，且"不觉为污，反以其光泽照人为荣，意示富有也"。① 平常蒙族人多喝奶茶，将砖茶混合牛羊乳或少许盐，味带甜咸。有钱的蒙古人夏天吃酪浆、酸乳、麦饮，冬天吃牛羊肉谷饭。穷人吃不起谷食，只吃乳茶。其制作方法是，"每日食余之乳，盛皮袋中，以木杵捣之，酥油浮于面。取油后，倾乳于釜，釜上安无底盖之木桶一具，其上再置一釜，满盛凉水，稍温则易之。桶腰一小孔，插一溜管，热气蒸腾，气水滴下，溜出成酒，是为'奶子酒'。酿余之乳，又制为饼，名曰'奶饼'"。②

新疆维族的粮食以麦面、小米、黄米为主，稻米次之。寻常面食，都做成干馍。每家都有土砖砌的瓮，内部颇光滑，烧热之后贴饼烙，色黄而香。也有将面切成丝，或做成面片，煮炒都可。另有名吃"手抓饭"，是将细羊肉、鸡蛋或鸭蛋、红萝卜和米饭一起炒，再放上一些油、盐、辣椒、葱、葡萄干等，炒好后盛在盘内，大家用手抓着吃。富裕人家吃面食，有时把面用油糖烙成薄饼，或用羊肉做成馄饨、饽饽等。至于鸡鸭，有的维族人喜欢吃，有的则不喜欢吃。穷人度日，则只吃干馍，饮凉水。维族人吃饭，一般不用筷子，汤则放在盘中，以小木勺舀着喝。油以酥油为最好，其次是羊油、胡麻油。

维族不论男女，都饮酒、吸烟。酒有数种，"沙枣所酿者，呼为阿拉克；用大麦、稻米、糜子磨细酿成，不除糟粕，味淡而甘，如内地黄酒者，呼为巴克逊；用马乳酿成者，呼为七噶，其制法以马乳盛皮囊中，手揉良久，伏于热处，逾夜即成，其性温补，久饮不间，能返少驻颜"。③

哈萨克族人饮食习俗和维族大致相同。较特别之处是喜欢吃熏肉，以马腊肠为上佳食品。做法是"杀马年三四岁者，切细，脍以五味

---

① 《新疆概观》，仁声书局1933年印。
② 《新疆志略》，1945年印。
③ 《新疆概观》，仁声书局1933年印。

和之,实诸马肠,而以筋束其两端,名曰马腊肠"①。

四、华东民众的饮食

华东地区地域辽阔,长江以北地区的百姓,日常主食以麦子为主,一般是一日三餐。除了麦子之外,便是高粱、大豆、番薯了。贫穷人家在饭里还要掺上一些山菜、树叶。到了青黄不接的时候,还会出现三餐不继的情况。

山东南部、江苏北部的民众,日常食用,大米和麦子参半;普通三餐,是两粥一饭。副食则多韭菜、萝卜,鱼、肉很少吃。

在东明县,人们主食高粱、菽、麦、黍、绿豆、玉蜀黍等,皆为该县主产粮食。普通人家吃高粱与豆混合面粉以及玉米。小康人家除吃高粱米外兼食麦、绿豆、小米等,终年都吃麦子的人不过千百分之一二而已。因此地无水田,不宜种稻,大米皆从外面运来,所以很少有人吃。官署及城内居民每日二餐。菜类则有葱、茄子、韭菜、芹菜、莴苣、胡瓜、藕等,或腌食,或生吃,或烹制。牛、羊、猪、鱼、鸡、鸭肉,因其较贵,除宴客或逢年节,平时很少有人舍得吃。烟、酒、茶等物品,消费量较大,烟、酒尤甚。每年约在30万元以上,而毒品的消耗还不计算之内。

在东平县,因田少人多,一年生产的粮食是不够养活全县民众的,所以民国以来,青壮年出外工作谋生的占十分之二三。此地居民立夏后,每天吃三餐,立冬后则吃两餐。夏季多吃一些麦面,春、秋、冬三季日常所吃的多是高粱、谷子、稷、菽、玉蜀黍等各色杂粮。能终年吃面的,不过少数富裕人家及各机关、学校、商店里的工作人员。对于大多数农民来说,终年辛勤劳动,也不足以供给人畜之需,有时还以树叶、野菜及胡萝卜、地瓜做补充。

在胶澳的农村。乡民冬季早晚两顿饭,春、夏、秋则早、中、晚三顿饭。一年之中,尤其是冬、春两季之食物以地瓜为主,或煮吃,或蒸吃,

① 《新疆概述》,1947年印。

是乡民最普遍的食品。有人把地瓜晒干磨粉,制成团子,作为日常食用。也有人将地瓜切成圆片,晒干储存,以备随时煮食,在春、夏、冬三季多以此为食,称为"地瓜干"。还有人取地瓜蔓,洗净切细,和在大豆中磨碎,煮成小豆腐作为食用的汤品,称为"地瓜丸子"。地瓜每人一天要吃二斤半至四斤。地瓜之外,杂以粟、豆、高粱、小麦。夏秋两季吃粟居多。这些都是主要食品。自产自制的腌萝卜、白菜、菠菜、韭菜、茄子及豆腐、洋粉皮是佐食之品。至于白面、鱼、肉,这是上流社会的人才能吃到的。至于寻常人家仅在婚娶、宴会时才吃一点。贫民常吃野菜,凡是叶子柔韧的,无不采来吃。至于烟,本地产的很少,大部分人抽从潍县运来的烟叶,吸烟卷的人尚属少数。乡民平日都不饮茶,而用菜连草(车草)代替。在九水至北九水一带产竹甚多,居民有煎竹叶代茶的习惯,"往年在柳树台疗养院供职的德国医师尝研究及此,谓饮之能治脑病,游九水者恒折竹携回市内。又,德人尝教乡民采藤萝之叶及花以制茶,同样之法晒干,用供饮料"。①

在华东,很多人都酿酒。多用粟或黍制成黄酒,饮用的人最多,俗称"墨老酒",自制的地瓜酒次之,饮烧酒的仅占一小部分。在清平县,其井泉之水多含矿物质,不能用作饮用水,西乡郝庄一带尤甚,人们用水,有时要买着吃。但用此水酿的酒,味道极是清醇,是邻县不能比的。在崇安县,人们所酿的酒品种繁多,有老酒、中白酒、水酒、菊花酒、桂花酒、金樱酒数种。农历十月十日,乡人多于此日酿酒,名"十月白"。"色人尚春酒,速客者不绝于途。其菜色有十大碗、六大六小、八大八小、四盘六碗、四盘八碗之分。喜事以十锦(又名文公菜)有蹄为主要之品,他如东坡肉、五柳居则自杭州输入,烧猪烤则自广州输入。光绪以前,客菜均由家人自备;入民国,菜馆暂(渐)盛,请客者多就之,而俭朴之风变矣。旧俗三餐均用饭,自避地归来,早间亦有用粥者。至西南乡之白,东南乡之册干(以洋铁盆盛米浆就滚水烫之熟,剪为柳条曝干

---

① 《胶澳志》第12卷,1928年印。

之),北乡之金糍(以柴灰淋水浸米,色如金),粉干、山粉包颇著名"。①

五、中南民众的日常食用

河南、湖北等省份的人民,其日常粮食多以米、麦为主,其次是玉蜀黍,还有各种豆类。基本上吃麦面、米的都是富贵人家,其余都是佐以各种杂粮。如安阳县普通百姓要吃红薯、萝卜、蔓菁、菜糠等杂粮。

在河南林县,人们主食不以麦为主,而以粟米为主,佐以玉麦、豆类、芋薯、杂糠。在西平县,其境内多旱田,不产稻,居民以面食为主要食品。面分黑白二种,白面系以小麦磨粉制成;黑面则分地瓜、高粱、黄豆、黄米、黑豆、荞麦数种。富户食白面,贫者多食黑面,食米者绝少。肉食以鸡、猪、鱼为主,牛羊肉只在冬天吃一些,夏天吃的人较少。鸭子因量少,非盛宴不食。

来宝县人民则除城市居民多吃白面外,其余乡村人民,中等人家也不过丰年吃些白面,平时多吃苞谷、杂粮。至于贫寒小户,则每年吃麦的日子不过麦收后一两个月,其余全吃苞谷、杂粮。"每人每年以五百斤计算,食麦百斤,食杂粮四百斤。至菜蔬、廛和、燃料,中等以上之家每人每年约采十元;中等以下之家,燃料则取之于山,菜蔬则取之于野,油醋则制之于家,其所求于商市者,每年盐十余斤而已,故每人每年只一两元而已足。如第从城市上饮食观之,则永远不知农民之苦矣"。②

在洛阳县,其食以麦、小米、玉蜀黍、甘薯、豆类为主。富人多吃麦粉,穷人多吃小米、玉蜀黍、甘薯、豆类等杂粮。无论贫富,都喜食"浆面条"。没有不喜欢吃的,故外人称当地人为"浆面嘴"。

河南百姓多吃面食,一般有面条、面汤、胡涂、扁食、烙馍、白馍、油馍、蒸馍、包子、饺子。菜有咸菜、粉条、粉皮、凉粉、豆腐、豆腐干、豆腐皮、还有蔬菜。另外也吃油果、糖糕、菜饺、烧饼、枣糕。酒有烧酒、蒸

---

① 《崇安县新志》第 311 卷,1942 年印。
② 《灵宝县志》第 10 卷,1935 年印。

酒;油有麻油、菜油、花生油。靠山的居民,也做柿糠面,用鲜柿果和秕谷碾碎晒干,冬月碾末存储,可常年食之。贫穷农民常食之菜有三种:一、蔓菁、萝卜叶;二、豆叶;三、红薯叶。三种菜都是在秋天煮熟淘净,放入缸中,备常年食用,又名"老缸菜"。

在一般城市里及乡村的农忙时节都是一日三餐。城市里有卖面食的。农村平时都是一日两餐,到了青黄不接的时候,农家多以菜汤充饥,生活很苦。宴客时,人们吃的好一些。在孟县,嫁娶设十碗席,不用海菜,极富厚之家才用海参二味席。后来中等人家也多用海参,稍丰裕的也用鱼翅。"厨役工价则海参向仅每席百文,今则一二千文不等,至由馆子包办海参席,向仅每席一千余文,今则四五圆,亦可以观世变矣。"①其他地方,筵席有五碗四,八碗四,八八、十二碟、十大碗之称。

在湖南,近山的居民以番薯夹米煮食,称"薯饭"。

在广西等地,其粮食以米为主,有糯米、粳米、粘米等。青黄不接时,佐以杂粮如玉蜀黍、麦子、小米、豆菽之类。每天早、中、晚三餐,富裕人家一般吃干饭,贫穷之家多吃稀粥,日常不过清水煮菜吃而已。如正林县,"乡农起居饮食甚是勤俭。黎明即起,啜薄粥一碗便出外工作,上午十时回舍朝食,午镌仍粥,下午六时乃食晚饭,饮食均极淡素,入夜即眠"。② 菜则有青菜、萝卜、白菜、黄瓜、番瓜、豆菽等;肉则有牛、猪、鸡、鸭、鱼等。

在同正县,"近二十年来乃多兴食牛及犬、猫等肉"。③ 至于饮酒,很普遍。在宜北县,"待遇工人,每晚每人须酒半斤,肉则随便,只有四两炒豆亦可佐饮,一逢工作过劳之日,如翻粪、播秧等事,酒肉必须增加,任其畅饮,以犒赏其劳苦,方免后论"。④

---

①　《孟县志》第 10 卷,1932 年印。
②　《上林县志》第 16 卷,1934 年印。
③　《同正县志》第 10 卷,1933 年印。
④　《宜北县志》第 8 编,1937 年印。

周正县民众,喝酒时以吃海味为主,但男客则坐高席,女客多坐竹凳,可谓极不平等。离城市稍远的山村,不喜饮茶,客来则饮稀粥解渴。此地还有很多特别的吃食,如糖酒,"蔗糖国人喷水于经绞之蔗渣,再绞取淡汁,入酒饼和米酒槽,酿之成酒"。① 这种酒色黄味甜,但必须储藏几年才可以喝,否则头晕目眩。

在凤山县,居住在山林里的人,以食包粟为主;住田坝的以食大米为主。客家人好吃干饭,本地人及瑶人则多吃稀饭。客家人好种菜,除自吃外,还向外售卖,本地人则很少种,大多向客家人买。住山林的居民饮塘水,喝包粟酒。天旱塘干,则从远处挑水,一天一挑,所以大旱时,家人每日共一盆水洗脸洗脚。本地的客家妇女不好饮酒,男子则普遍好饮。瑶民多好饮茶,来客以茶代酒,并佐以果品。妇女尤好喝茶,掺上辣椒、姜、盐、豆豉烹煮一下,或"更以猎脂和豆捣烂,活火煎数沸"②,这称为油茶。

在贵县,"上户每饭必鱼肉,烹调精良;中户饭食不缺,蔬多而肴少;下户以粟粥、薯、芋为主要食品,间亦炊饭。一般农民多属下户,勤劳而菲食,饔飧外佐以早晚二粥"。③ 此地卷烟、饼干、牛奶之类的东西,以城市居民消费的为多。

在融县的苗人,以食糯米为主,酒都是家酿。吃猪、羊、鸡、鸭等都用火烧烤去毛。鱼肉则做成腊肉或者生腌起来。最特别的是平时煮菜,用白米汁,故谚语说:"苗人不懂理,煮菜放把米"。

在三江县,也很多少数民族,汉人饮食与普通城乡汉人无异,只是各少数民族的饮食有自己的特色。

六甲人饮食颇讲清洁,多吃晚稻米,本地谓为"禾把米"(优于油黏米)。日食三餐,多爱把茶叶弄成末,用来煮油茶喝。农忙时,下午增

---

① 《同正县志》第 10 卷,1933 年印。
② 《全县志》第 13 编,1942 年印。
③ 《贵县志》第 18 卷,1935 年印。

加一次"晌午茶"。副食,荤有鱼虾、猪肉,春季多把它们腌起来,秋冬则腊干封存,以备待客之用。蔬菜有四时瓜、豆、青菜。富人以糯米酿成甜酒,春夏以井水调食,能解渴充饥;冬季则放上糖一起煮,以款待亲友。

苗人多食糯米,贫者食玉蜀黍、杂粮。吃糯米饭时,手捏米成团放入口中,不用碗筷。嗜食牛和猪的小肠内粪汁,名曰"牛啤",和辣椒、盐调和在一起吃。仍保留有古苗人嗜食蚯蚓、蝌蚪的习惯。宰杀牲畜的时候,不用热水去毛,而用火烧,汉人吃的时候,就嫌有焦臭气。也有的苗人不用火把肉烧熟,而是吃生肉,且吃得津津有味。苗人喝的水,则都是清洁的井水。

广西的侗族人多吃糯米,早晨蒸一次米饭,其他两餐就不再生火了。吃的蔬菜、鱼肉都是腌制品。吃米饭时也不用碗筷,只是把手洗干净,用手抓捏糯米成团,放入口中食之。但吃菜时仍用碗筷。饮品有清洁之井水、自己栽种的细茶叶,水井上有小亭子。侗人对于喝的东西是比较注意的。

广西壮族人的饮食较清洁,多食粘米,贫者吃玉蜀黍、粟禾、旱禾之类,间或杂以薯芋。一日三餐,夏天农忙时四餐。副食,荤菜有猪肉、鱼虾、鸡、鹅、鸭等;蔬菜有四时瓜、豆及青菜、白菜、萝卜、春冬竹笋之类。喝的是清泉及天然井水以及自己栽种的茶叶,自家酿制的甜酒。还酷爱喝"梨叶糟"。其制作方法是在立春后的 15 天内,摘取嫩绿之野梨叶(俗名乌梨),去掉粗根,搓软浸入甜酒中,至四月分秧时,以井水调和饮之,清甜可口,并能消暑解毒。久存还不生虫、不变味。其他民族的人尝过后都赞不绝口,"三峒人义气重,吃糟都有小菜送"。

在海南,海南虽然产茶叶,但是嗜好喝茶的人并不多,百姓多好喝酒。酒有糯米酒、烧酒、双蒸酒。烧酒、双蒸酒很畅销。主食以米为主,薯芋、山薯、黍粟为辅。农家多食粥,每食必和冷水,此风俗遍及全岛,因为当地炎热,百姓也不管这样吃是否对身体有害。近海居民以吃鱼为主,山林居民多吃蔬菜,只是品种极少,烹调方法也很简单。海南民众有一个习惯,嗜吃槟榔。"食时将槟榔纵破为四,纳于口中,别取蒌叶一片,涂以蚌壳灰浆,混而嚼之,随嚼随吐,流涎如血。若遇数人聚坐一室,则地面可使尽赤。此热带住民习尚也"。[①] 逢客人来以献槟榔为敬,鲜有奉茶的。槟榔吃多了,就会唇如涂脂,齿若漆黑。槟榔叶有一种芳烈的刺激性,必借蚌壳灰以和之。吃的人认为,"云如无灰,则味不甘,色不红云"。海南西部人民,如崖县、临高、昌江、感恩等地的人嗜吃槟榔的尤其多,女人尤甚。海南东部如琼山、文昌、安定、澄迈、琼东、乐会、万宁、陵水等地的人喜吃槟榔的较少。

海南城市里的殷富之家,一天吃早晚两顿正餐,有上等油黏米饭,猪、牛、鱼肉和蔬菜。一般荤素各两样,汤一盆。有时也吃咸鱼、榄角、腐乳、盐蛋、酸菜。中午及夜晚还要小吃一顿。酒楼茶馆里备有吃食,而沿街叫卖的食物名目繁多,随便人们择食。中等人家,一般早晚两顿饭,中午只喝点粥。副食品,有豆制品,如豆豉、豆腐及腐乳。蔬菜,是最主要的副食品,有各种腌菜,如豆角、萝卜、姜、茄子、黄瓜;也有咸菜和咸鸡蛋、咸鸭蛋。肉类则次之,城市里的人想买肉吃还是很方便的。海南居民嗜吃辣椒,基本上每餐必食。一般平民百姓常以芋薯、玉蜀黍等杂粮充饥,以野菜、竹笋为佐餐副食品。也有很多人终日辛劳不得一饱,非深入农村,不会知道农民生活的艰辛。

在海南的黎族,因其土地大部分为水田,因此食品以大米为大宗,且米质良好,胜过沿海汉人所种。山居者则间或吃玉蜀黍。黎族人喜食稀粥而鲜食干饭。煮粥方法与汉人差不多,煮熟后必冲冷水,一锅粥,水多于粥,至三四倍。以瓜类、豆角、山蕨、竹笋佐餐,偶尔吃辣椒。贫者只以盐下粥。捕得鱼蛙,则串在竹片上,放到炉火中烧吃。也吃蛇、鼠,但吃的人不多。农闲时就去打猎,所获鸟兽肉用来招待亲朋。吃不完的肉,就做成干肉。遇有婚丧之事,就宰杀牛、猪、鸡、鸭、鹅来宴客,而鸡蛋则舍不得吃,一般留着用来孵小鸡。食物的煮食方法,非常

---

① 《海南岛志》第23章,1933年印。

简单。蔬菜就切成块,放入水中加盐煮熟;肉类则切成大块加盐煮烂,再切而食之。

黎族人喜欢饮酒,酒是自制的,有时也从汉人那买。黎人酿烧酒时,蒸馏时往往火力过大,冷却时又封装不及时,因此酒质比较低劣。但他们的糯米酒倒很可口。黎人也喜食槟榔,且嗜爱吸烟,男女老少都是如此。烟丝多购自汉人,也有自种烟草的。

六、西南地区百姓的饮食

先谈西南地区的汉人饮食。城市居民吃粮以大米为主,也有和上苞谷粉的,但较少。一般是上粮店米店买。至于乡村居民,除极少数吃米饭外,多数人家吃苞米;贫苦农民,则多吃一些苞谷、荞麦或地瓜等。蔬菜,则城市居民吃的较多。小康之家多在旧历年底杀猪,祀神后食用,称为"年猪肉"。用烟烘烤后可做成"腊肉",供下一年春、夏时吃。中等人家,一年中除春节、端午、中秋节外,多在每月的初二与十六两日各吃肉一次。至于乡村人家,则将盐视为肉,将盐买回家后,并不弄成粉末,而是将盐块放在碗中,和上水,加上辣椒做菜,稍有咸味便取出,珍藏起来。甚至有全年仅年节及收获期才吃盐的,油、肉更吃不起了。

有的地方,比较富裕,则每日三餐,均以白米饭为主。菜则是各种蔬菜,佐以猪肉。逢婚丧节庆、祝寿,中下之家也雇佣厨役摆设筵席,以猪肉为主菜,菜的样式很多,如"糅八碗",又有"九斗碗"。很富裕的人家,会摆最上等的烧烤席,但不常设;其次是鱼翅席;再次是海参席,海参席最普遍。

在武阳镇,居民一般是一日三餐,主食为大米干饭。早饭用木甑蒸沥米饭,甑下煮菜;午饭、晚饭多为煎饭。副食与其他地方大同小异。但此地有泡菜和腌菜。以盐水浸泡各季蔬菜,价廉味美,一般群众都喜欢吃。所泡的蔬菜有红皮萝卜、豇豆、红海椒、莲花白、蒜、莴笋等。腌菜分肉类和菜类,肉类有腊肉、酱肉、香肠、肝子、腰子等。蔬菜有腌蒜苔、白萝卜等。此地的宴席,红白喜事一般是"九斗碗"(九样菜:镶碗、扣碗、酥肉、炖肘子、炒菜及酒）。富裕人家的宴席则很考究。此地的小吃也很有名，"如刘善儒的汤元，王玉兴的粑肉，赵清澄的烧烤鸡、严玉庭的麻辣豆腐、简玉山的醪糟、张青云的鲜花饼、千层糕、张全美的蜂蜜糕、周青的凉拌钵钵鸡肉、林国全的豆花面等都各具特色"。① 面食中有面条、抄手、水饺、包子、锅盔（火烤的面食）、油糕等，味美价廉。此外，"尚有东外横六的三合泥、叶儿粑，夏天沿街的茄花面、豆浆稀饭，冬天的油茶等，亦为人们所喜爱"。②

在云阳县，包括蔬菜、水果在内，各种食物都有人贩卖。贩运米粮，称为"斗载"。先要囤积起来，视价钱的起落，用船载到上、下江贩卖。米以南溪产的最好，自香砰来的尤其精致，莹润香滑。其次像东北清乡的米、盘沱马岭米，质量就较低了。海味及糖果、糕点，每到年节、婚寿，都被用来作为礼物馈赠亲友。从事这几种食品买卖的商铺也很多，称为"斋铺"。贩卖烟草的，多是福建赖姓、卢姓商人。至于酒，"县酒有曲米春之目，杜诗称之。故陵（今古林沱）巴乡村善酿，号曰'巴乡清'。鹏亭传之支安酒，自昔有名，西坪糟房甚多，七日一作，以瓮头计。酒糟可饲猪，故酿家多并营之。酒清冽，旧可必和以水，水有定剂，有秘法。斟之斗面堆花者良，名'烧酒'，蒸秫浸烧酒内，缸蓄久之，味转甜醇，曰'醴酒'，嗜饮者众。虽榷酤无纪，酒家仍多。近称用高粱，山中以玉蜀黍代之，味较薄"。③

在巴县，其饮食方面颇有特别之处。进入民国后，罐头一类的西式食品，都被运到了此地，人们在饮食上的花费日益增多。"城追西俗，乡染市风，小食几遍通衢，远物以供日用。据最近重庆市政一览，各业统计，包席业计二十六家，干菜业计八十五家，中餐业计二十六家（小饭营业未登记者不计），西餐业计五家。市新生活运动会就二十五年

---

① 《武阳镇志》第 14 篇,1983 年印。

② 同上。

③ 《云阳县志》第 44 卷,1935 年印。

四月份城市调查见于报章者,一月之费,就十一餐馆营业所记,食用中餐共一千四百四十席,食用西餐共七百四十二座,宴会人数共一万三千四百九十七人,并饮酒、吸烟,总计消耗国币一万四千三百一十四圆有奇。十一馆之外,其他中等以下者不计焉。是饮食一端,春风日起,玉杯象箸,其能勿唏"。①

在平坝县,百姓多半三餐,早起吃粥,早晚两餐吃干饭。早餐多在午前十时前后,晚餐多在午后五时前后。副食荤菜有猪、牛、羊、鸡、鱼肉。食用油多为豆油。僧人道士多素食。荤素食品,其味道都偏于咸、辣。百姓很少喝酒。

该县宴客酒席,以器皿计,多为四盘八碗式,或十盘一品锅式,或十大碗式等。以菜计者,分土席式和撤席式。撤席菜用海参、洋菠萝等;土席菜用鸡、鸭、鱼等。酒为自酿米酒。席面,方桌有 8 个座,圆桌有10 个座。

县里百姓饮水,多取井、泉、河流之天然水。茶叶只有中产阶级以上者饮之,其余多饮凉水。

县人中吸叶烟者最多,丝烟次之,纸烟又次之。吸者均以男性居多数,又以成年者居多数。惟叶烟能自产供给,余皆自外输入。

酒常备的有高粱酒。用大麦、高粱混合酿造,用大瓮盛起来,插上两根竹管,客人轮番吸饮,称为"呷酒"。

西南地区的苗族人饮食习惯很特别。凡是渔猎所获的东西,都放在一个器皿中,等到生蛆变臭了,才算"缸成",称之为"菜"。以其为珍贵,愈久愈贵。女子待客,以槟榔为上品,嚼之辛香满口,"盖水浸冷软,赍石灰裹蒌叶藏之,者始出赠焉"。②

彝族饮食比较简单。在泸水山地,粮食以玉麦为大宗。彝民吃饭,一天三餐。用一口大锅,将玉麦用手掰成三五瓣,煮成粥,加些菜,如豆

_____

① 《巴县志》第 23 卷,1939 年印。

② 《贵州通志》,1948 年印。

类等。人口不加油盐,非常清淡,所以彝人很少生病。男女老幼都喜欢吸烟,喝酒。在新平县的彝人饮食也是清淡的,但主要吃粟,有时也兼吃荞麦。蔬菜以豆、韭菜、菘菇占多数,肉食以猪、鸡、鱼为主。饮则茶、酒。镇越县的彝民比较特殊,喜食酸辣之味。

在汉、彝、苗杂处的四川定番县。因为经济艰难的缘故,大家饮食都很简单。大体说来,大米和杂粮各半,米为白米,杂粮为苞谷、荞麦、甜薯、黄粟等;副食以白菜和青菜、豆芽等为主,荤食甚少。肉食价格很贵,猪肉一元只能买到 3 斤多,鱼类更被视为珍品,每斤要卖到三角,贫穷人家终年很难尝到鱼肉,就是富家也不是每餐必食的。马肉和狗肉,在定番价格最贱,每斤只五分,贫穷的汉人和苗人、彝人也能吃到。定番县有些地方不产蔬菜,只出黄豆,人民只以黄豆下饭,无黄豆者则吃肥田草。定番人民的饮食,一天两餐,中餐在上午 10 时,晚餐在午后 5 时。至于饮食的味道,甜、酸、辣皆有,但以辣为主。无论穷人富人,都预先储备很多干的或湿的辣椒,以供日常生活之需。盐,在定番每元只能买到 3 斤,虽是富家,吃盐亦很节省,菜中放盐极少;而贫穷者甚至完全不放。此外,定番人民大都喜欢饮酒,尤其苗人和彝人,多数好酒,酒量很大。

定番人平时都不太讲究吃,只有在节日、喜庆的时候才去花费一元二角的工钱,请厨师来家办酒席。席分三等。

一等——为全荤海味,五冷盆、四热炒、四大盆、八座菜、一锅饭,约费十二元。

二等——无海味,用猪肉,共八大碗,一锅饭,约费六元。

三等——全猪肉,八大碗,一锅饭,较上二等较差,约费四元。

各家办酒席,多至一百席的也有,普通的是二席、三席、四席不等,这要看财力和亲友的多少。

西南地区的人喜欢吃水牛、田螺,尤其好吃虾、蜻蜓的幼虫、蝌蚪,味道很鲜美。每当春夏之交,田里的水很清,两种幼虫产量最多时,人们三五成群,手里拿着网兜,站在水中捞虫。

在西康地区,人们的饮食也较简单,以糌粑、酥油、牛肉、茶叶为四大食品,不重蔬菜。日常饮食,除少数贵族设置矮桌杯筷外,大都席地而坐。饮酒则用木质及铜质的调羹,其余饭菜多用手抓吃。所用木碗、铜碗,吃后并不清洗,而是用舌头舔净,放在炉边。不过各人都有固定的碗,并不乱用。西康百姓的饮食,总的说来有以下几大类:

第一项　谷类

糌粑:以大麦磨粉炒之,呈黄色,如内地之炒面及四川成都所谓"茶汤"。以茶或沸水冲调,捏成条块。

小麦粑:以小麦连麸皮做成饼,用锅烘干后吃,如内地的面饼。这是西康的精美食品。

扒孤:此种食品即小麦粑内加牛肉为馅,如内地的馅饼。

油果子:是招待贵客的点心,其做法仿汉人的炸油条、炸麻花的方法。

第二项　奶类

酥油:就是从牛奶中提出的脂肪,等同于西餐所用的黄油,只是制作方法不同,其味道一般。

奶渣:即提炼酥油后剩下的牛奶渣滓。放入锅中久煮,使蛋白质凝固成块,晒干制成。

酸奶子:牛奶久放,经发酵其味变酸,西康人用来解渴。

第三项　肉蛋类

生肉:西康气候寒冷干燥,生肉不会腐烂,悬挂数日,风干后成为肉脯,割而生食,西康人习以为常,颇有古风。

肉松:这种肉松其实是生肉,不像内地的肉松味香色美。其做法是在严寒之时,把牛羊肉切成长条,挂起来风干数日,就成了酥脆的肉,捏之可以成粉,是用来生吃的。

肉汤:切肉成块投入锅中煮,半熟而食,与内地菊花锅子、涮羊肉的食法相似。只是没有调料。

鸡蛋:西康人都生吃。只有泸定一带的人不吃鸡蛋和鸡肉,说是有癫鸡,吃了必患癫症。

第四项 茶类

酥油茶:把茶熬浓,放入食盐和酥油,充分搅拌调匀,使成乳白色的浆液,西康人视为最重要的饮料。

第四章 民国百姓的服饰

20 世纪初,中国人已经中装西服混穿。但当时穿西服的人还不太多。到了民国时代,情况就有了较大变化。按当时人的说法,就是"民国新建,亟应规定服制,以期整齐划一。今世界各国趋用西式,自以从同为宜"。① 进入民国,百姓的服装正式进入中西合璧时期,西式服装在城市中流行,中国传统服饰在乡村地区还占有很大市场。

第一节 西式服装的流行

民国时期,政府在服饰方面的西化态度还是比较明确的。袁世凯当政时如此,皖系、直系、奉系等北洋军阀当政时亦如此。1928 年南京国民政府成立时,西式服装与中式服装的不协调、不甚配合不能各安其位的状况已经得到了很大的改善。男士主穿西服、中山服(其实质也是一种变相的具有中国特色的西装)、长衫;女士主穿上衣下裙、旗袍基本成定式,并为政府肯定与提倡。

在城市,西式服装日益流行,居民服饰在不断西化,最终形成和中式服装分庭抗礼之势。

---

① 《申报》1912 年 8 月 20 日。

一、服饰西化的初期阶段

服饰西化的第一步是先要剪去辫子,因为辫子和西装根本是格格不入的。西装革履而脑后一条"猪尾巴",会让人做呕。穿西服是为了更精神、更整洁,而一条不常洗的长辫子常把衣服弄得油乎乎、脏兮兮的,完全与穿西服的本意背道而驰了。

民风开化、接受新事物最早最快的江浙、上海等地的人民心向共和,很高兴地就剪去了象征封建保守专制的辫子,政、军、警、学界人士带头,地方民众从之,掀起了大规模的剪辫热潮。素有革命传统的广东省,"无论老弱少壮之男子以及士农工商兵,罔不争先恐后,纷将天然锁链剪去……统计是日剪辫者,尽有二十余万人"。① 当然,具有求稳守旧心理的人也不在少数,这种心理使社会新风俗难以马上确立。剪辫初期,中国多数地区的群众颇有些不情愿,"有盘结头顶者,有乘坐肩舆者,有垂辫胸前者,有藏辫领内者"②,不一而足。但很快,随着共和观念深入人心,人们逐渐以留辫为耻,这种心理蔓延开来,就逐渐使留辫习俗失去了存在的基础。不仅如此,此时民主、科学、卫生、文明等思想意识也慢慢在中国扎根,士绅、知识分子颇以"新派"为荣。平民百姓虽不懂得"新"的具体涵义,但他们却有意无意地在内心深处向士绅们看齐,因而也逐渐明白了留辫子是守旧的,是不卫生的,硬留辫子者反而要遭到人们的嘲笑。有鉴于此,几年以后,留辫的习俗就被大多数中国人摒弃了。"即爱新觉罗氏之宗室子孙,毅然去辫者,亦复不少"。③ 身居故宫的溥仪也剪去辫子,穿起了洋式服装。当然,北方个别地区、个别团体和个人也还蓄发留辫。张勋"辫子军"一直留辫至被打散,而该军驻扎地鲁南、苏北则是剪辫困难地区,民众直到20年代仍

---

① 胡朴安:《中华全国风俗志》上篇卷8。
② 《申报》1912年6月14日。
③ 章伯锋:《近代稗海》第4辑,第242页。

有为数不少的留辫者。

辫子剪去了，清朝的统一服制取消了，人们却有些不知所措了。一段时期内，中国人穿什么的都有，有穿马甲、长袍的，有穿长衫、马褂的，有穿西装、中山装的，也有的人中西服装混穿，上身是西装，下身则是绑腿裤，颇为滑稽。总之，"西装东装汉装满装，应有尽有，庞杂至不可名状"。

这种现象，是新旧事物交替过程中必不可免的，它既反映了中国服饰界锐意更新，但还未走上正轨的现实，也说明了民众在穿衣上的大胆尝试和不拘一格。

二、新式男子服饰

二三十年代，在男子服装上，西装和中山装占据了主要地位。不仅官员、知识分子喜欢穿，其他阶层的人也喜欢穿；城市是如此，偏远一些的县乡也是如此。如东北呼兰县，服西服，履革履者亦日多。至于上海、北京这样的大城市，穿西装的男子极多。西装是辛亥革命前后维新人士和革命党人的典型穿着，中山装是孙中山先生改造英国式猎装所制，因为这两点，民国建立前后，人们就把西装、中山装与维新、革命、反满结合到了一起，"无如政界中人，互相效法，以为非此不能厕身新人物之列"。[1] "洋布、洋伞、洋鞋、呢帽之类的洋货，在上层人物身上以及他们的屋里，一天天增多了"。[2] 就是一般民众，其少有优裕者亦必备洋服数套，以示维新。西装的日益普遍使各种西式服装公司蓬勃兴起，也使这些公司大大地发了财。西服的流行也使得洋帽、洋袜、皮鞋、领带等配套服饰变得流行起来了。

西装的大潮也多多少少触动了深藏皇宫深处的清废帝。溥仪在《我的前半生》中对此做了描述："我在四位母亲的多种'关怀'下长到

---

① 《大公报》1912年6月1日。
② 《辛亥革命回忆录》第2集，第366页。

十三四岁,也像别的孩子那样,很喜欢新鲜玩意。有些太监为了讨我高兴,不时从外面买些有趣的东西给我。有一次,一个太监给我制了一套民国将领穿的大礼服,帽子上还有个像白鸡毛掸子似的翎子,另外还有军刀和皮带。我穿戴起来,洋洋得意。谁知叫瑞康知道了,她大为震怒,经过一阵检查,知道我还穿了太监从外面买来的洋袜子,认为这都是不得了的事,立刻把买军服和洋袜子给我的太监李长安、李延年二人叫到永和宫,每人责打了二百大板,发落到打扫处去充当苦役。发落完了太监,又把我叫了去,对我大加训斥:'大清皇帝穿民国的衣裳,还穿洋袜子,这还像话吗?'我不得已,收拾起了心爱的军服、洋刀,脱下洋袜,换上裤褂和绣着龙纹的布袜。"①

溥仪这次服装革命刚一开始就遇到了挫折,远不似他剪辫那么顺利,那时他在英国老师庄士敦的鼓励下,在皇宫中领导了场剪辫运动,几天工夫千把条辫子就不见了,守旧的太妃们也不过哭了几场而已。

一时的挫折并没使执著的溥仪放弃他醉心向往的欧式生活。但他也经历了这么一段中西服装乱穿、不太规范的时期,溥仪回忆他结婚那天的情景时说:"在我结婚那天,我在招待外国宾客的酒会上露过了面。祝了酒,回到养心殿后,脱下我的龙袍,换上了便装长袍,内穿西服裤,头戴鸭舌帽。这时,庄士敦带着他的朋友们来了。一位外国老太太眼尖,她首先看见了我站在廊子底下,就问庄士敦:'那个少年是谁?'庄士敦看见了我,打量了一下我这身装束,立刻脸上涨得通红,那个模样简直把我吓了一跳,而那些外国人脸上做出的那种失望的表情,又使我感到莫名其妙。外国人走了之后,庄士敦的气还没有消,简直是气急败坏地对我说:'这叫什么样子呵!皇帝陛下!中国皇帝戴了一顶猎帽!我的上帝!'"②

这件事发生在1922年底,当时中国大多数人也跟溥仪一样,都不

---

① 爱新觉罗·溥仪:《我的前半生》,群众出版社1964年版,第58—59页。

② 爱新觉罗·溥仪:《我的前半生》,第129页。

太清楚穿西服要讲配套、讲规范，也没多少人在乎这个，大家都这样，也就谈不上谁笑话谁，只是洋人见了，就觉得分外别扭，难以忍受了。

等人们弄清楚了穿西服的规则后，混乱的情况就大大改善了。溥仪以后在天津避居张园、静园时，对穿西装就很在行了。

三、新式女装

至于女服，则经历了一个实质西化，表面还以中式为主的过程。

清代女装，汉人是上衣下裙，旗人多穿旗袍。民国建立后，女子服装渐呈西化趋势，一改过去胸、肩、腰、臀完全呈平直状态的传统，将衣服裁制得长度减短、腰身收紧、袖口缩小，比较注意曲线美了。从20年代初期开始，中国开始流行表面上承袭传统，实质上吸收近现代欧美女装特点的女服——旗袍。

说旗袍承袭传统，是因为它是在满族旗袍的基础上改造的，名称也未变。说它实质上西化，是因为它在多方面吸纳了近现代西式女服的剪裁标准，在衣服的长短、领的高低、开叉的高低、衣袖的长短有无等方面紧随西式时装而动，最后定下的各种标准样式，都已经与传统旗袍没有多少共同之处了。

除了旗袍，大城市如上海、北京、天津等地的妇女，在服装上还紧随欧美潮流，不断变换衣服款式，特别是上海，作为民国时期的全国妇女服装中心，更走在前头。当时，由于有船只直航欧洲各大名城，因此巴黎等地的新式服装三四个月后即可流行于上海。在领导时装新潮流方面，官宦人家的太太小姐、电影演员、模特、交际花走在最前面，作用也最大，中产阶级的妇女趋而从之。什么"番花"女西装、西式裘皮大衣、连衣裙、百褶裙、好莱坞不断变换的明星服，都在上海、北京、天津等地流行过，不仅报刊杂志对此推波助澜，大加报道，各时装公司、百货公司也纷纷借大饭店举办时装表演。到了20年代末30年代初达到了高潮。1929年在天津，一家大饭店举行了一次规模盛大的服装舞会，会上的时装表演精彩纷呈，中、美、英、法、德、日等国各种款式的时装均在此展示,令人眼花缭乱。上海的时装表演内容更丰富,干脆男女同台。服装从礼服、常服到晨服、晚服应有尽有,种类很是齐全。

新式服装从大城市辐射向四面八方,以至于一些保守的偏远地区也深深受其影响,在奉天(今辽宁),"妇女装束益趣新奇。先是旗袍短才及膝,袖达肘际,赤露两臂;裤长仅尺余,下服高腰洋袜,两腿皆外露;首挽圆髻,不钗不冠,近则截发烙之,使曲散垂耳际……足着高跟鞋,头戴斜顶小帽,除戒指、臂钏外,簪环皆废矣"①。

这里的"截发烙之",指的是烫发,它是在二三十年代传入中国,并很快在城市妇女们中流行开来。上海等地的一些妇女还模仿欧美新潮女性,把头发染成各种颜色以示时髦,在当时引起了很多守旧人士的非议。除了烫发,这段文字还描述了当时妇女们的装饰。欧美妇女讲究佩带与衣服相称相配的饰物,如项链、耳环、戒指、手镯等,还讲究戴帽子、穿高跟鞋、拿小洋伞、拎小提包以使全身装束协调、配套。这些统统被中国新女性们接受和仿效,亦步亦趋到了"簪环皆废矣"的地步,连一些传统装饰品也不要了。

中国女性服装变革之快、之彻底、之坦荡,使欧美恪守传统的人士也大吃一惊,甚至有些恐惧。如中国旗袍,是学习西方服饰风格所创,但中国人把它穿到欧美时,却引起了一些人的责难。尤其是天主教徒们,对于两旁高开衩暴露大腿的低领无袖短旗袍无比惊骇,认为这太色情、太诱惑。但欧美的多数服装设计师却充分肯定中国的服装变革。他们说:"中国服装的风格是简练、活泼的,它的式样是更多地突出自然形体美的效果,优雅而腼腆。这比华丽、辉煌的服装更有魅力。柔软的丝绸服装并没有欧洲古典服装那样繁琐的折裥,但却设计为曲线的轮廓,这是最主要的造型手法,使妇女们在行动中能展示她们苗条的形体。折枝花卉的刺绣图案在服装上是灵活而不呆板的,看来富有生气,

---

① 《奉天通志》,1934年铅印本。

使人感到愉快。"令人感到遗憾的是,尽管由于设计师的大力宣传,旗袍得到了欧美社会的承认,但却并无多少欧美妇女穿它,大概是欧美妇女喜爱活动,不愿穿这种"胭腆"服装的缘故吧!

在中国,旗袍当然更是历经风雨才得以在城镇中流行。在这期间,它也不知吓住了多少人,挨了多少人的诟骂。茅盾在《子夜》里讲述了这样一个有趣的情节:吴老太爷由于穷人闹革命分田分地,吓得跑到上海投奔资本家儿子。可坐上了轿车后望着灯火迷乱的街景直觉心慌意乱,呼吸困难。在这要命的当口,一个坐在洋包车上,跷着二郎腿,穿着高开衩旗袍的青年女子露出的雪白大腿闯入他的视野,吴老太爷大受刺激,气愤得天旋地转,一头栽倒不起了。

为什么一向胭腆的中国女性,在服饰变革上如此激流勇进,敢于追求时尚呢?

民国初期,中国妇女解放运动兴起,不过最早发起、领导这场运动的主要是男子而非妇女;以后提供思想武器、理论依据的仍然主要是男子而非妇女。妇女们主要在两个方面最充分地焕发了解放意识:婚姻与服饰。

即使在民国建立后,女子在政治、经济上仍无多少实质性的权利可言。宋美龄一位洋生洋长的洋华人,回到祖国后还是靠蒋介石才获得了各种权利,其他人更可想而知。寄希望于婚姻是女子们的普遍心理,这一点仍是传统的,形式则确实有了变化——由父母包办到自主恋爱、自由结婚。而不管婚前还是婚后,妇女们都喜欢穿好衣新衣。民国早中期的社会条件、环境氛围,其自身的处境都促使她们不得不在服饰上倾注第二大解放热情。

而且民国成立后,妇女们毕竟不再简单地局限在家里,这曾导致其装束总比丈夫简单。当她们较多地走向社会后,就要在服饰上讲究起来,以能适合各种场合,并进而与其他阶层的妇女比较。而人们也习惯于就身边妇女的衣着判断她的社会地位和其所属家庭的社会地位,这愈发使妇女重视时髦服饰,重视流行的时尚。

　　而服饰的主流在当时只能是西方样式、西方标准。民国的全方位对外开放使人们对洋东西多抱欢迎、赞赏的积极态度。每一种新潮女服在最初传入中国时都会引起一些反响、震动，但很快就无声无息地变为种子广泛播种。人们对于女服的日益西化，日益开化已不再抱过分吃惊的态度，但其仍存的公共标准及女子本身开化的程度使女服也兼顾了中西结合的特质，旗袍就是其产物。

　　当然，妇女解放的另一大成果是拥有职业，可以独立谋生，当时出现了不少职业女性。其中的"白领"更是新潮摩登服饰一族，而且出于各方面需要，颇讲究美发美容，这又带动了美容业、香水业等新兴行业的发展。

四、学生服装

　　旗袍在社会中虽较流行，但在校园中却并不多见。民国时期女中小学生都习惯穿学生装，中小学生善于服从校规校令，穿学生装自不待言；大学生虽较自由一些，也并不强求着装统一，但有些学生还是喜着学生装。这是因为在民国时期，尊重知识、尊重人才之风很盛，别人一看你是读书人，一般都很尊重你，在这里，学生装成了身份与地位的象征。

　　中小学的男学生装类似中山装，校方告诉学生说：四个口袋表示国之四维，即礼、义、廉、耻；前襟五个扣子表示五权宪法，即立法、司法、行政、考试、监察五权分立；袖口三个扣子表示三民主义，即民族、民权、民生。大学生的服装多种多样，似无统一模式，长衫、西装、中山装、马甲都有。看冯友兰、罗家伦等人在"五四"前后读大学时的照片，穿马甲长衫者亦不少。看来，自民国建立到1949年，男大学生的服装不仅没有固定的样式，而且中西服装平分秋色，看不出以谁为主，以谁为次。

　　女学生服则较为整齐划一。大中小学生多穿素色衣裙，上衣窄小，领口有高低，袖子较短，口呈喇叭形，上衣下摆成弧形。下身穿裙，裙子长至膝下,无折裥自然下垂。

读者朋友其实都看过不少以民国为背景的电影,对女学生们的这一形象应该挺熟悉。到了冬天,女学生们则穿开衩不大或不开衩的棉袍,或是短棉袄套裙,与普通汉族妇女冬季服装相类。

五、配套服装

除了正服,还有时髦的配套服饰。这是指衬衣、背心、帽子、鞋、袜子等。西方对此很讲究。如穿礼服时,就要穿冬黑夏白的背心、花条纹的裤子,高圆筒式或博士帽,黑皮鞋,白衬衣,黑、灰或叙纹领带,黑丝袜等。

先谈帽子。戴帽的用意,在中国原本是为了保暖或防日光。但欧美人士戴帽,装饰的性质已居主要,随着西俗东渐,中国人也开始重视帽子的装饰作用,在样式上也逐渐西化了。民国时期,男子戴西式礼帽已很普遍,即便在穿中式服装时也如此,妇女戴帽子主要讲究样式精美。服饰专家为此提出忠告说:“男子剪发以后,女子用饰品以后,自然之作用既去……有人为之帽以代之。故帽类最需注意者,系其重量。如质量过重,即难于久戴。次则须与衣服相似,具有通气性,使之善通空气,倘其物质无通气性,即须特备气孔,以便通气。盖头尖仍是皮肤之一部,故亦常常发生无水碳酸与水蒸气等……必因以引起头痛之疾,即其帽难于久戴。又帽类之过于重压额上者,其表面之血管,亦受压迫,有凝血液之还流。又帽之原色,对于寒暑亦极有关系,凡色之黑者,具有吸热性,而其白者,则反射之,故夏季概以用草帽等白色之帽为宜”。①

中国民众过去也穿袜子,其目的在于保温保暖,因此夏天很少有人穿。袜子的种类基本上是短袜,少有高过膝盖的长筒袜,而西人不论男女皆讲究着袜。在法国大革命以前,男性洋人一般穿及膝短裤,但膝以

---

① 邹德谨:《衣服论》,商务印书馆1916年版,第62—64页。

下的小腿部分也并不赤裸,因为他们穿有紧裹腿部的长筒袜。大革命后,法国无论男子、妇女都流行穿长裤,其服装趋于简练、实用、活泼而年轻化。到了19世纪,西洋男子已不再穿长筒袜,而女性则把长筒袜作为必不可少的装饰品,以致冬天照穿不误,到了中老年往往落下关节炎。中国受西人的影响始于19世纪中后期,全面仿穿西人着装是在20世纪初期,因此中国男子一开始就不穿什么长筒袜,但在一些大城市,男子夏天也开始穿袜子,袜子较短,绝不过膝。妇女们则蜂拥穿起了长筒袜,认为它与旗袍极为搭配,配穿其他女装,也很合适。

中国人原来穿的鞋,种类虽多,结构却不太合理,主要是鞋头失之过尖,以致压迫脚趾,不仅导致畸形,而且使人难受。这类鞋性能又极差,往往使穿者生各种脚病。等到服制变通后,人们多穿洋式皮鞋。男子不用说了,平底、高跟皮鞋都喜穿。妇女自放足后,也讲究起了鞋的样式、特别是洋样式。一种新样式被接受的时间,不过数天而已。但总的说来,中国女子在穿洋鞋的初期,还不懂得科学穿用,她们穿的洋式革履,多狭小,后跟甚高,有的鞋皮质也太密,鞋带又紧,不宜透气,前者导致足之前部畸邪不正,有害足骨及行步;后者则导致各种湿热足疾。当时很多妇女虽不再裹脚(一些乡村地区妇女除外),但受传统影响仍以细小为美,在选鞋上就看重"小",有人为此不惜挤足适履。所有这些,都表明当时很多妇女还不懂得科学选鞋、穿鞋,还不会"识货"。以后大大吃了苦头,对洋鞋的知识又有了进一步的了解,在买鞋时就比较注意皮革的疏密、鞋带的松紧、跟的高度是否适合自己、鞋是否挤脚、是否通风等问题了,而不再仅仅看样式、盯尺寸,只以小为美了。

围脖在民国时,其名一度叫"围颈",其作用在于防风寒,但当时人们特别是妇女也把它视为装饰品,喜戴围颈的人很多,青年学生尤甚。男学生身着长衫,脖系围颈,书生意气卓然;女学生身着学生装,配以各种颜色的围颈,别具神韵风采。与围脖一样受欢迎的,还有披肩,妇女们尤其喜欢拿它做装饰品。

围脖、披肩多是毛线编织而成，我们接下来介绍毛衣、毛裤、毛巾等编织物。一般说来，以毛线丝线棉线，编成巾帽衣袜等，叫做编织服装。缪凤华先生在其所著《编物大全》一书中说："其法传自欧美，今日本女子学校手工科，均有此门，由是技术普遍而编物盛行，用途广阔而裨益民众，价廉物美而节俭经费，其为切要何待言哉。"①缪先生对于编织物的优点大加赞赏，认为很有必要在社会上推广，为此就要系统教授人们各种编织方法，这就需要编著有关书籍。他说："我国女子对于本科未予相当注意，然是未足尽为学者咎。以其乏良师善本，唤起兴会。编者有鉴于此，因择其法之尤要者而编成此书……初学编物，蹊径未熟，最易迷路，余作是编亦此意耳。"②

缪先生的这本《编物大全》共分五章，第一章谈用具及材料，第二至第五章分别谈基础编、花样编、绒线编物常识、实物编。每一章又分节，节又分类，非常齐全。

除了《编物大全》，民国时期出版的有关书籍还有《最新毛线编结法》、《编物图说》、《毛线结物图解》等。此外，很多报纸刊物上也经常刊载一些有关文章。

总的说来，民国时穿洋服的人已很多了，种类也较齐全，教育工作者也做了很多普及服装知识的工作，现在就来谈谈当时一般服装知识的教育及普及情况。

当时，有关书籍、文章并不少，讲授面也很宽，衣服的功用、衣服的材料、衣服的保暖问题、衣服的通气、衣服的防潮防湿、衣服的吸热性、衣服的染色、衣服的防污去污、衣服的病毒、衣服的洗涤都讲到了。

其面之广，波及了中小学生。当时，衣服科属小学常识一科。商务印书馆专门为小学生编印了《我们的衣服》一书，从衣服的来源、保存、

① 缪凤华：《编物大全·序言》，商务印书馆1935年版。
② 同上。

洗涤到种类等各个方面,采用图文并茂的形式对学生们进行了教育。

服装的配套穿用,也带动了与服饰有关的零售业的兴旺,甚至也不乏专卖旧货的"跳蚤市场"。

六、西式服装在中国迅速普及的原因

很多人都简单地把国门的打开、思想的开化、政治的进步、西风的东渐作为此问题的答案,这在宏观上当然是正确的,但并未解决一些微观现象问题,要解决后者,还必须深入研究民国时期人们的服饰心理。

民国建立后,人们争着西式服装,这可以称之为赶时髦。这种赶时髦是一种惊人的社会力量,它是社会发展的一种潜在的推动力。它与一个国家民众的生活息息相关,并能迅速而广泛地影响到人的个性特征,西式服装的穿用,在多大程度上刺激了纺织布匹业的发展,你只要看看当时风起云涌地新建立的织布工厂就会心中有数了。而在鲁迅先生笔下,身穿学生女装、有现实社会新女性身影的子君勇敢地与涓生同居,又会让你明白中国当时确实出现了众多的要求自由平等的女性,妇女解放运动也在一些方面落到了实处。

当然,赶时髦并不一定意味着社会进步,正如民国时人们穿西装并不等于中国已成了发达国家,但赶时髦确实只能在一定的社会环境中才能发育生长,社会组织越先进,时髦扮演的角色越重要,反之则越小。因为在一个人口很少变化的地方,人们相互之间都很了解,赶时髦不会掩盖一个人的缺点或造成不同的等级,人们也不会有赶时髦的服饰心理。举例而言,两个人非常熟悉,那么双方就不会在衣服上过于讲究,靠此取悦彼此。恋人在恋爱时很注重衣服的时髦样式,结婚成为夫妻后,穿时髦衣装较多地就是给别人看了。民国初期,社会组织较前发达,社会财富也因商品经济而在分配上出现了较大差异,新的阶级分化出现,新式家庭的地位已经确立,赶时髦的心理就有了生长的肥沃土壤。而且,它并不只是新女性和公子哥们的特有物,它在当时几乎成为社会各阶层人士的支配力量,只是大家各有轻重罢了。对此人们只要

看看西装、皮鞋的普及率就明白这并非妄言。

身着新式服装展示自己的新形象以赢得别人的赞美；穿新衣戴新帽凸显新气质赢得别人的关注；模仿上层人士衣着力求与他们同化；以西式服饰标榜洋化、吸引异性。这些服饰心理同赶时髦的服饰心理一道，促成了民国时期西式服装的流行与普及。

七、在华洋人的服饰

最后，我们以哈尔滨俄侨为个案，谈一下在华洋人的服饰。

哈尔滨市俄侨一般是以西服和俄罗斯民族服装为主。男士以西服为其基本装束，配以领带、衬衫和马甲，下着西裤，头戴礼帽，足蹬皮鞋。秋冬季节，外面穿上不同质地的大衣，配以貂皮帽子或普通的皮帽。穷富及地位的区分，在于衣服的质量与面料做工的精细程度，在式样上则无大的差别。自中东铁路修筑始至第一次世界大战前后，由于哈尔滨的俄侨服装行业尚不成熟，西装及各种皮衣多为俄国产品。但此类物品因利润微薄而不为商人所重视，特别是在"一战"开始之前，俄国物资已呈紧张之势，对外的商品输出大幅度下降，以致哈尔滨俄侨的穿戴亦有供不应求之虞。正是在这种情况下，促使哈尔滨俄侨及中国民族资本服装业的发展。在当时的秋林公司等规模较大的俄侨商店里都设有服装部，专门承接各式各样时装。而民族资本家们瞅准了这一时机，乘势而起加工俄侨喜欢的服饰逐利。如民族资本家武百祥，见哈尔滨俄式、英式皮帽紧俏，便自己开始试制，当年冬季便卖出了200多顶。自"一战"以后，沙俄由于其内忧外患对哈尔滨的商品输出走向了下坡路，除少数的高级官吏及达官贵人外，大部分俄侨的服饰供应只能仰仗于当地，由此导致一些俄侨及国人私营服装衣主的增多。曾有一为宦游历平津多年，来哈尔滨"居斯邦久"的刘静岩君，以"耳目观听所得"，化名"辽左散人"于20年代出版了《滨江尘嚣录》一书，在"西服之时髦"节中写道："至供给斯等西服之场所，除一部分高级人员外，其余之大部分均购自于道里之八杂市的小商店。该处皆小本经营，专备偷工减料之洋服,出售于俄之下级社会及华人号称时髦者。"由此可见,俄侨服饰对华人社会的影响。

哈尔滨俄侨女士服装,更能体现出其民族的特色。依资料的零星记载,俄侨女士除在特殊场合外,一般均以其民族装束为主,即夏季的"布拉吉"(俄语"连衣裙")与冬季毛呢长裙。俄侨妇女的夏季服装,除庄重与华丽,体型与款式,质地与色彩等外,倒无其特殊之处,而冬季的毛呢长裙却着实令人瞩目。在严寒的冬季,哈尔滨俄侨妇女身着毛呢长裙,足蹬皮靴或毡靴,外罩以裘皮或羊绒大衣,头裹各式方巾或绒帽,予人一种俄侨妇女特别耐寒的惊诧。有人从审美学的观点认为,漫长、寒冷的冬季,厚重、单调的冬季下装,带来沉闷、臃肿与身体和心理的长久压抑,而以大波浪为主要款式的毛呢长裙,不仅摆脱了外套长裤紧箍的疲劳症,更重要的是使服装的整体造型彻底颠倒,进入整体造型的正三角模式。事实上,俄罗斯妇女这种装束至迟在彼得大帝时即如此,而那时似乎不能产生如此服装美学,因而俄侨妇女的装束更多体现出的就是传统的服饰习俗。

俄侨妇女较为讲究首饰点缀,最为流行之式即身着连衣裙,简式毡呢帽,平底断腰鞋。"裙需稍过膝部,帽子需及耳下,后缘与衣领相接……帽子上多围以返光甚强的各色花绫,并斜一鹅雁等属禽类之羽毛……鞋之最时髦者,必须断腰式外,且需贴有漆皮之花纹。他若手表、戒指、项链等,尤为装饰所必需"。[1] 虽然装束基本如此,但在实质上却有天壤之别。如帽上的羽毛,平民以鹅雁毛充之,而富贵者则用稀有的鸵鸟毛,而戒指、项链等首饰质料更是相差甚远。

哈尔滨俄侨的服饰时尚另一特点,是婚丧嫁娶、礼仪庆典各有服装,且十分的严格,什么场合穿什么衣服都有着约定俗成的规矩。否则,便会被人们认为是没有修养和不懂礼貌的人。

---

① 刘静岩:《滨江尘嚣录》,哈尔滨1928年版,第232页。

第二节　各地民众的服饰

各地民情风俗不同,生活习惯不同,其衣饰也有很大不同。从区域上可以将全国划分为六个部分:东北地区、华北地区、华东地区、西北地区、中南地区、西南地区。这些地区由于自然环境、地理位置差异很大,民众的民族、宗教不同,历史沿革不一样,所以在日常穿衣上的差别很大。

一、东北地区

东北农民大多穿短衣,多是青、蓝色,白色是忌讳的,因与丧服同色,但在夏天也有穿白色的,衣料一般都是棉质。城市居民常穿长衫短褂,有钱的人冬天穿皮裘,多是狐、貉、羊羔、山狸、灰鼠之皮制成的,也有用貂皮、猞猁、水獭、海龙的,但数量少。学生都穿学生装,各官厅人员则穿西洋服、大氅、毛围巾等,这都是都市中上阶层人士所必备的。对于城市上层人士来说,衣服原料以细布、绸缎及呢绒为多,其式样与普通衣服类似。

妇女服装,旗人汉人迥异。旗人指的是满、蒙、汉军八旗人及其后代。民国前,汉族妇女身着及膝短袍,下系裙子,外加对襟长褂。旗人妇女则身着到脚长袍,不系裙,也不加长褂,有时穿对襟短褂。民国后,旗民一致穿长袍,不穿裙褂。衣料有毛织、丝织,平常穿的衣服多是布类。仕宦缙绅之家的汉人女子,一开始多穿大礼服,青缎对襟,刺绣彩花入团,裙子也是刺绣或织金的,非常美丽,后来这样穿的就少了。女学生及官绅妇女,多穿短衣,袖子仅到肘部,裙子不过膝部,另加外套,有点像男子洋服,为最文明装束。一般城市妇女多穿短衣外加长衣,且多是单衫,一般喜好红、紫、绿、粉等颜色,后来趋向于青、蓝及杂色。稍微充实的人家,年长的人冬季要穿羊皮大袄。中上阶层则单、夹、皮、棉应有尽有。穿短衣一般在冬季时腰系一条带子以防风寒。乡村妇女因要操持农事,时刻穿粗布长衫,冬日加穿棉袄。

首饰,则戒指与手镯最普遍,多为金质、银质等。

就戴帽来说,夏季戴"苇笠头"——妇女用秫秸皮编制,圆锥形,中尖而突起;春秋戴圆形白毡帽;冬季加毛皮于毡帽的耳部。以后则夏季平民多戴粗制麦辫帽,中上阶层为巴拿马、台湾等草及粗制辫帽;春、秋除一部分劳工外,都戴舶来的宽边毡帽;冬季平民戴猫、狗皮洋式帽,中流社会多是黄鼬及狐皮,至上流社会则穿戴水獭皮大氅帽。妇女一般不戴帽。不过满人妇女有戴圆形高帽的,与伪满成立后所定的男礼帽酷似。自欧化东来,城市新式妇女都戴洋式帽——坤帽,价钱很高。还有一种大帽子为农家冬季出门必备的。

从头发来讲,汉人妇女,将头发束脑后,有平三套、笊篱把等名,又将头发挽起来成海螺形状的,称"美人髻"。旗人则将头发束在项上,向后平分,挽作双髻,中间藏发架,有高大亮、万年收等名。又有由头顶平分左右作两片髻的,称"京头",又称"京扁"。贵族妇女一般梳这样的头发。处女不梳髻,在脑后梳发辫。小女孩则在周围剃发,与男子同。到十四五岁才开始蓄发,称为"留头",但仍扎辫子。剪发流行后,青年妇女都剪发,不仅旗、汉装束同,连处女、少妇也无从分辨。

民国以前,一般穿家制布袜;民国后,渐渐改穿机织棉袜;后来家制布袜在乡村几近绝迹,都市里则夏穿绸纱冬穿毛绒袜。

平民所穿的鞋一般都是家制布鞋,稍充裕一些的人家则买一些鞋铺制的鞋。日本经济渗透东北后,日本所制的雨期适用的胶皮鞋,"自民国十三年(1924)来即畅销于吉林全省,价廉而耐水。年销之数,当在百万多以上,盖此货下自劳工上至官吏,无不用之也"。[①]

劳工一般穿"靰鞡",后来除冬季外,都穿日本的胶皮鞋。靰鞡为东北的特产,形状像鞋,用牛皮制成,内部衬上靰鞡草,耐寒、隔水,是冬

---

① 《吉林新志》第2编,1934年印。

季劳动人民所必备的。此外还有"堂堂马",鞋头略似靴子,也是用牛皮做的,鞋中衬上毡袜,本来是上层人士冬季穿的,后来一些士兵及中下阶层的人也穿,不过已不多见了。还有"堂堂牛"和"堂堂马",用牛、驴、马等皮做成,毛向外,多是兵警穿的。旧式毡鞋,用皮毛、绒毡为表里,中间填实一些杂毛,厚寸许,底厚也超过一寸,俗称"毡窝",向来是冬季御寒的,以后仅有乡间富人、城市商人穿,而且"自十七年冬,为哈尔滨、海拉尔等处俄人工厂所制之'毡疙疸'(形似靴)所夺,销路渐窘"。① 还有一种鞋叫"乌拉",是农民穿的,里面填充草,即乌拉草,轻便耐寒,故有"关东三样宝,人参、貂皮、乌拉草"的俗谚。

在东北地区还有一些蒙古人,多用染了色的布。冬季穿羊皮袍,袖长幅宽,腰束带子,带子用绸子制成,有黄、绿、紫三种颜色。帽子的形状平扁,用毛制成,也有绸面尖形的,附上皮耳,顶端缀上一撮红缨;尤其喜欢戴圆形缎面并饰金边的便帽。鞋则用革靴,高腰,底薄而宽,有尖头、齐头两种。女子穿耳坠,头发编成一辫或两辫垂在背上,如果嫁了人则扎成髻,首饰则大都用金或银质的。只是居深山的蒙人,用兽皮作衣,如鄂伦春人所穿的衣服,大都由堪达罕鹿皮缝成。

在西丰地区,衣料通常只有一种,这是因为此地寒冷少蚕桑的缘故。后有一种山茧,当地人抽成丝后全部运到外边,即使有织成茧绸的,也很少。所以此地人民一丝一缕都向商家购买。

二、华北地区

北京居民普遍以棉布做衣,颜色以蓝、黑、灰为主。在北京地区因不纺织,布匹多是从山东、高阳、香河、宝坻等地运来,衣服破了便补。一般穷人都穿短衫,富人则穿长袍,北京女子多不穿裙,帽子则有毡帽、狐皮帽,夏天则是大沿草帽,鞋多是自家做,有穿袜,有不穿袜子的。

河北地区人民穿衣也是以本地织棉布为主,即以本地棉线织成的

---

① 《吉林新志》第2编,1934年印。

布,此外还有用洋线织成的布称洋布。一般人都是夏着短衫,冬穿长袍以御风寒。衣服颜色男子喜蓝、白、黑、灰等,女子则绿、红不等。很多地区的布料从高阳贩来,因其价格低廉,也就不管其质料坚韧耐久与否,所以有的地方用高阳布的反而比本地土布多。单衣时常洗,棉夹衣则每年拆洗一次。在高邑县,所用各种布匹的数量"每岁用土布约在十万匹左右;高阳布万余匹;舶来洋布千余匹。中上社会间有服丝、麻、毛织者,而为数有限,岁用不过数百匹(丝织品一百余匹、麻织品二百余匹、毛织品三十余匹)"。① 在此地还有成衣铺,另备各色成衣供人挑选。在张北县,城里人有穿从平津贩购的丝织品,乡间妇女,遇有婚丧,也会从城里购洋布、麻织品。所有男女,仅着两季衣服,一为皮衣,一为夹衣,春末至秋初之际,均穿夹衣,秋末到春初之时,均穿皮衣。至于单衣、棉衣,多不穿用,纱衣更看不到。草帽也是少见。布匹购自平津,皮衣出自本地。衣服式样均属宽大。在怀安县,衣多短装,裤子均扎裤腿,喜窄不喜宽,"盖以农民经济紧缩,亦属自然演成之习尚也"。到了冬天,中产之家或贩夫走卒,都穿盖臀半大皮袄,以抵严寒,极贫之家仍是一身大布棉衣。此地妇女倒有代表性,其装饰颇复杂,头蓄长发,上插簪钗,前戴条帽,上配各种绣花,双耳穿孔戴环,面施朱粉,脚穿大底高跟带色花鞋,平时则穿盖臀大袄,遇大礼则穿裙装。首饰、衣服的材料,按家庭的贫富不同有所差别,首饰有金、银、珠、玉之分,衣裙有绸、缎、布、麻之别。颜色则青年尚红绿,老年尚灰黑。因受外界的影响,装饰和服饰都不断变化,剪发放足,头不挂丝,耳不戴环,色彩尚素。衣服的形状则忽宽忽窄没有定式,"且有衣旗袍而乳臀毕现,风飘裙而膝肉外露,盖非此不足以表示曲线矣。然此特属摩登女子之装饰,在社会上亦居少数耳"。② 在万全县,因地处偏僻,缠足之风未见衰落,"故仍多

① 《高邑县志》第13卷,1941年印。
② 《怀安县志》第10卷,1934年印。

弓鞋而梳长髻,其式有平山套、卧龙髻、喜鹊尾、桃儿髻等"。① 穿的衣服则有细布、洋布、绸缎、绒呢等等。在昌黎县,"女子梳发,前面蓬起,有如日本妇女,后面用红粗绳扎成长髻,约五六寸,形若弯弓。扁簪长约尺二,长簪银质,钻以马兰花。皆附有蛇蝎、蜘蛛、蜈蚣、蛤蟆、壁虎五毒式样。耳环每对重约八钱。所着弓鞋,满绣各式锦文,且不分老幼,均扎红布腿带。多袒双臂、衣背心者。装束奇异,已可概见"。② 在望都县,民风比较简朴,特别是提倡国货后,公务人员,学生一律穿土布短衣。在南皮县,农民冬天穿布袜,夏天则赤足,机关、学校的人多穿线袜。人们冬天戴瓜皮帽或毡帽,夏天戴以麦莛、秫皮、马鞭草做的草笠。在新河县,农民衣服多用洋布做,呢子衣服也日益多起来。其色多为青蓝,老人喜灰色。

　　山西百姓的穿着打扮同河北民众相差不多,帽子除大礼帽、常礼帽外,"有所谓平顶冠者,以皮为之;有所谓四季混者,以毛为之;有所谓一双船者,以布为之;有所谓牛鼻草帽者,以麦秆为之;更有所谓土耳其帽、猴儿脸帽、来回避帽,名虽有三,其实则以毛绳为之一帽也"。③ 鞋则有棉鞋、夹鞋两种。棉鞋有半截靴、三片扣两种。夹鞋有方口鞋、一向湾鞋,其中还是以无脸鞋为多。

　　内蒙古地区。蒙古人的服装,多沿袭清代旧制,有官服、便服之分。官服与前清略同,便服则比汉人的服装稍显宽阔。衣鞋都用布做,每人必有一件皮衣,外不加面,每人还有一背心。女子多不系裙,系裤口。各旗虽不一致,以赤、紫、黄色为最普遍。外衣颇长,解了衣带就会拖到地上,因此有时小憩的时候,往往可用以代替被子。穿的时候须提上,用带子紧束腰部,因此衣服的胸背部分褶襞非常显著。腰带的前面挂着鼻烟壶袋,左边挂烟荷包,右边挂刀子筷子,后边则挂燧石,烟袋插入

① 《万全县志》第12卷,1934年印。
② 《昌黎县志》第12卷,1933年印。
③ 《翼城县志》第38卷,1929年印。

长靴中或插在左腰部。靴子是皮革制或布制。常戴帽,颈悬佛像,手提佛珠,行坐念佛,出外必携鞭杖。蒙古百姓一般生活水平较低,因此用绢缎的人少,一般用棉布。王公、喇嘛才穿各种颜色的绸缎服装。

三、西北地区

就汉族来讲,男女衣服的材料多为土布制成,穿洋布衣服的多是公务人员及富人,这在很多地方都很常见。男子多穿短式衣服,喜欢白、蓝二色,冬天则穿羊裘。妇女喜欢穿红紫色的衣服,佩银制的钏钗、首饰。乡间妇女普通留圆头,学生及一些时髦女子则剪发。

在陕西的同官县,"衣服旧时左衽制,履皆牛鼻式"。公务人员及学生都穿制服,鞋子则是方口、圆口之类的。遇到婚丧一类的大事,男子穿长袍,女子穿裙。被褥等除棉布外,多是一些毛毯、毛毡等。在延安的洛川县,女子剪发的很少,头发都留长髻,发外戴硬壳,用巾帕掩饰。此地虽有缠足之禁,但"二十岁以上之女子,仍难解放,裹以高腿"。[①]

在甘肃的天水县,农民都是不穿袜子的。有些地区一向没有织布的习惯,进入民国,由于政府提倡,乡间百姓才有自己织布的,而且专用棉布而很少用丝绢。甘肃的华亭县,民国初年,衣服袖子还很窄,"民国四年(1915),大礼冠服,袁世凯改用周制,不合时宜,未几即废。民国十五年(1926)后,妇女裹足之风渐革,金银首饰,绣衣绣履,多不时尚,衣裳身袖渐宽,女冠亦出,覆帕亦少,服装日趋朴素"。[②]

在宁夏地区,有很多回族、蒙古族百姓。因宁夏地区不产棉,所以衣服就成了一大问题。普通制衣原料,是当地产的皮毛及从外地输入的布匹、绸缎、呢绒等。因这里气候春、秋较冷,所以人民喜欢穿夹衣、棉衣,如棉袍、棉裤等。到了夏天天暖了,则穿绿、蓝、白色布或绸缎做

---

① 《洛川县志》第 26 卷,1944 年印。
② 《华亭县志》第 4 卷,1933 年印。

的单衣。冬天则穿皮裘。戴的帽子,有很多式样,大都以毡帽、缎帽、皮帽或呢帽为主。所穿的鞋,冬天是高底的毡鞋,因为其轻巧暖和。至于穷人则常年穿无面的老羊皮袄。农村妇女喜欢穿大红衣裳,装饰品有耳坠、手镯等。后来在民国政府的推动下,一些地区开始种棉花,"二十八年(1939),省府试种棉花结果,在夏、朔、平、金、灵、卫、宁七县,共有棉田10393亩,收获净棉311811斤。[1] 近年推广益力,成绩弥着,此于解决本省人民衣的问题,裨助匪浅"。[2] 宁夏回族妇女有不少人缠足,虽然政府屡下禁止缠足的命令,但在一些穷乡僻壤,仍有很多缠足的。宁夏回民的服饰和汉人差不多,只不过回民男子留长须,用布缠头。宁夏的蒙古族人则穿窄袖长褂,富人穿绢帛衣服,穷人穿棉布衣服。用长带系在腰间,系上烟袋、火石等。冬天一律穿皮裘。帽子的式样很多,有尖形、圆形、平形、方形等。所穿的靴子,男女一样,前尖后仰,用牛皮制成。睡觉则无被褥,只是将白天穿的衣服盖在身上,很少洗,破了便扔掉。

青海百姓因各民族发展程度不同,其生活方式也因民族而异,汉民、回民的生活同内地差不多,蒙民、藏民的生活则完全异于汉人,其衣着情况如下:

青海只有一二处地方天气稍为暖和一些,其余均属寒冷地带。虽是盛夏,山上也常有积雪。所以,汉民、回民的衣服以皮衣为主,终年不大更换。稍有财产的,夏天换穿薄毛皮衣,普通人冬夏都是长毛皮衣。这种长毛皮衣,用老羊皮做成,也有用洋布做面子的,但也不常穿。家产富足的人,用缎子做衣服面,用薄毛做衣里绝不用老羊皮。即使天气很冷,也不穿长毛皮衣,只管一层、两层地套着薄毛皮衣。有时冻得不可开交,也只是咬着牙关硬挺,因为事关体面,穿了长毛皮衣,怕人耻笑。衣服的颜色,多是红、黄、紫三种,也有用蓝色、黑色的。灰色、白色

---

① 见《中央银行经济汇报》第7卷第10期。

② 《宁夏纪要》,1947年印。

衣服差不多被认为是禁用品。缎子和布匹，多是用羊皮从内地商人手里换的。

　　青海蒙古族衣服的制作方法，男女大不相同。男子衣服，多为圆领长袍，袖长及地，衣身异常宽大，展开来仿佛一床大被。长袍没有纽扣，用一根带子系着，下摆提至膝盖上边，上半截衣服隆起如口袋，其用意：第一，走路方便，绊不着腿；第二，如有携带的东西，可以放在衣服里，省得用手提。因为膝盖以上的身体有皮衣遮护，以下的腿脚有长腰皮靴保暖，所以皮衣底下只穿一件单裤，冬夏不换。靴用牛皮做成，靴腰有布做的，有用皮子做的，赤脚穿着。蒙民夏天不穿皮靴，都是赤脚。帽子高圆尖顶，里边用毡，外边用布，周围包有羊皮、狐皮。衣服的缘边，也是这样包着动物皮。蒙族妇女的衣服也是圆领长袍，袍长及地，袖子甚短，刚及手腕，为的是便于做事，腰身较男子衣服略窄，腰束布带。头上非出门不戴帽子，帽子较男人的略小，帽子样式与男子一样。冬天穿皮靴，夏天赤脚，靴子男女可共享。妇女头上编着几百根发辫，约两月梳洗一次，每次总得一天工夫，因为辫子数目太多，短时间无法梳洗完。辫子上边挂着银首饰、玛瑙石。耳朵上戴着耳环，有的耳环很大，简直像内地妇女手臂上戴的镯子。

　　青海玉树地区的藏民较多，他们的衣饰与其他民族有所不同，首先皮衣的制法是：先以新剥羊皮洗刷血痕，刮净附肉，置于乳油余下之酸液中，加盐浸渍，数日后取出晒干，用手揉搓使之变软，再用毛线缝缀成衣服。

　　普通的藏民，都穿绵羊皮、山羊皮制成的皮袍，袖长等身，身长及地，全身宽大，并无纽扣，领子多为羊羔皮，外罩宽约十五公分、长约一公尺之红布，仿佛大氅，袖头亦覆红布。好美观的人，则于皮袍之外又以红、棕、蓝等颜色的棉布为面，或在皮袍前后襟边镶上约一公寸宽之黑色棉布或呢布。较富有者，多穿细毛轻裘，覆以绸缎，领子多为猞猁皮，袖口、襟边则镶以水獭、雪豹皮。衣服颜色以红、黄、紫最为普遍，也有蓝、黑色衣服，只是灰色、白色绝少使用。

　　藏民的春、秋、冬三季衣服,都为皮衣,夏天多穿氆氇大衣。较富者内衬夹袍,贫穷者则依旧穿皮袄,有的还露出臂膀。多雨的时节,则穿毡袄防雨。毡袄,是用羊毛轧成的三四厘米厚的衣服,表面光滑,不留水、不渗雨,当地人称之为"无缝衣"。

　　此地的蒙族男子多戴自制的高尖帽,边缘缀上狐皮或羊羔皮,顶高约二寸,成尖形。帽子多为红色。也有人喜欢戴北平天津产的四耳绸帽,顶端缀上六寸长的红线穗。

　　藏族女子衣服的材料与男子相同,只是袖口、襟边的镶花较多,衣长及踵,以掩腿部,袖短及腕,腰身较窄。妇女两耳垂有镶嵌珊瑚的大银耳环,两个手腕上戴着镶宝石的银镯子。已婚妇女的头发都编成辫子,发辫直垂于背后,长过腰部以下。未婚少女把头发编成上百条小辫,几个月才梳洗一次,每次梳洗需要花上几天工夫。她们的头发上还有银元、彩石、蚌壳等装饰物,多的约有五六十枚。

　　红教喇嘛留发不剃,头发中还掺杂假发,绕缠成盘状,围于头顶,全身服装以红色为主。黄教喇嘛不蓄发,身穿红色或紫色服装,头戴鸡冠形黄帽。那些学问渊博或级别较高的喇嘛,则戴络缨高冠,穿黄色衣服,不穿裤子,仅衬围裙。

　　在新疆,少数民族也很多,主要有回、维吾尔、蒙古、哈萨克等族,其服饰也丰富多彩。

　　回民服饰基本上同汉人无异。"甘回"是男子剃头,女子缠足,在寺中礼拜时,要戴上六棱帽,上尖下圆,五色俱全,以白色居多,帽子的材料是羊、鹿皮及布,式样很多,有六缝、十二缝、四十缝、五十一缝等等。市井商人戴白帽的也很多。还有的"甘回"戴的白帽,是平顶的,有的上面还绣着花。妇女穿长衣,长及膝下数寸,喜欢敷粉插花。"缠回"的服装,男子外衣类似西装大衣,喜欢用花布做里。所戴的帽子有内外两个,内帽极小,仅盖住头顶,镂金刻绣,极为精致,终年不摘。外帽,女帽则冬夏皆为皮帽,有的喜欢在前面插上羽毛;男帽冬天为皮制,夏天为绸帽,顶高约六七寸。阿訇的帽子,圆而无沿,用白布缠绕,中间填上棉絮,高厚各五寸。"缠回"所穿的鞋都是用牛羊皮做的,二寸的木跟,脚底钉铁掌,着地时很响。如入寺做礼拜,必须将鞋脱在门外。

新疆蒙族,喜穿黄、紫颜色的衣服。男子穿长袍背心,冬季常穿无面羊皮袄,边缘缝上绒布,宽四五寸不等。女子的布袍没有边,耳环大而长,所戴的手镯、戒指也很多。穷人多戴银制首饰,富人则戴金、玉、珊瑚、珠宝等。妇女遇有重大活动则戴金丝毡帽,顶端佩绒或红丝,长袍细袖,下部几乎着地。夏天男女都穿单裤。

维吾尔族四季都戴帽,帽子有两种,皮帽或棉帽,"一种口小上大,顶隆而平,高四五寸,顶边围二尺余,以青缎、紫绸等为之,内衬铁丝,铺以棉花,外以金银花线盘绣各花,微缀以缨,哈密一带尚之;一种沿矮顶高,用绿绸与毡绒为之,颜色无定,或亦绣花垂小缨,沿坦而长,缘而海龙、狐、獭等皮,南八城多戴之,北路亦风行,视为最普通"。[1] 男子的服装"右衽环带,女子有领无衽,由头套下,如希腊装然,内衬长襦,下与膝齐,又往往外加背心,袅袅然,美观也"。[2] 女子的头发已婚的编为二支,用青丝缁线扎束;未婚女子出门时则总以花布或网巾蒙面,不过这种风俗渐渐废除。女子的衣服虽系套头装,但生了孩子后,往往在前襟开衽,便于哺乳。所穿的鞋都是牛皮制的,靴子高的可与膝齐。还有一种鞋套,穿在靴子外,进门时将它脱掉,很是清洁。

哈萨克族男女不分贵贱,所穿的衣服都称为"袷袢",男女都尚黑色,都穿厚衣,夏天用来挡阳光,冬春用来保暖,天很冷时则加披皮裘。男女的衣服都长到膝,不结纽,"男敞前衿,以左衽掩腋,束之皮带,带刻金银,嵌含珊瑚、珍宝诸石,左悬皮囊,右佩小刀;妇女衣较长,当胸以金丝编织,缀以环纽,衣之前后繁系小囊,盛零纤什物,便于取用,缤纷如也"。[3] 男女都戴皮帽,女子嫁人后用花布包头。脚上穿皮靴、皮袜,

① 《新疆概观》,1933 年印。
② 《新疆史地及社会》,1947 年印。
③ 《新疆概述》,1947 年印。

靴子袜子都用牛羊皮做成。进屋时,先将鞋脱在门外,数一数鞋便知有几位客人了。哈萨克有一风俗"少不剃须,惟常剪唇髭,便于汤饭。十日一剃发,三日一削爪"。①

四、华东地区

华东地区的百姓从整体来看,向无奢华的风气,大多数人的服饰,是不太讲求华丽的。一般衣料都是棉布。布有土布和洋布之分。

在沾化县,"普遍衣服概用土布,棉花系土产,纺织又自为之,虽富户亦不尚鲜华,不待提倡国货,而简朴出于自然"。②

在德平县,"自洋纱,洋布倾销以来,人民羡其质细而价廉,纺织事业遂至衰微"。③ 除了棉花外,在一些地方穿丝绸、呢绒、哔叽衣服的人也越来越多。不过对于大多数人来说,丝绸之类的衣服是要婚嫁时才穿的。衣服的颜色以青、蓝为主,男子的衣服上一般不绣花,女子的衣服则有花纹,一般女子还喜穿红色的衣服。在夏天,人们一般比较喜欢穿白色的衣服。

在东平县,境内的地势是东北高而西南低,产棉地区仅限少数山地,其他地区则很少产棉。而当地蚕桑业又不发达,所以制衣的原料——丝、棉,多是商贩舶来的洋线。

在东明县,普通百姓、公务员及商人的衣服都取材于大机器生产的棉织品。呢绒和丝织品服装,仅限于官吏、地主及资本家穿用。衣服也大都是自制的,如在胶澳地方,"其材料则购之于李村、枣园、流亭、城阳、王哥庄、台东镇之六集,或与家庭自织之。成衣,大都由家庭妇女自为缝纫,不假手于外人,大约成人做着之单长衫(俗称大褂)须作三日,单短衫(小褂)二日,单裤一日,夹者各增半日,绸棉袄三日半。其工作

---

① 《新疆史地及社会》,1947 年印。
② 《沾化县志》第 8 卷,1935 年印。
③ 《德平县续志》第 12 卷,1936 年印。

之迟钝较之日本普通女子之手工不及三分之一,盖其缝纫极细密,不务华美,而以坚牢耐久为主"。①

在福建,衣服的式样,总体来说,在清末民初还是较流行长衣服,以后短式服装渐趋流行。有的地区则是城市流行长服,在乡村流行短服。更多的则是普通人民短衣、布袜与瓜皮小帽;绅商富厚之家则多穿长袍。在一些乡村地区,夏季,农民们是打赤膊的,冬季才穿短棉袄。后来又流行穿制服。短的如中山装,学生装或西装,"二十三年,陈主席公洽入主闽政,公务人员均先后加以训练,中山装遂风行一时"②;长的如常礼服、大礼冠服等。无论富贵贫贱,无论老少都可以这样穿,但公务人员要在衣服上佩戴徽号与证章,作为标识。只不过在有的地方,虽有长服之制,但费用很高,一般人遇有婚丧等事也只是穿便服而已。至于鞋、袜一类的东西,大多是自制的,因为其耐用。而商店出售的洋袜和各式各样的新鞋,则是少数商人和青年学子才肯买的,至于农民是绝少购买的。

总之民国时期,人们在服饰上更新了不少,"今则男女常服与昔尚无大差异,惟袜多机织,鞋多无梁。男子洋服革履,红毛衣,茄紫裤者或不多见。剪发女子,衣齐脐,袖齐肘,裤齐膝,盖袜长过膝,高跟皮鞋,时风所尚,日益侈矣"。③

至于大上海,那又另当别论,其市民穿衣是全国最西化、最时髦的。

五、中南地区

中南地区的百姓,寻常衣服都是妇女自织土布,染成蓝色做成的。衣服的颜色越蓝越好,原因是"久不褪色,颇耐浣濯"。这样的衣服,直到穿得很破烂了才扔掉。在城市,男子以穿西式服装,女子以剪发为时

---

① 《胶澳志》第 12 卷,1928 年印。
② 《崇安县新志》,1942 年印。
③ 《莱阳县志》第 3 卷,1935 年印。

髦。中南地区儿童的服装。七八岁以下的男孩女孩多裸体剃头,女孩于脑后,男孩于额前,各留一撮头发。女孩稍大后便穿裙子,但不穿上衣,男孩稍大后则用小衣遮掩下体。女孩自幼便穿耳眼,一开始戴小圈耳环,随着年龄增大,耳环也越来越大。男孩女孩都习惯戴铜铁颈圈和脚链。

在河南,一般男子喜欢穿短衣,壮丁还在衣服外系一粗布腰带,以示健壮。女性在家时则用整幅的黑巾裹头,巾的边垂到背部。鞋袜一般是家里自制的,但穿洋袜、洋鞋的人也越来越多。在林县,上衣多是短衣。这里,小康人家婚嫁妆奁以前是裙袄、敞衣,都是用绸缎做的,"今则代以洋布及各种绒麻织品,其服饰形式,因近来交通便利,常欲效釐都市,而为生活程度所限,绮丽之饰仅限于为新妇数年,通常亦皆大布之衣,巧者新洁,拙者敝垢而已"。① 除了农村居民穿短衣外,一般城镇士商都穿长袍,公务员、学生、军人则穿制服、洋装。在灵宝县,除少数人穿绸缎、洋服外。其他人都穿"家生布"衣服,每人每年约费五斤棉花,"至立春后,男人到田野工作,女人均日夜纺绩,每日平均纺线三四两,纺罢即织。至二麦将熟,各家女人皆将其全年所用之布织成夏衣,即用白底,冬衣间染黑蓝,一人全年之鞋袜、衣服、铺盖均取给于此五斤棉花,毕生不知绸缎、洋布为何物"②。

在湖北,百姓所穿衣服的颜色较多,夏天多为蛋青、血青、宝蓝、白、灰等颜色,比较素雅;冬天则多为玄青、二蓝、品蓝、玉色、虾青、灰青等颜色。因为湖北夏天较热,有钱人在夏天穿薄纱,劳动人民则终日赤膊,还有通宵睡在外面的。一些摩登女子,则戴各种式样的眼镜,穿高跟鞋,穿西装或长袍。

南部四省的民众一般也是穿土布衣,有地位身份的人则穿长袍马褂,还有穿洋装、中山装的。一般老百姓多为短衣阔裤,也有穿鞋袜的。

---

① 《林县志》第 18 卷,1932 年印。
② 《灵宝县志》第 10 卷,1935 年印。

广东的乡下男女大都"椎髻跣足,着木屐,以避湿气"。[1] 睡觉用的被褥,也是用土棉缝成夹被,棉花弹成棉套做成被褥。

广西妇女则头束青巾,穿带彩饰的长衣、裤子,很少穿裙子,一般人都穿草鞋。在广西武鸣县的女子都头戴白巾,"今县南妇女犹有此俗,而东乡尤盛。欲知其吉凶者,惟于其中之两端有花无花辨之"[2],此地人"行村墟俱赤脚,包头露面,身任担负,惟作客赴宴始穿袜着鞋,甚寒。富家妇女亦常用,而贫穷家则只着草履,虽有鞋亦不常着,恐为人所诟也。男子不业儒,非作客亦常短服不衫"。[3]

在海南岛,乡间女子穿衣喜穿黑色,儋县、临高地区的女子衣服多细襟,四周镶边。处女盘龙辫,发中绕红花。妇女发髻的式样是把头发在顶部盘成椎形,交错插上钗钿。海南女子多穿长裙,裙上缀有银链。

海南城市居民则另有一番穿戴。民国规定男子的大礼帽用绸,常礼帽用呢。礼服则有大礼服、常礼服两种,常礼服又分昼用、晚用两类。衣料用本国丝绸、棉布、麻织品,颜色均用黑色。男子的另一种典型服饰则是长袍短褂。女子的礼服,周身加绣饰。当时富裕人家的妇女,其常服是短衣长裙,佩戴的首饰有金项链、金耳圈、金指环、金手镯、手表,有的女子还髻插珠花,足登绣鞋,华丽非常。至于男女服装的衣料,已经多用洋货了,"竟有一般自诩为革命新人物、中国主人翁者,竞尚西装,其质料皆取给于外国之毛织品,呢帽峨峨然,革履橐橐然,自顶至踵所表见者无一为我国所有。风气所趋,无男无女,无贵无贱,无冬无夏,莫不以衣身质料来自欧美相矜尚,喧宾夺主,而国产丝绸群且唾涕视之矣"。[4] 于是,有一种爱国布应运而兴,以上海出产的为主,但有人揭发说:"此种布乃日本工商揣测我国人民心理为号召

---

① 《高要县志》第 26 卷,1938 年印。

② 《武鸣县志》第 10 卷,1915 年印。

③ 《武鸣县志》第 4 卷,1915 年印。

④ 《平乐县志》第 8 卷,1940 年印。

以攫厚利,所不敢知。而夙昔流行湖北之官布(张之洞倡办织造局出品)、阳逻布(阳罗堡,在黄冈县西北,今改镇),本地之麻布、家机布、渐归淘汰"①。

民国23(1934)年,海南省政府修定公务人员服装,规定以灰色土布为质料,凡军界、政界人员,包括最高长官、普通职员、士兵、学校教员、学生都穿对襟短服(女生穿长裤、短裙,裙子多用黑绸制成),冬季加穿过膝棉大衣。一律戴有沿布帽,别以军、政、学等字样帽徽为识,党务人员则用青天白日帽徽。鞋则穿土制黑布扣带鞋,非遇降雨不得穿皮鞋和橡胶鞋。不属于以上人员的,不得乱穿上述制服。普通民众夏天穿黑云纱或白竹纱(女子除船家外很少穿黑云纱,而穿黑绸或白竹纱,裤子多为黑色。有的乡村妇女穿用自己纺织的麻布做的衣服),冬季穿用青、蓝、灰等色棉布做的长袍和短衣裤。时髦的青年妇女,四季衣料皆用颜色鲜艳的薄纱、绸缎,或者精美的花布,她们常用这些料子做成旗袍,紧裹其体,短袖露肘,短袍露腿。头发被剪短,垂到脖颈,脖颈上还带有珍珠项链。有的还烫发,手持短柄花伞,脚穿高跟皮鞋。机关学校的女职员女教员,虽然全都剪发,但都让头发天然松散,不束不鬘。如果不是在校上课,学校女生多戴手表、戒指,时髦一些的还戴扁形金臂圈,其他金饰都不再用了。

赶时髦的人,"城市所见,虽不乏其人,然从实际上调查,大都属于侨居瀛眷,行旅淑媛。本邑虽有效颦,究占少数,且远逊于人,以言老成。女发无论城乡,仍束发为髻,少女则结辫后垂,尽去簪饰,惟耳环、玉镯犹有存者。但衣及膝,袖达腕,裤至踝,尺度适中,不尚紧束,白袜黑鞋,质而不华。个人服装仍有保守旧习而稍变通者"②。

---

① 《平乐县志》第8卷,1940年印。
② 《平乐县志》第8卷,1940年印。

六、西南地区

在西南地区,汉族和苗、彝、藏等民族杂处,各民族在穿衣上的区别还是很大的。

对于广大汉族居民来讲,民国建立后,"变俗为大者,莫大于殊徽号,易服色冠履间。男子解垂辫,女人倡天足,则自晚清。入民国至今,辫发缠足之习已无存,冠履之不能不变者,势也"。① 民国17年,内政部于5月颁布禁止蓄发辫的条例,又颁布了禁止妇女缠足的条例,8月份,颁布了严禁女子穿耳戴环的命令,于是女子缠足、穿耳的陋俗算是一时禁止了,而剪发烫发,又成了一种风气。当时有人评论说:"古相家言也,载女子角有旋毛者再嫁,发卷挈者穷下,又载旋毛生鬓为女人九恶之一,主顽贼克子云云。此书四座目录称其阐发相术,旧题后周王朴撰。虽依托,而所引古相书。今之女流乃不惜重金烫发,矫揉旋转以趋时髦。市局令以店遮禁之,缔以严罚,风仍不止。王船山云:'下欲变俗,而上抑之,益激以流'。真贱物也"。②

民国元年夏,参议院议定官服为西装,常服则分甲、乙两种。甲种仍沿袭西洋式,戴黑色圆帽,穿黑皮鞋。乙种常服为纯中国式,马褂色青,对襟、用领,袖与手脉齐,靴高及胫,帽与甲种同。女礼服则长与膝齐,袖与手脉齐,对襟、用领,左右有裪,上缘两端用带。凡遇丧礼,应穿礼服。在丧礼上,要在左腕上系黑纱结,或胸前缀黑纱。人们所戴的小帽式样如瓜皮,质料或纱或丝或绒。学生、文人及公职人员比较喜欢穿西装、中山装。但在服饰改变之始,也遇到一些来自守旧人士的阻力。相传湘潭的王闿运不改装,"会八十寿辰,湖南都督谭延闿具大礼服往贺,闿运则顶戴朝珠、袍褂、拖辫发而出,延闿不得已屈膝焉。既坐,闿运谓之曰'子毋诧吾胡服、垂辫子,西装髡首皆外国制也,有何文野,若

---

① 《巴县志》第23卷,1939年印。
② 《巴县志》第23卷,1939年印。

能优孟衣冠,乃真睹汉官威仪矣',相与一笑"。①

妇女服装式样变化较多。最初仍然是上衣下裙(青年女子穿白上衣黑裙子),但式样有所变化,时短时长。后又流行旗袍,有时长至脚背,内穿短裤;有时短至膝盖,内穿长裤。到了民国中期,妇女的发型也有所改变,已婚的青年妇女有烫发的,有梳发髻的,也有剪齐肩短发的,老年人大多挽发髻。

中小学生穿规定的制服。夏天穿白色、冬天穿黑色的三包学生装,头戴宽盘制帽。后来穿童子军装,戴船形帽,男生穿短裤,女生系黑裙,衣服为草绿色,所系领、巾为蓝白两色。

在四川温江武阳镇,"一九四七年我镇的县立师范学校(高中级)男生穿麻制服(中山服),上下装一色,腰系皮带,脚扎绑腿,女生穿中长旗袍(蓝色、阴丹布);男女生一律黑色鞋袜"。②

在四川三阳县,民众衣料中的绸缎大多由万县购买,通过轮船运来,也有从上海、重庆等地购进的。只不过县里的人平时不喜穿罗绮,只在嫁娶时穿用。其他如布匹、绳带、妇女针线等小物品,常有一些小贩担竹篓走乡串村,摇小鼓售卖。大布、小布及染色布,称为"色布",都来自沙市,沿街杂货店都有卖的。

在贵州安顺地区的开阳县,县城的居民,以公务员、学生、工商界人士为代表,衣料多用宽布,如阴丹布、绒布、斜纹布、爱国布等,也有穿丝毛织品的,多于男婚女嫁时穿用,或在典礼、年节及宴会上穿戴。有的衣服的制作费用,达到数十块银元,可见其奢华。衣服的颜色以青、灰为主,蓝色次之,夏天则以白色为主。服装式样方面,男子穿长袍,女子穿旗袍,且竞相比着时髦。大致贵阳每一种新式样的衣服出现,不到一个月便会普及此地。该县气候较冷,有所谓"四季无寒暑,一雨便成冬"的说法,所以夹衣即使在六月也是不可少的。乡村居民,其衣料多

---

① 《巴县志》第 23 卷,1939 年印。

② 《武阳镇志》第 14 篇,1983 年印。

用黄州大布,较富有的,服饰与城市居民有一比。至于贫苦农民,虽在隆冬,也是仅穿一件单衣,褴褛不堪的现象触目皆是。

在安顺的平坝县,因此地不产棉,全县居民衣料用阳、葛等布的占90%,用新式棉、麻织品者次之,丝织、毛织品者又次之。在衣服样式上与其他地区没有大的区别。

现在谈谈西南地区少数民族的服饰。

苗族。"黑苗",一般穿黑色衣服,折布为裙,用黑布裹足。"自膝及,蓄发椎髻,蒙以黑布巾,如万字然"。① 女子头上插长簪,耳戴长环,脖子上戴银质大环,男女均穿草鞋。"白苗"的服饰与黑苗类似,只是女子头上蒙红巾,衣服则是用蜡涂成花纹而后染色,然后去掉蜡花做成蜡染服装,衣长过腰,领子为白色,腰带为彩色。"花苗",男子用青蓝布缠头,头发用木梳绾起来,戴竹笠,衣服是黑色的短衣,用蜡绘染过,在袖子上用锦缎装饰。男女均穿草鞋,都喜好用布缠腿和脚,这样进入森林中就如猿猴一样迅捷。女子常将一块花布放在头上,未婚女子还会在头顶竖插一根鸡毛,结婚后就拿掉。"短裙苗",又名"披片苗",没有衣裤,两臂横披一幅青布,腰系短裙,"约五寸许,折拆约数百幅,丝绣带,贯以响铃,手足裸露"。② 富裕人家的女子会在脖子上戴重圈,在耳朵上戴耳环,耳环的形状像钩子。"长裙苗"的服饰,裙子长至脚,有衣裤,其他和短裙苗相同。"东苗"的服饰则和汉族类似,不过女子都系青色带,穿青色衣,脖子上戴银质大环,不穿裙子。

彝族。"黑彝",男子椎发,头缠皂布,左耳戴金耳环,穿短衣,大领袖,着细腰带。女子发辫盘在头上,也用皂布缠,用贝装饰,两端垂在后。"干彝",衣装与"黑彝"相似,只是不经常洗脸,脚上不穿鞋。常用自织麻布、羊毛、火草布做衣服。"黑干彝",男子也是椎发,头缠麻布,穿麻布短衣,两耳戴大铜圈,垂到肩上,光脚不穿鞋。女子则"以毛褐

---

① 《八寨县志稿》第 30 卷,1932 年印。
② 《八寨县志稿》第 30 卷,1932 年印。

细带编如筛罩首,饰以海贝、砗磲,衣领亦然"。① "摆彝",男子穿对襟或大襟的短衣,头缠布巾,喜挂背袋,带短刀或长刀,天冷时披帏巾。其头巾以黄、红、粉、白色为时髦。妇女衣饰,则较庞杂,上短衣,下长裙,裙长及地,质料多为丝麻,饰以红、黄、绿、紫等颜色的暗花,也有穿棉织或丝织衣服的。挽髻于顶,饰以金花或包彩色头巾,耳孔塞金筒,贫者则以带颜色的花草塞耳孔,手臂上戴手镯,脚间有脚镯,多为金银质地或玉质,有重达数两的。"摆彝"贵族喜扎饰以金银的腰带,有的腰带重十几两,还喜欢穿白棉衣,为圆领窄袖,以布条代纽扣。

在贵州南部的定番县,苗、彝、汉族杂处,更可以清楚地看到这些少数民族在被汉族文化影响的同时所保持的民族特色。在定番,人们的服饰大都是土货,奢侈品及舶来品很少见,每家穿衣所花费用是很少的。苗族、彝族男子的衣服大多破旧,女子的衣服类似中国的古装,所需材料多,但很耐用。

定番百姓衣服的式样,汉、苗、彝族各有不同。苗族、彝族服饰,都由妇女在家中缝制。汉人的衣服,大都由成衣铺缝制。全县有成衣铺二十家左右,成衣铺缝制衣服,按30年代初的标准,分布与绸两类,据《定番县志》所载,其工价如下表:

表4—1

	布衣	绸衣
短衫或短褂	工价七角	工价一元二角
裤子	工价三角	工价四角
长衫	工价一元	工价一元五角
旗袍	工价一元	工价一元二角

也可请缝衣工来家缝制,每天供给伙食,另外还付给工资。

---

① 《宣威县志稿》第12卷,1934年印。

定番百姓四季衣服的质料,以土产粗布为主,春夏两季为短装单衣,秋冬为长衣、小棉袄。衣服的颜色为白、蓝、灰三色。土布之外,还有大绸、丝麻、棉布、阴丹布、斜纹布、哔叽布等,只是销量较少。土布大都由各家自纺自织,但也有从集市上购来的,价格在30年代初为每尺一角,一匹布有二丈五尺,需银洋二元五角。其他衣料,皆从县内布店中购得,其价如下:大绸——每尺一元以上;线春(丝)——每尺一元;线春(麻)——每尺五角;哔叽布——每尺三角;棉布、阴丹布——每尺二角左右。

定番的青年人与老年人好穿短装,也有人穿青色长衫;年轻女子穿青、白两色的短衫,也有人穿旗袍;老妇穿蓝、灰两色的长褂。

定番的汉人,多包头巾,穿草鞋。头巾大多是布做的,普通为青、黑两色,白色头巾仅在服丧时使用。草鞋有麻鞋和稻草鞋两种,前者质量上乘,打扎精致,长穿不坏。后者分两等,好一些的用有色纱绳打扎;次一些的用纯稻草扎成,多为劳动人民穿用。除草鞋外,定番汉人也有穿皮鞋的,因价钱高,少有人穿。另外还有布鞋,系土布制成,鞋面多为青、黑两色,鞋底为白布粘叠,用麻线打成。男女服饰,除上下所穿衣裤外,并不讲究刺绣和装饰,其刺绣,往往先用蜡绘成花纹,后用各种彩线绣在衣服上,用色简单。至于花纹,以几何图案为主,也有花卉。汉人的鞋很少绣花,但是苗、彝女子的鞋却镶着阔黑边,并绣上各种花纹。

在定番,汉、苗、彝民,也有相似的服饰,比如妇女的胸挂和背包,彝家妇女更在胸挂和背包上绣上花纹,作为一种装饰品。苗、彝男子衣服的样式,几乎和汉人没有分别,但因从事农作,所以爱穿无领短袖的长袄和齐膝的短裤。此外,各族男子无论穿长衣或短衣,都用束带围腰。

定番的苗族、彝族男子,头上常戴两色的青布头巾,春、夏、秋、冬不离首,长达一丈以上,盘旋头上。

苗族、彝族女子的衣服,就不像男子那样简单,其服饰仍保有古风,苗族妇女的衣服和头巾,式样繁多。"谷蔺苗"、"青苗"和"白苗"的衣服都是半体衣和多褶短裙。"谷蔺苗"用青布包头,形如菱角;"青苗"

用黑布包头,前面为尖形,后面头发披肩;"白苗"披白麻布头巾,露出发髻。"打田苗"女子的衣服,上下都是红色,上衣是半体衣,下着短裙,短裙的褶襞很多,胸前和背部都挂着一小方绣花的白布,头巾翻卷额前。至于定番的彝族女子,则有两种不同的服饰:一是和汉族女子一样穿长袄和长裤,袖管和裤脚都镶有阔花边,头缠黑布,腰束胸挂。一是穿半体短衣,腰围长裙,头戴方冠。

苗族、彝族男女,习惯终年赤足,从不穿袜子,只在胫部绕以青色布绑腿。

在西康地区,人们常穿皮衣,在白天当衣服穿,在晚上还当被盖。贫穷的人皮衣表面不罩布,富有的人则以蓝布为面。贫苦的劳工都只穿一件衣服,非到烂掉是不脱洗的。领、袖、前襟都是油垢,光滑发亮,非常不整洁,大多数人都不穿裤子。富裕人家的妇女,头发梳洗较勤,每天一次,插银簪、钗环作为饰物,出门则换金质的。不缠足、不穿耳。

在西藏地区,男子衣服,整个藏区大抵都一样。但有官民、贫富之别。而妇女的装束相反,各地都不同。藏服主要为大衣,宽而大的袖子,腰上束一宽布带。带子由各种颜色的绒线编成,以红色为主。大衣的原料为羊皮、毛织布或者绸缎。绸缎大衣常用獭绒或豹绒镶领,羊皮大衣则毛向内,皮朝外。大衣可长可短,只要一束腰带,便可使长度适宜。一般说来,妇女所穿大衣长至脚,男子的则在膝盖以上。男女均穿高筒靴,高至膝盖,靴子的质料为皮或毡。妇女常穿有颜色的毡靴,多为白、红、绿混合颜色。靴子均以绵布镶线,靴底是皮的,无跟。

大衣以内,男女均穿绸缎或棉布短衫,短衫的衣领有绣花。男子的短衫,其领略高于妇女。裤子多为布裤或绸裤,有时男子也穿羊皮裤。

男女的帽子、头饰花样不同,大多数人所戴的头巾为绸巾与布巾,男人所戴头巾往往为红色,妇女的头巾多为黑色。坦摩善忒人常戴羊皮镶边的毡帽,大帽则用整个狐狸皮(自狐狸嘴至狐狸尾)制成,而且男女都戴。"新近有几辈戴国外输入的毡帽,亦有多数男妇赤其头而不戴一物者。妇人遇宴会不戴头巾,男子宴会之大帽似油炸饼形,以红绒与花边为缘"。① 至于头发,女子通常将头发绞成两股,用红绸绳编成小辫,盘于头上,男人则绞成一股,也照样盘于头上。女子头发的样式因时因地而有所不同,出席宴会时的发式与平时有别,临近几个县妇女的发式也不相同。

男子多数佩剑,其剑束于腰带间,旅行时常常带在身边。此类佩剑,大抵由德格地区造,剑鞘饰以银线、锡线,有时还饰以金线及珊瑚等。

藏族男女的装饰品,种类繁多。富有的人有珊瑚项圈、珍珠链、金银挂件,都镌刻精细,有些还嵌以玉石。富裕人家的妇女,有时出席宴会同时戴三四副颈圈以及沉重的金银耳环,均饰以珊瑚和珠玉宝石。衣纽或为金,或为珊瑚。发卡、发环也是金银、珊瑚做的。头发上还饰以珊瑚、珠玉、琥珀。腰间挂有金银钩带,系着金银链。手上戴着沉重的金银手镯和戒指,上面还镶嵌着珊瑚和宝石。

---

① 《西藏风俗志》,1931 年商务印书馆印。

第五章 中西合璧的建筑

鸦片战争前,中国的城市多呈传统的方格形系统,这来源于古代的"井田制"规划。"昔日皇帝始经土设井,以塞争端……井一为邻,邻三为朋,朋三为里,里三为邑"。① 几个邑就组成了城市。1949 年以前,北京城区的胡同约有三千条,其中带"井"字的有 87 条,说明古风仍存。集中于城市中的官衙、庙宇、士绅宅第、旅馆饭店、民居及其式样、材料、内部结构大多是中国传统的合院建筑形式。

除了这些传统的中式建筑外,民国时期还出现了大量的洋房、别墅、公寓等西式建筑。

第一节 多种多样的新建筑

鸦片战争后,"租界"及其西式建筑在中国出现,改变了城市的建筑风尚。

在天津、汉口等城市中,以租界为起点,西式建筑、现代马路扩展开来,使这些城市逐渐成为新兴大城市。另外,上海在清代还是个小县城,开埠后很快发展成为有名的大城市。

在这些名城的带动下,中国城市建筑日益西化,旅馆、花园洋房、公

① 马端临:《文献通考·职役考》。

寓、里弄建筑多采用西式。下面分门别类来谈谈民国时期的这些新式
建筑。

一、西式旅馆

中国最早的西式旅馆出现在何时？建在哪里？学者们的意见并不
一致。一种意见认为在明代，葡萄牙人窃据澳门，兴建馆舍，办理商务，
建起了中国土地上最早的西式旅馆。并引明人所写《游岭南记》为证，
"乃今数千夷围聚一澳，雄然巨镇"，"岛中夷屋居者，皆佛郎机人，乃大
西洋之一国"。这里所说的夷屋，包括有西式旅馆。实际上，明晚期，
在1557年至1605年间，葡萄牙人正式定居澳门，修造了永久性建筑，
主要集中在内港北湾至下湾一带，形成了一个狭长的商住两用区，其中
确有旅馆。

也有人认为中国的西式旅馆最早可从清代广州的十三行"洋馆"
找到渊源。他们认为广州自唐以来就是中国的对外贸易中心，宋、元、
明三朝还在此设立市舶司管理外贸事宜，并建馆舍接待各路贡使、客
商。清人建国后一度实行"海禁"，但康熙年间海禁开放，广州成为当
时唯一的对外贸易港，官方在此处设立的"十三行"，负责管理"华夷之
易"。

十三行设有商馆，以包租的形式提供给外商，从这个意义上讲，商
馆的确属旅馆范畴。

这些商馆分布在广州东江下游至西江上游地区，"在十三个商馆
里，九个是用各外国国名称呼的。但是除去英国人和荷兰人的两家东
印度公司以及到来较迟的美国人之外，在较后时期中所起的名字与租
赁使用人的国籍已经完全没有关系。"[①]这九个曾用外国国名来称呼的
馆是英国馆、荷兰馆、美国馆、法国馆、西班牙馆、瑞典馆、丹麦馆、葡萄

---

① ［美］马士：《中华帝国对外关系史》，上海书店出版社2006年版，第78
页。

牙馆等。

这些商馆,均采用西式建筑,皆为雕饰之楼阁,虽风格各异,但都"备极华丽",有的还设有花园和运动场,其内部更是宽敞富丽,英国商馆可住一百多人。时人有诗描述洋馆,"碧眼蕃官占楼住,红毛鬼子经年寓。濠畔街连西角楼,洋货如山纷杂处"。

进入近代,中国境内的西式旅馆、饭店就主要建在洋人的租界里了。英、法、美、德等国打开大清国门后,洋人纷至沓来,这些人既趾高气扬,又心中无底而戒惧,加之中国普通百姓当时仇视洋人,劫杀洋人的事时有发生。因此他们来到中国后,多住在租界里,这多少促成了"租界旅馆"的产生。

旅馆的建筑风格多种多样,既有英国皇家维多利亚式,法国皇家卢浮宫式,也有美国的斯塔特勒式,德国恺撒式。而且此时的一些旅馆,在功能上也增加了餐饮娱乐等项目,逐渐与今天人们常说的饭店趋同了。

随着中外关系的加深,来华公干、经商、旅游的洋人越来越多。而租界地皮有限,所设机构又多,新旅馆就面临必须设在租界以外地区的问题。洋人来到异国他乡,离了租界总觉得不放心,因此无论是旅馆主还是顾客都犹疑不决。"八国联军"之役后,华洋关系进入了稳定阶段,西式旅馆也就趁此机会,敢于在租界外大建特建了。

等到辛亥革命一声炮响,埋葬了两千多年的皇权专制,中国人开始全方位地向西方学习,西式旅馆业才在中国得到较大的发展。中国人也开始开办新式旅馆,顾客中有洋人,也有有钱的本国民众。这些新式旅馆,多建在大中城市。

整个民国时期,中国各大中城市中较著名的西式旅馆有:

上海:属于外资的理查饭店、圣·乔治饭店、汇中饭店、比克顿斯旅馆、尼尔森旅馆、菲里克旅馆、卡雷大饭店、华懋饭店、都城饭店、杰斯菲尔德酒店。属于中资的东方饭店、中央饭店、大中华饭店、大上海饭店、大沪饭店、百乐门饭店、国际饭店、扬子饭店等。

北京:属于外资的北京饭店、六国饭店、德国饭店、华东旅馆、三星饭店、宝珠饭店、扶桑馆。属于中资的西山饭店、东方饭店、中央饭店、中国饭店、华安饭店、利通饭店、状元府饭店。

广州:维多利亚旅馆、白宫旅馆、东亚酒店、万国酒店。

南京:德商旅馆、帝国旅馆、扬子江旅馆、英商旅馆。

天津:属于外资的帝国饭店、妃德饭店、法国饭店、塔古饭店、六国饭店、利顺德饭店。属于中资的国民饭店、惠中饭店、世界大楼。

汉口:属于外资的亚纲亚饭店、旋宫饭店。属于中资的德明旅馆、汉口旅馆、六国饭店、远东饭店。

奉天(今沈阳):大和旅馆、大东饭店、外资经营的凯宁饭店。

青岛:外资经营的德国饭店。

烟台:外资经营的阿斯特毫斯饭店、拉斯·霍姆饭店。

石家庄:外资经营的正太饭店。

杭州:新新旅馆、沧州旅馆、外资经营的汇丰旅馆。

长沙:长沙饭店、天乐居、外资经营的亚洲旅社。

昆明:外资的商务酒店。

以上西式旅馆完全不同于平房大院的中国旧式旅店,这突出表现在以下几个方面。

在建筑高度上,旧式旅馆多为平房,间或有些楼阁,层数也很少。顾客少有"欲穷千里目,更上一层楼"的机会,而西式旅馆一般都是三层以上的洋楼,如上海华懋饭店,楼高77米,共11层。住惯了平房的中国人住进了这样的高楼,心里会有什么感受,人们也就可想而知了。

在建筑材料上,旧旅馆多用木材,虽可雕梁画栋,但不够坚固,亦难抵御火灾。西式旅馆多用钢筋水泥砖石,不但坚固、耐火,而且也有雕饰,并不影响其艺术性。北京饭店至今犹在的中楼虽已年代久远,但其艺术性、美观性并不比一些成功的现代建筑逊色,而且还有过之。

在旅馆内部结构上,旧式旅馆设有客房、伙房、饭堂,有的还在天井里设有营业茶座,但总的说来,难以满足顾客的各种需求。而西式旅馆外部楼顶大多辟有花园,供客人登高远眺,望尽都市美景。内部则设有客房、餐厅、酒吧间、舞池、弹子房、会客厅、理发室、小卖店,尽力满足顾客的各种需求。

在通风、采光、供暖、淋浴方面,旧式旅馆做的都不太好,一般很少在这方面多做文章。而西式旅馆一般都辟有大窗,注意通风采光;北方旅馆的房内又设有暖气设备,杜绝炭盆取火可能招致的火险;房内亦设卫生间,随时供应冷热水;有的上下楼还有电梯,室内有电话;电灯也取代了蜡烛照明。有时点蜡烛,主要意图已在于营造浪漫的情调、氛围。

此外,双方在旅馆的管理等方面也有很大的差异。

当然,双方也有一些相同点,如在客房的出租上,都实行分等经营,按质论价。客房有上、中、下或一、二、三等的区别,价钱也由高到低。

以上,是中西旅馆的一些重要区别和少许相同点。

总的说来,民国时期的西式旅馆,多集中于大中城市,且多为大中型旅社,它们并不占当时中国旅馆的多数,换句话说,那时中国的多数旅馆,还是中式或半中半西式的建筑。这就需要我们弄清楚一个问题,即并非砖头楼房的旅社,就是西式旅馆,还要看其内部设施、经营管理、膳食供应等等,如果这些"软件"不过关,不合要求,尽管有砖头楼房的外表,那它顶多是半中半西式的旅馆。

最后,我们来谈谈当时西式旅馆中,工作人员与顾客的一些情况。

几千年来,中国旧式旅店的从业人员一直没有政治、法律和社会地位,备受歧视,身份之低,连平民百姓都不如,而与"官私奴婢,娼优乞丐"同列,属于"贱民"。

这种歧视主要表现在衣着上。汉代官府规定,旅店业人员不准穿染色衣服,只能着白衣白服,这一做法被代代承袭,延至唐朝。到了宋代,天子规定旅店人员可穿黑、白两色衣服,明、清又改为只准穿黑色粗布衣,禁穿绫、罗、绸、缎,这一点可以从传统戏剧中看出来。京剧、豫剧、黄梅戏、川剧、曲剧等有关旅店的戏,"店小二"穿的都是黑衣。在等级森严的古代社会,"君子小人,物有服章,贵有常尊,贱有等威",身份、地位不同,所穿的衣服也就不能相同。官有官服,民有民衣,民分几等,各有其装,擅自穿衣,是要杀头问罪的。不仅衣着要"卑贱",有些朝代的法律还规定,旅店业人员只能与"贱民"结婚,不得与非贱民通婚,他们也不能参加科举考试,不得做官,其子孙也不能考试做官。其状之惨,实不忍多言。

到了民国时期,法律规定国民一律平等。旅馆从业人员的社会地位较之过去有了很大提高。政府将其视为普通国民,并无歧视性规定。旅馆老板要求他们干好工作,在店内服从旅馆的各种规定,于工作时间以外的个人私事不加干涉。至于穿衣、婚娶、辞职也悉听尊便。

当然,在当时条件下,受传统思想、金钱至上等观念的影响,旅店服务人员被歧视的现象还不能完全杜绝,但这已不是制度因素造成的了。

新式旅馆中的顾客既有从事正当职业的人,也有一些中外冒险家、花花公子、烟贩毒贩。这些人用钱买通了旅店的老板,在店内从事藏污纳垢、招妓贩毒等活动,使旅馆成了吃喝玩乐、赌场、妓院、毒品店的综合体。一些军阀、政客、投机商人也将旅馆视为隐居和进行投机活动的良好场所。他们在旅馆长期包房,在灯红酒绿、杯盏交错中达成各种政治、经济交易。

由于旅馆的人居环境复杂,革命者有时也隐于其中,把它作为从事革命活动的场所。抗日同盟军失败后,吉鸿昌就曾藏身在天津的西式大旅馆中。而闻名中外的南昌起义,起义军是以南昌大旅社作为起义总指挥部的。

最后来谈谈西式旅馆的老板们。民国时这些旅馆的中外老板多是身兼数任,不只经营旅馆业,也兼营他业,很多人都是银行、铁路、轮船、旅游、房地产等行业的兼营者,正因为如此,这些人在社会上很有地位和势力,而这种经营思想和经营方式则秉承了欧美旅馆业的传统。

二、西式民居

当时的新式民居,可以分为三种类型:里弄建筑、花园洋房、高层公寓。

西式里弄建筑。西式里弄住宅是在改造中国传统低层院落式住宅的基础上发展起来的,它使后者由"合院"式变为"联立"式。

中国最早的西式里弄住宅于19世纪末出现在上海。由于太平天国革命、小刀会起义,流入租界的绅商剧增。这些人在人多地少的城市中不可能再建筑占地大的传统住宅,而租界当局也有自己的规划和管理。逃难的士绅地主们只好屈就于不熟悉的西洋化的砖木结构的石库门住宅里。这类住宅以建于1872年的兴仁里为代表,多为三间两厢二层联立式。实事求是地讲,石库门住宅虽不比花园洋房气派,但较之普通民居也算时髦了。但很快,坐吃山空的破落地主们就不得不出租自己的屋子了,石库门住宅于是人声嘈杂,三教九流杂居其中了。有些屋主为了多挣点钱,还在原建筑上增盖阁楼和筒子间出租,使建筑很快就变得丑陋不堪了。民国建立后,上海又出现了新式石库门住宅,由于市区人口的增加,新住宅不得不缩小变窄,变为单间或双间一厢的联立式住宅。等到国民政府控制了东南江山,着力发展上海、南京地区时,上海的西式里弄住宅才有了较大进步,开始向多层次纵深化发展,并增加了卫生设备,围墙的高度也逐渐降低或者被拆掉了。平面变化较多,立面多用英式、西班牙式,总之非常接近外国的联立式住宅,住在这里的也多为中产阶层。

当时,在南京、天津、北平这些大城市,西式里弄住宅也有一些。而且同上海一样,里弄内有总弄、支弄,总弄通大街。房屋不太考虑方向,以适合自己为宜,建筑密度颇高。

花园洋房。花园洋房最早也是建在租界里,既有英式、法式、德式,也有美式、西班牙式。其占地之广,规模之大,式样之精美,较之其本国建筑亦毫不逊色。但总的说来,这一时期的花园洋房多为古典式或仿古形式。

民国建立至抗日战争全面爆发,是花园洋房在中国大量修建的时期。特别是南京国民政府成立后,注意发展经济,东南地区发展颇快,较为繁荣,这也促使了中外上层人士在上海、南京等城市大批建造花园别墅。如上海有名的嘉道理洋房,建于 1924 年,是一座欧洲宫殿式的大住宅,占地 140 亩,建筑面积达 3300 平方米,因其墙面、地面全部是大理石,它也被称作大理石洋房。而建于 1934 年的上海名流王伯群的花园洋房,是一座英国哥特复兴式建筑,在气势上不输于洋人住宅。也是在这一时期,花园洋房开始在一些名山大川、避暑圣地大批兴建。达官贵人们每年都要抽一段时间去这些"山野别墅"度假休闲。蒋介石还利用庐山的别墅建筑,办起了"军官训练团",尽可能地培植自己的军事骨干,并拉拢地方实力派的军官。当时,花园洋房成了身份与地位的象征,以至于修建之风日盛一日,不再只局限于大中城市,连遵义这样的中小城市也有了花园洋房,历史上著名的"遵义会议"就是在军阀的花园洋房里召开的。遵义还算是大一点的城市,当时连桐梓这样的小城,洋楼也并不稀罕。杨成武将军在回忆录中写道"桐梓城的建筑确实很漂亮……桐梓城小洋楼特别多,一幢幢,一座座,相当讲究,据说贵州省的许多军阀、官僚、富商发了财都在这里建一座别墅,一则炫耀自己的富有,二则金屋藏娇,待我们红军进城时,这些达官贵人早逃之夭夭。"①

1937 年至 1945 年,中国进行了 8 年抗日战争,经济迅速发展的势头被战争打断,而且国难当头,少有人再大兴土木。抗战胜利后,腐败的国民党官员一边"劫收"敌伪资产,一边争抢着盖洋楼。但很快,此风就随着内战再起而停息了。

高层公寓。高层公寓这种建筑,即便在欧美国家也是 20 世纪初才出现的,二三十年代开始在中国大城市中兴建。

---

① 《杨成武回忆录》上册,解放军出版社 1987 年版,第 106—107 页。

在西方国家,高层公寓兴起的一个原因在于有利于解决城市人口的增加与人们居住空间相对狭小的矛盾。另外,当时人们也已成熟掌握高层建筑的建造技术。高层公寓二三十年代在中国出现,除上述原因外,还有其特定的历史因素。1930 年前后,世界发生了经济危机,与世界联系甚广的中国也受到影响。特别是上海、南京、北平、天津、广州这样的大城市,商品滞销,金融萎靡不振,商人们认为只有投资房地产才较为稳定可靠。而此时大城市的人口又日益增多,住房已相当紧张,大家就把目光盯在了高层公寓上。

当时中国的高层公寓有这样几个特点:地址一般设在学校、大商店附近以及城市中能够闹中取静的地区;公寓住户多是有钱、有身份、有地位的人;住户的居住时间一般较长;房租的支付多以月计。当然,各个城市的公寓情况不完全一样。如北京公寓的分布主要集中在两处:一处位于大街通衢,一处位于学校附近。前者如王府井的迎贤公寓,房间面积大,室内装修高级,租金较贵。后者如西城的学生公寓,每室只设一床一桌一脸盆架,外加两个凳子,陈设简单,租金也便宜。

上海的公寓多为高层大厦,内设套房,可分别出租。小套房有一间卧室、一间起居室,另备厨房、浴室、储物室。大套房另设餐厅、书房、仆人室。无论大小套房,其内部都有楠木家具、石壁炉台、壁橱、电灶、冰箱等设备。大厦还装有电梯、暖气,这样高级的公寓,其收费自然不低,房价中包括房租、暖气、洗浴等各种费用。

上海高层公寓多集中在沪西一带。较著名的有炮台公寓、高纳公寓、毕卡第公寓、达华公寓等。

上述三种西式民居,一般都建在各城市的“富人区”,特别是花园洋房和高级公寓更是如此。举例而言,国民政府的首都南京,洋房、西式公寓集中在山西路、颐和路一带的中外富人住宅区。据统计,1934年,南京共有居民 40000 户,富人区只有 1700 余户,其住宅占地却达 69 万平方米,每户平均有房 400 平方米,一般为三层,内部装饰豪华,地下还设有车库,房子周围是林木草地,住宅绿化面积在 64.8% 以上,而建筑密度在 20% 以下。在住宅周围还设有小型污水处理站。

三、公共建筑

教堂这种公共建筑在中国出现得较早。清顺治、康熙年间,北京已建有天主教的南堂、北堂。北堂如今整修一新,还另辟有教堂广场,成为王府井大街的一个文化亮点。当时,一些教徒如南怀仁等人,和康熙关系极为密切,深获其信任。天主教与中国的这种融洽的关系只维系了一段时间,罗马教皇想按传统直接管辖中国教区的事务,而中国皇帝认为这侵犯了中国主权,担心统治受到挑战。清廷因而对天主教严加限制,天主教在中国的发展遂告停顿,只能苟延残喘。

鸦片战争后,西方开始全面侵略中国,教会也趁势卷土重来。很多教会的神父不避艰险,深入中国腹地传教,同时也在一些地区建立传教基地,修建教堂。这些基地并不限于城市,也包括一些交通不便利的乡村地区。如在南阳县靳岗乡,就有规模很大的天主教堂,欧式建筑鹤立于中式平房之中,显眼至极。其全盛时期,曾管辖河南湖北几省的教务。

在北京,洋神父们在西什库设立总堂。这个天主教的总堂不仅占地广,建筑恢弘,而且设施齐全,有主教堂、修道院、修女院、印刷厂、图书馆、医院、学校,构成了一个小社区。

上海最早的天主教堂,是建于明末的敬一堂,但它并非西式建筑。鸦片战争后,清廷逐步解除教禁,允许信教、传教自由。上海的官员对这一政策的执行还是较彻底的,因为他们在这个城市中整天与洋人打交道,知道洋人的厉害。上海的道台咸龄买下董家渡地区的一块土地送给天主教会,1853 年,上海第一座西式天主教堂——圣沙勿略教堂在此建成。以后,佘山教堂、圣三一教堂、东北教堂等也在上海出现了。

除北京、上海外,像天津、汉口、青岛、大连等西方列强势力所及的城市,都建有各种风格的西式教堂,教会成员在其中活动,使教堂成为特殊的宗教聚集地。

除教堂外,还有办公楼、银行、车站、邮局、俱乐部等公共建筑。在西化程度最高的上海,仅在1919—1924年就建造了十几栋高楼大厦。其中较著名的有高9层的字林大楼;高8层的大来大楼、新普益地产公司;高7层的大北电报公司;高6层的金城银行大楼、新新公司大楼以及高5层的庆丰大楼、银行公会。这些建筑以其雄伟挺拔,向人们展示着财富、自信与进取。

而国民政府的首都南京,在城市规划和市政建筑上,基本上是照搬西方。"大首都计划"刻意模仿美国首都华盛顿。在公共建筑方面,有的采中西混合式,如铁道部办公楼,立法院大楼、外交部大楼,有的干脆搬用当时欧美的摩登建筑形式,如国际联欢社大楼等。

至于总统府,为了标榜"发扬光大固有的民族文化"精神则采用中西合璧式。其大门是西洋古典式,二门则是中国衙门式,中间有些中西合璧的建筑,其后面的五层大楼,则是典型的欧美现代建筑。

综合上述各种西式建筑,我们可以总结出它们的一些特点。

首先,是其分布。在单个列强势力笼罩下的城市,建筑形式、面貌与风格都比较统一。如德式建筑在青岛占主导,日式建筑在大连占主导,俄式建筑在哈尔滨占了首位,而法式建筑则在广州执牛耳。特别是青岛的德式建筑,自身就颇具规模,并与道路、林木组合在一起,形成了一个体系,更难得的是这一体系至今仍保持完整。只要去青岛市南部,就会清楚地看到这一点。较之规划拙劣的中北部,这一特点尤为明显。

在多个列强势力影响下的城市,建筑风格就多样化,比如上海,特别是沪西外滩地区,充满了欧美各国不同时期的各式建筑。而且这些建筑主要集中在租界区、使馆区、教会区。

在列强势力影响不大,但已有所波及的城市,多数建筑虽为中式,但并不缺乏新式的洋楼,只是其规模较小,建造也较粗糙。这些新建筑,多为一些旅馆和行政办公楼。一些实力雄厚的商店,也开始采用中西结合的店面。

至于内地的诸多小城市,则偶有一两栋新式建筑。

其次,是建筑的类型。

19世纪40年代至20世纪20年代,以西方古典建筑形式为主,间杂中西混合式建筑。

在这一时期,欧美建筑师主持设计的公使馆、教堂、公部局办公楼、住宅、洋行、银行均采用当时盛行的古典主义建筑形式。

中国留学生从西洋归国,也大多照搬西方的东西,他们设计建造的一些新建筑,如清末的海军部、陆军部、迎宾馆、大理院;民国初年的国会场、市政公所、邮局、高等学院、若干住宅及娱乐场所也多采用西方古典形式。

民国建立后随新形势的发展,中外建筑师们很快在洋建筑中融入中国传统建筑的一些技法,创出了富有特色的中西合璧的混合式建筑。

一些建筑吸取了中国的宫殿式屋顶及房屋装饰手法,但摒弃了中国传统建筑的法式比例。这类建筑以西方平面建筑为样本,采用外国建筑构架方法,但在外型上部分采纳中国传统建筑的样式,局部再加以本土房屋传统装饰,倒也独具一格,别有风韵。南京中央大学、武汉大学、北京辅仁大学的教学楼,以及河南大学大礼堂,就是这一类建筑。

也有的建筑在造型上多采用中国古典宫殿建筑的形式,但建筑结构采用西式,并且去掉了传统装饰。这一类建筑的代表有上海体育场、青岛水族馆、沈阳新孔庙。

对于中西混合式建筑的出现,以往我们总爱从政治上找原因,说它是帝国主义的伪装和虚饰,是中国统治者"发扬国故"的反映,是中国人民爱国的表现等。但实际上,从建筑学的角度讲,随着时代的发展,建筑风格的改变是正常的。不同风格间的取长补短正是其改变的一种形式和反映,惟其如此,建筑学自身才得到丰富和发展,这一点并不以其他因素为转移。

20世纪30年代至40年代末。这一时期的中国西式建筑以西方"新建筑"为主,这顺应了世界建筑风格变迁的潮流。此前欧美建筑以古典主义、折中主义为主,但随后各国的建筑转向现代主义形式,在体型、比例、装饰等方面都摆脱了古典模式。这种"新建筑"在三十年代前后,通过外国建筑师和中国留学生传入中国,成为以后十几年中国西式建筑的主要形式。民国时期具有代表性的这类建筑,有上海的国际饭店、兴业银行、大光明电影院、大上海电影院、茂名公寓、毕卡地公寓、沙逊大楼、河滨大楼、大通银行、南京的国际联欢社、美军招待所 AB 大楼、广州爱群大厦、大连的火车站等。

四、房地产业

上海、南京、汉口等城市自清末开埠以来,迅速朝着近代化迈进,其工业、交通、金融等行业勃然兴起,发展迅猛。经济的繁荣,人口的增加,商业运作上与国际的接轨都促使中国新式房地产业的兴起。

在中国古代,"溥天之下,莫非王土;率土之滨,莫非王臣",名义上皇上拥有全国的土地,但实际上土地、房屋系个人财产,纯属个人所有,可以自由买卖。

因此房地产业中国古已有之,但它和近代新兴的新式房地产业还是有些差别。前者交易规模有限,目的主要是使用,是传子传孙,不到家败不会出卖。而后者还以资本增值为重要目的,很多人是为卖而买。已出现了以建造房屋作为商品出售或出租谋利的专业部门——房地产公司。房地产业已经具备近现代经济功能,已成为增加社会资本的手段。

新式房地产业,是在租界里首先出现的。

最早来上海经商的老牌洋行怡和、沙逊都涉足了房地产业。19 世纪 70 年代以后更垂涎于此行业的丰厚利润而把业务重心移到这里。新的房产大亨也不断出现。哈同洋行、美商中国营造公司、英法产业公司都是当时有名的大房地产公司。

为这些公司撑腰的是各国政府,具体来说就是作为代表的驻华公使和领事。洋商在中国的房地产活动通常会得到他们的有力支持。

洋人占了地,就在那里修路建屋,大肆进行房屋的租赁、买卖活动,牟取了丰厚的利润。民国建立前后,一些有财力有眼光的中国人也开始进军房地产业。西式房地产业日益繁荣,在 20 世纪二三十年代达到高潮。

民国西式房地产业,采取的是纯市场化的自由经营方式,灵活而有效益。其方式主要有:

(一)地产租赁。出租房屋获利的现象在各通商口岸城市非常普遍,其中尤以上海最甚。看到此行业利润丰厚,一些本非专营房地产的大公司也开始从事房屋租赁业务。一些公司看到城市地价上涨,房租直线上升,认为这是赚钱的大好时机,就纷纷成立下属的房地产公司,出租公司的房屋谋利。这个行业的丰厚利润也引起了黑社会的注意,像杜月笙、黄金荣这样的黑老大,在用赌博、贩毒等手段揽得巨额财富后,也把一些黑钱投资到一些正当行业,如房地产业,堂而皇之地赚钱。但这些人在经营房地产的过程中仍不时露出流氓本色,能买则买,如有好地好房别人不肯卖,他们就会极尽威吓之能事,必欲夺之而后快。"三大亨"之一的张啸林为夺一块地,竟令手下人绑架了这块地的主人,等到这人答应让地而被放出时,已经奄奄一息了。

房屋的租户,既有市民,也有一些公司。当时的城市居民已经习惯于看报纸、听广播,注意其中的房地产广告了。1916 年 3 月份的《申报》就曾刊登过这样一则房地产广告"交通之利便,马路之平坦,胡同之广阔,院落之宏敞,建筑之坚固,装饰之华美,为沪西独步,居家最为合宜"。[①] 这当然很吸引人了。

一些公司租屋办公,是因为当时地价已很昂贵,如果以大量资金购地造屋,预算太大,占了总投资的很大一部分,很不经济。

(二)土地房屋的买卖。随着大城市地价的上涨,买卖房地产的利润也不断增高,因此房地产的买卖变得频繁起来。伍江在其 1997 年出版的《上海百年建筑史》一书中提到,"到 30 年代,上海经营房地产者

---

① 《申报》1916 年 3 月 18 日。

已在300家以上,每年房地产成交额一般有数千万元。1931年是房地产交易最为兴旺的年份,全年成交达183216700元,约占当年工业总产值的16%以上"。

在上海,房地产买卖如此兴旺,以至于经常采取拍卖的形式。在拍卖行里,拍卖师站在前台,高声报出某处地产或房产的底价,下面的买主们高声竞价,到了某一个价位无人再争时,最后报价的买主就可以顾盼自雄,而主持人木槌一敲,一锤定音,这处地产或房产就归最后报价的人了。

这种兴旺的局面一直维持到1932年日本在上海发动"一·二八"事变之前。

这一时期中国房地产买卖兴旺的原因有三:一是局部政局相对来讲还算稳定;二是工商业发展较快,经济形势较好;三是世界经济大气候较好。但日本在上海发动"一·二八"事变后,大好形势就逝去了。"此空前之蓬勃现象,转瞬即为'淞沪之战'所毁灭"。战后,"地产之投机买卖虽复继起,终不能恢复'一·二八'以前状态,价格且年有跌落,其间不容忽视者,即美国于1934年厉行购银政策,使中国存银滚滚外流,国内金融奇紧万分,地价及其交易额更趋萎落,大有不可收拾之势"。[1]

战争和世界经济萧条沉重打击了中国的工商业,继而导致房地产买卖的衰落。地价暴跌,空置房屋增多,1934年上海的房地产成交额只有1200多万元。不到1931年的10%。天津、武汉、广州的房地产买卖也不景气。

房地产买卖对于城市经济发展的益处,当时人们就有深刻的认识。

首先,它是政府重要的财政收入来源。民国时,房地产商从事买卖必须缴纳地税与房捐,这笔钱为数不少,市政当局把它收上来后,往往将其转化为城市建设经费。

---

[1]　《申报》1936年3月5日。

其次,它的高额利润促使人们在这上面扩大投资,这就促进了中国大中城市建筑业的发展、繁荣,加快了这些城市旧貌换新颜的步伐。如青岛,其八大关路、太平角一带原本荒凉,后经过开发,成为楼房林立、绿树成荫的高级住宅区。

再次,它是工商金融业稳定、繁荣的一个重要因素。房地产是不动产,保值可靠,信誉高。房地产作为生产要素进入了市场,对稳定工商金融业确实起到了很大的作用。

最后,房地产的买卖吸收了大量资金,在实质上实现了社会再生产中的积累,其增值,促进了社会财富的积累和增大。

(三)抵押贷款。土地、房屋都是不动产,拿不走,背不动,作为商品可谓十分可靠,有较高的信誉。因此以房地产来抵押货款的商业活动,很早就有了。

一些房地产主不愿意出售土地房屋而愿意抵押房产,来获取金钱,是因为土地和房屋不仅可以保值,而且其价值不断上涨,这就让人割舍不下,不愿轻易把宝贝出手。"在押户方面,与其因急求售,难得善价,不如暂押一时,以应目前之需,同时仍不失将来高价出售之机会"[①]。

不仅如此,这些精明的房地产主贷得钱款后,还可以把其中的一部分以更高的利息放给其他人,借钱来生钱。举例而言,我们前面提到过的业广地产公司,在以房地产为抵押大量借入钱款的同时,还大批放贷,1915 年就放贷 211.8 万两白银。

房地产主抵押房产贷款的对象一是外资银行,二是中国各大钱庄。当时中国境内势力很大的英国汇丰、美国花旗、法国东方汇理银行都经常接受房地产商的抵押借款。而中国东南著名的几大钱庄如镇海方家、洞庭山严家、宁波秦家、镇海李家也都纷纷经营房地产抵押放贷。这样一来,房地产就成为民国时期金融界流转最易之信用筹码、房地产抵押已成了金融界十分普遍的业务。

---

① 《申报》1936 年 3 月 5 日。

第二节　各地百姓的民居

　　一定的建筑格局与建筑式样是受到多种因素影响的,人们的居住环境、自然环境、地理特点、心理习惯都会对民居产生很大的影响。特别是各地民情风俗不同,生活习惯不同,其民居也有很大不同。从区域上可以将全国划分为六个部分:东北地区、华北地区、华东地区、西北地区、中南地区、西南地区。

一、东北地区

　　民国时期,东北百姓在住房方面多沿袭旧习,由于经济能力所限,住房以土房、草屋为主,这两种住房在乡村地区比比皆是。在一般大中城市,住房多为瓦房,也有一些楼房。

　　东北民居,无论是瓦房还是土房、草房,其屋顶建筑式样都有起脊式和平顶式两种。

　　起脊式房屋的屋顶建筑材料,都市里的有钱人及乡下的大地主用的是瓦或洋瓦(马口铁),一般百姓多用干草。用很厚的干草和上泥,每苫盖一次屋顶可用二三十年之久,又保暖,又防雨。

　　房屋不论单间房或大宅第大都坐北朝南,以最大限度地吸收阳光,这在冬季漫长、寒冷时日居多的东北地区尤其重要。大宅第多为合院式建筑,成四方形,有四合院三合院之别。四合院在当地被称为四合房,有上房、门房及东西厢房,东南西北四个方向都有房屋。三合院被称为三合房,只有上房及东西厢房,没有门房。

　　平顶式房屋一般在吉林省西北边的长春、乾安一带才有。

　　东北民居的墙壁,瓦房多用砖石,草房则用土坯(用乱草和泥成砖形),土坯墙比砖墙要暖和。

　　在都市里的民房,房间的前后均开有窗户,乡村中的房子则只有前窗没有后窗,一为防匪防盗,二为御寒。在吉林"各方面多开窗户,有如炕大者,俱从外闭。其一方面皆窗者,谓之'明装';每方面仅开中央一窗者,谓之'暗装'。此等形式,无贵贱贫富皆然"。[1] 房门有内、外二层,外层向外开,内层向内开。屋门则皆向内开。由于东北地广人稀,一般来说,乡村中的民居多为三、五间,也有七间的。有些人家还在房子旁边接一个或几个小房间,称为"耳房"。按东北的风俗,耳房只能在一边接,忌讳东西两边都接。至于盖房子所需的木料,多为杨木或松木。东北森林很多,木料并不缺乏,但用什么木料,则要视盖房者的财力而定。

在山水、田圃之间,搭盖小屋,以便渔猎、牧畜守望的,称"窝棚",稍大的称"磋落"。

人们在盖新房时,往往先挖四周墙基,挖四五尺深的坑,再填实土,并用石头锤打,称"打地身",然后再立柱架梁上屋顶,烟囱则在屋角或屋顶,新房子的外型就成了。屋内布局,往往靠墙壁设炕,方向多为南北向,东西两边空着,以便放些家具杂物。由于居室一般有室无堂,因此吃饭、睡觉、待客等日常活动都在炕上进行。男女都盘膝坐在炕上,南向为尊,西向次之,北向为卑。夜里睡觉时,有不少人家无论男女老幼都处一室,睡在一个炕上,头朝炕沿,脚抵窗户,"头不近窗者,盖因天寒,窗际冰霜,衾稠为寒气所避,故交秋之后则生火于下,非此不足以御寒也"。[2] 土炕近灶处,热度较高,俗称"炕头",老年人多睡此处,以表示对老人的敬意;另一端是炕梢,多用来放置箱子柜子及一些杂物。

有的贫穷人家盖不起房子,就只能租房而居。每年农历二、八月间为租房时期,租金也按两季交纳,所以有"二、八月,乱搬家"之说。租金是呈上涨趋势的,"近年因(一)屯乡兵匪骚扰;(二)机器工业渐形发达;(三)渐知重视子女教育;(四)山东及奉天人移住渐多等事实,而都

---

[1] 《吉林汇征》第2卷,1914年印。
[2] 《吉林汇征》第2卷,1914年印。

市居民陡形增加,房租亦因奇增。如哈埠普通民房一间(约二方丈面积),月租约银十五、六元,吉林月租六、七元,较之北平已三四倍、五六倍矣。即农村草房一间,月租亦银一元至二元矣"。①

在大连的庄河县,民居有很多是砖瓦房,"市镇自民国九年渐有二三楼房,尚未发达完整"。② 县城中的砖房,大门多盖有门楼,圆形列脊,上面用瓦覆盖。大门多为厚实的木板,下包铁叶。大门之内还有二门。也有的有钱人家在宅院中砌花墙,把房院隔成两进或三进的住宅。乡间的砖房,房主一般把院墙四周用砖石砌起来,也有用木板或秫秸围起来的,俗称"樟子",用来防偷盗。乡间富裕的人家,墙四角建有炮楼,用来防匪。大门多用柳条或木板。上置一横木,称"衡门"。世家大户的住宅,大门、二门多悬挂有匾额,上有"孝义之门"、"热心公益"等字。一些注重房屋美观的人家,前窗多用玻璃,门窗还漆上油彩,使之光亮。

东北境内的赫哲人,多住在用木头搭建的被称为"马架"的木屋子里。

蒙古人则因游牧,常逐水草而居,转徙无常,所以都以蒙古包为屋子。蒙古包大小不一,都是圆形,高度通常在10—15尺之间。其建造方法是"就地画直径丈余之圆圈,周围排立木柱,柱间用木棍纵横组织如格,钳着柱上,成一围墙。柱上端,架木为梁,成一伞形之屋;全部包围毛毡数层,以马尾绳缚之,顶中留天窗,以绳系毡,得自由启闭,通空气、透日光、出烟焰,胥于乎赖;南设门,高三尺五寸,装小扉,垂毡帘,以便出入。毡庐毳幕,支折便利,诚沙漠居之必要物也。门内左右,分置水缸、木柴,中设炉具,周闭藉草,加以毡或皮,家人妇子同寝处焉。人口多而富者,或分居数博。结屋之事,女子任之。行旅投宿,无见拒者,且兼款以饮

---

① 《吉林新志》第 2 编,1934 年印。
② 《庄河县志》第 18 卷,1934 年印。

食,盖草地无旅店,中途霜宿,恐为兽伤,恻隐之仁,亦人到所见端也"。①

二、华北地区

北京地区普通百姓的住房以土房为多,用土筑墙,屋顶上面盖草苫子;还有一些住房是瓦房,多用砖做墙壁,用瓦盖屋顶。

北京民居多是合院式建筑,有三合四合之分,正房厢房之别。正房多是面南背北,为三间或五间;厢房则是东西相向,为两间或三间。窗户在前面开,多用木棱做成框架,外糊白纸制成,也有的人家安的是玻璃窗户,大门则为木制或用树杆编成。北京一般民居的宅院较为狭小,厨房、厕所接近门户,栅栏、猪圈相连,空气流通不太好。

天津作为商埠和租界的集中地,西式建筑较北京多,但也不乏传统民居。

河北民居一般都是平房,不同的是贫家以土筑墙,富家则用砖,也有人以石灰和上煤滓或碎砖来筑墙。建房所需的木材有的来自天津,有的则用本地出产的杨木、柳木、椿木等。宅院也多是四合或三合式,其正房、厢房、门、窗、厨房、厕所的方位都有约定俗成的规定,而且高低广狭,各有尺寸。

在张北县,"有一种碱土,系白灰色,用以抹屋,最为坚固"。② 百姓的房屋多是西北屋,屋内有火炕,烟筒通到外面。

在怀安县,民房中也有一些瓦房。建房时,用砖石砌墙,杂以土坯,上覆以瓦。所需材料,多购自大同、宁武。其房屋形式,大一些的有正房5间、东西厢房各3间、南房3间或4间。正房多按八卦的方位坐坎出巽,即坐北朝南。在县城里,还有两进三进的复合式宅院。瓦房的高度以到前檐为标准,多为1丈2尺。因为采用大窗户采光,因此屋内光线充足。屋中多筑有土炕,灶烟通过中空的墙壁送达屋顶。此外还有

① 《呼伦贝尔志略》,1923年印。
② 《张北县志》第8卷,1935年印。

"沙擦房",其建筑形式、基本用料同瓦房差不多,只是屋顶不用瓦,而是用水把石灰、石子和到一块,抹到房顶上,经太阳晒后,就会变得坚硬如铁,屋主人永无屋漏之虞。但有一个问题要注意,即下雪以后,必须及时扫雪,以防止屋顶材料与雪冻粘在一起。怀安县的民居,更多的还是"土房",该县70%的老百姓住的是这种房子。它的构造与瓦房相同,只是盖房用的木料多是本地产的杨柳木,屋顶上涂的是泥和草的混合物,如果遇到阴雨连绵,屋里多会漏雨。土房的窗户比较大,因此屋内光线还是比较充足的。此地还有一种土窑,构造特别,不用砖石、木料,而用泥坯。用水把黄土和成泥,另以形似车辆式之模型脱成泥坯,干透,就可作为修建土窑的材料了。

一般城镇多砖瓦房,乡村则多土房。在霸县,"土房约占百分之六十,砖房占百分之三十,瓦房占百分之十"。①

在望都县,百姓多迷信风水,一遇建房,一定要请阴阳家参照阴阳五行、星宿方位来占卜。在磁县,除了一般民居外,一些人还在山岭之中挖洞居住。

在武安县,虽有楼房,"大半储藏农物,或奉狐仙,无人居住。西南山中,农民依山为屋,墙和乱石,顶用石板,虽非穴居,颇有野人风味"。② 一般平顶房屋既可以晒物,又能观察远处。在沙河县西山一带,百姓盖房是以红石砌墙,用红石板作屋顶。

在新河县,居室一般都高达丈余,多是土坯房。院落也多是长方形,如果感觉风水不好,则随时改建。"通显之家,门前立石起旗杆,乡人又多恭颂匾额,气象雄壮"。③

山西民居多为传统建筑,也有人家住窑洞。

内蒙人的房屋分两种:一为固定住宅,一为蒙古包。其固定住宅,

① 《霸县新志》第8卷,1934年印。
② 《武安县志》第18卷,1940年印。
③ 《新河县志》第24卷,1929年印。

大都为平顶土房,砖瓦房不多见,楼房更是没有。土房内有火炕,灶内生火,一炕皆暖。富家置有被褥,贫者一无所有,只盖稻草。土房窗户很少,加上烧火的燃料多为牛粪、马粪,腥臭扑鼻,空气不良。蒙古族人民因为以放牧为生,要逐水草而居,因此很少有固定住宅,均住蒙古包。蒙古包没有固定的设备,其内部构造、陈设视贫富而异,但都能避风雨,拆携也方便,迁移很是便利。蒙古包有大小数种,普通蒙古包顶高约一丈,周长约两丈。包用羊毛毡子围成,用驼毛绳捆缚上下左右,包顶是小块毡子,如伞形,可以自由开闭。开时,一是通阳光,二是使包内的烟气容易散出,起的是窗户的作用。包门,一般在东南方,高三尺多,四围设木框,装有小门两扇,上盖毡帘。蒙古包之内,除中间铺毡子外,富者还于正面设有高座。包内左方为男子居所,来了客人于此处入座,正面稍左有木柜,其上供奉佛像,佛像前摆设佛具、奶制品、肉、燃着黄油的小铜灯,名曰"圣坛",人们朝夕敬拜,睡觉时也不能把脚朝这个方向。妇女的居所,设于右方,此处还放置大小柜、庖厨器皿、水桶、食物。中央的空地放置铁炉,高约数尺,用来做饭、烧水、取暖。普通的蒙古包只能容纳数人,富人的蒙古包则较大。

三、西北地区

陕、甘地区的人多依地势凿土崖成洞居住,称为窑洞。一般的深一丈以上,有的只有六七尺。门设在洞口的墙上,门旁开有窗户以采光通气。这种建筑冬暖夏凉,挺舒适。不过有时冬天很冷,因此窑内也修有火炕。也有人盖瓦房,但房子面积较狭小。当时,人们把中间起脊,两边下迤的称房,一边下迤的称厦。窑洞的门窗,一般较矮。在宜川县,政府下令扩大窗户,以增强光线:"查挺胸抬头,为发扬民族之良好习惯,本区各县人民之居室,门户低矮,碰伤头脑,到处皆然,迫使一般人民出入门户,莫不鞠躬俯首,体魄志气均受影响。此种习俗,亟宜有之低矮门户,并应酌量限期提高,以免再有出入碰头及鞠躬俯首之情事。除分行外,合行电仰转饬所属遵照办理,尤应转知泥木匠工,随时注意为要"。①

兴集镇的人家依沟崖为窑,窑洞一排排有三四层楼高。入夜,各窑洞灯光齐明,远远望去好像西式楼房,一时间人们都将它比作上海的四马路。

在宁夏,一般的民居多住土屋。土屋建筑的方法:先用木条作框,把土填充其中,桩之使坚,以成墙垣;屋顶用湿土铺敷,平坦如广场,因为黄土性黏,层层叠压,颇为坚厚,就不用担心漏雨漏雪了。人们还经常在屋顶曝晒衣服、粮食、草秆杂物等。天热时,还在上面睡觉。这种房屋的建筑材料,自墙垣以至屋顶莫不用土,仅房梁、门牖窗棂用木,是纯粹的土屋,俗称"海大式房子"。

在青海,蒙古族百姓大都畜牧,逐水草而居,故其居屋为易于装卸的蒙古包,包的构造为平地画圈,周长约四丈,立木柱十数根于边缘,钳木纵横架于柱间,以为墙垣,上覆毡布,以马尾束之。其结构虽粗陋,也足以抵御风寒,与内蒙地区的蒙古包很相似。蒙古包四周堆放马鞍、羊毛、薪柴。包外不远处有四方绳围,用来圈住羔羊、牛犊、马驹。此外,还有大獒(一种凶猛的狗)数头,于蒙古包四周巡绕,以防备野兽、盗贼的袭击。

青海藏族多住帐篷,帐篷与行军帐相似,占地约十五平方米,帐中间正对门的地方,有一长锅灶,前面放锅,后面放粮食柴草。灶的左边为男子住所,后架刀枪;右边为女子住所,后放食品。宾客依性别入坐左右方。帐篷最后部的高处,供有佛像、佛经。幕帐四周为圈养牛、羊、马匹的地方。藏族帐篷之内即有男女分界,因此人们视夫妇睡在一起为失礼、可耻,故夫妻生活多悄悄进行。藏族又有露宿之风,寒暑皆如此,一为照顾牛羊便利,二因帐外比较宽敞。有时碰到下雪,人即被雪埋没,只是鼻孔处成了一个直上直下的深穴。青海藏族也有定居的,多在山麓附近,盖的多是楼房,有高达数层的。墙用石板砌,也有用土砌

---

① 《宜川县志》第27卷,1944年印。

的。屋子都是平顶,无瓦,有洞可以出烟,远望像洋楼,近看则结构较粗劣。屋内无床,都席地而卧,睡时拥袍而眠。

在新疆地区,回民一般住土坯房,房墙厚三四尺,把白杨、梧桐木横放在上面,顶上铺上芦苇敷上泥,便成了住房了。也有楼房,墙厚七八尺不等。回民的灶很特别,"穴墙为灶,直达屋顶,宽余尺,高二三尺,其与地平处,置木火其中,以御冬寒,谓之务察克"。① 在墙上挖一洞,宽、长定,安放杂物,称为"务油克"。屋内开天窗,以透阳光,这被称为"通溜克"。屋顶都是平的,人可以在上面行走,还可以晒粮食、果子等。屋子都是墙厚而顶平的,不怕地震,又因此地干燥,也没有屋漏的遗患。屋旁多开辟一块花园,种植花草树木。回民还以楼高为贵。在果园或村庄附近,必修一段平地,面积三四丈或八九丈不等,四周挖掘水渠,将水注入其中,渠内外种满绿柳白杨,作为天热时休息聚餐之所,其名曰"伯斯塘"。

维吾尔族的住房,"四面或有板筑,皆粉饰整齐,然后架木于墙,以承椽木。用芨芨草编席铺于其上,再覆以泥,厚五六寸,精者另以磨砖蒙之,否则涂泥而已,故无屋脊,成一平面,势稍斜,上开天窗一二"。② 这些房屋大多低矮简陋,"窗矮地高,显示由居帐幕之习惯变为住房屋之习惯所致"。③ 一般一室有一门,门旁有炉龛,管子直达屋顶。有的炉龛的进火口在外边,"饮处则稍进,地高尺余,皆砖块镶成,空其中,以热火通洞于墙外煨之"。④ 维族房屋的室内都铺有毡毯,一家人坐卧都在上面,没有桌、凳、床榻,仅有矮桌供吃饭时使用。四周墙面被凿成柜状,放置箱包、被褥、什物之类。人口多的,会有几间屋子,但都用一个大门进出。富裕人家的住房,还有客厅、走廊,房顶嵌花板。有的人

---

① 《回疆通志》第 12 卷,1925 年印。
② 《新疆概观》,仁声书局 1933 年印。
③ 《新疆概述》,1947 年印。
④ 《新疆概观》,仁声书局 1933 年印。

家还会修建园林,如回民一样。

哈萨克族人居无定所,因游牧所以逐水草而居。迁徙的距离多至 500 英里。一般住帐篷,高达一丈,如蒙古包。帐中有毛毯,人睡在铁床或木榻之上,睡时用薄被盖着身体,"茵褥重叠,厚至数尺,枕方圆各一"。① 门窗以动物皮为帘,入门三尺不到,有一火炉,炉旁放铜、铁水罐。烹茶煮饭多用牲畜的粪作燃料,最好的是羊粪,其次是驼粪、牛粪,马粪更次之。

四、华东地区

华东地区的普通百姓大多数住草屋,家境富裕的则住砖瓦房。在长江以北,百姓屋内大多不设床而设炕,可通火,冬季取暖用。有的人家讲究房屋的位置,"惟旧时房舍规式一律以一院四屋为定格,又以主房、偏房、门楼、厨房、厕所各有定位,不可错乱,否则居之不吉"。②

总体说来,人们在城市中混杂居住,在乡村则聚族而居。而且也渐渐讲究起文明卫生来,房屋建筑多趋于宽敞明亮,通风良好。有的地方富户的住房分内宅外厅,"檐多出厦,灶置檐下"。穷人则有屋三或五间,灶、炕都在其中,而驴棚猪圈、鸡巢狗窝,都在一院。华东百姓的房屋有土屋、瓦房、楼阁之分,各因经济情况而定。土屋,是垒土为墙,建造成屋,为小农及劳动阶级住所。小康之家则住瓦房,楼阁很少,三层以上则更少见。屋的配置,"丈别为主配、外户、三合、四合等,方向,高下一遵堪舆家之谬论"。③ 民国时期,盗匪较多,为防盗匪,有些地区的房屋建造得比较特别。"近年,乡镇间小康之家偶有建设,更具一特殊形式,居室之上多建小屋,强以砖为墙。缘匪患不时发生,居民安土重迁,特建此屋上之屋,借以防备匪劫。一村之中,或有三、五之家

---

① 《新疆概述》,1947 年印。
② 《昌乐县志》第 38 卷,1934 年印。
③ 《东明县新志》第 22 卷,1933 年印。

不等"。①

在胶澳的李村,因当地石料丰富,故建筑多用石料,方法是"下层叠之以石,上层乃垒以砖。砖又分烧砖、土坯(未烧之砖坯)二种"。②砖大都是青黑色,乡间各处的土窑都能烧制,用洋式红砖的甚少。屋顶大都铺一些高粱秸,再铺麦秸,然后盖瓦。木材以楸树、桐树、白杨为多,大都取材于本村或附近的山林中。屋内用砖砌炕,或用土坯砌炕,炕与灶相连。乡民建新屋,大都自力更生,亲友、邻里大都会帮忙,很少雇请工匠。

有的地方除了传统建筑外,也出现了一些洋式房屋。如在藤山县仓前山一带多洋楼。

在福建,还有一种极有特色的建筑,即客家土楼。客家土楼属于中国传统的生土建筑的一种。③ 在南靖县的田螺坑村,整个村落就是四座紧临的土楼。其中的步云楼、和昌楼是方楼,30年代毁于战火,但分别于1949年和1953年重建,只是和昌楼改建成了圆楼。瑞云楼、振昌楼都是3层的内通廊式圆楼,直径分别是28米、29.5米,分别建于1918年和1927年。振昌楼建好7年后即毁于战火,1940年重建,并保存至今。1969年,村民在紧邻四座楼的晒谷坪建起了椭圆形的文昌楼,这样,就成五楼合璧了。

最有代表性的圆土楼是永定县高北村的承启楼。楼高4层,一层的房间是做厨房用的;二层是谷仓,粮食储存在这里可防水防潮;三层四层住人,视野开阔,采光也好。全楼共有370多间房,可住七八十户,600余人。楼中心的天井中盖有祖堂,全族重大礼仪活动在此进行。

---

① 《东平县志》第17卷,1936年印。
② 《胶澳志》第12卷,1928年印。
③ 中国传统的生土建筑主要有三大类。一是黄土窑洞,即俗称的寒窑。又可分为靠山窑、地下天井窑、土坯拱窑。二是土墙建筑,又可分为夯土墙、土坯墙。三是土楼建筑,又可分为以围垅屋、客家围屋为代表的广东土楼,以土围子为代表的江西土楼,和以通廊式方楼圆楼、五凤楼、半月楼等为代表的福建土楼。

楼顶瓦檐向外伸出很多,可使土墙免遭雨淋。

这种圆楼有如下特点:建筑面积大,适合聚族而居;由单环楼或多环楼组合而成,祖堂建在底层圆心位置,向心性强;楼内挖有水井,建有粮仓,遇盗匪侵扰可长期固守;有厚实的夯土外墙,墙角为卵石砌成,墙上有枪眼用于防卫,高处开有小窗;全楼只设一个大门,门上设水槽以防火攻;全楼设有2到4个公共楼梯;内部为木结构,屋顶为木穿斗构架,架檩条,上覆瓦,楼顶为大出檐式。

方形土楼又称"四角楼",民国时期,仅在永定县,3层以上的土楼就有7000多座。馥馨楼、遗经楼、奎聚楼都是有名的方土楼。其特点如下:多为正方形或长方形的超大四合院式;长宽在20米至50米之间,楼高在3—5层之间;楼前多建前院,俗称"厝包楼";楼内建有祖堂,俗称"楼包厝",祖堂位置或在内院中心或在正对大门的中轴线的尽端;内部为通廊式布局,同层有走马廊相通,各层有设于四角的公共楼梯相连;底层房间多做厨房,二层做粮仓,三层以上做卧室;外墙为夯土墙,三层以上辟有窗户,墙顶为出檐的瓦顶,整座楼坚固稳重。

当然,福建民居还有其他类型,客家建筑只是其中一小部分。城市中的客家建筑就很少。在当时的福建城市,各种建筑混杂,配套的公共服务建筑也不鲜见。

五、中南地区

中南百姓的住房有平房、瓦房、草房、楼房之别。其中以瓦房、草房最普遍。富裕人家大多用砖瓦木石来盖房建院,其规模多是上房5间,左右厢房各3间,也有建楼房的,但很少。厨房、仓库、马厩都建在院子里。小康之家,其墙还多用土坯,不全用砖瓦。乡村贫民则多用麦秸、泥土建屋。有的房屋居室、厨房、牲口棚都在一屋之内。

在河南的孟县,瓦房较普通。县中人多地少,宅院多是三间,有五间的很少。在安阳县,平房最多。而在林县,平房最少。河南的瓦房,多是石头地基土坯墙,房顶上覆瓦。草房的房顶则覆盖着黄蓓、白草,并用泥固定在房顶上。后因草料缺乏,瓦房就多了起来。百姓盖房所需器物,木器多由本地工匠自己制造,铁器多由山西运来,熟铁器有一半是从山西运铁,再在本地加工制造。瓦是由当地人自行烧制。在灵宝县,人多房少,冬天尚可,夏天炎热,空气不洁,于身体有碍。一般宅院光线都不太充足,卫生条件也不好,有的人家在院中堆一些杂物,半年也不打扫一次。

在湖南,百姓的房屋结构,城里多为横屋,靠近街道的房子多建成铺面或桥厅;乡下则是前后厅或四字厅,其中堂屋、书房、客厅、卧室、厨房、门房则随自己布置。茅屋系用土砖砌墙,上盖茅草。

在广西,百姓有建瓦房、草屋的,也有住竹楼的。

宜北县,人们所住的多是楼房,上面盖瓦或草,中层用木板隔成住室,下面是畜舍饲养牛猪。"上人下畜,极碍卫生,明知不适,惜力以改造耳"。①

在武鸣县,"富家大屋,覆之以瓦,不施栈板,惟敷瓦于椽间。仰视其屋,徒取其不藏鼠,日光穿漏。不以为厌也。小民垒土为墙,而架宇其上,全不施柱,四壁不加涂饰,夜间焚膏,其光四出,故有'一家点火十家光'之讥"。② 究其原因,在于此地天气热,人们重视通风。

在上林县,百姓习惯住竹楼。不过山风大,竹木易腐烂,"风之所刮,蛀即生焉"。所以建屋用的竹木,多在七八月采伐,再浸在污水中数月,免生蛀虫,故有"七竹八木"之谚语。

在凤山县,"普通住家一座三间至五间,二三座者甚少……未遭乱前,瓦屋占十分之七,草屋约占十分之三。乱后……瓦屋约占十分之三,茅屋约占十分之七。客人、瑶人多居山峒,本地多居田坝。瑶人迄今男女老幼群围火铺而睡,不设卧室。近与汉人同化,亦设有门,并分

---

① 《宜北县志》第 8 编,1937 年印。
② 《武鸣县志》第 10 卷,1915 年印。

内外,富者亦有帐被,已不围火铺矣"。①

在贵县,农村喜建斜廊。民国以来,学校、公廨建筑多仿西式。

广西民族众多,各族百姓的住房不尽相同。

苗人聚族而居,大村有三五百户人家,小村也有百数十户人家。皆喜楼居,上人下畜,不嫌其臭。村中屋宇稠密,街巷窄狭,一遇火警,即成大灾,幸亏村民日夜轮流警戒,失火之事尚少。水井则多以石板砌成,井边林木葱郁,夏天可避暑。人们多建住宅于高山上,有时云雾弥漫,人与人相距数尺而彼此看不见。冬天大雪封山,有时一两个月不能出门。屋子矮小窄狭,屋顶多盖茅草,瓦屋则很少。屋内中堂的左边,是祭祀盘古王及其祖先的地方;右边放着大火炉,因为没有多少被褥,寒冬长夜全家人都围炉取暖。

侗族人住木板楼屋,上人下畜。村中都建有鼓楼,样式像宝塔,高达四五丈,中间挂着大鼓,四周设有长凳,有事就鸣鼓集合群众开会。村中多鱼塘,厕所都建在塘上或田边,既清洁又可以饲鱼肥田。村中巷道多以大块青石铺砌,较为宽坦。河上都建有桥,长约数十丈,宽丈余,桥上建有瓦屋,高距水面三四丈,很少有被洪流摧塌的。

壮族村落,多则三五十家,少则十几家,都在平坦宽阔的地方。壮族百姓的屋子为板装房屋,民国以来多筑土墙,富裕人家房顶盖瓦,穷人只能盖茅草。房屋辟有窗户,光线充足,空气通畅。牲畜栅栏离居室也较远。

六、西南地区

首先是汉族民居。住房的材料有木、竹、砖、瓦、石、石灰、芭草、漆、油、钉等。房屋有瓦房和草房之分,但瓦房占的比例大一些,有的地方占到十分之九,而草房仅占十分之一。住房大都狭窄而深邃,空气、光线均感不足。房屋样式有四合头式,三合头式等。

---

① 《凤山县志》第8编,1946年印。

以平坝县住房为例,可知西南地区汉族百姓"住"的一般情况。

房屋以间数计,每开间约一丈内外,高度在一丈八尺以下,多为两层,楼上楼下作"吕"字式,屋脊至檐口作"人"字式。名称有长三间式、长五间式、三合头式、四合头式。

就房屋的性质来说,可分为住屋、营业屋。住屋取长三间、长五间、三合头、四合头或独间等式。营业屋称"铺面",两铺相向的,称"双合制"。与住房的差别,只在于柜台的结构。

就盖房的材料看,可分为瓦房、草房、石板房。除梁柱都为木制外,墙壁或为石制,或为木制,或为砖制,或为泥土制,或为竹编灰糊成。县城多瓦房,东南乡多石板房,其他地方草房、瓦房各半。

房屋的装饰。有油漆、彩画、雕刻等。饰以彩画、雕刻的房屋较少,多数房屋都是在门面部分油漆一下而已。油漆的颜色尚黑,或中间红周边黑。墙壁多以石灰粉粉刷,窗棂多糊以白纸。

居住忌讳。约略言之,如梁与柱的数量宜单忌双(三、五、七、九为单,二、四、六、八、十为双),房间数量亦然(三间、五间、七间均可,忌双数,而尤忌两间式;厢房、对厅可以不忌),楼梯的数量也是这样。地基宜步步高,忌步步低。正房宜高于左右厢房,忌平齐(俗称"客欺主")。两厢房宜在正房前,忌在正房后(俗称"鬼推车")。开井宜为正方形、横长形,忌直长形(俗呼"棺材形")。宜朴素,忌彩画、雕刻过盛(俗呼"庙宇派")。

住宅内部结构。屋内必设神龛,设有神龛的屋,被称为"堂庑"。庑前檐柱左上方供天地牌;龛上或供天地君亲师位,或供祖先、观音、财神、文昌、灶君、太岁等牌,龛下供镇宅土地牌。堂庑后边为内室,内室后为厨室。铺面式房屋,临街的一面设有柜台,台内为柜房,柜房后为堂庑、内室等。内室即休息睡觉处,有床帐、被褥、枕席、毡毯、草荐等寝具。

在住房狭隘的人家,炉灶即在睡榻前,寝室与厨房合一,县城寝室与厨房合并为一的人家,约占居民总数的三分之一。

起居时间。县城里的居民起得较迟,大约夜里10点左右就寝,白天9点前后起床。乡村居民起得较早。

房屋供求状况。是求过于供。一则由于乱世,城乡各处,居民原有房屋多不能久留,"一则因木竹逐渐稀少,栽培无人,砖瓦价昂,石、木工佣资飞涨(现在石、木各工佣资,每人每天大约六角内外),衍成建筑上之物荒、人荒,新造房屋不能增多,而人口复日加繁殖。就最近二年观察,各处不特买房不易,租房亦不易。住居之前途,危险殊甚也"。①

居住环境。道路尘土弥漫,屋里几案布满尘埃,终年很少洒扫拂拭。厕所不问风向,鸡犬多无圈;粪秽遍地,以致各种霉菌混合在空气中。乡村人家,牛马粪臭尤甚,故空气往往不洁。

其他地方的汉族住房及居住环境与此相类似。

在开阳县,无论城乡,其绅士阶层,大门多呈八字形,门上常悬有亲友题赠的横匾,上书金字,作为一种荣光。富人的住房,则多为四合院、三合院的建筑,房间数较多,上房就常有五间或七间。

安县百姓以前的房屋较低矮,民国以后,房屋样式有所变化,有就着原屋盖楼的。原来草房较少,但"自民国八、九、十一、十二、十三年间,土匪劫掠后,场中亦搭草房"②。

在新平县,城中不乏瓦房楼房,"正三间,四耳一大门为率",称为"一颗印"。土楼样式也如此。不过土平房居多,后面没辟窗户,空气不充足,是其一大缺点。乡间民居或为草屋或为木屋,非常狭窄,甚至左边住人,右边关牛马,臭气难闻。

在定番县,汉、苗、彝族百姓混住的住房,其样式可分为四种:一为庙宇式;二为店屋式;三为墙门式;四为矮茅式。庙宇式大都为二进,前低后高,并无楼屋,跟宗祠、宫庙、寺庵、机关等建筑相似。店屋式有二

---

① 《平坝县志》1932年印。
② 《安县志》第60卷,1938年印。

层,下为店肆,楼上住人,于县城中最多见。墙门式外有围墙,内有天井,屋分厢房、客堂、内室、厨房等,有矮楼作仓储之用。此种住房在县城中最多,乡村中的有钱人也有这种式样的房子。矮茅屋多为一间,在县城中少见,但在乡村中比比皆是。定番气候温和,冬天并不十分寒冷,因此百姓所建房屋的墙壁极薄,店屋常用木板分隔,空间高敞,门窗用牛皮纸糊成,屋顶用土瓦或稻草覆盖。定番百姓的住房,十之八九都是自己的房产,租屋和典屋住的人很少。在城乡结合处,因有集市,人们要做买卖,租屋或典屋住的现象就屡见不鲜了。乡村家庭,都是聚族而居,住房几乎都是自己的房产。

在镇雄县,人们修建住房都讲究朝向,一般都依山傍水,面向山坳。全县乡村民房,建筑结构多为木柱草顶,也有木柱瓦顶,石木草顶、石木瓦顶,土木草顶,土木瓦顶。极贫困的农民住的是"草窝棚"。县城居民多住瓦房,房屋高度多为一楼一顶,二楼房屋不多,三楼房屋更少。但有的富豪之家,所建的私家小楼,有的高达六七层。

西南地区少数民族的住宅。

傣族多住竹楼。

苗族人睡觉时并无睡具,"恒掘地为炉,热柴而拥以炙,虽隆冬亦裸相枕也。近发间以芦絮为被,木棉则仅有矣"。[①]

彝族百姓则习惯住楼房,用木板搭成高架,人在上面居住,屋顶用草或木板盖上,不用泥土砖石。

西藏房屋通常为二三层,也有高达五六屋的。多石头的地区用石板筑墙,其他地区,则用粗石做墙,用胶泥凝之。藏族群众筑屋不用圆石,说:"圆石至墙覆,圆人生困难"。

藏人的泥墙或石墙均极厚,先安沉重木料于墙上,然后安沉重木柱以支持上层地板,地板为木板,有时还把泥放到上面,击打凿实。屋顶为平面,以击实的土做成,雨雪不能浸透。

① 《贵州通志》,1948 年印。

楼的一层不住人,为厩舍的所在,牛马均养于此。楼上住人,但并不占用整个楼层,还留了一些地方作为游廊或打麦的地方。

房屋的形状多为方形,或长方形,四周围以石墙或土墙。窗户是小方窗,鲜有玻璃窗,仅为木头百叶窗。

富有人家的房屋,装饰得很美丽。住室的墙壁,都用木料镶边,镶边用的木板、屋子的木柱都油漆一新并绘上彩画。一些内室,粉刷油漆得更为美观,有时悬布帷,有时悬挂丝绸彩画或油布彩画,画的性质属于宗教方面的居多。室内陈列的家具,有雕刻磨光的椅桌及雕花大木箱,也漆得花花绿绿。椅子上都有大且厚的垫子,内中紧藏香狸猫毛或稻草,外裹以皮革,有时裹以布,与欧洲人的沙发椅、交臂椅相类似,只是没有后背和扶手。

第六章　交通与邮电

古代中国有自成体系的交通与通信系统。自秦统一中国后,便建立起全国统一的交通通信网络,并被后来的朝代所继承和发展。中国传统通信方式主要是邮驿(亦称驿传)通信。数量众多的驿站,靠四通八达的驿路连接起来,从而形成庞大的交通通信网络。在古代中国,通信与交通有十分密切的联系,或者说通信属于交通的一部分。近代意义上的交通与邮电通信,是鸦片战争之后才从西方传入中国的。

第一节　清末的交通与邮电

近代中国交通与邮电的发展,同样打上了西方侵略的烙印。这是一个古老民族新陈代谢和御侮奋争交杂在一起的复杂历史过程,正如白寿彝在60多年前所指出的:"自道光二十二(1842)年五口通商,九十余年来中国门户洞开,外洋风雨,如潮袭来。一方面,中国的许多利权被侵蚀。又一方面,西洋的新文明不断地输入。于是,外国轮船来了,外国的铁路火车也来了,跟着外国的邮政事业和电信事业也来了,而中国领空上飞机之试飞,也是由外国人开其端。这些新交通工具以及新交通组织之初来,中国人的心情只是惊诧和厌恶。但经过了许多事实上的教训以后,知道了数千年相守的成法不足以应付激烈的世变,而新交通事业之延期兴办,也只有替外国人多造一些机会。于是,同治光绪年间,铁路、轮船和邮电,都先后兴办;而汽车公路之建造和民用航空之实行,也于国民政府成立后,正式开始。中国交通事业,算是逐渐走上现代化的路子。"①中国近代交通与邮电通信的变迁,既受近代中国社会整体发展变迁的制约,又在一定程度上影响了中国近代社会变迁的进程。近代交通与邮电的演变发展,是近代中国社会变迁十分丰富的历史画卷中的一个侧面。

一、近代交通的逐渐发展

1840年,鸦片战争的炮火,打开了中国的大门。此后,坚船利炮、声光化电等陆续传入中国,"莽莽欧风卷亚雨"②,传统中国社会在欧风美雨的浸润下,逐渐发生变革,交通和通信概莫能外,也在逐渐地近代化。

在清末,交通主要包括陆路和水路交通。就陆路交通而言,土路和碎石路仍然是道路的主体,马、驴、骡、牛、骆驼等牲畜和人力或畜力车仍然是主要的代步和运输工具。在民间,因地域、用途和使用对象的差异,人力和畜力等车辆交通工具种类繁多。主要可分为三类:

第一类是人力车,即以人力为动力的车辆,这一类车辆有独轮的和两轮的。叫法各地也不同,华北叫"独轮车"、山东叫"猪嘴车"、西南地区叫"鸡公车"等。近代开埠以后,城市逐渐繁华扩大,交通工具的交流传播加快。比如上海开埠后,就先后有小车、榻车、老虎车、人力车、自行车等车辆出现,并长时间共存。先是北方的独轮小车传入,有资料记载:"上海初辟租界时,仅有江北人所推独轮羊角车,即今所称为二把手车,亦曰小车者。""沿途揽载货物,兼可坐人。"③由

---

① 白寿彝:《中国交通史》,商务印书馆1937年版,第211—212页。
② 梁启超:《饮冰室合集》文集之四十五(下),中华书局1936年版,第9页。
③ 胡祥翰:《上海小志》卷3《车辆》,上海古籍出版社1989年版,第13页。

于小车可坐人,可拉货,对道路要求不高,驾资低廉,成为一般中下层人民的日常交通工具,在上海风行一个时期。19世纪70年代,一种新型的两轮人力车传到上海并迅速获得发展。这种人力车也叫东洋车或黄包车,因其传自日本,故名。这种人力车为两轮,双把,有一个坐厢,坐厢有能舒张的幕,可以遮阳防雨。1873年8月18日的《申报》就有题为《拟购东洋小双轮车》的广告消息。同日另有报载洋泾浜一带已有人力车往来,乘坐者喜其便捷。1874年1月20日,一外国小车洋行在报纸上登出"外国小车租赁"的广告,谓新到洋车(即人力车)"格外奇巧",客商欲坐者,请至本行雇用。并订明路程远近价格表。1月29日《申报》发表题为《记新式小车》的评论,其中写道:"二轮小车近上海新创设之举也,租界通衢已见。斯新式装饰华丽,乘坐舒服,想实适于时需也。其车来于东洋,……若与本地之独轮车相比,则亦有长有短者。其所短者,在于仅能载一人,而其长处则为坐者较便。且小车粗陋,自尊者多不屑于乘焉,若不能家内自置一轿,则每苦逼于步行矣。今设二轮车,想于此类大为得便宜之举也。所望者惟车数之日渐增多耳。"由于人力车方便适用,输入后很快得以推广,不到一年,就有人依式仿造,使数量大增。同年7月24日《申报》报道:"东洋来之顺利小车,沪上依式置者已多,租界共约有一千有零。"人力车的迅速发展,很快取代了城市中的独轮车和轿。人力车夫也成为一个迅速发展起来的下层人民谋生的新兴职业。此后,人力车在中国流行了大半个世纪,成为城市中最常见的代步工具。19世纪80年代,上海又出现了榻车——一种平板双轮人力车,它是在独轮车的基础上改造而成的,与独轮小车相比,它载重量大、运输效率高、行驶平稳,适应性强,很快发展起来。榻车主要用于货运。19世纪末,上海又出现了老虎车。老虎车类似于榻车,只是车身和运载量比榻车小。但它造价低廉,使用灵活方便,适合小规模、短途货运。此外,在19世纪末20世纪初,脚踏车(自行车)开始在上海等大都市逐渐流行。① 所有以上人力车的车轮,最初都是木制或铁制车轮,后来随着橡胶充气轮胎的出现,逐渐换成橡胶轮胎。

第二类是畜力车,常见的有大车(牛车)、小车(马车)、轿车(骡车)、西式马车等。大车多在华北东北农村使用,一般用于运物。小车亦多见于华北以北,用马牵引,可运物载人。东北地区天寒地冻时,也有用马拉的无轮耙犁,行驶于冰天雪地,快速无比。轿车近似西式马车,车身装有类似于轿的木制车篷,用骡牵引,光绪、宣武年间,京官惯用此车。后来,在租界地区,又出现了西方人习惯乘坐的马车,即西式马车。西式马车最早引进中国是在乾隆年间,1793年(乾隆五十八年),英国使臣马戛尔尼来华,曾代表英皇送给乾隆两辆极为华丽的四轮马车。民间引入西式马车是在第二次鸦片战争前后,最先在香港、广州、上海、天津等外国人聚居的城市陆续出现。据说上海在1855年出现了第一辆马车,后华人逐渐仿造,花样遂多,"有双轮、四轮者,有一马、双马者,其式随意构造,宜雨宜晴,各尽其妙。"②由于马车式样新奇,行驶快捷,一些中国商贾富人很快接受,逐渐流行。在19世纪60年代末70年代初,上海已经出现了马车制造业和出租业。时人有咏上海洋场"马车"诗云:"四面周遭马路开,轮蹄飞处满尘埃。五陵挟妓并肩坐,十里看花转瞬回。江上疾驰同破浪,街前乍过似春雷。何时异国皆遵轨,不使矜奇斗捷来。"③由于马车车资较贵,一般人无力做日常使用,因此,乘坐马车便成为有钱人炫耀的一种方式。挟妓乘马车游观街市,即"飞车拥丽",更成为上海新兴的人文景观——所谓"沪北十景"之一。由于马车以车轮行驶于地面,需要路面较为平坦,于是最先在一些租界,西人开始用沙石铺造比较平整耐雨的马路,1842

---

① 关于自行车传入中国的早期情形,可参阅刘志琴主编:《近代中国社会文化变迁录·第二卷》,浙江人民出版社1998年版。

② 胡祥翰:《上海小志》卷3《车辆》,上海古籍出版社1989年版,第14页。

③ 《申报》1872年8月12日。

年,香港和天津租界都修筑了马路,1843年上海也出现了第一条西式马路——静安寺路。马路的出现,使中国的城市交通道路有了很大的改观。

第三类是轿。轿一般用人抬行,在北方也有架在马、骡等动物背上的马轿、骡驮轿。轿主要是贵族官僚和富商等上等阶级使用,是官员上朝或去衙门办事的主要交通工具。一般官员使用的轿,可以从轿夫人数、轿身的颜色质地和轿顶的装饰分别官职的大小。普通百姓,在婚丧嫁娶时,也常用轿,这时轿就不仅仅是一种交通工具,还兼有婚丧典礼仪式必备的仪仗的部分作用了。在西南川黔山区,因山路崎岖,一种简便灵活的轿子——滑竿,也曾长时间使用。

与此同时,铁路、公路近代道路设施开始建设,火车、汽车、电车、轮船等近代机械化交通工具开始引进,从而使中国交通工具发生了一场革命性的变化,大大方便了人们的生产和生活,显示了巨大的生命力。

有关铁路信息和知识开始传入中国,大约是在1840年鸦片战争前后。当时中国的爱国有识之士,如林则徐、魏源、徐继畬等人先后著书立说,介绍铁路知识。林则徐等1839年主持编译的《四洲志》、魏源于1844年编撰的《海国图志》,都介绍了当时外国的铁路、火车等科学技术信息。清末地理学家徐继畬于1848年编著的《瀛环志略》,进一步介绍了一些国家的铁路情况,书中提到外国"造火轮车,以石铺路","熔铁为路,以速其行"的情况,并称赞火车这种运输工具"可谓精能之至矣"。太平天国干王洪仁玕于1859年所著《资政新篇》中,强调近代交通运输对巩固政权和建设国家的重要性,提出了发展近代交通运输的创议。但这一理想由于太平天国的失败而未能实现。与此同时,帝国主义列强为了方便对华倾销商品、收掠原料,以便把他们的侵略势力从中国沿海伸向内地,试图把铁路等近代交通工具引入到中国来,并为此展开了种种活动。1865年英国商人杜兰德在北京宣武门外修建了一条长约0.5公里的小铁路,行驶小火车,意在"展览",引起中国朝野对铁路的兴趣,结果适得其反,中国人"诧所未闻,骇为妖物,举国若狂,几致大变。旋经步军统领衙门饬令拆卸,群疑始息。"①1876年,英国怡和洋行采取欺骗手段擅自筑成吴淞铁路(吴淞至上海,约14.5公里),并正式运营,这是中国土地上出现的第一条运营铁路。这条铁路开通后引起了国人广泛的反响和争论②,后因火车轧死一个中国人,当地民众群情激愤,阻止火车开行。此铁路事关国家主权,理应抗议并收回铁路自营。但清政府却于1877年以285,000两白银将铁路赎回后,又于当年10月将其拆除,轨道机车等运到台湾打狗港锈蚀报废。

这时国人普遍存在抵制铁路的心理,其动机半是出于抵制外国侵略的民族情绪,半是不谙世事的落后见识和封建迷信思想,把铁路视为"奇技淫巧",认为铁路使"山川之灵不安",坏祖坟、妨碍风水,易招致旱涝灾害等。以至5年后,当李鸿章为运输开平煤矿的煤炭,奏准修筑唐山至胥各庄的铁路(唐胥铁路)时,仍有官员以机车"行驶震动陵寝,黑烟损害庄稼"为由对之进行弹劾,并一度迫使机车停驶,闹出用骡马拖拉车辆的笑话。但铁路作为近代文明的产物,毕竟是先进的交通工具,其在中国落地生根是无法阻挡的。当1881年唐胥铁路建成,揭开了中国自主修建铁路的序幕后,1886年,开平铁路公司成立,收买了唐胥铁路并开始展筑,独立经营铁路业务。开平铁路公司是中国自办的第一个铁路公司。1887年,唐胥铁路展筑至芦台,1888年展筑至天津,1894年天津至山海关间通车,改称津榆铁路。1887年刘铭传奏准修建台湾省铁路。线路以台北为中心,向东到基隆港,向西南到新竹,分别于1891年和1893年建成,两段共长约107公里。1894年,张之洞主持修建了大冶铁路。由于清政府的昏庸愚昧和闭关锁国的政策,早期修建铁路的阻力很大,到1894年中日甲午战争前夕,近20年的时间里仅

---

① 李岳瑞:《春冰室野乘》,《中国近代铁路史资料》第1册,中华书局1963年版,第17页。

② 刘志琴:《近代中国社会文化变迁录·第一卷》,浙江人民出版社1998年版,第422—429页。

修建约 400 多公里铁路。

　　中日甲午战争后,中国割地赔款,国力大损,帝国主义列强乘机对清政府施加压力,攫取铁路权益。他们或强行擅筑,或假借"合办",或通过贷款控制,一万多公里的中国路权被吞噬和瓜分,形成帝国主义掠夺中国路权的第一次高潮。随后,他们按照各自的需要,分别设计和修建了一批铁路,标准不一,装备杂乱,造成了中国铁路的混乱和落后局面。在清政府时期(1876—1911 年)共修建铁路约 9900 多公里。其中1895—1911 年间增建了 9200 多公里,平均每年兴建 544 公里多[1],是中国铁路建设的第一个高潮。但是,其中帝国主义直接修建经营的约占 41%;帝国主义通过贷款控制的约占 39%;国有铁路,包括中国自力更生修建的京张铁路和商办铁路及赎回的京汉、广三等铁路仅占 20% 左右。

　　1894 年以后,列强在中国领土上强行修建和直接经营的铁路主要有:(1)俄国修建的东省铁路,由华俄道胜银行掌管东省铁路的建设权和经营权。1897 年成立东省铁路公司,修建、掌管北部干线(满洲里到绥芬河)和南满支线(宽城子到旅顺)及其他一些支线,全长 2469 公里,采用俄国铁路的 1,524 毫米轨距,于 1897 年动工,1903 年完工。干支线相连恰如"T"字形。1904 年日俄战争后,长春至旅顺铁路割让给日本,改为南"满"铁路。(2)德国强筑的胶济铁路。1897 年,德国借口山东曹州教案,出兵强占胶州湾,并攫取了修建胶济铁路直至山东边境的独占权及铁路两侧 30 华里以内的采矿权,随后,强筑胶澳(即今青岛)至济南的胶济铁路。1899 年动工,1904 年全部建成通车,干支线共长 440 多公里。(3)法国修建的滇越铁路。滇越铁路全线分南北两大段。南段在越南境内,北段在中国境内,自老开跨越红河进入河口,经碧色寨到昆明,称滇段,长 469 公里。越段于 1901 年动工,1903年告成。滇段于 1904 年动工 1910 年竣工,当年 4 月 1 日全线通车。

　　① 　孙敬之:《中国经济地理概论》,商务印书馆 1983 年版,第 489 页。

（4）日本在日俄战争期间，借口战时军运的需要，强筑安奉铁路。安奉铁路自安东（今丹东）到苏家屯，为轻便铁路，长 261 公里，1904 年动工，1905 年竣工。日俄战争结束后，日本无视中国主权，又夺取了南"满"铁路支线，并于 1906 年成立了南"满洲"铁道株式会社（简称"满铁"），作为日本在中国东北进行政治、经济、军事等方面侵略活动的指挥中心。满铁成立后，先是控制南满铁路，从 1908 年开始，分别修建了大连至长春、苏家屯至抚顺等线段的第二线工程，同时大规模地扩建大连港。

帝国主义列强除了强行修建、直接经营中国铁路以外，更多的是通过贷款来控制中国铁路。贷款控制的方式，是从获取铁路贷款权入手，然后以债权人、受托人的身份，修建和经营这些铁路。这个时期清政府修建的一些主要铁路如京汉路、正太路、汴洛路、京奉路、沪宁路、粤汉路、津浦路、广九路和道清路等，名义上是清政府官办，实际上都被帝国主义按照这些方式控制。择其要者简述如下：（1）京汉铁路，又叫卢汉铁路，此路在光绪 15 年（1889 年）就已开始酝酿修建，1896 年比利时获得卢汉铁路的卢沟桥至保定段的贷款和修筑权。此后，俄、法两国又串通、拉拢比利时合股公司出面套取卢沟桥至汉口段的贷款权。清政府遂将以上两段于 1897 年 10 月统交比利时公司承办。1898 年卢保段完工。1900 年，八国联军将卢沟桥的铁路延展至北京正阳门。同年底，保定以南各段也相继完成。1905 年 11 月 15 日黄河大桥建成。1906 年 4 月 1 日全线竣工通车，全长 1,213 公里，改称京汉铁路。此路初建时，清政府向比利时贷款"一百十二兆五十万佛郎"，后又借"一千二百五十万佛郎"，1909 年还清。① （2）正太路。1896 年，清政府决定兴建，初定从太原至正定。华俄道胜银行首先取得贷款权。合同签订后不久，道胜银行将贷款权转让给法国巴黎银行公司。清政府于 1903 年 1 月再次核准，向法国借款 4 千万法郎，并将正太铁路原起点正定改

---

① 白寿彝：《中国交通史》，商务印书馆 1937 年版，第 237 页。

在石家庄,全长243公里。法国借口贷款不敷,改为米轨轨距,于1904年5月开工,1907年10月竣工。(3)京奉铁路,又叫关内外铁路。起自北京正阳门东车站,止于奉天城(沈阳)站,干线长849公里,另建支线数条。这条铁路的修建,最初是从19世纪80年代起,清政府逐渐将唐胥铁路向东经芦台、天津、古冶、滦州,于1894年延展至山海关。天津以西,1895年后清政府逐渐将铁路延长至永定门。1900年英军又将其延长至正阳门,是为关内铁路。关外部分,清政府于1898年10月与英国正式签订借款230万英镑(期限45年)的合同,开始修筑。但由于英、俄两国激烈争夺修建贷款权,进展缓慢,1903年才修到新民屯。最后英、俄两国直接谈判,以互换照会的方式,订立谋求路权的互不妨碍协议,才了结此事。英国人金达任关外铁路的总管兼总工程师,这条铁路的实权,落到了英国人手中。1904年日俄战争爆发,日本修建了新民到奉天的轻便铁路(新奉路)。1907年,清政府筹资将新奉路赎回并改为宽轨,使北京至奉天之间可以直接通车,全路于是改称京奉铁路。1912年至奉天全线通车。(4)津浦铁路。1898年9月,英、德资本集团背着中国,在伦敦举行会议,擅自决定承办津镇铁路(天津至镇江),并将津镇铁路改为津浦铁路。清政府屈服于帝国主义的压力,于1899年5月草签了借款合同,1908年签订了正式借款合同,初借款500万英镑,德国占有63%,英国占有37%,后又借款480万英镑,英、德仍各占有一部分。津浦铁路全长1,009公里。北段自京奉铁路天津总站以南两路接轨处起,至山东韩庄,长626公里;南段自韩庄至浦口,长383公里。两段分别于1908年7月和1909年1月开工,1911年9月接轨。车未通而清已亡。(5)沪宁铁路。当清政府与比利时签订修建卢汉铁路借款合同时,英国胁迫清政府于1903年7月签订沪宁铁路借款合同。开始借款325万英镑,后又续借65万英镑。本路的借款合同较这一时期的其他铁路借款都要苛刻,所有路政大权全部落入外人手中。沪宁铁路自上海至南京,长311公里,1905年4月开工,1908年7月竣工。

此外如粤汉铁路广三支线(广州至三水,长48.9公里,1903年完成)、广九铁路(广州东郊的大沙头至九龙海,长178.6公里,1911年竣工)、道清铁路(道口至清化镇,长150公里,1907年修到清化镇)、株萍铁路(江西萍乡矿区至湖南株洲,长89公里,1905年竣工)、汴洛铁路(开封至洛阳,1909年竣工,全长183公里),也都是借款修建的。

这一时期中国自己筹款、自己勘测、设计、施工的第一条铁路是京张铁路。它的建成,揭开了中国铁路建筑史上的崭新的一页。1905年,正当英、俄两国激烈争夺中国华北路权时,清政府决定自建京张铁路,任命詹天佑为京张铁路局会办兼总工程师。1905年10月开始动工。自北京丰台经昌平、居庸关到张家口,全长201公里。其中关沟段穿越军都山,最大坡度为33‰,最小曲线半径182.5米,隧道4座,长1,644米,采用"之"字形线路,工程非常艰巨。1909年全线提前完工。后京张铁路延展至归绥(呼和浩特),改称京绥铁路。

20世纪初,为抵制清政府出卖路权,中国民间掀起了收回路权和商办铁路的高潮,要求清政府"废约"、"拒款",保护中国铁路主权。各省并纷纷成立铁路公司,准备筹款自筑铁路。据不完全统计,1903—1907年的4年间,就有15个省先后创设了省铁路公司,共筹集资金达9千余万元。按当时每公里所需造价计算,共可筑成2,000—3,000公里铁路。各省铁路公司并在章程中,以"保中国自主之权利"、"不招外股"、"不借外债"、"不准将股份售与非中国人"等为宗旨。但由于外受帝国主义挤压,内遭清政府摧残,新兴民族资产阶级本身的力量又很薄弱,在清朝灭亡前,各省民间已经开始修建(包括建成)的铁路主要有沪杭甬铁路(上海至宁波,1914年全线竣工)、潮汕铁路(潮州至汕头,1906年竣工)、新宁铁路(广东省斗山至北街,1913年竣工)、粤汉铁路广韶段(广州至韶关,1916年竣工)、漳厦铁路(厦门至漳州)、南浔铁路(九江至南昌)等,其中实际建成通车的,仅有900多公里。尽管后来这些商办铁路被帝国主义资本侵入或兼并,但它在中国铁路史上,占有光辉的地位。后来1911年,清政府在帝国主义的唆使下宣布"干线国有"。这个政策的实行,立即遭到全国人民的反对,波涛汹涌的保路运动由此引发,席卷全国。并在四川演成民变,清政府急令两江总督端方抽调鄂军入川"查办"。保路运动成为辛亥革命的导火索,导致了清政府的灭亡。

与铁路和火车运输的发展相比,汽车公路交通的发展在清末要缓慢得多。一般认为,汽车最早在中国出现,是1901年匈牙利人黎恩斯带到上海租界的2辆小汽车,因为外观像当时的敞篷马车,所以租界当局发给小汽车的牌照也是按马车对待,由于行驶较少,故少为人知。人们了解较多的,是1902年上海一个姓柏的外国医生所驾驶的汽车。因为在此前上海,"虽到过二辆,未见功效。至是始渐行矣。"①不少人将柏医生的汽车视为中国第一辆。汽车在当时又叫电汽车或电车。1903年,上海报纸上开始报道国外有关汽车拉力赛的消息以及上海租界内汽车惊马险酿大祸的新闻。同年11月,报纸又登载有大臣向慈禧太后敬献汽车的消息:"某大臣报效电汽车十辆,以便慈驾至颐和园往返御用。闻已委户部司员薛某专司此车"。② 1907年,首次在中国举办了巴黎至北京的汽车拉力赛。从北京出发,经张家口、库哈尔,出外蒙古到库伦,然后经叶尔羌转俄国西伯利亚、莫斯科,再经德国到巴黎。虽然这次拉力赛最后只有5辆汽车参加,但影响很大,也增长了中国人对汽车的见识。此后,1908年1月23日,察哈尔都统成勋代赵宗诏、区茂洪等人奏请设立蒙古汽车公司,先在库伦至张家口一线试办。请政府予以专利年限,并强调在外蒙古开设汽车公司,是"取他人已行之成法,保中土自有之主权,……既可杜外人窥视之谋,又可为沙碛生财之道……"。③ 这是中国拟办的第一家汽车公司。同年春,商人吴远献呈请京师内城巡警总厅,拟在北京兴办汽车以利市内交通,但被驳回。巡

---

① 胡祥翰:《上海小志》卷3《车辆》,第14页。
② 《专司电车》,见《中外日报》1903年11月16日。
③ 《光绪朝东华录》,光绪三十三年十二月。

警总厅的批文谓:"汽车行驶极速,向称便利,唯京师地面街道狭窄,马路尚未修齐,若遽准行驶,不特危险堪虞,且于车马殊多窒碍。"①就在当年,环球供应公司在上海市内开始经营出租汽车,车能载客5人,按小时收费,这是中国首家经营出租汽车的公司。在此前后,汽车在中国大城市尤其是租界逐渐多起来,但由于受道路的限制,除了上海发展较快外,其他城市发展较慢。据统计,在1908年上海仅公共租界内,就有汽车119辆。到1912年,上海登记的汽车已经有1400多辆。直到这时,汽车仍然只是少数人的奢侈品,还不是城市主要的公共交通工具。

中国运输公路的修筑始于清末,1906年修筑的广西镇南关(今友谊关)至龙津间长约50公里的公路,是中国的第一条公路。② 1908年苏元春驻守广西南部边防时,又开始兴建龙州至那堪的公路,长30公里,后因工程艰巨,只修通龙州至鸭水滩一段,长17公里。

在清末,城市近代公共交通工具,发展较快的是电车。1898年,德国和意大利两家外国公司同时提出在北京开办电车。顺天府尹和总理衙门最后准许德国公司建造。当年冬开始动工,1899年4月初竣工投入运营,从北京城南马家铺(也叫马家堡)至永定门,长9.4公里。③ 这是中国除香港外首次通行电车。这条电车线路的修造,是为了解决京津铁路终点站马家堡至北京城间的客运交通问题,是作为火车客运的辅助设施建造的。当时火车不准进京师,马家堡站离京城尚有10公里之遥,旅客下车后,十分不便。所以当时报纸在分析北京修建电车线路的原因时说:"盖因前者某驻京外国使臣之眷抵京,天时过晚,城门已闭,因致在永定门外留宿,颇苦其不便,乃向总署商筑此路。"④义和团

① 《不准行驶汽车》,《大公报》1908年5月3日。
② 《中国大百科全书·交通》认为1908年修建的龙州至鸭水滩公路是中国最初的公路。也有人认为913年湖南修建的长沙至湘潭的长潭军路为我国第一条公路(见孙敬之主编:《中国经济地理概论》,第491页)。
③ 《电车开行》,《中外日报》1899年4月9日。
④ 《时务日报》1898年5月5日。

进入北京前,这条电车轨道仍在运行,但乘者较少,亏损严重。1900年春,日人在天津提出修筑电车轨道,后因义和团运动而作罢。1905年天津世昌洋行经直隶总督袁世凯批准,取得天津电车承办权。1906年2月初轨道铺成,2月16日,电车正式营运,围绕天津旧城开行。这是电车首次在城市内通行,也是中国第一次真正意义上引入西方现代交通工具以改善城市公共交通。天津电车开设后,在最初几个月内,由于伤亡事故不断发生,曾一度引起天津市民对电车公司的强烈愤怒。但由于电车快速方便,很快被人们所接受。1908年,英商上海电车公司完成今西藏路到南京路外滩的线路,并开始运营,法商也在法租界的常熟路到十六铺铺成电车轨道。到年底,上海公共租界已开辟了8条电车线路,法租界开辟3条线路,总长达59公里。1913年,华界首条电车线路通车。上海电车线路开通后,乘客迅速增加,据海关报告,上海"自从铺设有轨电车线路以来,每年运送乘客的总数大约较前一年增长40%",1911年上海乘客总数达到近2800万人次。① 但在清末,城市中开设的多是有轨电车,无轨电车的开设是民国初年以后的事了。

鸦片战争后,中国的水路交通也逐渐发生变化。同陆路交通新旧并存一样,近代中国的水路交通,一方面是传统的各类舟楫仍然在广泛使用,另一方面新式的轮船开始出现并逐步发展。

在清末,船只主要以传统木制船为主,一般使用人力,有的加上风帆和简单的机械。虽有承重量大的大型海船,但速度较慢。这些船只从用途来分,可以分为座船、渡船、游船、海船、渔船等类。座船是清政府各级官署为官员乘坐准备的船只,一般在桅杆悬挂黄旗,标明官衔。渡船主要用于江河湖泊的渡人载物,形状名称各地不同。游船主要在风景名胜地区供人游玩观景所用,尤以江浙、岭南为多。海船较大,主要用于沿海运输。渔船主要用于捕鱼,大小不一,海河迥异。

---

① 《上海近代社会经济发展概况——〈海关十年报告〉译编》,上海社会科学院出版社1985年版,第169页。

　　蒸汽机船在中国的出现,与列强来华有关。"中国海上之有轮船,以道光十五年,英国之渣甸号为始。中国内河之有轮船,以咸丰八年英法船只之航行于长江者为始。"①鸦片战争后,五口通商,大量外国新式轮船进入中国,往来通商各口之间,广州、香港、九龙、上海、厦门、福州等地出现外国人经营的船厂和船舶修造厂。第二次鸦片战争后,增开牛庄、登州、台南、淡水、潮州、琼州、镇江、汉口、九江等商埠,使外国轮船可以在中国所有领海和长江航行。1861 年,美商琼记洋行"火箭号"轮船作为第一艘美国商轮首次驶抵汉口。1862 年,美国那绥公司设立旗昌洋行,数年后称霸长江中下游航运。接着,在上海的 20 多家洋行纷纷将轮船驶入长江。1865 年,英国人设立省港澳轮船公司,经营香港至广州的航线。1867 年,英国太古洋行设立中国航业公司,开展长江和沿海航运。接着,各国先后在上海、天津、汉口、大连等地建立轮船公司,中国沿海及长江各通商口岸尽成外国轮船公司的势力范围。到1865 年为止,中国各商埠进出外国船只已达 16625 艘,进出口船舶总吨数达到 7136301 吨。外国轮船运输给予中国传统帆船以沉重打击,在咸丰年间,长江一带有河船三千余艘,但到了同治年间,仅存四百艘。新式的机械力量逐渐淘汰了旧式的风帆舵桨。据不完全统计,从 1861年到 1911 年,英、美、法、德、俄、日、葡等国商人在中国先后创办了 125家轮船公司,有大小轮船数百艘。从中国出发的远洋国际航线基本被外国轮船公司垄断。

　　外轮在中国领海和领水的航行,刺激了中国近代民族航运业的兴起。中国有识之士认识到,新式轮船航运业的发展,"潮流如斯,势难阻遏,中国惟有急起直追,自行设局置轮,以维航业而塞漏卮。"从 19世纪 60 年代起,中国官方和民间不断有主张购买、制造轮船的倡议。直到 1872 年,在洋务派李鸿章等人的奏请下,清政府准许成立轮船招商局。当年,轮船招商局在上海成立,隶属北洋大臣,募集商股,购置外

---

　　①　白寿彝:《中国交通史》,第 213—214 页。

轮,开始营业。当年即有三艘轮船,往来南北洋各通商口岸。次年,招商局洞庭号和永宁号轮船航行于长江,由汉口转运四川、两湖和广州。轮船招商局是中国第一家近代航运企业,从此中国有了自己的轮船航行于领海和内河。轮船招商局在外轮的激烈竞争下艰难发展,在长江航运中占有一席之地,在很长一段时间内,与英国的太古、怡和,日本的日清三大外国公司形成"四分天下"的局面。在四大公司中,招商局在长江航运中所配吨位最多时占 27%(1903 年),最少时 16.2%(1911年)。① 招商局名为商办,实为官督商办。纯粹民办轮船公司发展缓慢。直到 1890 年,才有创办于上海的鸿安轮船公司开始定造江轮二艘,航行长江。甲午战争前,华商仅创办轮船公司三家,其中有两家在上海。20 世纪初,商办轮船公司才逐渐多起来。据统计,1901 年至1913 年,规模较大的有 35 家,设立时资本总额 1160 万元,平均每家 33万元。其中上海有 6 家,长江流域主要城市中杭州、南通各 2 家,宁波、九江、无锡、沙市、宜昌、长沙、重庆各 1 家。② 总的来看,直到清朝灭亡时为止,中国的轮船航运业,主要仍然被外国公司所控制。

清末,飞机和汽车虽均已在中国出现,但航空运输和适应汽车行驶的真正现代意义的公路交通,尚未兴起。

二、近代邮电通信的发轫

中国邮传制度历史悠久,但各朝代邮驿只负责传递官方文书信函,不承担民间通信。于是民间出现民信局。19 世纪初,又出现专门办理华侨之间通信、汇兑业务的侨批局。到清末的同治、光绪年间,中国民信局和侨批局已经有数千家,形成了广泛的民间通信网络。五口通商

---

① 严中平等编:《中国近代经济史统计资料选辑》,科学出版社 1955 年版,第 248—251 页。

② 许涤新、吴承明主编:《中国资本主义发展史》第 2 卷,人民出版社 1990年版,第 500—501、674—675 页。

以后,随着商品经济的发展,中国与世界交往联系增多,古老的邮驿制度和民间通信机构,已经不能满足人们日益增长的通信需要,于是,中国的传统通信方式逐渐被先进的邮政和电信所取代。

近代邮政是西方列强为了侵略目的而强行输入中国的。在鸦片战争前,1834年,英国政府就指使其驻广州商务监督律劳卑,在广州擅自开办了"英国邮局",收发在华英商与英国及其殖民地之间往来的公私函件。1842年,英国又以香港为基地,在中国沿海和内地任意设立英国邮局的分支机构,明目张胆地侵犯中国邮政主权。之后法国(1861年)、美国(1867年)、俄国(1870年)、日本(1876年)、德国(1886年)纷纷效仿英国在上海、天津、北京和东南沿海城市设立各自的邮局(即"客邮")。1866年,清政府委托海关代理总税务司赫德代管北京、天津、上海之间外交、海关等邮件的传递工作。1878年3月,总理各国事务衙门正式同意北京、天津、烟台、牛庄、上海五处海关,仿欧洲办法,设立海关书信馆和华洋书信馆,纠集股份,试办邮政。8月,设于上海的寄信官局发行了中国邮政第一枚邮票,图案为龙,由英国人马士(H. B. Morse)设计,俗称大龙邮票。海关邮政对公众开放,收寄公众邮件,与民信局竞争。到1896年大清邮政设立前,中国海关邮政在各通商口岸设立了24个邮局。

同时,中国有识之士,呼吁中国自办邮政。1859年,洪仁玕于《资政新篇》中,最早明确提出建立近代邮政的问题。洪仁玕主张在太平天国内设立邮亭和书信馆,前者传递政府公文,由政府经营;后者传递民间信件,由政府批准,民间经营。80年代后,主张设立近代邮政,收回邮权的议论逐渐增多。1885年,台湾设省,第一任巡抚刘铭传上任后,推行多项发展近代工业的方针,其中就主张"兴造铁路为网纽,辅之以电线邮政"。1888年3月,刘铭传在台湾率先改驿为邮,设立邮政总局,收寄公私信件。1895年,康有为上书建议开办国家邮政。1896年3月,光绪皇帝批准了署理南洋大臣张之洞关于自办国家邮政的奏折,成立大清邮政,在全国办理邮政事务,委派英人海关总税务司赫德为总邮政司。法国不满英国独揽中国邮政大权状况,直到赫德在1901年任命法国人帛黎为邮政总办,方才了结。这样,名为中国人自办的"大清邮政",实际控制权却操诸外人之手。大清邮政开办后,英、法、美、日、德、俄等外国私设邮局并没有收敛,反而继续向内地扩张。1906年"客邮"达到65个。同时,大清邮政在开办时,并没有宣布裁撤邮驿和民信局,于是在中国出现了大清邮政、大清邮驿、民信局和外国"客邮"共同存在的混乱现象。因此,大清邮政开始发展十分缓慢。直到20世纪初,大清邮政采取降低资费、扩大宣传、改进服务、开展新业务等举措,才使邮政为广大民众所接受,民信局的业务逐渐萎缩。到1911年清王朝灭亡前,大清邮政已站稳了阵地,开办了信函、明信片、新闻纸、印刷物与贸易契及书籍、盲人所用文件、货样、挂号邮件、快信及快递邮件、保价邮件、保价包裹、普通包裹、汇兑等13种业务。邮局和代办所发展到6201处,各种邮路19万多公里,普通和特种邮件上升到36200万件,收寄包裹300多万件1000多万公斤,汇兑790多万两。这时,驿站已经废弛,次年即被裁撤。民信局除了少数依赖邮局或冒险私运邮件仍然存在外,多数改行或歇业。1911年5月,清政府邮传部正式接管邮政,结束了海关管理邮政的历史,但邮政大权仍被洋人把持。

近代电信在中国出现,也是随着列强入侵而来的。早在1864年6月,上海英商在未得到中国政府允许的情况下,擅自埋设电杆,引起上海当地官民恐惧,上海道丁日昌等密示乡民将其拔毁。8月,上海江海关税务司狄妥玛又致函丁日昌,要求在上海至吴淞间安设电气铁线,以通信息,遭到丁日昌和总理衙门的拒绝。此后数年,西人又曾几次提出设立电报之事,均遭中国政府拒绝。1870年,丹麦大北电报公司在俄国支持下,从海参崴铺设海底电缆经日本长崎至上海,并私自登陆,在英租界建立了电报机房,不久延伸至香港,并从香港经广州延伸至天津,这是中国境内第一条完整的电报线路。陆路方面,丹麦开始架设淞沪线,英国人也在1870年从香港架线达九龙。而后,英商大东电报公司、美商太平洋商务水线公司的水线也在中国非法登陆,经营电报业务。1881 年,英国伦敦东洋电话公司在清政府的特许下,率先在上海装置电话,这是中国境内安设电话之始。次年,大北公司在上海建立第一个电话交换所,并在租界内开放通话。1900 年后丹麦人又架设了天津至北京间的长途电话线。接着,俄国在营口、哈尔滨、大连、旅顺,德国在胶州、芝罘各地,均先后安设电话。日俄战争期间,俄国在烟台至牛庄(即今营口)间架设无线电台。此外,日俄还架设了军用有线电报线路、开设了电报局。帝国主义在中国设立的电信机构和设施,大多先设在租界、通商口岸或势力范围内,严重侵犯了中国的主权。

自 19 世纪 70 年代起,国人亦有提出学习西方、自办电信的主张,但清廷视电报电话为"奇技淫巧",拒不接纳。1873 年,爱国侨商王承荣曾自制出中国第一台电报机,但未得到重视。在 19 世纪 70 年代的边疆危机过程中,清政府才逐渐认识到电信的重要性。1875 年底,福州船政学堂附设了中国第一所电报学堂。1877 年,福建巡抚丁日昌在台湾主持架设了中国第一条有线电报线。1879 年,直隶总督兼北洋大臣李鸿章从大沽北塘海口架线到天津,这是中国大陆上自行架设电报线的开始。1880 年,光绪皇帝批准李鸿章关于建设南北洋电报的奏章,在天津设立电报总局,委派盛宣怀为总办。同年设立天津电报学堂。1881 年底,全长 1500 多公里的津沪电报线架设完成并开始通报。1884 年,中国自行铺设的第一条水底电缆——广东徐关至琼州海口间的水线建成。1882 年,电报改为官督商办,使电报建设的速度加快,不久沪粤、长江、川汉、赣粤、京恰(恰克图)等电报干线相继建成。1887年,台湾巡抚刘铭传主持铺设了从台湾到大陆的第一条水线。义和团运动前,天津官电局成立,这是中国自己经营电话之始。1903 年前后,广州、南京、北京、天津、开封、太原等城市陆续创办市内电话(开始是磁石式,后为共电式)。最初电话主要用于政治军事目的,名为官督商办,实际是政府创办、政府使用,不向民间开放。1904 年,杂有商股的汉口电话公司成立,这是最早向普通百姓开放的公用电话设施。1905

年前后,北京、河北、江苏、广东等地建立了长波无线电台。

1906 年,清政府成立邮传部,管理铁路、航运和邮政电报事业。1908 年,清政府将官督商办的电报收归国有,这时全国有电报线路 4500 公里,电报局 394 处,电报通信机构遍及西藏之外的所有省区,基本形成了干线通信网络。1911 年清政府又将省办电报接管。到清朝灭亡前,全国共有电信局所 503 个,电报线路 5 万公里。电话交换机 8872 门,电话用户 8369 户。①

第二节　民国时期交通的发展

1911 年,辛亥革命推翻了清政府,建立了中华民国。中华民国的缔造者孙中山,一直十分重视交通建设。他就任中华民国临时大总统后,立即颁布命令,指出:"富强之策,全藉铁路交通,亟宜从速兴筑。"北洋政府时期,设交通部和内务部掌管交通事宜,前者掌管铁路、航运、邮政、电政等,后者掌管公路交通事务。1925 年,广州国民政府成立,次年 11 月设交通部,下设铁路、邮政航政、无线电管理等处,分别管理交通、邮电等各项事业。1927 年南京国民政府成立,铁路事业获得了很大的发展。

一、铁路

孙中山辞去临时大总统后,表示愿全力从事铁路建设,接受了"筹办全国铁路全权"的全国铁路督办职务,计划以 10 年时间修筑 20 万里铁路。

中华民国铁道协会成立时,孙中山亲自担任会长,并在铁道协会演

---

①　当代中国丛书编辑部:《当代中国的邮电事业》,当代中国出版社 1993 年版,第 9 页。

说时强调了铁路建设的重要性,说:"今日之世界,非铁道无以立国"。1918年秋,他在《实业计划》中,又提出了修建10万英里铁路的计划。但在北洋军阀统治之下,孙中山的计划根本无法实现。

袁世凯控制民国政权后,1912年宣布"统一路政",解散了各省商办铁路公司,把各省已经建成和正在兴建的铁路全部收归国有,用以抵借外债,因而形成了帝国主义掠夺中国路权的第二次高潮。从1912年到1916年各国夺得的路权共达13,000多公里,只是由于时值第一次世界大战,列强无暇把到手的路权变为现实罢了。

北洋政府时期,中国的铁路建设进展缓慢。从1912—1927年间,北京政府虽然以铁路借款名义借了23000多万元(实收21000多万元)的外债①,但大部分被挪做军事和行政经费,真正用于铁路建设的投资极少。加上军阀混战,也影响了铁路的建设。这一时期,关内几乎没有新修的铁路干线,大都续完清末未完工的几条铁路和一些支线的建筑。主要有:粤汉路黎洞到韶州段和长沙至武昌段(1918年完工,长483公里);陇海铁路从原来的汴洛铁路东西两端延长(东段开封至海州的大浦,475公里,1923年竣工;西段洛阳至灵宝,167公里,1927年11月完工);京绥铁路张包段(张家口到包头,614公里,1923年完工)。

在东北,由于政局稍微稳定,加之日本帝国主义乘欧战各国战火正酣,急剧扩大在华势力,强行夺占路权,加紧在东北筑路,使东北的铁路修筑有了较大的进展。日本于1913年10月强索了"满蒙五路"(四平街至洮南、开原至海龙、吉林至海龙、长春至洮南、洮南至承德等铁路)的筑路权。1914年8月,又借口对德宣战,强占了胶济铁路。段祺瑞任国务总理执政后,1918年9月,又将吉长、四郑、四洮、吉会(吉林至朝鲜会宁)即"满蒙四路"和济顺(济南至顺德)、高徐(高密至徐州)等铁路的权益出卖给日本。这些铁路建成后,都置于"满铁"的控制之

----

① 徐义生编:《中国近代外债史统计资料》,中华书局1962年版,第242—243页。

下。同时,占据东北三省的奉系军阀张作霖,处于日、俄两国的势力范围间,处处受制,极为不便,决心修建自己控制的铁路。同时,京奉、东省、南满三条铁路相继建成通车,东北人口增长,垦地增多,进出口贸易激增,客观上也需要修建更多的铁路,东北三省官商合办铁路遂应运而生,先后兴建了奉海、吉海、齐克、呼海等铁路。张作霖死后,张学良继任东北三省总司令,又修建了洮索铁路。此外,京奉铁路局用本路余利还修建了锦朝支线和大通支线。北洋政府时期,东北建成了的主要铁路线有:吉长铁路(头道沟至永吉,127 公里,1912 年竣工)、四洮铁路(四平街至洮南,312 公里,1923 年竣工)、郑通支线(郑家屯至通辽,114 公里,1921 年建成)、洮昂铁路(洮南至昂溪三间房,224 公里,1926年竣工)、天图铁路(天宝山至图们江,101 公里,1924 年竣工)、吉敦铁路(吉林至敦化,210 公里,1928 年竣工)、京奉铁路锦朝支线(锦州至北票,113 公里,1927 年竣工)、京奉铁路大通支线(大虎山至通辽,251公里)、奉海铁路(奉天至海龙,236 公里,1927 年竣工)、金福铁路(金州至城子疃,102 公里)等,此外尚有一些支线和一些尚未完工的线路。据统计,北洋政府时期,1912—1927 年间,全国共建成铁路 3422.38 公里,平均每年修筑 213 公里多。其中东北修筑 1415 公里,占 43% 强,华北修筑 1141 公里,占 38.8%,华南 725 公里,占 22%。西北、西南则没有一条铁路。①

北洋政府时期,中国的铁路仍然被列强控制。据北京政府交通部统计,1922 年全国铁路共计 12 万余公里,名义上国有的 7500 公里,占62%,民族资本经营的 700 公里,占 6%,外国人直接经营的 3900 公里,占 32%。② 而名义上国有的铁路,多数也是借外债修建起来的,铁路的

---

① 张静如、刘志强主编:《北洋军阀统治时期中国社会之变迁》,中国人民大学出版社 1992 年版,第 58 页。关于这一时期修筑铁路的长度和关内外的比例,有多种不同的统计数据,原因在于各著作统计角度不同,有的将 1927 年前已开工但未完工的也算在内,有的则将清末已完成铁路算在这个时期的延长线内。

② 《中国交通事业之各种问题》,《东方杂志》第 22 卷第 18 号。

控制权仍然操诸外人之手,所以真正由中国自己独立经营管理的铁路是不多的。截至 1927 年,中国 13040.5 公里铁路中,自主铁路仅1043.9 公里,占 8%,而由帝国主义列强以各种方式控制经营的有11996.5 公里,占 92%。尽管如此,由于经济发展对铁路运输的需要,这一时期,我国的铁路运输真正开始发挥效用,关内外京奉、京汉、京张、南"满"等铁路干线开始实现客货联运,铁路机车和火车车辆都有很大程度的增加,铁路的运输能力大大提高。

1927 年,南京国民政府成立后,仍设交通部掌管铁路事宜。1928年 10 月,国民政府改组,设铁道部管辖铁路、国道(公路)事业,交通部则专门管理电政、邮政、航运等事务。1938 年 1 月,铁道部裁撤,其职能并入交通部,这样,全国交通事业,基本上都归交通部管辖。

南京国民政府成立之初,国民党新军阀混战连年,国无宁日,铁路建设基本停滞。只是由于北京改名为北平,与此相关的铁路也因此更名,如京绥路改为平绥路,京汉路改为平汉路,京奉路改为北宁路等。直到 1930 年中原大战结束后,铁路建设才提上日程。国民政府加强了铁路的建设,加上地方实力派和商办铁路也有所动作,掀起了一个兴建铁路的小高潮。至"九·一八"事变前,东北地区除完成沈海(即奉海)、呼海、吉敦等铁路外,还修筑了吉海(吉林至海龙朝阳,184 公里)、齐克铁路三间房经齐齐哈尔至泰安(今依安)段(173 公里)及宁年(今富裕)至拉哈支线(48 公里)等干支线。从 1928—1937 年抗战爆发前,全国共修建铁路 8600 多公里,其中东北地区约占 56%("九·一八"之后主要是日伪修筑的铁路),关内约占 44%。关内国民政府先后修建了浙赣铁路(杭州至株洲,由原杭江铁路扩展而成,全长 949 公里,1937年完工)、粤汉铁路株韶段(株洲至韶关,420 公里,1936 年竣工)、陇海铁路灵宝段(灵宝至宝鸡,379 公里,1936 年竣工)、淮南铁路(田家庵至裕溪口,214 公里,1935 年完工)、苏嘉铁路(苏州到嘉定,74 公里,1936 年完工)、沪杭甬铁路杭曹段(杭州到曹娥江,68 公里,1937 年完工)、京赣铁路(南京至贵溪,在原江南铁路基础上新修徽州至贵溪段,

470 公里,未完工)、同蒲铁路(大同至风陵渡,865 公里,未完工,米轨铁路)以及商办个碧临石铁路(个旧至石屏,176 公里,1936 年完工)等干支线近 4000 公里。此外还进行了成渝、湘桂、湘黔等铁路的开工建设以及宝成、广梅、贵昆等铁路的规划和签约。

国民政府还加强了原干线铁路的联络建设,1933 年建成联络沪宁铁路和津浦铁路两大干线的南京长江渡轮。1934 年建成连云港码头,使之成为陆运和水运的重要转换枢纽。1937 年 10 月建成的钱塘江大桥,既是沪杭甬铁路打通的关键环节之一,也为连接浙赣铁路和沪杭铁路提供了条件。此外,国民政府还建立了广九和粤汉铁路的连接线,大大方便了华南的运输。这时国民政府的铁路建设,还有一定的备战意图,如浙赣铁路、苏嘉铁路、京赣铁路的修建,沪杭甬铁路的打通,几大干线的联系,都对后来的抗战起了积极作用。需要指出的是,国民政府的铁路建设,许多方面仍然受制于外国。

1912 年至 1937 年,全国增建铁路 11,000 多公里,平均每年兴建450 多公里,全国铁路总长度达到 22,000 公里,形成了旧中国铁路网的基本骨架。[①]

1931 年"九·一八"事变后,中国东北地区约 5,900 公里铁路全部被日本侵略者霸占。日本侵略者在霸占中国东北的 14 年间,为扩大军事侵略和经济掠夺,又先后修建新线约 5,700 公里,主要有敦图铁路,朝开铁路,拉滨铁路,海克、泰克和北黑铁路,宁霍和霍黑铁路,长白、白温铁路,图佳铁路,虎林铁路,四西、梅辑和鸭大铁路,锦古、叶赤铁路,绥佳铁路等。这些铁路,都是在侵略军的刺刀、鞭子下,用东北人民的血汗筑成的。1937 年"七·七"事变以后,在短短 15 个月中,武汉、广州相继沦陷,中国关内铁路约 9,100 公里沦入敌手。到 1944 年又丢失约 3,000 公里。至此,中国铁路 90% 被置于日本侵略者的铁蹄下。与此同时,日本侵略者还按其侵略的需要,改建和拆除了一些铁路,又赶

---

① 孙敬之:《中国经济地理概论》,第 491 页。

筑了一些铁路如通古铁路(通州到古北口)、石德铁路(石家庄至德州)、新开铁路(新乡至开封)、海南岛铁路(榆林港至北黎、八所至石碌)和邯磁、白潞(东观至潞安)支线等,共约1,200公里。

抗日战争期间,南京国民政府加强了西南、西北的道路建设,在"大后方"修建了几条铁路。其中有湘桂铁路、黔桂铁路、滇缅铁路、叙昆铁路、綦江铁路、陇海铁路宝天、天兰段。这些铁路有的建成后很快就沦于敌手,有的随着战局的发展而中途停工或拆除他用,还有的直到新中国建立时也没有建成。

此外,台湾1895年被日本割占后,从1898年开始继续修建铁路,陆续建成的线路主要有:新竹至高雄300公里和高雄至枋寮65公里的西干线;台中线89公里;宜兰线98公里;均为1,067毫米轨距窄轨铁路。另外还修建了台东至花莲港176公里的762毫米轨距窄轨铁路。1945年日本战败投降后,根据《开罗宣言》和《波茨坦公告》台湾省回归祖国,共接收干、支线铁路900多公里。

抗战结束后,内战很快爆发,不仅全国铁路新线建设基本停止,而且原有铁路干线被战争破坏严重。整个南京国民政府时期(1928—1948年),在中国大陆上共修建铁路约13,000公里。到1945年抗战结束时,中国大陆共有铁路干线25,000多公里,由于战争影响,到1948年底,全国铁路通车里程只有11,000公里;到1949年,也仅有21,000多公里。

从1876年中国开始修建第一条铁路到1949年新中国建立的70多年间,中国铁路的建设取得了一些进步,但整体而言,线路仍然稀少,地区分布极不平衡,技术水平和经营管理水平都比较低。但在半殖民地半封建社会生产力不发达的情况下,铁路还是在近代交通运输中日益显示其重要作用。铁路的发展,密切了内陆腹地和沿江沿海商埠、港口的联系,促进了穷乡僻壤同都市通邑的交往,促进了东北和西北地区的移民和开发。一大批小村镇因为铁路的修建而发展为大城市。铁路运输在近代出现之后,很快在交通运输系统中居于重要地位。据统计,在 1949 年前货运量最高年份,铁路运输的货物量,比汽车和轮驳船分别多到 17 倍和接近 11 倍。若按吨公里计,更分别高达 90 倍和3 倍。[①]

二、公路

公路汽车运输投资少,见效快,机动灵活,适合于短途运输。但近代中国的公路建设和汽车运输业落后于水运和铁路。

清末汽车在中国出现,公路建设开始草创。辛亥革命后,中华民国建立,公路建设和汽车运输才逐渐发展起来。孙中山十分重视交通运输事业,鼓吹交通运输对中国经济发展的重要作用,指出铁路投资大,见效慢,而且光有铁路没有公路相衔接,仍然达不到发展经济的目的,所以要大力发展公路运输。民国初年,国民政府设立交通部和内务部,共同管辖国家交通事业。从 1913 年湖南都督谭延闿修建长沙至湘潭的军用公路(长 50 公里,1921 年通车)开始,各省陆续修筑公路。民国初年,张謇倡建的江苏南通唐闸至天生港公路(长 6 公里)、南通至狼山公路(长 10 余公里)均开始修建,并于 1916 年完工。1913 年,广东亦开始修建惠(州)平(山)间长 33 公里的公路,1921 年 5 月通车。1915 年,两广巡阅使陆荣廷指挥工兵修筑邕(宁)武(鸣)公路,长 42公里,1919 年通车。1917 年 11 月,经北京政府交通部批准,商人景学钤组织大成运输公司,办理张家口到库伦 1,000 多公里的客货运输,开中国公路汽车运输业及民营汽车运输业的先河。1918 年初,泰通长途汽车运输股份有限公司成立,同样经营张家口至库伦的运输业务。为加强对汽车运输的管理,1918 年 7 月,北京政府交通部颁布了《长途汽车公司条例》和《长途汽车公司营业规则》。

1919 年 11 月,北京政府内务部公布《修治道路条例》,规定全国公

---

① 宓汝成:《帝国主义与中国铁路》,上海人民出版社 1980 年版,第 589 页;国家统计局编:《伟大的十年》,人民出版社 1959 年版,第 120、129、131 页。

路分为国道、省道、县道和里道四类,国道、省道和县道的宽度分别要达到 5 丈、3 丈、2.4 丈以上。同时规定不同道路的核定管理办法。[①] 条例颁布后,各省先后成立了相应的路政管理机构。1920 年,华北五省遭受旱灾,政府以工代赈招集灾民修筑了山东烟台到潍坊的公路(1922 年通车)。1922 年 1 月,北京政府又颁布关于修筑道路可享有专营权的奖励条文,规定商人呈准修筑公路,可以获得该路的专营权。全国各省逐渐兴起公路建设的热潮。1921 年,全国公路仅有 1,185 公里,1922 年即新修建 6,815 公里,达到 8,000 公里,1924 年增加到 16,000 公里,1926 年更增加到 26,111 公里。[②] 五年间新修公路 24,926 公里,平均每年修筑 4,985 公里。汽车拥有量也逐年增加,到 1925 年,全国共有汽车 1 万辆,汽车公司 22 家[③]。截至 1927 年,全国公路通车里程约为 29,000 公里。这时公路多数是在原有驿路或大车道的基础上改建的,各地标准并不统一,路基质量不高。由于军阀割据和混战,各省道路大多各自为政,互不联系。

　　1927 年南京政府建立后,初期由于忙于内部争斗,无暇进行公路建设。直到 1929 年国民政府才组建了道路修筑委员会。1930 年中原大战结束后,国民党和国民政府为了"围剿"红军的需要,大力加强公路建设。当时公路建设的重点,首先是国民政府所在地——南京周围的江、浙、皖三省,1936 年,这三个省的公路干线通车里程已超过 4,000 公里。其次是红军根据地所在省份,如江西、福建、广东、广西、湖南、湖北、河南、四川、陕西等省区,1936 年上述各省区干线公路通车里程已近 20,000 公里。以江西为例,为了"剿共",从 1930 年起,国民政府军事委员会严令江西推行"交通清共"政策,把强征民工修筑公路列为江

---

① 《政府公报》1919 年 11 月 15 日。

② 中国公路交通史编审委员会编:《中国公路史》第 1 册,人民交通出版社 1990 年版,第 108 页。

③ 转引自张静如、刘志强主编:《北洋军阀统治时期中国社会之变迁》,第 62 页。

西省施政的重大方针。江西省公路处拟订了江西通往临近的广东、湖南、福建、浙江四省的公路计划,由各县成立的筑路委员会负责筹款,开工赶建。蒋介石在南昌设立委员长行营之后,又规定驻军也必须参加筑路,每月必须成路50公里以上,同时公布《兵工筑路政策奖励条例》和《兵工筑路惩治条例》等,加强对筑路的监督管理,以求加快筑路速度。1930—1931年,第一、二次"围剿"时,江西分别突击筑路126公里和200公里,第三、四次"围剿"时,分别筑路达1,000公里以上。第五次"围剿"时,修筑公路更达到创纪录的2,300多公里。这样,江西由原来仅有数百公里公路发展到抗战爆发时全省通车里程达到66,000余公里,在全国各省中名列前茅。

同时,为了加强重点省份之间公路的联络,1932年,国民政府在汉口召开了苏、浙、皖、赣、鄂、湘、豫七省公路修建会议,确定了京陕(江苏浦口到豫陕边境的紫荆关,948公里)、汴粤(开封到广东南雄,1680公里)、京黔(南京到湖南晃县,1791公里)、洛韶(洛阳到韶关,1809公里)、京川(从京川线上的合肥至湖北利川,1239公里)、归祁(河南商丘至安徽祁门,592公里)、京鲁(浦口到山东台儿庄,396公里)、京闽(南京到福建福鼎,840公里)、海郑(江苏铜山到郑州,651公里)、沪桂(上海至桂林,1686公里)、京沪(南京至上海,307公里)等11条省际干线公路由经委会直接督造,共计长22,000公里。这些公路以南京为中心,覆盖中国东部地区经济发达的省份,使各自为政的公路建设纳入国家规划网络。汉口会议还规定了干线公路的工程标准:"路基宽分为12米,9米及7.4米;平曲线最小半径在山岭区为15米,中原区为50米;最大纵坡为6%,必要时得增至8%;路面宽度分为单车道、双车道及三车道三种,每车道宽为三米。"[1]会议前,以上诸省已建成7,000公里的干线公路,会后又拨加款督造,并将西北陕西、甘肃等省的西兰公路(西安至兰州)及西汉公路(西安至汉中),也纳入中央督造的干线

---

[1] 《中国公路史》第1册,第209页。

之内。到 1936 年,各省的联络公路已完成近 19,000 公里,占经委会计划的 29,000 公里的 2/3 左右,业已开工的也有 4,600 多公里。然而直到抗战全面爆发,规划仍未能完成。主要原因是经费紧张。以上干线联络公路,国民政府经委会拨款仅占三分之一,其余三分之二由地方政府负担。截至 1935 年,经委会拨出的经费中,最多的浙江,也仅得 200 万元,其次是江苏、安徽、江西,各得 100 万余元。其余各省则更为有限。尽管如此,各省联络干线公路的修造,对全国公路建设的网络化、整体化、标准化是一个促进,加快了全国公路建设和公路运输发展的速度。

与此同时,在东北三省,日本为了加强对东北的控制,从 20 世纪 20 年代起,开始重视公路修筑。特别是 1931 年“九·一八”事变后,为了维护日伪的统治,更是大举修筑军用公路、警备道路、开拓道路、移民道路等,使东北三省的公路迅速增加,到 1937 年,东北三省的公路里程超过 15,000 公里,尤其是辽宁省,达到 12,640 公里,仅次于广东,居全国第二位。

这样,在南京国民政府统治的前十年中,公路建设有了较快的发展,到 1936 年底,全国公路已有 69,000 公里,正在修建的 10,000 公里,计划修建的 30,000 公里。[①] 而据叶恭绰计算,到“七·七”事变前夕,全国公路已达 11 万公里,唯土路居其六,有路面者仅占其四。[②] 另有统计数据显示这时公路通车里程总计已达 117,300 公里。总之,这时,旧中国公路布局的骨架,已基本形成。

应该注意的是,公路建设的进步,并不等于公路运输的发展。由于国民政府公路建设的军事政治目的重于经济发展目的,公路主要用于

---

① 杨格:《一九二七至一九三七年中国财政经济情况》,中国社会科学出版社 1981 年版,第 358 页。

② 叶恭绰:《五十年来之中国交通》,中国通商银行编:《五十年来之中国经济(1896—1947)》,文海出版社 1948 年版,第 151 页。

军事运输,所以,对这一时期公路运输对经济发展的作用估计不宜过高。而且公路的建设缺乏长远目光,布局十分不合理。如前所述,国民政府所筑线路,大半在苏、浙、皖、赣、湘、鄂、豫、闽及陕甘等省,西南、西北非常之少,尤其是对于国际道路,并未顾及。同时公路的质量参差不齐,大半质量低劣。汽车的拥有量及燃料和配件的保障,更为落后。据统计,1937 年,全国汽车拥有量近 69,000 辆,其中包括商人汽车 15,000 辆。这些汽车全部从外国进口,型号繁杂,配件、燃料要求各异。此外,公路运输的管理也很滞后,汽车运输的立法、监管、行政等基本上处于地方各自为政的状态。这些,都大大限制了汽车运输的发展。

抗战爆发后,由于京汉、粤汉、津浦等铁路干线很快被日军切断,上海、广州等港口也被封锁,公路运输就成为沟通大后方和打通国际交通线的主要通道。抗战初期,主要是为了抗战需要,根据战场的转移情况,抢修或赶筑了一些公路,比如在华北抢修了以石家庄为中心的石德(德州)、石保(保定)、石沧(沧州)等军用公路,还抢修了太(原)大(同)、晋南和豫中等公路,总长达 3,600 多公里。在华东则抢修了苏、浙、皖三省被破坏的桥梁。武汉会战前后,又赶筑或修缮了汴洛(开封—洛阳)、广韶(广州—韶关)、武长(武汉—长沙)、汉宜(汉口—宜昌)公路以及鄂东通达赣皖各地的干支线,初步完善了以武汉为中心的公路交通辐射网。同时,国民政府对大后方各省的公路进行了改善和连接,在西北,以兰州为中心,修建和改善了西(安)兰(州)公路、兰(州)新(疆)公路,兰新公路长 3,400 多公里,在新疆与苏联铁路相连,是西北唯一的国际交通线。在西南,以贵阳为公路交通网络中心,设西南运输管理局、中国运输公司等机构,整修了湘川、湘黔、川黔、滇黔、黔桂、湘桂、川滇、川陕等国内公路和滇缅、桂越、中印等连接国际通道的公路。以川陕、川滇公路为核心,使西北和西南诸省连接起来,成都成为西南和西北交通枢纽的中心。滇缅、滇越和中印公路的修通,是中国沿海被敌人封锁后,中国对外陆路交通的重要通道。尤其是中印公路全长 23,000 公里,与沿途的机场和输油管道相联系,是抗战后期的重要战略物资输送通路。抗战时期,国民政府新建公路共 14,431 公里,其中多数是在地理与自然条件较恶劣的边陲地区,而且直接服务于军事目的,对路面的标准和质量要求不高,而且时兴时废,修筑和破坏交替发生。据统计,截至 1946 年 6 月,国统区公路里程达 130,219 公里,其中国营公路 31,435 公里。到当年底,公路里程达 131,466 公里,其中国营为 29,735 公里。国营公路里程不多,但客货运输量却占绝对优势,是公路运输的主体。1947 年度国营公路客运 367,746,553 公里,货运 84,480,265 公里。

此外,日本侵略者为了加强对沦陷区的控制和掠夺,在东北和华北地区也修建了一些公路。

抗战胜利后,由于进行解放战争,公路交通以军用为主,解放区和国统区的公路互不联系。且国共双方为遏制对方,都常把断绝公路、铁路交通作为一项重要的战争手段,因此,道路交通运输的毁坏非常严重,通车里程不仅没有增加,反而在不断减少。在 1949 年新中国建立前,全国公路通车里程仅 75,000 公里。

三、水运

轮船航运是中国最先发展起来的近代民族交通运输业。清末,航运归邮传部管理,邮传部下设船政司,专门管理全国航运事务。但实际上,有关船舶的注册、签证、港口事务、航道管理等权力,却操在洋人把持的海关理船厅手中,船政司形同虚设。辛亥革命后,北洋政府交通部建立,曾计划在内河沿江重要港口设航政管理局,并拟出"暂行章程"13 条,要求各地海关理船厅停止办理有关航政事宜。但遭到海关的阻挠。以后随着政局动荡,收回航运管理权成为空谈。1927 年,南京国民政府成立后,宣布全国航政仍属交通部管理。1930 年底,交通部提出《交通部航政局组织办法》,开始筹建航政局。1931 年,经国民政府行政院批准,上海、汉口、天津、哈尔滨等 4 地设立交通部直属航政局(1936 年增设广州航政局),其他各省区航政就近划归上述 5 个航政局管理,航政局在各省派出办事处,办理有关航政事宜。同时,海关声明解除其兼管航政的职责。航政局的设立,虽然并不能改变全国航政不统一的局面,但一定程度上收回了航运主权,对民族航运业的发展,起了积极作用。

北洋政府统治时期,中国航运业在逐渐发展。1912 年至 1926 年,全国各地陆续建立的轮船公司有 35 家,其中上海 12 家,烟台 5 家,汕头 5 家,杭州 4 家。此外,无锡、长沙、沙市、广州、宁波、哈尔滨、营口、绍兴、天津、重庆等地也有轮船公司。轮船数量和吨位也在不断增加。据统计,1910 年,中国轮船总吨位是 88,888 吨,1921 年达到 183,286 吨。到 1928 年,总吨位达到 290,791 吨。[①] 另据统计,1913 年中国共有轮船 893 只,总吨位为 141,023 吨;1924 年轮船只数为 2,734 只,445,997 吨。[②] 还有数据表明,1921 年全国华资大中型轮船企业 106 家,共有轮船 366 艘,总吨位 370,211 吨,其中在长江航行的近 80 艘,总吨位 77,371 吨。这 106 家轮船企业总部设在上海的有 39 家。[③] 比较大的轮船公司有轮船招商局、三北航业集团、鸿安商轮公司、宁绍商轮公司、民生实业公司、政记轮船公司等,其中三北、鸿安、民生都是在这一时期新建立的著名航运企业。统计数字的悬殊表明政府对轮船航运管理的混乱以及航运发展的无序状况。这时期,轮船航运的大权仍然掌握在外国轮船公司手中。截至 1927 年,各帝国主义国家在华设立的轮船公司达 41 家。[④] 著名的有中国航业公司(太古轮船公司)、印度中国航业公司(怡和轮船公司)、大英轮船公司(茂祥洋行)、亚细亚公司、日本邮船会社、大阪商船会社、日清汽船株式会社、美孚火油公司、大来洋行及大来轮船公司(美国)、捷江公司(美国)、吉利洋行(法国)

---

①　严中平:《中国近代经济史统计资料选辑》,第 227、229 页。

②　国民政府交通部编:《交通史航政编》第 2 册,第 705—711 页。

③　樊百川:《中国轮船航运业的兴起》,四川人民出版社 1985 年版,第 637—643 页。

④　严中平:《中国近代经济史统计资料选辑》,第 239—243 页。

等。这些外国公司,大多资金比较雄厚,拥有较多的船只,控制了中国的沿海和国际航线,在长江等内河航线,则与轮船招商局等中国公司展开激烈竞争,抢占了大部分的业务。1918 年前,长江航运中国船只数和吨位数均只占 26%,外国船只和吨位占 74%。其中英国船只占 38%,吨位占 40%;日本船只占 31%,吨位占 31%;德国船只占 5%,吨位占 3%。中国沿海航线,中、英、日三国船只吨位分别为 37,081 吨、75,742 吨、33,766 吨,分别占 25.6%、50% 和 24.4%。① 到 1926 年,在长江航线上,轮船招商局总吨位为 34,683 吨,英国总吨位为 119,342 吨,日本总吨位为 25,807 吨,分别占 19.3%、66.4%、14.4%。在沿海航线,中、英、日三国轮船吨位比例分别为 34.4%、48.4%、17.2%,②英、日、美三国在中国的水上实力最强,而日本航运实力增长最为迅速。从全国范围来看,中国水上运输能力,"尚不及英之客籍船只,而亦不及日美客船之和甚远",北洋政府时期的水上交通,实际处于一种中外宾主倒错的状况。③ 具体情况可参见 1912 年至 1933 年中国境内往来船只吨位比较一览表:

表 6—1 **1912 年至 1933 年中国境内往来船只吨位比较表**④

年份	英船吨数	日船吨数	美船吨数	华船吨数
民国元年(1912)	38,106,731	19,913,385	715,001	12,885,599
民国 2 年(1913)	38,120,300	23,422,487	898,750	14,744,325
民国 3 年(1914)	39,266,765	23,996,972	1,047,422	18,628,456
民国 4 年(1915)	37,675,657	23,873,026	804,414	18,655,411
民国 5 年(1916)	35,840,573	24,233,875	799,913	18,460,533
民国 6 年(1917)	33,576,217	24,581,647	1,125,155	18,517,957

① 《中国航运之大势》,《东方杂志》第 15 卷第 3 号。
② 《招商局停航后中国航业之前途》,《东方杂志》第 22 卷第 18 号。
③ 白寿彝:《中国交通史》,第 220 页。
④ 根据白寿彝:《中国交通史》,第 220—221 页表格整理。

年份	英船吨数	日船吨数	美船吨数	华船吨数
民国 7 年(1918)	29,911,319	25,283,373	1,214,921	16,984,523
民国 8 年(1919)	36,284,321	27,532,449	2,569,887	22,553,448
民国 9 年(1920)	40,315,707	28,191,592	4,718,251	23,632,198
民国 10 年(1921)	42,326,445	31,738,783	4,501,901	27,063,389
民国 17 年(1928)	56,340,849	40,119,225	6,395,879	45,863,493
民国 18 年(1929)	58,203,006	43,551,000	6,708,470	42,123,263
民国 19 年(1930)	57,517,420	46,706,552	6,527,764	42,121,751
民国 21 年(1932)	59,430,602	19,775,917 *	5,376,352	33,888,168

　　*　因东北失陷,日本船只往来东北各埠的船只统计数据无法列入。

　　北洋政府时期,中国沿江沿海航线不断开辟,尤其是以重庆为中心的长江上游航线在这一时期有了较迅速的发展。1908 年,官商合办的"川江行轮有限公司"在重庆成立,标志着川江航运近代化的开端。辛亥革命后,川江航运开始第一次大发展,到 1922 年,进出重庆的轮船达到 639 艘,货物装载量达到 279,009 吨,分别比 1912 年增长 24.5 倍和 55.9 倍。1926 年,卢作孚在重庆创办民生公司,成为川江航运近代化的又一里程碑,10 年后,民生公司发展成为中国最大的民营轮船公司。国际航线在这一时期也得到发展,从中国到世界各大洲都有航线,但是除了南洋航线尚有中国华侨经营的船只往来外,国际航线基本全都操纵在外国人手里。

　　南京国民政府成立后,加强了对航运的管理,航政组织逐渐健全。鉴于当时全国最大的航运企业轮船招商局日趋衰落,1932 年,国民政府对轮船招商局进行改组,收回国营,使之逐渐振作。1930 年,该局有轮船 20 艘,1934 年增加到 24 艘,到抗战前夕,已经拥有轮船总吨位近 10 万吨,仅次于英国太古轮船公司。抗战期间,招商局为军事运输作出了贡献,也有一些轮船被炸毁。抗战胜利后,国民政府将接收的敌伪大型江海轮船全部交给招商局经营,使其运能大增。截至 1947 年年底,该局拥有的各种船舶达到460艘,约占当时全国船舶总数的12.8%;总吨位达到333,645吨,占全国的32.3%。尤其是海轮,船只数虽仅61艘,占全国的4.8%,但吨位却占海轮总吨位的24.2%。① 招商局在抗战后已经占据了全国航运的垄断地位。

国民政府统治时期,由于战事和经济发展的原因,交通部曾就促进国营、民营航业合作召开过会议,拟订了整理民用航运业的办法,其中有建造新船的奖励办法等,促进了民族航运业的继续发展。据统计,全国注册轮船,1928年为1,294艘,284,174吨;1935年为3,959艘,711,952吨。到抗战爆发前,经交通部各航政管理机构注册的船只数量总吨位达到80万吨。在这80万总吨位中,有将近60%的吨位数是轮船,并有一些规模较大的轮船航运企业,如前述的招商局、民生公司等。但仍有相当数量的木船,据交通部航政机构注册数据显示,抗战爆发前,注册过的木船总吨位达到33万多吨。未经注册的木船不计其数。据估计,仅长江流域7个省,就有大大小小的木船17万只,以平均每船5吨计算,总吨位在85万吨左右,船工和与此相关的谋生人员达100万人以上。② 显然,在中国,木船虽然已经处于衰落之势,但由于轮船航运还不发达,所以木船运输在一个时期内还起过相当重要的、轮船无法替代的作用。

"九·一八"事变后,东北三省航运主权完全被日寇侵占。抗战爆发后,日本封锁了中国沿海和主要河流航道,使民族航运业遭到打击。但是另一个方面,因为国民政府的西迁,使长江上游的航运业迅速发展,以四川为基地的民生公司发展尤其迅速。1936年,民生公司仅有船48艘,19,137吨。到1942年,该公司已经发展到有船116艘,36,000多吨,职工近万名,总资产在3,000万元以上,成为大后方最大

---

① 张静如、卞杏英主编:《国民政府统治时期中国社会之变迁》,中国人民大学出版社1993年版,第52页。

② 参见马志义:《长江航运史》,人民交通出版社1993年版,第415页。

的民族资本企业。但是由于日本侵华战争的影响,以及大后方经济的不断恶化,轮船航运业不断萎缩,到1943年,全国轮船总吨位仅剩下37,000吨,数量微不足道。抗战结束后,随着被日伪霸占的船只的收回,轮船数和总吨位都有暂时的迅速增加。但由于国共之间的战争很快爆发,加上国统区经济的迅速恶化,使轮船航运业处境仍然十分艰难,经营每况愈下。

国民政府时期,航运服务设施有所改善,连接港口的铁路、公路不断增多,新开辟了一些港口,码头的设施建设也得到改善和加强。导航设施和技术也得到发展,沿海及沿江重要港湾都设立了功率较大的电台,轮船上也配有各种无线电通讯设备。航政当局还与气象部门建立固定的联系,定时播放气象和水文预报,保证航行的安全。这些都对航运的发展起了积极作用。

四、航空运输

1909年,法国人环龙(Vallon)在上海用苏姆式双叶飞机试飞,这是中国领空有飞机飞行的开始。次年,俄国技师在北京东交民巷演示飞机,引起清政府的注意,并向法国购买苏姆式双叶飞机一架,这是中国最早购置的飞机。1911年,辛亥革命爆发后,武昌都督府成立了航空队,南京第三师则成立了交通团,并向奥地利订购伊特立克式飞机单叶飞机2架,1912年曾在上海由留学回国的厉汝燕驾驶做表演飞行,任人观览,这是中国人第一次在本国驾驶飞机。同年,北京政府参谋本部在北京南苑开办航空学校,向法国政府购买飞机12架供学生实习用,同时设立修理工厂,培养航空人才。[①] 1916年,北京政府海军部在福州造船厂附近设立飞潜学校,并由校内教员制造了飞机数架供学生实习,这是中国注意水上飞行及自制飞机的开始。与此同时,各地军阀为扩充势力,也纷纷发展军用航空。1916年,广东护国军司令岑春煊设航

---

① 白寿彝:《中国交通史》,第249页。

空队。1921 年 4 月,东北三省成立航空处。8 月,直鲁豫航空处成立,11 月,保定航空队建立。1922 年 5 月,云南也成立航空处。孙中山也十分注意航空事业的发展,并提出"航空救国"的口号,他在广东建立南方政权后,曾委托华侨杨仙逸购买飞机等航空器材,物色航空人才。1923 年,杨仙逸等回国,随即被南方政府任命为航空局局长兼广东飞机制造厂厂长。第二年,还在广州开办了航空学校,从黄埔军校中选派学员,培养出中国第一批航空人才。据估计,到 1926 年前后,全国约有飞机 200 架。

1919 年,北京政府交通部及国务院先后设立筹办航空事宜处及航空事务处,管理航空事业。1921 年 2 月,两处合并后扩充为航空署,归军政部管辖,从此中国有了航空管理机关。1919 年 2 月交通部筹办事宜处成立后,派人到美国买回小飞机 8 架,招聘洋人做驾驶员,预备开展商业飞行。10 月,北京政府又向英国费克斯公司借款 180 万英镑,购买 150 架飞机,作为商业及练习之用,这是中国民用航空的开端。1920 年北京政府又订出各种航空运输的章程,计划开辟北京到上海、哈尔滨、成都、广州、库伦(今蒙古乌兰巴托)的 5 条航空线路,并与邮政总局签订承担邮件运输的合同。同年 5 月,北京到上海航线首先开始试办,最初开通北京到天津一段,运送邮件并搭客。7 月 1 日又延长到济南,但 10 天后,又缩回天津,一直未能通航上海。北京至天津段断断续续维持了一年多时间就停航了,其他航线则一直没有开通。航空署成立后,曾开通了北京至北戴河的暑期临时航班,并举办参观海滨和长城风景的飞行游览。1924 年张作霖控制北京政权后,一切飞行业务全部停顿。这一时期,是中国航空事业的草创时期,无论中央与地方,重点是发展军用航空,民用航空几乎是空白。

国民党在南京建立国民政府后,下决心发展民用航空。1928 年 5 月,国民政府交通部主持成立沪蓉航空线管理处。购买美国生产的 4 架单翼小型飞机,招聘外籍飞行员 2 人,中国籍飞行员 3 人,外籍机械师 1 人,中国技师 9 人。7 月 8 日,首先开通上海到南京的航线。10

月,又开通了上海至汉口的航线。由于条件简陋,客货源不足,航班飞行并不正常。上海南京航线开通 1 年多,总共运载乘客 1477 人次,邮件仅 20 多公斤。1929 年初,交通部又成立航空筹备委员会,准备组建"中国航空公司"(简称"中航"),由当时的铁道部长孙科担任筹组中的"中国航空公司"董事长。同年 4 月,"中航(筹)"与美国泛美航空公司的子公司——美国航空拓展公司签订"航空运输及航空邮务合同",组成中美合作公司。5 月,中国航空公司成立,购买水陆两用飞机 2 架,于 10 月开通上海到汉口的航线。但航线开通后不久,美国拓展公司就将原来与"中航"签订合同的所有权利转让给美国人经营的"中国飞运公司",由此引起中国社会各界的不满和抗议,指责签订合同的铁道部无能,上海等大中城市的邮政职工并举行罢工。经过交涉,1930 年 7 月重新签订中美航空新合同,议定中国交通部与美国飞运公司联合组建新的"中国航空公司",资本为 1,000 万元,中国占 55%,美国占 45%。8 月,新"中航"正式成立,同时交通部的沪蓉航线管理处撤销,其经营业务并入"中航"。由于国民政府给"中航"诸多优惠和便利,"中航"业务发展顺利,陆续开辟了沪蓉、沪平、沪粤三条沿海和沿江航空干线。以及重庆到昆明、贵阳等地的航线。1933 年,"中航"将沪粤线延伸到香港,实现了中国同英美航空公司的联运。1933 年 8 月"中航"并试航了上海到马尼拉之间的航线,反应良好。到 1936 年底,"中航"公司的航运里程达到 6,100 余公里,年运客数量达到两万多人次,货运量近 49 吨,邮件 102 多吨,拥有飞机 12 架。

"中航"成立后,经德国提议,1930 年 3 月,国民政府交通部又与德国汉莎航空公司签订"欧亚航空邮运合同"以及合资经营航空公司的合同,组建合资的"欧亚航空公司"(简称"欧航"),资本最初为 300 万元,后增至 510 万元,中国占三分之二,德国占三分之一。"欧航"最初拟订主要开辟从上海分别经满洲里、库伦、新疆转俄国到欧洲的三条国际航线。并议定国际航线未开通前,可以先开通三线的国内部分。

1931年5月,上海到满洲里的航线首先开通,但随即因"九·一八"事变停航。沪新线1933年通到塔城,与俄国航空公司达成联运办法。但不久新疆战事爆发,此航线仅止于兰州。上海到库伦的航线因为气候原因,一直没有开通。抗战爆发前,"欧航"主要飞行一些短途航线,如北平到西安、广州到西安(后合为北平经太原、洛阳、汉口、长沙直达广州的平粤线)、包头到兰州、西安到兰州、兰州到哈密、兰州到银川、西安到成都等。"欧航"经营比较努力,虽然实力较弱,但到1936年底,"欧航"的航线超过"中航"达到7,600公里,货运量超过201吨,载客量7,775人次,运送邮件16余吨。

此外,在1933年,西南两广的地方实力派陈济棠等发起成立西南航空公司。6月成立筹备处,议定资本150万元,完全由华人担任。最初拟订飞行广州到琼州、梧州到贵县、南宁到昆明、广州到福州、广州到钦州的5条地方航线。除了1934年11月开通广州到琼州航线外,到1937年,其他航线尚未开通。经营基本处于停顿状态。1934年,当时中国国内三家航空公司就联运事宜达成协议,使乘客和邮件运输都比以前便利。

东北地区在张作霖、张学良的统治下,主要发展军用航空。1931年"九·一八"事变后,东北航空事业尽陷敌手。日本占领东北后,民用航空主要由满洲航空株式会社控制,据统计,从1932年9月起,截止到1934年底,其经营的主要航空路线13条,长约7,000公里,覆盖了整个东北三省的主要区域。①

到抗战爆发前,全国民用航空共有飞机30架,开辟航线18,000公里。1929年航运飞行里程为96,000公里,1936年增长为3,460,000公里,7年增长了3倍。②增加虽然较迅速,但在世界上仍然是落后的。而且,由于国内长期不统一,各省航空亦各自为政,尤其是军阀混战,使

---

① 白寿彝:《中国交通史》,第255—256页。
② 杨格:《一九二七至一九三七年中国财政经济情况》,第449—450页。

中央和地方长期比较重视军用航空的发展,而忽略民用航空对经济发展的作用。就民用航空而言,在技术、资金方面多依赖于外人,本土航空人才严重不足。航空管理的机构混乱,有关法律制度亦缺乏。南京国民政府时期,民用航空事业没有专门的主管机关,而由交通部邮政司代为管辖,这对于民用航空的发展自然是一种制约。同时北洋政府时期的航空署几经更名,仍然存在并归属于国民政府军政部。但国民政府的军政实际上长期没有统一,航空署的管理权限十分有限。南京国民政府成立后,关于航空方面的法令,仅有 1930 年 9 月交通部公布的《邮运航空乘客取缔规则》和 1933 年 3 月国民政府公布的《航空器件输入条例》两种。

抗战爆发后,中航和欧航(1943 年改组为中央航空公司)的原有航线大多被迫停航,转而主要维持后方各大城市的客货和邮件运输任务,同时随时承担军事运输任务。国民政府西迁后,由交通部与苏联方面共同组建了中苏航空公司,苏方提供飞机设备,专门航行于新疆到苏联阿拉木图(今哈萨克斯坦共和国)一线,承担援华物资及人员任务,直到苏德战争爆发停航。太平洋战争爆发后,滇缅路被切断,中国丧失了所有陆路国际通道,中美英遂商定开辟飞越驼峰喜马拉雅山的中印空中交通航线,由中航和美方合运。1942 年 4 月 18 日,试航成功,6 月正式开航。以后运输量逐渐增大。中航公司最高运入量曾达每月 2,400 吨,美方空运大队达 44,000 吨,所运物资主要供应驻华美军,也承运部分援华物资。[1] 随着战事的扩大,美国援华物资的增加,使战时空运量不断增长。尤以 1940 年后最为明显,1941 年空运量比 1940 年增长近 4 倍,1943 年又比 1941 年增长 4.5 倍,达到飞行里程 8,840,000 公里,客运 36,000 人,货运 19,752,000 吨。抗战结束后,由于接收敌伪的飞机及新购置了一些飞机,使民用航空飞机数量迅速增加。加上由于国共之间的战争,使陆路交通破坏较严重,国

---

① 龚学绪:《中国战时交通》,商务印书馆 1947 年版,第 266—273 页。

民政府大力扩张民用航空。从 1937 年底的 29 架飞机,9 条航线,增加到 1946 年的 84 架飞机,22 条航线,到 1947 年 6 月底,更增加到 94 架飞机,64 条航线。①

第三节　民国时期的邮电

从 1912 年到 1927 年,中国处在北洋军阀的统治下。北京政府设有交通部,管理全国的邮政事业。中华民国建立之初,大清邮政更名为中华邮政,同时宣布裁撤驿站。中华邮政时期,邮政总局和各邮区的主要管理人员,除增加一名由中国人充任的邮政总局局长外,从交通部邮政总局的邮政总办到各级邮务长几乎全部仍由外人担任。1913 年全国 22 个邮区,各区邮务长都是由当时的邮政总办法国人帛黎任命的外国人担任。1917 年帛黎去职。先后继任邮政总办的有法国人铁士兰、英国人希乐思。在早期中华邮政制定和颁布的内部法律性文件,如铁士兰主持制定的《中华邮政纲要》和此前颁布的《邮政通谕》中,都明确规定"邮政总办有最后决定权"。长期以来,中华邮政的内部文件,一律用英文书写。实际上,外国人担任的邮政总办,控制了整个邮政的大权。中华邮政的半殖民地半封建色彩十分严重。

一、邮政

北洋政府统治时期军阀混战,局势混乱,但是由于中华邮政特殊的政治背景,以及长期建立的比较严格和完整的管理制度,使邮政在混乱局面中仍然保持不断发展的局面。邮政局所的数量、邮路里程、邮件数量、包裹数量、汇兑数量及营业收入,都在不断发展(参见《1912—1927

---

① 《中华民国统计年鉴》(1948 年),第 293—295、276—297 页。

年主要年份邮政业务表》）。1912 年，邮政营业收入 3, 570, 210 元，
1920 年达到 12, 679, 149 元, 1928 年更达到 31, 130, 829 元。[①] 1915
年，中华邮政实现扭亏为盈。1917 年起，开始实行"以邮养邮"的自我
发展的方针，利用邮政盈余不断扩充内地邮政和修建局所。北洋政府
时期，邮政运输工具逐渐近代化，民国以后，火车邮路不断扩展，1912
年 6 月，北京至上海间的火车邮路开通。1917 年，在北京至汉口间火
车上有了邮政自备邮车，次年，延伸到长沙。清末开始的轮船邮路继续
发展，1919 年，中华邮政开始在上海、汉口自备邮艇运送邮件。1917
年，上海邮政有了 3 辆猛力汽车取代了马拉的邮车，天津有了 1 辆，从
此，汽车运输邮件逐渐在各大城市使用。到 1920 年，全国共有邮运汽
车 19 辆，最大载重量为 3. 5 吨。1922 年起，汽车邮路出现在长途邮运
上。1920 年起还断断续续试办了航空邮路。此外，摩托车和自行车也
开始在邮政中使用。自行车 1909 年最先在北京用于邮政，到 1919 年，
全北京的信差，还只有 139 名可以骑上自行车，上海到 1921 年才有 272
名信差骑上自行车。可见自行车在当时还是十分稀罕的工具。摩托车
大约在 1917 年首先在天津开始用于邮政，最初叫汽动脚踏车。

表6—2　　**1912—1927 年主要年份邮政业务一览表**[②]

年份	邮局(个)	邮路(公里)	邮件(件)	包裹(件/公斤)	汇兑(元)
1912	6, 816	229, 824	132, 026, 162	880, 799 (3, 347, 984)	5, 962, 500 (5, 851, 650)
1913	7, 808	364, 384	197, 484, 136	1, 380, 912 (5, 581, 755)	10, 161, 000 (9, 661, 500)
1914	8, 324	279, 936	212, 115, 297	1, 662, 326 (6, 253, 651)	11, 986, 800 (12, 210, 600)

　①　交通部编：《中国邮政统计专刊》，第 4—5 页。转引自张静如、刘志强编：
《北洋军阀统治时期中国社会之变迁》，第 61 页。

　②　本表根据白寿彝：《中国交通史》，第 261—263 页表格改编而成。

年份	邮局（个）	邮路（公里）	邮件（件）	包裹（件/公斤）	汇兑（元）
1915	8,510	283,738	226,801,928	2,033,323 （7,904,129）	13,552,200 （13,469,200）
1918	9,367	310,349	302,269,028	2,738,090 （10,850,034）	35,335,800 （34,798,600）
1919	9,761	344,407	339,922,992	3,551,105 （14,788,916）	43,816,000 （43,857,500）
1924	11,790	456,304	522,352,095	5,738,830 （32,122,936）	98,836,600 （97,810,300）
1927	12,126	462,237	579,857,397	5,548,998 （36,795,359）	86,698,700 （86,988,000）

注：包裹项下，无括弧者为件数，有括弧者为重量；汇兑项下，无括弧者为汇出，有括弧者为兑付；邮件、包裹、汇兑仅指从国内寄发汇出者。

五四运动后，收回邮政主权的呼声高涨。1922年，中国政府经过交涉，取消了大部分外国在华设立的邮局。大革命时期，各地中国邮工还进行了驱除外籍邮务长、收回邮权、改善邮工生活、组织邮政工会的斗争。1926年11月，湖南邮务总工会成立。12月邮务总工会要求撤换湖南邮务长饶略，1927年初，武汉国民政府在工人运动推动下，宣布撤销饶略的邮务长职务，委派施中岳为湖南邮务长，这是中国政府第一次自主任命的中国籍的邮务长。

中华邮政在北洋政府统治时期，还加强了与世界邮政的联系。1914年3月，被批准加入万国邮政联盟。本来，1914年9月10日，万国邮政联盟计划在西班牙马德里举行会议，但由于第一次世界大战的爆发，会议延期到1920年才举行。中国第一次派代表出席了万国邮政联盟大会。在大会上，中国代表发表宣言，要求撤销外国在华"客邮"。会议期间，中国还与邮联签订了《国际邮政公约》、《国际邮政互换包裹协约》、《国际邮政代收款项协约》以及《国际邮政汇兑协约》等国际邮政公约。从此中国的国际邮务更为便利，也表明世界越来越重视中国在世界邮政中的重要性。

南京国民政府建立初期,对外国人控制的邮政仍采取宽容的态度。1927 年 11 月,国民政府交通部成立邮政总局,但却请北京政府邮政总局的总办铁士兰兼任总办,并不宣布撤销北方的邮政总局,这样中国出现了南北两个总局,一个总办的奇怪局面。1928 年初,南北两个邮政总局的代表达成共管全国邮政的协议。但不久,北京政府垮台,8 月,北方邮政总局撤销,国民政府委派刘书藩为第一任华人邮政总局总办。从此,中华邮政的主要职务改由中国人担任,一般公文用中文,但重要省市的邮务长职务仍有不少外国人,重要公文仍然使用英文,邮政主权没有完全收回。

1928 年,国民政府召开全国交通会议,决定取缔民信局,同时强调邮政工作的重点是扩充邮路,增添局所,并特别重视西北边疆邮路的开拓。1929 年后,随着三大航空公司的先后建立,开辟了稳定的航空邮路。到 1936 年,航邮遍及各通航城市。1930 年,"邮政储金汇业总局"成立。1934 年,命令取消全国民信局。1935 年,颁布了《邮政法》,加强了对邮政的管理。这样,使邮政事业不断发展,1928 年,全国邮政局所 12,126 处,邮路长 458,051 公里,处理信件 636,456,340 件,包裹 6,170,553 件(43,729,398 公斤),汇兑 2 亿多元。到 1931 年发展到邮政局所 12,643 处,邮路 490,561 公里,处理信件 855,279,561 件。[①] 截止到抗战爆发前,全国邮政局所达到 72,690 处,邮路总长 584,186 公里,邮件年处理量 8.89 亿件。[②] "九·一八"事变后,东北地区沦陷,中华邮政在东北的邮务在日寇的压迫下,坚持经营 10 个月后,不得不宣告停顿。截至 1932 年 7 月,东北各级邮政局停办的有 862 所,50,278 公里的邮路逐渐废弛。东北邮政主权遂被日伪侵占。

抗战爆发后,大片国土陷于敌手,邮政事业遭到重大损失。但国民政府西迁重庆后,加快了西南大后方和西北邮政事业的发展。中华邮

---

① 白寿彝:《中国交通史》,第 263 页。

② 当代中国丛书编辑部:《当代中国的邮电事业》,第 12 页。

政扩充了西南、西北地区的邮局和邮路。改变了战前各省邮政发展不平衡的状况。

抗战结束后,一方面是原日本占领区的邮政设施要有一个恢复的过程,另一方面随着政治经济中心的重新东移,使西北西南的邮政业务受到相当大的影响,全国邮政经营出现较大滑坡。国民政府虽然拟订了《战后五年交通建设计划》,决心振兴邮政,1946 年起并发动了"改良"邮政的运动,但效果不大。1946 年与 1936 年相比,不但邮政网路发展不大,局所数目反而比战前有所减少,加上日益严重的通货膨胀,使邮政经营连年亏损。到全国解放前,全国邮路及农村投递总长度仅 70 万公里,邮运汽车 400 余辆,全国 2,000 多个县,只有 75% 的县在县城设立了邮局,其余 25% 的县连县城都没有邮政局,广大村镇很少有邮政机构。①

二、电信

辛亥革命后,电信事业也有所发展。无线电台的发展最为明显。1912 年开始,海军部的舰艇首先由德律风根公司次第安装了无线电机。1913 年起,交通部在国内陆续建筑无线电台并设立无线电局,主要有北京天坛、张家口、武昌、吴淞、福州、广州、崇明、上海、北京东便门、大沽、新疆、烟台、库伦、南苑、保定、天津、上海高昌庙等处设立无线电台,其目的主要在于辅助国防和保障航行,偶尔也收发商电,但因组织简陋,效用并不明显。1919 年,在北京成立远程收报处,利用真空管式无线电收信机抄收欧洲的新闻广播。1923 年到 1929 年,沈阳国际无线电台与德国、法国、美国开通直达线路,并经转欧洲、美洲各国的电报。民国成立后,电话事业略有进步,各地成立电话局的渐渐增多,但由于因循腐败,许多电话局不成气候。而且各电话局多限于市区通话业务,略具长途电话雏形的,仅有 1922 年、1923 年间开通的北京、天津

① 当代中国丛书编辑部:《当代中国的邮电事业》,第 35 页。

间的电话和武汉三镇电话等。这时的市内电话大多改用共电式,上海市内还安装了旋转式自动电话。电报设备中亦增加了先进的韦斯登机。但是,由于军阀混战的侵扰,各地通信电路常常被切断,报费收入常常被任意截留,加上官军电报充斥电路,使电信的发展受到很大的限制。至于中国的对外电报和电话通信,则仍然被外国设在中国的电信机构所垄断。尽管如此,电信事业仍然在艰难地发展,从这个时期最重要的电信业务——电报的有关统计资料即可看出。

表6—3　　　北洋军阀统治时期电报业务发展统计表

年份	电报局、所	电线里程(公里)	营业收入(元)	营业支出(元)	盈余(元)
1912	565	53500	5024000	2150000	2874000
1919	786	74000	9817000	4610000	5207000
1923	959	79000	11847000	4547000	7300000

1927 年,南京国民政府成立后,电信建设有了一定的发展,这个时期,电信的主要业务如有线和无线电报、市内电话和长途电话,都开始全面起步。在南京国民政府统治中国的 22 年中,其电信建设的重点仍然是政府所在地和大城市以及沿海地区。在抗战爆发前,电信建设主要是整顿组织、引进设备、收回主权等。1928 年,国民政府交通部接管了大清邮政和电信企业,基本实现了对邮电事业的统一管理并采取了一些加强电信建设和发展的措施。

电报方面,国民政府建立后,大力提倡和重点发展了短波无线电台,使无线电台的建设和使用十分活跃,"其进步之速为交通各业之冠"。[1] 1928 年 6 月,国民政府交通部在上海成立无线电管理处,年底,又把无线电管理处改组成无线电报电话管理处,以方便国内重要城市装机通话。当年,首先开通沈阳对欧洲使用 20 千瓦发信机的电报电

---

[1]　白寿彝:《中国交通史》,第 270 页。

路。1929 年 8 月,成立无线电管理局。为了便于与国际上取得联系,1930 年,在上海建立了国际电台,安装 20 千瓦的发信机。从此,中国的无线通信中心移到了上海。截至 1932 年底,国内的无线电台共分 8 个无线电通信区,共有 38 个城市建立了 43 座电台,其中北京、天津、上海、青岛都有两座以上电台。尤其是上海的国际无线电台,规模最为宏大,在 1932 年底前,上海无线电台开通了上海至马尼拉、爪哇、旧金山、柏林、巴黎、西贡、日内瓦的线路,成为当时中国唯一与国外沟通消息的机关。在 1932 年度内,国内无线电发报字数达到 1620 余万字,国际发报字数达到 147 万多字。① 1933 年,把 1929 年 3 月所设的上海国际电台筹备处撤销,改设国际电信局。该局 1936 年又撤销,所辖国际电台及水线电报收发处直属交通部。到 1936 年底,共设置国内电台 58 处;装设中美、中法、中英国际电台;开放中日、中俄、中意、广州至河内、天津至东京等电路;筹办国内无线电话;收回外国人所办广播电台,建立成都广播电台等。这时期无线电通信设备主要依赖于进口。此外,日本、英国、美国、法国在中国也设有很多无线电台,其中又以日本最多,在“九·一八”事变前,日本在平津和东北等 16 个地方设有电台。这些电台的设立,说明中国的通信主权仍然受到帝国主义列强的侵害。

有线电报方面,清末已有相当的基础,北洋政府统治时期,受军阀战争影响,发展较迟缓。国民政府成立后,稍稍走上正轨。根据 1931 年度国民政府交通部《统计年报》统计的结果,全国当时共有江苏、浙江、安徽、江西、湖北、湖南、山东、河北、河南、山西、陕西、甘宁、福建、广东、广西、云南、贵州、辽吉黑、川藏、新青、热察绥蒙等 21 个电报区。此外还有上海烟台线、烟台大沽线、烟台大连线、青岛佐世保线 4 条不分区的海线。电报线路长度,陆线方面,有架空线长 85,744 公里,线条长 148,822 公里;地线线缆 30 公里,水下线缆 3,445 公里。国内电报达 14,806 万余字,国际电报 784 万多字。由于国民政府将电报的重点放

---

①　白寿彝:《中国交通史》,第 270—271 页。

在无线电报方面,所以从 1927 年到 1936 年,9 年间只增加线路5,757公里,每年约增加 640 公里,发展的速度还是比较缓慢的。此外,清末以来外国人在中国沿海设立的水线,民国期间并没有得到完全收回,只是 1930 年国民政府接收威海卫时,收回了英人所办自烟台经刘公岛到威海卫的水线。此后,虽也陆续收回了一些水线,但英国大东公司、丹麦大北公司、美国太平洋商务公司、日本电报局以及法国在中国沿海仍然设有许多通信线路,尤以香港、吴淞最为集中,大东、大北公司的通信线路,可以远通亚洲各地及欧洲、非洲和南北美洲。中国沿海几乎全为外国电报线路所包围,中国的国际通报权操控在外国人手中的状况,在民国年间没有根本改变。①

电话方面,在国民政府统治时期,进步较为明显。长途电话的发展起步较晚,1927 年全国长途电话线路总长度约 4,500 余公里,但由于比电报的使用方便快捷,所以成为民国时期通信建设的重点,发展速度较以前明显加快。1928 年后,国民政府交通部一方面对各市区电话大加改进、扩充,另一方面另外增置长途电话线。截至 1932 年,除了东北之外,全国共有长途电话通话处所 263 处,线路长 9,303 公里。"九·一八"事变后,尤其是 1934 年后,国民政府从准备对日抗战和"围剿"红军的双重目的出发,加快了长途电话的建设速度,最高年份扩充电路竟达一万余公里。其中最重要的工程,是 1934 年开始进行的以南昌、福州、成都、长沙等为中心的、途经 9 个省、全长 4 万公里的长途电话线路建设。之后,南京到武汉、南京到杭州、汉口至长沙、天津到济南等一些省际干线,相继接通。9 省电话建设工程到抗战爆发前基本完工,极大地改变了中国长途电信的落后状况。抗战前夕,除有线电话外,又开始无线电话的建设,1936 年 9 月 1 日,上海到汉口间的无线电话开通,开始了中国的无线通信时代。

1927 年国民政府成立时,交通部所辖市内电话局有 12 处,装机约

---

① 白寿彝:《中国交通史》,第 266—269 页。

4.8万余号(部)。国民政府成立后,对原有装备和线路进行了更新、整理和扩充,使市内电话迅速发展,到1932年,除东北外,全国共有市区电话线路2,688公里,电话局59个。1934年国民政府9省电话建设工程开始后,又先后对上海、南京、天津、青岛、汉口等城市改装或扩充市内自动电话。到抗战爆发前,南京、上海、汉口全部改装自动电话,天津、烟台、北平等8个电话局部分改装了自动电话机,市区电话业务有较大的发展。

关于电信的行政管理,国民政府成立后一直由交通部管辖,交通部设立电政司,后又设电政管理局管理电信事宜。国民政府成立后,先后公布了《电信条例》、《交通部电政管理局章程》、《交通部电政管理局细则》等电信管理法规。针对邮电在中国出现后,邮政与电报彼此毫无关系,电报与电话互不相干、不方便人们的使用的状况,从1934年开始,国民政府决定开始实行电邮合设、报话合设,规定三等及三等以下的电报局都与邮政局合并,而在一些大城市,规模较大的电报局均附设电政支局,同时在邮局内设电报收发处。

抗战爆发后,国民政府迁都重庆,加快了西南抗战大后方和西北地区的电信网的建设。由于通信对抗战的作用十分重要,因此国民政府在极端困难的情况下,仍然进口了一些现代化的电信设备,改善了通信技术和条件,扩大了通信能力。1940年,载波电报机开始在有线电报中安装和使用,同时长途电话开始装用了三路载波机。1944年初创建了中心制长途电话网,以重庆、衡阳和西安为中心,形成了辐射式电路。国际电信仍然以无线通信为主,国民政府先后在成都、昆明和重庆建立了国际电台。1943年,还尝试开通了国际传真电报业务。这些都适应了抗日战争中国际通信与军事通信的需要。为了加强对战时通信的领导,国民政府西迁后,把西南、西北、东南划为三大电政区,每区设一特派员,游击区设电政专员,负责保证电信畅通。

抗战时期,日本帝国主义在其武装占领区,按照日本模式建立起殖民地电信体系,实行侵略性经营。出于长期占领和发动侵略战争的需要,日本侵略者改造和扩建了占领区的电信网路体系,在东北统一了设备制式,先后建成了800多公里的3路和6路载波地下长途线缆;在华北建成了京津间无负荷地线电缆;在北京并进行了较大规模的市内自动电话的建设。这些电信设施在抗战胜利后,被国民政府接收。

抗战胜利后,国民政府修复了重庆至汉口、南京至汉口、西安至铜山、汉口至广州等长途干线,长途电话增装了载波设备,恢复了以南京为中心的通信网,恢复了上海国际电台,加强了南京、上海的电信设施,重点是无线电台的建设。到1946年底,南京直达各省、大城市的有线及无线电报电路有86条。这期间,中国引进了一些新的电信设备,如传真电报机、电传打字机等,主要安装于南京、上海。国民政府为了进行全面内战的需要,在电信管理上实行战时体制,全国设11个电信管理局,电信设备在长江以南以有线为主,在长江以北以无线电台为主。在几个大城市和国际通信上开办了一些真迹电报等新业务,大城市的市内电话有一些改为自动式。据1946年统计,国民政府实际统治区域共有电信局所1,524处,长话线路58,883公里,长话设备共有单路载波电话终端机107部、3路178部、5路20部、6路10部,载波电报终端机26部(其中单路2部、4路14部、6路6部、12路4部),市内电话交换机总容量186,564门,市内电话用户108,049户。各项电信业务比抗战前有较大的增长。①

1946年以后,随着战争的不断扩大,国民政府军队在战场上的不断败退,国民政府统治区不断缩小,它已无力顾及邮电事业的发展。战争对电信事业的破坏比较严重,加上国统区日益严重的经济危机和通货膨胀,使邮电通信事业的发展面临极大的困难,到1949年新中国建立前夕,中国的电信设施仍然十分简陋,网路破碎不堪,制式也十分零乱。当年全国电信明线线路长度为7.6万杆公里,城市市内电话31万门(其中包括13家中小民族资本家经营的1万门、美商上海电话公司

---

① 当代中国丛书编辑部:《当代中国的邮电事业》,第14页。

经营的7万门),农村电话仅3万门,全国除沿海个别县城有电话外,90%以上的县没有电信设施。电信发展水平极低。

三、人民邮电的创建

自从1921年中国共产党诞生开始,就有了党的秘密通信工作,最早设交通员、通信员或联络员。之后,中国共产党在领导中国人民的革命斗争中创建了革命通信组织,从机要交通发展为人民邮政,从秘密电台发展为人民电信。

土地革命战争时期,中国共产党领导的战时邮电通信开始建立。1927年"八七会议"后,中共中央正式成立了机要通信组织——交通科,并逐渐组建全国机要交通网。1927年10月至1928年底,海陆丰苏维埃政权建立过电话队的组织。1927年10月,井冈山革命根据地建立后,人民群众创造了递步哨、传山哨、秘密交通等通信方式。1929年前后,在赣西南、湘鄂西、闽西、湘赣、闽浙赣等根据地诞生了"赤色邮政",各苏维埃政府先后建立了"赤色邮局",并发行了邮票。与此同时,周恩来1928年在上海秘密培训了第一批秘密电台报务员,1930年实现了中共中央同中共南方局的无线电通报。1930年8月,在中央苏区成立了红军的第一个电话队。之后,在第一次反"围剿"中,红军缴获了敌军15瓦的电台一部半(包括一部发信机、两部收信机和两套电源设备),1931年6月开始发报。毛泽东、朱德亲手创立了第一个无线电大队,由王诤任队长。同年底,国民党第26军发动宁都起义,带来10余部电台,红军利用这些电台设备培训了电报通信人员,扩大了电信队伍,增加了电信设施。之后中央决定由军委第三局负责党和红军的电信管理工作,到1933年底,中央军委三局设有通信科、器材科、教育科、器材厂、通信学校、无线电大队、有线电话总队等机构。1934年8月,三局改为通信团,下设营、总队等。

1931年11月,中华苏维埃共和国中央临时政府成立。次年3月苏维埃中央政府决定统一赤色邮政。5月1日,中华苏维埃共和国邮政总局在江西瑞金正式成立,公布《中华苏维埃共和国邮政暂行章程》,并发行新的"苏维埃邮票"。邮政总局下辖7个邮务管理局,经办平信、挂号信、快信、稿件寄递、报纸发行、汇兑、包裹、印刷品等业务,为方便红军指战员使用邮政,苏维埃邮政还在红军团以上的政治部门设立红军信柜,派去邮政递信员,这是随军邮局的萌芽。苏维埃邮政还承担着党和红军的机要文件的传递任务。苏维埃邮政在十分艰苦的环境下,为各地苏区开辟了一条畅通的特殊红色邮路,为革命事业做出了贡献。

1934年10月,红军开始长征,红军电信除留下一部电台外,全部电信人员随军长征。苏维埃邮政总局委派三人携带中央苏区邮政规章制度和统计报表等随部队参加长征,其余人员留在江西继续坚持斗争,直到1935年初邮政通信无法继续存在时,才转入游击队,坚持武装斗争。在长征中,各主力部队都配备了电台和电话队。

1935年10月,中央红军到达陕北后,在陕北交通站的基础上,按照苏维埃邮政的规章制度,创立了陕北苏维埃邮政,发行了邮票,实行了有资寄递。12月,制定了《中华苏维埃西北邮政管理局暂行章程》,在子长县瓦窑堡设立西北邮政总局,下辖陕北、陕甘两个省邮局,关中、神府两个特区邮局和一些县局,县以下设邮站。1936年春,又增设了陕甘宁省邮局,总局则随中央机关迁到保安(今陕西志丹县),1937年初迁到延安。陕北邮政与中央根据地的垂直管理体制略有不同,实行西北邮政管理局负责业务领导和地方各级政府负责日常行政管理等双重领导体制。开办有普通信函、快信、红军家信、新闻纸等业务,并有专门供军事急需的"特别快"通信业务。陕北邮政到1938年2月撤销,完成了苏维埃邮政的使命。

抗战爆发后,中国共产党领导的八路军、新四军在挺进敌后创建抗日民主根据地的过程中,在各根据地陆续建立了邮政机构和电台,遍及敌后根据地和日伪统治地区。在中共中央所在地陕甘宁边区,边区政府成立了边区通讯站,负责管理边区内的邮件、报刊业务。同时国民政府所属的中华邮政原来在边区的机构仍然保存着,继续经营对边区以外的业务。中共中央军委三局负责组织中共中央和中央军委对各中央局和八路军、新四军各部队以及敌后各抗日根据地的无线电通信工作。各根据地的邮政工作,则由各地政府和党组织领导。

抗战时期各根据地相对分散和独立,造成了各地邮政通信机构的组织名称和工作方式、方法各不相同,前述陕甘宁边区成立了交通站,晋察冀、晋冀豫边区则叫交通总局,山东根据地成立了战时邮政总局,华中苏皖各根据地则建立了交通总站等等。但其具体任务大体都有三项:一是传递党政军文件、书信、通知,沟通上下左右的联系;二是传递情报和党的报纸刊物、宣传品;三是护送党和军队的各种人员通过敌占区或穿越敌人的封锁线。许多根据地的邮政部门还发行了邮票。

各根据地的邮政部门在极端困难的情况下,不断增加通邮线路,创造性地开展业务,把各根据地同延安用条条交通线联系起来,构成了完整的交通网,保证了战时通信任务的完成。仅陕甘宁边区,到日本投降前夕,边区通讯站已有干线邮路 8 条,支线 12 条,总长度 2,500 公里。其中有 1,000 公里保持每日班,近 1,500 公里为间日班,延安至绥德的干线实行昼夜兼程双班。延安每天收寄信件 3,000 多件,书报 180 公斤左右,都能及时运出,有力地配合了边区的工作。1941 年,山东根据地党、政、军领导部门及《大众日报》社联合成立战时邮政推进委员会,决定将各自设立的交通、通信系统合一。1942 年 2 月,又决定建立山东战邮总局,同时决定山东战邮和《大众日报》社的书报发行系统实行统一办理邮政业务与书报发行工作。邮局接办党报发行,实行邮发合一,这一新生事物很快在各根据地得到推广。1943 年 3 月,中共山东分局还做出决定,实行邮政、交通、发行三位一体的战时邮政体制,山东战时邮政总局局长兼任中共山东分局组织部交通科科长和《大众日报》发行部部长,以下各级邮局也按照此精神实行邮、交、发合一。抗战时期的邮政主要为党政军服务,普通业务开展还不广泛。

抗战期间各根据地的电信发展也比较迅速,大的根据地的主力部队在团一级配有电台,较巩固的根据地都架有区内电话线,并设有电话队(连、排、班)。延安的电信,除担负中央的报话通信外,还担负新华社通讯、新闻广播等任务。

抗战胜利后,各抗日根据地的交通局(站)大多改组为邮政,逐渐向企业化经营和专业化管理方向过渡,实现战时邮政向人民邮政的战略化转变。向普通群众开放了多种通信业务,发行了邮票。国民党发动全面内战后,各解放区的邮政组织普遍成立了随军邮局,把支援前线列为压倒一切的中心任务,各地方的邮局也组织专线邮路或快班邮路,随时与军邮局的邮路相衔接,做到大军走到哪里,信报就通到哪里,有力地支援了人民战争。随着解放战争的进行,人民邮电顺利实现了对新解放区邮政机构的接管,各大解放区也迅速连成一片,加强了彼此间的通邮。到1949年9月,除东北早在1946年10月就于哈尔滨成立了邮电合一的管理机构——东北邮电管理局外,中原、华北、华东、华中和西北等地区也先后建立了邮政管理总局或邮电管理机构,开办了函件、包裹、汇兑等业务,发行了邮票,为新中国的邮政统一奠定了基础。

在电信方面,解放战争时期中共利用不断缴获的美式通信装备,使人民解放军的电台从15瓦发展到100瓦、500瓦,广播使用了几千瓦的发射机。随着各大城市的陆续解放,这些城市的市内自动电话设备、载波电报、电话设备和大功率电台,陆续交给当地人民政府的交通邮电机构管理,成为人民邮电事业的重要组成部分。

人民邮电的创建和发展,是20世纪中国交通邮电事业发展的重要组成部分,有力地支援了中国革命战争的进行。人民邮电的发展证明,20世纪交通邮电的变迁,有技术的变迁,也有非技术的变迁,而人民邮电是使人民充分享受通信技术进步的唯一正确道路。

第七章　精神生活

20世纪上半叶,是中国社会重大的转折时期。在这一特殊的历史背景下,中国人的精神生活呈现出特有的风貌。

第一节　民众的宗教信仰

这一时期,基督教、伊斯兰教在中国有了很大的发展,民众面临的信仰选择也比较丰富。

一、基督教

基督教与佛教、伊斯兰教并称为世界三大宗教。经11世纪和16世纪的分裂和宗教改革,基督教衍生为天主教、东正教和基督新教三大教派。以耶稣为基督(救世主),是各派的中心信仰。"三位一体论"、"原罪论"、"因信称义"、"罪得赦免"等是各派共信的教义。

19世纪以前,基督教于唐、元、明末清初先后三次传入我国。自19世纪中叶,它凭借着西方列强对华的入侵之势得以大规模地涌入。由于其具有与经济和政治侵略相结合的文化侵略性,它受到了中国人民的顽强抵抗,发生了一系列的教案,使其传播严重受挫。但是,20世纪初,基督教在华传播的内外条件发生了重大变化。

首先,基督教会传教策略转变。19世纪下半叶,中国人民的顽强抵抗及教案的发生,尤其是义和团运动中的空前"教难",使西方政府和基督教教会不得不进行自我反省。庚子事变后,英美政府和基督教会一方面对教会和传教士涉足中国的政治和外交加以限制,以避政治侵略之嫌;另一方面弱化其充满自我优越感的对华文化排斥的态度,放弃使中国基督教化而采取基督教中国化的传教策略。如1919年,罗马天主教教皇本笃十五世批准中国教团进行"天主教中国化"运动。该运动在致力于将天主教教义儒学化的同时,还大力培养中国籍的神职人员。传教策略的转变,掩饰了其侵略性,大大减弱了基督教在华传播的阻力。其次,基督教传播的政治环境发生了变化。1901年的《辛丑条约》规定:永远禁止中国人民成立或者加入具有反帝性质的组织,违者一律处死;对一切反帝活动,地方官员应有责任,不力者予以革职。这使得基督教的传播得到了从中央到地方的保护。1912年3月11日,《中华民国临时约法》宣布:"人民有信教自由","中华民国人民一律平等,无种族、阶级、宗教之区别",基督教及其传播得以合法化。所以20世纪上半叶,中国基督教徒人数的增长比19世纪快了10倍,基督教最终立足于中国,信仰基督教已成为许多中国人重要的精神生活方式。

在基督教各派中,天主教是在中国发展规模最大的一派。义和团运动后,天主教在清政府的保护下,以农村和下层平民为重点进行传教,并利用庚子赔款修复、新建了一批教堂和教会学校,传教事业得以迅速恢复和发展。1912年,"中华公教进行会"成立。1935年,公教进行会在上海召开全国大会,以协调全国的传教工作。天主教中国化,是天主教传教工作的基本指导思想。

首先,尽量起用中国神职人员,使教会组织机构中国化,从而大大淡化天主教的洋教色彩,这会增强中国人对天主教的信任感,推动天主教在华的发展。1919年,罗马天主教教皇本笃十五世发布"夫至大至圣之任务"通谕指出,天主教对任何国家来说都不是外国的,要求每一国家都应培养自己的神职人员,并派人到中国推动中国神父的培养工作。因此,华人神职人员大幅增加:1900年有470人,1920年为963人,1933年增至1600人,1949年多达2698人,约为19世纪末华人神职人员的6倍。同时,教会从华籍神职人员中选拔主教等高级神职人员。1936年,华籍主教达23人。抗日战争结束后,为了复兴因战争而停顿的基督教传教事业,教皇庇护十二世提出"使天主教更加中国化",任命青岛教区主教田耕莘为红衣主教,主持中国教务。1946年4月11日教皇颁布"成立中国教会圣统体制诏书",重新规划建制,任命田耕莘、于斌、周济昌为总主教,华籍主教达29名,并计划逐步实现中国教务全部由中国主教管理。

其次,将基督教教义与儒学相融合,努力借儒学的影响博得中国人对基督教的信任,减弱传教的阻力。《教会新报》"总述"指出:"儒教法本其才,专与稣教异同","儒教言道不可离与耶稣教同","儒教中庸与耶稣教同","儒教不怨不尤与耶稣教同","儒教时习而说与耶稣教同"。① 1939年,罗马教廷正式取消了长达近200年的对中国教徒祭祖、祭孔的禁令,并指出祭祖、祭孔的合理性。

天主教中国化的策略,使中国天主教徒大幅增加。1913年为130万人,1921年200余万人,1932年为250万人,1949年达350万人。

基督新教作为基督教传入中国较晚的一派,在20世纪上半叶也得到了较快的发展。新教各会除了通过兴办学校、医院、出版书刊及报纸等间接途径布道外,还着力于以多种形式,在不同群体中开展大规模的直接布道活动。在形式上,有教堂布道、乡村布道、街头布道、学校布道、露天大布道等;有布道周、主日布道、新春布道、圣诞布道等;有个人布道、家庭布道、群体布道等。

在学界,主要由新教组织青年会邀请美国著名传教士来华在大中城市进行布道演说。听众大多是青年学生和知识分子。在内容上,演

---

① 牟钟鉴、张践:《中国宗教通史》(下),社会科学文献出版社2000年版,第1151页。

说者多从科学和哲学入手,针对当时中国青年关心的热点问题进行宣讲,指出拯救中国之道在于对基督的信仰。如"中国之转机"、"中国之希望"、"国家败亡之因果"、"解决中国所有困难之秘诀"等讲题颇受青年们欢迎。如美国著名传教士艾迪1914年来华,先后在北京、天津、武昌、长沙、广州、福州、上海、南京等12个城市进行布道演说,听众达12万人次,有的甚至跟随连听数场,有的当场表示皈依基督,信念坚定。在军界,基督新教也颇有影响。如1913年,冯玉祥将军在北京崇文门教堂听了美国著名传教士穆德的布道讲演,即报名参加圣经班,并受洗入教。自1919年起,冯玉祥邀请刘馨廷、古约翰等任随军牧师。1918—1924年,其军中官兵入教者多达万余人。冯玉祥也常亲自证道,悔罪认错,并提倡博爱、牺牲、团结精神,造就"模范军队"。对于生活在社会底层的民众,基督新教教会主要以"奋兴会"等形式激发其宗教狂热。在会场上,牧师带头登台忏悔,信徒痛哭流涕,情绪高度亢奋,祈祷之声此起彼伏;不少人上台忏悔,皈依基督,并热心地向他人宣教。

这样,基督新教教徒人数,1900年为8万人,1906年17万人,1914年25万人,1918年35万人,1926年36万人,1937年65万人,1949年约70万人。基督新教得以较快发展。

这里必须重点提及的是,基督教学校的大力兴办。因为,作为培养中国人宗教精神的最为重要的传教策略,天主教和基督新教都对兴办基督教学校极为重视,这不仅对中国人的宗教生活,而且对中国人精神生活的其他方面也产生了十分深刻的影响。

一般而言,基督新教侧重于兴办高等学府,而天主教侧重于兴办中、小学。据1914年的统计,天主教开办各类学校8034所,学生总数达13.285万人;基督新教开办各类学校4100所,学生总数达11.3万人。二者总计,其所办学校占中国学校总数的五分之一;学生人数占中国学生总人数的六分之一。教会学校虽然服务于传教事业,但也带来了大量新知识。由于教会学校由外国宗教组织及政府作为经济后盾,所以,教学设备好,教员工资高,吸引了国内外大批优秀人才,其中一批名牌大学成为中国培养高级科技、文化人才的摇篮。如 1911 年美国政府用庚子赔款建立的清华大学堂,山西浸礼会用赔款建立的山西大学;其后,天主教创办了北平辅仁大学、上海震旦大学堂、天津工商学院,基督新教创办了北平燕京大学、山东齐鲁大学、南京金陵大学、金陵女子文理学院、苏州东吴大学、上海沪江大学、圣约翰大学、杭州之江文理学院、广东岭南大学、福建协和文理学院、福州华南文理学院、湖北华中大学、湖南湘雅医学院、四川华西协和大学等等。这些大学培养的许多科技精英成为中国各类事业的柱石。还有相当一批学生进入政界,成为国民政府的要员。据 1924 年的统计,广东革命政府中基督徒竟达政府总人数的 65%。

　　二三十年代是教会学校发展较顺利的时期。1926 年,教会学校总数达 15000 所,在校学生总数 80 万人,占当时全国学生总数的 32%。1937 年,教会学校在校学生总数 100 万人,其中大学生 8000 人,中学生 9000 人,其余则为小学生。[①] 教会学校的发展是民国期间基督教徒猛增的重要原因。

　　东正教是基督教在华发展最为弱小的一派。1905 年的"日俄战争"打断了其发展势头。民国前夕,东正教在华教徒 3 万人,其中华籍教徒只不过 700 余人。1917 年的俄国十月革命,使大批沙俄贵族、军官流亡中国,北京、哈尔滨、上海、天津、新疆的东正教传教团,趁势将他们收容入教,东正教在华教徒人数迅猛增加。哈尔滨教区的情况最为明显,1918—1924 年的 7 年中,共新建教堂九座,1922 年东正教徒达 30 万人,但华籍教徒增加甚微。其后,直至中华人民共和国成立,东正教在华发展极缓。以哈尔滨教区为例,虽然教会在中国人居住区修教堂、办孤儿院和学校,但 1946—1949 年的 4 年中,仅发展中国教徒 15 人。东正教仍然保持着俄国侨民的面貌,对中国民众的精神生活影响甚微。

---

　　① 牟钟鉴、张践:《中国宗教通史》(下),社会科学文献出版社 2000 年版,第 1162—1164 页。

二、伊斯兰教

伊斯兰教由穆罕默德于公元 610 年在阿拉伯半岛的麦加城创立，其经典为《古兰经》，信徒叫"穆斯林"。

伊斯兰教尊安拉为唯一真神（真主），认为世间一切事物皆由真主前定；而《古兰经》乃真主的启示，穆罕默德被真主选为先知（使者），受命将其传布于人间。穆斯林都过"开斋节"、"宰牲节"、"圣纪节"，都忌食猪肉。"念、礼、斋、课、朝"五功是穆斯林必须遵守的基本宗教制度。"念"就是教徒要经常宣读"安拉是独一无二的神，穆罕默德是安拉的使者"这句基本教义。"礼"指礼拜。教徒每日要礼拜五次（晨礼、晌礼、晡礼、昏礼、宵礼）；男性教徒每周五还要到清真寺举行一次聚礼；每年还要在开斋节和宰牲节举行会礼。教义规定，礼拜前必须净身，以洗涤罪过，并面向麦加方向完成立正、赞颂、鞠躬、叩头、跪坐等一套规定动作，表示要做安拉忠实的仆人。"斋"指斋戒。除病人、旅客、孕妇和哺乳妇女外，教徒要在伊斯兰教历九月斋戒一个月。斋戒期间，每日从黎明至日落，不得饮食与房事，以培养克己禁欲、畏主守法精神。"课"指捐纳天课。每个穆斯林必须将自己收入的十分之一至四分之一捐献给清真寺，以去除贪啬之习，履行扶穷济贫的义务。捐纳天课，在全民信教地区，名为自愿，实为强制。"朝"指朝觐。如果可能，穆斯林一生至少去麦加朝拜"克尔白"一次。教徒以能亲吻或抚摸"克尔白"神庙的黑石为毕生的愿望。清真寺便是这一系列活动的中心，也是穆斯林社会的政治、经济、文化中心。

伊斯兰教于唐朝传入中国。经千余年的曲折发展，至清朝严遭控制、无情镇压的厄运。20 世纪上半叶，中国伊斯兰教呈现出了新局面。

中国伊斯兰教的信仰主要盛行在 10 个少数民族——回、维吾尔、哈萨克、乌孜别克、塔吉克、塔塔尔、柯尔克孜、撒拉、东乡、保安族中间。所以，中国伊斯兰教在历史上虽不像儒、释道教那样占据中国政治文化的中心，但却深深关系着这十个少数民族的精神生活和命运。

当历史进入风云激荡的 20 世纪的时候,中国伊斯兰教的有识之士,站在国家和中华民族命运的高度,审视和思考中国伊斯兰教及信教民族的命运和前途。这一立场贯穿于 20 世纪上半叶中国伊斯兰教发展的始终。

民国创立之初,中国穆斯林著名人士丁竹园就提出:"无论哪一教,既是中国民,就当同心努力地维持我们的国家大事,没了国,还能保得住教吗?""保国即是保教,爱国即是爱身"。① 穆斯林主张,与汉族加强团结,在宗教问题上"各是其是,非其非",求同存异,互相尊重;强调宗教要"能随时宜以为变"。

伊斯兰教社团组织是伊斯兰教活动的轴心。1909 年"上海清真董事会"成立;1912 年"中国回教俱进会"成立;1928 年"北平回民公会"成立;1935 年"中华回教公会"成立;1937 年"中国回教协会"成立。这些社团组织做了大量工作,成绩显著。

中国伊斯兰教的有识之士把发展教育、提高信教民族的自身素质看做是中国伊斯兰教找到自己的位置、改善信教民族的精神生活和命运的根本措施。早在 1907 年,留学日本的中国穆斯林学生组建的"留东清真教育会"在所编辑出版的中国穆斯林自办的最早的杂志——《醒回篇》中,就主张要按时代的要求,革新和发展中国伊斯兰教教育。丁竹园认为:"念书最能兴扬教门,不念书最能败坏教门"。② 在这一思想指导下,伊斯兰教新式教育及文化事业得到迅速发展,为信教民族的宗教生活提供了文化条件。首先,创办一批穆斯林新式学校,如北京西北公学、北京新月女子中学、云南的明德中学、杭州的穆兴中学、青海第一中学、济南的成达师范、上海伊斯兰回文师范学校、四川万县伊斯兰师范学校、宁夏省立云亭师范学校等。这些学校不仅设立阿拉伯文和伊斯兰教宗教课,还设立汉语课程,同时还派遣学生赴伊斯兰国家寻求

---

① 李兴华:《中国伊斯兰教史》,中国社会科学出版社 1998 年版,第 719 页。
② 同上书,第 720 页。

"救国救教"的道理。其次,开展伊斯兰教文化事业。这主要体现于伊斯兰教学术团体的创建和伊斯兰教书籍、刊物的发行。早在 1906 年和 1907 年,"东亚清真教总会"和"留东清真教育会"就已创建。自 1917 年至 1938 年,"清真学社"、"穆友社"、"中国回教学会"、"追求学会"、"伊斯兰学友会"、"中国回族青年会"、"中国回族青年学会"、"回族教育促进会"、"中国伊斯兰布道会"、"中国回教文化协会"、"中国回教文化学会"相继成立。这些伊斯兰教学术团体,以"救教、救族、救国"的三者统一为宗旨,实现了对宗教研究的超越。与此同时,大量的伊斯兰教译作、著作出版发行,其数目浩繁,难以尽列;报刊创办发行,成绩斐然。据统计,20 世纪上半叶,伊斯兰教刊物达百种以上。除上面提到的《醒回篇》外,在民国年间,北京有《清真学理译著》、《清真周刊》、《穆声周报》、《穆友月刊》、《真宗报》、《月华》、《穆光半月刊》、《北平伊斯兰》等;上海有《清真月刊》、《中国回教学会月刊》、《回教青年月报》、《伊斯兰学生杂志》、《季刊》、《改造》、《人道月刊》等;天津有《明德月报》、《伊光月报》等;南京有《天山月刊》、《突崛月刊》、《文化周刊》、《回教青年月报》、《晨熹》、《边疆》等;云南有《清真月报》、《清真汇报》、《清真旬刊》、《清真铎报》等;镇江有《清真月刊》、《回报》等;东北地区有《醒时月刊》、《伊斯兰青年》等。

这些刊物把爱国与弘扬伊斯兰教、丰富信教民族的精神生活结合起来开展工作,成绩卓然。如创办于 1929 年,后停刊而于 1940 年复刊的《清真铎报》在复刊词中明确指出:"我们希望各位教胞更进一步精诚团结起来,以爱宗教之热诚爱国家,一致奋起,各尽其最大的努力,以争取国家民族的独立、自由、平等;同时使教外的同胞,认识回教的真相与特色,而排除回汉原有隔膜与误会,使回汉同胞真正团结起来,共赴国难。"围绕这一宗旨,《清真铎报》通过报道,拥护抗战,支援爱国民主运动;阐扬伊斯兰教教义;介绍伊斯兰文化与教育;研究伊斯兰教教史;介绍中国与阿拉伯的关系;介绍伊斯兰教著名人物事迹;报道各地穆斯林动态等。

　　就地区而言,伊斯兰教作为一种精神生活方式,在全国各地的状况是不同的。伊斯兰教主要存在于西北甘、宁、青、陕、新疆,东部和西南部的北平、上海、云南等地区。

　　在西北,伊斯兰教分为旧派、新派和新新派。旧派历史最久,信徒很多,坚守传统的"五功"、"六信"规范,但在婚丧嫁娶方面吸收了汉族风俗。新派有哲赫林耶、虎菲耶、格底林耶、库布林耶四大门宦。其中哲赫林耶最发达,其信徒不仅遍及西北,并远及东北、华北、华东及新疆南部。新新派即依黑瓦尼派,自称遵经派。该派主张遵经革俗、一切回到《古兰经》去,提出不聚众念《古兰经》、不高声赞圣、不多做祈祷、不朝拜拱北、不聚众忏悔、不纪念亡人等改革纲领。1937 年后,该派分成"苏派"和"白派"。

　　新疆,自民国以来维吾尔、回、哈萨克、乌孜别克、塔吉克、塔塔尔、柯尔克孜 7 个民族,占全疆人口的三分之二以上。伊斯兰教派主要有逊尼派、苏菲派、什叶派、依黑瓦尼派。逊尼派在新疆信徒最多、分布最广。苏菲派的依禅派在新疆的影响仅次于逊尼派,其自称为"圣裔"的首领受到信徒的狂热崇拜。该派主张苦行禁欲,宣扬对真主的神秘之爱,以修炼追求"神人合一"。什叶派为塔吉克所信仰,首领称"阿迦汉",被尊称为人间"活主"。依黑瓦尼派即新新派,传入新疆较晚。

　　北京,穆斯林一向甚多,据 30 年代中期统计,全市穆斯林共计 17 万余人,占全市人口十分之一强。全市清真寺共 46 处,其中女寺 5 处。由于北京是全国政治文化的中心,所以集中了很多穆斯林著名人士,如白寿彝、马松亭、王敬斋、赵振武等。与此同时,北京也就成了伊斯兰教的文化活动的重要地区,穆斯林学校、穆斯林社团组织、穆斯林刊物颇盛于此。

　　上海,穆斯林在全市人口中不到 5‰。他们居住较为分散,生活方式受汉族的影响,在婚丧嫁娶及节日的仪规上颇有些不同于西北、西南伊斯兰聚集之地。上海是全国经济的重要城市,所以上海穆斯林商人很多,他们资本雄厚,在上海拥有举足轻重的地位。

云南,中国穆斯林比较集中的地方,是中国伊斯兰教的重要地区。云南沙甸素有"小麦加"、"滇南伊斯兰教圣地"之美誉。1912年,中国回教俱进会滇支部建立,它着力于穆斯林的新式教育和文化事业,培养了一大批穆斯林爱国人才。云南穆斯林对中国革命和中国社会进步事业的热切关注,是云南伊斯兰教发展的显著特点。比如,很多穆斯林先后参加过蔡锷发动的"重九"起义和"护国"首义,出现了许多穆斯林爱国将领,显示了整个中华民族的盎然生机。

三、佛教

佛教于公元前6—前5世纪发源于古印度,创立者是释迦牟尼。在印度,佛教发展有三个时期:原始佛教、部派佛教和大乘佛教。大乘佛教一般统称原始佛教,部派佛教为小乘佛教。原始佛教的基本教义是四谛、十二姻缘、五蕴及因果报应。四谛即苦谛、集谛、灭谛和道谛四大真理,分别说明人生就是痛苦、痛苦的原因、灭绝欲望达到脱离生死苦海的涅槃境界以及达到此境界的方法和途径;十二姻缘即人生的十二个连续的环节:无明、行、识、名色、六处、触、受、爱、取、有、生、老死,它们前后互成因果,从而说明苦谛和集谛;五蕴即构成世界万物的五种基本元素:色、受、想、行、识,它们聚散无常,万物便无常驻不变的规定性,生命体也是生灭无常的,这给人生带来种种痛苦,因此,人们不应贪恋人生,而应追求涅槃境界;因果报应指人们的一切思想、言论和行为都必有相应的后果,善因得善果,恶因得恶果,不会逆转,在因果报应面前人人不可避免,人人平等,包括佛也是如此。

西汉哀帝元寿元年即公元前2年,佛教传入中国内地。为了扎根中国并发展自己,佛教努力使自身意识形态化,为中国封建专制服务,逐渐构成了儒、释、道三教为基本支柱的中国传统文化格局。在漫长的历史发展过程中,中国佛教形成了包括汉传佛教、藏传佛教和云南上座部佛教三个系统。每一系统又形成了具有自己特色的佛教宗派,如汉传佛教的禅宗、净土宗、天台宗、华严宗、律宗、法相唯识宗等。至20世纪初,随着中国社会从传统向近现代转型进程的加快,变革自身以扭转衰势、实现复兴就成为以与时同步见长的佛教之首务。

建立统一的现代佛教组织,是消除中国佛教界宗派林立、彼此倾轧的状态,使佛教适合时代特点的关键。1912年初,欧阳渐等居士发起组织了中国第一个现代佛教组织"中国佛教会"。但因观点不同,太虚、仁山等组织了"佛教协进会"与之抗衡。扬州谢无量创办"佛教大同会",提倡佛道合一、建立中国统一的宗教组织。鉴于上述三会的分歧,江浙诸山的长老请敬安和尚出面,于1912年4月在上海留云寺创立中国统一的佛教组织"中国佛教总会",提出"保护寺产,振兴佛教"的口号,并下设20个省支部和400个县支部。"中国佛教总会"的成立获得了南京临时政府的认可,但1915年10月被袁世凯明令取消。1924年,"中华佛教联合会"成立,成为全国性的佛教组织。抗战爆发后,佛教组织遭到严重破坏。1947年3月,中国佛教徒第一次全国代表大会在南京召开,"中国佛教总会"成立,章嘉呼图克图被选为理事长。上述佛教组织是教徒自己推选产生的现代宗教管理组织,在政教分离的原则下艰难地推动着佛教的发展。

清末,僧尼素质低下,使佛教难以适应新的时代。因此,兴办佛教学校,提高教徒素质,培养佛学人才便成为佛教"复兴"事业的一个重点,佛教教育和研究机构纷纷成立。自1914年起,创办的佛教学校有上海华严大学、宁波观宗讲舍、武昌佛学院、厦门闽南佛学院、北京柏林教理院、重庆汉藏教理院、南京支那内学院、北京佛教藏文学院等,佛教研究机构有北京"三时学会"、上海菩提协会、中国佛教协会成立的佛教研究所等。这些佛教教育和研究机构培养了大批僧才和佛学研究人才,为佛教复兴做出了卓越贡献。另外,叶恭绰等居士组建净业社,开办"法宝图书馆",为佛学研究人员提供了方便。

要复兴佛教,必须扩大其社会影响。为此,中国佛教界大量发行佛学刊物,整理出版佛教经典。据统计,自1912年至1936年,中国出版的大小佛教刊物有 300 多种。① 1912 年,狄葆贤、濮一乘创办发行《佛学从报》季刊,成为我国近代佛教刊物的先驱。1913 年,佛教总会主办会刊《佛学月报》。其后佛学刊物日多,其中以太虚主办的《海音潮》最为著名。它以"发扬大乘佛法真义,应导现代人心正思"为宗旨,不仅内容丰富,发行量大,而且持续时间最长,至今仍在台湾发行。1924年,欧阳竞无创办支那内学院院刊《内学》,作者皆为当时佛学名家,充分反映了当时中国佛学研究的水准。当时其他影响较大的佛学报刊还有《佛教日报》、《佛学半月刊》、《佛教新闻》、《弘法月刊》、《英文佛学季刊》、《世界佛教居士林林刊》等。当时中国佛教界整理出版佛教经典主要有:1909 的铅印大藏经《频伽藏》,1923 年上海净业社影印发行的日本的《Z 字续藏》,1931 年商务印书馆影印发行了 1930 年发现于西安卧龙寺和开元寺的宋代碛砂版藏经,共 500 余部。单版少量印行的佛教经典难计其数。

举办慈善事业,不仅是佛教宗旨的应有之义,而且也是扩大佛教影响之需要。所以,中国佛教界努力于举办慈善事业。如圆瑛法师于1918 年在宁波创办佛教孤儿院,其后又相继开办多所孤儿院和学校,收容、养育孤儿千余名。上海居士林林长王一亭创办华洋义赈会、孤儿院、残疾院、中国妇孺救济院等。1928 年,华北慈善团体联合会会长朱庆澜,联络华北、上海等地的慈善团体,发起"三元钱救一命"的募捐运动,筹款百万余元,赈济豫、陕、甘旱灾区,并三次深入灾区发放衣、药及赈济款,掩埋饿殍。1931 年长江大水,朱庆澜与王一亭组织了全国救济水灾委员会,募捐救灾。

无国则无教,更谈不上宗教的复兴。九一八事变后,中国佛教界致力于将佛教生活与抗日救亡运动相结合。"国将亡,族将灭,种将绝,痛之不胜,不得不大声疾呼,奔走呼号"(欧阳渐语)。中国佛教界领袖、著名高僧、居士纷纷发表声明、通电,号召全国佛界"奋起护国",

① 方立天:《中国佛教简史》,宗教文化出版社 2001 年版,第 378 页。

"念佛不忘抗日,抗日不忘念佛"。不仅如此,他们还采取切实的行动,支持和参与抗战。如七七事变后,圆瑛法师组建佛教会全国救护团,并亲任团长,训练年轻僧侣,开展战场救护。在上海抗战中,王一亭和中华佛教会主任秘书赵朴初等,组织多个难民收容所,救济难民50万人;僧侣救护队出动100余次,救护伤员8273人。① 中国佛教界为中国的抗日战争做出了重要贡献。

藏传佛教,是大约于公元7世纪分别从汉地和印度传入西藏的佛教与藏地传统宗教本教——冲突、融合的产物。经过千余年的发展,藏传佛教形成了等级式的寺院组织制度与严密复杂的僧侣修习制度。藏传佛教主要传播于藏、蒙、门巴、珞巴、土、裕固、纳西、白、普米、怒等民族,是这些民族尤其是藏族民众和蒙族民众的主要精神生活方式,如1949年以前,西藏只有寺庙,没有学校,寺院和僧侣几乎垄断了西藏民众的全部精神生活和文化事业。藏传佛教对这些民族社会产生了深刻的影响。一方面,藏传佛教促进了这些民族社会的经济、政治和文化艺术的进步;另一方面,其生死轮回、因果报应等教义使人们企图通过摧残身体、念经、点酥油灯、献哈达、磕长头等方式追求虚幻的来生和涅槃之境,则使人们本应有的主体性丧失殆尽。

南传上座部佛教,流传于我国西南边疆地区,是约于12世纪自泰国、缅甸传入的佛教与当地传统宗教冲突、融合的结果。信仰南传上座部佛教的主要是全民信教的傣族,另外有布朗、崩龙、佤、阿昌、德昂等民族。由于傣族全民信教,许多佛教活动都演化成了节日,并且由和尚主持。如民间最隆重的节日泼水节,就是由浴佛节演化而成。其他如1月的献袈裟,8月15日的补佛身,11月10日至15日的献经书等,都是傣族民众精神生活的重要内容。民众慷慨解囊,积极地参加这些活动,以求积阴德、修来世。此外,能够体现南传上座部佛教特点的还有

① 牟钟鉴、张践:《中国宗教通史》(下),社会科学文献出版社2000年版,第1037—1038页。

宗教仪式。如祭"披洼"(佛寺鬼)、"披帕"(和尚鬼)等。在这些仪式上,信众念护守经,祈求鬼神保佑人畜平安。这些仪式,为南传上座部佛教所独有。

四、道教

道教是中国本土宗教。其追求的最高目标是内以治身,得道成仙,长生不死;外以救世,扶危济贫。在道教看来,"道"是世界万物的本源和发展的原动力,是永恒的。有限而短暂的人生如果能得道便能实现生道统一,获得永生。道教最初尊老子为太上老君,即道德天尊,并以其《道德经》五千言为经典。后来,又创出元始天尊和灵宝天尊,于是形成了所谓道气化成的"三清尊神":玉清元始天尊、上清灵宝天尊和太清道德天尊。它们是道教崇拜的最高神灵,其中元始天尊地位最高,但影响最大的还是道德天尊("三清"本指三天尊分别居住的玉清之境、上清之境、太清之境)。在最高神之下还有许多神,所以,道教为多神教。道教可分成两大派别:炼丹派与符箓派。炼丹派又有内丹和外丹之别,其共同点是致力于练养金丹,以求长生度世。符箓派重符咒、祈禳,为人解除苦难求得福泰。金元之际,道教分为南北两系,北有全真道,南有正一道。一般说来,全真重内丹,正一重符箓。道教活动的中心是道观和宫观,名之为某某观或某某宫。其主持称为方丈,以下有监院和道士等。道教的具体修业内容和表现形态,不同时代,差异很大。

道教孕育于两汉。随着理论和组织上的逐渐成熟,魏晋南北朝时,道教取得了与儒、释并存的地位,随后蓬勃发展,但至清代逐渐衰落。清政府瓦解,民国建立后,道教从根本上丧失了可依附的政治实体,随后又受到了激烈反传统的新文化运动的猛烈批判;但同时《临时约法》规定"人民有信教之自由"。所以,在整个民国时期,总的说来,道教的存在呈现出的特点是:一方面上层道教更加衰落;同时,作为一种宗教文化,其在民间的影响却不断扩大。

在民国前期即北洋军阀统治时期,道教还能勉强生存和活动;民国后期急剧衰微。

1912年,道教成立"中华民国道教会",总部设于北京白云观,各重要地区设分部。

民国元年,江西都督府在破除迷信的活动中,取消张天师的封号及其封地。但是,其第62代天师张元旭在上海成立"中华民国道教会江西本部驻上海总机关部"。随后,张元旭借袁世凯笼络宗教界之机复天师封号、得还田产,正一道日趋活跃。1919年"万国道德会"成立,张元旭为名誉会长。1920年,张元旭被推为"五教会道教会"会长。北方全真道以北京白云观为中心,接受各地云游道士学道和受戒。白云观于民国时期最后一次传戒是1927年,受戒人数349名,为时数十天。但其余一般宫观和小庙亦趋衰败,不复有昔日壮观气象。在国民革命中,道教遭受了沉重打击。国共合作的国民党江西省党部于1927年初先后三次派特派员,前往江西龙虎山上清宫召开大会,揭发天师道的迷信活动,烧毁万法宗坛的神像,收缴天师府里乾、元、亨、利、贞五本田租册及历代皇封的银印、铜印共15颗,还有历代天师传承的玉印、宝剑,袁世凯所赐宝鼎、花瓶等。当地群众将正一道第63代张恩溥嗣教押送南昌,监禁于江西省农会。1927年3月,江苏吴县临时行政委员会议决:"张天师业经取消,道教不能存在,道士应使各谋职业,道士观院产业应统筹训练职业之用。"①1928年,国民党公布了神祠存废标准,其与道教有关的部分规定:保留伏羲、神农、黄帝、仓颉、禹、孔子、孟子、岳飞、关帝、土地神、灶神、太上老君、元始天尊、三官、天师、吕祖、风雨雷神等;废除日、月、火、五岳、四渎、龙王、城隍、文昌、送子娘娘、财神、瘟神、赵玄坛、狐仙等诸神。

1942年,日本道教学者窪德忠考察了北方的道教情景:

---

① 牟钟鉴、张践:《中国宗教通史》下册,社会科学文献出版社2000年版,第1069—1070页。

　　庄严肃穆的道观很少,而多数都在大街上同商店、字号毗邻,简直无法用"庄严"之类词语奉承它。而且,多数场合还移作他用。以规模宏大的太原纯阳宫为例,宫里没有道士,却有许多妇女、儿童在专心纺织,显然已被当做手工业作坊。济南的迎春宫也同样是纺棉的场所,但在内殿有一个兼作医生的道士默默无闻地活着。我问他两三个问题,发现他毫无道教知识。太原的元通观是山西著名的道观,它收藏着正统道藏的木版。尽管颇有名气,但无论怎么也找不到它的所在。找不到也有道理,因为它已作为咖啡业同业公会的办事处了,而道藏的木版已被转移到崇善寺。济南的长春观,一部分房屋被警察占用,在本堂的玉皇大帝面前,居民在烧饭,本堂变成了住宅的一部分,二楼被当做了仓库。……但我终于发现了我期待已久的道观,这就是沈阳的太清宫和北京的白云观。这两个道观规模宏大,它们保持着名副其实的道观式面貌和风格。当时在太清宫设立了中华全国关东道教总分会,是中国东北地区道教的总本山,白云观是中华全国道教总会本部,当然应该具有道教的一切风格。

但关于白云观的修行状况,窪德忠写道:

　　修行本应专心致志,但我发现有极少数道士成天到处晃荡,晒太阳打发日子。主要是因为该进行的打坐似乎也不怎么严格执行。随时随地均可打坐,但似乎主要是在自己的室内进行,问其原因,回答说这样不致受冷,真令人失望,有这种意识的道士很多。……在我的印象中,道士们相当清苦,……从粮食到燃料都是自给自足,许多道士的道袍都是补丁打补丁的。

上层道教的衰落,迫使许多道士运道于民间,以谋其生;自然灾害加连年战争,致使民不聊生而求生于神道。因此,与上层道教的衰落相反,民间道教颇盛。

日本学者直江广治于20世纪40年代来中国采风,目睹了许多与道教有关的民俗。端午节,进行驱除灾害的活动,普遍流行将天师符、钟馗像和剪成葫芦形的有色纸贴在门上或屋檐下,据说天师符能防止疫病毒气,钟馗具有辟邪功效,葫芦形的有色纸能将家中毒气吸入其口中。腊月二十三举行送灶王爷活动,在焚化灶神像时家人叫着"上天了,上天了",说是灶王升天后向玉皇大帝报告这家人一年中善恶之事,三十日再将新的灶王像请回来。山东历城县冷水沟庄的祈雨活动以玉皇庙为中心,派人去很远的白泉取水回来倒入本村玉皇庙的水瓶,祈雨日要组织队伍请神,将玉皇庙中神像请出来抬上玉轿,有两名道士在轿夫左右,到白泉祭拜,回村后,道士烧纸焚香,诵读《三官北斗经》及其他道经,活动要进行3天。另外,浸润着道教信仰内容的劝善书在民间广泛流行,直江广治本人就收集到百余种,1942年在山西解州关帝庙一次就买到20种左右,而北京顺义县一道观的一个房间内满满地收藏着善书,可见其印刷数量之大。

民国以后,许多道士逐渐从信仰道教、研究道教神学转变为以道教谋生。他们突出的道术概括起来有下列几种:(1)为人决疑治病、预示吉凶。方法有二:一种是把一支笔绑在一张悬在梁下的弓上(叫做"悬乩");另一种是有两个人扶着一个丁字形的木架(叫做"扶乩")在沙盘上写字,以求神降示。(2)设坛作法,为死者超度。《知堂回想录》载浙江绍兴道士为丧家炼度的三天三步骤:第一天"上丧",大道士率孝子背诵赎罪表文;第二天"破地狱",大道士作法,用七星剑将纸糊的地狱城墙戳得粉碎,众道士扮各色鬼魂四散奔走;第三天"炼幡",将记有死者姓名的幡折叠装入耐火的包装内,烧炼出来,便象征从火中将死者超度了。(3)为地方或家庭驱邪降福。1934年,苏州地区大旱,当地道教公会举办历时25天的醮坛,每天在坛道士49人,其余道众抬神像,拜三清,焚香上表,队伍人数数百上千,称为"出会"。(4)利用现代科技。道士给死者照相,与死者相交通,"据说还有现代科学根据,并且有组织地推广,有报纸、杂志以及某些社会团体广为宣传"。以甘肃为例,"特别是在学者们中间,招魂术和催眠术发展很快"。①

五、民间秘密宗教

中国的封建专制为世界之极,所以盛产秘密宗教。民国建立后,政治压力的减缓、不断的战乱和痛苦的民生为秘密宗教的活跃提供了内外条件。民国时期,民间秘密宗教主要有下列几宗:

在理教。又称理门、理教、理善会、白衣道、八方道等。由杨来如创于清初,后成为全国规模的宗教,遍及天津、上海、北京、河北、江苏、山东、河南、安徽、江西及东北、内蒙古等地,清末民国时期仍盛行不衰。清初初创时以"反清复大明"为宗旨,是一政治性秘密教派。康乾后,本"儒释道三教之理":"奉佛教之法,修道教之行,习儒教之理",注重修身养性,嬗变为心学。在此基础上,约有八戒之律:一不吸烟,二不饮酒,三不烧香草,四不焚纸帛,五不拜偶像,六不吹打念唱,七不书写符咒,八不养鸡猫犬。其中烟酒为八戒之最,认为,烟酒二戒重如泰山,若有违犯,终生颠倒,永无顺遂之日。戒烟中尤重戒鸦片。1913年,中华全国理善劝戒烟酒总会成立,并出版刊物《理铎》。随后,各省分会纷纷成立。1933年,全国性的领导机构"中华全国理教联合会"成立,各地相继建立分会,全国在理教公所达3000多个。举办慈善救济事业是在理教活动的一项重要内容。如光绪末年天津在理教建立公善社,引导世人爱惜字纸,向寡妇发放救济款物,向死亡贫民施舍棺匣,掩埋无主尸体,春季种痘,夏施暑药,冬舍棉衣等。

皈一道。该道由山东平原人赵万秩创立于同治光绪年间。皈一道以无生老母为最高崇拜对象,同时崇拜多神,是中国宗教中崇拜神灵最多的宗教。这些神灵中有佛道二教的高位神,有古代信仰的诸神,也有

① 钟科文、杜镇远:《走出无知的迷宫》,社会科学文献出版社2000年版,第57—58页。

许多历史人物,共有百位之多。皈一道的戒律和修持法则极为严格,道徒生活极为清苦:穿最粗陋的服装,留发髻或留辫或光头;只吃玉米窝头和盐水煮白菜;住房简陋;不扰人,不靠人,去别人家不吃不喝。道徒以苦为乐,他们相信只有这样才能得到无生老母的欢心和保护,社会才能太平和谐。道徒在家中设佛堂,供奉"天地君亲师"、"药王神位"、"灶王神位"、"复阳帝君神位"、"三代祖先神位",有的供奉"天地三界十方万灵真宰之位"。道徒每日至少叩4000个"响头"。此外,还要修炼内功:做到十少:少思、少念、少笑、少言、少饮、少怒、少乐、少愁、少好、少机;除却六害:名利、声色、货财、滋味、虚妄、嫉妒;练就三昧:摈弃诸缘、专一、虚寂;禁止十恶:口四恶、身三恶、心三恶;实行善基八则:诚意、正心、慎言、敬事、敬老、慈幼、洁己、劝人;坛规十戒:坛室、供馔、衣服、侍坛、坐次、览训、喧哗、出入、眼界、烟荤;念佛方便法门:每天早或晚洗面漱口之后,烧香合掌在佛前诚心念佛号香赞;念燃灯佛祖训;念咒语:放声咒、净生咒、六字稳心咒、聪明咒、燃灯佛祖解怨咒、往生神咒、护身经、眼明经、弥勒降魔歌;书符箓等。

一贯道。该教由王觉一创于清末;民国时,势力遍及全国。一贯道尊奉以无极老母即无生老母为最高神灵的群神,以示"万教归一"。它把世界分成理、气、象三天。理天乃无极老母住处,是永恒的世界;气天乃仙佛住处,虽好但非永恒;象天即当今人间,充满灾难。凡一贯道徒,得老母降道挽歌,可躲过三期末劫,生前做官享福,死后进入理天,与老母团聚。其修持之法为:成己以修内功:静坐为要,清心寡欲,行为合于理;成人以修外功:行济人利物之事,存拯灾救世之心,劝人为善,普渡众生。其道场为佛堂。宗教仪式主要有传授"三宝"和"扶乩"。三宝:第一宝是"抱合同",做一定手势以表认母归根之意;第二宝由点传师"点玄关",点破玄关可以会通天人;第三宝是"传口诀",即传授"无太佛弥勒"五字真言。扶乩又叫扶鸾,由经过训练的童男童女三才乩手担任,借仙佛附体,手扶乩笔,在沙盘上写出字文,作为"神训"。此外,还开坛讲解道义,开设各种训练班,如炉会、仙佛研究班、人事研究班、

忏悔班、人事检讨班、坛主班、点传师班等。抗战期间，一贯道道首张光
璧率道投日，当上了汪伪政权的"外交顾问"，并吸收著名汉奸褚民谊、
周佛海等入道，在沦陷区大批发展道徒。1947年，张光璧死，一贯道分
成"正义派"和"师母派"等。

　　同善社。由四川永川人彭汝珍创于光绪末年，兴盛于民国时期。
该社以瑶池老母即无生老母为最高崇拜对象，兼奉孔子、老子、释迦牟
尼，"用儒教礼节，做道教功夫，而证释教果位"，遵守五伦八德及三从
四德，将佛教的三皈、道教的三清与儒家的三纲贯通起来，又用五戒与
五行、五德相配，形成三教混一的宗教戒条。同善社力避"三期末劫"。
所谓"三期"，即"上古期"、"中古期"和"下古期"；三期相应的三劫是
水劫、火劫和风劫。前两劫已各渡回2亿生灵，现在正处于下古期的风
劫，须渡回92亿生灵。只有加入同善社，才能避劫受渡，升入天宫。该
社认为每年三、五、九月的十五日是道徒成仙成佛之日，届时天上地下
都开龙华会庆祝，道徒在道首带领下设坛念经拜佛。同善社成立后，在
北洋政府的支持下，建立了总社领导下的遍布全国的省县乡镇不同级
别社组织系统，一批军政官吏、地主豪绅纷纷加入，短短十几年便号称
拥有道徒3000万人。九一八事变后，彭汝珍与日本及伪"满洲国"相
勾结，进行汉奸活动，遭南京国民政府镇压。第三次国内战争时期，彭
汝珍欲与中国人民解放军相对抗。中华人民共和国成立后，彭吞金自
杀，同善社被取缔。

　　一心天道龙华圣教会，其前身为"一心堂"。山东长山县马士伟于
1913年创立一心堂。该教崇拜无生老母，同时又敬奉天地君亲师及儒
释道三家教主，主张"我心即主宰"，无须拜佛许愿，自修顿悟，即可得
道升天。宣扬"四海之内皆同胞"，企图将该会传至世界各国。但马士
伟创立一心堂，名在宗教，实在政治，企图以宗教为手段建立帝国，实现
称帝的野心。他一方面自称是弥勒佛转世，具有"吹风化雨"、"砂土成
兵"之术；一方面乐于社会慈善事业，兼中国红十字会长山县分会会
长，被当地美称为"马善人"。其后十多年时间，一心堂先后在山西、河

北、内蒙古、河南、江苏、四川、甘肃、上海、南京、长春等设立分会,并于1928 年将一心堂总部迁往山西五台山。1931 年一心堂被山东省政府主席韩复榘取缔,马士伟辗转至天津,勾结日本特务横山,将"一心堂"改为"一心天道龙华圣教会",并建立"大东亚佛教联合总会",马士伟任会长,山野为顾问。马士伟自称皇帝,擅封大臣,广招生徒。内设八大部、十二朝臣、六大宰相、十八罗汉、九十六大贤,外设总会;下设总务、文书、会计、庶务、交际、教义、赈济、宣传八组。省设分会,县设支会,村镇设佛堂。另有学校、医院等慈善机构归总会直接领导。另外,马士伟还聘请专门军事人员为其训练军队,有枪者达 1500 人,大炮四门,机枪若干。1935 年,马士伟死,会务由其妻女相继掌管。抗战期间,该会积极为日寇张目。抗战胜利后,国民党政府查禁了该会。

红枪会。该会是保家安良的农民自卫组织。红枪会继承义和拳组织系统,采用八卦编列组织,分八门传授。为树立会众对领袖的信仰、培养会众不怕死的精神,红枪会假借神权,合符念咒,倡言刀枪不入,同时以"不为非作恶"、"不采花折柳"为誓词。其基本成员为不脱离生产、不离开家乡的中小农民,无业、盗窃、奸淫、吸毒者一概不得加入。入会者要通过一定的宗教仪式,要斋戒、沐浴,练功练武一百天,老师授予护身符,会员礼拜念咒后,焚符和水吞下,并苦练出一身过硬功夫。民国初年,红枪会遍及华北,据向云龙《红枪会的起源及其善后》调查,河南、直隶、陕西、山东的红枪会员达 80 余万之多。红枪会平时的任务是联合武装抗匪,保卫家乡安宁。除此之外,还配合国民革命和抗日战争。在抗日战争中,在中国共产党的帮助下,红枪会发展成为拥有数百万众的抗日武装力量,为抗战立下了丰功伟绩。

除以上介绍的之外,在 20 世纪上半叶,影响较大的秘密宗教还有黄天道、先天道、真空道、普渡道、圣贤道、九宫道等,其功过是非,难以概论。

第二节　鬼神迷信和祭祀活动

对于一部分民众来讲,除了各种宗教外,与他们生活紧密相连的还有各种迷信、祭祀活动。

一、民间诸神迷信

中华民族是一个多神崇拜的民族,而民间的诸神崇拜又是其中最为重要的领域。民间的诸神崇拜不同于宗教中的神崇拜,它没有某种固定的宗教组织,具有实用性、自发性和随意性;同时,它又是和宗教神崇拜相互渗透的。经过漫长的古代社会,除了意识形态的因素之外,一代代的中国百姓,为了祈望生命的优化,逐渐创造了一个庞大的神国世界,一直延续到近现代。

按照民间对诸神的奉祀习惯,民间诸神可分为民间最高神、上古神、星宿神、土地神、门神、山川神、动物神、冥神、行业保护神、真仙与道教诸神、佛教诸神等。其数目之多,确难计清,各有关资料,所列一二百位不等。现略述其要:

玉皇大帝与王母娘娘　玉皇大帝源于上古时代崇拜的天帝。东汉时期,道教把形象原本抽象模糊的天帝拉入自己的神界中,并编造了《高上玉皇本行集经》,简称《玉皇经》,杜撰出天帝的出身和经历。至唐时,道教空前发展,一度成为国教,天帝以"玉皇大帝"名目出现,玉皇、玉帝之称渐趋普及,民间信仰的玉帝和道教的玉皇合而为一。玉皇在道教神系中虽然不是最高神,但总管三界(天界、地界、水界或欲界、色界、无色界)、十方(东、南、西、北、东南、东北、西南、西北、上、下)、四生(胎生、卵生、湿生、化生)、六道(天道、神道、人道、地狱道、饿鬼道、畜生道),在世俗中,是古今天下第一神。他高居天宫,在金碧辉煌的金阙云宫灵霄宝殿指挥着文武仙卿:武神有托塔天王、哪吒太子、巨灵神、四大天王、二十八宿、九曜星官、五方揭谛、四值功曹、千里眼、顺风耳等;文神有太白金星、文曲星、丘弘济真人、许旌阳真人等;另外,还管辖着四海龙王、雷部诸神,以及地藏菩萨、十殿阎罗。为了祭拜玉皇大帝,全国各地有许多著名的玉皇庙、玉皇观、玉皇阁。旧时的北京专祀玉帝的玉皇庵、玉皇庙就有二十多座。道教把玉皇大帝的诞辰定为正月初九,这一天不仅是道教重要的祀日,民间也设神宴于正堂,焚香烛、燃纸钱、放爆竹,叩拜玉帝,祈求福泰。玉皇大帝之妻乃王母娘娘。她是由道徒们对中国西部一部落首领西王母改造而成的雍容尊贵的女仙领袖。道徒把王母奉为女仙之宗,并将其与男仙之宗玉皇大帝配成夫妻。道教宣称,此二神乃阴阳之父母,天地之本源,化生万灵,养育群品;王母有赐福、赐寿、赐子、化险消灾的功能;其法宝有二:不死之药和仙桃。据说王母居昆仑之间,有城三千,玉楼十二;左侍仙女,右侍羽童;三界十方女子登仙得道者,皆其属下。

财神　民间所供财神像有文武两类。一文财神头戴宰相纱帽,五绺长须,手捧如意,身着蟒袍,足登元宝,面目严肃,脸庞清癯,据说这就是殷纣王的为人正直的叔叔比干。比干虽然未曾从过商,但他忠耿无欺,令人信服。另一位文财神是越王勾践的谋臣范蠡,他助越王成就霸业以后,隐名(自号"陶朱公")从商,成为大富商。但他散财救穷,所以,就成为了后人的财神偶像。武财神有关公和道教虚构出的人物赵公明。财神在人们心目中的地位很高。春节,是中国民间最盛大的全民节日,而迎财神是除夕之夜一项重要的民俗活动。除夕之夜,人们吃饺子,说这是财神爷送的元宝,之后,便待迎财神。到了初二,便要以鱼、羊之鲜祭财神,午饭吃馄饨,名曰"元宝汤",寄托着人们对富裕生活的向往。

门神　春节时节,门神神气活现地立于民间门上,为人们祛邪魔、卫家宅、保平安、助功利、降吉祥,成为民间诸神中最受欢迎者之一。门神种类很多,有以桃符所示的黄帝之神将神荼和郁垒;有专门捉鬼的钟馗;有历史上的忠勇武将,诸如荆轲、秦叔宝、尉迟恭、赵云、马超、马岱、薛仁贵、盖苏文、孙膑、庞涓、黄三太、杨香武、焦赞、孟良、杨延昭、穆桂英、萧何、韩信以及岳飞等，甚至文臣魏徵也登门为神，仗剑怒目，一派英武气概；有寄托人们愿望的文官门神及祈福门神。文官门神以天官居多，他们戴纱帽、着鹤服，或抱象牙笏板，或持吉祥器物，白面五绺美须，一派雍容华贵气派，以造升官发财之气。天官门神大多贴于院内堂屋门上，以别于大门上驱鬼镇妖的武士门神，而含有迎福进财之意。祈福门神如送子娘娘等寄托着人们多子多福的期望。

土地神　民间俗称土地爷、土地公，其配偶为土地奶奶、土地婆。后土是与天帝相对应、总司土地的大神，由皇帝专祀，土地神则专司地方土地。旧时，大大小小的土地庙，遍布全国城乡各地。一般的土地庙都很小，庙中土地神大多为穿长袍、戴乌纱的白发老翁，由泥塑或用石凿成，其旁老妇形象者为土地奶奶。土地神名目繁多、各地不一。蒋子文、萧何、曹参、韩愈等古人都被当做过一些地方的土地神。各地土地神的功能各有特色，祭拜方式也千差万别。如苗族崇拜土地神作为村落神，是为了祈求村寨吉利，猛兽不犯；瑶族在翻土、播种和收割时都要祭拜土地神，以求丰收；布依族在农历六月六和腊月初八，都要杀猪杀鸡敬拜土地神保佑，以求五谷丰登，人畜兴旺；侗族不仅在逢年过节时，用猪、羊、鸡等献祭，在出猎前，还要到溪沟里捞出三条小鱼以供奉土地神，猎获后还要向其谢恩。有的地方如北京、重庆还编造了居住在本地的被称为"都土地"、"总土地"的土地神，并宣称自己的都土地或总土地都统管天下土地，其实管不了，因为他们并不为其他地方所祭拜。

阎王与判官　民间迷信认为，世界分为三间，即天间、人间和阴间。凡人死后，入阴间；罪者死后入阴间地狱。阴间的实际主宰者阎王为地狱之主，领导着一批判官，为罪鬼量刑。关于地狱有种种说法，民间最熟悉的是十八层地狱。在那里，刑罚一层比一层残酷恶毒。关于阎王的来历，说法很多，有毗沙国王说、十三冥王说，还有一直流传至今的十殿阎君的说法；人们希望阴间的公正，于是，民间就流传了某些刚正之人死后为阎王的说法，最有名的有韩擒虎、范仲淹、寇准、包拯等。冯梦龙笔下的阎王头戴平天冠、身穿蟒衣、腰束玉带,一派阎罗天子气象。其旁有左右判官,又有千万鬼卒,牛头、马面、帮扶者甚众。判官数量很多,但主要有四位:掌刑簿判官、掌善簿判官、掌恶簿判官、掌生死簿判官,其中掌生死簿判官为首席判官。判官的典型形象为:戴一顶软翅纱帽,穿一领内红圆领,束一条犀角大带,踏一双歪头皂靴,长一脸络腮胡须,瞪一双圆眼,左手拿着善恶簿,右手拿着生死笔。但是,看似肃穆严正的地狱,仍然是黑幕重重。

城隍　即护城之神。在旧时,中国各大小城市,无不建有城隍庙,奉拜城隍,以守护城市。城隍庙正殿一般正中为城隍爷,两旁分列判官、牛头、马面、黑白无常等鬼卒,阴森可怖。城隍功能很多,在民间很受欢迎。(1)驱魔治病。有人得了病,就去城隍庙求签或占卜,签示病人中了"邪魔",病人便要出大洋数块,住进庙里,"邪魔"不敢再接近病人,自然痊愈。(2)为病人开堂审鬼。有人得了病,去求城隍审鬼。届时有几个男巫,其中一个充当城隍降其身的"迷魂",余者念经。城隍降身后,"迷魂"便坐堂开审:先是劝告"鬼"将病人的魂魄放回,并代病者说和。"鬼"若答应,便许下花船、金银纸、路票等;若不答应,便进行种种恐吓,或做种种手势,要"收了它"。(3)引魂归乡。凡有人在异乡去世,招魂以及运灵柩回原籍时,必须到城隍庙去领了路票方能引魂入籍,否则只有成为异乡之鬼了。(4)为人申冤。百姓若有冤屈,可写状子,送到城隍爷面前焚烧,城隍爷便可为之申冤。(5)保平安、降福泰。当地发生瘟疫或其他的流行病时,便抬出城隍像出游,镇压鬼魅,以保地方太平。大旱时,四乡农民则到城隍庙求雨。抬着城隍像出巡,是旧时十分热闹的活动。一般每年的春、夏、秋三季各一次。春季清明,正值播种时节,为免鬼魅危害百姓,城隍出巡,缉拿鬼魅,囚之于城内。秋季七月十五,出巡"访鬼",专查冤死鬼魂,当面受理申诉,平反冤假错案,使冤死鬼早入轮回。冬季十月初一,出巡"放鬼"。据说此时农事已完,放鬼出去,料也无妨。出巡之时,以城隍为首,队伍长达数里,浩浩荡荡。书写着"肃静"、"回避"字样的虎头木牌居前,大旗飘飘,刀枪林立;锣鼓喧天,煞是热闹。之后便是走会杂耍、和尚老道行进之类,人山人海,百戏陈杂。傍晚,和尚诵经,道士念咒,城隍升轿,万众归城。

民众生活在社会的底层,无尽的痛苦、恐惧和不安以及美好的希冀,衍生出了难以尽列的神灵,虚拟成了寄托着人们各种愿望的神灵世界:无生老母、福神、禄星、寿星、喜神、金花夫人、张仙、月下老人、利市仙官、子孙娘娘、五路神、厕神、床神、鲁班祖师、梅葛二圣、茶神、酒神、窑神、船神、马神、虫神、小儿神、梨园神、娼妓神、三清、太上老君、四御、后土、斗姆、太白金星、男斗、魁星、三元大帝、真武帝、鬼蛇二将、水火二将、青龙、白虎、金童玉女、周公、桃花女、九天玄女、天妃娘娘、千里眼、顺风耳、关圣帝君、二许真君、萨真人、王灵官、灵官马元帅、三十六天将、四值功曹、六丁六甲、六十元辰、八仙、刘海蟾、黄大仙、马姑、雷神、金光圣母、风伯、雨师、五道将军、钟馗、孟婆神、如来佛、三世佛、弥勒佛、东方三圣、四大菩萨、文殊、普贤、观世音、善财童子、龙女、地藏、十大弟子、罗汉、济公、疯僧、二十诸天、四大天王、鬼子母、天龙八部、夜叉、罗刹、紧那罗王、托塔李天王、哪吒、哼哈二将、韦驮等等。神灵芸芸,他们只能给予民众以安慰和希望而已,并且还消解着民众的主体精神。①

二、庙会及其他祭祀活动

我国庙会具有几千年的漫长历史。在 20 世纪上半叶,中华民族虽然灾难深重,但庙会活动却有增无减。

我国庙会在总体上形成南方、中原、北方三大区域性的庙会群。由于各区域经济、政治、文化、自然条件和民族分布的状况不同,各地庙会体现了各地民众特有的精神状态。

南方庙会群以江苏、浙江、广东、福建、四川为中心,包括江浙庙会、

---

① 本目的论述主要参考了马书田著《华夏诸神》,北京燕山出版社 1991 年版。

江淮庙会、闽台庙会、岭南庙会、荆楚庙会、云贵庙会、巴蜀庙会和西藏庙会等。由于远离传统的政治中心，并且有相当数量的少数民族，南方庙会表现得自由、热烈而又极其丰富多彩。

南方庙会数量极其繁多。如，浙江、杭州有时迁庙、张顺庙、武松庙、扬雄庙、石秀庙等淫祠庙会和四月廿三朱天菩萨会；临安有三月初三北极佑圣真君诞日会、三月廿八东岳庙会、四月八龙华会；湖州有正月初九玉皇庙会，二月十九、六月十九、九月十九观音庙会，三月廿八东岳庙会，四月十四吕仙庙会，六月廿四雷祖庙会，七月三十地藏王菩萨会等等。

浙江永康方岩山胡公大帝庙会充分体现了南方庙会娱神娱人的特点。在农历八月十三传说中的胡公诞辰会上，青壮年组成罗汉班"武护神"，妇女儿童组成蝴蝶、狐狸、三十六行、莲花、九串珠、旱船等歌舞班"文娱神"，举行大型的"迎案"，民间俗称"八月十三，七十二个胡公上方岩"。庙会上有游案、迎案、降神童"跳罗汉"，有十字莲花队的演唱、十八蝶舞、十八狐狸舞及十八鲤鱼舞，歌舞相融，娱神娱人。云南、广西、贵州、海南、西藏、四川等地，少数民族众多，庙会多种多样，许多简直演变成了歌舞节。如毛南族在庙会到来的时候，蒸了象征五谷丰登的五色糯米饭、粉蒸肉，捏成团粘在柳枝上；青年们带了糯米饭和粉蒸肉，戴上新花竹帽，穿上花布鞋，对歌于村外。

商品经济和分工的发展，使南方的行业神庙会比较典型。如，宜兴的范蠡庙会，台湾的舜帝庙会，湖南的陶正神庙会皆是陶瓷神庙会。尤其是江西景德镇，五月有师主赵慨庙会，六月有窑神菩萨风火仙师童宾庙会，正月十五元宵节有华光灵官庙会，三月初三和九月初九有天后娘娘妈祖庙会，另外还有高岭土神庙会和祖师蒋知四庙会等等，当地百姓以此表达对自己职业的虔诚，并求祖师先辈们保佑生意兴隆。

东南沿海影响最大的当数妈祖庙会了，以福建莆田妈祖庙会最为典型。妈祖是传说中的海神。每年农历正月十五喜庆日、三月廿三妈祖生日、九月初九妈祖卒日，这些地区都举办庙会，纪念并求福于这位海神。届时,各地的妈祖信者去莆田湄州岛上的妈祖庙烧香、进贡、唱神戏、燃金纸、放鞭炮,数不清的匾额在鼓乐鞭炮声中被迎送到妈祖庙内。供品有半截红裤、菖蒲、香袋、烛山、龙舟挂圣旗等,每一种贡品都有一段美丽的传说。据说,更为有趣的是在三月廿三妈祖生日庙会上,总要刮风下雨,说是有位保生大帝吴真人有意捣乱——他曾追求过妈祖而遭拒绝,所以,要用风雨吹掉妈祖的胭脂粉黛,使她难堪。当然,妈祖会在吴真人三月十五生日庙会上兴风雨还之的。庙会日是禁捕的。而平时出海,要请示妈祖并求其保佑一帆风顺。

中原庙会群以陕西、河南、山东为中心。由于中原是我国文明的重要发祥地,在历史上长期处于政治、经济、文化的中心,所以,其庙会崇祭的原始大神和历史人物神颇多。盘古庙会、伏羲庙会、黄帝庙会、仓颉庙会、阏伯庙会、颛顼庙会、帝喾庙会、禹王庙会、高王庙会、岳飞庙会、关羽庙会、华佗庙会、鬼谷子庙会、比干庙会、张良庙会等等,难尽其数。传说中的"三皇五帝",在河南民间都有庙祀,形成了原始信仰色彩浓厚的庙会群。如桐柏盘古山庙会,庙中的盘古神像是朴素、健壮的农夫打扮,头生双角,身披树皮,腰缠树叶,赤脚而坐,亲切而又充满刚阳之气,当地百姓都亲切地称之为"盘古爷",并传说着他诸如滚磨成亲、繁衍人类的神话故事。每年的农历三月三,人们从四面八方汇聚到这里,供上猪羊、香烟纸裱,吹奏民乐,燃放鞭炮,感谢他开天辟地、补天洞、造人类。人们还把他当做送子大神求子于他。

在我国影响最大的除了黄帝陵会外,就数仓颉庙会了。其最典型的为陕西渭南地区的仓颉庙会,它与河南虞城、内黄的仓颉庙会形成了一个庞大的庙会群。传说仓颉是皇帝的文化大神。他龙颜四目、生有睿德,因"创制文字,以代结绳之政"之功,黄帝赐其姓"苍",据说是统领世界之意。传说他活了110岁,死后葬于陕西渭南地区的史官乡史官村;早在汉朝这里就有祭拜他的神庙了。传说仓颉造字,感动天神,便降谷雨,以表谢意。所以,每年谷雨时节,这里都要举行大型庙会,会期七至十天。庙会由洛河以北包括一百多个村庄的十大社轮流主办。

届时,张贴庙联,如"四目明千秋大义,六书启万世维言"、"创圣书功昭日月,制文字恩浴天地"、"惊鬼神巨笔擎天,耀乾坤伟业富民"等等。庙会首日,祭祀队伍甚是雄壮,16支三眼铳开道,香众高举十面龙凤飞虎旗、十二面五彩旗,开道锣和"肃静"、"回避"大牌紧随其后,金瓜、斧钺、龙头、点元笔、仙人手、蟠龙棍、龙凤扇、日月图、云牌和万民伞相辉相映,饰以金顶红罩的仓颉神楼由24根护庙棍夹道护卫,祭器、香褛、纸炮、猪羊、花馍等紧祭其后,各大社首率香众和民乐殿后,乐声、铳声和炮声齐鸣。进香队伍进入献殿,摆设祭品,安主敬神。随后,众会首摆贡品、上香、进酒,三叩九拜。献礼完毕,百姓自由上贡,或祈求平安,或求赐子,或问卜求药,或福后还愿。庙会期间,两台大戏相竞,百姓通宵观之。

山东庙会以著名的泰山庙会和"曲阜四大古会"为代表。泰山庙会主要包括东岳庙会和碧霞宫庙会,分别在东岳大帝的诞辰农历三月廿八和碧霞元君的诞辰农历四月十八立会。在民间传说中,泰山是生命神之所在,东岳大帝即民族生命之神,碧霞元君乃泰山奶奶。民国时期傅振伦先生在《重游泰山记》中记述了三月庙会的情景:"善男信女,远道而来朝山进香者,相望于途。妇女皆缠足,头梳长髻,衣裳博大,不着裙衫,腿带宽可四寸,多深红艳绿色,盖犹有数年前内地古装遗风,捧香合手,喃喃不绝于口。至于男子朝山,则随僧道鼓吹而已。右手持直角三角形之黄旗者,其上大书'朝山进香'四字,右侧书'莱邑义峪庄'诸小字,殆是来自山东东部莱州者。山中居民,有出售香马纸课者,生意最盛。沿途乞丐最多,逢人索物,并云'千舍千有,万舍得福'、'步步高升'、'积德吧,掏钱吧,个人行好是自个的',不予则不得前行"。①人们一求东岳大帝保佑吉祥,一求碧霞元君赐子降福。因路途遥远,在全国广大的地区,人们立天齐庙、奶奶庙,兴庙会,就地拜祭,可见泰山庙会影响之远。"曲阜四大古会"是拜祭孔子的盛大庙会,即清明和十

---

① 高有鹏:《中国庙会文化》,上海文艺出版社1999年版,第380—381页。

月初一的孔林门会、正月初一至十六的孔府门前鼓楼门会、正月十五尼山夫子洞庙会、曲阜城西腊月初八大庄花会。届时，全国各地敬仰孔子的人们来曲阜向孔子表达敬意，也是盛况空前。

北方庙会群以北京、天津、山西、河北为中心，包括华北庙会群、东北庙会群和西北庙会群。在内容和风格上，北方庙会与中原庙会相近。北京庙会是北方庙会群的典型。有人归纳出北京庙会的十大特色：庙多、人多、花会多、杂货多、小吃多、书多、传说多、花多、艺人多、乞丐多。① 妙峰山庙会是北京庙会的代表。妙峰山，处京城西北130余里，有"灵感宫"即"天仙圣母碧霞元君祠"和"灵官殿"，每年四月初一至十五、七月十五至八月初一两次香火会，以碧霞元君庙会为主。届时，香客们盘旋而上，或举旗、撑幡、敲打锣鼓、吹奏乐器；或跪拜、叩首、背鞍、镯镣、耳箭、锁身，以罚己赎罪，"前者可践后者之顶，后者可见前者之足。自始迄终，继昼以夜，人无停趾，香无断烟"。会间，戏曲、大鼓、魔术、评书、相声、秧歌、武术、耍狮子、杂技、骑射等民间艺术应有尽有。奇人争显身手，花会占尽风流，碧霞元君这尊"山奶奶"一定高兴至极，断会不遗余力地降福于人间的。

除了庙会祭祀之外，民间还有大量的在家族、家庭范围内祭神祭祖的活动。

譬如，一年当中有许多诸大神的生日，每逢此时，民间家族、家庭便以不同的形式，祭拜神灵。如，传说农历三月十九，是太阳公公的生日，每逢这一天，家家户户便为太阳公公举行诞生祭：向东方，供拜牲醴、烧金、鸣炮、上香、跪地向天祭拜。台湾汉人的祭拜尤为隆重，各家用白面做成九只猪、十六只羊，以及鸡、鸭、鱼、猪肉、羊肉、蔬菜、茶果等祭拜太阳公公。民间还有一种间接的很有意思的拜日活动，即发生日食时，民间到处敲击锣鼓、盆器以赶走食日的天狗。

祭拜祖宗，是民间非常重要的祭祀活动。旧时，民间几乎各家各户

① 高有鹏：《中国庙会文化》，上海文艺出版社1999年版，第221页。

都在正厅供奉着祖宗的牌位,朝夕烧香礼拜,逢年过节,更为隆重。比如春节,除夕子夜,家家户户都把祖宗牌位依次摆在正厅,供上一级供品,长幼依序上香跪拜。思亲至切的人家,还全家矮凳侧坐在祖灵旁,通宵守陪。清明时节,是扫墓祭祖的日子,人们纷纷前往祖先墓地,为坟除草,添加新土,摆上供品,斟洒清酒,燃纸炮跪拜。新春的绿野,簇簇烟火,声声爆竹,弥漫着人们慎终追远之情。传说,农历七月是阴曹地府放假、恩准鬼魂探望亲人的日子;届时,他们的子孙们,呈家中上品贡之,自不待说。

第三节　闲暇娱乐生活

如果说求生于宗教、诸神和祖先是消极的精神生活的话,那么闲暇娱乐便是一种积极的精神生活了。当然对于不同阶层的人们来说,其闲暇娱乐的方式各有不同。那高贵而雅致如看电影、听唱片、游艺等娱乐方式可能独属于达官显贵、公子王孙和才子佳人们,在大都市里才能见到;而粗犷豪放如腰鼓、社戏之类则多属于下层民众和乡村。富贵者在闲暇中取乐,健其身、娱其心;贫贱者在闲暇娱乐中暂时忘却现实生活中的艰辛和厄运。

一、城市居民的娱乐生活

城市居民的娱乐方式多种多样。赛马、下棋、放风筝、养鸽、垂钓、赛马车、拉洋片、划船、驯鹰逐兔、冰嬉、看电影、赶庙会、看戏、游艺、木偶戏、耍耗子、猜灯谜、听唱片、看杂耍儿、玩秋虫、荡秋千、听书等等。这里,介绍几种现代人不大熟悉而带有旧时代特色的娱乐方式。

拉洋片,又称"西洋景"、"西洋镜"、"拉大画儿",始于清末,兴于民国,旧时主要流行于北京、上海等大城市。其主要道具是一个大木箱,箱内装有转轮,通过绳索带动绘有各式内容的画框上下启动。箱的外壁开有若干圆孔,孔内装有凸镜。观众通过凸镜可以看清箱内的画片。表演者根据不同的画面内容配以相应的说唱词并乐器伴奏。拉洋片在清末刚出现时,只是以白话解释画面内容,伴奏一般为锣、鼓、镲三件巧妙地配装组合,只要拉动一根绳索,三件乐器就会有节奏地响起;到民国时开始有连说带唱的表演。其效果如何,就主要取决于表演者的本领。如北京天桥艺人焦金池及其徒罗沛林,嗓音洪亮、音域宽广、音色圆润柔和、行腔婉转自如、吐字清新悦耳、演唱技巧高超,并备有大量丰富的图片:帝王轶事、义和团举事、八国联军入侵、军阀混战、北京名胜古迹等。他们结合图片内容的自编自唱,通俗易懂,合辙押韵,极富感染力。所以,每天都能招徕许多游客,收入也不错。

电影,是舶来品,当然首先受用的是城市居民。1895 年 12 月,世界第一台电影放映机在法国问世。几个月后的 1896 年 8 月 11 日,上海徐园"又一村"放映了"西洋影戏",这是我国第一次放映电影,时称"电光影戏"。1902 年 1 月,北京第一次放映电影,放的是只有几分钟的短片:"美人首旋转微笑,或着衣做花蝴蝶舞以及黑人吃西瓜、脚踏赛跑车、马由墙壁直上屋顶等"。这两次都是外国人放映的。1903 年中国商人林祝三,由欧美经商回国,带回一部电影放映机和影片,在北京天乐茶园公映。这是中国人在中国的土地上首次放映。电影在中国的巨大潜力促使中国商人自己开办电影公司,拍摄影片,建造影院。这为城市居民提供了极好的娱乐方式。如北京,自 1905 年至 1949 年,影院发展到 24 个,座席 15000 个。当然,当年的影片都是十几分钟的短片,内容很简单,无非是一艘大轮船,自烟波浩渺处驶来,越来越近,看到船上乘客的活动,熙熙攘攘,上上下下,其时观众只须看到这些动态,已感无比新奇满足了。中间换片时,卖瓜子的、卖瓜果桃核的、找人的、换地的、抛手巾把的⋯⋯有的戏园子和影院还在此时按座位收费,加之提壶续水的穿插其间,其乱可想而知。有的戏园子和影院还男女分座:中有栅栏,男左女右。票价因影片新旧、影院地理位置和设备而差异很大,贫富贵贱,各就其宜。20 年代放映的国产影片有:《古井重游记》、

《杨花恨》、《传家宝》、《可怜的秋香》、《上海一夫人》、《美人计》、《王氏四侠》等;30年代有:《丰年》、《多愁》、《女权》、《日出》、《雷雨》、《野玫瑰》、《夜半歌声》、《母性之光》、《火山情血》、《上海24小时》等;40年代有:《孤城喋血》、《万家灯火》、《玫瑰漂零》、《一江春水向东流》、《乱世风光》……

游艺场于民国初年,在北京、上海、天津等商埠城市兴起。其时全国最有特色、最具影响的游戏场,当推上海1917年开设的"上海大世界",北京1918年开设的新世纪游艺场和1919年开设的城南游艺园,天津1928年开设的"天津劝业商场"等四家,上海、天津的两家历经沧桑现在仍在营业中,而北京的两家连遗址也不复存在了。游艺场集娱乐百戏于一身,有些项目甚至为国人见所未见、闻所未闻,吸引了众多的游人。如北京的新世纪游艺场,占地1000余平方米,五层楼房,总建筑面积达4000平方米。内设有:小有天菜馆、坤角戏场、电影院、茶楼、杂耍场子、屋顶花园、照相馆、商场、说书场、咖啡馆、吉士林番菜馆、铁质飞桥、哈哈镜……,其入门券为铜元30枚,中餐券大洋5元,西餐券1元,各处游艺不另收费。其五楼上的屋顶花园,可攀梯而上,紫禁城、景山、北海、各城门楼等京城景物尽收眼底。20世纪初人们罕见的电梯,更是使人眼界大开,着实为新世纪大增魅力。距此百米远的城南游艺园,占地2万多平方米,夜放广东烟花,挂设广东人物灯彩,除了新世纪所有的之外,城南游艺园开创了北京的四个"之最":地滚球(保龄球)场、旱冰场、露天电影场和弹子(台球)房。此外还有其他游艺项目,如测拉力的九联灯、拳击台、测字、算卦、人头说话、茶社等等,应有尽有。坤剧场里,有类似于现在的包厢,男女可同坐;在曲艺杂耍场子,有刘保全的京韵大鼓,焦德海、刘德治的相声,韩秉谦的洋戏法,"快手刘"的古典戏法,葛恒泉的快书,徐狗子的双簧。玩累了、腻了,可入茶馆、中西餐馆享受佳肴和各类小吃,以补充能量……

养弄虫鸟是旧时城市居民一种重要的娱乐消遣方式。就虫而言,有蛐蛐、油葫芦、金钟儿、梆儿头、蝈蝈、金铃子等等。因为蛐蛐拼斗、鸣唱皆佳,所以最为著名。蛐蛐,学名蟋蟀,又名促织。养蛐蛐需用盆罐。权贵大富,用金罐、象牙罐等;普通百姓则多用泥盆、葫芦等;穷家儿童则用旧罐头瓶、破水缸子、小花盆儿等。养蛐蛐之趣终在于蛐蛐的厮斗与鸣唱,所以,养家极为看重鸣叫好听、敢斗善斗的蛐蛐儿,总是给它们冠以“翅震大将军”、“红须元帅”、“无敌王”、“花斑豹”等等美名。每个养家除了自己的“常胜将军”外,往往还备有能出奇制胜的“黑马”,以使比赛更激烈或爆“冷门”。自中秋节至重阳节前后,一些养家随即发帖约人“乐战九秋”。届时,主人备好战场:正中摆设铺着红毯子的桌子,中放斗盆;另桌设立分厘戥、象牙牌子、象牙筹、象牙筒、鼠须探子以及赌赛彩品,罗列桌案。赴会客人各率蛐蛐把式,挑来圆笼蟋蟀,各据一个角落。到时凡各家认为可以下场的蟋蟀,都分别装入象牙筒内,过分厘戥称出重量,记在象牙牌子上,放于各自的盆盖上。然后以同重量的两家蟋蟀起入斗盆。凡体重性烈的蟋蟀,一经下盆,不等挑逗,便无犹豫地向对手咬去,如战不支,或重伤或死;若对手也此等蟋蟀,一咬虽人力也难分开,必同死。不过,此种二虫皆猛的情况极少。一般是两虫相遇,只要一相交,即刻分开,甚至退避很远,静候一时,各思战法,再互相下口,图以计取胜。再有一种蟋蟀,以全身作战,看准对手弱点,声东击西,咬定对手某处,如头后脖颈、大腿腿根、肚腹等处,一经咬定,立刻胜利。还有一种最稳健的,临敌岿然不动,待敌袭来,出其不意,咬上一口,使敌负疼,不敢再犯,自己也不追赶,只振翅发声示威,自鸣得意。蟋蟀相争,实其主相乐相争。胜主自然得意,颇感光彩,败主自然垂头丧气,有的甚至摔死那可怜的小虫还恨声不绝;若平分秋色,则主人握手言和。民国年间,以斗蛐蛐赌博者常以很大的赌注押入,一旦自己押定的蛐蛐告负,颇有倾家荡产的感觉,自然怨恨与怒骂也会不禁而发①,这便远离了娱乐活动的本意了。

　　放风筝是一项古老而流行至今的娱乐活动,唐代就有“折竹装泥

---

①．崔普权:《老北京的玩乐》,北京燕山出版社 1999 年版,第 159 页。

燕,添丝放纸鸢"的诗句。清末,北京、天津、山东潍坊、江苏南通成了中国风筝制作的四大中心。风筝,又名纸鸢,亦名纸鹞。其形有蝴蝶、雄鹰、仙鹤、蜻蜓、孔雀、春燕、蜈蚣、凤凰、飞龙、孙悟空、猪八戒、黑钟馗、七仙女……,惟妙惟肖。"正月灯,二月鸢,三月纸花满天飘。"清明前后,阳气回升,姑娘小伙、大人孩童、百姓士儒,来到广场或郊外的原野、沙滩,手牵长丝,驭纸鸢于蓝天;蝴蝶、雄鹰……,款款而舞,与飞鸟斗勇,与白云争高,鼓风灵动,潇洒飘逸。夜间,人们在风筝下挂上一串串彩色小灯笼,飘上空中,与繁星相辉映,宛如"神灯"。实际上,放风筝不只在娱乐,还能健身。宋人《续博物志》说:"今之纸鸢,引丝而上,令小儿张口望视,以泄内热。"长时间的昂首翘望,还要奔跑疾走,举臂牵引,又能呼吸新鲜空气,放风筝的确是既能娱乐又能健身的好游戏。当然,如无适宜的风,即使你心急手痒,也无济于事;一旦宜风飘来,便手携风筝,雀跃出门。的确是:"结伴儿童裤褶红,手提线丝骂天公。人人夸尔春来早,欠我风筝五丈风"。

二、乡村居民的娱乐生活

中国乡村,区域广大,各地娱乐方式差异很大。总的说来,由于乡村经济和文化的落后,其娱乐方式不像城市那样华贵而雅致,一般都粗犷而热烈;当然,诸如流行于城市中的赛马、放风筝、划船、驯鹰逐兔、赶庙会、看戏、木偶戏、猜灯谜、看杂耍儿、玩秋虫、荡秋千、听书、打麻将等等,乡村中也是有的。

新年前后,是农村一年当中最休闲的时节,农民们也暂时忘却了生活的辛酸,以自己的方式自娱自乐。在陕北乡村,腰鼓便是陕北农民们娱乐的重要方式。陕北腰鼓主要有安塞腰鼓和洛川蹩鼓。安塞腰鼓历史悠久,格调古朴,主要用于欢度节日和庆祝丰收。其演出阵容十分庞大,每队一般由60名以上的鼓手组成;有时,几个队连在一起,能拉成一二里的长队,十分壮观。其演出内容丰富,有童子拜观音、绵羊抵头以及枣核掏心等等,过街时鼓点雄壮有力,锣、铙钹、唢呐相配,气势磅礴,扣人心弦。演员一律古代将士的便服装束,包头或黄或红,服色素雅,干净整洁;其表演强健豪放,刚劲饱满;走阵时,或开或合,或散或聚,穿插行进,若龙腾虎跃,万马争先。洛川蹩鼓的"蹩"在当地方言中是蹦跳的意思,所以表演时动作的幅度很大,非青壮年不能表演。演员一律束胸,头巾和服装纯白或纯黄,系三角形战裙,背插四面小旗,全身装束皆以商周青铜器图案装饰;有的还束一宽板皮带,上系数颗拳头般的铜铃。表演以走阵为主,整个队伍运动起来:方阵、长蛇阵、八卦阵……势若排山倒海,且变化有序。演员随着咚咚的鼓点,肩落脚起,跳腾蹦越,或如野马脱缰,或如雏燕戏水,或如猛虎出山,或如大鹏展翅,的确震撼人心。

民国时期,山西乡村,流行演对戏。一到喜庆或农闲时节,各大村落便搭起戏台上演对戏;家家户户也尽力备好酒菜,邀来亲朋好友,共同观戏;孩子们也穿上平时难得的新衣,相互嬉闹,一派喜庆气氛。演对戏是一种颇为奇特的娱乐活动:演出时,没有唱腔,只有对白;有固定的演员,又要靠广大的观众合作;有固定的舞台,又不受舞台的限制。比如,演《过五关》时,先在台下备好真马、马车等,若干演员到荒野乡郊或邻村戏台旁等候。对戏开演,锣鼓唢呐响起,随着急促的鼓点,红脸赤须、戴盔披甲的关羽,手提大刀,步上场来。只见他做了几个武术动作,念了一番道白,然后带几个兵卒,一同从台上跳落,让两位皇嫂乘上台下早已备好的马车,跨马扬鞭,保护着两位皇嫂向旷野荒郊奔去。观众有的欢呼着尾追,有的在台下等候。这一行人马穿过郊野,来到邻村的戏台,关将军跳下马,跃上戏台,与早已等候在那里的曹军守将交战。经过一番精彩激烈的格斗,关将军将曹将斩杀,算是过了一"关"。接着又是一番道白,随后跳下戏台,奔向下一村,杀向下一"关"。如此五次,过完五关,全剧终了。那原来在台下等候的观众,自然会看到别的"关将军"向本村戏台杀来,斩将过关。看戏一处,同一戏本,可睹不同的"关将军"风采。据说,演完《过五关》,要达十几天,演员达百千之众。

　　高跷表演,与秧歌、舞龙、旱船、竹马等表演一样,是北方农村节日或喜庆期间不可或缺的娱乐活动。高跷,直径约二十公分、高约三尺许的木柱,表演者缚踏于脚下,手持道具,扮成各种人物,边唱边舞,以奇险的动作和谐趣的情节取悦观众。高跷的表演,不拘形式,花样繁多。一般有文跷和武跷之分。文跷以扮演戏角为主,如扮演刘备、关羽、张飞、白娘子、小青、许仙、孙悟空、猪八戒、唐僧等,演出《桃园三结义》、《断桥会》、《唐僧取经》等;武跷表演翻跟头、飞翼子、腾空跳跃等,动作惊险。高跷队一般由二三十人组成,走在前面的是抬锣背鼓的乐班,随后是男女舞者。他们身穿古装戏服,手执彩扇、绸巾,边走边扭。他们来到农家门前时,往往会触景生情,即兴编唱民歌:

　　　　大鼓一打笑呵呵,六畜齐备真是多,

　　　　这边有鸡那边鹅,骡马成群不算少,

　　　　高跷踩过添福禄,大车拉的元宝多。

唱完以后,高跷队在院里一会儿绕圈,一会儿走"8"字,边扭边跳,时开时合,作走阵表演。其中扮演小丑儿的舞者,忽而跌扑在地,忽而急速跃起,作一些惊险滑稽的动作,逗得观众捧腹大笑,给欢乐的节日增添了浓郁的戏剧色彩。

　　发端于汉代的皮影戏,电影兴起以前,在浙江海宁一带乡村,相当发达,几乎村村都有皮影戏班子,而且受到各种请演。为求蚕桑丰收,要请演"蚕花戏";村中如有人违反规约,要请演"禁格戏";还愿要请演"还愿戏";造屋上梁,要请演"上梁戏";孩子周岁,要请演"周岁戏";男女成亲,要请演"暖房戏";迎神塞会,要请演"神佛戏"。诸如此类,不胜其多。春节,更是皮影戏演出的旺季,各村各坊,竹丝悠扬,锣鼓铿锵,那水乡居民,甚是欢娱。若是哪家请了皮影戏班,村里顿时便热闹起来,大人小孩便不招自至。因为演出多在农家堂屋里,所以屋里总是挤得满满的。若是白天,要关上房门,放下窗帘,不让透光。艺人执起框架,糊上棉纸,作为银幕。幕后挂起几盏油灯,作照明之用。演出时,艺人躲在幕后,双手并用,用细竹签操纵着人物剪影。其人物造型,多用羊皮雕刻,单线平涂,表情生动,有肌肉感。有的还边演边唱边道白,其音乐、唱腔受昆腔影响,既高亢激昂,又优美抒情。通过灯光的照射,观者就可以看到银幕上投影出的各种各样的故事,犹如动画电影。演出的剧目,大都是神话传说、历史故事。如,《闹龙宫》、《火焰山》、《三打白骨精》、《快活林》、《闹江州》、《武松打虎》等,吹吹打打,十分热闹。在农闲季节,演出常常要夜以继日,不至三更不罢休,有时甚至要演到第二天早上,谓之"两头红"。

跳"花鼓灯",是皖北农民的一种娱乐方式。节日的夜晚,皖北农村的艺人们,就在村口的大树下或打麦场上,进行"花鼓灯"的表演。大红宫灯把整个场地照得通亮,早早吃过晚饭的男女老少在等着开演。咚!咚!咚咚咚咚咚,咚……,鼓声突然响起,唢呐齐奏,还有鞭炮响起。举着青柄花伞的男角"伞把子"(全队的领唱和领舞)率队迤逦入场。那被称为"鼓架子"的健壮的男角们,头扎白巾、身着短衣、灯笼裤;那被称为"兰花"的漂亮的女角们,头顶红绸绣球、胸垂彩色飘带、身着大红缎袄、腰缠石榴长裙,左手舞一双清软手巾,右手持一把精巧花扇,她们是灯队的主角,一场演出的好坏,她们是关键。所以人们又把看"花鼓灯"叫做"看兰花"。作为序曲,男角们伴着"兰花",摇着舞步,唱着《花鼓灯歌》:

> 叫俺唱歌不费难,舌头打转嘴动弹,
>
> 唱到半夜三星落,唱到五更亮了天,
>
> 花鼓灯歌没唱完……

"伞把子"把小花伞轻轻一扬,歌声停止;而鼓点、锣钹、掌声顿起,正式演出开始。先演歌颂劳动者乐观勇敢的男女群舞《大花场》,舞蹈强悍、粗犷,给人以力和美的享受;接着是歌颂缠绵爱情的《小花场》,其不同的舞段,有三人舞、双人舞或独舞。三人舞、双人舞庄谐并寓,幽默风趣,逗人发笑;兰花独舞,如春风掠波,轻盈动人。《小花场》舞毕,是男女群体表演武术对打的《大场子》,刚柔相济,灵动而健美,令观众心潮澎湃,群情激昂。此时,"伞把子"便领唱《秦王抽兵》等民歌:

　　可恨无道秦始皇,北国修筑万里墙。

　　家里三个抽一个,家里五子抽一双。

　　一日只发三合米,三日只发九合粮。

　　煮饭吃来吃不饱,煮粥吃来不浓汤。

伴着歌声,人们忘我地唱、忘我地跳,张扬个性,个性张扬……

　　"转黄河",是旧时河北一些乡村的游乐方式。相传周朝末年,峨眉山罗浮洞赵公明下山,帮助闻太师伐西岐,被姜子牙手下的燃灯道人打败,并被陆压用"钉头七箭书"的法术射死。赵公明的三位姐妹——云霄、琼霄和碧霄闻讯离开三仙岛,来到西岐找燃灯道人报杀兄之仇,摆下"九曲黄河阵"。许多玉虚门人被拿入阵内,剥去了顶上三花,失了道果,变成了凡夫俗子。后来原始天尊下界,才破了"九曲黄河阵",灭掉了赵公明的三位姐妹,救出了遭劫的玉虚门人,让他们回去重新修行,以求返本回元。人们为了纪念玉虚门人绝路逢生,就模仿古人摆起"黄河阵",认为能从阵内转出来,就像困而得救的玉虚门人一样,解除了患难,得到了平安。① 春节一过,"黄河古阵图"的传人在一片平坦开阔的地方,划地为图,插杆为阵:纵横十九,共三百六十一根杆组成方阵;中央一根,如电线杆一样粗而高,上端悬一三角形灯笼,下垂九只小彩灯;其余每根杆高约一米,直径约两公分,顶上安一块圆木板,板周围以彩纸围成敞口灯笼,中置一陶瓷灯碗,注入香油点燃。阵有入口和出口,入阵后九曲连环,盘桓进退,井井有条而又深奥莫测,要找到出口确实要动一番脑筋,花一番工夫。正如那一带流行的一首谜语诗所言:"四四方方一座城,住着三百六十兵,天天晚上来操练,各个头上甩红缨。"其进出口处扎有柏枝牌楼,悬灯结彩,横匾大书"春游黄河"。"转黄河"是从正月十四日开始,这一晚是"鬼转人不转"。传说正月十四日晚,正中央杆下,是鬼魂相聚的地方,人们可以看到自己死去的亲人

____

　　① 徐杰舜主编:《汉族民间风俗》,中央民族大学出版社1998年版,第367—368页。

和祖先,所以,一些老太太便在这天晚上去烧纸。十六日是"转黄河"的高潮。晚上,杆灯点亮,皓月辉映;阵外,并排九座铁筒炮,冲天吐火,响声如雷,烟花齐放,锣鼓喧天。人们扶老携幼,鱼贯入阵,人影绰约,迷离奇幻。

第八章　家庭生活

清末民初,随着中国社会结构、政治体系、经济生活的变化,中国传统的家庭结构、婚姻观念等也都发生着很大的改变。

第一节　家庭婚姻观念的演变

家庭生活的演变首先表现在人们婚姻观念的变化上。

一、20 世纪初年国人对变革传统家庭婚姻制度的呼吁

中国传统的婚姻与家庭,是在两千多年的封建社会中形成和发展起来的。它以儒家学说为其理论和思想的基础,以婚姻的不自由和家庭成员的不平等,以及夫权、父权居统治地位为基本特征。其具体内容包括父权家长制,严格的亲亲、尊尊、长幼有序、男女有别的等级秩序以及主要针对妇女的严酷、残忍的性道德等等。这一系列规范整合了作为封建国家基本单位的家庭,维系着家庭的超稳定状态,也保证了整个封建大厦的超稳定状态。

但这一局面在 19 世纪的最后几十年却出现了缓慢的变化。深重的民族危机、资本主义工商业在中国的建立和发展以及西方民主主义思想的传入,激发了人们对中国封建制度的全面抨击,引发了接连不断的社会斗争和革命运动。而作为中国封建制度重要组成部分的传统家

庭、婚姻制度及其习俗、观念，也同时遭到了猛烈的冲击。戊戌维新运动时期，以康有为、梁启超、谭嗣同为首的一批知识分子第一次对封建纲常伦理提出了较为全面的揭露和批判。尽管维新运动最终失败了，但反封建、反专制的浪潮并未平息。1900 年八国联军的入侵及随后《辛丑条约》的签订，进一步激发了民族情绪的高涨。20 世纪的前 10年，资产阶级知识分子在全国掀起了一个宣传西方自由平等、天赋人权思想的热潮，扫除封建专制政体已成为时代的最强音。而变革封建家庭、婚姻制度成为这一部分人的共同要求。在他们中间，既包括以孙中山为首的革命派，也包括以康梁为首的改良派，还包括以刘师培、何震为代表的无政府主义者。虽然他们的主张或趋于保守或过于激进，但他们对于家庭、婚姻制度存在的问题的认识却具有各自的合理性。他们各从不同的角度、不同的层次向传统家庭婚姻制度展开了揭露和抨击。

　　关于家庭制度。资产阶级革命派以天赋人权为理论，政治革命为目的，提出了"家庭革命论"。他们指出："人人当知平等自由之大义。有生之初，无人不自由，即无人不平等，初无所谓君也，无所谓臣也"，因此，"凡为国人，男女一律平等，无上下贵贱之分"。① 既然天赋人权是平等的，家庭成员也应该是平等的。因此，对于革命青年而言，不讲自由平等则已，若要讲自由平等，必先冲破传统家庭的樊篱。"革命！革命！家庭先革命！"，"欲造国，先造家。"在革命派眼里，家庭革命俨然成了政治革命的前提。1904 年 1 月，一位署名"家庭立宪者"的作者在《江苏》上发表《家庭革命说》，矛头直指传统家长专制制度。文章指出，"政治之革命，由国民之不自由而起；家庭之革命，由个人之不自由而发；其事同，其目的同。"而个人所以不自由，是由于两千多年来"家庭之制度太发达，条理太繁密"，"今吾中国普通社会之家督，其权力实如第二之君主。"正是这种家长的专制制度太发达，造成"青年者，皆受

————————

① 《革命军》，《邹容文集》，重庆出版社 1983 年版，第 61、72 页。

家庭之支配者也";造成"奴隶宗旨、牛马人格之谬种日以蕃";"学问补助、社会建设之公德无由起"。因此,在中国"欲革政治之命者,必先革家庭之命"。① 该文作者从一个青年子女的立场,向家长制尤其是父权制进行抨击。但作者所提出的家庭革命并不彻底,很显然,他忽略了家庭中与父权并重的夫权。因此,这篇忽略了女子自由的文章充其量还只能算是一篇《男子家庭革命说》。

这一疏漏马上被人所注意。1904 年 4 月,《妇女界》赫然发表丁初我的一篇文章——《女子家庭革命说》。文章代表当时二万万妇女对封建家庭中存在的家长制、男尊女卑、夫为妻纲进行了控诉。她指出,中国女子在家庭中,身受四重压制。第一,父母从小就给女子灌输"三从四德"、"无才是德"的谬训,并且"禁识字以绝学业,强婚姻以误终身,施缠足之天刑而戕贼其体干焉,限闺门之跬步而颓丧其精神。"第二,兄弟"无父母之恩,而有父母之虐,出入必禁限,言论必防闲,结婚必得全权之承诺。"第三,翁姑"勃溪悍跋之权威,实为女子第二重之地狱","其禁遏自由之权力,且不逊于父母兄弟而尤过之"。第四,丈夫"俨然具有第二君主之威权,杀人无死刑,役人如犬马,对称贱曰'妾',自号尊为'天'。"正因为女子最不自由,因此,不论家庭革命则已,"若论男女革命之先后,则女子实急于男子万倍"。②

无政府主义者也是当时反封建的一支重要力量。他们先后创办了《天义报》、《新世纪》等刊物,并以此为阵地,对封建家庭制度展开了猛烈的抨击。他们历数封建家庭的罪恶,提出要实现家庭成员、社会成员平等,必须进行纲常革命。更为难能可贵的是他们开始意识到,父权、夫权之存在,"经济问题,其一大阻力"。因此,他们主张,家庭革命必须从两方面着手,一是"尚真理以去迷信,此思想革命也";二是"求自

---

① 家庭立宪者:《家庭革命说》,《江苏》第 7 期。
② 丁初我:《女子家庭革命说》,《女子世界》第 4 期。

立以去强权,经济革命与有切要之关系。"①但思想偏激的他们却并没有就此打住,情绪的激昂让他们已不屑进行对家庭制度改革的探讨,而将矛头直接对准了家庭本身。他们认为父权、夫权、君权,"溯其始,则起于有家,故家者,实万恶之源也。"因此,追根溯源,"去强权必自毁家始"。② 他们否认一切权力的存在,鼓吹绝对的自由和平等,要求废除婚姻、家庭,是违背历史运行规律的空想。因此,他们的毁家论虽惊世骇俗,但即刻成过眼烟云。

与无政府主义者思想有异曲同工之妙的还有康有为。1901—1902年,他写成《大同书》,书中同样对父权和夫权进行了抨击,亦提出了废除家庭的设想。但此书一直秘而不发,直到1913年才在《不忍》杂志上发表,故在当时并没有引起多大的反响。

对改革婚姻制度的呼吁。相对于家庭制度改革而言,资产阶级对改革婚姻制度的呼声更为高涨。他们在西方婚姻模式逐渐为国人所熟悉的时候,对中国的封建婚姻制度进行了重估和反省。他们从婚姻方式、婚礼、婚俗等几个方面阐发了自己的婚姻观,批评了旧式婚姻制度的弊端,要求对婚姻制度进行大的改革。

(1)反对"父母之命、媒妁之言",主张婚姻自由。父母之命、媒妁之言是封建婚姻的合法形式,这种包办、强迫、买卖的婚姻制度,是封建政权、族权和神权对男女婚姻关系的联合支配。男女婚姻只有父母或其他尊亲属才有权做主。这一制度,被陈独秀怒斥为"恶俗"之首,是"强奸"似的野蛮风俗。他讥讽道:"开店的人请个伙计,还要两下里情投意合,才能相安。漫说是夫妇相处几十年的大事,就好不问青红皂白,硬将两不相识、毫无爱情的人配为夫妇吗?"③履夷在《留日女学杂

①　真:《三纲革命》,《新世纪》第11期。
②　鞠普:《毁家谭》,《新世纪》第49期。
③　《恶俗篇》,《陈独秀著作选》第1卷,上海人民出版社1984年版,第40—45页。

志》也著文抨击父母专婚之弊,称父母专婚只会"坏子女之品性"、"坏夫妇之爱情"。① 陈王在《论婚礼之弊》一文中也指责无论问名纳采、文定纳弊、结缡合卺,都是父母一手包办,自始至终,"当婚之两主人翁,曾不得任一肩,赞一辞,唯默默焉立于旁观之地位,是焉得不谓之大怪事乎?"并指出,父母包办,只会增长子女的依赖性,且由于男女不相见而成婚,还造成夫妇感情不和,而"情意不洽则气脉不融,气脉不融则种裔不良,种裔不良则国脉之盛衰系之也。"因此,婚姻一事不仅"为人道之大径",亦"为谋社会之发达所当有事,亦为谋国家进步所当有事也"。② 他们主张"结婚的规矩,总要男女相悦,自己做主,才能合乎情理"③,婚姻之事"必不能全权委诸父母",而"应该先令子女得自由选择,而复经父母之承认,然后决定。"④

在主张结婚自由的同时,陈独秀还提出了离婚自由。他指出:"结婚的事,无论是自己择选,或是父兄替他尽心择配,断没有个个都择得合适,不走一眼。若是配定就不能再退,那不是有误终身么"。既然婚姻不能勉强,离婚也就是合乎情理的事了。但根据当时中国的律例,男子对女子有七出的权利,而女子对男子却没有离婚的权利。对此,陈独秀猛烈抨击道:"天生男女都是一样,怎么男子可以退女人,女人就不可以退男人呢? 岂是女子天生地下贱,应该受男子糟蹋吗?"⑤同时,在丧偶再嫁的问题上,陈独秀提出,男子既然可以续弦,那么女子也应当可以改嫁,而决不能为了守节、体面、请旌表、树节孝坊等迂腐之事,冤沉苦海。在这一问题上,谢震也撰文表示了相同的意见:"且夫男女既当平等,男对于女若何,即女对于男亦若何。"既然天下男子无人为女子守节,而要妇女丧夫"终身不嫁,岂公理哉! 况以他人而强其守节,

① 履夷:《婚姻改良论》,《留日女学会杂志》第1期。
② 陈王:《论婚姻之弊》,《觉民》第115期合本。
③ 《恶俗篇》,《陈独秀著作选》第1卷,第44—45页。
④ 履夷:《婚姻改良论》。
⑤ 《陈独秀著作选》,第44—45页。

不更野蛮之甚耶?"他奉劝天下为父母翁姑者:"尔知为父母翁姑之道乎,则勿强妇以守节,"又勉励天下青年:"尔欲尽妇女之天职乎,则慎勿勉强守节。"①

(2)反对早婚旧俗,提倡晚婚晚育。在《钦定大清通礼》中,对男女的结婚年龄有如此说法:"男女十六以上,女年十四以上,身及主婚者,无期以上服,皆可行。"凡青年男女,只要不在服丧期间,到此年龄,便可成婚。同时,社会上许多家长把子女结婚并不仅仅看成是男女个人爱欲问题,而是牵涉家庭家族稳定繁荣的大事,多子多福、早抱儿孙早享福的思想十分普遍,这就造成社会上早婚现象比比皆是。针对这一旧俗,许多有识之士痛陈早婚之弊,力倡晚婚晚育的新风尚。

对早婚带来的不良后果,梁启超做了最为系统的论述。1902年,他在《新民丛报》上发表了《禁早婚议》一文。他指出早婚有五弊:1、害于养生。早婚使身体未成熟的少男少女"妄斫丧其元气",更为严重的是,"一人如是,则为废人;积人成国,则为废国。"2、害于传种。梁指出,早婚的普遍,固然使中国人口数量独冠于全球,但又是拜早婚所赐,使中国人口"递传递弱"、"每况愈下"。3、害于养蒙。早婚者为人父母,童心未泯,必然会"以不娴义而误其婴儿"。4、害于修学。早婚不但影响对下一代人的教育,而且也影响早婚者自身的教育。常人在二十二三岁之间,为修学的最佳年龄,过早结婚,必"消磨其风云进取之气,耗损寸阴尺璧之时"。5、害于国计,过早结婚,带来子女过多,子女过多,而无力教养,造成"子愈多则愈贫"。之所以中国家贫国衰,"早婚实是其咎"。他指出,"结婚早迟之率,自一人论,可以判其人格之高下;自一国论,则可以觇其国运之荣枯。"因此,"今日之中国,欲改良群治,其必自禁早婚始"。他认为"男子三十"、"女子二十"是结婚的适宜

---

① 谢震:《论可怜之节妇宜立保节会并兄强青年妇女守节之非计》,《女报》第2期。

年龄。① 随后,陈王、履夷等也纷纷撰文抨击早婚现象。履夷在《婚姻改良论》中列举了早婚的七害,即耽误修学、导致人种孱弱、造成一家生计困难、青年丧失独立性、不能事亲、不能教子、不能宜家室。有鉴于此,"中国今日,不可不革去早婚之弊。凡青年男女,其能入学读书者,虽在专门大学之学校,亦必俟其毕业,方许成婚。而寻常一般之人,其结婚之其亦必限于各有职业之后。"他建议:"必俟二十五岁之后,乃许结婚。"

(3)改革旧婚礼,开创新风气。中国传统的婚姻礼仪在它的具体操作程序上非常复杂繁琐,其程序包括问名、纳吉、纳征、请期、亲迎等,整个过程须遵照无媒不成婚之旧制,聘仪奁赠,婚礼中尽是繁文缛节,同时还有轻薄不雅的闹新房等陋俗。

许多具有新思想,受西方影响至深的年轻人,推崇西方婚姻的自由恋爱、自主婚姻和婚礼的简洁文明,继而对中国的传统婚姻过程和婚礼深感不满。他们主张自由结婚,反对无媒不成婚的旧制,抨击媒妁之制为卑鄙之制:中国自由婚制之所以不立,是由于男女不相见和父母专婚。"而此二事之持以不败者,实惟以媒妁为之用","故媒妁者,自由结婚之大蠹贼"。因此,只有"推倒专制之恶风,遏绝媒妁之干涉",才能获得"至高无上、花团锦簇之婚姻自由权"。对婚姻过程中的聘仪奁赠之制,年轻人也认为这只是劳民伤财,令"富者竭其脂膏,贫者亦思步武,相穷以力,相尽以财,不至于犬竭兔毙不止",而最后却导致"庆贺未终,丧吊已至,爱情未结,怨仇旋生"。因此,大可不必为了装饰观瞻,而"使人失其时,家受其害"。② 至于婚礼中的成规陋俗,繁文缛节,更为向往文明婚姻的青年所不能容忍。陈独秀在他的文章中称索要聘礼、哭嫁、闹新房等事硬把一个好端端的婚礼搅成一桩"伤心的事"、"淘气的事"、"受罪的事"。蔡元培亦在自己的婚礼演说中,提出改变

---

① 《梁启超选集》,上海人民出版社1984年版,第357—363页。

② 陈王:《论婚姻之弊》。

闹新房的旧俗,因为"夫妇之道,极正大,极重要,无可引以羞涩,并无可援以谐谑之理。"闹洞房之举,实是"诡侧谑浪",为"天下极谬误事"。①

二、五四新文化运动对家庭婚姻观念的冲击

辛亥革命的胜利,结束了封建专制制度在中国的统治。但革命的胜利并没有给中国带来真正的自由和民主。袁世凯的阴谋复辟帝制与尊孔复古逆流的泛滥,让当时进步的思想界产生了一种较为普遍的认识,即皇帝虽已退位,但国民脑中的皇帝未退位,要在中国实现民主政治,必须先有一个思想的革命,必须"先将国民脑子里所有反对共和的旧思想,一一洗刷干净不可。"②为此,陈独秀、胡适等进步思想家在中国发动了一场改造国民性的新文化运动。他们高举民主科学大旗,将斗争的锋芒直指孔教及其纲常伦理学说,"打倒孔家店"成为当时一致的口号。不可避免的,以封建纲常伦理为基础的传统家庭婚姻制度必然遭到全盘的否定和批判。

相对于辛亥革命时期国人对变革家庭婚姻制度的呼吁而言,五四新文化运动中对家庭婚姻制度的反思和批判更为深刻。它不再是直接为服务政治革命而提出的口号,它本身就是时代的主题。这一时期的知识分子更侧重对群众思想的启蒙,因此,这种批判也就更具有理性。尽管他们的理论武器仍然是西方的平等自由、天赋人权,但与以前不同的是,他们对"自由"这一命题进行了更为全面、系统、深刻的阐述。他们牢牢抓住自由思想的理论核心——个人主义,充分论证了个人的价值、人格和权利,并以此来抨击旧的家庭婚姻制度。

批判旧家庭制度　在众多先进知识分子眼里,封建家庭就是封建国家的缩影,"中国的旧家庭制度是君主专制政治的雏形"。它们的相

---

① 《蔡元培全集》第 1 册,浙江教育出版社 1997 年版,第 278 页。
② 《陈独秀著作选》第 1 卷,第 41 页。

同之处就是都有一个"蔑视个性的道德律",叫人绝对服从。只不过君臣关系是靠"忠"维系着,而父子关系靠"孝"维系着。① 陈独秀指出,儒家的三纲之说,是与个人主义根本对立的,"君为臣纲,民于君为附属品,而无独立人格矣;父为子纲,则子于父为附属品,而无独立人格矣;夫为妻纲,则妻于夫为附属品,而无独立自主人格矣。"忠、孝、节等伦理道德"皆非推己及人之主人道德,而为以己属人之奴隶道德也"。② 吴虞也指出,家族制度是君主制度的基础,它侵犯了卑幻者"人格之权","其流毒诚不减于洪水猛兽"。③ 正是这种专制的家庭制度,蔑视个人的人格,阻碍了个人的自由发展,陈独秀在《1916》一文中,要求广大青年:"第一,要自居征服之位,勿自居被征服地位";"第二,尊重个人独立自主之人格,勿为他人之附属品"。④

主张恋爱自由,婚姻自主。长期以来,自由恋爱一直被看成是伤风败俗、离经叛道的事,人们完全拘于"男女授受不亲"的阴影里。在高扬个性独立人格独立的五四新文化运动时期,传统的婚姻制度被看成是压抑人性、蔑视人格的牢笼和樊篱,因而遭到激烈的抨击。作为关系到个人幸福与自由的大事,许多进步的青年人提出了恋爱自由与婚姻革命。

世衡在《恋爱革命论》一文中指出,中国人最大的悲剧是得不到真正恋爱的机会,"他们不能预想要恋爱那样一个人,只能由着命运的指示,去爱那指定的一个人,不论好坏"。这种爱是违背"自由意志的恋

---

① 周建人:《中国旧家庭制度的变动》。
② 《陈独秀著作选》第1卷,第167页。
③ 吴虞:《家庭制度为专制主义之根据论》,《新青年》第2卷第6号。
④ 《陈独秀著作选》第1卷,第171—172页。

爱"原则,因此,中国必须进行恋爱革命,要"破坏旧社会一切伪道德、恶习惯,非人道和不自然的男女结合的婚姻制度,建设新社会平等的、自由的、真正恋爱的男女结合。"①并且,自由恋爱也是婚姻的前提,"婚姻离不了自由恋爱,有自由恋爱的结合,才算婚姻。"②否则"就变成了一对机械男女。男子好比嫖客包娼,不过是满足兽欲,女子好比吃包,永久卖淫于男子,不过是一种得钱的手段。彼此看的是荆棘世界,度的是沙漠生活,断乎没有人生的趣味。"③

为了能真正实现男女自由恋爱,许多青年提出社交公开,指出礼教并不就是道德,道德是"真的、美的、善的","礼教是伪的、虚的"。如果"平日不许男女间有公然的交际,婚姻自由是不会成功的","禁男女交际而倡自由结婚,在理为不通,于事实为不可行"。④

在恋爱自由、社交公开成为当时讨论的热点的时候,作为婚姻革命最为本质性的东西——婚姻的主权问题便日益凸显。针对旧式婚姻中父母的特权,进步青年以民主、自由作为理论武器与之对抗。在《婚姻自由和德莫克拉西》一文中,陆秋心写道:"我相信婚姻自由和德莫克拉西是在一条线上的,在德莫克拉西下面的婚制一定是完全自由的","要做民国国民,一定要婚姻自由,要拥护德莫克拉西,一定要拥护婚姻自由。"⑤炳文在《婚姻自由》一文中,从契约论的角度论述婚姻自由。她提出,婚姻是一种契约,而根据契约法,在子女成年以后,"父母代定的契约,不能束缚子女,代定的婚姻,也就更不用说了。成年子女,有自由结约完全能力,所以也有自由订婚完全能力,不受家长一切干涉,也不用得家长的允诺而后有效。倘若子女所订的婚姻,受了家长的威吓、引诱或勒迫的影响,也和契约一样,以后都可以注销。"

①　梅生编:《中国妇女问题讨论集》第4册,新文化书社1923年版,第74页。

②　炳文:《婚姻自由》,《妇女杂志》第6卷第2号。

③　李达:《女子解放论》,《解放与改造》第1卷第3号。

④　徐彦之:《男女交际问题杂感》,《晨报》1919年5月4日。

⑤　陆秋心:《婚姻自由与德莫克拉西》,《新妇女》第2卷第6号。

就在各地青年积极地宣传婚姻自由的同时,旧的包办、买卖婚姻仍在不断地制造着人间悲剧,其中湖南长沙赵五贞自杀惨案就是其中一例。1919年11月,赵五贞因被其父母强迫嫁给不愿嫁的人,在迎亲的花轿内割喉自杀。这件事情引起了很大的社会轰动,社会舆论就此展开讨论。青年毛泽东在长沙《大公报》上连续发表了十余篇文章,指出:"这件事的背后,是婚姻制度的腐败,社会制度的黑暗,意志不能独立,恋爱不能自由"。但他不主张自杀,提出"与自杀而死,宁奋斗被杀而亡",呼吁男女青年"你们自己的婚姻,应由你们自己去办。父母代办政策,应该绝对不承认。"①赵五贞事件激起了人们对旧婚姻制度的极大不满,争取婚姻自由,反对家庭包办的浪潮由此进一步高涨。

妇女解放 在个性主义思想、自由平等观念深入人心的背景下,作为家庭婚姻制度中最不幸的人——妇女的解放问题引起了社会的极大关注,一批进步的思想家以前所未有的姿态,广泛深刻地揭露批判封建专制主义者罩在妇女身上的清规戒律和道德规范,对妇女解放的途径做了进一步的探讨。

关于贞操问题,是五四新文化运动中集中讨论的一个论题。历来贞操的类别,有寡妇守节、烈妇殉夫、贞女守节和烈女殉夫四类。贞操是专门针对妇女而言,而对于男子,娶妾嫖妓则被视为风流倜傥,停妻丧妻再娶被视为人之常情,这种双重的道德标准体现了婚姻生活中两性的不平等地位。

这一畸形道德,在民国的社会中却仍然受到推崇和鼓励。1917年10月,北洋政府公布《修正褒扬条例》,规定守节的妇女可受褒奖。这一条例的出台,在社会上掀起了一场表彰节烈的丑剧,也引发了人们对贞操观念的批判。1918年5月,《新青年》杂志刊登了周作人翻译日本女学者谢野晶子的《贞操论》,对封建主义要求女子恪守贞操提出了质

---

① 《五四时期湖南人民革命斗争史料选编》,湖南人民出版社1979年版,第381、385页。

疑和否定,指出贞操是一种虚伪的、失调的旧道德,应该摒弃。接着,鲁迅发表了《我之节烈观》,胡适连续发表了《贞操问题》、《论贞操问题》、《论女子为强暴所污》等文章,对封建的节烈观进行了严肃尖锐的批判。他们指出:"贞操是男女相待的一种态度,乃是双方交互的道德,不是偏于女子一方面的。"①男女在此问题上应一视同仁,但社会历来片面苛求女子而放纵男性,对此,他们表示了强烈的不满。鲁迅指出,男女"既然平等,男女便都有一律应守的契约。男子决不能将自己不守的事,向女子特别要求。"②胡适也指出:"妇女对无贞操的丈夫,没有守贞操的责任。"因此,从民主、平等这一角度来看,女子守贞操是不公平的。同时,他们又指出,守贞操是残忍而无益的。胡适谴责那些巴望别人做烈女的议论是"全无心肝的贞操论",是畸形的道德观,"罪等于故意杀人"。③ 鲁迅也明确指出:"节烈这事,是极难、极苦,不愿身受,然而不利自他,无益社会国家,于人生将来又毫无意义的行为,现在已经失去了存在的生命和价值。"④

　　以讨论贞操问题为契机,有关妇女的其他社会问题,如女子离婚自主权问题、财产继承权问题、教育平等、经济独立等等,一一被提了出来。在强调妇女独立人格的前提下,人们提出"今日的离婚问题,可以说不是婚姻的问题,而是自由平等的问题"⑤,反对提出离婚只是男子的特权。提出既然男女是平等的,那么,在离婚问题上,"倘有一造不爱彼造时,尽可随时解婚,不必得到同意。因为一造的约因消灭,已经足够解除婚约,这本是托源于契约的规定,应当如此"。⑥ 并且,已寡的妇女也大可不必为了褒奖条例,为了贞节牌坊而不再嫁。同时,男人们

---

①　胡适:《贞操问题》,《胡适文存》第4卷,第75页。
②　鲁迅:《我之节烈观》,《鲁迅全集》第1卷,第109页。
③　胡适:《贞操问题》,第65—66页。
④　鲁迅:《我之节烈观》,第114页。
⑤　周建人:《离婚问题释疑》,《妇女杂志》第8卷第4号。
⑥　炳文:《婚姻自由》。

也不许干涉女人再嫁,因为这是一种"专制",是"侵犯他人自由",在男女平等的社会里,只能说是"食古不化",而"在二十世纪的世界上没有立足之地"。①

随着妇女社会和法律地位的逐步确立,男女是否应该拥有平等的家庭继承权开始引起人们的反思。1920年1月,陈独秀在《新青年》上发表《男系制与遗产制》一文,专门探讨继承权,指出父系传嗣单系继承制是宗法社会的产物,而现在已不再是宗法社会,因此,"遗产制度应该随着社会的趋势有个应时的改革才好"。文章建议男女同时、平等地拥有财产继承权,女子也能承袭遗产。

除此,人们还提出妇女应享有与男子同等的受教育的权利,要求大学开放女禁,实行男女同校。同时鼓励女子走出家庭,自食其力,实现经济上的独立,以此真正实现社交公开,婚姻自由。

五四新文化运动对家庭婚姻观念的冲击是巨大的,它把家庭婚姻问题与新文化运动的深刻主题——"人的解放"联系起来,以个性解放和自由平等的精神重新审视传统的婚姻家庭观念,从而对以儒家伦理为基础的婚姻家庭观念进行了彻底的颠覆和整体的重新构建。它让新的家庭婚姻观念,如家庭成员人人平等、恋爱自由、婚姻自由、女性解放等深入人心,并激励着一部分先进的青年向旧的家庭制度发起了冲击,从而进一步引起家庭结构、家庭人际关系、家庭生活方式的深刻变化,最终导致旧的家庭婚姻制度走向衰败。

三、三四十年代社会各界变革家庭婚姻制度的举措

在经历了两次大的冲击后,传统的婚姻家庭制度和观念开始削弱,西方家庭文化逐渐被一部分国民所接受并付诸实践。南京国民政府成立以后,针对已经变化了的社会条件,开始了婚姻家庭方面的立法活动。1928年,国民政府法制局起草了《家属法草案》,共80条。立法院

---

① 陆秋心:《婚姻问题的三个时期》,《新妇女》第2卷第2号。

成立后,又着手进行民法典的起草工作。1930 年 12 月 26 日,颁布了民法第四编"亲属编"和第五编"继承编",从法律上规定了婚姻、家庭及继承等方面的制度,并于 1931 年 5 月 5 日起实行。

亲属编分为 7 章,即通则、婚姻、父母子女、监护、扶养、家和亲属会议,共计 171 条。尽管这个亲属编在许多问题上,效仿资本主义国家的亲属立法,甚至大量抄袭德、日、瑞士等资本主义国家民法典中的有关条文,但相对于清末和北洋政府时期的有关法典,却有很大的进步,在一定程度上说,它是 20 世纪前 30 年中国婚姻家庭制度改革成果的体现。它肯定了男女双方的婚姻自主权,规定婚姻应由当事人自行订定,婚约也不得强迫履行。同时,夫妻俩愿意离婚者,可以自行离婚,如夫妻一方有重婚、与人通奸、虐待对方等任一情形者,另一方可以向法院请求离婚。法律同时肯定了一夫一妻制,规定不得重婚、禁止纳妾,不承认娶妾为合法婚姻,其性质等于与人通奸,而不能得到法律的保护。法律还规定男女平等,夫妻双方具有法定的平等地位,反对以宗祧继承为遗产继承的前提,承认女儿出嫁后,和兄弟一样是父母的后嗣,有义务供养娘家的父母,也有财产继承权。针对传统婚姻中存在的早婚、近亲结婚等陋俗,法律规定男子未满十八岁,女子未满十六岁,不得结婚,直系血亲、直姻亲及旁系血亲辈分相同而在八等亲以内者,不得通婚,同时禁止指腹婚、娃娃亲、童养媳等恶俗。这部法律将历来人们所提倡的"男女平等"、"婚姻自由"、"一夫一妻"等制度系统化、固定化,依靠国家的强制力,使其成为当时社会婚姻家庭制度的核心部分,在当时中国大部分地区的家庭中产生了积极的影响。

应当指出,尽管从总体而言这个亲属编是资本主义性质的,但在强大的传统势力面前,它仍表现出了极大的妥协性,某些规定仍然保留有一定的旧的、封建的色彩。例如,关于家制的设立,国民党中央政治会议通过的《家属法先决各点审查意见书》提出:"家制应设专章定之",其理由:"我国家庭制度,为数千年来社会组织之基础,一旦欲根本推翻之,恐窒碍难行,或影响社会太甚",因而"在事实上似以保留这种组

织为宜,在法律上自应承认家制之存在"。① 正是这种妥协精神的主
导,导致这个亲属编的许多规定流于形式,甚至自相矛盾。例如,法律
一方面提倡一夫一妻制,禁止纳妾,禁止重婚,但另一方面又规定:娶妾
并非婚姻,自无所谓重婚。这种前后矛盾的规定,实际上是对纳妾现实
的一种默认,对一夫多妻制的默认。在结婚的限制上,法律一方面规定
禁止近亲结婚,另一方面"斟酌损益于中外法制之间,对于我国向不禁
者,仍不禁止"。② 因此,考虑到当时社会表亲婚的普遍存在,法律又补
充规定,禁止近亲结婚,但表兄弟姐妹不在此限。正是这种对传统势力
的迁就和让步,大大抵消了这部法律所具有的进步性,从而使它深深地
打上了资封杂半的印记。

　　就在南京国民政府这个法律颁布实施后不久,共产党在根据地新
成立的中华苏维埃共和国于1931年12月1日颁布了《中华苏维埃共
和国婚姻条例》。这个条例共分七章,计23条。后来,又根据实践经
验,对该条例进行了必要的修改,于1934年4月8日重新颁布了《中华
苏维埃共和国婚姻法》,共分六章,计21条。

　　两个法律文件都是适应于全国一切革命根据地的统一的婚姻立
法,其主要内容有:一是关于婚姻制度的原则性规定,确立男女婚姻以
自由为原则,废除一切封建的包办、强迫和买卖婚姻制度,禁止童养媳,
实行一夫一妻,禁止一夫多妻。二是结婚的条件和婚姻程序的规定。
结婚双方须达到法定年龄(男子满二十岁,女子满十八岁)。符合结婚
条件的男女,结婚须到乡或城市苏维埃办理结婚登记,领取结婚证。废
除聘金、聘礼及嫁妆。三是离婚及其程序。实行离婚自由,男女双方同
意离婚或者一方要求离婚的,须到乡或城市苏维埃办理登记。如发生
争议,由裁判部处理。四是保护革命军人的婚姻,红军战士之妻离婚须

---

① 谢振民编著:《中华民国立法史》下册,中国政法大学出版社2000年版,
第787页。

② 谢振民编著:《中华民国立法史》下册,第783页。

得其夫同意。五是实行男女平等、保护妇女和子女合法权益。

相对于南京国民政府颁布的《民法·亲属编》而言,上述《婚姻条例》和《婚姻法》在对传统家庭婚姻制度的变革上更为彻底,尤其重视妇女的解放,偏重对妇女利益的保护。例如,有关离婚的财产问题,男女双方婚前的土地、财产和债务自行处理;结婚后共同经营增加的财产,由男女平分;夫妻同居时所负的债务,归男方负责结偿;离婚后女子如未再行结婚,并缺乏劳动力或没有固定职业,因而不能维持生活者,男子必须帮助女子耕种土地或维持其生活。

在以后的抗日战争、解放战争中,许多边区和解放区都颁布了自己的施政纲领,其中也包括解放妇女,改革婚姻家庭制度的各项基本政策。在为数众多的地区性婚姻条例中,较有代表性的有 1939 年的《陕甘宁边区婚姻条例》,1941 年的《晋西北婚姻暂行条例》,1942 年的《晋冀鲁豫边区婚姻暂行条例》,1946 年新的《陕甘宁边区婚姻条例》,1949年的《修正山东省婚姻暂行条例》等等。总的看来,这些条例的基本原则与苏区时代的婚姻立法是完全一致的。它们继承了工农民主政府婚姻法确定的婚姻自由和一夫一妻的基本原则,并在此基础上,根据各地的实际情况,在若干问题上做了更加具体和更为灵活的规定。如在离婚问题上,除双方自愿离婚外,不少条例中还具体列举了一方要求离婚的法定规定,在结婚年龄、保障寡妇再婚自由、破除纳妾、蓄婢、童养媳、兼祧等封建恶习以及保护非婚生子女的利益等问题,在一些条例中都有明确的规定。对军人婚姻和婚约在法律上予以特殊保护也是这一时期婚姻条例的共同特点。

总的来看,苏区、抗日根据地和解放区所颁布的婚姻法,在内容上有着共同的局限性。就其调整范围而言,主要是有关结婚、离婚及相关问题的规定,对以婚姻为基础的家庭关系缺乏相应的法律调整,同时,一些具体的规定还不够成熟,随意性很大,导致在政策实施时遇到不少困难。但这一切都无损于其基本原则、基本制度的正确性。根据地的婚姻立法,对促进妇女解放,改善婚姻家庭关系,发挥广大群众的生产和革命的积极性,都起了重要的作用,并为全国解放后从根本上改革婚姻家庭制度积累了宝贵的经验。

第二节　城市新式婚姻的出现与家庭结构的变迁

20世纪前半期正值近代资本主义工业技术快速推进的阶段。受资本主义发展的影响,这一时期中国农村经济凋敝,城市却在近代化中迅速崛起。尤其在东南沿海地区,出现了像上海、广州这样人口超过百万的大城市。100万以下、5万以上的城市达到31座,全国城市人口总数约3000万人。① 这些城市,相对于广大农村地区而言,经济较为发达,思想更为开放,社会变迁更为激烈。正是在这些地方,新的家庭观念最先被接受,沿袭几千年的传统家庭生活出现了前所未有的变革。

一、中西结合的新式婚姻

在经历了清末民初以及新文化运动两次对传统家庭观念的冲击后,恋爱自由、婚姻自由、夫妻平等成为现代新型家庭婚姻制度的基础。在这场变革中,新一代的都市青年成为主要的推动者。他们中大部分接受过新式教育,思想开放,观念新颖,更容易接受新生事物。素质的普遍提高使他们成为领导潮流的中坚力量,他们的宣传鼓动与身体力行带动了整个城市婚姻家庭观念的更新。1927年,《时事新报·学灯》编辑部采用社会学的问卷法,在该报刊登"中国家庭问题征求答案",在所收回的问卷中,100%的人反对婚姻"宜完全由父母或其他尊长作主",80.6%的人赞成由"本人作主,但须征求父母的同意"。在择偶标准问题上,男子对于妻子的期望,首先是性情相投,其次是身体健康,再次是具有一定的教育造诣。女子对于丈夫的期望,也首先是性情相投

---

① 易家钺:《中国都市问题》,《民铎》第4卷第5号。

以及身体健康,然后是具备办事的能力。而传统的门第与家产都不再是十分重要的了。青年男女对理想配偶的标准已逐渐接近,相貌、性情、才学是青年一代选择配偶的要素。

在结婚年龄上,城市青年男女双方婚龄比农村青年有所推迟。据当时的社会调查,大多数城市青年在 20 岁以后结婚。1929 年无锡工人家庭调查显示,男性平均初婚年龄为 23 岁。1930 年塘沽工人家庭调查显示,男性平均初婚年龄为 24.1 岁。[①] 1936 年上海第八届集团婚礼男方平均年龄为 24.7 岁[②],而同期中国农村男青年的初婚年龄为 20 岁上下。城市生活的竞争性和不稳定性是男女青年,尤其是男青年婚龄所以推迟的主要原因。在城市立住脚,获得一份能独立维持家庭生活的较稳定的收入,是大多数男青年决定结婚的前提。而这种准备往往使晚婚成为他们较为普遍的选择。

同时,由于城市往往是一个地方或地区的中心,它们以特殊的地位,繁荣的经济会聚、吸纳着周边乃至全国各地的人力资源,这就造成各个城市中大批移民的存在。大量异地人口的拥入,使城市青年的择偶空间突破了他们前辈较为狭小的同乡地域范围。这使得同姓、同宗、堂表通婚现象远比农村少见,配偶籍贯的多元化成为城市婚姻的一种趋势。根据上海市集团婚礼人员籍贯统计显示,在 1936 年的 99 对夫妻中,有 29 对夫妇为跨省婚姻,其他大部分夫妇也仅为同省或同县,同是上海市籍贯的夫妇仅有两对。1946 年 10 月的统计中,跨省婚姻的比例由 1936 年的 29.3% 上升到 31%。都市生活锻炼了人们对异文化的宽容和适应,籍贯已不再成为影响婚姻成立的重要原因。

而最能体现城市婚姻变化的莫过于婚礼仪式的变迁。中国传统的旧式婚礼程序包括"纳采"、"问名"、"纳吉"、"纳征"、"请期"、"迎亲"等 6 个步骤,极为繁琐复杂,费用相当昂贵。正因为如此,自清末民初

---

① 《中国历代人口统计资料研究》,改革出版社 1996 年版,第 1429 页。
② 《上海通史》第 9 卷,上海人民出版社 1999 年版,第 277—278 页。

开始,旧式婚姻就受到新式知识分子的猛烈抨击。与此同时,简洁明了的西式婚礼,开始在一些沿海大中城市里流行起来。这种婚礼有别于传统婚礼,而被人称之为"文明结婚"。20 年代后,"文明结婚"逐渐在全国各地大规模流行起来。不仅在沿海大城市,而且在内地一些大城市,甚至一些中小城市,都有许多青年竞相采用新式婚礼。尽管各地的新式婚礼各具特色,不尽相同,但各地的新式婚礼都同时体现了去繁就简的趋势和个性自由、男女平等的时代风尚。婚礼仪式大多采用新法,剔除坐花轿、拜天地、闹洞房等落后迷信习俗,代之以汽车迎娶,订婚人宣读婚书,新人用印、主婚人训词、互致颂词和答谢词等仪式,礼毕或在饭馆设宴答谢,或举办象征性茶话会或酒会。

继文明结婚后,另一种新颖的婚礼仪式——集团婚礼逐渐在社会上流行开来。1935 年,上海市政府率先倡导集团婚礼,并仿造西方婚制制定了一定的标准。其中规定凡本市市民举行婚礼,得申请参加集团婚礼;集团婚礼每月第一个星期三在市政府大礼堂举行,由市长、社会局长证婚;参加者应向社会局申请核准,并交纳 20 元;市政府印发结婚证书。

1935 年 4 月 3 日,全国首届集团婚礼在上海市政府大礼堂隆重举行。参加者共 57 对新婚夫妇。按统一要求,新郎均着蓝袍黑褂,新娘均着粉红色软缎旗袍,头披白纱,手持鲜花。在军乐进行曲中随着引导互相挽步入礼堂,分列两行。司仪宣读新人名单,新郎新娘按照名单顺序,两对一次轮番登台,向孙中山像三鞠躬,新郎新娘相互两鞠躬,向证婚人一鞠躬。然后由证婚人赠送结婚书和纪念品,致证婚词。礼毕,新郎新娘在音乐声中步出礼堂,到广场摄影留念。

上海首届集团婚礼隆重、热烈、简朴、文明,给人耳目一新的感觉,立即引起社会各界的关注,南京、杭州、芜湖、北平、天津等地纷纷仿办,一时要求参加者甚众。新式婚礼的出现和流行,预示着婚姻观念和婚姻性质的变化,意味着男女自由婚恋逐渐为社会所接受,男女当事人已逐渐成为婚姻关系的主体。

　　随着男女当事人在婚姻关系中地位的提升,他们的独立人格和个人价值日益凸显,越来越多的青年男女开始重视婚姻中的感情因素。这种观念的转变导致离婚率在城市中的上升。据《上海市社会局业务报告》记载,1929 年,上海市共发生离婚案件 645 起,即每 10 万人中有 23.82 件离婚案,47.64 人参与离婚。1930 年,上海市离婚案上升至 853 件。就离婚方式和离婚动机而言,也日益趋向合理。参见下表:①

表 8—1　　　　上海市离婚原因及方式统计分析(%)(1929—1932)

年份＼原因	意见不合	不道德	虐待遗弃	经济压迫	男主动	女主动	协议
1929	77.7	9.5	5.1	1.4	20.6	20.6	58.8
1930	73.4	14.5	4.0	0.8	20.8	16.2	63.0
1931	86.4	0.5	2.5	0.5	10.0	7.5	82.5
1932	86.5	1.9	5.2	1.0	6.0	10.4	83.6
总计	78.7	7.7	4.1	0.9	15.6	14.2	70.2

　　上海离婚统计表显示,感情破裂已成为离婚的主要原因。更为引人注目的是,女性主动提出离婚的比例几乎和男性持平,这表明,在开放城市的新型女性在婚姻问题上表现出了相当的自信和自立,她们在婚姻变动中开始占有相当大的主动权。离婚率的上升也意味着传统的贞操观念已日趋淡化,女性再婚已开始得到公众的接受。

　　上述一系列变化是中国几千年来从未有过的现象,它们对旧有的婚姻制度构成了巨大的冲击和破坏。但这种变革却不是一帆风顺的,在它面前,传统的观念和势力表现出强大的惰性,抵制和阻挠着新生事物的产生和成长。这导致在开放的城市里,传统与现代并立,进步与落后共存,就某种程度而言,保守与落后仍是 20 世纪上半叶中国城市婚姻的主流。

———————————

　　① 《上海通史》第 9 卷,第 382 页。

在婚姻观念上,婚恋自由尽管为大多数年轻人所认同和接受,但作为生在过渡时代的中国人,他们在憧憬新的婚姻生活时,却不能忘怀和拒绝旧的伦理道德。在情感和理性之间,他们更多地顾及情感;在新旧的对抗中,他们更多地向旧的制度妥协。正如一生标榜自由主义的胡适,尽管他极力鼓吹婚姻自主,反对包办婚姻,但自己的婚事却完全屈从于母亲的安排。他自己曾说:"吾之就此婚事,全由吾母起见,故从不曾挑剔为难。(若不为此,吾决不就此婚姻,此意但为足下道,不足为外人言也)今既婚矣,吾力求迁就,以博吾母欢心。"①这种矛盾的心态,在当时城市社会里极具代表性,这也就造成婚姻自由、自主婚姻仅是雷声大,雨点小。陈鹤琴20年代在江浙六所中学及大学的婚姻调查显示,在已婚的184名男性中,有6人自定婚姻,6人由父母代定而得本人同意,其余172人全是父母包办婚姻。②

在离婚问题上,尽管法律规定妇女有提出离婚的权利,但大多数城市妇女仍抱定从一而终的传统伦理,对男性仍表现出极大的依赖性。从20年代至30年代的离婚统计来看,除开放程度走在最前的上海以外,其他大中城市离婚的原因大都是丈夫虐待妻子,而感情因素所占比例都十分低下,其中,广州为12.1%,天津为9.1%—14.3%,北京为8.1%。③ 这一比例说明,大多数城市妇女思想仍很保守,她们没有勇气和信心走出无爱的婚姻。

就婚礼仪式而言,尽管文明结婚作为新兴事物受到都市居民的欢迎,但就其普及程度而言,仅仅停留在时尚这一层次,对旧式婚礼的统治地位并未构成太大的威胁。即使如杭州这样的城市,"旧式婚姻居十之七八,新式者不过十之二三"。④ 在内地的其他城镇,绝大多数仍

①　石原皋:《闲话胡适》,安徽人民出版社1985年版,第15—16页。
②　陈鹤琴:《家庭与婚姻》,商务印书馆1923年版,第32页。
③　《上海通史》第9卷,第382页。
④　民国《杭州市新志稿·俗尚》。

然按照旧式婚俗行事。而集团婚礼作为各地政府组织的婚礼仪式,也仅在职业青年中得到响应,就 1935 年上海集团婚礼来看,在 57 对新人中,注明职业的新娘为 41 人,新郎 53 人。其中职业来源有教员 20 人,公司职员 17 人,医护人员 15 人,政界 12 人,商人 8 人,占参加者的 76.3%。[1] 这表明,观念更新与个人教育,职业经历之间有着密切的联系,对于一般的老百姓而言,新式婚姻是很难被理解和接受的。

就婚姻制度而言,虽然国民政府在法律上只承认一夫一妻制,但纳妾制度在城市中依然存在,有钱的男子常以拥有一个或几个姨太太为荣,平常人家因正妻无子而纳妾也很常见。20 世纪 30 年代左右曾有人在广州调查纳妾数,调查广州河南区 3200 户家庭,含人口 19200 人,其中妾为 1070 人,平均每 3 户有妾 1 人。广州老城区平均每 10 家有妾 1 人。据另一个调查,调查广州市 287 户家庭,含人口 1698 人,妾数为 260 人,平均近每 1 家有妾 1 人。[2]

在一夫多妻制存在的同时,城市里的失婚现象却十分严重。众多青壮年男子流入城市,造成城市里男女比例的严重失调。根据 1937 年八大城市性别比例统计分析,南京的男女性别比例为 150.29,上海为 132.95,北平为 160.18,天津为 141.47。[3] 而各城市未婚男女比例更为悬殊,以上海为例,1935 年上海华界男女的比例为 227,1936 年为 216.7。[4] 城市严重失衡的性别比例造成大量男性无法找到配偶,从而导致性犯罪的上升和反常性生活的泛滥。反过来,大量婚龄女子向青楼的流失,不仅使社会风气日益腐败,更给本以十分严峻的性别比例失

---

① 《上海通史》第 9 卷,第 274 页。

② 李建华:《中国男多于女所发生的失婚问题及其影响的假设》,《中国人口问题》,中国社会学社 1932 年编印。

③ 《中国人口问题之统计分析》,国民政府主计处统计局 1944 年编印,第 24 页。

④ 邹依仁:《旧上海人口变迁的研究》,上海人民出版社 1980 年版,第 134 页。

调雪上加霜,使婚龄男性难以觅到佳偶,造成婚嫁率低下的恶性循环。

二、受新式婚姻影响的中国家庭结构及其关系

20世纪上半叶,中国人的婚姻观念和婚姻制度经受了前所未有的冲击和洗礼,婚姻自由、男女平等的观念逐渐为思想先进的中国人所接受,并逐渐演变为社会时尚进而固定为生活准则。而婚姻作为家庭的基础,它的变化又不可避免地带来整个家庭结构的相应变动和内部关系的重新调整。正是在新式婚姻的影响下,僵化凝固了几乎几千年的中国家庭出现了一些新的变化和新的特点。而几十年中城市的近代化又为这一系列的变动提供了有利的环境和坚实的基础。

自由的婚姻,是引起家庭变化的开始。它的出现,标志着社会对青年男女的主体价值的确认以及对婚姻意义的重新定位。许多青年男女渴望摆脱过去大家庭的重重束缚,成立以夫妇为核心的新家庭。但传统的伦理道德强烈的责任感和真切的亲情又让他们不可能完全抛弃他们的父母乃至祖父母。在理想和现实中依违不决是当时大多数人的心态。这种心态,可以从社会学家潘光旦1926年在上海进行的社会调查中反映出来。在他所调查的317名城市居民中,有266人不赞成大家族制度,占总数的71%,但反过来又只有126人赞成采取欧美的小家庭制,占40.5%,59.5%的人反对。64.7%的人认为欧美小家庭制可以采用,但祖父母与父母宜由子孙轮流同居共养。这些数字反映了人们虽普遍反对大家庭制度,但赞成核心家庭(由夫妇与子女组成)的尚不普遍,更多的人倾向由三代人组成的折中家庭(即主干家庭)以尽赡养义务。另据陈鹤琴在江浙六所学校中的统计显示,在被调查的391名男生中,婚后想与父母同住的占71.68%,只有28.32%的人打算婚后另组家庭。在大多数人的心目中,折中家庭是最为合理的家庭模式。

但在当时的中国,这种家庭并没有在城市中大量出现。其中一个主要的原因,是因为中国城市的人口构成。在几乎所有的大中城市里,人口的绝大多数为外来人口。城市经济的繁荣与农村的凋敝形成鲜明

的对比,大量农村青壮年迫于生计或受城市生活的诱惑,纷纷离开农村,到城市寻求生计。同时城市工商业的发展也为他们提供了大量的就业机会。这样造成外来人口源源不断地涌入城市,并逐渐成为城市人口的主体。以上海为例,1929—1936年间,上海华界非沪籍人口所占的比重在72%—76%之间波动。① 外来人口中很大一部分未婚青年最终选择在城市里择偶成婚,而业已成婚的也往往携带妻儿到城市定居。外来人口普遍的离家别居,导致城市核心家庭的急剧上升,使核心家庭成为城市家庭模式中的主体。据1939年金陵女子文理学院对成都市192人的家庭调查,小家庭数量最多,共95个,占49.5%,其次为折中家庭,57个,占29.7%,大家庭仅占16.7%。② 天津的情况也基本相似,在被调查的289个家庭中,核心家庭占51.9%,主干家庭占29.4%,联合家庭仅占12.8%。③ 这一系列数字表明,在中国的城市里,家庭结构已呈明显的核心化趋势。

家庭结构的核心化趋势,也可以从城市的年龄构成反映出来。以上海为例,从1930—1936年,12岁以下的人口占23.63%,12—60岁的人口占73.34%,60岁以上的人口仅占2.99%。60岁以上人口在全市不到3%④,这一比例也可以代表上海这样的大城市家庭的年龄构成。它反映了城市家庭主要以夫妇和儿童为主,有三代或三代以上的家庭很是少见。其他城市老人比例虽较上海为大,但一般也就是在10%左右。

与家庭结构核心化趋势相适应,城市家庭平均人口也不断减少。根据国民政府内政部统计,民国时期城市家庭平均人口在4—5人之间。⑤

---

① 忻平:《从上海发现历史》,上海人民出版社1996年版,第55页。
② 《成都妇女活动调查》,《社会调查集刊》下集,1939年版,第13页。
③ 潘允康:《家庭社会学》,重庆出版社1986年版,第125页。
④ 邹依仁:《旧上海人口变迁的研究》,第126页。
⑤ 《中国历代人口统计资料研究》,第1452—1456页。

表8—2　　　　　　　　　各主要城市户均人口

	1931 年	1936 年	1947 年
北平市	5.30	5.23	5.13
天津市	—	4.76	5.14
上海市	4.72	4.94	5.06
南京市	5.16	5.15	5.51
青岛市	5.37	5.03	4.93

　　而同期中国农村家庭的平均人口数约为5.50人。可以看出,城市家庭规模小于农村家庭规模,每户平均少1人左右。之所以出现这种情况,一方面是由于城市家庭代际层次少,大家庭的比例要比农村少;另一方面,城市大家庭的贫困以及巨大的工作压力,迫使一部分家庭不得不采取生育的自我节制,减少生育数量。见下表:①

表8—3

职业	百妇女生育儿女	职业	百妇女生育儿女
商会行会会长	263	手工工人	212
律师、医师、工程师	257	交通业工人	200
教授、作家	249	店员	198
银行、商店经理	243	工厂工人	194
官吏	239	小贩	187

　　从这个表中可以看出,条件好的家庭生育的子女数量比条件差的家庭要多。正是大量底层家庭生育率的低下,拉低了城市家庭人口规模。

　　随着家庭规模的缩小和家庭结构的核心化,普通家庭中的人口数、夫妇对数和代际层次越来越少,过去由直系和旁系亲属混合而成的传

---

　　①　《中国人口统计分析》,第61页。

统大家庭已去其枝节而仅留其根干,这使得城市家庭中的人际关系日趋简单化。在这样的家庭里,已不存在叔侄、姑嫂、妯娌等关系,而在大多数核心家庭里,甚至连祖孙、婆媳关系都不存在。据 20 年代社会学家对燕大工人家庭的调查,原籍在通州等地的 72 名工人的家庭一般都由夫妇和子女组成,有祖父母、叔婶等亲属关系的大家庭只占总数的 1.6%强。①

随着大家庭的解体和家庭关系的简化,夫妻关系逐渐凸显出来。家庭关系的重心由过去的纵向向横向转移,夫妻关系成为家庭关系的基础和核心。在夫妻关系中,随着男女平等的提倡和观念的深入人心,传统的夫尊妻卑的关系逐渐趋向于夫妻平等,特别是妇女教育程度的提高和经济独立性的增强,更为妇女自身的解放打下了坚实的基础。在城市里,尽管女子教育相对于男子而言极为落后,但终究还是有长足的发展。1919 年,北平仅有 9 名女大学生,1922 年,这一数字增长到 364 人,而其他各类学校的女生也有 9000 多人。② 1947年的上海,高等学校毕业的女性有 8863 人,同时全市约有三分之一,也就是将近 60 万的女性摆脱了文盲的境地,享有接受教育的机会。③

妇女知识水平的提高,使她们具备了与男人同等的工作能力,而城市广泛的就业机会也为她们走出家庭创造了条件。大量的知识女性闯入一直为男子所垄断的教育界、商界、新闻界,成为社会的一支重要力量。根据 1935 年一项对上海公共租界华人职业分布的调查显示,从事非体力劳动的女性约有 6281 人,分布于 55 个行业,其中教授及教员793 人,普通商人 765 人,丝商 713 人。④ 1947 年,女性从业局面有了

①　宋思明:《燕大工人生活调查》,《社会学界》第 3 卷。

②　陈东原:《中国妇女生活史》,商务印书馆 1937 年版,第 389 页。

③　《上海通史》第 9 卷,第 285、289 页。

④　《工部局年报》(1935 年),第 60—70 页。

进一步的改善，从事商业的女性达到 20683 人，还有 6980 人担任公务人员。除知识女性外，一大批社会下层妇女，因生活所迫，也不得不外出谋生，从事沉重的体力劳动职业。根据 1934 年上海市政府所进行的调查显示，在工业系统工作的女性总数为 15.8 万人，主要集中在棉纺（49%）、烟草（11.88%）、缫丝（7.74%）、军服（5.72%）、针织（4.08%）等行业。①

一部分女子走出家庭、走入社会，成为自食其力的劳动者，打破了男子对家庭经济来源的垄断，这使她们对男子的片面依附关系日益松弛，丈夫对妻子再没有绝对的权威，夫妻双方逐渐趋向平等。

就亲子关系来看，传统家庭中长辈权威开始旁落，越来越多的子女开始自由选择职业，自主婚姻。据 1922—1923 年的一项调查显示，青年男女婚姻自主的比例达 20%，在 30 年代的成都自主婚姻甚至高达 66.7%。② 这些数字一方面表明城市年轻人独立、自主意识越来越强烈，另一方面，也意味着城市里的家长思想也随着社会风气的开放而逐渐开通，家长制作风已逐渐为民主作风所取代。

第三节　乡村家庭生活的渐微变革

中国的农村，历来被认为是传统观念和保守势力的最后据点，汪洋大海般的自然经济是它们生存的最好土壤和坚固的屏障。因此在 20 世纪上半叶，尽管资本主义经济得到前所未有的发展，尽管城市人的生活方式和价值观念发生了很大的变化，但这一切对中国农村的影响似乎不大，整个农村照旧死水微澜，农民仍然按照他们的习惯方式生存和

---

① 《上海通史》第 9 卷，第 138 页。
② 转引自陈蕴茜：《论民国时期城市家庭制度的变迁》，《近代史研究》1997 年第 2 期。

繁衍。但抛开他们日常的作息,而综观他们半个世纪的生存状态的话,我们会发现,在平静的表面下,却是暗流涌动。一切都在变化,尽管这些变化是那样缓慢、微妙,甚至难以觉察。

一、农村家庭的人口规模

在传统的观念中,四世同堂乃至五世同堂是理想的家庭模式,人丁兴旺,同居共财的大家庭是常人追求的目标。但这一理想却并没有带来大家庭的普遍。在 20 世纪上半叶的中国农村,十多口、几十口的大家庭并不通行,下表是官方的几组统计数字,从中可以看出民国期间几个主要年代户数和户均人口数的变化状况。[1]

表8—4 几个年份家庭户规模

年份	总户数(万)	平均人口(人)
1912	7636	5.31
1928	8395	5.27
1931	8440	5.21
1936	8582	5.38
1947	9262	5.34

纵观民国时期,我国户均人口并无大的升降,大致在 5.2—5.4 人之间波动。虽然这些数字反映的是全国城乡家庭户平均规模,但除去城市家庭的影响,5.5 人左右的农村家庭规模应当是可信的。同期,大批民间学者进行了大量的社会调查,结果也显示中国农村家庭的平均规模并不如人们想象中的大。见下表:

---

[1] 《中国历代人口统计资料研究》,第 1450 页。

表8—5　　　　1912—1935年乡村农家平均人口调查①

调查时间	单位或负责人	调查地区	调查户数	平均人口
1921—1925	金陵大学卜凯	安徽等7省16处	2460	5.6
1922	华洋义赈会马伦等	直鲁苏浙等省	7097	5.2
1924—1925	乔启明	安徽等4省11处	4216	5.26
1930	李景汉	河北定县	5255	5.80
1929—1931	乔启明	河北等11省22处	12456	5.25
1929—1931	乔启明	淮河以北地区	5178	5.55
1933	张心一	江苏江宁县	88000	5.6
1935	许仕廉	山东邹平县	418	5.0

应当说,5—6人是当时中国农村家庭的平均规模。

　　而这一局面的形成,与当时中国社会及农村条件是分不开的。其中最基本的原因是人均土地的减少和生活水平的低下。在农村,土地是最基本的生产资料,也是农民的衣食之源,它的多寡直接决定了它所能承载的人口数量。而当时中国的现实是地少人稠,户均拥有的土地面积普遍低下。见下表:

表8—6　　　　中国农村户均耕地占有量②

所有面积	共占全耕地百分数
十亩未满	42.3
十亩以上	26.6
三十亩以上	15.8
五十亩以上	9.7
百亩以上	6.6

---

①　《中国历代人口统计资料研究》,第1449页。

②　陶希圣:《婚姻与家族》,商务印书馆1934年版,第99—100页。

有限的耕地占有量就决定了家庭规模的大小。在耕地面积一定的情况下,人口越多只能带来家庭的贫困甚至破产。因此,为了保证现有家庭成员的生存,在完全缺乏避孕工具、药物和技术指导的情况下,许多家庭只有采取堕胎、溺婴等办法来限制家庭的人口规模。同时较低的平均预期寿命以及婴儿较高的死亡率也抑制了家庭规模的自然增长。加上这一时期中国的连年战乱,更是加剧了农民生活状况的恶化。炮火纷飞、物价飞涨、颠沛流离、居无定所的环境,也让农民无力维持庞大的家庭。因此5—6人是当时中国大多数农村家庭所能供养的最大值。

但这一数字反映的只是当时中国农村家庭人口的平均值,具体到不同的地区和省份,家庭规模还是存在一定的差异。一般而言,中国北方农村家庭规模较南方为大,内地农村家庭规模较沿海一带为大。就南北方而言,北方家庭规模之所以高于南方,一个主要原因在于北方农户平均拥有的土地要多于南方。据统计,40年代末,长江三角洲人均耕地为2.10亩,而30年代河北的人均耕地为4.21亩,山东省为3.70亩。[1] 正是这一差别,造成南北方家庭规模的差距。据社会学家20年代的调查研究,当时淮河以南地区家庭人均数在5.2人以下,而淮河以北地区的山西、河北、北京等省市均在5.5—6.5人之间,定县最高达到6.93人,清华园等郊区达到7.56人。据官方统计,1937年户均人口河北为5.61人,辽宁为6.60人,黑龙江为6.18人,而同期的江苏为4.84人,浙江为4.37人,广东为5.14人。[2]

而造成沿海一带家庭规模比内地小的原因,更多的是因为沿海一带资本主义经济的发达。资本主义在沿海的发展,给这一带农村带来巨大的冲击。这种冲击作用是双重的,一方面,它造成农村经济的凋

---

[1]　黄宗智:《长江三角洲小农家庭与乡村发展》,中华书局1992年版,第39页。

[2]　《中国历代人口统计资料研究》,第1448—1454页。

敝,另一方面,它又为农村剩余人口的分流提供了相当数量的就业机会。这样,大量农村人口被剥离出来,他们离开农村流入城市谋求生计。根据言心哲1934年在江苏江宁农村所做的调查,在286户农家中,在外做事的男子有103人,女子有5人,共108人,占总人口的7%;就岁龄组而论,0—9岁离家的有1人,占离村人口的0.93%;10—19岁的22人,占离村人口的20.35%;20—29岁的为51人,占47.18%;30—39岁的为14人,占12.98%;40—49岁的为16人,占14.84%;50—59岁的为4人,占3.72%。① 大量农村人口流入城市,带来家庭的分化,这也就造成沿海一带农村家庭规模普遍较内地小。据官方统计数据显示,1947年,江苏户均人口为4.79人,浙江为4.33人,福建为4.62人,而同期湖南为5.48人,河南为5.95人,湖北为5.59人②。

整体而言,当时中国农村家庭规模普遍不大并且有着日益缩小的趋势。但这并不排除大家庭在中国农村的存在。在中国农民的头脑里普遍有着成就大家族的理想,在他们看来,大家庭是富裕和兴旺的象征。这种文化基础的根深蒂固,使大家庭在农村社会存在实现的动因。只要具备相应的经济基础,大家庭便应运而生了。事实也证明,家庭规模的大小很大程度上取决于土地的拥有量的多少。下表反映的就是这一特点。

表8—7　　江宁县480户户均人数与经济状况的关系③

经济	富	小康	贫	很贫	总计
人数	296	1470	711	157	2634
户数	46	253	147	34	480
户均人数	6.4	5.8	4.8	4.6	5.5

① 转引自邓伟志:《近代中国家庭的变革》,上海人民出版社1994年版,第168—169页。

② 《中华年鉴》上册,中华年鉴社1948年版,第168—169页。

③ 张履鸾:《江宁县481家人口调查的研究》,《中国人口问题》,中国社会学社1932年编印。

李景汉在定县所做的调查也证实了这一点。

表8—8　定县调查反映的土地拥有量和家庭规模的关系①

占有土地亩数	每家平均人口
0—9	4.73
10—29	6.41
30—49	7.80
50—69	10.53
70—99	10.76
100 及以上	12.94

从上表可以看出,土地的拥有量和家庭规模的大小成正比,扶养 10 人左右的家庭至少需要 50 亩左右的土地,非地主、富裕家庭是不能维持一个庞大家庭的。反过来,地主以及富农为了维护其经济实力和社会地位,一般也倾向于建立累世同居的大家庭。因此,大家庭尽管在中国并不盛行,但不能以此否认它在乡绅阶层的流行。大量地主富农的存在,也就决定了当时的中国农村还是存在相当数量的大家庭。一项关于 1930 年定县家庭调查统计显示,在 5255 个家庭中,人口在 10 口以上(含 10 口)的家庭有 611 家,占总户数的 11.1%,其中最多的一家人口数达到 65 人。1935 年在山东邹平县的调查显示,在全县 32154 个家庭中,人口超过 10 人(含 10 人)的家庭有 2594 个,约占总数的 8.1%,其中最大的家庭有 41 口人。②

二、农村中的婚姻

婚姻是家庭的基础。尽管 20 世纪上半叶中国城市的婚姻制度发

---

①　李景汉:《定县社会概况调查》,中国人民大学出版社 1986 年版,第 139 页。

②　吴毓顾:《民国廿四年邹平实验县户口调查报告》,中华书局 1935 年版。

生了巨大的变化,婚姻自由、夫妻平等逐步为人们所接受,但在保守的农村,仍然沿袭着传统的旧制度和旧风俗。

就婚姻的缔结而言,父母之命,媒妁之言仍是最基本的途径,青年男女均无权择偶。但世代不变的模式,在没有外来观念强烈冲击的情况下,人们丝毫没有意识到其错误与不合理之所在,在他们看来所有现成的东西都是应然与正当的。因此,农村中的青年男女尽管没有择偶权,但这在他们看来,并没有什么不妥,正如社会学家费孝通在《江村经济》一书中所描述的一样,在这个村子里"儿女的婚姻大事完全由父母安排并且服从父母的安排。谈论自己的婚姻被认为是不适当的和羞耻的。因此,这里不存在求婚的说法。婚配双方互不相识,在订婚后,还要互相避免见面。"①在经济相对发达的长江下游的农村尚且如此,在落后的内陆农村更是有过之而无不及。

在父母为儿女选择配偶的过程中,门当户对的观念特别为农民所讲究。一方面低下的社会地位使他们不敢奢望高攀,并且,刻意的高攀与他们的生活态度与行事准则也相违背,婚姻对他们而言,他们更看重的是家庭的维系和嗣系的延续。另一方面,农民的活动特点及活动范围,也注定了他们视野的狭窄以及对象选择的有限。这使得中国农村的婚姻总是停留在一个较低的层次,封闭而守旧。因此,在当时农村中跨地域、跨城乡的婚姻是极为少见的。大多数人的择偶范围局限在以自己为中心的方圆十里的狭小范围之内。以李景汉在定县甄家营的调查为例,该村16%的男子选择本村女子为配偶,25%的男子择妻范围为5里之内的村庄,29%的男子的妻子来自6至10里以内的农村,而从百里以外的乡村择妻的男子仅有4%。② 这一系列的数字表明,旧中国农村婚姻的地域范围极为狭窄。而婚域的狭窄,也导致了农村中同姓、同宗、堂表通婚现象的普遍。

---

① 《江村经济》,《费孝通文集》第2卷,群言出版社1999年版,第31页。
② 李景汉:《定县社会概况调查》,第145—146页。

在农村中,男子 16 岁到 30 岁,女子 14 岁至 20 岁,是传统成婚的年龄。据当时的调查,我国二三十年代农村人口平均初婚年龄,男为20.6 岁,女为 18 岁。见下表:①

表 8—9

调查地点	调查年代	男	女
安徽等 7 省 11 处	1921—1925	19.7	17.9
北平挂甲屯	1926	23.6	19.2
北平黑山扈等村	1926—1927	20.7	19.2
山西清源县	1926—1928	26.2	16.0
河北等 16 省 99 处	1929—1934	20.0	17.7
江苏省江阴峭歧镇	1931—1935	22.0	18.9
全国农村平均数		20.6	18.0

单从平均数字来看,男女结婚年龄还是比较合理的。但这一数字却掩盖了农村中早婚现象的存在。从言心哲所做的有关结婚年龄比例分配的统计来看,有近 10% 的男子在 10 岁以下结婚,25.96% 的男子在 10—14 岁之间成家,37.32% 的男子在 15—19 岁之间结婚。女子有5.42% 在 10—14 岁之间结婚,有 65.96% 的女子在 15—19 岁之间出嫁。② 也就是说,男女都有近 70% 是在 19 岁以前结的婚。结婚平均年龄表面上之所以趋于合理,主要是因为农村中存在一批因贫困而结婚相当晚的青年,特别是男青年。因此,在当时的农村,早婚仍是一个严重的问题。

从男女结婚年龄的差异来看,人们对男子年龄必须大于女子的这一要求并不十分看重。在大多数家庭看来,妻子的经济价值要大于她的情感价值,人们需要的是娶到家就能承担责任的妻子。因此,农村中

---

① 乔启明:《中国农村社会经济学》,上海书店 1992 年版,第 72 页。

② 言心哲:《中国乡村人口问题之分析》,商务印书馆 1935 年版,第 25 页。

女大于男的现象十分普遍。根据李景汉在定县的调查,在 766 对夫妻中,533 对夫幼于妻,占总数的 69.6%,丈夫年龄平均小于妻子 3.8 岁,在武清县甄家营 123 对夫妻中,夫长于妻的占 61%,妻长于夫的占 35%。一般而言,贫困的农家因为没有早娶妻的经济能力,多半夫长于妻;相反,富裕农家多半妻大于夫。

婚姻对于大部分农民家庭而言,当然是一件喜事,但同时又是一个沉重的负担。中国农民对婚姻大事是极为重视的,尽管他们大多相当贫困,但许多人宁可省吃俭用,也一定要把婚礼办得像个样子,甚至不惜推迟婚期或大举借债。据调查,在 30 年代的京郊农村,有 87% 的家庭平时不吃肉、不喝酒,许多家庭也不轻易购置衣服和家具,但娶妻的费用却在 100 元以上。而在费孝通所调查的江村,结婚费用更是高达 500 元之巨,其中聘礼 200—400 元,婚礼开支 300—400 元。这样一笔开支,对大多数家庭而言,是一个相当大的数字,因此,晚婚和借债也就成了无奈的选择。还有一些家庭因为贫困,不得不领养"小媳妇"以减少婚事费用。在江村的调查结果显示,有童养媳之家,约占全数的 30%。并且,在生活困难时期,这一数字还呈逐渐增长的趋势。

对于一般的农家而言,娶妻已属不易,纳妾就更为困难。根据东南大学在江苏的调查,乡村男子娶妾者仅有 0.5%,并且娶妾多半为嗣续之计,凡娶妾者均属老年无子之人。[①] 但相对于经济条件较好的富农和地主家庭而言,纳妾并不是一件难事,正如毛泽东在《兴国调查》中所指出"地主富农不但人人有老婆,一人几个老婆的也有"。与此相反的是,贫雇农娶不起老婆的却大有人在。

三、家庭生活的变迁

几千年来中国农村家庭的生活几乎是一种模式的简单重复,各地

---

① 《江苏金坛县王母观村乡村调查报告》(油印稿)。

的家庭生活也是惊人的相似,以致传统的中国社会只不过是单个家庭的扩大,而单个家庭也只不过是社会的缩影罢了。

但是,在社会急剧变化的冲击下,中国农村家庭生活几千年来简单重复、千家一面的局面已不复存在。中国农村家庭生活出现了新的气息,尽管这种新的气息尚不足以构成社会的主流。

传统中国家庭是生产和消费的高度统一体,一个家庭就是一个生产单位,每个家庭成员都是家庭协调生产中的一员。这一局面,在20世纪上半叶并没有得到根本的改变,在广大的乡村,尤其是内陆乡村,都是以家庭为基础进行经济运行的。日出而作,日落而息是他们每天的生活习惯,男耕女织是家庭分工的主要形式。社会学家的调查生动地反映了这一生存状态。在李景汉调查的30年代的定县农村,85%的13岁以上的男女都参与农业劳动。在另一个闭塞的江苏乡村——王母观村,农人子弟百人中仅有8人离村外去,90%的农家妇女也要参与农田劳作。

但即使在这些落后闭塞的农村,也免不了商品经济的渗透和影响。为了弥补农耕土地的不足,维持家庭的基本生活,大多数家庭在从事农业生产的同时,还不得不从事各种副业的经营。在定县,有四分之一的男子从事织布、木匠等副业,三分之一的女子从事纺纱、织布等副业。在江南水乡王母观村,几乎所有的家庭都养鸭、养鹅,95%的家庭养蚕,其中,70%的养蚕户出售蚕茧,30%的养蚕户出售蚕丝。家庭生产已不再全部是为了满足自己的消费,越来越多的是为了满足市场的需求,家庭生产的社会性相对以前有了较大的提高。

而在经济相对发达的沿海地区以及内地大中城市周围的农村,家庭的生产功能更是遭到严重的削弱而趋于凋零,大量农民弃农而工,或由农村流入城市寻觅新的职业。以北平郊外的挂甲屯村为例,由于距城市较近,村中农民大部分不再以务农为生,他们家庭收入的大部分是靠职业的进款。在全村406人中,有职业的男子141人,占总数的35%,分别在外从事精工(包括编席、木匠、瓦匠)、粗工(包括人力车夫、泥水小工、听差及做零工的苦力)、商业、政界与教育等职业。① 在浙江沿海一带,商品经济更为发达,许多农民已走出单纯农业生产的状态,农闲之余或工或商;一些地理位置比较优越的农村甚至直接面向市场建立起各式加工厂,部分农民已能做到离土不离乡,就地转化为单纯的工人。根据 30 年代国民政府建设委员会调查浙江经济所的数据统计,全浙农业人口,仅占人口总数的 69%,其余人口大多从事工商业。以浙江临安农村为代表,全县 72 个自然村,平均每村有工场 8 家,每个工场有工人 5 名,无工场的农村只有 27 个。② 这意味着部分家庭已逐步丧失生产功能,成为单纯的消费单位。当然,这种现象在全国并不普遍,个别地方的变化也改变不了整个农村家庭男耕女织、自给自足的生存状态。

在家庭消费上,由于资源紧张,收入不足,家庭消费普遍比较低下。在货币收入上,绝大部分农民主要靠农场的盈余,辅之以副业收入。根据当时一些社会学家的调查,农民家庭平均一年的收入大约在 200 元上下。但地处经济较为发达地区的家庭和规模较大的家庭的收入略高一些。收入的低下,决定了农民消费支出的低下以及消费结构的不合理。在农民一年的支出中,食品支出占相当大的部分。根据当时的社会调查,河北盐山地区,平均每家食品支出占总支出的 54.7%,在东北辽宁地区为 60.5%,北平西郊农村为 65.8%,浙江临安为 77%。在食品支出中,又主要以粮食支出为主。以北平挂甲屯村为例,村中一百户家庭平均收入 180.82 元,支出为 163.99 元,在年支出中,食品费为 105元。其中米面开支平均为 88 元,占食品费总数的 84%,在剩下的 17元当中,菜蔬费为 10.8 元,调料费 5.26 元,鸡蛋费 4 角,水果费 4 角。大多数家庭只在新年、端午与中秋两节吃肉,100 户家庭中有 87 家平时无肉类开支。除去食品开支外,剩下的钱主要用于房租、燃料、衣服

---

① 李景汉:《北平郊外之乡村家庭》,商务印书馆 1929 年版。
② 《浙江临安农村调查》,建设委员会调查浙江经济所 1931 年版。

以及其他开支。因此,在农村家庭中,吸烟、饮酒、喝茶都算是奢好。在100个家庭中,有饮酒费的只有13家,有吸烟费的只有53家,有茶叶开支的也只有66家。低下的生活水平,让大部分家庭处于仅仅维持最低生活水准的局面。很多家庭经常入不敷出,必须靠借贷和卖物来填补空缺。在挂甲屯村,百户家庭一年内借贷者有44家,平均每家31元。[①] 在江苏的王母观村,农民负债率高达70%。低下的生活水平,决定了节俭观念在农村的盛行。穿衣服讲求"新三年、旧三年,缝缝补补又三年","新老大,旧老二",吃饭必须闲忙有别:闲时吃稀,忙时吃干,闲时少吃,忙时多吃,精打细算,细水长流。

　　生育功能是传统家庭一个十分重要的功能。生育既是家族延续,家庭生产的前提,事实上又成了婚姻生活的目的,即赡养功能的基础。因为只有生育出一代又一代的后人,赡养才算有了着落。同时,在家族和邻里的相互关系中,只有人多才能势众,人丁兴旺与否,决定了一个家庭在农村中的经济地位和政治地位。因此,多子多福是一般农民普遍的生育观念,这就造成农民在生育数量上鼓励多生。这样一种生育模式,带来农村家庭相当高的出生率。根据典型调查:1924年,安徽、河南、山西、江苏等4省部分农村人口出生率为42.2‰;1929—1931年,河北、山东、安徽、湖北等10省22县12456户农户人口出生率为35.7‰;[②]1936年,河北、山东、陕西等6省37县人口出生率为38.9‰,同年,湖北、江西等16个省101个县人口出生率平均为39.81‰。[③] 从总和生育率来看,1940年为5.251,1943年为5.300,1946年为5.514,1949年为6.139。10年当中,有9年的总和生育率在5以上,[④]这表明多生现象极为普遍。

---

① 李景汉:《北平郊外之乡村家庭》。

② 陈达:《人口问题》,商务印书馆1934年版,第145—146页。

③ 《中国经济年鉴》1936年,国民党政府实业部。

④ 《全国千分之一人口生育率抽样调查分析》,《人口经济专刊》(1938年),第49页。

　　尽管多生现象非常普遍,但事实上每个家庭拥有子女数量并不如想象中的多。据统计,1932年每百对农村夫妇所生子女数仅为2.22个。之所以出现这种情况,一个主要的原因是婴儿极高的死亡率。1928年,全国婴儿死亡率为250‰[1],1928—1933年,河北等16省101地38256户农家调查,婴儿死亡率为156‰[2],40年代初期,全国婴儿死亡率约在200‰左右。[3] 极其落后的医疗卫生条件,造成大量婴儿的死亡,从而降低了存活子女数量,部分抵消了高出生率带来的后果。见下表:

表8—10　　　　　**981个妇女生产、死亡及现存子女**[4]

	人数	产子数	死亡数	存活数	平均产子	平均死亡	平均存活
14—29岁	301	383	107	276	1.27	0.36	0.92
30—45岁	314	1342	434	908	4.27	1.38	2.89
46岁以上	366	1748	616	1132	4.78	1.68	3.09
总计	981	3473	1157	2316	3.54	1.18	2.36

　　另一方面,落后的生产力,低下的生活水平,也决定了一般农民家庭不可能养活大量子女。在完全缺乏避孕工具、药物和技术指导的条件下,人们不得不采取一些原始的堕胎方法以控制生育数量,有时甚至不得不采取溺婴的办法。又因为在父母的眼中,女孩的价值是较低的,因此,杀害女婴更为经常。

　　中国的农村家庭对子女的教育并不重视,很少有人送子女上学读书。造成这种结果的原因主要有两个:一是家庭的贫困,二是农民对教育的轻视。相对于一个普通的中等家庭而言,送子女接受从小学到中

---

① 　陈达:《人口问题》,第296、173页。
② 　乔启明、蒋杰:《中国人口与粮食问题》,中华书店1941年版,第128页。
③ 　高迈:《试论婴儿死亡率》,《户政导报》第2期。
④ 　李景汉:《定县社会概况调查》,第291页。

学的教育,费用是相当大的。据估计,中等人家培养一个孩子从出生到18岁,教育的开支为510.40元。假设接受教育的时间为10年,那么每年的开支为50元以上。这笔钱几乎占一般老百姓年开支的三分之一,对于仅能做到收支平衡的普通家庭而言,这是他们所无法承担的。在一般老百姓的日常开支中,教育开支占的比重极小。在京郊的挂甲屯村,农家平均每年的教育开支仅为0.97元,黑山扈村为0.36元。在河北定县,年收入在250元以下的家庭平均教育开支仅为0.09元。因此,在农村,只有富裕家庭才有可能送子女读书。家庭越穷,读书的可能性越小,文盲的比例越大。根据在定县的调查显示:占地25亩以下的农户,文盲率为83.1%;25—49亩的农户,文盲率为68.3%;50—74亩的农户,文盲率为49.9%;100亩以上的农户,文盲率为41.9%。家庭的贫困造成大量农村子女无机会接受学校教育。

另一方面,农民轻视知识的小农意识也是造成农村高文盲率的原因之一。大多数农民一旦有积蓄,不是进行智力投资,送子女上学读书,提高科学文化知识水平,而是买田地、盖房子、置家产。即使送其子女读书,也不过只要求能识字、算账,不做睁眼瞎罢了。而平时在家里,由于父母自身缺乏相当的知识,父母对子女的教育水平极为低下,其侧重点无外乎是传授生产劳动的各种知识和技能、孝亲爱子的伦理道德、祭神敬主的思想观念。教育的结果无外乎是一批批地复制和上一代一样的安分守己、素质低下的农民罢了。

除上述各项家庭主要功能外,农村家庭生活其他方面也有一定的变化。家庭赡养虽仍是农村中最主要的赡养方式,但赡养方式却随着家庭的逐渐小型化而变化,分居供养和轮流供养逐步取代了以前的全家同居供养。在对老人的赡养中,政治因素的影响逐渐淡化,道德和感情的因素逐渐突出。

同时,妇女的生活相对于过去也有一定的变化。在外界新思想的不断冲击下,农村中一些针对妇女的陈规陋俗逐渐被废弃。例如裹脚的陋习,李景汉1930年在定县调查时发现,35—39岁的妇女缠足率为

94.5%,40岁以上的妇女缠足率为99.2%,也就是说,19世纪末20世纪初出生的农村妇女几乎百分之百裹脚。但在此以后出生的妇女天足者越来越多,其中,20—24岁的妇女只有59.7%的裹足,15—19岁的女孩,只有19.5%的裹足,而5—9岁的女孩,已无1人缠足。与此同时,在部分经济发达的地区,越来越多的妇女摆脱对丈夫的依赖,成为自食其力的劳动者。例如在北平郊外的挂甲屯村,17%的女子有了自己独立的职业,这些妇女或从事缝纫工作,或编席、挑花等,每年多的能挣70元,少的也能够挣50元左右,妇女的收入占到了每家平均收入的三分之一强。在40年代四川的双流县、彭县和崇宁县,从事农业的妇女只有34.36%,而从事工业的妇女占到56.3%。1933年的江宁县,从事农业以外产业的妇女占总数的49.42%。① 妇女从家庭中走出来,意味着妇女独立性的无形增强和家庭地位的逐渐提高。

纵观20世纪的前50年,农村家庭生活的方方面面无不发生了各种各样的变化,但就其深度和广度而言,这些变化显得那么的微弱,以致可以忽略。中国的整个农村仍是相当的保守和落后,传统的生活方式、生产方式和伦理观念仍是农村社会的主流,在社会政治制度、经济制度没有发生根本变化之前,这一切细枝末节的变化都只是微小的量的积累,而无法彻底改变陈旧的家庭生活面貌。

---

① 陈达著,廖宝昀译:《现代中国人口》,天津人民出版社1981年版,第177—178页。

第九章 医疗保健和社会生活保障

20 世纪上半叶,中国的社会经济在一定程度上有所发展,但由于战乱不断,各种自然灾害频繁发生,广大人民生活贫困,各种急性传染病、寄生虫病、地方病严重威胁人民的生命和健康,人民平均寿命在 30 岁左右。但伴随着中国从封建君主专制统治向近代政治体制的转变,主管人民卫生保健和社会保障的各种政府机构也逐步建立。近代式的医院不断增多,各种社会保障制度也逐步确立,社会保障事业也有所发展。

第一节 20 世纪上半叶中国民众的医疗保健

1949 年以前,由于中国长期受帝国主义的侵略和封建势力的压迫,内乱频仍,天灾人祸不断,加以中国经济文化落后,广大人民生活贫困,传染病、寄生虫病、地方病严重威胁着人民的健康和生命,每年都有大量人口被疾病夺去生命。进入 20 世纪后,晚清政府在新政过程中开始设立近代卫生事业。伴随着中国社会政治经济的发展,南京国民政府建立后,全国卫生医疗机构有了一定的发展,城市卫生防疫也有了一定的进步,对一些传染病开始进行预防。但从整体上来讲,全国人均卫生资源还是少得可怜。在广大农村,人们生病后大部分还依赖于传统的中医中药,或者处于缺医少药的状态。

一、民众的主要病象和病因

在社会、经济、科学等十分落后的状况下，传染病、寄生虫病和地方病广泛流行，百病丛生。新中国成立之前，全国人口的发病数累计每年1400万人，死亡率在30‰以上，其中半数以上死于可预防的传染病。中国各种传染病的流行，每年造成大量人员死亡，传染病成为人口死亡的最重要的原因。在30年代，中国传染病死亡率为72%。

鼠疫：是一种急性剧烈的传染病，因死亡率高，对人民身体危害巨大。1910年12月，东北三省鼠疫流行，疫情迅速蔓延，吉林、黑龙江两省死亡即达39679人，占当时两省人口的1.7%。哈尔滨一带极为严重。由于清政府当时没有专门的防疫机构，沙俄、日本均以保护侨民为由，要求独揽防疫工作，甚至以派兵要挟，清政府派伍连德为全权总医官，领导东北的防疫工作。[①] 防疫结束后，清政府设立了防疫处。1917年，山西、绥远鼠疫流行，死者达16000余人。1920年，东北再次暴发鼠疫，虽然采取了一系列的防疫措施，但仍死亡万余人。1920—1921年间，山西、陕西、绥远先后发生鼠疫，福建亦屡有鼠疫发生。1931年，陕西北部鼠疫流行，据叶墨（Jettmar）博士及山西汾州医院Watson报告，死亡人数约在10万—20万人之间。1940年冬，日本侵略者用飞机在浙江省宁波、衢州、金华、诸暨、汤溪等地散布带鼠疫菌的物品，造成福建、浙江、江西三省鼠疫流行。据不完全统计，40年代初，仅浙江就有19个县流行鼠疫，8000余人发病，病死率高达70.2%。[②] 江西（南城）自1944年6月至12月，发现（鼠疫）病人675人，死亡359人。1945年全年，发现病人215人，死亡99

---

① 中国科学技术协会编：《中国科学技术专家传略·医学编·预防医学》卷1，中国科学技术出版社1993年版，第3页。

② 《当代中国的浙江》下册，中国社会科学出版社1988年版，第163页。

人。1946年1月至7月,发现病人112人,死亡60人。这个统计,不能代表南城全县情形,因各乡镇发病人数及死亡人数,有些隐匿未报(邻近各县。如南丰、临川,均已发现鼠疫)。[1] 1941年,日本侵略者又在湖南省的常德、桃源以及内蒙古等地投掷带鼠疫菌的物品,造成鼠疫发生⋯⋯日本投降时破坏了细菌战剂生产设施,放出了感染强毒的实验动物,造成周围人群感染,于1945—1949年间,再一次引起东北地区鼠疫流行。中国鼠疫病例,在旧中国仅据1900—1949年的不完全统计,全国共在20个省(区)内发病人数达1155884人,死亡1028808人,大流行时全家死绝、全村死光,人民为逃避鼠疫大批流亡的现象比比皆是。[2]

霍乱:霍乱是由霍乱弧菌引起的急性胃肠道传染病。其临床表现为猛烈的腹泻、呕吐以及由此引起的体液流失、电解质紊乱、低钾综合症、代谢性酸中毒和尿毒症等,如不及时抢救,病死率很高。如1919年8月5日以后的6周内,哈尔滨市发生霍乱13000余例,死亡4500人。同年大连流行霍乱,遇有病人,日本人一律囚禁于不通风的监牢里,将门锁闭,结果死亡率高达60%—70%。[3] 1932年霍乱流行,蔓延之广,达21省区,感染城市达303(306)处,染疫者达10万人,死亡者近34000人。"南至广东,北迄北满之三省,东至福州,西至陕西之固原,处处有僵尸之痛,沿村有号泣之哀,诚我国近三十年未有之大流行也。"河北染病人数14517人,死亡5036人,死亡率为31.7%。福建5个城市染病者1879人,死亡973人,死亡率为56.9%。[4] 1941年太平洋战争爆发后,难民内移,致使1942年在川、湘、鄂、桂、滇、赣、闽、浙、粤、黔、康及北京等12个省、市共有288个县(市)发生霍乱,登记患者

---

① 吴景超:《劫后灾黎》,商务印书馆1947年版,第139页。

② 钱宇平等主编:《流行病学进展》第四卷,人民卫生出版社1986年版,第2页。

③ 《东北医学的事业》,《中华医学杂志》第19卷第2期,1933年4月。

④ 《民国二十一年之霍乱》,《中华医学杂志》第19卷第1期,1933年2月。

达 65857 人,死亡 29838 人。

天花:在解放前也是主要流行病之一,年年发生,每隔几年就大流行一次,每年数以万计的人死于此病。据 John M. Korus 的调查,1921年华北有三分之一的人口都曾经感染过天花。浙江省 40 年代天花几乎年年流行,1946 年至 1948 年的三年间,有 5000 多人发病,病死率为10.1%。据 1950 年在湖南省岳阳地区所做的调查,居民患天花者占13.6%。云南省有的县,在解放前出生的居民中,半数以上的人患过天花。

此外,其他传染病如赤痢、伤寒、白喉、猩红热等疾病也威胁着人民的生命和健康。

寄生虫病也是严重威胁人民生命健康的重要疾病之一。病情严重,流行范围广的主要有:

血吸虫病:血吸虫病又称为住血虫病,俗称膨胀病。血吸虫病流行于我国的江苏、上海、浙江、福建、广东、广西、湖南、江西、湖北等地。血吸虫寄生于人的血管内,虫卵损害人的肝脏组织,中断生育,影响人的发育,许多少年患者成为侏儒,晚期患者因贫血、瘦弱而不能工作,最终骨瘦如柴,腹水增多,肚大如鼓难以救治。"身无三尺长,脸上干又黄,得了大肚病,从此难活命",反映了身患血吸虫病的悲惨景象。据 1924 年 Faust 及 Meleney 的报告,中国长江及闽江流域各省血吸虫病患者达 1000 万人之多。国民政府在浙江衢县设立防治血吸虫工作队,根据当时在衢县对千坛坂 77 村 1182 家 5609 人调查,53%的人感染血吸虫病。当时,治疗血吸虫病所需的注射剂价较昂贵,平均成人一个全期的治疗费,计市价 8 元,人民负担不起昂贵的医疗费用,有病而不能医治。当时医学界虽提出过消灭钉螺等防治措施,但并未能有效实施,据金宝善《卫生署乡村卫生工作报告》:"浙江开化县住血虫病,是一种人体寄生虫病,……患本病者不但不能工作,大半不治而死亡。开化的池淮坂地方,从前人口颇多,现在只剩十几家,田价以先是二十、三十元一亩,现在只值几块钱一亩,都是住虫病蔓延所致。"①血吸虫病的危害是非常严重的,1933 年甘怀芝、姚永政在浙江开化曾检查 544 人,住血虫病患病率高达 42.65%,1934 年镇江对 699 人的检查结果患病率也有 6.9%。遍布南方各地的血吸虫病造成了大量人口死亡,田地荒芜。浙江省"原昌化县吉口乡株柳镇,百年前住户有 1100 多家,后因血吸虫病流行,人口大量死亡、外逃,解放时只剩 7 户。开化县徐塘乡高屏村,百年前有 1800 多户,解放时只剩 1 户。杭嘉湖水网地带,更是血吸虫病重点流行区,在旧社会被人们称之为'死人浜'、'荒田漾'、'寡妇村'的村庄并不罕见"②。据江西省不完全统计,解放前 40 年间,因本病流行而毁灭的村庄有 1362 个,因之病死的达 31.5 万人。江苏高邮县新民乡,一次洪水后,全乡 7000 多人口中就有 4014 人急性发病,死亡 1335 人,死绝 31 户,留下孤儿 91 个。安徽贵池县碾子下村 120 多户,由于本病流行,到解放时仅剩 1 户 4 人,其中 3 人患病,只有曹金雨 1 人因是理发师,平时很少接触疫水,才免于患病。③"千村薜荔人遗矢,万户萧疏鬼唱歌",正是旧中国农村血吸虫病猖獗流行的真实写照。

黑热病:农村又称痞块病,是原虫病之一,致病之源为黑热病小体。黑热病流行于我国长江以北的广大农村,全国有 16 个省、自治区、直辖市发生不同程度的流行,遍及 665 个县市,以山东、江苏、安徽、河南等省最为严重。1911 年安斯兰(Aspland)曾述当时黑热病已在华北流行。1924 年,美国洛克菲勒驻华基金会资助设立了黑热病工作组,由北京协和医学院派员进行工作,但于 1927 年中辍工作。1934 年江苏的淮阴、涟水、泗阳、宿迁 4 县,患病者不下 10 万余人,徐州所属各县,一年中(1934 年)患此病者,当在 8 万

---

① 《中华医学杂志》第 19 卷第 5 期,1933 年 10 月。
② 《当代中国的浙江》下册,中国社会科学出版社 1988 年版,第 165 页。
③ 《当代中国》丛书编辑委员会:《当代中国的卫生事业》上册,中国社会科学出版社 1986 年版,第 229 页。

人左右。当时在淮阴、泗阳10个村庄的调查,淮阴172户人家,患痞块病者有116户,占67.44%;泗阳982人,患痞块病者有242人,占24.64%。其中刘庄患者占人口的26.42%,陈庄患者占人口的31.58%。① 本病死亡率约占5%,如果无适当的医疗,则大都不免于死。据解放初期调查估算,全国至少有53万病人,其中半数集中在山东、苏北和皖北。

疟疾:在我国云南、贵州、广西、广东、福建、湖南、河南、安徽、江苏以及辽宁等省及少数民族聚居的边疆地区和山区危害严重,而且由南到北,分布广泛。由于疟疾经常暴发流行,华南不少地区是"瘴疠"之区。疟疾死亡率较高,成为威胁人们生命的重要疾患之一。1904年法国在云南修滇越铁路,招募20万—30万人,施工7年期间,因疟疾死亡者高达7万人。云南思茅坝原有住户7000户,近4.5万人口,1919—1936年疟疾流行近10余年(死亡甚重,后仅余数千人),十室九空,道尹府衙不得不弃坝北迁至普洱城。……湖南零陵县1945年发生疟疾暴发流行,全县40多万人,患者达22万人;桂东县7万人口中有5万人发病,发病率高达70%以上。② 1922年,贵州出兵讨伐陈炯明,行抵广西百色,因患疟疾而死亡的士兵就达千余人。贵州坡脚镇是省南重镇,因疟疾流行变得市面萧条。清末曾驻有骑兵5000人,数年内兵士因疟疾死亡3000人之多,最后不得不畏避移防。当地民歌反映了疟疾危害之烈:"走到石门坎,鬼在后面喊;走到梅子口,鬼在后面候;走到三道沟,阎王把簿勾;过了坡脚河,写信回家嫁老婆。"1936年秋,江苏省镇江、句容、仪征、金坛、丹阳、高淳、武进、无锡、溧阳、南通、如皋、宝应等县恶性疟疾流行,每县罹疫人数均在五六万以上,总计全省患病人数在100万人左右。由于发病地区多在农村,因交通不便,无法就医,再加上农村经济破产,农民大半无力

---

① 《中华医学杂志》第21卷第2期,1935年2月。
② 黄永昌:《中国卫生国情》,上海医科大学出版社1994年版,第106页。

就医,造成死亡相继,平均以罹疫 20 人死亡 1 人,全省共计死亡在四五万人左右。据估算,解放前每年患者达 3000 万人以上,病死率约为 1%。

丝虫病:是由班克罗夫氏血丝虫所引起的一种慢性病,患者发病后往往伴随多种并发病,最常见的是象皮病。患此种病的多是农民和工人。在血丝虫病繁盛的区域,10—12 岁的儿童易被感染,有时 1 岁左右的婴儿也会被感染,象皮病多在青少年中发生,即 16—20 岁之间。人身的各部均可发生,最常见的是腿部和阴囊。患象皮病的部分,有时会增至极大,因而影响行动,甚至使人无法工作。病人还特别容易因受微伤而导致淋巴管炎,使人长期发热,甚至延长数年之久。此外,班克罗夫氏血丝虫病还容易发生诸如脓肿、关节炎、滑膜炎、髋关节脓肿、腹股沟及腋淋巴腺肿、阴囊淋巴管肿、皮下浅层或深层淋巴管曲张、睾丸炎、精索炎、乳糜尿、乳糜性腹水、乳糜性腹泻以及其他因淋巴管曲张或堵塞或血丝虫死亡而引起的疾病。这种病在国民党统治时期,除外科手术对于阴囊象皮病颇为有效外,对四肢或他处象皮病则无法治疗,给人民生产、生活带来极大困难和痛苦。该病在我国分布广泛,如广东、福建、浙江、江苏、山东、湖南、湖北、四川等省都有此种疾病发生。根据马氏(Maxwell)的报告,福建居民患血丝虫病的约占 24.8%。[1] 据统计,1900—1949 年中国丝虫病患病人数达 3000 万人。

麻风、结核病、花柳病是旧中国危害剧烈的三种慢性传染病。

麻风病:流行区在东南沿海及长江流域各省,黄河流域及东北、西北各地也有少量流行。当时中国的麻风病人数由于缺乏精确统计,并没有一个准确的数据,云南省在 1942 年 10 月曾严令各区县调查辖区麻风病人数目。到 1945 年 5 月,各县呈报总计有 6384 人。[2] 全国患

① 冯兰洲:《中国血丝虫病之分布及其传染法》,《中华医学杂志》第 17 卷第 1 期,1931 年 2 月。

② 《中华医学杂志》第 21 卷第 6 期,1935 年 6 月。

者为数巨大是不容置疑的。由于统治者对人民疾苦漠不关心,使得麻风病广泛流行。教会、慈善团体曾创办过一些麻风病院,如"1905年德国长老会的柯纳(Kuhne)医生得到英国万国麻风会的资助,在广东东莞建立一麻风病院,收治病人300多人。规模最大的麻风病院可能要数大衾岛麻风病院,由浸会牧师力约翰(J. Lake)于1914年发起建设,至1925年竣工,可收治5000患者。"①但在实际中这种麻风病院能收治多少病人仍是一个疑问。根据据马克斯威尔1935年对中国麻风病防治机构所做的调查,当时仅有23个麻风病院、所等防治机构,只能接收不到2500名患者。1948年全国仅有40个小型麻风病医院,总共2391张病床,其中39家医院还是洋人办的,绝大多数的麻风病人得不到救治应该是事实。由于对麻风病认识普遍存在错误观念,麻风病人备受歧视,被放逐、受迫害甚至被杀害,1933年广东一军阀曾屠杀了约300名麻风病患者。② 抗战时期对四川的一项调查在谈到麻风病时这样描述:"宁属大麻风症极流行,患者初则周身奇痒,继则眉发脱落,终至手足抽缩骨节断脱而死。彝人中有患此者,即父子夫妇,亦必远逐之,严禁其入境,甚或先饱以酒肉随毙而火焚之,以杜传染,汉人则不忍为此,凡遇彝汉之麻风病者,恒另室以居之,由其家族与慈善者给衣食以终余年,惟在盐边县城,见患者七八人,仍出入街市,无人禁止,甚可畏也。"③表明了当时当地麻风病人的景况。据解放初期估计,全国患麻风者约50万人。

　　结核病:在中华人民共和国成立前也是严重疾病之一,患病率和死亡率都很高。我国结核病死亡率甚高,据北平第一卫生区调查,在

　　① 姚民权、罗伟虹著:《中国基督教简史》,宗教文化出版社2000年版,第219页。

　　② 马海德、叶干运:《为消灭麻风病而奋斗》,《中国卫生年鉴》编辑委员会编:《中国卫生年鉴1983》,人民卫生出版社1984年版,第496页。

　　③ 《宁属调查资料汇编》(1939年),《农牧》,第90页。

1926—1931 年间,死亡率为 384 人/10 万人。[1] "推原其故,则不外人民之生活简单,房屋拥挤而恶浊,缺乏营养,习惯于共食,随处吐痰,公共场所不讲卫生,劳作过度,以及常受其他疾病缠绕之故。"上海市曾举办小学生结核菌试验,统计结果,已传染肺痨者在 70% 以上。旦华学生注射者 433 人(内有反应未知者 7 人),已传染者 340 人,未传染者 86 人。松雪学生注射者 201 人,反应未知者 4 人,已传染者 156 人,未传染者 43 人。和安学生注射者 1063 人,反应未知者 26 人,已传染者 837 人,未传染者 200 人。比德学生注射者 822 人,已传染者 542 人,未传染者 280 人。西成学生注射者 397 人,已传染者 262 人,未传染者 132 人。到新中国成立初期,全国结核病患病率还高至 4% 左右,死亡率高达 250 人/10 万人,居人口十大死因之首。

性病:民间俗称花柳病,是由不清洁性交所传染的疾病。通常最易传染的有 3 种:淋病、软下疳和梅毒。梅毒是由梅毒螺旋体所导致的性病。性病在旧社会以梅毒的危害最大,流行最广泛,医学界曾将性病、结核病、麻风列为全世界三大慢性传染病。根据一项对南京、苏州和上海的娼妓 137 人的调查,发现 137 人中有 67 人患有梅毒(占 49.9%)。而另一数据显示北平普通病人的 14.79% 患有梅毒,汕头普通病人的 13.5% 患有梅毒,苏州普通病人的 22.2% 患有梅毒;北平的家庭工人的 11%、北平医院的职员的 8%、上海的患生殖器病人的 30% 有梅毒,上海的患皮肤病人的 2.68% 患有梅毒,济南的患皮肤病人的 27.5% 患有梅毒,汕头的兵士 21.93% 患有梅毒。但是患梅毒的以娼妓为最多。[2] 由于社会制度不良,娼妓之数亦日见增多。据北京调查 Peking a Social Survey 所云:北京娼妓增加之情形如下:1912 年,353 户共 2996 人。1917 年,406 户,共 3887 人。"但此种数目,只为在警厅注册而纳

---

[1] 谭世鑫:《世界各国抗痨一瞥》,《中华医学杂志》第 21 卷第 12 期,1935 年 12 期。

[2] 《江苏的娼妓和梅毒》,《社会学杂志》第 3 卷第 4 号,1930 年 11 月。

捐者,其余若暗娼,即所谓半掩门者,尚未计入。若统共计算之,当在 1 万人以上。"[1]患病者因为经济问题,多不能治疗,如有人分析北平协和医院的临诊病案,查得患梅毒而未施治者约占 70%—80% ,还有 10% 的人在临诊症状消退后,即不来继续治疗。[2] 这样,使得性病的传染更加不易控制。据全国经济委员会卫生实验处社会医事系姚寻源 1935 年关于西北卫生事业的报告,陕西、甘肃两省人民所患疾病,以斑疹伤寒、花柳病最为显著,而花柳病中又以梅毒为多,根据当地各诊所的记录,门诊病人的 30%—40% 为梅毒。据解放前和解放初期的调查,一些大城市梅毒患病率为 4.50%—10.10% ,农村为 0.85%—3.80% ,某些少数民族地区的患病率竟高达 21.7%—48.0% ,性病流行成为这些地区人口下降的重要因素之一。[3]

地方性甲状腺肿:由于食物、饮水缺少碘而引起的甲状腺肿大。流行于 28 个省、市的 464 个县(旗、市),患者在 1300 万人以上,广大的贫苦民众深受其苦。宁属"汉人方面中下资财以下之农民,二十岁以上,率多颈部膨胀(俗称猴儿包或大脖子)。由于食盐源县属白盐井之人头盐,以其缺碘,形成甲状腺之肿胀,初期本可以海带治疗,或改食川盐使分量充分亦可愈,奈农村中虽尽知之,终以海带价昂,川盐价高于人头盐,无力购食,宁听其颈部膨胀而不顾,亦可怜也。"[4]"瑶人年龄较老者,颈项多生赘瘤,男女皆然,吾于各瑶村均见之,曾与李方桂先生研究此事,或系高山居民,食物缺乏碘素之故。"[5]当时的这些调查反映了地方性甲状腺肿的流行状态。

① 范迪瑞:《娼妓问题》,《中国社会学杂志》第 3 卷第 4 号,1930 年 11 月,第 120 页。

② 张文山、陈鸿康:《花柳病之社会观》,《中华医学杂志》第 17 卷第 1 期,1931 年 2 月。

③ 黄永昌:《中国卫生国情》,第 20 页。

④ 《宁属调查报告汇编》(1939 年),《农牧》,第 91 页。

⑤ 庞新民:《两广瑶山调查》,中华书局 1935 年版,第 37 页。

人民生活条件恶劣是疾病丛生的重要因素。"讲到屋宇,则随便在长江沿岸的城市,不必出到城外,都可以见到许多土墙的矮屋,黑暗,无光线,不通风,无瓷砖,地为泥淤,卑湿,臭秽,昏闷,厅与房相连,床为破板,无垫褥,蚊帐陈旧,破烂,色黑"。"徐州为江北重镇,在历史上为有名的彭城,名气甚大,然一出城外,其建筑便尽为草栅茅棚,此种茅草的棚栅,高不满五尺,浅隘,阴暗,卑湿,里面无床,无帐,无椅,无桌,只有铺一张芦席,地上,丢几只破碗,如是而已。"①这些描述反映了人民的居住情况。"镇江乡村262家,共有卧室534间,有一间卧室之家庭为最多,计118家,占45.5%,534间卧室,无窗者,有346间,占74.8%,卧室与灶连在一起者,有175间,占32.8%,与猪圈连在一起者有56间,占10.5%。"②由于生活环境恶劣,营养不良,人民极易感染各种疾病。

贫穷和疾病成为困扰人民生活的重要原因,贫与病互为因果,人民有时因贫而病,更有时因病而愈贫。据北平第一卫生区事务所第七年年报报告,389例未经医治而死亡者,因无知有病不就医者占46.9%,赤贫无力就医者为21%。南京卫生事务所生命统计调查结果也表明在死亡总数中未经任何新旧医师治疗者约占三分之一以上。镇江也存在这种现象。"贫民信仰旧医不信新医,但请旧医诊病,连药费在内,最少须在法币四角以上。此数虽微,但许多贫民还是负担不起的,既没有钱请中医,又不相信西医,其结果只好乞灵于神方或草药单方,以救济目前之急而已。"③有病无钱医治,只能听天由命。由于无钱治病,贫苦农民中"小病扛,大病躺,重病等着见阎王"的现象普遍存在。贫困和疾病成为自杀的主要原因。1931年下半年,据江苏、安徽等28省市

①　黄尊生:《中国问题之综合的研究》,启明书社1935年版,第93—95页。

②　《江苏省医事卫生状况统计》,《中华医学杂志》第22卷第7期,1936年7月。

③　《中华医学杂志》第22卷第10期,1936年10月。

215个公安局报告,自杀人数总计1359人,其中自杀原因中生计困难者298人,疾病225人。1932年据江苏等18个省244县报告,总计自杀人数1353人,其中因生计困难自杀者271人,因疾病自杀者204人。1932年据南京、上海、北平、青岛、西安、威海卫等31个城市报告:自杀人数总计1227人,自杀原因中因生计困难者228人,因疾病自杀者211人,均是自杀原因的二、三位。[①]

二、政府与民间的医疗卫生设施

中国政府卫生事业的创办,始于1905年清政府于巡警部警保司内设卫生科。1905年9月,谕旨设巡警部,在警保司下设卫生科。其执掌为考核医学堂之设置,考验医生给照,并管理清道、防疫、计划及审定一切卫生、保健章程。1906年,预备立宪厘定官制,巡警部改为民政部,下设卫生司。卫生司下设三科:保健科:职掌为检查饮食物品、清洁江河道路、贫民卫生及工场、剧场公共卫生。检疫科:职掌为预防传染病、种痘、检梅、停船检疫。方术科:考医、验稳婆、验药业、管理病院。1907年,各省增设巡警道,下设卫生课,办理卫生事项。

辛亥革命后,民国临时政府在内务部下设卫生司,1913年改为内务部警政司卫生科,1916年恢复为卫生司;学校卫生属于教育部。内务部卫生司的职掌项目如下:传染病及地方病的预防及预防接种以及其他卫生事项;海港及铁道的检疫;医师及药师的监督管理(西医)及药品、药业的化验及管理(西药);卫生协会、地方卫生机关及医院有关事项的管理。另外设置了卫生实验所和卫生展览馆。

北伐战争结束后,国民政府为了加强卫生行政管理,于1927年4月在内政部下设卫生司,掌管卫生行政事宜。1928年11月改设卫生部,内设总务、医政、保健、防疫、统计五司;另设中央卫生委员会为设计

---

① 国民政府主计处统计局编:《中华民国统计提要》(二十四年辑),商务印书馆1936年5月版,第360—362页。

审议机构。其后又陆续增设中央医院、中央卫生实验所、西北防疫处、蒙绥防疫处、麻醉药品经理处、公共卫生人员训练所及各海关检疫所等机构。中央卫生行政体制渐行完备。1929年成立的卫生部,设置中央卫生委员会、中央卫生实验所及卫生行政人员训练所,并于部内设总务、医政、保健、防疫、统计等五司,分掌各项卫生事宜。1931年4月,改卫生部为卫生署,隶属内政部,下设总务、医政、保健三科。1936年卫生署改隶行政院。七七事变发生后,卫生署由南京迁往汉口,卫生署改隶内政部。1938年卫生署随内政部西迁重庆。卫生署所属的卫生实验处则由南京直接迁往贵阳。1947年春季,卫生署改为卫生部,组织扩大,内设医政、保健、防疫、地方卫生、药政、总务等司。

北洋政府时期各省、市、县均无卫生专管机构的设立。南京政府成立后,1929年12月,国民政府公布《全国卫生行政系统大纲》,规定省设卫生处,市县设卫生局,各大海港及国境要冲地设海陆检疫所。直接受卫生部之指挥监督。1932年12月,第二次内政会议通过"关于促进地方卫生机关设施案",要求各省应于民政厅内专设一科,掌理卫生行政,各市应设立卫生局,经费困难确难设置的,应在市政府内设一卫生科,以专责成。各县应设卫生科,如财政困难,不能设科,应于县政府内设卫生专门人员一二人,办理卫生行政。地方卫生行政机构有了较快的发展,省立卫生机构陆续建立起来。浙江、湖南、甘肃、宁夏、青海五省设立了卫生实验处,江西设卫生处,陕西设卫生委员会。到1947年,全国26省设立了卫生处。抗战以前南京、上海、北平、天津、广州、杭州、南昌等7市设立了卫生局。抗战开始后,沿海省、市相继沦陷,后方省、市设立卫生局,各城市设立卫生局或卫生事务所者计有重庆、成都、自贡、贵阳、昆明、西安、兰州等7市。抗战胜利后,南京、上海、青岛、天津、北平、广州、沈阳、杭州、汕头、太原、长春、徐州、南昌、长沙、台北等共29市恢复或增设卫生局、卫生事务所或卫生院。至1947年,设立市卫生局的城市增至14个、有10个城市设卫生处、11市设卫生事务所、8市设卫生科。

　　中国近代化的医院和西医是伴随着西方的入侵和传教士的活动传入中国的。至1900年前，由教会创办的医院及诊所共40所，主要分布在广东、广西、浙江、江苏等沿海地区的城市中。①

　　进入20世纪后，传教士更加注重发展医疗事业，除对原有的医院扩大规模外，又在各地新设了不少医院和诊所。辛丑条约订立后，教会在各地设立了一些医学校。如北京协和医学堂、汉口协和医学校、福州协和医校、上海圣约翰大学医学院、成都华西协和大学医学院、湘雅医学校等。据1915年统计，在华教会学校23所。各类护士学校、药学校、助产学校36所。中国主要省区均有教会医院，中、小城市甚至城镇都有教会医院或诊所。属于法国天主教系统开设的较为著名的有1901年在昆明开设的法国医院，1905年先后在重庆、广州开设的仁爱堂医院和韬美医院，1906年在青岛开设的法国医院，1907年在上海开设的广慈医院，1927年在南昌开设的法国妇幼医院和1935年在上海开设的普慈疗养院共约十余所。……据估计，到1937年为止，属于法国系统的天主教会在华开办的医院共约70余所，有床位约5000张。从1937年到1949年由于战事的影响，床位有增无减。属于英美系统的基督教差会在进入20世纪后所办医疗事业有较大的发展，除扩建原有医院外，新设了大批医院和诊所。据1938年出版的《基督教差会世界统计》资料所载：到1937年止，在华英美基督教会所办的医院共有300所，病床床位数共约21000张。另有小型诊所约600多处。②

　　当时外国在华租界当局出于特殊需要，也设置了一些医院。如当时上海的公共租界工部局开设了监狱医院（1903年）、隔离医院（1904年）、神经病医院（1907年）、华捕医院（1907年）和印捕医院（1908年）。

---

①　姚民权、罗伟虹著：《中国基督教简史》，第216页。

②　顾长声著：《传教士与近代中国》，上海人民出版社1991年版，第277—278页。

　　随着教会医院和租界医院的开办,中国人开设的医院也出现了。如北京市 1906 年 8 月设立内城官医院,1908 年 6 月外城官医院开诊。上海市 1909 年设立了公立上海医院。1910 年冬天,公共租界称有鼠疫发生,工部局饬医按户检验,并在北区越界强制执行,引起中国居民的恐慌,沈仲礼等向工部局提出由中国人自己办一个防疫医院,中国人自己管理防疫事务,得到工部局允许,但要求在 4 天内把医院办出来。11 月 23 日成立了上海公立医院。1904 年日俄战争时,沈仲礼等发起万国红十字会,前往战地救治,后改名为中国红十字会,1910 年中国红十字会在上海开设总医院,1913 年又开设北市医院、南市医院,日常为市民服务。中国人自办的新式医疗机构逐渐增多。

　　国民政府建立后,对卫生事业有所关注。1932 年 12 月,第二次内政会议通过"关于促进地方卫生机关设施案",提出各省、市应筹设省、市立医院及省、市实验机关,各县依照各地方经济情形,设立县卫生医疗机关,实施医疗救济及办理卫生事业。要求每省、市设立省、市立医院一处(至少须 100 张病床),省、市立卫生试验所一处,办理本省、市的医疗及卫生事项,省、市立医院内要附设省、市立助产学校。每县设立县立医院一处,负责本县的医疗卫生事项:普及治疗分为住院治疗、分区治疗、巡回治疗和农村急救四种。普及预防工作,规定应举办者为:卫生调查及生命统计;防止传染病及预防注射;妇婴卫生事项;改良卫生环境、卫生教育。并拟订了预算标准,县立医院开办费:3275 元,经常费,甲种(备有 25 床的医院)1430 元,乙种(仅备有传染病床,规模较小)620 元。[①] 由内政部通令各省民政厅,分令各县遵照筹办。江苏、浙江两省首先筹设县立医院达数十所。

　　虽然 1934 年 4 月举行的卫生行政技术会议,通过县卫生行政方案,将县卫生机构予以变更,决定县设卫生院,区设卫生所,较大农村设

---

　　① 《全国内政会议时关于促进地方卫生机关设施案》,《中华医学杂志》第 19 卷第 1 期,1933 年 2 月。

卫生分所,每村设置卫生员,使县卫生行政成为一整个系统。1937 年 3 月卫生署又公布县卫生行政实施办法纲要。但当时中国新的医疗机构分布不均且绝大部分集中在城市。据一些调查显示,1932 年全国登记医师共有 3026 人,医学校 27 所,医学生 3528 人,教会医院 240 所,公立及私立医院共 190 所,病床 2 万张,设备费与经常费共 4400 万元。3026 名医师中,上海有 874 人,约占 30%,南京占 18.6%,广州占 6.8%,汉口占 4.3%,天津占 3.7%,偏僻省份极少。而 1934 年的一项调查显示共有正式医师 5390 人,属于中国国籍者 4638 人,属于外国国籍者 752 人,在当时 214 个医院中服务的医师 1368 人(本国医师 1069 人,外籍医师 299 人),其余的大部分是自己开业。这些新医人才分布,江苏省 2010 人,占全数的 37.3%(上海有 1182 人,占 5390 人全数的 22%),广东省 606 人,占全数的 11.2%。全国平均每百万居民有医师 12 人,江苏省有 59 人,而上海则达到 332 人。久居广州的美籍医师 Oldt1934 年在南京中华医学大会宣称,广东省"多数新医人才均集中于城市,每有过剩之患,至于穷乡僻壤,则都裹足不前"。[①] 中国卫生经费本就不足,一些医院勉为维持,但有时还会遭到停办的命运。如 1933 年浙江省政府委员会以省库支绌为辞,议决省立传染病医院停办,曾招致了杭州市医药师公会的抗议。

但伴随教会医学校和我国自己创办医学校的增加,新医人数不断增加,各地的医院也有所增加。截至抗战开始,各县设立卫生院或县立医院者计有江苏 25 县、浙江 14 县、江西 83 县、山东 2 县、河北 1 县、陕西 9 县、福建 118 县,共 252 县。广西 12 区,每区设卫生事务所 1 所。

但是,基础卫生机关,除少数外,多数都是人员缺乏,设备简陋,不足以实施医疗卫生业务,农民是很难得到好处的。而根据 1932 年中国

---

① 朱席儒、赖斗岩:《吾国新医人才分布之概观》,《中华医学杂志》第 21 卷第 2 期,1935 年 2 月。

邮政的一项统计,中国人口大约有426000000人,住在城市者2500万人,占人口的6%强,居于小村落者3亿人,占全人口的70%弱,居于未成市集及已有市集的乡镇者1.01亿人,占全人口的25%强。① 中国人口绝大部分为农民,农村卫生工作是中国公共卫生工作的重要方面。中华平民教育促进会1929年选择河北定县为实验县,研究和改善农民生活,其中包括推广公共卫生预防疾病,解决医疗照顾等问题。1931年,内政部卫生署在南京附近,创设晓庄卫生实验所和汤山卫生实验区。1933年卫生署协同全国经济委员会卫生实验处协助江宁县设置卫生院。其他还有中央卫生署与陶行知所创办的南京晓庄乡村师范学校合作,试办乡村卫生实验所;山东龙山实验区;上海卫生局在吴淞、高桥、江湾也开办了卫生实验模范区,北京有清河实验区等。据李廷安先生调查,当时全国乡村这些实验性质的卫生机构共有卫生工作人员183人,其中医师34人,护士42人,助产士18人,药剂师9人,其他人员80人。卫生工作人员最多的定县有50人,而最少的清河仅3人。从经费上说,全国这些乡村卫生工作经费每年总计约140336元,最多的定县每年不过33550元,定县每人每年平均不过9分钱;龙山最少,每年仅2200元。② 这些乡村卫生工作仅仅是作为实验区而开展起来了,远不能解决我国广大农村缺医少药的状况,但医务人员推动乡村卫生的尝试,特别是在经济落后、经费较少的情况下,以较少的钱解决医疗卫生问题做出了有效尝试。特别是定县从1932年到1935年初,基本建立了由村到区到县卫生网,已基本解决了大多数农民无医无药的困难。为后来的工作提供了可借鉴的经验是值得肯定的。至1937年初,全国共成立县卫生区74处,乡村卫生事务所144处。

---

① 陈志潜:《定县的乡村健康教育实验》,《中华医学杂志》第19卷第2期,1933年4月。

② 林竞成:《中国公共卫生行政之症结》,《中华医学杂志》第22卷第10期,1936年10月。

　　抗战爆发后,后方各省县卫生院的设置年有增加。按照民国23年(1934年)规定的县立卫生机关补助办法,对经费不足的县进行补助。至抗战胜利为止,除收复区不计外,各省已设卫生院达978县。据1946年的调查,达1013县。县设卫生院达1440所,区卫生分院353所,乡镇卫生所783所。1945年公布公立医院设置规则以后,截至1947年底,设置公立医院的计:江西、福建等11省,共计40所。抗战前各县已设立有县卫生院或县医院的情况是:江苏35个县、浙江14个县、江西83个县、湖南14个县、山东2个县、河北1个县、陕西9个县。至1947年县级医疗机构共有病床11226张。① 根据国民政府主计处统计局的统计1946年我国共有公立医院和诊所2958个,其中医院118个,诊所76个,未详2764个,共有病床19200张,医师4273人,护士5753人,助产士1861人,药剂师28人,药剂生1270人。②

　　中医中药是我国传统文化的重要组成部分,有着深厚的社会基础,在西医还没有得到普及的情况下,特别是在广大的农村,人民看病主要是依靠中医中药,据30年代中期江苏32县一项医药卫生状况调查显示,32县新医总数为763人,中医总数为7033人,几达新医的10倍。而江苏是当时所有省份中新医最多的一个,其他省份中医的比例当更高。据定县1934年调查,人民在死亡前受旧式医疗者占48.4%,受新式医疗者占27.6%,根本未受任何医疗者占20%,未详者3.5%。③ 但从中华民国建立后,西医界一部分人把中医学看成"中世纪时期的残骸,是因袭思想的枷锁,不仅不适合现代人的需要,而且没有感化别国人的力量","中国旧医学上思想的特征……只有夸大,玄谈,盲从,迷

　　① 邓铁涛、程之范主编:《中国医学通史》近代卷,人民卫生出版社2000年版,第341页。

　　② 国民政府主计处统计局编:《中华民国统计提要》(民国三十六年)(1947年),第119—120页。

　　③ 李廷安著:《中国乡村卫生问题》,商务印书馆1935年版,第26页。

信,安命,保守的劣性",主张废除旧医学。① 在北洋军阀统治时期和国民政府时期发起了几次废除旧医的运动,引起了中医界的抗争。在中医界的抗争下,国民政府设立了国医馆,1936 年 1 月立法院议决在卫生署内设立中医委员会,掌理中医事宜。1937 年中央国医馆馆长焦易堂会同医药名流,又发起成立首都国医院。但中医院在国民党统治时期,一直较少,中医仍基本上是分散从医。据 1947 年的统计,全国有中医生 83 万人,中药从业人员 360 余万人。② 1949 年,浙江全省中医人员计有 7809 人,占卫生技术人员总数的 48.4%。他们都以个体开业、药店坐堂等形式分散行医。据统计,他们承担了城市的 40% 和农村的70% 的医疗任务。③ 中国建立最早的卫生防疫机构是伍连德 1911 年在哈尔滨成立的防鼠疫的机构,当时有 6 万人死于鼠疫。当时建立了一些附属机构,包括一个医学院。但由于清帝退位,国内很不平静,这一工作也无法继续推动。1917 年 12 月绥远及山西两省流行鼠疫,很为剧烈,在 7 个月内死亡达 16000 人,内务部遂令筹设中央防疫处,以防止疫症,1919 年正式成立。防疫处成立后制造疫苗和血清,为一些传染病的预防打下了基础。国民政府成立后,中央防疫处迁往南京。1934 年 8 月在甘肃兰州成立西北防疫处。抗战爆发后,卫生署所属的中央防疫处由南京迁往昆明,继续制造各种生物制品,以供西南各省地方医疗卫生机构防治传染病的使用。1946 年,在昆明的中央防疫处,迁往北平原中央防疫处旧址,改称中央防疫实验处,继续制造各种生物制品。

1930 年 7 月,国民政府在卫生部下设全国海港检疫处,并在上海设办事处,统辖全国各海港的检疫工作,颁布《检疫条例》。逐步收回

---

① 江晦鸣著:《存乎? 废乎? ——关于中国旧医学存废问题的检讨》,《中华医学杂志》第 21 卷第 7 期,1935 年 12 月。

② 广州中医公会出版:《广州中医公会周年特刊》(1947 年),第 34 页。

③ 《当代中国的浙江》下册,第 174 页。

全国海港检疫工作,1930年先向江海关接收上海检疫处;1932年1月接收厦门防疫处,4月接收汕头防疫处,11月接收牛庄及安东防疫处,又接收汉口防疫处;1933年接收天津、塘沽、秦皇岛三防疫处,以上接收后都改称检疫所。由海港检疫处直辖。此外在广州尚有检疫处两所,由广州市卫生局管辖。

在卫生研究方面,1928年洪式闾在杭州创办了中国第一个寄生虫研究机构——杭州热带病研究所。国民政府还成立了黑热病防治处、云南省疟疾研究所、江西卫生实验所等专门机构。全国经济委员会于1932年9月设置中央卫生设施实验处,作为全国最高卫生技术机关。1933年11月,中央卫生设施实验处,改称卫生实验处,下设防疫检验系、化学药物系、寄生虫学系、环境卫生系、社会医事系、妇婴卫生系、工业卫生系、生命统计系、卫生教育系。此外与教育部合设有医学教育委员会,助产教育委员会及护士教育委员会;又教育部设有卫生教育设计委员会。1941年,卫生实验处迁往重庆,改为中央卫生实验院。在卫生研究方面,中央卫生实验院于1945年迁回南京,并在兰州及北平设立分院,以及成立东北分院,分别办理各地区的各项卫生问题、卫生事业的实验研究和推行。

20世纪上半叶,中国的卫生医疗事业虽然有了发展,但由于国民政府投入少,卫生事业仍非常落后,1939年,卫生事业预算仅占当时国家总预算的0.5%,1942年进而减少到0.16%。[1] 解放前中国医疗卫生机构和医疗卫生技术人员数量少、水平低,设备简陋,绝大部分集中在城市。据不完全统计,1949年全国医生只有36.3万人,医院床位8万张,平均每千人口拥有床位0.15张,拥有医护人员0.93人。广大农村只有极少数民间中医,几乎没有西医西药。[2]

---

① 钱信忠:《我国卫生事业胜利发展的回顾》,《中国卫生年鉴》(1983年),人民卫生出版社1984年版,第10页。

② 朱贤枚主编:《中国国情学》,光明日报出版社1997年版,第348页。

由于医院少,人民生活困难,社会教育水平低,科学的医疗知识不足,致使迷信盛行。"(人民)凡一有病,唯荒诞不经之巫者是信。或求神买卦。故乡村庙宇中多备有一种签筒,插竹签数十枚,上刻号码,与印就之仙方号码相对,病者家属,即以此筒在神前摇动,签落于地,即以之对方,方上所书之药,即为仙丹。复有僧道专为人驱除病魔,披头散发,画符念咒,欺骗愚民。"①在山西民间,农民们以为疾病的原因是鬼魅缠身,或是踩着鬼了,只靠药物是治疗不了的,必须请专门的人以及用某种特殊的办法征服鬼怪,人命才能得以保存。如"浮邑凡有疾病,多依鬼事,近始知延医服药。至于乡村山僻之处,医药难治,一有疾病,则巫觋乘间惑之;更有吃斋善婆,烧香念佛以救人病,妇女多为所惑,牢不可破。"②

在广大的偏远山区和少数民族地区,医疗卫生机构更少。据记载,西藏在1926年的一次天花流行,仅拉萨地区就有7000人丧生。1934年和1937年两次伤寒流行,又有5000人死去。当传染病流行时,西藏地方旧政府不仅不采取措施,而且把病人赶进深山老林,派兵把守山口,活活将病人饿死或让病人折磨死。③"宁属盛产药材而少酱(医)士,业药肆者,以资本缺乏,药品不齐,遇最普通之感冒风邪疟痢以及一切皮肤病等,不独农民无力求医,且难觅知医主方之人,至如卫生设备,疾病防御,更为宁属农村所罕闻。彝人更少用药,每遇疾病,除以打杀牲畜祈禳改解外,不知就医,据报曾在西昌之沙裸马地方,见一熟彝入市购汉人所食之凉粉一碗,挟回三十里之彝村,询之,云家有病人,需此为治疗者,其情至可悯也。"④

由于疾病流行,而医疗卫生机构远远不能满足广大城乡居民防病

---

① 李廷安:《中国乡村卫生问题》,商务印书馆1935年版,第26页。

② 民国《浮山县志》,转引自乔润令著:《山西民俗与山西人》,中国城市出版社1995年版,第188页。

③ 朱贤枚主编:《中国国情学》,光明日报出版社1997年版,第349页。

④ 《宁属调查报告汇编》(1939年),《农牧》,第91页。

治病的需要,疾病成为人口的主要死因。据不完全统计,国民政府时期,中国人口的死亡率为25‰,婴儿死亡率为200‰,产妇死亡率为15‰。在死亡人数中,41.1%死于可控制的疾病。中国人的平均期望寿命仅为35岁。

第二节　社会生活保障

伴随中国社会政治经济的发展,中国的社会生活保障制度逐步从传统向现代转变。在社会救济方面,逐步由晚清时期的恤贫、救荒,逐步变为设立管理救济的内政部,到南京国民政府时期更制定了一些法规条例,规范社会救济,在行政上,国民政府也从上到下设立了一些机构主管社会救济,特别是在抗日战争时期,国民政府对战争造成的灾祸进行救济,对安定后方,支持抗战起到了一定的积极作用。中国共产党领导的根据地政权也非常重视社会救济,对自然灾害造成的灾民进行救济。在社会优抚方面,由于半个世纪中,中国战乱不断,对士兵的抚恤成为每个政权的重要行为。从晚清时期的奖恤,到北洋军阀时期个别军阀的格外重恤死伤士兵,到国民政府时期,特别是抗日战争时期,通过制定一系列的法规条例,使抚恤制度化。中国共产党领导的根据地政权,通过政府机构和法律条文,对士兵及其亲属进行优待和抚恤,有力地支持了人民革命事业的发展。在社会保险方面,随着中国经济的发展和工人运动的发展,北洋军阀统治时期和国民党统治时期都制定了一些法规,对工人的社会保险问题有一定程度的关注,并且在抗日战争时期,国民党政府曾在局部地区或行业中试行社会保险,但因中国社会经济整体水平发展不高以及国民党政权的社会性质,社会保险的实际执行情况并不显著。中国共产党在根据地政权内,也实行了社会保险制度。总之,在20世纪上半叶,中国的社会保障制度有了一定的发展,反映了中国社会政治经济的发展与变化。

一、社会救济

在进入 20 世纪后,自晚清末叶至国民党政权败退台湾,中国饱受战乱影响。社会生产事业不发达,工业化水平低,农业生产基本上是靠天吃饭。据中国华洋义赈总会 1922 年夏季对河北、江苏、山东、安徽、浙江五省,240 个村落,7097 个家庭(37191 人)的调查,在中国东部区域的村落里,约有半数以上的住户,在北部区域的村落里,竟有五分之四以上的住户,他们每年的进款,却都在贫困线以下;同时东区的村落里,约有 176‰ 的家庭,北区的村落里,约有 622‰ 的家庭,他们每年的进款,竟还不到 50 元。[①] 兵匪之灾,加上连绵不断的水、旱、虫、风、雹、地震等自然灾害肆虐,其危害远远超过了中国人民的抵抗力,每年造成大量灾民,人口流离与死亡使劳动力锐减,土地荒芜,影响农业生产和国民经济的发展,甚至影响社会的稳定。人民贫苦日甚一日,社会救济事业对受灾人民也就十分重要。中国的社会事业也逐步由传统的救荒向近代意义上的社会救济转变。

晚清时期社会的救济事业,仍基本上延续原先的设置,有国家举办的,有为地方设置的。国家举办的可分为恤贫和救荒两项。恤贫主要如收养孤老及开设习艺所等。在收养孤老方面,在京师设有栖流所,安置贫病流民,其所需各项费用,如房屋、衣食、医药等,都由政府支付。各地方设立的,其所需费用,也由国家支出。习艺所内设有织布,织巾,织带,铁工,搓绳,木工,缝纫各部,招收贫民入所学习。救荒主要为饥荒、虫灾、水灾之救济与防免。其方式为设置常平仓或社仓,遇有水旱灾害,农作歉收,人民因贫困不能耕种时,开仓贷谷给农民,秋熟后归还。为地方设置者则有:社仓、迁善公所、育婴堂、义学、施医局、平粜局、施粥厂等。

---

① 马罗立(Mallory)著,吴鹏飞译:《饥荒的中国》,上海民智书局发行,1929 年,第 7 页。

　　1906 年,清政府宣布实行"预备立宪",戴鸿慈等在《请改定官制以为立宪预备折》中说:"内部为民治事,职要而任繁","其留存于内部范围者,尚有警察、卫生、土木、赈恤,并监督地方诸大端","惟内务可以赅警察,而警察不能尽内务,今中国已设警部,复设内部,不独迹近骈枝,亦且无事可办。然考各国之制,以警部独称者甚希,而内部不立者则竟无有,臣等以为不若改巡警部为内政部,凡户部、工部之关于丁口、工程者,皆并隶之,是为一部"。① 之后清政府撤销庚子以后"改革"官制时一度设立的巡警部,改为民政部。民政部下之民治司主管荒政等事项。但在实际中,清政府对灾荒的救济仍延续过去的平粜政策。20世纪初年的中国,由于清政府为摊派巨额赔款和筹措"新政"经费,加捐加税,人民生活异常艰苦,加以各地灾荒频仍,成千上万民众忍饥挨饿,各地饥民抢米风潮迭起。清政府对民变采取严厉镇压措施的同时,也从维护其统治出发,提出赈济饥民。如 1902 年川北在连年荒歉之后,又遭水、旱、雹灾,清政府发帑 30 万两救灾,四川总督岑春煊又致电外务部,请求开办赈捐,筹措赈款。1910 年湖南长沙抢米风潮震动全国,清政府在严厉镇压后,进行平粜,最高统治者也发出上谕,"务须妥为赈抚,毋任失所。"②但朝代末世,面对遍地饥民,财政困难的清政府在遍及全国的民变中为辛亥革命所推翻。

　　1911 年孙中山领导辛亥革命,推翻了清王朝。1912 年 1 月 3 日成立了南京临时政府。根据《中华民国临时政府组织大纲》,南京临时政府设外交、内务、财政、陆军、海军、司法、教育、农商、交通等九部。内务部下的民政司掌管赈灾、救贫、慈善等事项。之后的北洋政府仍在九部之内设立内务部。

---

　　① 故宫博物院明清档案部编:《清末筹备立宪档案史料》上册,中华书局1979 年版,第 371 页。
　　② 中国第一历史档案馆、北京师范大学历史系编选:《辛亥革命前十年间民变档案史料》,中华书局 1985 年版,第 743、427 页。

在北洋军阀统治时期,虽然设置了主管救济的专门机构,但由于军阀内战,社会救济仍然主要依靠民间慈善团体。如 1920 年华北的直隶、河南、山东、山西、陕西五省发生大旱,灾情重大,北洋政府虽明令筹赈,减低运价以及捐米税,征收救灾附加。实际救灾主要是民间慈善团体来操作、实施。北京十四个团体联合组成华北救灾总会,又成立国际统一救灾总会,各华洋救灾团体及美国红十字会在 6 个月内共筹得款项 19220454.62 元,被救灾民总数为 77131611 人。① 虽然民间慈善团体大力救灾,但这次灾荒仍造成 50 万人死亡。

南京国民政府成立以后,各地的社会救济机关,救济院,贫儿院或孤儿院,育婴堂等机关多沿旧制。国民政府设置内政部,主管社会救济事业,对社会救济采取扶助与监督政策。1928 年,国民政府在行政院下设置赈务委员会,主管国内水、旱、蝗、雹等自然灾害及战争所造成的难民救济。国民政府内政部颁发的《救济院规则》规定,为教养无自救力的老、幼、残废人,并保护贫民健康、救济贫民计,各省区、各特别市、各县市政府,应依规定于各该省区、省会、特别市政府及县、市政府所在地设立救济院,各县、乡、区、村、镇人口较繁处所,也得酌量情形设立。救济院分设养老所、孤儿所、残废所、育婴所、施医所、贷款所。各县各普通市及乡、区、村、镇设立救济院,对于前列各所,得分别缓急,次第筹办,也可斟酌各地方经济情形,合并办理。同时,国民政府也加强了对旧有慈善团体的管理,先后颁布了《管理各地方私立慈善团体机关规则》、《监督慈善团体法》,规定慈善团体为济贫、救灾、养老、恤孤及其他以救助事业为目的之团体,不得兼营为私人谋利之事业。对慈善团体进行法律上的约束。

在救灾和赈务方面,国民党政府颁布了《救灾准备金法》,规定国民政府每年应由经常预算收入总额内支出 1% 为中央救灾准备金,但积存满 5000 万元后得停止。省政府每年应由经常预算收入总额内支

---

① 《北京国际统一救灾总会报告书》(1922 年),第 18、21 页。

出2%为省救灾准备金,以人口为比例,于每百万人口积存达20万元后,得停止前项预算支出。在《中央修正各省赈务会组织章程》中规定凡被灾各省为办理本省赈务得设省赈务会。

国民政府建立后,社会救济慈善机关比北洋政府时期有所发展。据1930年内政部所调查江苏等17省588县有救济院466所,旧有慈善团体1621个,总计2087个。根据国民政府主计处统计局统计,全国收容机关共收容335155人,其中养老院收容12560人,孤儿院收容4987人,残废所收容6552人,育婴堂收容28440人,施医所救济57757人,借贷所救济1182人,贫儿习艺所收容8993人,施材掩埋826人,济贫救济65514人,救灾救济146607人,其他收容1737人。① 另据1933年《申报年鉴》刊载全国共有救贫、贷款、施医、丧葬等救济机关834所。17个省常年救济人数共114196人。

在赈济方面,赈务委员会对发生灾害造成的损失,也进行了一定程度的有组织的救济。1932年,16个省市131个县市共有施赈机关213个,其中永久机关官立55个,私立32个。临时机关,官立90个,私立36个。1933年,11个省315个县,共有施赈机关776个,其中永久机关官立548个,私立119个,临时机关,官立40个,私立69个。② 1931年秋,洪水泛滥,江、淮、汉、运诸水,酿成空前之浩劫,据金陵大学农学院实地调查报告,被灾农民在2500万人以上,灾区农民房屋毁灭者为45%,统计各地损失数量当在20万元左右,另据专门人员确实调查,人民淹死者约14万人。国民政府特设救济水灾委员会,办理灾区救济。拨美援小麦45万吨,约合国币4500万元,作为救济灾区人民之用。按照水灾救济委员会原来的计划,分为急赈与工赈两部分。急赈主要是在灾区建立收容所,收容灾民,设置粥厂,供给灾民就食,据各省报告,

① 国民政府主计处统计局:《中华民国统计提要》(1935年),商务印书馆1936年版,第452—453页。
② 《中华民国统计提要》(1935年),第451页。

灾民每日来厂就食者,约在 20.4 万至 22 万人之间。急赈处还进行了乡村救济,在灾区每县设立查放局,各地共设查放点 2000 处,冬季、春季各进行一次查放,灾情特重的区域,散放的次数加多,或十日一次,或一周一次不等,查放区域遍及 224 县,受赈人数约 490 万人。① 另外,急赈之麦大部分用于补助小工赈,小工赈用途主要是修理民堤,也有用为修葺房屋,疏浚河流,修筑道路桥梁等。共补助小工赈之麦 6 万吨。1931 年 9 月灾区工作组,特设工赈处,并依照灾区大小与灾情轻重分设 18 区工赈局。工赈主要是修筑扬子江、赣江、淮河、汉江、江北运河、河南伊洛沙颍诸河、湖南滨湖等堤防工程等,各工赈局共计用民夫约 110 万人。为扶助农民恢复生产能力,水灾救济委员会又增办农赈。农赈主要采取贷放的办法,向灾民赊放粮食、农具、耕牛、种子、肥料等必需品使之恢复生产。但无论贷放现金或赊放账款,均酌收利息。

　　但由于国民党政府当时把主要收入的大部分投入内战和围剿红军,用于救济的经费远远不敷三十年代灾害所造成的灾民的需要。陕、甘两省因天灾频仍(如 1929 年旱灾、1931 年水灾),灾情奇重,据甘肃省政府主席云,该省死于灾荒者约 200 万人,陕省数亦相垺。据公文上之报告,陕省死 88 万人,逃亡他乡者 60 万人。全省人民 40% 皆无衣无食。金陵大学曾做实地调查,谓两省死于既往之 50 年中,因灾死亡者已达全地居民 80%—90%。②(另有记载:1930 年陕西省在遭遇"三年不雨,五谷不收"的大旱后,陕西省境内 940 万人,饿死 250 万人)如此众多的死亡和逃亡,可以想见国民政府救济的效果。1931 年大水灾,苏、皖、浙、湘、赣、鄂、豫七省被灾者 43300849 人,死亡 265754 人,待赈人数 25910828 人③,相对于这一庞大的待赈人群,国民政府水灾

---

　　① 参见《国民政府救济水灾委员会报告书》(1933 年),第 5、10—11、14 页。

　　② 姚寻源:《西北卫生事业报告》,《中华医学杂志》第 21 卷第 10 期,1935 年10 月。

　　③ 《中华民国统计提要》(1935 年),第 446 页。

救济委员会提供的救济远远不能满足需要,造成灾后人民的死亡,如江西收容所收容灾民共 20249 人,到 1931 年 12 月底,"该所成立不及三个月,死亡已达百分之四十八九。"《国民政府救济水灾委员会报告书》也指出:"收容所灾民死亡之数,虽无记载,而数额颇多。"1932 年各种灾害被灾民众 27059129 人,死亡 1063815 人,受赈人数 1330082 人,而待赈人数 23588366 人。1933 年各种灾害被灾民众 19649681 人,死亡 84566 人,受赈人数 1137083 人,而待赈人数达 12502214 人。① 由于国民政府的内战政策,农田水利设施被毁,水旱灾害频发,而政府救济不力,自 1920 年至 1936 年,全国死于灾荒的人口就有 1835 万人。②

抗日战争爆发后,战火迅速由沿海向内地蔓延,国民政府在全国民众抗日热潮推动下,积极抗战,为维系人心,坚持长期抗战,国民政府开始重视难民的救济工作。中国的社会救济事业,因时代之需要而有所发展,旧有社会救济机关得到扩大,新的社会行政机构也有设立。

1937 年 9 月 7 日,行政院通过《非常时期救济难民办法大纲》,决定成立非常时期难民救济委员会,在南京设立总会,各省及院辖市设立分会,县、市设立支会,办理难民收容、运输、给养、救护、管理等救济事项。1938 年 5 月国民政府成立社会部,隶属于中国国民党中央执行委员会,称中央社会部,主管民众组训及社会运动事宜,至 1939 年 11 月国民党中央六中全会,改隶行政院。其社会福利司下辖六科,其第五科办理社会救济事项。地方社会行政机构,在省政府之下设置社会处,或于民政厅设社会科,主管人民组训、社会运动、社会救济、社会福利等事宜,直属行政院之市,则由社会局主管,县(市)政府设社会科。

社会部成立后,制定了《社会救济法》,于 1943 年 9 月由国民政府

---

① 《中华民国统计提要》(1935 年),第 445 页。

② 中华人民共和国内务部农村福利司编:《建国以来灾情和救灾工作史料》,转引自金双秋主编:《中国民政史》下册,湖南大学出版社 1989 年版,第 647 页。

公布施行,对因贫穷而无力生活者依法予以救济。并规定:"救济事业经费,应列入中央及地方预算","县市依本法举办之救济事业,得由中央政府补助。"此后,行政院复令准颁行《社会救济法施行细则》《救济院规程》等各种有关救济实施程序法规。

1938 年 4 月 27 日,国民政府为适应战时需要,在赈务委员会的基础上,在汉口成立了赈济委员会。据 1941 年 12 月编制的《赈济委员会直辖及所属机关单位数图》,有各地难民组训委员会 11 个、各地空袭救济联合办事处 352 处、各县赈济委员会 1038 个、各省市赈济委员会 21 个。

经行政院厘定划分:经常救济属于社会部,临时灾难赈济属于赈务委员会。

在抗日战争时期,因日军入侵,战火绵延,战争造成了大规模的持续的难民潮,从抗战爆发至 1939 年 1 月,难民数量"估计不下一万数千万人,其由战区分循水陆内移者,亦有二千余万人",[1]战争难民的救济在抗日战争时期始终是一项重要的工作。难民救济不仅要从事救护收容,还要疏散遣送并妥善安置,使之能从事生产,维持生活。抗战初期,负责难民救济的主要是赈务委员会以及非常时期难民救济委员会总会、各分和支会。赈济委员会成立后,救济工作主要由赈济委员会统筹进行。赈济委员会于各战区先后设立十个救济区,所辖区域随时根据战事的发展,斟酌调整裁并。各救济区设置赈抚工作队,随军抢救,施放急赈,并制定建立难民输送网的办法,选择适当地点分别设立运送配置难民总分站,照料难民食宿医药,各总站派员护送,依次接运,把难民护送至配置地区。自 1938 年 4 月至 1944 年 12 月,总计先后设置总站 38 处,运配难民人数 2651998 人。各省市赈济会收容的难民计达 3914029 人。救济难民人数,各救济区救济难民人数为 8847208 人,各

---

① 秦孝仪主编:《革命文献》第 97 辑《抗战建国史料——社会建设》(二),1983 年版,第 375 页。

省市赈济会救济难民人数为 10716154 人;各慈善机关团体救济难民人数为 30151531 人,三项共计为 49014892 人。① 赈济委员会在注意难民之救济的同时,也着眼难民安置工作。为使难民能从事生产,寓救济于生产之中,赈济委员会关于难民生产事业补助种类计分国营垦区、直属赈济工厂、补助垦区及工厂三类。行政院于 1938 年 2 月,制定《难民移垦实施办法大纲》,内政、财政、经济三部及赈济委员会也拟订了《非常时期难民移垦规则》。经实地调查,国民政府在江西、广西、湖北、陕西、河南、湖南、安徽等省划定垦区,由赈济委员会拨款补助开垦。补助办理之垦区,计省营者 5 处,民营者 9 处。综计国营省营民营垦区共计面积 6799302 亩,可容垦民 807780 人,自 1938 年 4 月起至 1940 年底共拨发 3327578.95 元。赈济委员会还先后组设赈济工厂 15 处,除一厂原设上海,因情形特殊暂停外,仍有 14 处,从事于纺织、造纸、陶瓷及制造皮革等业务。

自战事爆发后,日军对中国各不设防城市经常滥肆轰炸,国民政府除制定空袭紧急救济办法外,并分别与各重要城市筹办空袭救济机关,拨发空袭准备金,随时办理空袭后之赈恤。设置空袭紧急救济联合办事处,至 1941 年 9 月底止,已有 451 处。② 1938 年 4 月至 1944 年 12 月,全国各城市因空袭受伤或死亡,经拨款办理救护抚恤之人数,共计180432 人。③

抗日战争期间,对于各项临时灾害,政府除施以急赈外,还举办工赈农赈。1938 年 6 月,为了阻止日军的进攻,国民党军队在河南郑州花园口一带炸开黄河大堤,虽然暂时阻止了日军的西进,但河水泛滥,淹没了豫皖苏 44 个县,54000 平方公里土地,淹死 97 万余人,140 万灾

---

① 秦孝仪主编:《革命文献》第 96 辑《抗战建国史料——社会建设》(一),1983 年版,第 9—10 页。

② 言心哲:《现代社会事业》,商务印书馆 1946 年 6 月版,第 171、172 页。

③ 《革命文献》第 96 辑,第 11 页。

民无家可归。国民政府对于黄河水灾之赈抚费 1938 年计拨发 957070元,1939 年计拨发 274000 元,1940 年计拨发 209478 元。1939 年华北4 省(冀鲁豫晋)之水灾之赈济费,共为 312 万元。对于各省市县之临时灾害救济,计自 1938 年至 1940 年,共为 2931170 元。关于工赈农赈,1939 年计拨 1112630 元,1940 年计拨 839720 元,共计 1952350元。[①] 1945 年 8 月中国终于赢得了抗日战争的胜利,国民政府为遣送难民返乡以及救济做了大量工作。1943 年 11 月反法西斯各盟国为解决胜利后所面临的善后救济问题,在华盛顿成立了善后救济总署,国民政府于 1945 年 1 月设立行政院善后救济总署(简称行总),办理中国的战后救济工作。

战后,国民政府首先开始协助难民返乡,行总在东部各收复地区设立了 15 个分署,在后方难民集中的地区设立难民遣送站。1946 年在重庆、贵阳、昆明、西安、成都等地成立了难民遣送站,办理难民的登记、调查、资遣工作。对赤贫难民发给证件,凡经国营公路返乡的贫困难民,可凭证免费乘车并根据路途远近发给食宿津贴。同时,在各交通要冲设立遣送站或招待所,帮助难民顺利返乡。如 1946 年,贵阳难民疏送站已经登记的,有 9369 户,24481 人。至 5 月 15 日,已送出难民6103 人。而散在贵州各地的难民,当在 6 万人以上。除贵阳市已登记的 2400 余人外,各县已向省政府报告的,还有 24916 人。到 1947 年底,经行总资助遣送的难民共达 157 万人。

而收复区由于日伪的劫掠和灾荒的影响,广大沦陷区农村破产,人民挣扎在死亡线上。如据衡阳救灾委员会调查,全县非赈不生的灾民,有 441610 人,饿死的人数,到 1946 年 5 月底止,已有 26429人。灾民为饥饿所迫,投水悬梁,服毒自杀,经各乡镇公所查报的,已有 564 次。[②]"在青黄不接的几个月内,广西灾民的与日俱增乃是意料

① 言心哲:《现代社会事业》,商务印书馆 1946 年 6 月版,第 172 页。
② 吴景超:《劫后灾黎》,第 69、70 页。

的事。省政府五月发表的统计饥民人数为3151255人,乃是根据各县(九县未报)的报告编成的,这个数字如认为是非赈不生的人未免有点夸张,但如以代表营养不足的人数则又嫌太小,这个结论乃是根据我们视察所得的印象,至于非赈不生的人数,恐怕没有一个人可以回答得出。"灾民"有许多是靠吃野草度日的",而"饥毙的饥民各县都有。"①热河省"除铁路沿线的少数地带还勉可维持外,他如林东、林西、赤峰、凌南、建平、宁城等县确是民无'隔日粮',也无'蔽体衣',狗和马也都被宰杀了充饥。"②行总各地分署依靠联合国"善后救济总署"拨给中国的物资,对灾民进行钱、粮食、衣物的紧急救济。

1946年及1947年行总另拨改善救济院所经费,每年4亿元,分配给南京、北平、天津、青岛、河南、浙江、陕西、湖南及山东、山西、广东、安徽、汉口等省(市)立救济院,借资充实。截至1946年年底,各省市公私立救济机关团体共3045单位,后来又增至3210单位,院内院外受救济人数共3809549人。③

然而由于国民政府急于抢占沦陷区,把物资、交通工具用于运兵,特别是随着内战爆发,许多社会救济事业难以为继。如河南分署在回顾1946年度社会救济事业时指出:"业务费用始终未得充分接济,本署按实际开展之工作计算,所需之数,与实际奉拨之数,相去恒在五倍以上,上半年业务初展时期,物价变动不大,尚可勉为维持,下半年物价波动急剧,业务费用未增,因业务开展机构增加而需要过多,不仅挪东补西捉襟见肘,而且举办之事业,多因费用无着而不得不忍痛暂缓施行。中国普遍贫困,行总亦无时不在经济困难中,对各分署庞大需要,自无

---

① 《吴景超广西灾情视察报告》(1946年4月16日),见中国第二历史档案馆编:《中华民国史档案资料汇编》第5辑第3编,《财政经济(六)》,江苏古籍出版社2000年版,第283页。

② 《善后救济总署冀热平津分署一年来的赈务》(1946年),第3页。

③ 行政院新闻局印行:《社会救济》(1947年9月),第4页。

法尽量补给。"①而随着国民党内战政策的施行,国民党救济政策与政府征收军粮,发生互相抵消的作用。广东花县"人民多用树跟黄狗头等野草充饥,因而体力亏损,百病滋生,该县十五万人,有病的占百分之二十五。最近军粮征纳,催交甚急,虽至困之乡,仍需照原人口摊派。……花县曾从工作队领得面粉二十七吨,食米八九,二二七磅,这些赈米,运到县境,便被县长移作军粮付纳。"②吴奇伟1945年12月14日致电国民党行政院和善后救济总署报告灾情严重,筹办军粮困难:"滨湖各县为产米之区,历年迭遭战祸而于军糈民食贡献乃多,上年战局演变,今夏复遭旱灾,收获不及五成……省藏既空,民困已深,配分旱灾寇灾赈款实属杯水车薪,而军粮迫切仍须向滨湖各县采购办理,更为棘手,其他各县灾情,更为惨重。"③内战的爆发和物价飞涨,亟须救济的民众数目日益增长,而国民政府在内战第一的政策下,社会救济已经不能发挥其作用了,并且随着内战的进行,出现了越来越多的难民。

中国共产党领导的革命根据地政权十分重视社会救济工作。在中华苏维埃共和国时期,设立了内务部,各省苏维埃政府也设立省的内务部,城市则设立内务科,对灾民进行救济。抗日战争时期,《晋冀鲁豫边区政府组织条例》规定卫生行政、赈灾、抚恤、优待、保育、社会救济等由民政厅掌理。晋冀鲁豫根据地建立以后,几乎有一半时间在严重灾荒中,有水、旱、蝗、雹、疫五种灾,最严重的是1939年的大水灾,1942、1943年两年的旱灾与1944年的蝗灾。1939年的大水灾民300多万人,根据地政府筹粮救济,募捐公债,以工代赈,沿河救灾。1942—1943年旱灾灾荒严重空前,只太行区五、六两专区,灾民就有30余万人。冀南、冀鲁豫尤其严重,冀鲁豫1943年较轻,随着灾荒发生了一连

①　行政院善后救济总署河南分署秘书室:《行总河南分署三十五年度业务概述》,1947年版,第8页。

②　吴景超:《劫后灾黎》,第111页。

③　《中华民国史档案资料汇编》第5辑第3编,《财政经济(六)》,第268页。

串的社会问题,敌占区和大后方如河南的灾民却还纷纷向根据地逃荒,太岳区由豫北各地逃来难民前后不下 20 万人,太行区也吸收了四五万外来灾民。这样边区军队政府不仅要救济本根据地的灾荒,而且还要安置赈济外来的难民。根据地党政军民组织了旱灾救济委员会,号召全区动员起来扑灭可怕的灾荒,提出政府保证不饿死一个肯自救的人,政府减免公粮负担,拨急赈粮急赈款,普遍成立粮食调剂所,在非灾区展开了一把米一升糠运动,军政民工作人员节衣缩食来援助灾区。根据地军政民协力开展生产自救运动。1943 年救灾,除改进应用上述办法外,主要的是着重群众自己的生产自救。两年救灾,政府因灾减免公粮共有 140500 石,仅由边区公粮拨出赈济抵贷者即有 21000 石,由西线调剂到东线有 20 万石,运输得脚价有 45000 石,纺织赚工资米有 5 万石,社会互济(包括群众运动退粮退款)有 7 万石。实际用于救灾的各种贷款有 2000 万元。总合起来,不算减免粮食,政府救济,加上部队、机关、地方上零星贷款,共有 386000 石。根据地政府还发动社会互济,主要是指灾区农村中的互相借贷而言。其做法是使存粮富户,在灾情紧急严重时,把积存的粮食,在供自己食用还有剩余的前提下,可由政府负责保证低利借给灾民,含有救济与调剂两种作用。在根据地党和政府的领导下,灾荒救济取得了很大成绩,如磁县、武安需急救灾民有 10569 人,缺乏 4 个月食用者有 8893 人,在 8 个月之内,由各种救济办法共得救济米 1099878 斤。林县北部需急救灾民 8901 人,缺 4 个月食用者有 28185 人,由各种办法共得救济米 1535227 斤。从而保证灾民安全度过灾荒。[①]

二、社会优抚

优抚即优待与抚恤,优待包括政治、精神方面的优待和物质利益方

---

① 晋冀鲁豫边区财政经济史编辑组、山西、河北、山东、河南省档案馆编:《抗日战争时期晋冀鲁豫边区财政经济史资料选编》第 1 辑,中国财政经济出版社 1990 年版,第 394—395 页。

面的优待;抚恤主要是给以政治上的荣誉和精神上的抚慰以及在物质上给以恤赈照顾。社会优抚是社会保障的一种,主要是指国家对军人及其家属实行优待抚恤,即政府给予物质帮助或精神鼓励。

清末,政府主要的军事力量从练勇逐步为新军所取代,而《辛丑条约》签订后,清政府为了支付赔偿,实施"新政",不断加捐加税,勒索人民,广大人民难以为生。各地抗捐抗税、抢米风潮、会党与农民起义不断。据统计,1902年到1911年,全国各地民变多达1300余起。为镇压人民反抗,清政府对参与镇压民变的勇营兵士或新军给以奖恤。其办法主要是由各省营务处会同善后局、藩臬两司查明出力的文武员弁,向上级请奖。各省总督或巡抚也可根据战情为部下请奖。对于有功名的文武官员阵亡者,由省开列名单,向陆军部请求从优给予抚恤。而对于千总以下的员弁出力者也咨部请奖。而普通的兵勇则在俸饷外有可能得到一点外奖。

1911年辛亥革命推翻了清王朝,建立了中华民国。1912年3月发布了《陆军部规定陆军官佐士兵恤赏表》,规定阵亡或负伤致残抚恤标准:阵亡者,按军衔等级实行一次性恤金,另有一定数额的遗族抚恤金。遗族抚恤金用于阵亡将士父母者,则终其天年。若父母逝世子女年幼者,得接续受恤至20岁止。阵伤致残者,按伤残部位和程度,分三等每年发给相应的恤金,由伤残将士本人领取。

袁世凯出任临时大总统后,国民党在南方还有很大力量,袁世凯为了达到其统一全国的目的,便利用裁军遣散南京方面的军队。当时南京留守府所辖军队,完全之师即有16个师。为了裁兵,袁世凯清还欠饷,另外发给恩饷。但袁世凯死后,军阀混战连年不已,战火几乎遍及全中国。由于军阀拥有一支私人的军队,依靠军队占据一定的地盘实行个人的专制统治,有军队才有势力,也才有地盘,所以一些军阀对死伤军官兵士进行抚恤。如第一次直奉战争奉系战败后,张作霖为准备再次战争,对死伤官兵进行恤赏,所谓"恤给死者,所以奖励生者",好让兵士继续为其卖命。其奖恤办法及筹备款项详情是:战死者团长及同等官 2 万元;营长及同等官 1 万元;连长及同等官 5000 元;排长及同等官 3000 元;司务长及同等官 2000 元;下士兵 500 元。给恤者约 1200 名,共恤赏洋约 130 万元。残废各级军官,列有一、二、三等之分别,团长及同等官 9000 元、6000 元、3000 元;营长及同等官 3000 元、2000 元、1000 元;连长及同等官 1800 元、1200 元、600 元;排长及同等官 1200 元、800 元、400 元;司务长及同等官 900 元、600 元、300 元;兵卒 300 元、200 元、100 元。给恤者约 7000 名,赏恤洋约 600 万元,合计共费 730 万元。战争结束后根据调查伤亡官兵,应发之恤金达 164860 元。①但从根本上看,军阀内战中,对士兵的抚恤是一些表面文章,是为了使士兵为其卖命。在战争中,军阀很少关注伤亡兵士。如第一次直奉战争中,时人记载:奉军"郊野死尸,数十成堆。伤兵则纷纷向沿铁路之战地医院乞求粮水。其伤无人裹治,状极狼狈。""伤兵运津治疗者颇多。予于六日,亲赴河北新车站一带观察,河北公园及法政校内,统为伤兵住宿。予见伤状百出,哭者哭,叫者叫,状极可悯!……又车站上见列车内有重伤兵士横置如物,血迹零零[淋淋],更为凄凉!"②而第二次直奉战争中,直系战败,在天津的伤兵也自行溃散,"惟手中既无路费,衣服又极为单薄,徘徊马路,形容枯槁,面目黛黑,严(俨)如十八层地狱之饿鬼一般。而伤之重者,困于医院无人过问,则尤为可怜。"③广大士兵只是军阀争权夺利的工具和炮灰而已。

南京国民政府成立后,蒋介石进行了连绵不断的剪除异己的战争,在削平新军阀对自己的威胁后,又进行了围剿共产党领导的革命根据地的战争。在抗日战争爆发前的 10 年中,军费在政府全部财政支出中

---

① 《甲子内乱始末纪实》,荣孟源、章伯锋主编:《近代稗海》第 5 辑,四川人民出版社 1985 年版,第 204—205 页。

② 陈冠雄:《奉直战云录》,荣孟源、章伯峰主编:《近代稗海》第 5 辑,第 79、51 页。

③ 《甲子内乱始末纪实》,荣孟源、章伯锋主编:《近代稗海》第 5 辑,第 353 页。

的比例大都在45%左右。由于其军队士兵多是募兵制征来,国民党政府对伤亡官兵的抚恤并无明确的规定。1932年一二八事变后,十九路军奋勇抵抗,得到了社会各界支持和声援,上海各界成立了救护队和战地服务团,参加部队的救护工作。各界各社团纷纷派出慰问小组,给伤兵送去大批慰问品。宋庆龄认为"应有持久集中之组织",以"救护治疗此次为中国苦战之伤兵,并予以精神上安慰与鼓励"。倡议并建立国民伤兵医院,悉心照料伤病员,极大鼓舞了官兵的爱国热情。

抗日战争爆发后,国民政府在抗战初期进行了积极抵抗,官兵伤亡较大。为补充兵员,国民政府实施《兵役法》,改募兵制为征兵制。同时为提高士气,坚持抗战,国民政府出台了若干抚恤的法规条例。1940年9月27日国民政府公布《陆军抚恤暂行条例》,1941年4月1日起实行。1942年4月22日公布《海军抚恤暂行条例》,1942年11月1日起实行。1944年3月23日,国民政府公布施行《陆军抚恤条例》和《海军抚恤条例》;1943年8月31日公布《空军抚恤条例》。1937年4月23日修正公布《国葬法》。1939年4月13日公布《抗战特殊忠勇官兵表扬办法》。1940年9月21日国民政府公布《抗敌殉难忠烈官民祠祀及建立纪念坊碑办法》等等,规定了对伤亡军人的抚恤及褒奖的具体办法。

解放战争时期,国民政府为激励士兵士气,1947年12月国民政府国防部印发的《军人抚恤手册》:"军事抚恤之意义,系国家以物质给予及精神方法,崇德报功,使生者赖以全活,死者亦得安慰,以激励军人效命献身,尽忠报国,而保障国家民族之生存与发展"。"军事抚恤业务以核发恤令、恤金、荣哀状及编订各项恤籍为主,次则主动与有关机关策划或协同办理荣誉官兵及遗族优先就业,功勋子女免费就学,特勋褒扬,特殊忠勇官兵表扬,殉难忠烈官民祠祀纪念碑坊,暨国葬公葬公墓公祭等事项"。"遗族之有:老弱残废无力生活;家乡沦陷流亡在外确系贫苦无靠;遇重大疾病或非常灾害确系无力维持;直系亲属死亡确系无力安葬等情形之一的,可酌予救济,但曾经救济或已发给特恤金有案者不再救济。"恤金种类分为一般恤金和特别恤金。一般恤金包括负伤年恤金、阵(死)亡一次恤金、阵(死)亡年恤金。特别恤金包括功勋特恤金、"绥靖"作战阵亡长官特给恤金。

中国共产党领导下的革命根据地十分重视优抚工作。第一次国内革命战争失败后,中国共产党以武装反抗国民党的残酷镇压,开辟了农村包围城市,武装夺取政权的革命新道路。在农村开辟革命根据地,并于1931年11月7日在瑞金举行了第一次全国工农兵代表大会,宣告建立中华苏维埃共和国,成立了中央工农民主政府。为了巩固和扩大红军和根据地,工农民主政府非常重视优抚工作。在中央执行委员会下设立人民委员会,内务人民委员是九名委员之一,主管内务部工作。内务部下设优待红军科,管理红军之登记和统计,监督红军条例之执行,发动群众并分配劳动力帮助红军耕种土地,解决红军家属的其他困难问题等。同时,根据《中华苏维埃共和国地方苏维埃暂行组织法(草案)》,设置了优待红军委员会,由委员7人至9人组成,主要工作是在城内市区,协同工会及贫民代表收集工人贫民群众的优待月费及市财政部交来的5%商业税与店房租,适当分配于没有分到田、生活困难的红军家属及脱离生产的工作人员的家属;领导全市区的能劳动的居民为劳动力不足的红军家属及脱离生产的工作人员砍柴挑水或做其他必要的工作;为红军家属找工作及领导他们开办生产合作社。在城外市区指导耕田队,为劳动力不足的红军家属及其他脱离生产的工作人员的家属耕种土地,解决红军家属耕种土地,解决红军家属及其他脱离生产的工作人员的家属的一般生活困难问题,管理红军公田的耕种、收获与保管。在乡苏维埃之下,有优待红军委员会,有委员7人至11人,主要工作是指导耕田队,为劳动力不足的红军家属及其他脱离生产的工作人员的家属耕种土地,解决红军家属及其他脱离生产的工作人员的家属的一般生活困难问题,管理红军公田的耕种、收获与保管。另外中央革命军事委员会所设之抚恤委员会及分会主管红军伤亡、残废的抚恤。

中华工农兵苏维埃全国代表大会通过的《关于中国工农红军优待条例决议》,其主要内容是:红军中退伍士兵不能服务准给长假的,准由红军公田内分配他耕种,如有在苏区安家的,其家属仍分得土地;红军战士在服务期间,无劳动力耕种家中田地,其分得之公田,应由苏维埃政府(区政府计划,乡苏维埃执行)派人帮助全部耕种、灌溉、收获工作,所派人工,每年不得少于50工;红军战士家中缺少劳动力的,应按其需要予以补助;为要执行上述条例起见,特规定凡未在红军中服务者,应实行无代价的"优待红军工作日",每人每月帮助红军家属工作两天,时间与工作种类,依红军家属之要求而定;红军在服务期间,本人及家属免纳苏维埃共和国之一切捐税;其家属居住之国家房屋,免纳租金;本人及其家属得享受国家商店5%减价的优待,当必需品缺乏时,有优先购买之权;国家设立残废院,凡因战争或在红军服务中而残废者,入院休养,一切生活费用,由国家供给,不愿居残废院者,按年给终身抚恤费,由各县苏维埃政府按当地生活情形而定,但现在每年至少50元大洋。①

1934年1月10日中国共产党中央委员会、中华苏维埃中央人民委员会颁布《优待红军家属礼拜六条例》规定:党、苏维埃后方军事机关、青年团、工会以及一切群众团体的各级机关,凡是脱离生产的工作人员,都应参加执行优待红军家属礼拜六的工作。在《人民委员会对于赤卫军及政府工作人员勇敢参战而受伤残废及死亡的抚恤问题的决议案》中规定:凡赤卫军及政府工作人员,有因作战而受伤残废及死亡者,须由当地县政府登记,呈报省政府,发给抚恤;因参战而受伤者,由政府负担医药费用;因作战受伤而残废不能服务者,可送往残废院,由政府维持其生活。其愿意归家者,则须给予终身抚恤金,其数目以当地生活程度而定,但全残废每年不得少至30元以下,半残废每年不得少

---

① 厦门大学法律系、福建省档案馆选编:《中华苏维埃共和国法律文件选编》,江西人民出版社1984年版,第188—189页。

至15元以下,全残废与半残废的区(别),可依照红军抚恤条例之规
定。因作战而残废不能劳动及死亡者,如其家属确无生活能力,应设法
帮助,对其子女弟妹之幼小者,由国家负责送入学校读书,并帮助费用,
以满十六岁为止。各种优抚规定在各苏维埃区域得到了贯彻执行,对
红军的发展和壮大起了很大的作用。

进入抗日战争时期后,各根据地政府和人民继承了红军时期拥军
优属的光荣传统,优抚工作在各抗日根据地有了进一步发展。刘少奇
在1937年10月16日所作的《抗日游击战争中的若干基本问题》报告
中阐述了共产党的内务政策:"抚恤因抗日而牺牲的家属及残废者,救
济难民。优待抗日军人家属。"①1940年8月杨尚昆在《巩固抗日根据
地及其各种基本政策》中也指出:要经常有计划地优待抗日军人家属。
安置老弱残废军人。

1938年2月晋察冀边区制定的《协助抗日军人家属耕种单(暂)行
办法》就规定当地民众应协助抗日军人家属耕种其土地,村公所(或乡
公所)、区公所应补助贫苦抗日军人家属种子、农具;抗日军人家属因
老弱疾病无力耕种时,村应调集自卫队代为耕种。1939年2月,晋察
冀边区行政委员会发出《关于优待抗属的指示》,指出"优待抗属,使前
线上的战士不会有后顾之忧,家庭之累,是扩大部队巩固部队的必要条
件。"1940年9月《晋察冀边区阵亡将士遗族抚恤办法》规定阵亡将士
其遗族除继续享受抗属优待外,还得享受抚恤:班长战士阵亡者其遗族
得领恤金100元,连排级干部阵亡者其遗族抚恤金150元;团营级干部
阵亡者其遗族得领恤金200元;旅以上干部阵亡者其遗族得领恤金
250元,均分5年领讫。

1940年9月《晋察冀边区抚恤残废军人办法》规定残废军人依残
废情况分为三等。残废军人不退伍者,按一、二、三等每年分别发给抚

---

①　《抗日战争时期晋冀鲁豫边区财政经济史资料选编》第1辑,第35、111
页。

恤金 30 元、20 元、10 元,粮食、零用、服装由所在部队供给。退伍残废军人除享受部队原有待遇外,一等残废每月增发零用费 1 元,二等残废每月增发零用费 5 角,其服装改为民服,每年发给单衣一套,棉衣一套,棉被一床。

晋冀鲁豫边区除对伤亡军人有抚恤外,还对民兵、政民伤亡进行褒恤。1941 年 9 月《晋冀鲁豫边区民兵褒奖抚恤办法》规定:为发展民兵开展群众游击战争、保卫抗日根据地、褒奖忠勇抚恤伤亡,以激励民兵对敌斗争热忱,制定本办法。民兵系指青抗先基干队、游击小组(模范班同)、模范小组等不脱离生产之人民武装。一等残废发给荣誉恤金 85 元。二等残废发给荣誉恤金 45 元。三等残废发给荣誉恤金 25 元(残废等级参照荣誉军人抚恤条例)。负伤致残废,不能从事劳动,其家庭生活不能维持者,除给以荣誉恤金外,并由政府设法为其个人或家庭介绍适当职业。① 1941 年 10 月公布《晋冀鲁豫边区政民工作人员伤亡褒恤办法》规定:凡本边区现任政民工作人员,因公伤亡进行褒恤。《晋冀鲁豫边区政府关于荣誉军人之供给及荣誉军人退伍军人管理问题的决定》(1942 年 5 月 18 日)对退伍荣誉军人的供给问题作出规定,提出按照退伍荣誉军人的生活能力尽量照顾其生活,纠正不合理的平均供给。

1943 年 12 月 21 日《冀鲁豫区优待抗战军人家属暂行条例》规定一切社会人士均应尊敬抗属,以提高抗属社会地位。每逢重要节日,如春节、中秋等节期,"七·七"、"八一"等抗战及建军等纪念日,军政民机关、团体应发动群众向抗属致敬慰问。抗属遇有婚丧大事,政府可派人庆吊,群众团体应发动群众无条件帮助。各级军政民工作人员到乡村工作时,应随时随地拜访和慰问抗属。其他抗日根据地也都根据各自的情况制定了优待、抚恤抗日军人的条例。

---

①　《抗日战争时期晋察冀边区财政经济史资料选编》第 4 编,《财政金融》,第 1300 页。

进入解放战争时期,为了取得人民解放战争的胜利,各解放区也制定了优待抚恤军人的规定条例。解放区人民在中国共产党和人民政府的领导下,全力支援人民解放战争,大规模开展拥军优属活动,各地群众组织帮工队、代耕队,帮助无劳力和缺劳力的革命军烈属耕种土地,保证革命烈士家属、革命军人家属和革命残废军人生活。组织拥军优属小组,帮助孤老烈属和残废军人。人民群众踊跃参军,各根据地在战时组织支援前线,帮助运弹药和军粮,抬担架,照顾伤员。据不完全统计,辽沈战役中,东北地区支前民工183万人,担架13.7万副,大车12.9万辆,筹集和运送前线的粮食1.1亿斤。在黑山阻击战中,仅黑山县就有400余名干部、群众为支援作战献出了生命。而淮海战役更是有543万民工支前,为参战部队的9倍,动用担架20.6万副,大小车辆88万余辆,担子35.5万副,共向前线运送1460多万斤弹药,9.6亿斤粮食和其他大量军需物资,向后方转送11万名伤病员。① 人民的大力支援在物质上精神上极大鼓舞了广大指战员,为解放战争的胜利做出了重大贡献。

三、社会保险

现代社会保险大多是通过国家立法的形式,根据保险原则,对生产者在工作或生活中遇到工伤、疾病、年老或者丧失劳动能力时加以救济,其主要目的一方面可以改善生产者的生活状况,一方面增加劳动效能,为社会谋求福利。社会保险主要有工人失业保险、伤残保险、死亡保险、疾病保险、老年保险、产妇保险等。社会保险事业与国民经济、社会文化密切相关。

中国的近代保险事业是随着西方资本主义的入侵而建立的。随着西方商人在华贸易额的增大,西方商业保险公司开始在中国设立保险

① 李新、陈铁健主编:《中国新民主革命通史》第12卷,上海人民出版社2001年版,第471—472、525页。

公司。英国商人于 1835 年在广州组织友宁保险公司,1842 年在香港注册。又建立广州保险公司(由怡和洋行代理)及中国火灾保险公司。至于人寿保险,最早是英商永福和大东方两家,于 1846 年前后来华设立机构。中国自办保险事业始于光绪四年(1878 年)的永年人寿保险公司。随着洋务运动的发展,洋务派于光绪十五年(1889 年)饬令招商局开设立仁和与立济和两保险公司,后合并为仁济和保险公司,这个保险公司在英商保险公司的强大压力下,加上洋务派官僚的腐败,短命夭折。

19 世纪末 20 世纪初,中国民族工商业迅速发展,在客观上为中国民族保险业的兴起,提供了有利条件。1903 年设立商部作为专门管理工商业的机构,制定公布商会简明章程和奖励公司章程。1904 年颁布商律及公司注册试办章程,1906 年颁布奖给商勋章程,1907 年颁布华商办理工商实业爵赏章程和奖牌章程等,以提倡和鼓励工商业的发展。特别是奖励民间投资,根据投资兴办的工商业规模大小,赏给各种官衔,甚至到二品顶戴。

从 1900 年初到 1911 年辛亥革命前,陆续创办的华商水火保险公司共计 18 家,华商人寿保险公司 5 家。但中国的商业保险主要为外国公司所控制。根据 1937 年的资料,中国每年向国外流出的保险费约为 230 万英镑,折合法币 3880 余万元。这笔数字等于全国保险费总收入的 75%,华商的收入只占 25%。如美国人从 1919 年在上海设立"美亚保险公司"后,陆续在中国各大城市建立分支机构,后来,是指在中国又开办友邦水火和友邦人寿两个公司。业务不断发展,形成一个集团,在中国保险业中窃取了垄断地位。美亚在抗战前的全盛时期,有大小捐客 2000 多人,布满上海各行各业中。一般估计,它的业务占保险费总额的 30% 以上。这就是说,美亚集团一年时间就要从中国搜刮 1100 余万元。①

---

① 中国人民政治协商会议全国委员会文史资料研究委员会编:《工商经济史料丛刊》第 1 辑,文史资料出版社 1983 年版,第 210—211 页。

到了民国时期社会保险开始不断发展。在北洋政府时期,第一次世界大战期间中国民族资本主义有了较大发展。1914年至1919年的6年间,中国民族工业新设厂、矿共379个,总投资额为8580万元;平均每年设厂矿63个,投资1430万元。上海1911年共有工厂98家,1919年猛增到385家。江苏无锡,1911年至1913年每年建1个厂,而大战期间每年建7个厂。而从1914年至1921年,日本在中国开设的较大的厂矿达220家。在棉纺业中,日资纱锭由1913年的111936只,增加到1919年的332922只,约增加2倍。① 伴随着中国民族工业的迅速发展和日本在华企业的增加,中国工人阶级的队伍也迅速发展壮大。据不完全统计,1919年前后,全国约有产业工人261.5万名。② 但因中国民族资本主义企业规模小,资金少,中国工人工作时间长,一般长达12小时,有的甚至长达15小时,劳动强度大,加以劳动条件恶劣,工人很容易发生伤病,但工人丧失劳动能力之后,生活没有保障。中国工人在开展斗争中,争取社会保险成为斗争的主要内容。1922年中国劳动组合书记部发起了劳动立法运动,提出制定劳动保障法。9月,安源路矿工人罢工,提出工人例假、病假、婚丧假,路矿两局须照发工资,工人因工受伤不能工作,路矿两局须供养终身,照工人工资多少,按月发给。工人因公死亡,路矿两局须给予棺木,并发给工资3年。1923年3月,北洋政府农商部颁布的《暂行工厂通则》,规定了因工作致伤病者,工厂应负担其医药费,并不得扣除其伤病期间应得的工资。而在工人运动中,通过罢工,一些工人提出并争取应得的社会保障。中国工人工作时间很长。如在上海纺织工人一天两班,整整地工作12个小时。劳动强度大,"一天十二小时的劳动当中,大部分的纺织工人都是忙得手脚不停的。每天到最后的两三小时,完全是在极端疲乏之下的强制劳动,

① 李瑚:《第一次世界大战时期的中国工业》,《学术论坛》1956年第1期。
② 刘明逵编:《中国工人阶级历史状况》第1卷第1册,中央党校出版社1985年版,第122页。

轧伤、轧死等等悲惨的事,也就在这个时候层出不穷。十二小时的工作,本来就超出了'人'的劳动能力以外,更何况上海纱厂里的工人大部分是青工、女工和童工呢!"而纱厂工作环境差,"工人有肺病是最普遍的现象,车间里空中飞满了花衣,极容易从口鼻吸进气管里面。工人害肺病的人数,现在虽然没有统计,但是据我所接触的纱厂工人,十个之中就有七八个有肺病。"①1927年3月,上海纱厂总工会领导各纱厂罢工,提出了工人生病,由厂方酌给医药费,工资照给,若工作受伤而残废者,除优给医药费外,并给予长年工资,倘因伤而死者,须给500元抚恤金;女工生育期内休息60天,婚嫁期内,休息一礼拜,工资均照给;创设工人学校及医院等要求。

在第一次国共合作期间,国民党在其一些政纲中也提出要制定劳动保险法,办理劳工健康保险、失业保险、疾病死亡保险等,但在实际中并未能做到。在反帝反封建的斗争中,工人阶级的组织在斗争中得到发展和壮大,1926年全国有组织的工人从五卅运动前的50多万人,发展到120万人。虽然"四·一二"政变后,国民党对工人运动进行了严厉镇压,中国工人运动也转入低潮,但工人为争取经济利益、改善生活的罢工仍然不断。为缓和阶级矛盾,巩固其统治,南京国民政府于1929年12月30日公布了《工厂法》,共13章,77条。以法律形式要求工厂对工人实施劳动保护。它的主要内容是规定凡是用汽力、电力、水力发动机器的工厂,平时雇佣工人在30人以上者,均适用本法。要求工厂必须具有"空气流通、饮料清洁、光线充足、毒质防卫与盥洗所及厕所之设备"、"机器装置及预防火灾水患等之设备。"工人工作时间"最长原则上采用每日八小时劳动制,如因地方情形及工作性质之必要,可延长至十小时",最长每日不得超过12小时。"每七日中应有一日休息,作为例假,采用星期休息制"。工厂与工人须订立工作契约,

---

①　朱邦兴、胡林阁、徐声:《上海产业与上海职工》,上海人民出版社1984年版,第46、54、117页。

"工厂或工人终止契约,均需提前预告",当工厂"无故不按时发给工资,或虐待工人时,工人可不经预告终止契约"。并规定"十四岁为男女工人的最低年龄,十四岁以上未满十六岁为童工;凡未满十四岁者,工厂不得雇佣,亦不得收为学徒"。"童工只准从事轻便工作,凡有物理危险、化学危险及风险上危险之各工种,禁止童工、女工及学徒从事"。"工厂应让童工及学徒工受补习教育,并负担其费用之全部"。"女工分娩前后,应停止工作,共八星期,工资照发。""工人因执行职务而致伤疾或死亡者,工厂应给其医药补助费及抚恤费。"因伤病暂不能工作之工人,除承担其医药费外,每日给以平均工资三分之二之津贴,如经过6个月尚未痊愈,其每日津贴得减至三分之一,但以一年为限。对于因伤病成为残废,永久失去全部或一部工作能力的工人,根据其伤残轻重,给以残废津贴,至多不得超过三年平均工资,至少也不得低于一年之平均工资。对于死亡工人,除给予50元丧葬费外,应给予其遗族抚恤费300元并二年之平均工资。①《工厂法》的颁布,在某些方面改善了工人的地位和待遇,但遭到资产阶级的反对,国民政府又对其进行修订,于1932年12月颁布了《修正工厂法》和《修正工厂法施行条例》,在某些方面对资本家有所让步。

虽然国民政府制定了一些法规,但在中国工人仍需要为争得劳动保险而斗争。恶劣的劳动条件,摧残着工人的生命和健康。1935年全国工业共发生爆炸、火灾等灾害事故2655起,死亡2506人,受伤4123人。骆耕漠在《死亡线上的中国煤矿工人》一文中曾这样写道:"如果是死在矿外的工人,谁也不会有一点怜恤;万一在矿内给煤气井水等等灾患害死了,工人的家属就可向办事处领取一百八十元的恤金,这就是一条命的定价。像河南焦作矿区方面,一条命还只能卖一百元。那儿矿工们之间有一个流行的歌曲就是用来刻画这一事实的:'成神不成神? 一两天登云;下去一百块,上来千三文。'这就是说矿工们下井的

---

① 《国民政府公报》1930年1月16日。

时候,就是有去死的决心,预备他们的家属去领一百元恤金;万一井水煤气没有把他们葬送,上来也只能得到一千三百文的微薄工资。"①

抗日战争时期,社会部隶属行政院后,认为社会保险是保障国民生活,安定社会秩序的基本政策,开始筹办社会保险事业。在立法方面的工作,拟订了社会保险法原则草案,规定中国应举办的社会保险分为健康保险、伤害保险、老废保险及失业保险等四大类,而以保障国民的经济生活实行民生主义为宗旨,并拟订健康保险法草案,内容包括疾病、负伤、生育及死亡等四种保险。中国劳工的生活一向极为贫困,在抗战期间,因受物价波动的影响,收入所得仅足维持最低生活,当因公而致伤病残废或死亡时,情形更为可怜。据此,社会部起草伤害保险法草案,规定凡因执行业务而致伤病残废或死亡的劳工,均应为强制被保险人。社会部推进劳工福利的措施分为:实施工厂矿场检查,督导各级政府及厂场工会办理劳工福利事业。实施工厂矿场检查:重庆市经过检查的工厂,已达 270 余家。检查的事项,以一般工厂在抗战期中,设施当然难于完备,且大多因抗战迁移来川,为顾及实际情形,以工厂法所规定之较易推行者先行着手,如童工女工及学徒工作事项,工人津贴及抚恤事项,灾变死亡伤害事项,安全与卫生设备事项,尤为重安全卫生部分,期以减少工人疾病,及伤害死亡事件。而低级公务员,也因物价高涨,入不敷出,一旦疾病相乘,遭逢意外,即感极度痛苦,开办公务员保险,先从陪都着手,拟订了陪都公务员工统一实施办法大纲草案,保险范围为伤、病、亡三种。并筹设中央社会保险局。社会部商同财政部就四川产盐区域试办盐工保险。川北区加入此项保险的盐工约有 10 万人。

国民党统治时期,虽然制定了一些社会保险法规,规定了人民应享受的有关生、老、病、伤、残、死的待遇办法,推动了社会保险的发展,但

---

① 彭明主编:《中国现代史资料选辑》第 4 册,中国人民大学出版社 1989 年版,第 188、189—190 页。

有的厂矿根据国民政府的规定,自拟了对职工的社会保险的规定,行业、厂矿各不相同。国民党资源委员会规定员工疾病,可免费治疗,必须住院治疗者,按工龄长短限制在3个月内,最低半个月,在限期内住院费用由所在单位负担;职员全年病假不得超过两个星期,假期内不扣工资;因工负伤,由单位负担医疗费,治疗期间,前3个月发全薪,从第4个月起发半薪,以一年为限;因工残废者,除一次发给3个月工资的恤金外,每年发给半薪,从第6年起发给四分之一的工资,直到身亡;因工死亡,依其服务年限,每服务一年发一月工资的恤金,最多以21个月的工资为限;女工生育,给假6个星期,工资照发。而小的厂矿则没有成文的社会保险规定。

中国共产党十分重视社会保险,早在1922年,李达在其提出的四条关于第一次劳动大会的使命中,就提出应制定工厂法,制定八小时劳动法,保护童工妇工和制定劳动保险法。1925年5月第二次全国劳动大会决议案指出,应要求按照各时生活情形规定最低限度的工资,实行八小时工作制,"妇女在产前产后有八星期的休息与领工资","应实行社会保险制度,使工人于工作伤亡时,能得到赔偿;于疾病失业年老时,能得到救济。"[①]在第三次全国劳动大会通过的《劳动法大纲决议案》中提出国家应设立劳动保险,保险费由雇主或国库支出。

社会保险是苏维埃区域劳动立法的重要组成部分。依照法律规定,凡属国营、合作社营和私营企业的劳动者,不论其工作性质、工作久暂以及工资支付形式如何,均适用社会保险。就是说,他们在年老、疾病或者丧失劳动能力的情况下,毫无例外地享有获得物质帮助的权利。

苏维埃区域社会保险制度的重要原则之一,就是社会保险基金完全由用人单位和私人雇主缴纳,而不得向被保险者征收或者从其工资中扣除。1930年全国苏维埃区域代表大会通过的《劳动保护法》规定"按照下列各项实施社会保险:一、疾病时的医药津贴;二、暂时丧失劳

---

① 中共中央书记处编:《六大以前》,人民出版社1980年版,第277—278页。

动能力的津贴;三、失业时的津贴;四、残废衰老的津贴;五、死亡失踪工人的家属津贴;六、生育、结婚、丧葬及意外灾难的津贴。实施社会保险时,应遵照苏维埃政府法令,按工资成数由雇主出资缴付。"1931年《劳动法》规定:"由雇主于应付的工资之外,支付全部工资额百分之十至百分之十五的数目,作为社会保险之基金。"1933年《劳动法》规定:"社会保险,对于凡受雇佣的劳动者,不论他在国家企业或合作社企业、私人企业,以及在商店家庭内服务,不问他工作的性质及工作时间的久暂与付给工资的形式如何,均得施及之。"并规定社会保险基金缴纳的比例为"全部工资总数的百分之五至百分之二十"①……1932年12月30日中央劳动人民委员部专门发布命令,明确指出:"为实施社会保险及保障工人利益起见,立即建立社会保险局,专负其责。"此后,省、县、区、市劳动部相继设立社会保险局,专责管理社会保险基金的征收、管理和使用,社会保险工作逐步走上轨道。

抗日战争时期,1937年10月16日刘少奇在《抗日游击战争中的若干基本问题》一文中提出共产党在游击区域中的劳动政策是:救济失业工人;规定八小时工作制,星期日的休假;增加工资,规定最低工资额;保护青工、童工及女工,改善对学徒的待遇。规定资本家对工人疾病、死亡及各种不幸事件的抚恤救济办法,或实行社会保险。政府的劳动政策是以改善工人职员的生活,提高工人劳动热忱,增加生产为原则的。各边区政府根据党中央的政策和各地的具体情况先后制定了劳动法规,如《陕甘宁边区劳动保护条例(草案)》《晋冀鲁豫边区劳工保护暂行条例》等都提出了社会保险政策。规定工人患有疾病,需要休息,除工资照发外,资方要出医药费,工人因工致残,资方除负责治疗外,还要发一定的工资作为抚养金,工人因工作致死,资方除给以埋葬费外,还须给其家属抚恤金。女工在分娩前后,给以两个月的休假,工资

---

① 韩延龙、常兆儒编:《中国新民主主义革命时期根据地法制文献选编》,中国社会科学出版社1984年版,第550页。

照发。

解放战争时期,为保护国营公营企业中职工健康,减轻生活困难,各地制定并实施社会保险制度。如《东北公营企业战时暂行劳动保险条例》、《太原国营公营企业劳动保险暂行办法》等,对保障工人生活,促进生产发展起到了重要的作用,为新中国成立后的社会保险积累了一定的经验。

第十章　生活病态

生活病态也就是社会生活中的不健康状态，与通常意义上的社会问题比较相近。20 世纪二三十年代的社会学家孙本文、邝震鸣等，对社会问题都取其"弊端"、"病态"的含义。1927 年孙本文指出，"社会问题，就是社会全体或一部分人的共同生活或进步，发生障碍的问题"。[①] 1932 年邝震鸣认为，"社会问题以研究社会病态为目的，是一种研究社会病态之原因与其救治方法之科学"。[②] 目前史学界在阐述社会问题时，其含义也与此相似。乔志强所主编的《中国近代社会史》一书中指出，"所谓社会问题是指脱离一般社会规范的社会性的越轨行为，它是一种社会病态"。[③] 在另一部《近代华北农村社会变迁》一书中，则将社会问题精辟地概括为"社会所发生的疾病"。[④] 总起来说，史学工作者目前所研究的社会问题的具体内容，其实就是社会生活中的病态现象。生活病态虽然危及社会的群体与个人，但由于人类生活的复杂却难以摒除。与其他历史时期一样，20 世纪上半叶中国的生活病态也广泛存在。而且，由于当时正处于由传统向近代的转型时期，加上时局动荡、政令不一，社会病态反较其他时

---

① 孙本文：《现代中国社会问题》第 1 册，商务印书馆 1946 年版，第 6 页。
② 邝震鸣：《现代社会问题》，文化学社 1932 年版，第 9 页。
③ 乔志强主编：《中国近代社会史》，人民出版社 1992 年版，第 467 页。
④ 乔志强主编：《近代华北农村社会变迁》，人民出版社 1998 年版，第 934 页。

期更为严重。烟毒、匪盗、赌博、娼妓、乞丐等社会病态十分盛行，不但广布于各个地区，还牵涉众多的人口，对社会造成了深远的影响。

第一节　烟毒

烟毒问题贯穿近代中国始终，是长期困扰中国国民的重大社会问题。虽然历届政府都曾着手治理，但由于各种原因，烟毒问题随着政令的严缓而时重时轻。烟毒是鸦片与毒品的统称。尽管人们经常把鸦片也称作毒品，但从狭义上说，毒品的产生要晚于鸦片，是鸦片与其他植物中的提取物。20 世纪上半叶的中国可谓是烟毒并行，但二者稍有区别。一般来说，抽吸鸦片需要烦琐的工具及手续，毒品则简便易行。毒品因有质量的优劣区别，价格也比鸦片便宜许多，因此，自从毒品问世以后，在贫困人群中更易得到蔓延。据中华国民拒毒会调查，"北方吸烟的人，大都士绅居多，苦力吸不起鸦片，反改吞吗啡红丸了"。[①] 其时烟毒的盛行与泛滥，具体表现在种植、贩运、吸食等各个渠道上。

一、烟毒的生产情况

中国境内的烟毒主要来源有两个渠道，一个是外国的非法贩运，一个是国内的自产自销。相对于国外走私来说，国内烟毒的生产与民众生活的联系更为紧密。外国走私影响更多的是国家与社会，而国内烟毒的生产则影响到民众个人的生活，不管他们是否吸食，烟毒都与他们的切身利益密切相关。

---

① 中华国民拒毒会编印:《两年来全国烟祸概况》,《拒毒月刊》第 23 期,1928 年 7 月。

　　早在鸦片战争爆发前,经济利益的诱惑刺激着国内罂粟的种植,民间已出现了私种罂粟、煎熬烟膏的现象,其中主要为云南地区和以浙江省为代表的江淮地区。[①] 至 19 世纪六七十年代,土烟产量已超过进口洋烟的数量,成为国内鸦片的主要来源。据苏智良推算,国内罂粟种植面积在耕地总面积中的比例,1866—1870 年为 0.2%—0.3%,至 1880—1894 年上升为 1.5%—1.6%。[②] 从面积比例看,20 世纪上半叶罂粟的种植有了更进一步的增长。据金陵大学农学院对中国 15 省抽样调查,鸦片在作物面积中的百分比例,1904—1909 年为 14%,1914—1919 年为 3%,1924—1929 年为 11%,1929—1933 年为 20%。[③] 从总体上来说比 19 世纪末有了较大的增长,但各个时期相互之间有着较大的差异,基本上反映了政府禁烟力度的大小。民国政府成立之初曾大力禁烟,罂粟种植面积有了迅速的萎缩,但此后随着地方军阀势力的兴起,种植鸦片成了各地勒索捐税的主要渠道。卜凯在分析中国 15 省鸦片种植面积增缩原因时指出,增长是因为价格高,而缩减则主要因为捐税沉重。[④]

　　无论对征税机关还是对种植者个人来说,种植鸦片往往都有利可图。1930 年中华国民拒毒会调查了 1929 年度全国的种烟情形,仅以山东、河南个别县份为例,其种烟收益有如下表:

---

　　① 　傅建成、李国良:《略论鸦片战争前国内种植罂粟问题》,《人文杂志》1999年第 2 期。

　　② 　苏智良:《中国毒品史》,上海人民出版社 1997 年版,第 166 页。

　　③ 　卜凯主编:《中国土地利用》,金陵大学农学院农业经济系、成都成城出版社 1941 年版,第 271 页。

　　④ 　卜凯主编:《中国土地利用》,第 273、274 页。

表10—1　　　山东、河南调查县份种烟情形及其每亩利益比较表

种烟地点		种烟情形				收益情形				
		亩数	占总田地百分比	比去年增或减	被动或自动	每亩投资（元）	每亩产土量（元）	每亩总价值（元）	每亩利益（元）	每亩苗捐
山东	益都		0.1	减	自动	50.0	32	100	50	
河南	唐河	5000	0.1	减	自动	15.0	90	80	64	8
	上蔡		2.0	增	自动	24.0	50	40	16	8
	洛阳		25.0	增	自动	26.0	40	40	14	14
	洛宁		20.0	增	自动	50.0	100	100	50	12
	邓县	10000	2.0	增	自动	30.0	50	60	30	15
	安阳			未详	被动	30.0	50	100	70	8
全国24处平均						22.5	49.9	60.9	38.2	

资料来源:《各地民众报告的分析》,《拒毒月刊》第47期,1931年3月,第4、6页。

由上表可见,在每亩的投资、产量、总值、利益方面,各县之间存在着很大的差异。但从总体来看,种烟的每亩收益还是相当可观的,平均竟然高达三四十元。扣除烟捐之后,利润仍然相当诱人,因为其他作物的每亩收益根本无法与鸦片相比。据卜凯对河北盐山150户农家调查,扣除成本后的每亩收益平均为3.37元。① 即使各地情形不一,但都远远低于种植鸦片的收入。因此,就调查县份来说,种烟者几乎均为自动,且种植面积较前都有所增长。

对于地方政府来说,每亩8元以上的苗捐也远较其他作物的捐税高昂。据国民政府内政部1934年调查,每亩土地的税额河南为1角7

---

① 王清彬等编辑:《第一次中国劳动年鉴》,北平社会调查部1928年编印,第1编,第486页。

分至 8 分,山东为 3 角 3 分至 7 分。① 而且,此处的土地税额已经包括了正税、附加税、杂税等项。由于内政部根据的是各县的"申报",其数据难免偏低。据李景汉实地调查,1932 年度河北定县所纳国税、省税、县地方捐及其他捐款,共计 103.9 万元,全年平均每人负担 2.63 元,每亩负担 0.68 元。② 即使其他地方与定县稍有出入,但税额也不会相差太远。总之,种烟亩捐比普通作物的土地税高出几十倍不止,这也是地方政府不愿真心禁烟的重要原因之一。当然,地方政府规定较高的税额之后,农民也只能种植价格昂贵的罂粟,否则便得不偿失。

由于高额利润的吸引以及地方政策的怂恿或逼迫,罂粟的种植在全国形成规模。四川历来是烟土的重要产地,尤其在 1917—1933 年的军阀混战时期,更成为全国产烟最多、烟土市场最大、吸毒者最众的一个省份。据 1921—1922 年官方不完全统计,四川各地的罂粟种植面积,西川道(成都、华阳、简阳、平武、松潘等 31 县)为 6368 亩,建昌道(雅安、西昌、会理、乐山、邛崃等 28 县)为 19411 亩,永宁道(泸州、宜宾、兴文、雷波、马边等 25 县)为 76738 亩,嘉宁道(阆中、达县、广元、剑阁等 24 县)为 534255 亩,东川道(重庆、万县、城口、酉阳、秀山等 34 县)为 1528788 亩,全省罂粟栽种面积共计 2165560 亩。以每亩平均产烟 80 两计,则年产约达 10 万担(每担 100 斤,每斤 16 两)。如果加上未统计地区,四川鸦片产量将达 20 万担以上。③ 至 1927 年度,该省种烟情势未曾改变。因为不少县份都明确规定,"凡前曾经种烟县区,不得借故不种"。据民众报告,绵竹种烟 7 万余亩,锦竹 2 万亩,渠县

①　国民政府内政部:《内政调查统计表》,(河南)第 11 期,1937 年 7 月;(山东)第 20 期,1935 年 4 月。

②　李景汉等:《定县经济调查一部分报告书》,河北省定县宪政建设院 1934 年 10 月印行,第 420 页。

③　廖季威、白景纯:《鸦片烟在成都》,《文史精华》编辑部:《近代中国烟毒写真》下卷,河北人民出版社 1997 年版,第 106—107 页。

5000 亩,荣县种烟纵横约 12 里①……四川烟毒的泛滥与当地的强迫政策有关,1931 年各县"奉命征收烟苗罚金,不种烟而种粮者,一律课罚"②,因此翌年"全川百四十余县,其不种烟之县,殆不及三五县"。③

每省鸦片都有与其省份简称相关的名称,如云土(云南)、川土(四川)、贵土(贵州)、甘土(甘肃)、西土(陕西)、宁土(宁夏)、北口土(热河)、西口土(绥远、察哈尔)、东土(东三省)、边土(青海)等等。关于各省种烟田亩的具体数字,很难有统一的数据。中华国民拒毒会曾接到大量的民众报告,内容多为 1927 年秋至 1928 年秋之事实,从中可略窥出当时种烟情形之一斑。自张宗昌督鲁之后,山东烟禁大开,鸦片种植面积大增。据各县调查报告,益都种烟 30 万亩,沂水 1.7 万亩,济宁 7000 亩,禹城 2000 亩,其余县份几十至几百亩不等。1927 年前后,河北效法山东广种烟苗,"赵县每田十亩,定要种烟一亩,蠡县并有大村四十五亩,中村卅亩,小村十五亩的规定",河南豫西一带,"每百亩农田中,规定要三十亩种烟"。西北的鸦片种植远比华北严重,陕西种烟"系政府迫种,由省府规定每县应种亩数,不种亦须纳捐"。定边"因地属沙漠不能种烟,然官府不管如何,每亩强索烟苗捐十元"。其各县种烟田地,鄠县 2 万亩,洋县 1.2 万亩,葭县 5000 余亩,华阴 4106 亩,甘泉 800 亩。甘肃种烟程度已与云贵川相似,有些县份的种烟土地,已占田亩的 90%。其中,伏羌种烟在两千顷以上,即 20 万余亩,宁夏近 10 万亩,榆中 1.2 万余亩。辽宁用政府命令方式强迫各县种烟,"规定上等县三万亩,中等县二万亩,下等一万亩。种子由禁烟局派员分送,至劝种不力之县长,直当严办云。故各县长之劝种不遗余力,其中多有种至五六万亩者。统计全省五十余县,种烟之地,已达二百万亩"。吉林因省长禁烟得力,种者较少,但东北的另一重要省份黑龙江,种烟面积则大得惊人。克山

---

① 《各省烟祸概述》,《拒毒月刊》第 36 期,1929 年 12 月。
② 《强迫种烟》,天津《大公报》1931 年 2 月 25 日。
③ 《四川之烟祸》,天津《大公报》1933 年 1 月 13 日。

一县种烟6万亩,通河15万亩,拜泉18万亩,呼兰4万亩,嫩江3万亩,望奎20余万亩等等。① 上述虽均为点滴实例,但20世纪上半叶国内鸦片种植之广泛已由此可见。当然,时局与政令的变化会影响到鸦片种植的规模,在半个世纪里它经常处于增长或收缩的过程。

种植鸦片仅仅是烟毒泛滥的起点,要完成与吸食烟毒的连接,尚离不开贩运、销售等环节。农民种植鸦片主要是为了出售,一部分供本地消费,一部分则销往外地。对于种烟大省来说,分运外埠的比例就更为突出。1936年7月,军事委员会禁烟总会对个别省份所产烟土的运销概数进行了调查,其情况见下表:

表10—2　**1933—1935年贵州等省种烟数量及销售情形比较表**

项别 年份		种烟亩数(亩)	产量(两)	所产烟土(两)			
				本省留用数	百分比	分运外埠数	百分比
贵州	1933	724160	43449507	17379802	40.0	26069704	60.0
	1934	663553	39813192	15925276	40.0	23887915	60.0
	1935	374540	22472406	8988962	40.0	13483443	60.0
甘肃	1933	408792	12264760	5674224	46.3	6590536	53.7
	1934	493315	14800000	9595770	64.8	5204230	35.2
	1935	361047	10831410	4458000	41.2	6373410	58.8
陕西☆	1933	520000	15600000	1201250	11.8	9001340	88.2
	1934	430321	17212840	1251690	14.3	7492431	85.7
	1935	360646	14425840	1180984	12.8	8059598	87.2
绥远	1933	206530	4326871	1205061	27.9	3121810	72.1
	1934	171542	3762037	950348	25.3	2811689	74.7
	1935	173700	2909629	741346	25.5	2168283	74.5

资料来源:军事委员会禁烟总会编印:《禁烟半月刊》第1卷第3期,1936年7月15日。

注释:表中陕西情况比较特殊,每年本省留用及运往外埠数字的总和均小于其烟土产量,故百分比是按留用及外运具体数字折算。

————————————

① 《各省烟祸概述》,《拒毒月刊》第36期,1929年12月。

　　由上表可见，从1933—1935年，贵州、甘肃、陕西、绥远等省每年各有几十万亩土地用来种植鸦片，其所产烟土，大部分运往外省。从4省情形看，运往外埠的烟土约占生产总量的三分之二左右。其实，不管是本省留用还是运往外埠，都需要从事非法贩运的奸商土贩这一中间环节。以河南为例，据中华国民拒毒会调查，1929年度河南孟县、郑县、新乡、唐河、邓县等地的鸦片，除一部分产自本省外，大部分来自四川、陕西、山西、汉口、安徽、平津两市。① 其实，平津两市并非出产烟毒之地，其烟毒绝大部分来自东北、热河及察哈尔等省。据当时报载，天津烟土"种类分陕、豫、热、甘、皖、川等省产品之别"，东北未失陷前，其边土在天津所售烟土当中品质最佳。② 即便本省的鸦片，也远非自产自销，离不开奸商土贩的输送。郑县的烟土来自洛阳，但据调查，"洛阳烟市上烟土的来源，系来自陕甘两省，由禁烟督察处驻洛办事分处包运来洛"，"运抵洛阳后，由洛土膏行批发附近洛阳各县之土膏店"。在洛阳本市消费的烟土，仅占"输入总数中百分之二十"。③ 再如郑州，因其便利的交通位置，成为"河南全省鸦片的集散地"，其"市内的一、二、三三条马路、三多里、荣顺街等处，就是河南全省鸦片的大本营"④。郑州的烟土是否来自本省暂且不论，单就"集散地"、"大本营"几个词，从字面意思也可粗略看出河南省内的烟土贩运活动之频繁。

　　云贵川素为国内种烟大省，自然成为他省烟土的主要供应地。以四川为例，省内本就种植鸦片较多，云南、贵州还有多量输入，"全川本地产和外省输入土，小部分耗于川，大部分仍系转口输出外省"，"长江沿岸一带，及河南、河北、山东等省，均属川土销场，是故从事投资鸦片贸易者，日渐增多"。⑤ 有人粗略统计，"四川产烟在境内销售的，只有

　　① 《各地鸦片商店与销量的调查》，《拒毒月刊》第47期，1931年3月。
　　② 梅公任：《亡国灭种的鸦片烟祸》，民友书局1935年版，第267页。
　　③ 《豫西洛阳附近七县烟祸调查》，《拒毒月刊》第97期，1936年2月。
　　④ 《郑州烟市调查统计》，《拒毒月刊》第93期，1935年10月。
　　⑤ 梅公任：《亡国灭种的鸦片烟祸》，第237页。

30%,70%是运往宜昌、汉口,行销全国。当时全国吸烟的人很多,烟的来源是四川、云南、贵州、陕西、安徽几省种烟供应,而供应最多的要算四川"。①

毒品主要有海洛因、金丹、红丸等种类,多由日人供应,尤其在东北、中原一带。日本对华的毒品走私,首先以各个城市为据点。据调查,"天津有贩卖毒物日商六十九家,每年售卖海洛因吗啡达七百余万元,济南贩卖日商一百六十六家,制造白丸金丹每年销价值二百二十余万元,石家庄一弹丸小地,每年金丹白丸销量价达四百数十万元,其他东北以及黄河以北诸省,均流行金丹红丸代替鸦片,而其原料均自外洋输入"。② 因有租界这个特殊的屏障,天津遂成为日本从事鸦片与毒品贸易的大本营。1936年前后,"多数制毒工厂已由热河、满洲及关东租借地移至天津及唐山一带,以天津为中心私运远东各地,并遍及全世界。今日之日租界,及全部为制毒工厂、堆栈、烟馆及洋行所充塞"。"总计日租界之盛大贩毒组织不下十五起之多,另有二百家以上随便假托从事合法营业之药房、店铺、烟馆"。③

占领城市据点后,各个县城便成为日本进一步的扩散地区。天津是联系各地的集散中心,经常有"多数闲人,手持提包,内装毒品,往内地各县乡村兜售"。④ 顺德、沙河、内丘、南和等县"毒品之来源,全出天津,运法由日人包送至顺德,运资按毒货十分之二提扣"。⑤ 郎啸苍在《毒祸鉴》一书中指出,"山东地处海滨,沿海各岸,均系日人的势力范围,因此日商得藉治外法权的保障,尽量地制造和贩运",因此,对山东

① 谢藻生:《忆四川烟祸》,《文史精华》编辑部:《近代中国烟毒写真》下卷,河北人民出版社1997年版,第3页。

② 《外毒入华之惊人统计》,《拒毒月刊》第39期,1930年5月。

③ 《天津日租界与毒品贸易》,国民政府军事委员会禁烟总会编印:《禁烟汇刊》第1期,1937年6月。

④ 《天津禁毒概况》,《拒毒月刊》第109期,1937年2月。

⑤ 梅公任:《亡国灭种之鸦片烟祸》,民友书局1935年版,第266页。

"麻醉药品多量的输入,日本奸商实负其责"。① 据中华国民拒毒会调查,1928年日军占领济南之后,"日人竟大施纵毒行为,大贩毒品","胶济铁路一带,如青州、平度、临清、潍县、胶州、济宁、青岛等地,均为日人制造及贩卖毒品之场所"。② 1933年塘沽停战协定签订后,冀东20余县"渐有成为华北毒化大本营之趋势","每县之制毒、贩毒,以及供人吸毒之场所,悉在百家之上"。"大连方面之'土药',由某国人及朝鲜人用列车整批运来","在石家庄、新城、束鹿、涿县等地,某国人并设有运输公司,由平汉、陇海等铁路运往内地","现在销售,每月均在一百万两以上,价值超过三百万元。天津方面,仅仅运往内地之白面一项,每月亦值三十余万元之多"。③ 由于众所周知的原因,中国报刊不敢直呼其名的"某国人",指的正是"日本人"。

在日人带动下,华人也开始大量制造毒品,华北成为毒品制造之渊薮。据1927年《拒毒月刊》载,"外人在华私设工厂,制造吗啡,不肖华人,利用外洋原料,仿造毒丸,在南满、山西、直隶、山东、河南为尤甚"。④ 河北的情形,"濮阳一县,制造金丹的,闻有二百家;昌黎有六七家,出产约一千二百袋,计24000两,但是毗连山西的石家庄更觉厉害!无论住户商家,十有九户是制造金丹的,日本人占其大数"。⑤ 1928年烟禁实施后,高利引诱下,制造毒品者虽转入地下,但也不乏其人。制造毒品因获利丰厚,常具有传染蔓延之势。河南博爱县大辛庄住户约800余户,有数十户自制白丸,传入河南,日久每户突然致富,该庄每年白丸交易竟达数千万元之巨。富户造白丸,穷人分其余润,资金愈积愈

---

① 郎啸苍:《毒祸鉴》,国难专报社1934年版,第9页。
② 《中华国民拒毒会发表日人在华贩卖毒品之证据》,《拒毒月刊》第29期,1929年3月。
③ 《触目惊心之毒化问题》,《拒毒月刊》第104期,1936年10月。
④ 《国民拒毒运动之意义与任务》,《拒毒月刊》第14期,1927年9月。
⑤ 《两年来全国烟祸概况》,《拒毒月刊》第23期,1928年7月。

多,交易范围愈伸愈远,于是博爱一县,乃成为河南之肥县。① 1931 年前后,毒品在河南"新乡、获嘉、涉县、安阳,尤为风行一世,而修武之超店、博爱之新庄、焦作卫辉之林淇镇,以及武安全境,更为制造金丹之渊薮"。② 数年之后,河南仍为制造毒品重地所在。1935 年前后,豫西一带之毒品,主要"来自豫西黄河北岸博爱县之大辛庄,及黄河南岸孟津县之杨柳庄、枫林村等之制毒机关"。③ 河南毒品不但为祸本省,还殃及邻境,晋南人民吸食之毒品,亦"多来自豫北之沁阳及博爱县境内"。④

综上所述,由于政府禁烟不力或者有意怂恿,20 世纪上半叶中国的烟毒无论在生产还是在走私方面都非常猖獗。受其影响,国内大部分地方都弥漫着烟毒的气氛,遭受到烟毒的侵害。

二、烟毒的吸食群体

销售是联结生产与吸食的中介,烟馆数目的多寡能直接反映烟毒侵害的程度。虽然公开销售烟毒往往受到限制,但烟馆与商店的数量仍相当可观。与全国比较起来,华北还算不上烟毒最为严重的地区,但其鸦片馆、白面馆、土药店也分布广泛。天津郊区杨柳青镇"鸦片、赌博、白面三者,为地方之巨害",仅烟馆一项,"综计本镇竟有五十余家,日售千余元"。⑤ 玉田境内鸦鸿桥镇,"经售海洛英者,不下六十余家,其售户各有别号,如白面大王、白面将军等,真不啻白面世界"。⑥ 据1929 年度不完全统计,各地的大小鸦片商店星罗棋布,河南孟县 300

① 《刘镇华破获华北白面本营》,天津《大公报》1931 年 10 月 25 日。

② 《豫北毒品流行,省府通令各县严禁》,天津《大公报》1931 年 3 月 11 日。

③ 《豫西洛阳附近七县烟祸调查》,《拒毒月刊》第 97 期,1936 年 2 月。

④ 《二十四年度山西晋城县戒烟药饼费调查》,《拒毒月刊》第 101 期,1936年 6 月。

⑤ 《杨柳青烟馆何多》,天津《大公报》1932 年 12 月 10 日。

⑥ 《玉田毒粉白面盛销各村镇》,天津《大公报》1933 年 2 月 18 日。

家,年销土2万两,郑县1000家,年销土30万两;山东济宁100家,年销土8万两,蓬莱、福山、烟台170家,年销土7万两①……总之,每县的鸦片商店少者十余处,多者成百上千处。其烟土销售数目也相当巨大,多数县份每年均在万两以上。

烟馆在许多省份都相当普遍,中华国民拒毒会曾做过零星的统计,1927年至1928年,湖南、湖北和四川等地的烟馆数量分布如下表:

表10—3　湖南、湖北及四川部分县份烟馆、烟民统计表

省县别		烟馆	年销	烟民	省县别		烟馆	年销	烟民
湖南	湘潭	二三百家	四五万两	1万人	湖北	汉阳	195家	9万余两	
	永顺	千余家	500万两	10余万人		宜昌	三四百家	3.6万两	7万人
	东安	900家				保康	400家	24.5万两	
	沅陵	数百家	4万余两	2万余人		汉口	1700家		
	宁远	100余家		1500余人		孝感	2000户		25万余人
	华荣	260家	22万两		四川	巴县	1000家		三四万人
	保靖	1000余家		十之五六		万县	1000余家		
	芷江	62家	4000余两	10万人		奉节	70家		十有七八
湖北	襄阳	1500余家				三台	2000余家		
	枣阳	140家	十余万两	2000余人		屏山	2100余家		10万余人
	广济	300余家	3.6万两	1500余人		荣县	900余家		25%

资料来源:《各省烟祸概述》,《拒毒月刊》第36期,1929年12月。

由上表可见,湖南、湖北、四川三省的很多县份都开设有几百至上千家烟馆,每年销售烟土少则几万两,多则几十万两,其烟民人数也从几千到十几万不等。虽然这些数目不一定代表普遍情形,但至少表明烟毒已深入民间社会,渗透进广大民众的日常生活。

烟毒的生产与制造在接近民众生活的同时,也促进了吸食烟毒群

---

① 《各地鸦片商店与销售之调查》,《拒毒月刊》第47期,1931年3月。

体的扩大,许多人最初染上烟毒的契机往往是鸦片的种植或毒品的制造。1927 年秋至 1928 年秋的全国烟祸调查,基本上证实了这一情况。甘肃伏羌种烟达 20 万余亩,产烟一千万两以上,"其影响所及,青年及妇女孺子吸食者日多,社会情形愈趋愈下"。宁夏种烟近 10 万亩,致使境内"吸烟者日多",其数量"不下数百万人,劳动界为最多数"。湖南"以种多价廉故吸食之烟民亦特多"。"产烟一带居民,几视沿途如家常便饭,甚至妇女孺子均嗜之"。四川绵竹种烟 7 万余亩,其中"为贪图厚利及自吸者约百分之十"。云南晋宁因种烟亩数颇多,"结果粮食增值,青年多染烟瘾"。贵州也是种烟大省,"影响所及,青年多有吸者,游民日增"。①

由于吸食烟毒处于隐性、流动状态,其数目很难有精确统计,所能列举者几乎全为粗略估计。据中华国民拒毒会估计,1929 年全国吸烟人数占全国人口总数的 1.2%。对于这个数字,拒毒会自己都表示怀疑。1929 年各地公团及热心拒毒人士对全国 69 处进行了实地调查,在 1200 万人口中,吸鸦片者 46 万,烟民占居民总数的 3.84%。② 有些统计比此数要高出许多。苏智良根据《拒毒月刊》的记载得出结论,在1929—1934 年间,由于毒品数量的充足,政府和各地军阀的只征不禁,全国的吸毒人口也达到了空前的地步。总计全国吸食各类毒品的总人数达 8000 万人,占全国 4.7 亿总人口的 16.8%。③ 当然,这个比例是粗略估计,难免失之偏颇。

不过,从各地零散材料来看,吸食烟毒的群体确实非常庞大。四川不但是种烟大省,其吸食也非常普遍。"川中吸食鸦片之人,上自军阀官吏,下至走卒皂隶,为数不知凡几,万县居民,不满十五万,而吸烟者,竟至八万之多。据《四川月报》之调查,石柱一县内之某初级小学校

---

① 《各省烟祸概述》,《拒毒月刊》第 36 期,1929 年 12 月。
② 《鸦片毒况专号》,《拒毒月刊》第 47 期,1931 年 3 月。
③ 《拒毒月刊》第 63、85 期,转见苏智良:《中国毒品史》,第 332 页。

中,有男生约五十人,几无一家属不吸鸦片,即十岁左右之学生曾食鸦片者,有四十六人,又女生三十人,自认曾食鸦片者,亦居半数。川东各县,男子多有烟瘾,不能任劳,当播种之时,田间操作,百分之八十以上,均属妇女儿童,仅此数例,亦足见其为害之烈"。云南由于境内山多(烟)土广,素有"山国"和"土国"之称。"云南东北部,男子吸烟者,占百分之九十八,女子吸烟者,占百分之四十,婴儿产后,即养成其烟癖,至八九岁时上瘾"。贵州"当地吸烟者,人数众多,士农工商,男女老幼,以及邮电人员,多有烟癖。大城市中,有用吗啡等,某城谚语,称:'十人中有十一人吸烟'"。① 其他省份虽不及云贵川之盛,但也相当可观。1926年"山西人口共有一千二百余万,服金丹及其他麻醉药品者竟达一百万人,每年因此所耗不下一万万元"。② 豫北地区太行山一带,"产毒区域,男女十九吸食毒物"。③ 至1936年年底,全国各省市进行登记的烟民共有362.8万人。④ 但这个数据与实际数据还相差甚远,一则这是国内18个省的不完全统计,二则登记时也往往错漏。河北省民政厅厅长1936年1月在给省政府的呈文中声称,截至1935年6月河北大兴等120县查报的烟民共有80313人,"惟各县所查尚非确实,实际或超过此数之一倍"。⑤

从20世纪上半叶吸食烟毒的情况看,烟毒已祸及社会的各个阶层。1927至1928年秋,各地民众对吸食烟毒情况进行过大量查报。河北各县"吸者以政界居多数,无业游民次之,富家人及土豪劣绅亦占

① 梅公任:《亡国灭种的鸦片烟祸》,民友书局1935年版,第238—241页。

② 《民国十五年麻醉药片之输入及销售概况》,《拒毒月刊》第14期,1927年9月。

③ 《搜剿豫北毒窟》,天津《大公报》1934年10月21日。

④ 《全国各省市登记烟民人数统计表》,国民政府军事委员会禁烟总会编印:《禁烟汇刊》第1期,1937年6月3日。

⑤ 《呈省政府为呈送河北省禁毒效果说明请鉴核由》,《河北省民政月刊》第6期,公牍,禁烟,1936年1月。

少数,博野则有学界吸烟者"。湖南烟民"以劳动界为最,军商界次之。各处均视吸烟为应酬必备"。湖北与此相似,"各县吸食鸦片甚为普遍,均由消遣及应酬而来。烟民各界皆有,而以商界为最多,劳动界次之,军政界亦不少"。① 总之,吸食烟毒的群体,既包括了各个职业阶层,也牵涉各个年龄阶段。1929 年全国 86 处地方调查的材料,其结果汇总如下表:

表 10—4 　　　　　各界吸烟人民职业、年龄百分比

省别	职业					年　龄		
	政界	军界	商界	学界	劳动界	50 岁以上	30—50 岁	30 岁及以下
江苏	10.76	11.53	33.59	4.41	36.71	33.00	38.65	28.35
浙江	3.33	1.67	40.00	20.00	35.00	40.00	33.75	26.25
安徽	25.63	15.63	21.67	11.89	25.18	31.80	38.30	29.90
福建	13.40	11.40	24.00	9.00	42.20	30.00	47.00	23.00
江西	7.50	5.00	25.00	10.00	52.50	15.00	60.00	25.00
河南	27.50	15.50	36.75	7.25	13.00	27.14	41.43	31.43
山东	23.75	15.00	40.00	6.25	15.00	28.00	36.00	36.00
河北	10.00	10.00	20.00	20.00	40.00	25.33	44.67	20.00
山西	20.00	12.50	12.50	27.50	27.50	23.33	50.00	26.67
广东	8.00	5.00	16.75	8.00	62.25	45.00	35.00	20.00
湖北	11.25	13.75	41.25	8.75	25.00	72.00	35.50	37.50
湖南	25.00	25.00	15.00	15.00	20.00	30.00	30.00	40.00
云南	20.00	22.00	22.00	21.00	15.00	41.50	32.00	26.50
贵州	28.00	16.33	31.34	8.00	16.33	48.67	32.67	18.66
四川	28.00	26.00	17.00	9.00	20.00	20.30	39.10	40.60
陕西	21.40	14.20	21.40	7.00	36.00	40.00	30.0	30.00
辽宁	41.67	25.00	18.33	8.33	6.67	44.00	31.00	25.00

① 《各省烟祸概述》,《拒毒月刊》第 36 期,1929 年 12 月。

省别	职业					年龄		
	政界	军界	商界	学界	劳动界	50岁以上	30—50岁	30岁及以下
吉林	27.45	38.10	13.40	3.95	17.10	30.00	35.00	35.00
黑龙江	38.50	38.50	9.60	5.80	7.60	15.00	70.00	15.00

资料来源:《吸食鸦片之种种》,《拒毒月刊》第47期,1931年3月。

由上表可见,吸烟群体的职业与年龄分布情况在各省有所区别。虽然从19省总况来看,职业中以劳动界比例最高,其次为商界、政界、军界,学界最少,但每个省的具体情况悬殊很大。在广东、江西、福建三省,劳动界占了吸烟群体的二分之一。在东北三省,吸烟者以军政界人士为主,占吸烟总数的四分之三左右。而在湖北、浙江与山东,商界占了吸烟的主体,均为五分之二左右。学界吸烟者比例虽小,但在个别省份,如浙江、河北、山西、云南等省,也均在五分之一以上。由此可见,各省烟毒泛滥的情况不同,有的与军阀政治密切相关,有的导源于商业发达,在没有特殊背景的地方,普通民众就成了吸食烟毒的主体。从其年龄分布来看,30岁以上50岁以下者人数最多,也就是说,青壮年是吸食烟毒的主体。而这个年龄段正是人生创业的黄金时间,吸食烟毒对自身生活及社会生产都造成了严重的破坏。

吸食烟毒涉及社会的各个阶层,因为它具有引人成瘾的诱惑性。1935年梅公任曾将其一一罗列:"1、使人血气流畅,身体舒适,可以乐以忘忧;2、觉得羽化登仙,世事一无窒虑;3、使人得到一时的快乐和安慰;4、使人满足的感觉,什么也不能使你烦恼;5、烟刺激你,你便忘世,所以不为任何事担心;6、烟使你昏昏欲睡,并觉着神情舒泰;7、烟能打破人生一切隔膜,在烟榻上什么话都可以说,什么人都可以会,什么事都可以办;8、烟能解除人生一切烦恼,所以在烟榻上无论是怎样秽浊,吸烟者都觉得是极乐世界"。至于鸦片成瘾的过程,"起初都是由于朋友亲戚等的引诱,逢场作戏,随便陪他人吃一点。又或因为自己有疾病,拿烟当药来治病。又或因中国社会没有高尚的娱乐机关,有钱无品的人，往往拿'嫖''赌''烟'作为消遣快乐的行为。也或者因为溺于'嫖''赌'的嗜好，俾夜作昼的去'嫖''赌'，便身心疲倦，而借着烟力为兴奋剂以求满足他的欲望。以上都是引人吃烟的媒介，同时烟的本身又有引诱的功能，所以始而没瘾，继则觉着吃烟很有滋味，久则渐积而成瘾"。[①]

　　虽然各个阶层都有可能嗜吸烟毒，但他们的具体情况又有所不同。"对于富商大贾、地主豪绅和政府显要来说，他们吸鸦片是一种享乐。这种人生活腐化，三妻四妾、锦衣玉食还嫌不够，还要把吸鸦片作为每天不可缺少的生活享受。所以，他们对于此道十分讲究。在烟土的质量方面，他们嫌'新土'有火气，不够醇，要吸陈年的'老土'。在吸食的工具方面，更是'精益求精'：紫檀嵌花的大烟盘，套上白铜打的小烟盘；烟灯的灯台，白铜钻花的不够好，要景泰蓝或金银空花的；灯罩要用清水厚玻璃磨成；烟枪要饱要陈，有几十年乃至上百年的，并有象牙、玉石翡翠作口底；烟斗既要空，又要老，普通的不够味，要用'彰鹿''咏香'名斗；此外还有很多精致的小工具，如梧桐嵌丝的大烟盒，以及金银打的小烟盒、碧玉制的打烟石等"。[②] 这些富裕家庭或中产阶级一般都置办烟具在家设榻自吸，而那些经济条件一般或较差的商人与劳动界的瘾民，则多趋于供灯吸食的烟馆与白面房。

　　劳动群众吸食烟毒的原因与达官贵人不同，多是由于生活所迫。一则劳动强度大，身体羸弱，借烟毒振奋精神，消除疲劳，久吸上瘾；二则烟馆众多，吸食方便，价钱便宜；三则以烟为药，饮鸩止渴。这在下层劳动者身上体现得最为明显，尤其是人力车夫，他们由于工作的辛苦以及体力的不支而容易走上吸食烟毒之途。1936 年有人为苦力们请命，希望政府迅速帮助他们戒烟。"愚笨的车夫们，苦力们，整天沐雨栉

---

①　梅公任：《亡国灭种的鸦片烟祸》，民友书局 1935 年版，第 20、21 页。

②　谢根梅、孟慰苍：《贵州烟毒流行情况》，《近代中国烟毒写真》下卷，第281—282 页。

风,为生活所鞭打,至于气虚发脱、骨立形销的狼狈情形,即把鸦片烟当作'补品'。等到上瘾之后,体力日衰,财力日窘,烟量日多食量日小不把生命撕为粉碎,不能摆脱这毒蛇强固痛烈的纠缠"。① 受财力制约的原因,下层民众无力抽吸鸦片,更多的改用廉价的麻醉毒品。在福建厦门,"手车夫用血汗挣来的钱,是有一半丢在吗啡馆里的。吗啡馆多半开设在狭小的楼上,它们是很容易辨识出来的,一不是包头的住处,二不是饭摊的门口,而会有许多手车停在那儿的,那就可以断言,上面是开设着吗啡馆……现在聪明的包头,都知道坐在吗啡馆里收钱了"。"在几家吗啡馆里还兼售着红丸,红丸比鸦片来得廉价,并且一粒红丸可以吸上三四次,这对于手车夫的经济似乎很投合的,其贻害与吗啡却不多让"。②

烟毒种类与吸者身份不同,其吸食方法也大相径庭。达官贵人由于地位的特殊,自然享受着较高的等级待遇。鸦片的质地与烟具的讲究,成为他们身份的体现。以20世纪三四十年代的绥远临河为例,当地虽然实施戒烟,但权势阶层却不受任何约束。"据说大官僚潘秀仁过瘾时,很讲排场。头部偏倚在檀香枕上,嘴里含着红玛瑙嘴的烟枪,用金扦子挑着黑黄色的烟泡,得意地瘪鼓嘴吸着烟雾,满屋子黄澄澄的烟雾,散发着苦涩的香味。盘龙灯冒出昏红的火苗,映在他蜡黄的脸上,微弱的光线,若明若暗,俨然入了仙境"。"其他豪绅巨贾抽烟的用具,也极其美观雅致。出名的烟具有太谷景泰蓝的烟灯,景德镇的陶瓷大烟盘,潞安府的烟钎子。更有用竹木玉石制造的各种烟枪,上面用金银铜质镶焊,镂刻精美,再配上宜兴的烟斗,也别具一格"。③ 对于一般瘾民来说,受财力限制,置办不起烟具,只好到烟馆过瘾。烟馆的环境

---

① 行营四川省查禁种烟特派员办公处秘书室1936年7月编印:《禁政特刊》,第157—158页。

② 孺心:《人力车夫与吗啡馆》,陶亢德:《鸦片之今昔》,宇宙风社1937年版,第61—63页。

③ 王廷英:《临河戒烟所始末》,《近代中国烟毒写真》上卷,第217页。

与氛围已远不能和富家相比,抽烟过瘾成了主要的功能。"在大烟馆里,人来人往,男女混杂,一排排短床像个大澡堂一样。每个短床上,放着一个高枕,一盏烟灯,吸烟者一个挨一个躺在那里吞云吐雾。自己不会烧烟,还有少女给代燃和陪吸。吸的人男女老少、各行各业的人都有,青年学生也有一些被诱惑而陷入毒坑的"。①

随着毒品泛滥的严重,毒品的吸食方法也五花八门。苏智良著述的《中国毒品史》一书,搜集了 1927—1934 年烟毒盛行时期的一部分吸食毒品方法。据其所述,"民国时期,五花八门的新品种层出叠见。抽、扎、闻、吃,应有尽有。如晋豫一带,流行用鼻吸用的烟丸,用法先把烟丸用两个铜板夹成碎粉,放在手心,用鼻吸之,再取温水一杯,亦用鼻吸之,据载瘾重的一次可吸掉一大碗水。晋南曾流行'机器棒',该烟棒形如笔杆,有黄、蓝、红各色,味甜,最易使妇女小孩上瘾"。当时最流行的毒品莫过于海洛因、金丹与红丸。其中,海洛因的吸法有多种,"如将香烟挑去一截烟丝,倒入海洛因后,仰而就火吸食俗称'高射炮';有的用烟丝在烟筒打底,再装上海洛因后吸食;最为便捷的方法是将海洛因置于锡纸上,锡纸下用火一烧,海洛因融成青烟,吸入即可,时称'追龙'"。红丸出现于清末,盛行于民国。"外形如黄豆,用海洛因、吗啡和谷轩(麻醉剂)为主,加上糖胶、咖啡精、金鸡纳霜、砒霜等制成"。"吸食红丸的工具有竹枪和瓶枪。竹枪用细长的竹管前套毛竹筒。瓶枪即在细竹管上套个玻璃瓶即成。吸时先将红丸在火上烤软,然后将其贴在枪的小孔上,再用烧热的扦子一燃,即可吸食。最简单的只需一段竹竿加上瓦质烟斗,以及一根扦子,一把'夜壶灯',那些烟花铺里,使用这种最简陋的工具,吸食一次只需 3 角钱"。"日本人还在东北生产一种'甜丸',味甜而力大,放入口中即消化解瘾,惟毒性极

---

① 武直刚:《鸦片对山西人民的毒害》,《近代中国烟毒写真》上卷,第 175 页。

大"。①

与专门供应吸烟的烟馆相似,白面房也是专供吸食毒品的场所。这里也是污浊混杂的地方,有人曾详细记下了一次入天津白面房的印象,那是在 1929 年的冬天:

> "从三不管的一条小弄中穿出到了一所矮屋的门前,那门上居然也钉着一方'××洋行'的市招。进门时,见门后有木板围着的一个龛,板上有小洞,看去好似火车站的售票处,这中有个人头,看去似个某国人,我同去的君子,将大洋一元送入洞中。洞里便送出两个小纸包来,那君子取着纸包,令责我从旁面的木板门中内里面走,这里是一个小房间,却热闹得很,已经有十多位同志先在。房间里的陈设,除了中间一张破桌外,四周有十多张矮凳,桌上有大茶壶一个,茶杯十个,火柴数匣,其他一无所有。

> 这房间里的人,每人一杯茶,一匣火柴,一小包白色的粉,用卷烟头挖空一些,中间灌入白粉,一口又一口地吸着。他们各自的态度很闲适,各吸各的,也不相招呼。或起或立,也有据长凳而卧的,各人的面部,黄瘦而带黑,怪可怕的"。②

例子虽小,却可举一反三,当时各家烟馆虽有所不同,但均大同小异,其黑暗秽浊各处皆然。不唯如此,烟毒还对社会产生了多方面的不良影响。近代中国的积贫积弱,即使不是由烟毒所造成,也应由它负相当责任。昔日列强便是以鸦片与武力轰开了中国闭关多年的大门。烟毒的危害,已涉及个人、家庭、社会、政治、民族等各个方面。无论贫富贵贱,都难逃烟毒的控制。不但造成了重大的经济损失,危害到个人、家庭与社会,还激化了道德败坏、盗匪猖獗等社会问题,使原本动荡的社会秩序更加紊乱。一句话,烟毒的泛滥对 20 世纪上半叶中国的凋敝

---

① 苏智良:《中国毒品史》,上海人民出版社 1997 年版,第 330—331 页。
② 《白面房印象记》,《拒毒月刊》第 100 期,1936 年 5 月。

贫困负有相当责任。

第二节 盗匪

  盗匪是盗贼与土匪的统称,在现代汉语中指"用暴力劫夺财物,扰乱社会治安的人"。[①] 由于盗贼在各个社会中都普遍存在,没有质的区别,学者们一般更喜欢将土匪作为自己的研究对象。关于土匪的定义,蔡少卿在前人论断的基础上作了总结,"土匪就是超越法律范围进行活动而又无明确政治目的,并以抢劫、勒赎为生的人"。[②] 盗匪虽然历代皆有,但当其规模空前宏大的时候,便成为惹人注目的社会问题。20世纪上半叶的中国即是如此,土匪不但遍及全国,在个别省份还异常猖獗,形成一个为数众多的特殊群体。因此,民国时期的土匪成为学者们关注的对象,以此为名的著作便有三四种之多。[③] 众多的盗匪给社会带来了深远的影响。搜刮劫掠、绑票勒赎是他们主要的活动内容,凶狠毒辣、奸狡睿智、讲求义气是特殊环境赋予他们复杂多变的性格。虽然也有劫富济贫的社会性土匪,但他们人数极少,而且其行侠仗义也仅限于一定区域。因此,从总体来说,盗匪活动带给社会的多是破坏与伤疤。广大农民的生命财产毫无保障先且不说,农村社会即便取得些许进步,也常被他们破坏殆尽。当然,土匪也为他们的行动付出了代价,长途奔波、朝不保夕成为他们日常生活的真实写照。

---

  ① 中国社会科学院语言研究所词典编辑室编:《现代汉语词典》,商务印书馆1997年修订版,第258页。

  ② 蔡少卿:《民国时期的土匪》,中国人民大学出版社1993年版,第3页。

  ③ 国内学者的著作,有蔡少卿:《民国时期的土匪》,中国人民大学出版社1993年版;冉光海:《中国土匪(1911—1950)》,重庆出版社1995年版。国外学者的著作,有贝思飞著、徐有威译:《民国时期的土匪》,上海人民出版社1992年版。

一、盗匪的活动内容

20世纪上半叶的中国,在很多人眼中不啻于土匪世界。1918年9月的天津《大公报》就以"匪国"相称,"环顾全国,无省无匪,无一省之匪,不纵横出没,如入无人之境"。① 其言论难免过于夸大其词,但也确实反映了当时土匪众多的事实。朱新繁在《中国农村经济关系及其特质》一书中认为,1930年土匪人数的保守估计,为2000万人左右。② 由于土匪们一般处于流动、隐蔽状态,对全国土匪总数进行粗略估计比较困难,因而2000万人左右是否属实,也成了很难评价的事情。不过,当时国内土匪众多确是个不争的事实,这从各省土匪的分布情形可以印证,尤其在河南、山东、安徽、福建、四川等省,更成为土匪之渊薮。

河南是国内匪情最为严重的地区之一,当时报纸宣称,"河南土匪之多,著名全国,豫西、豫南、豫东,动则啸聚数千,豫北虽亦有小股出没,终较逊一筹"。③ 英国学者贝思飞认为河南有四个著名的匪区。"这些最大的'土匪王国'包括豫西和豫西南落后地区的登封、嵩县、宜阳、临汝、鲁山、宝丰、郏县;尤其是那些交界的'放任地区'。另一个地区是豫东,包括柘城、鹿邑、夏邑和永城。第三个地区是豫北卫河流域的衰败地区,包括滑县、浚县内黄和汤阴。最后是围绕南阳的白河流域的衰败地区,这个地区由于经常洪水泛滥,大量泥沙淤积"。极为巧合的是,"他们主要是指落后地区或衰败地区"。④ 至于匪徒的数目,河南民政厅曾按月公布过各县匪情的概要,连缀起来便能够基本反映这一段时期内全省匪情的总况。为操作便捷起见,以1933年为例,这一年没有特殊情况发生,可以视作普通年份的代表。从1月至12月,河南

---

① 《时评·匪国之征》,天津《大公报》1918年9月9日。
② 朱新繁:《中国农村经济关系及其特质》(上海,1931年),转见[英]贝思飞:《民国时期的土匪》,第1页。
③ 《冀豫边境匪炽》,天津《大公报》1934年8月6日。
④ [英]贝思飞著、徐有威译:《民国时期的土匪》,第58页。

各县匪情报告数量共 644 份。① 应该指出,各县匪情的报告份数与实际发生的匪案数目相差甚远,每遇大的股匪窜扰时,各县才不得不向省府汇报。因此,这些匪情报告的份数,除了县份与股匪的重叠外,视作匪徒活动的股数与频率也未尝不可。内中的土匪,少则数十人,多则数千人。难能可贵的是,报告中多有匪首的名字,这便为我们的重复累计扫除了障碍。从报告内容来看,1933 年河南省各县匪情报告中谈及的土匪,姓名与人数俱全者有 37 股,其中千人以上的 20 股,百人以上的 17 股,若按字面统计,其总数约计 5 万余人。但由于民国时期统计数字的笼统与粗略,有时与实数相差甚远,即使同一股土匪,各县所报数字也大相径庭。再者,如果每杆土匪有多名匪首的话,还会形成重复累计的危险。因此,5 万余人的数据只可印证河南股匪之多,并不能概括河南土匪的实数。

山东与河南、安徽、江苏四省临界地区的土匪活动频繁,鲁南沂蒙山区的峄县、费县、滕县、蒙阴、临沂是孙美瑶、刘黑七、石敦福等悍匪活动的巢穴。据不完全统计,山东土匪数量在 1925 年时有 2 万人左右,至 1930 年扩大了 10 倍,仅刘桂堂一股就有 2 万人。② 与鲁南紧邻的皖北、苏北、豫东北的徐州、阜阳地区,经受着数省土匪的流窜骚扰。当时报纸宣称,安徽太和、阜阳两县"土匪经年骚扰,已成司空见惯"。③ 四川经过军阀混战之后,匪患日趋严重。1925 年朱新繁在对四川等地的匪情调查中,认定四川有匪 5.52 万人,其中数百上千的股匪 18 股,最大规模的股匪达万人。日本学者长野郎对四川同一年匪情的调查,依次显示出 7.73 万人,26 股,最大一股 1 万人的数据。到 1931 年,川省土匪出现 150 万的统计巨数,④成为国内匪患最为严重的地区之一。

---

① 《××月份民政统计》,《河南民政月刊》第 2—12 期,1933 年 2 月—1934 年 1 月。

② 冉光海:《中国土匪(1911—1950)》,第 7 页。

③ 《崔二旦扰皖》,天津《大公报》1931 年 11 月 23 日。

④ 冉光海:《中国土匪(1911—1950)》,第 11 页。

其他省份如东北、热河、福建等,土匪数目也相当可观。总之,20 世纪上半叶的中国,呈现出盗匪问题空前严重的局面。

粗略概括各省土匪的数据,毕竟太过抽象。要形成对某地盗匪问题的整体印象,还须借助于具体事件。民国时期河南淮阳匪患严重,该县县志在大事记中曾详细记载,从中可以对土匪危害及活动略窥一二。

> (民国)十一年秋,八月,股匪老洋人窜扰第五区边境,所过焚杀淫掠,掳去男女票甚伙。

> 十二年春三月,老洋人收抚,饬所部驻鹿邑,大队迳县北境,赴鹿旋即哗变(到县境大肆焚掠)。

> 秋八月,股匪范明新率众千余入境,梭掠弥月,东南由界首集西北抵西华县蔓延二百余里,淮阳匪患自此而炽。

> 十三年冬十月,杆匪王卯聚众百余,骚扰八九两区,所属村落到处烧杀掳掠,寻被贾县长德润率本县民团剿平之。

> 十一月十七日,杆匪路老九率众数百破周口南寨,盘踞一日,架去男女票数百名。

> 十二月十八日,杆匪刘胡子陷第五区杨寨,杀人百口。

> 十四年冬十月九日,杆匪路老九破淮阳城,大掠而去,巡官唐蔚槐死亡。

> 十二月四日,匪掠五区马旗屯一带,盘踞数日,攻入和寨,伤人十九口,未破。

> 十五年春夏间股匪史万出城勾结鲁山宝丰等匪数千,蹂躏淮阳西南两面,所过为墟。

> 秋八月八日大杆悍匪孙某王某等率众数千破新站集,淫杀焚掠尤惨。

> 十二日大杆悍匪牛绳五等率众万余破周口盘踞五日,带票无算,缓缓西去。

> 十六年春大军云集,境内多至三十五营,给养悉归人民负

担,夏高桂滋旅阎日仁团同驻城内交哄。

五月十日晚,大股悍匪约数万,自毕口入境破城不克,又西扑周口破之。

十八年八月八日大股悍匪自项北窜来,从杨滩渡河盘踞鲁台一带,破小姚营吴楼等寨。

十九年,自春历秋,南北两军云集县境,城西北两面正当战线,飞机炸弹,枪林弹雨,人民营窟以避,又加拉夫役抬伤兵,藏躲无门,身命如寄者数月。

秋八月,匪破四区五寨、五区阎桥寨,掳票各数百名勒赎。

冬十一月杆首张连山率悍匪千余蹂躏城东北两面,破孔集李老家、张姑奶奶庙、三义缄集等寨,所过奸淫焚烧,死伤枕藉。

二十年秋,匪陷五区彭庄寨,掳票百余名勒赎,冬李功成股数百人骚扰县东北一带。

二十一年八月一日,匪首李功成率众千余袭戴集破之。

八日下午十一时,李功成又破李寨,临蔡城两寨,其势凶猛,无力抵御,各区训练队皆望风引退。

九月十四日,李功成再破临蔡城寨,蹂躏三日,东窜,两次杀人百余口,带票甚伙。

十二月九日大股土匪约二千余人,自项城北入境,沿牛口渡河盘踞沙河北岸、新站、带园一带,连破冯唐集、汲冢集,复折回牛口渡河南窜。

二十二年二月二十四日股匪千余,马队甚多,自华东夏亭间入境,大队经城西指挥营一带渡沙河南窜指挥营附近,掳去马驴牛数以千计。

六月六日,道陵冈间有匪数百,闻系军队哗变者。

七月十七日,股匪程道荣杨小黑等杆数千人破汲冢后,又攻冯塘一昼夜,寨陷,男女老幼遭惨杀者约一千余人,灭绝数十户。①

县志记载的仅是在淮阳作乱的大股土匪,对个别土匪的抢劫绑架则一概略过。尽管如此,在10年左右的时间内,淮阳一县的盗匪活动也异常频繁。股匪人数动辄上千,甚至还有万余者。由于人多势众,他们可以毫无忌惮地公开活动,其抢掠手段也超出了经济范围,经常伴随着大量的杀戮与焚烧。按理说,土匪目的在于抢掠财物,烧杀对他们自身来说并无益处。无端的杀戮与焚烧,可以归咎于长期动荡中所形成的残暴性格。"害怕被抓或被杀,以及无法摆脱这种恶性循环的怨恨,构成各地土匪的众多残暴行径的心理基础"。民众的抵抗也会引起土匪们的血腥屠杀,尤其当匪徒遇有伤亡时,土匪更容易实施其惨烈的报复。以下就是几个土匪屠村的例子:

[个案1]1928年7月,约百名匪兵窜至河北宝坻赵聪庄,欲行绑票,旋因该庄各户事先潜避于八区天主教堂,匪众觅无一人,并见各家门窗泥砌,大触其怒,举火焚庄,延烧一昼夜,以致全村五百余户之房间器物,尽成焦土。②

[个案2]因一匪探被山东索庄红枪会处决,1928年9月,张明九当派匪军五六百人,包围索庄,四面放火焚烧,乡民如有逃亡者,即一律枪毙。一时火光冲天,惨苦之声不断,该庄乡民共千余家,约五千人,皆一律为火焚毙。③

[个案3]1928年阴历8月9日,有大股土匪千余人,围攻河北成安、肥乡交界之张耳庄、任家堡、刘家寨等村,村民备械抵抗,激战至两昼夜,杀伤土匪五六十人,卒以弹尽援绝,被匪攻陷。所有村中住户及邻村来此避难人民,概遭惨杀,计只张耳庄一村,被害者已三百余人,匪将财物以大车劫去后,更纵

---

① 《淮阳县志》卷8,大事记,1933年铅印。
② 《宝坻匪患,赵聪庄全村被焚》,天津《大公报》1928年7月22日。
③ 《鲁匪屠村惨剧》,天津《大公报》1928年9月18日。

火焚烧房舍,瓦砾狼藉,尸骨纵横。①　走时还绑去肉票二百余名,牲口车辆不计其数。②

[个案4]山东巨匪张四,自1928年以来,集合匪众两千余名绑架勒赎,为祸四乡。1929年2月28日起,其活动更加猖獗,将山东寿光东乡之稻庄、卞家庄、任家庄等三十余村,一律包围,逢人便杀,过庄即烧,火光烛天者达五昼夜,人民死亡以数万计,被祸之区达五六十里。③

[个案5]石陵镇是河南宜阳第一大镇。1929年阴历六月初二,有大股土匪,约近万人,四面长驱而至,将该镇团团围住,恶扑猛攻,凡历七昼夜,至初八拂晓,寨被攻破,杀死男妇老幼一千余口,拉去票子二千余人,烧毁房屋两万余间,该镇周围三十里内,所有财产、牲畜、粮谷、衣物,悉被掠去。④

[个案6]1930年8月26日,忽有如狼似虎之大股悍匪欧隆盛、崔二旦等三千余人,乘河南新野防务空虚之际,蜂拥而至,盘踞北区,四出焚掠,周围数十里,烽烟连天,昼夜不熄。统计全县境内,被蹂躏者十分之九,其余一分,为逃难之民及杜防民团,所食者亦已尽矣。以周围数十里之新野小县,被此惨无人道之股匪,蹂躏八百余村,寸草靡遗,焚烧八十余日,火光未熄,杀死三千余人,哭声遍地,未及逃脱而被拉去者,二万余人,牲畜被屠者不计其数,房屋焚毁数万间,粮食、柴草、器具、被褥被焚烧及抢去者,值洋千五百余万元,一村不留一椽者有之,一家不留一人者又有之,甚至掘人坟墓,烧人骨骸。匪迹所至,村落为墟,但见一片焦土,满目疮痍,枕骸遍野,臭

---

① 《各地通讯》,天津《大公报》1928年10月5日。
② 《各地通讯》,天津《大公报》1928年10月7日。
③ 《寿光土匪杀人放火,村舍为墟》,天津《大公报》1929年3月12日。
④ 《豫西土匪猖獗》,天津《大公报》1929年8月24日。

气逼人。①

以上仅是 1928—1930 年间土匪屠村的几个典型例子。大肆屠戮的影响极坏，不但破坏面广、受害者众，土匪自身也往往因此遭到官府的重视与缉拿。因此，这样的事情多是土匪泄愤的举动，不在土匪行动中占据主体。不过，脾气暴躁确实是长期土匪生活赋予他们的普遍性格，一点点违拗事件便会带来灾难性的后果。上述几则案例的原因，或者是村民藏匿使土匪一无所获，或者是民众抵抗造成土匪伤亡，总之，遭到抵抗的土匪们会变得更加残暴。1925 年在河南淮阳读书的张义三师生被土匪劫持后，路过淮阳东南方 50 里的朱集时，土匪要求进寨休息，寨里不允，只答应在寨外供给饭食和送路费。土匪因此而开火攻寨，并大开杀戒。张义三等人票进寨后，看到地上到处都是死人。②

应该明确的是，规模较大的土匪虽然不少，但社会上更多的则是小股的土匪。而且，即使是大股土匪，为了行动方便，他们打家劫舍时也往往分成小股而分头行动。因此，势力强大的土匪敢于公开行动，一般土匪则不行，他们在进行抢掠活动的时候，还必须注意自己的安全。大肆屠杀仅是个别现象，绝大多数土匪必须讲究策略，既达到抢劫的目的，也不威胁自身的安全。匪徒们的抢劫活动形成了几个规律性的特点，这从几个典型例子可以看出：

[个案 7]1929 年秋，河北元氏土匪猖獗，劫案日见增多。8 月 27 日，方里村周黑子家中，半夜时突来贼匪六七名，持木棍土枪，逾墙至家，将周黑子捆住，劫去大洋一百四五十元，临行时且将周黑子七岁之子、四岁之次子，一并绑去。③

[个案 8]河北宝坻县城西南十余里马店庄张振家，素称

---

① 《豫南之匪祸》，天津《大公报》1931 年 1 月 25 日。

② 张义三遗稿：《匪窟百日记》，中国人民政治协商会议河南省委员会文史资料研究委员会：《河南文史资料》第 19 辑，1986 年版，第 144—145 页。

③ 《元氏·土匪势力如虎》，天津《益世报》1929 年 9 月 4 日。

小康,1929 年 7 月 23 日夜间,突来土匪一伙,见其门户紧闭,即越墙而入,抢去大枪三支,盒子枪一架,及卖瓜钱八百余元。张某幸而脱险,即奔县公安局报告。①

[个案 9]束鹿县第二区西车城村住户马小庄,家道殷实,久为匪人所觊觎。1935 年 9 月收入典梨洋数百元,为匪探知,乃于某夜将其幼子绑走勒赎。②

[个案 10]静海县北街有住户刘致平者,家称巨富,放赈为生,致为匪徒所垂涎。因伊家住城内,且防范甚严,故匪无机可乘。1935 年 10 月,其子媳宁氏抱其 5 岁幼孙往南关外三里庄娘家归宁,5 日晚 11 时,忽有土匪数人,破门入室,拟绑架宁氏母子。宁氏因大声呼救,致触匪怒,持刀将该氏刺死,仍将该幼儿抢走,不知去向。③

[个案 11]河北尧山王家庄居民王端妮,家道小康,素为匪人所暗算。1935 年正月间匪徒十余人赴王某家架票,误将佣工架走,未得主人,徒劳往返,颇不甘心。11 月 17 日乘王某疏于防范之际又闯入宅中,王某闻声逃匿,遂将年方四龄之幼儿抱去。④

[个案 12]永年城西十余里北胡加村,有寡妇吕冯氏,家道小康。1936 年 1 月 3 日夜半,忽来土匪十余人,破门而入,衣服财物,抢掠一空,黑骡两匹,亦被抢去。寡妇吕冯氏逃匿不及,土匪将她架于骡子身上带走,其家人正预备金钱,设法赎票。⑤

[个案 13]山东临城辛庄村住户赵德顺,78 岁,妻孔氏 73

---

① 《匪徒劫洋掳枪》,天津《益世报》1929 年 9 月 6 日。
② 《各县简讯》,天津《益世报》1935 年 9 月 24 日。
③ 《各县简讯》,天津《益世报》1935 年 10 月 8 日。
④ 《各县简讯》,天津《益世报》1935 年 11 月 23 日。
⑤ 《各县简讯》,天津《益世报》1936 年 1 月 12 日。

岁,因无子女奉养,乃于1936年3月卖去仅有之田8亩,得洋

百余元,赖作衣食之费。不意竟招匪徒觊觎,4月9日夜闯入

赵某家中,将二人双双勒毙,搜得余洋,逃遁无踪。①

从上述几个典型案例中,可以归纳出一般匪徒作案的特点。首先,抢掠财物是他们的主要目的,遭匪之户多为殷实富裕农户。即使有些农户家境一般,但他们的临时入项也吸引匪徒,如个案13中的老夫妇刚刚卖田8亩。从匪徒的抢掠对象与时机来看,匪徒们在抢掠之前,一般都进行过仔细的调查与充分的准备,并有不得手势不罢休的耐性。个案10宁氏母子归宁被绑的事例,即是匪徒们长期追踪寻找时机的结果。个案11中佣工被绑后主人再次罹难,一方面说明匪徒们对于肥票的恋恋不舍,另一方面也说明被抢者个人防不胜防。其次,匪案多发生于夜间,一则主人正在睡觉疏于防范,二则夜深人静,无邻人或警备人员干预的危险。欲壑难填应该说是匪徒们的共性,抢劫与绑票往往合二为一,将户主现金、财物搜掠一番之后,还要绑架人票。这些家庭在遭遇土匪抢掠之后,必须变卖房屋田产以取赎,家中的财物与不动产都被土匪所占有。

为了成功地得到赎金,匪徒们一般并不绑架一家之主,而选择其家中幼童,一则小孩易于带走,父母对子女的疼爱与牵挂也常使他们能尽快得到赎金;二则家中没了管事的主人,便往往使赎金无从筹措。从上述几例也可以看出,匪徒作案的目的在于抢掠与绑票,不到万不得已他们并不轻易伤人,除非是有人呼救或抵抗给他们招来麻烦。绑架学生及孩童成为匪徒们的偏好,其例子举不胜举。1929年11月22日晚8点,迁安三屯营镇西门外学校突来匪徒数十人,持枪绑去青年学生29名。②1934年7月27日黎明,大名第一区大严屯村突来200多匪徒,大肆抢掠,

①　《临城发生惨案》,天津《益世报》1936年4月13日。

②　《迁安土匪又起》,天津《大公报》1929年11月28日。

掳去男女肉票 140 余名,其中有 2 名教员、60 余名学生。① 1935 年 9 月,威县老官寨村 5 名十余岁的幼童在沙河地内割草时被匪徒架走 3 名。② 1923 年临城劫车案的一名美国洋票在抱犊崮被押期间,发现有几百个孩子被绑架当人质,"而这几年土匪们的主要营生就是绑架孩子"。③

匪徒们在每次出手之前,都要作一番详细的侦察,尽量做到选取对象上的有的放矢和作案时的万无一失。因此,土匪们在其经常出没的地方,都安排有他们的眼线——即为他们通风报信、提供信息的人。如 1930 年天津《大公报》有则报道,"永年、肥乡、广平之土匪,皆以彰德、成安以南为大本营,购买本地眼线,先行调查,调查完毕,即实行计划"。④ 15 岁的崔右任于 1932 年被土匪绑架的时候,发现到他家的那个土匪早就认识他爷爷。这个人在前一天曾由本屯的一个内奸(即眼线)领着在屯子内外各处走了一遍,第二天行动时便对抢劫对象的家底、住址了如指掌。⑤ 上文所列案例中,土匪对受害人情况掌握得如此详备,显然也离不开眼线的摸底。

总之,在 20 世纪上半叶的中国,盗匪活动异常猖獗。除了动辄成百上千的大股土匪之外,还有为数甚多的小股土匪。大股土匪可以毫无忌惮地烧杀抢掠,小股土匪则必须顾虑到自身的安全。因此,在抢劫活动中,土匪们形成了规律性的特点。安排眼线、预先调查是必要的程序,夜深人静是适合作案的最佳时段,为了免除警局的认真追查,不轻易伤人性命也是他们的行动原则。

---

① 《青纱帐中之各地方匪讯》,天津《大公报》1934 年 8 月 6 日。

② 《各县简讯》,天津《益世报》1935 年 9 月 15 日。

③ [美]J. B. 鲍威尔:《中国土匪的"贵客"——"临城劫车案"追忆之一》,徐有威、[英]贝思飞:《洋票与绑匪——外国人眼中的民国社会》,上海古籍出版社 1998 年版,第 187 页。

④ 《广平之匪患》,天津《大公报》1930 年 11 月 8 日。

⑤ 崔右任:《土匪生活目睹记》,河北文史资料编辑部编:《近代中国土匪实录》上册,河北人民出版社 1993 年版,第 224 页。

二、盗匪的日常生活

不管如何令百姓畏惧,盗匪毕竟是为正常社会所不容的群体,他们时刻面临着来自官方或民间的威胁。而且,盗匪的生活也并不因肆虐的抢劫而宽松富足,只不过比普通百姓多了一些挥霍的机会而已。蔡少卿分析指出,"对于大多数土匪来说,他们的生活水平并不比一般的农民好多少。他们吃的是极普通的饭菜;除在抢劫分赃之后,很少有机会吃肉喝酒,享受美味佳肴"。① 1918 年,一名被土匪绑架的美国工程师记下了土匪的日常生活,"予等所有食物与下流苦力毫无分别,非常恶劣,有时在院中见一妇人作饭龌龊之状,令人作呕"。② 而德国传教士石先生 1923 年 10 月在湖南被土匪绑架后,对土匪饮食的记述也证明了上述言论。

> 土匪们整天围着屋内的火堆闲坐,火堆上烤着食物。中国的南方人主要吃米饭,除此之外还有蔬菜、大量的油以及盐。肉并不是必需的,中国做工的人常常几周都不吃它。这里有足够的稻米——不是白米,恰恰是粗粮,只是那种红色的。不习惯这种口味的话,决不会感到它的味美。事实上,对于消化良好的人来说,这种稻米也是粗粮。因为这里什么蔬菜也没有,我只能吃些蘑菇、野芹菜,有时有些苦味的植物。土匪常以此来取代蔬菜。油和盐并不常有,肉几乎很少看到。中国人从不用盘子,而用他们的小碗盛饭。土匪们使用起碗来非常粗鲁,所以只剩下了一些破碗。③

由上可见,土匪们并不因抢劫就变得富足阔绰。英国的贝思飞分

---

① 蔡少卿:《民国时期的土匪》,第 71 页。
② 《外人目击之土匪生活》,天津《大公报》1918 年 6 月 13 日。
③ [德]石先生:《被湘匪绑架的 80 天》,徐有威、[英]贝思飞:《洋票与绑匪》,第 412 页。

析指出,"所有的土匪,除了生活最稳定的以外,其生活水准都不可能明显超过周围农民的生活;大多数土匪的确比较贫穷。和他们在鸦片、武器、弹药、衣服和其他物品上的收入相比,他们所有的吃苦受难所获得的金钱奖赏微乎其微,不过一旦得到鸦片和弹药,他们就会马上派上用场或把它们出卖。和大多数农民一样,土匪的生活不是在努力积聚财富,而是仅够糊口。其中的差别在于,土匪有时候能够大肆挥霍"。① 当然,他们还得为这种挥霍付出代价。只要被官府抓获,经常是处以极刑。20世纪20年代,何西亚对盗匪生活之状况进行了概括。"土匪之生活,杀人放火之生活也;奸淫掳掠之生活也;吃惊受吓,朝不保夕之生活也;饿死饱死,忽苦忽乐之生活也;东奔西窜,飘忽靡常之生活也;只图利己,不顾他人之生活也;虽生存于现社会,而不与社会合作之生活也;简言之,即与人类共存原则极端背驰之生活也"。② 一句话,盗匪的存在是损人不利己,他们在给社会造成危害的同时,自己也陷入了艰难的境地。

　　安全是土匪最大的威胁。晚清及民国政府的法律中,对盗匪的惩治都非常严厉。以国民政府1927年11月公布的《惩治盗匪暂行条例》为例,它规定了17种处以死刑的行为,其中包括:掳人勒赎者;啸聚山泽抗拒官兵者;私枭聚众持械拒捕者;结合大帮肆行抢劫者;聚众抢劫而执持枪械者等等。③ 事实上,土匪被捕后处以死刑也是极为常见的现象。以河北为例,各县盗匪案件执行死刑人犯的人数,1932年4—6月有48人,10—12月有44人,1933年1—6月有89人,12个月内处决盗匪人数为181人。④ 这些被执行死刑的盗匪多数只是一般的盗匪,而不是罪大恶极的匪首。也就是说,只要加入匪队,被擒后就难免一死。这从死刑人犯的具体罪状可以清晰看出:

① ［英］贝思飞著、徐有威等译:《民国时期的土匪》,第165页。

② 何西亚:《中国盗匪问题之研究》,泰东图书馆1925年版,第41—42页。

③ 《惩治盗匪暂行条例》,《河北民政汇刊》第3编,法规,警政。

④ 《河北民政刊要》,第8号,1932年9月;第13号,1933年1月;第19号,1933年7月;第21号,1933年9月。

表10—5　河北省政府各县盗匪案件执行死刑人犯一览表

1932年10—12月

犯人姓名	年龄	籍贯	职业	犯罪事实	犯人姓名	年龄	籍贯	职业	犯罪事实
董金庆	34	山东冠县	无	绑掳崔占冈赵秀廷幼子及马姓之女勒赎	潘小春	34	清河	无	绑掳隋焦氏勒赎
路润泽	43				王树贵	34			
张金海	24				吴官知	29	东光	兵	绑掳吴九龄勒赎
高怀云	32				王子清	33	丰润	兵	绑掳车广禄等勒赎
牛沙高	18	内丘	无	行劫枪伤事主王得子	张玉	20			
周吉红	46	元氏	无	枪绑康振华刘生华等家人票勒赎	王义臣	37			
李五妮	40				吴继	24	蠡县	兵	行劫杀人
许白丑	37				郭齐	31	丰润	无	行劫杀死猪贩刘福隆
张小藩	39	正定			王成	29			
关肥小	34	任县	无	绑掳程保子人票勒赎	王印	30			
党庆奎	24	丰润	无	焚烧万寿高场棚，绑掳韩玉发等人票勒赎	王玉泰	44	定兴	无	结伙强抢梁清云等家财物，并将人击伤
王五	40	濮阳	无	绑掳贺喜贵致死	张兰	41			
王兰升	42	宁津	锯碗	强抢焚烧并枪伤事主王希泉	郭连发	38	衡水	无	绑掳甄傅氏勒赎
王增深	31	深泽	无	在该县堤北村西内堡小真村拿赵八庄等处掳人勒赎	梁富清	41	肥乡	农	结伙强抢事主高士海并绑掳高王氏勒赎强奸
刘珠德	30	内丘	无	绑掳赵刘氏勒赎	王锡存	29	玉田	无	行劫伤人放火烧屋
赵刚	19	永清	无	绑掳东张家务村药铺刘宗礼勒赎	郁忠	26			
韩德发	57	永清			戴洪慈	26	清河	无	绑票勒赎
李玉民	27	安次			牛金星	40	东明	农	绑掳勒赎抗拒官兵烧毁村落
白德福	27	安次			牛金全	26			
朱江	47	宁津	无	绑掳商玉璋勒赎	王黑小	25	邢台	农	窝藏人票
朱子浩	26	宁津			温保成	35	内丘	无	绑掳邢台小孩勒赎
田林祥	35	沧县			齐张柱	33	临漳	无	抢劫村民郭金霆等

资料来源:《河北民政刊要》第13号,1933年1月,第43—47页。

　　由上表可见,44 名盗匪被处决的原因,不是根据他们所犯盗案的大小,而是因为他们参与了劫案。有的仅仅因为帮助土匪窝藏人票,也被处以极刑。很显然,盗匪的量刑往往要重于其他刑事犯罪。这也是土匪们脾气暴躁、无故大开杀戒的原因所在,因为他们经常提心吊胆、惶惶不可终日。从人犯的年龄来看,他们多数在 20 岁至 40 岁之间,正是年轻力壮的时候。这和土匪的职业特点有关,他们的抢劫活动更多的倚赖于体力。总之,官府对土匪过于严厉的惩处,对盗匪的生命构成了威胁。他们的每次行动,甚至待在匪巢中的时刻,都必须提心吊胆,没有绝对的安全。

　　啸聚山林就是土匪们出于安全考虑的结果。山峦叠嶂易守难攻,从而为匪盗的活动与藏身提供了便利,成为盗匪的巢穴。河南尤其是豫西地区的匪患非常严重,即与这里的地势险要密切相关。伏牛山、外方山、熊耳山、崤山等几条东西走向的大山脉,从南到北依次排列,成为土匪与官兵周旋的大好场所。民国初年的白朗活跃在这里,20 年代初的老洋人张庆、张寡妇也存身于此。制造临城劫车案的匪首孙美瑶,也得益于山峦的庇护。其大本营设在山东峄县、临沂、费县和滕县之间的抱犊崮,为山中诸峰之冠。"山的上端为突出之悬崖绝壁,俗谓之崮。顶上宽平广数顷,昔年为耕种崮顶田地,由于路险牵不上牛去,只好抱个小牛犊上去,养大了再用它耕地,因而得名'抱犊崮'"。[①] 湘粤赣三省交界地区的汝城、仁化、大余、崇义,正是五岭山脉的罗霄山脉南段与大庾岭相连地区。"这里山岭重复,溪水纵横,山高林密,涧深岩邃。山间小块平原,自成村落。在升平时候,是尧天乐土,在离乱年头,却是盗贼出没的渊薮"。[②] 臭名昭著的匪首周文山即活跃在这里。闽南著匪高为国所在的福建晋北福山腰村,"背靠双阳山(大阳山、小阳

---

　　①　张占军整理:《津浦路大劫案》,《近代中国土匪实录》中卷,第 491 页。
　　②　曾广济:《匪首周文山罪恶的一生》,《近代中国土匪实录》下卷,第 404 页。

山),山高林密,洞穴四布,地势险峻,易守难攻"①。对需要经常躲避官兵追剿的土匪来说,最险要的地方才最安全。李亚平在分析河北丰宁匪患的成因时,则把地势列入首要位置,"丰宁多密林大山,地广人稀,交通闭塞,既便于土匪活动,又便于土匪藏身"。② 当然,这里的安全是相对的,如果官兵决心要围剿下去的话,便没有一个地方不是危机四伏。

险要的地势仅是防范措施的一个方面,周边百姓的容忍与掩护也是不可或缺的因素。有鉴于此,"兔子不吃窝边草"成了大多数土匪谨守的信条。中州大侠王天纵在伏牛山安营扎寨,关于山寨的供给,有着严格的规定。山寨周围 30 里以内,只供给山寨柴草和蔬菜,主要任务是替山寨当耳目。30 里以外 60 里以内为半保护区,只供给山寨食粮,由地主富户摊派和运送,不准向贫苦人家摊派。60 里以外为公道区,以送王天纵名片的形式向乡中大户、镇内富商要钱要布,限时间送到指定地点,否则用各种手段对付。在山区以外更远的去处,则派精悍小股截劫官府公款和富商财货。因此,山寨上衣食需用,供应无缺,而山中一般百姓也并不感到有较多负担。③ 出没于洛宁、卢氏、嵩县、栾川等县的匪首李元周,也能约束部下极少骚扰附近百姓,并对家乡邻里尽量周济,因此,有些村民对他印象还好。④ 20 世纪二三十年代,匪首小白龙活动于河北临榆山区,"口外百姓,多袒护土匪,近十余年来民匪通婚,匪于附近数十里内,无抢掠绑票事,并保护居民,故百姓乐供给子弹粮食及传达消息,探询匪况决难求得真相"。⑤ 在东北地区,土匪虽然到处砸窑绑票,但从不打扰家乡父老。"村里谁家有了红白喜事,只要他们知道,往往也要去参加。讲的是人身为匪,乡情还在。特别是救过

① 洪卜仁等:《闽南著匪高为国》,《近代中国土匪实录》下卷,第 421 页。
② 李亚平:《丰宁匪患述录》,《近代中国土匪实录》中卷,第 86 页。
③ 张钫:《中州大侠王天纵》,《洛阳文史资料》第 10 辑,1991 年版,第 5 页。
④ 李治生:《李元周及其一家》,《洛阳文史资料》第 10 辑,第 69 页。
⑤ 《临榆匪患真相》,天津《大公报》1930 年 12 月 19 日。

他们的命,有过恩情的人,更要如此"。① 但是,不受土匪骚扰的百姓毕竟太过有限,超过警戒范围,匪徒们便不再限制自己的行为,因为他们活动的内容就是打家劫舍。

山寨安身为土匪们带来安全的同时,也增加了他们行动的难度。绑架的人票大多都要带回山寨,因此几乎所有生还的肉票都谈到过长途跋涉的艰辛。前者张义三等师生被土匪劫持后,走走停停一直持续了数天。徐有威、贝思飞编辑的《洋票与绑匪》一书中,留在所有洋票记忆中的除了恐惧与折磨之外,印象最深的莫过于迂回而艰难地返回山寨的过程。英国的廷可·波利和她的朋友被土匪绑架后,匪徒们害怕被人发现,专走坎坷不平的庄稼地或野土岗,洋票被捆缚着狂奔,否则便会招来毒打。在被捕的一个多月中,他们几乎总是在奔波。② 匪盗们的日子也不好过,与肉票们一起东奔西走、长途奔波时,他们还冒着被官兵捕获的危险。另外,他们遭到社会的鄙弃,已被人们并入另类,即便他们想洗手不干时也很难回到原来的社会中。虽然他们经常通过对手无寸铁的村民或束手待毙的人质狂呼乱叫来展现自己的威力,或者以滥杀无辜来发泄自己的郁闷,但事实上由于他们清楚自己的生活毫无出路,因此,大多数匪徒静下来时常被一种忧郁、绝望的氛围笼罩着。廷可·波利对匪徒们的性格进行了总结:阴晴不定、喜怒无常。

土匪们的威胁不但来自外部,还有其自身。首先,不同股匪之间有时会因地盘或利害关系发生冲突。土匪们习惯在自己的势力范围内肆意搜刮,如"往邻近各村散布信件,迫索保险费,按村之大小分配数目,由数千元至数万元不等,如限期不到,一概不留"等。③ 但是,当两股或

---

① 曹保明:《东北土匪》,《近代中国土匪实录》上卷,第41页。

② [英]廷可·波利:《我的土匪主人》,徐有威、[英]贝思飞:《洋票与绑匪——外国人眼中的民国社会》。

③ 《河北匪祸已不堪矣》,天津《大公报》1931年8月18日。

多股土匪伸向同一地点时,本就贫瘠的农村必然发生难以招架的局面,不同匪徒相互之间便会发生经济与势力的矛盾,而相互的火拼也就不可避免。1936 年 1 月,两股土匪在河北尧山某村相撞。"股匪高群顷向该村居民郭洛多、韩朋等勒索大洋一千元,限期交纳,否则动武。讵匪首刘文忠,亦正向该村民筹措巨款,至是以高匪与己之利益冲突,找高理论,谈判决裂,即行开火,高匪势力不敌,向村外逃窜。至东庄村东,乃被包围,闻除全部缴械外,并将高匪枪毙"。① 其次,同股匪徒之中也经常因利益与争权发生厮杀与内讧,尤其是匪首,更须防备来自暗处的凶险。在匪界叱咤风云十几年的老洋人张庆,不是死于一直尾追的官军之手,而是由于人心涣散,被一心投诚的其他匪首所杀。②

土匪的日常活动充满了暴力与凶杀,但他们中的大多数人仍然有着常人的温和与善良。廷可·波利曾讲到,有个土匪特别喜欢小孩,经常把各种邂逅婴儿抱在腿上,嘴上还说着"多漂亮的娃娃!"其他大多数土匪也都喜欢孩子,常趁妈妈做饭时把孩子抱来;有位老土匪因为廷可用高锰酸钾为他治疗好了伤口,便经常想法拿来一些鲜花、苹果,这在当时真是难能可贵。绑来的人票没人取赎的话,通常是被撕票(杀死)而不是放掉,以警告其他拖延取赎的人家。但是,还是有一些没有赎出的人票被匪队留了下来,也有一些肉票因受土匪善待而不愿下山的奇闻轶事。

总之,除了少数匪首外,大多数土匪的日常生活仍然与普通农民相似,饭食粗糙且缺乏营养。虽然比普通农民多了一些挥霍的机会,但他们也增添了被官兵追杀的危险。只要加入匪队,就已经不容于社会,摆在他们面前的通常只有三条道路——降、隐、死。把巢穴安置在崇山峻岭之中,自然是出于安全的考虑。为了躲避潜在的危险,他们必须不停

---

① 《尧山匪徒自戕》,天津《益世报》1936 年 1 月 20 日。

② 苏辽:《"老洋人"——张庆》,《洛阳文史资料》第 10 辑,1991 年版,第 184 页。

地奔波。生活的毫无出路使他们得过且过,因此,抽鸦片在匪巢中相当普遍,这几乎可以算是土匪们打发苦闷日子的最好办法。它"似乎满足了他们的一切需求。鸦片经常可以代替食物、睡眠和娱乐。事实上每一种需要和奢侈比起沉溺于这种恶癖来都显得微不足道。当他们手上有大量的生鸦片时,他们是那么快乐;当他们没有时,就变成了恶魔"。① 总起来说,投身为匪往往是迫不得已的事情,但土匪的存在则给社会造成了多方面的社会后果。在加剧社会动荡、导致农村衰败的同时,他们自己也陷入了不能自拔的泥潭——不融于社会且缺乏出路。

第三节　赌　博

赌为万恶之源,嗜好赌博是通向犯罪的桥梁。道理虽然浅显,但赌博仍以其超凡的魅力吸引着一批人。它集娱乐与赢利于一身,成为一种经久不衰的消遣方式。在 20 世纪上半叶的中国,匪患、帮会、烟毒与赌博形成相互助长的连锁关系,从而使社会上的赌博风气极为盛行。赌博的花样很多,牵涉社会的各个阶层,成为民众生活中畸形繁荣的一种生活病态。

一、赌博的种类

赌博首先是作为娱乐方式的一种而出现的。在文化生活匮乏的地方,赌博成为深受民众喜爱的娱乐方式。在广大农村,"每年旧历年节,为赌风最炽时期,多至一月,少至三周"。② 这种情况下的赌博,多数为闲暇时的娱乐消遣。1933 年 2 月,天津《大公报》对河北赵县民众的春节活动进行了记载。"乡民对于旧历年节,仍很重视,除夕之夜,

---

① [英]贝思飞著,徐有威译:《民国时期的土匪》,第 165 页。
② 《各县社会调查》,《河南统计月报》第 2 卷第 1 期,1936 年 1 月。

五更即起,燃放爆竹,祭神贺年,衣新服食美味,百业休息,一般民众无所事事,赌风大炽。往年惯例,初五以前,公开赌博,白昼多在大街设桌出宝,一村每有四五处之多"。一月三十日"城内中山市场设赌局六处,说书的三处,人山人海,颇极一时之盛"。① 由此可见,年节时的赌博与说书、唱戏等相似,扮演着公共娱乐的功能。只有那些常年沉迷于此业的人,才被称为赌棍,才是政府三令五申严禁的对象。赌博也跟烟毒等嗜好一样,一旦沾染便难以断绝,虽然遭到政府的禁止,嗜好者仍千方百计地躲避检查。有一李某,因警局取缔甚严、罚款过重,未敢公然设局,"在街外旷野僻静之处,挖一深坑,地上盖以席,席上铺以乱草","李某每日在坑内约集同类,秉烛豪赌,意颇自得"。②

没有权势的赌民需要遮掩,稍有仗势者则公然营业。而且,赌博与其他行业如妓院、客栈等相结合,形成蔓延的趋势。仅以沈阳为例,1920年9月《盛京时报》的几则报道就揭示了开设赌场的种种情形。其一为依仗权势、公然设赌者。"大东关都统衙门前胡同住有王某者在军械厂充当收料员,因之持该厂势力,每于夜间七八点钟招集军警有势力者或叉麻雀,或推牌九,毫无避忌,并闻某长官时往赌耍,夜不闭户,军警亦不敢过问,禁赌之令几同具文"。③ 其二为梨园、妓院、茶社图利兼营者。中华茶园园主阎景隆,"近以座客稀少,生意萧条,以致赔累不堪,遂设赌博聚众玩耍,希图渔利,以补赔累"。④ 大西关平康里东胡同路西宝发祥剃头铺"因营业不佳,常招引一般赌徒,开设赌场,成群结伙,毫无顾忌,至其不尽犯法之原因,闻所抽之头与该管分驻所巡警李某均行朋分,故为之保护"。⑤ 烟、赌、娼由于性质的相近更容易结合,妓院往往是融三者为一体的媒介。"会仙阁龟头卞某前由哈尔

---

① 《赵县废年赌盛》,天津《大公报》1933年2月2日。

② 《各地通讯》,天津《大公报》1928年11月6日。

③ 《杂报·奉天·持势设赌》,《盛京时报》1920年9月16日。

④ 《杂报·奉天·梨园设赌》,《盛京时报》1920年9月11日。

⑤ 《杂报·奉天·剃头铺兼营赌博》,《盛京时报》1920年9月9日。

滨贩来烟土四五十斤,除论斤售卖外并熬台开灯供客,该龟头犹以为未足,又复设赌渔利,闻城内某商号执事张某在该班输有五六百元之巨"。① 其三为市井流氓乘隙钻营者。"瓦房店悦来栈执事王秀峰出身无赖,居心奸诈,前在四区强抢有案,因官家捕拿太严,逃往孙家台等站隐藏。迄民国成立,始回瓦街开设悦来客栈生意,专以设赌圈套旅客入局骗财"。不仅"明目张胆大开赌局,并贩卖鸦片开灯供客毫无忌惮"。② 上述虽为几个点滴事例,但足以反映出各地赌场之普遍。旅馆也是藏污纳垢之地,1928 年 4 月 18 日,国民政府内政部发布了一则禁令——《令各省民政厅取缔旅馆烟赌窝娼由》,从中可以清晰地看出旅馆与烟赌娼之间的紧密联系。

> 我国各都市虽亦旅馆林立,而一考其内容不惟设备简陋,污秽不洁,且多容留娼妓,售吸鸦片,开场聚赌,喧扰终宵,社会习以为常,禁令视同虚设。旅客所至欲谋一夕之安宁,一室之清洁几不可得,商贾懋迁,或至丧其资斧,官吏出差,或至堕其操行,青年学子血气未定,偶因出游致被诱惑,一朝失足,贻误终身者,在在皆是。兴念及此,良堪痛心,况今交通便捷,各地时有外人游踪,关于此点,最易惹人訾议,倘不严加取缔,非独妨害风俗,亦且有伤国体,为此,令仰该厅责成所属市县各公安局严定取缔规则,切实查禁。自令到之日起,娼妓均不得在旅舍客栈寄寓营业,旅客亦不得飞笺招妓,吸烟聚赌,如有违犯,按法惩处。③

禁令一般都是有感而发,国民政府在《内政公报》的第 1 卷第 1 期上公布取缔旅馆烟赌娼令,显然与当时旅馆中烟赌娼的严重程度密切

---

① 《杂报·奉天·妓馆竟成烟毒窟》,《盛京时报》1920 年 9 月 21 日。
② 《杂报·复县·设赌骗财》,《盛京时报》1920 年 9 月 8 日。
③ 国民政府内政部令第 152 号,《内政公报》第 1 卷第 1 期,1928 年 5 月 1 日。

相关。在多数情况下，赌博的盛衰与社会的治乱相关，20世纪上半叶的中国社会始终动荡不定，恰好为赌博之风的盛行创造了条件。就流行的赌类而言，传统方式依然存在，新的赌类也不断涌现，形成了新旧纷杂的局面。具体来说，当时国内传统的赌法，有麻将、牌九、花会、铺票、山票等，西洋传入的赌博方法，则有三十六门转盘、扑克、打汽枪、彩票、赛马、回力球等等。从乡村到城镇，赌场遍立，中西赌法，一应俱全。

麻将也叫麻雀牌，简称雀牌，由马吊牌演变而来。自清末即已流行开来，到民国时期更是风靡一时。不管是烟馆、妓院、茶楼酒馆、旅店、商店、家庭，甚至一些行业公会、学会、公馆等公众地方，都备麻将，成为不可或缺的赌具。抗战时期重庆大后方曾经流行着一个顺口溜，生动而形象地反映了麻将盛行的场景："一个中国人，闷得发慌；两个中国人，就好商量；三个中国人，做不成事；四个中国人，麻将一场"。麻将牌在民国时期相当盛行，有人曾记述过其具体表现："一是参赌人数众多，从达官显贵、富商大贾、社会名流到市井游民，都乐此不疲，沉湎其中。二是延续时间长，整个民国时期，除了民国创建初期和国民革命时期有所收敛外，包括麻将在内的赌博活动一直十分猖獗。三是地域广泛，遍及全国，从通都大邑到穷乡僻壤，从街头摊赌到远近闻名的大赌窟，都以麻将作为赌博工具，麻将几乎成为中国的'国赌'"。[1]

麻将牌的玩法很多，打起来丰富多彩。牌分万、索、筒三种，每门自一至九，各4张。另加中、发、白、东、南、西、北各4张，共136张。后又增加花牌、百搭。四人同桌，每人13张牌。谁先和四组零一对牌，谁先赢。[2] 由于麻将不像其他番摊、掷骰那样纯凭机运，还包含有斗智斗勇的成分，因而受到各个阶层的喜爱。曾经有人对参加打麻将的牌手提出要求："入局斗牌，必先炼品。品宜镇静，不宜躁率，得勿骄，失勿吝，

---

① 赖某深、岳苏明：《民国时期的麻将热》，《文史杂志》1999年第5期。
② 吴雨、梁立成、王道智：《民国时代的赌博》，《文史精华》编辑部：《近代中国江湖秘闻》，河北人民出版社1997年版，第1页。

顺时勿喜,逆时勿愁,不形于色,不动乎声,混涵宽大,品格为贵,尔雅温文,斯为上乘".[①] 由此可见,麻将牌体现了很强的趣味性、娱乐性和益智性,因此很受人们的喜爱。尤其是上流社会及中产阶层的太太,更把麻将作为闲时消遣的高雅娱乐。这些讲究身份的女性,自然不屑于抛头露面,多在家中搓麻。1939年和1943年,蒋经国在赣南曾两次严厉禁赌,但权贵政要依然赌风大炽。有一次警察局在文清路赖氏私宅抓到打麻将的四位妇女,其中一位是吉泰警备司令赖伟英少将的太太,一位是蒋经国手下的专署秘书杨万昌的太太,另两位是南昌市立银行总经理贺济仓和一位刘姓处长的太太。她们凭借身份的特殊而有恃无恐,但最终还是被踌躇满志的蒋经国所处罚。[②] 这从一个侧面表明,麻将在上层社会中极为盛行,禁不胜禁。

麻将融消遣与赌博为一体,但在不同场合二者的侧重程度有所区别。中产阶层以上的先生太太们自然以消遣为主,但麻将也经常用于巴结讨好上司的一种手段。奉系张作霖自封大元帅时,曾内定财政次长由段永彬接任。但有一次段永彬与其政敌朱有济陪同张作霖搓麻将时,段对输赢斤斤计较,而朱则圆滑世故,不露声色地帮助张作霖。后来,财政次长一职,不是段永彬而是朱有济。山东督军张宗昌嗜赌如命,有人便投其所好。有个清客吴家元,对麻将极为精通。他经常陪张宗昌打麻将,察言观色,左右逢源,不但使张宗昌场场大赢,自己还能维持场场小胜,从而做到不露声色。吴家元这种高超的牌技,深得张宗昌的赞赏,高兴之余,便在牌桌上封了他一个青岛盐务局局长的美差。

但是,在更多的时候,麻将扮演的是赌博的角色,尤其在赌场。进入民国之后,麻将成为流行的赌具,有赌场就有麻将。日伪时期河北平

---

① 仲富兰:《图说中国百年社会生活变迁——文体·教育·卫生》,学林出版社2001年版,第163页。

② 徐浩然:《跟随蒋经国在赣州查禁烟赌娼》,《江西文史资料选辑》第15辑,江西人民出版社1985年版,第163—170页。

定堡的俱乐部就设有麻将,每四圈(四人各坐一次庄为一圈)向俱乐部交2元至4元的抽头费。在北平、天津、上海等各个大型城市,赌场更是广泛,而且内中多数都设有麻将。1926年,广东省革命政府为了筹措经费,将麻将与番摊、山铺票、白鸽票一视同仁,招商承办赌捐。条文规定:"凡在各县、市、区以内开设酒楼、茶室、酒店、旅馆、伎艇、花舫、娼寮、菜艇、俱乐部及一切公共娱乐场所等置有麻雀牌供人娱乐者,均在收捐之列。征收捐款分上中下三等,上等每场征收一元至一元六毫,中等六毫至一元,下等三毫至六毫,得参酌地方情形,酌定数目,呈准备案"。据事后统计,从1926年到1931年广东省各县、市、区(广州市除外)解缴省库的赌捐中,仅麻雀捐即达14.85万元。①

妓院向来是纨绔子弟经常光顾的地方,自从老鸨们把鸦片与赌博纳入妓院,使烟、赌、娼三位一体之后,嫖客们更加乐而忘返,老鸨们的收入自然也水涨船高。而妓院中的赌博,主要为麻将与扑克。据有人统计,上海妓院公开赌博的不下1500家。每家每日至少有两场麻将牌或两场扑克牌,平均计算打牌的人每日每家有10人,合计上海妓院的赌客,每日就有15000人。② 除嫖客之外,妓女有时候也参与其中。例如在1920年的盛京沈阳,"月顺班妓女宝荣、芙蓉等昨(9月17日)在东发里院内与某姓成衣及一龟头王某大打麻雀,被催收清洁费之巡警所遇,当即带署转送地方厅罚办"。③ 妓院中开设赌场应该是相当普遍的,20世纪20年代末,安徽省公安部门曾向妓院征收赌捐,其标准是打八圈麻将收2元,打扑克收4元,名之曰娱乐捐。④ 麻将不仅是烟

---

① 郭双林、肖梅花:《中华赌博史》,中国社会科学出版社1995年版,第344页。

② 谢吾义:《民初上海娼妓一瞥》,沈飞德:《旧上海的烟赌娼》,百家出版社1988年版,第174页。

③ 《杂报·奉天·妓女犯赌》,《盛京时报》1920年9月18日。

④ 张汉卿、程孟林:《旧社会安庆的娼妓、鸦片与赌博》,《安徽文史资料》第16辑,安徽人民出版社1983年版,第147页。

馆、妓院中烟鬼、嫖客消遣的工具,也是茶肆酒楼招徕顾客的主要手段之一。老板们招徕顾客兼抽收彩头,一举两得,何乐而不为。

押宝是流行于华北、西北、东北各地的一种赌博方法,它是赌徒与宝官在一、二、三、四几个数字上的智力较量。这种赌博由宝脚(即赌徒)、宝官、宝令三人利用宝盘、宝盒等赌具进行。宝盘的质地不限,可布可木,可贵可贱,也可在草席上用布条拼成,其形状为斜十字形。宝盒是特制的赌具,用二三寸的薄黄铜板制成,铜板四边所标示的一、二、三、四与宝盘的方位相同。铜板制成盒状,盒的空心装有与空心一样大小的一块方木。方木上刻有凹下去的红色月牙形叫红星。做宝时扭动红心,红心朝宝盒外面的那一边标示几,就说明宝做的是几。押准的就赢,反之则输。宝脚可以随便押,不限人数,下注的多少也不限。做宝由宝官负责。宝官在赌场旁边的一间不准任何人进去的密室中,根据赌注的情况,扭动宝盒红心,使之指向一、二、三或四。做妥后,将宝盒放入木匣里,由专人送交宝令看管。宝脚根据自己的意愿在宝盘上下押宝。赌注下定后,由下注最多的宝脚当众开盒,输赢立见。之后,将宝盒仍送交宝官,重新做宝,作妥后再交宝令,如此往复不断。看宝由宝令负责。宝令坐在宝盘斜十字的后面,面向十字,除看管宝盒、监视赌注、负责吃(输注)、赔(赢注)、打贯(向赢者抽头)外,还通过喊话报告各门赌注情况。①

番摊与押宝道理相通,只有细节上的区别。其赌法是,在桌子上放一大堆铜钱或圆形豆青色光滑小瓷片,作为摊皮。从中叉开一小堆,将有短柄的铜制盅盖(摊盅)盖住。另将一块正方形锡片或木片(名叫摊正)摆在一小堆摊皮之前,任人猜买一、二、三、四。如赌徒猜买"一",就把赌注押在摊正靠一小堆摊皮的那一边;猜买"三",押在摊正的对面;猜买"二",押在摊正右边;猜买"四",押在摊正左边。开摊时,揭去摊盅,用长约一尺的竹片(摊竹),将一小堆摊皮往大堆那边拨。一次4

---

①　郭双林、肖梅花:《中华赌博史》,第347—349 页。

个(称作一皮)。根据最后剩余的摊皮数跟猜买的数字是否相符,来决定胜负。

在具体买法上,押宝与番摊比较接近,区别仅在称呼上,其通用方法主要有三。一曰固定(番摊称此为番)。即一次选押四门中的任何一门,押中者赔三倍,押不中者则被吃掉。如买"四",则开"四"得彩(赌本三倍),开"一""二""三"输。二曰押杠(押宝宝盘上相邻数字之间的斜线为杠)。选押各条杠,宝盒开出后,出现所押两边的数字为赢,押一赔一,否则被吃掉。番摊中称此为角,即兼买相邻的两门。三曰押朝。选押一门朝向一门。宝盒开出后,出现所押一门的数字为赢,押一赔二,开出朝向一门的数字为平,不赔不吃。番摊没有这第三种买法,但有几种方法与此相似。一为捻,即买一门为主,邻近为辅。如买"三"搭"四",则开"三"得彩一倍,开四保本。一为正(又名正头),也是专买一门,但与"番"的专买一门不同。如买"三",开"三"时得彩照原本一样,开"一"或"四"不输不赢,开"一"输。除此之外,番摊的买法还有"射三红"和"两头番"。前者是买相邻的三个数字,如买"一"、"二"、"三",即开这三个数字中的任何一个都中彩(原本三分之一),只有开"四"才输。后者是同时买相对的两个数字,如买"一"、"三",则开"一"、"三"都中彩(照原本一样),开"二"、"四"输。① 表面上看赌徒赢钱的机会很多,但实则不然,由于赌场老板经常是收取 1/10 左右的抽头,投买者赢只能得九成,输却输十足。而赌场老板则与之相反,即使输与投买者,也只输九成,而赢了却赢十足。加上投买人较多,赌场始终处于有利地位。只有投买者将赌本赌光,被抽头抽干的,没有番摊馆或赌场将老本赔光的。

牌九是民国时期与麻将、押宝等并行的赌类之一,用骨牌作为赌具。骨牌在明清时除作赌具外,有时亦作为同乐或独乐的工具。但到

---

① 吴雨、梁立成、王道智:《民国时代的赌博》,《文史精华》编辑部:《近代中国江湖秘闻》上卷,第 10—11 页。

了民国时期,骨牌的娱乐色彩愈来愈弱,而赌博色彩则日趋浓郁,几乎成为一种专门的赌具。牌九与麻将一样,遍布于各地的公馆、茶楼、酒馆、烟馆、妓院以及赌场,甚至还出现了只赌牌九或以牌九为主的专业性赌场。传统的赌博方法除了上述三种之外,还有掷骰子,俗称掷色子。骰子用牛骨制成,磨成 6 个面方块,每面都刻有点数,从 1 到 6。骰子的数目,可以根据不同的玩法,分为 1 枚、2 枚、3 枚和 4 枚,根据骰子摇动后配出的点色来决定胜负。这种骰子玩法在各地也相当普遍,尤其多为下层市井所用。

花会亦为赌博之一种,在沿海的广东、福建、浙江、上海等地区尤为流行。其赌博的方法,写出三十多个人名或其他名称,放置高挂的筒中,参赌者可任意押注于其中一种,押中者为赢,主人按所下注钱 30 倍偿付,如若押不对,赌注便归设赌者所有。花会之得名与记忆这些名称的方法有关。由于开初参加花会赌博多为牌九的赌客,为了帮助他们区分和记忆这 30 多种名称,设赌者在每幅画像的左下角,都配缀有一只挖花牌的图案。赌徒们都以认花牌图案押赌注,因此这项赌博便以"花会"来命名。又由于赌博押注时有如猜射,故也叫"打花会"。花会在民国时期曾盛极一时,因为这种赌博简便易行。赌注多少不拘,本钱无论大小都可参赌。赌局利用一些游手好闲的无业游民充当"航船",挨家挨户运动赌客,收取赌注,并在开筒后将赌彩送到中彩者手中。"航船"有男女之分,男航船专门跑那些商号、铺子,拉那些店铺里的伙计、摆小摊做生意的以及小手艺人参赌。女航船则专门出入一般人家的女宅,花言巧语,引诱宅中女眷、女佣、女厨、老妈子、小丫头出资入赌。这些航船在赌局不拿工资或津贴,他们的外快是向中彩者讨得几个"喜钱"。中彩的人名义上得到 30 倍,但实际上只得 28 倍,剩余的两份分别分给"航船"与"听筒"。

在 20 世纪上半叶,除了上述麻将、押宝、番摊、花会等这些传统赌博之外,一些由西方传入的新型赌博如跑马厅、回力球场、彩票以及转盘赌等,也在沿江沿海的许多通商口岸流行开来。这些新型赌场开设时间虽晚,但其规模与影响却相当惊人。尤其是上海,该市的跑马厅、跑狗场、回力球场,181号赌窟,不仅在全国同类赌场中首屈一指,即使在整个远东地区,亦名列前茅,四川、两广赌场的规模与数量也相当可观。这些新式赌博,不需要传统赌博中那样复杂的智力与技巧,凭借更多的是运气,而且一旦中奖,奖金数额极大,因而更容易激发起各个阶层的侥幸心理与参与兴趣。

跑马赌博在晚清经过半个多世纪的发展后,到民国年间开始达到顶峰。除原有跑马场外,上海、天津、汉口、吉林、奉天、锦州、抚顺、哈尔滨、大连等地又相继出现了许多大型的跑马场和控制赛马的赛马会与俱乐部等,多数由外国人操纵或控股。上海跑马厅开办最早,规模最大,成为当时国内最大的赌场。1909年以前,外国人在场内赌博,采取挂牌定额分彩方式。设赌摊老板向跑马厅当局交纳一笔保证金,便可以在场内设摊进行赌博,盈亏由摊主自负。摊主根据马的性能确定彩金之多寡,在摊上挂牌,赌客可在各摊自由选购马票。好马、名马由于中彩可能性大而彩金少,对那些不易中彩的马,则挂高彩金以吸引赌注。赌客希望多得彩金,往往也愿意下注。但是司赌老板的挂牌非常机动灵活,随时将下注较多的马的彩金下调,以保血本,或者司赌老板本人也来参赌,向别摊购进尚未降低彩金的该马马票。因此,在同一次马赛中的同一匹马的彩金定额,不仅各摊不一,即使同一赌摊上也会有所不同。1909年以后,中国人也被允许入场赌博,跑马赌博的参与者有了进一步的扩增。

赛马赌博的名目很多,包括香槟赛、金樽赛、大皮赛、新马赛、马夫赛、余兴赛、拍卖赛、初学赛以及各种平力赛等等,其中以香槟赛级别最高,风险最大。香槟赛每年春秋两季各举行一次,只有那些在三天大赛马中赢得头马者,才有资格参加香槟赛,有时也放宽到赛前某一时期内跑得头马的马匹,因此香槟赛可以称作平时取得优胜之马的集合决赛。上海跑马厅对香槟赛有严格的规定,路程为125英里,马主参加该赛每匹马要付上簿费(注册费)100元,起步还要加上场地费25元。马主赛后可得趟头银子,头马3000元,二马1500元,三马750元。香槟票每张10元,彩金十分诱人,头奖从10万元、15万元逐渐递增到22.4万元。一旦中得头彩,便可获得巨款、改换门庭,在侥幸心理的督使下,社会各界无论贫富纷纷踊跃购买。但事实上,中彩的机会十分渺茫。①跑马赌博的兴起,刺激了其他同类赌博业的产生,在20世纪20年代后期,上海还兴办了几个跑狗场,出售赌票方法与跑马场相同。其赌法是以外国狗追逐电兔竞赛,以先到终点者为胜,赌者自选一狗投赌注,输赢数也相当可观。

除上述跑马场、跑狗场外,另有曾被称为"跑人场"的回力球场,与跑马、跑狗鼎足为"三跑",后来定名为"中央运动场"。回力球场也是赌博性的场所,1929年在上海开办,由中法商人合资,球手来自埃及、西班牙、巴西、古巴等地。这种球戏,其特点是击球时动作敏捷。赌法以回击次数较多,获得标准分数者为胜。赌者把赌注投在某球手名上,赢者得彩。按照西方的习惯,回力球场的球赛分为三种:单打12盘,分前后两段进行,由甲乙两组球员参赛;中间插入双打4盘;逢周末双打改为红蓝大赛。单打有5个球员,后来改为6个出场比赛,其背上标以号码,以先得5分者为胜,双打也是如此。红蓝大赛比赛时间较长,出场的球员都是体力强球艺高的能手,采取2∶2或3∶2的对打方法,共赛20分钟。由于场上情况变化过快,赌客神经过于紧张而兴趣大减,不久红蓝大赛被赌场取消,而代之以单打前后各8盘。

回力球场采取出售博赛票的方式来榨取赌徒的金钱。博赛票的名堂很多,除了流行的独赢、位置之外,还有双独赢、联位、香槟票等名称。场方抽取11%的佣金(香槟票20%)后,余数按彩票性质分予得彩之人。6人参加的单打,自然有6号独赢票,每一号还可派生出5张联位票。如一张"3"号的独赢票,便有3—1、3—2、3—4、3—5、3—6五张联

① 参见程泽济、毛啸岑:《租界时代规模最大的赌博场所——跑马厅》,《旧上海的烟赌娼》,第80—97页。

位票。如此算来,6 人参加的单打球赛,博赛票便有 6 号独赢票与 30 张联位票。博注的线路越增,赌注就越多,危险性也就越大,所谓的"保险台"也就应运而生。凡是独赢票已打成 4 分,胜负未卜之际,为了防止功亏一篑,夺不到最后一分,赌客可以先向保险台投保一定数额的金额。如果这一局被淘汰而为另外一个号头赢出,就可以向保险台领取照投保数额的赔偿金(要扣 11% 的抽成)。反之,如果赢了,保险台就在应得的彩金中扣除这笔投保金额,而将多余的分给赌客。尽管如此,绝大多数赌徒们也是一败涂地、血本无归,而赌场老板则大发横财。就是那些参加比赛的球员们,也因此变得极为阔绰。①

彩票是民国时期较为流行的奖券,也有人称它为"发财票",清末时传入中国。彩票的范围很广,前者所述的花会、跑马票、跑狗票、回力球票、香槟票等都属于其范畴。不过,说起彩票,人们印象最深的还是那些政府与企业所发行的有期限奖券。北洋政府统治时期,北京政府农商部曾发行有奖实业公债,而各省地方政府与团体所发行的彩票在种类与数额上更为突出。其中比较著名的,包括湖北军事善后有奖义券、湘赈慈善救济券、浙江绍萧塘工券、山东兴业券、湖南惠民奖券等等。其中,湖北票历史最久,而湖北票和浙江绍萧塘工券信用最好,因而深受民众的喜爱。这两种彩票的开彩均采用"抽子开奖法",即在开彩时,将没有卖出的彩票号码的"子"取出不摇,以示公正。后来改用两个球摇奖,其中一个球摇前三位数,一个球摇后两位数,两球凑成一个五位数,即为中奖号码。另外还有一个球摇等级。如果摇出的彩号是在摇前即已公布未出售者,该彩号则被取消,重新再摇。由于人们信服此种彩票,每逢发售时都趋之若鹜。南京国民政府时期发行彩票数额虽不及北洋政府时期,但也所在多有。20 世纪 30 年代,国民政府曾大力发行航空公路建设奖券(简称航空奖券)。其发售方法,每年发行

---

① 参见毛啸岑:《上海大赌窟——回力球场》,《近代中国江湖密闻》上卷,第 68—87 页。

不记名奖券4次,每次50万张,每张售价计"国币"10元。每次发行奖券所收之款,由国民政府抽取50%,扣除发行费、办公费及代销手续费外,概充作发展航空及建筑公路经费。其余50%充作奖金,按等级分配如下:一等奖1张,独得洋50万元;二等奖2张,各得洋10万元,共20万元;……总共中奖50645张,共计得奖2499910元。该奖券自1933年开始发行,至1935年8月改作每月发行一次,国民政府的年收入从1000万元增加到1500万元。总起来说,民国年间彩票盛行,据1922年《申报》载,当时仅上海一地的正、副彩票,即达数十种之多。①买彩票的目的就是为了中彩,否则将血本无归,因而也属于赌博的行列。

轮盘赌在清光绪末年从欧洲传入中国,民国时期在上海尤为发展。当时上海几乎所有的大赌场,包括20世纪20年代末广帮王宝善在法租界开设的"利生公司",30年代初本帮杜月笙、黄金荣开设的"181"号赌场以及沦陷时期李筱宝在沪西开设的西园赌场等,都设有轮盘赌。个别赌场如"181"号赌场,还以轮盘赌为主。这种赌具的形状是一个大圆盘,底为38格,自1号到36号,另加单圈和双圈。以马达转动圆盘,圆盘上面另有一个沟形圆圈,也可旋转自如。执掌者用圆形弹子一粒,将其纳入沟形圆圈内,直到这粒弹子落入某一格中,该格的号码即为头彩。圆盘设在长桌正中,前后都画有号码图。赌客参加轮盘赌时,先把现钞换成筹码,然后把赌注押在自己所选号码的赌图上,赌客押注完毕后,执掌者揿电钮,转盘旋转,弹子在电钮停电后停在某一点,输赢立见。押中者可翻本34倍,没有押中的各门统由庄家吃进。赌客也可打半门,把一个筹码放在两个号码上,概率增加了一倍,但押中后的彩金也缩减了一倍,变为翻本17倍。36格加上单双圈,轮盘有38号,中头彩后只能得34倍奖金,其间的差异就是赌场的赢余。这种赌法简便易行,又能得到三十几倍的彩金,因而吸引了一大批心存侥幸的赌客。

① 参见郭双林、肖梅花:《中华赌博史》,第294—298页。

有人曾经指出,参加轮盘赌的赌客,"有大腹便便的商人,有乔装改扮的官吏,有十里洋场中的阔少爷,有珠光宝气的姨太太,也有红舞女与名妓"。[①]

除以上所述外,20世纪上半叶的赌博还有其他形式与名堂,如国内传统的铺票、山票、白鸽票、牛栏、顶牛、十二位、天九、打鸡、赶绵羊、三军、侯王、升官图、状元筹、十点半、柑票、肉票、陶器票、啤票、十三张、纸牌、诗韵、通宝、十五糊、斗鸡、斗狗、斗雀、斗蟋等,另外还有西洋传入的扑克、打汽枪、抢场等。[②] 赌场数目之多、赌客人数之众,已经使赌博成为当时突出的社会问题,带来了一系列的影响及后果。

二、赌场黑幕及危害

娱乐虽是赌博的职能之一,但几乎所有的赌场与赌客都把输赢看做第一要务,赌博越来越走向娱乐的反面。从表面上看,赌博的输赢似乎是机会均等,否则就不会吸引如此众多的赌客,但事实上,每一种赌博背后,都有一张暗箱操作的黑幕,赌客一旦深陷其中,就难以自保。因此,嗜好赌博的人即使偶尔小有赢余,但最后也是经常落得倾家荡产、妻离子散。俗话说"久赌必输",就是这个道理。从赌场与赌客的关系来看,赌局既然是赌场所设,他们就难免私做手脚,而且,即使从数学概率的角度来看,往往也是对庄家有利。正因如此,一般开赌场的人经常说:"不怕赌客赢得多,也不怕他们买地造屋,只怕他们吃光用光"。[③] 当然,有时也会遇到聪明的赌客,颇让赌场无可奈何。一类是谨小慎微者,不论输赢,每天只投入三五元资本,输后不再投,赢后也不再贪。一类是赢后立收、再不涉入者。只要赌客继续进行赌博,赌场就

---

①　斯尔鑫:《轮盘赌琐记》,《旧上海的烟赌娼》,第140—141页;郭双林、肖梅花:《中华赌博史》,第311—312页。

②　吴雨、梁立成、王道智:《民国时代的赌博》,第1页。

③　姜梦麟:《西园赌场纪实》,《近代中国江湖秘闻》上卷,第90页。

总有办法把被赌客赢走的钱收回来。但是,对于那些见好就收、赢了立走的赌客,赌场则是黔驴技穷。有位开设赌场的人说,"开赌场的,不怕赌客手气好,赢得多,只怕过路客人赢了钱不再来,才叫做'硬伤'"。① 但总起来说,像这样有节制的赌客毕竟只是少数,绝大多数赌客都是输后想还本,赢后想再赢,直到家产告罄为止。

赌博虽讲究技巧的高低,但令大多数赌客始料不及的是,每种赌博背后都往往密布玄机,施行骗术,被骗的赌客无论有何本领,也难以逃脱输钱的厄运。麻将一般是四人玩耍,只要其中两人或三人事先串通,通过手令或暗号联络,互送对方所需之牌,基本上就能稳操胜券,这种作弊手法俗称"抬轿"。有时他们嫌这种互送好牌的速度太慢,就先紧着一家赢。谁起的牌最好,紧谁赢,两三把牌配一把牌,赢的机会自然就多。也有一人吃三人的情况,名为"脱靴"。甲精通赌术,分别与另外三人暗中合作,言明终局后输赢共摊,其他三人当然是蒙在鼓里,相互之间并不知情。牌桌上甲果然依暗号分送三家所需,牌局结束时,假如甲输400元,乙输200元,丙、丁各赢300元。按照约定,乙应回赠甲100元,因为他们共输600元。甲又找到丙,按照输赢共摊原则,丙将所赢300元全部给甲后,甲还有100元的输账,丙只好再给甲50元才能补齐。丁也被如法炮制,除将所赢的300元全部交给甲后,还倒贴50元。这样,甲在赌局结束后从另外三人处共收回800元,除弥补自己所输400元外,还净得400元。甲成为最大的赢家,其他三人都成了输家。② 不过,一人吃三人的难度较大,不及前者流行。这种联手坑人得利的方法并不限于麻将,凡是几个人一起赌输赢的玩法都可能遇到。有时候,还会出现坑人者反被人骗的现象,钻进了别人所设好的圈套里面。麻将"脱靴"即是如此,乙、丙、丁自以为在联手使诈,

① 秋翁:《"181"号大赌窟内幕》,《近代中国江湖秘闻》上卷,第95页。

② 吴雨、梁立成、王道智:《民国时代的赌博》,《近代中国江湖秘闻》上卷,第14页。

其实反中了别人圈套。这种例子其实还有很多,甲、乙一起约丙联合骗丁,但赌博真正开始后,丙反而成了被蒙骗的对象,等明白过来时已悔之晚矣。

宝盒的宝星指向是押宝输赢的关键,因而改变宝星指向就成为作弊的原则。最为通常的作弊方法,是在宝盒内装上机关,宝令看到哪一方压得少,即在揭开宝盒的一瞬间将宝星指向哪一位。有的在宝盒中安置吊弓,用手一捺宝盒,就可以改变宝星走向。有的是用手向前一拥,就可以走一头。为了事先知道所做宝数,有的在宝盒的前面也就是"三"的一面设置一个很微小的电光,这一宝如果出在三上,这个小电光就发亮,否则不亮。番摊是以最后剩余摊皮的数目来决定输赢,而借助特制的摊皮、改变摊皮数目就成为常用的作弊手段。这种特制的摊皮跟普通的摊皮看似一样,到必要时用摊皮的尖端轻轻一拨,一颗就变成两颗。骗术之二名曰"飞子"。摊官扒摊皮扒到最后时,看到所开之门为重门,赌场老板要赔大钱,而剩下的摊皮中又没有特制的摊皮,便施展"飞子"的魔法,在剩下的摊皮中飞去一颗,改变所开数字。还有一种叫"扒三鸡五公",照规矩摊官扒摊皮应该四个一扒,当摊官看到即将开出重门时,便违反规则,三个一扒,或者五个一扒。但摊官必须眼明手快,不能被赌客发觉,否则不论赌客押哪一门,番摊老板都要照赔。

精通赌术的赌棍一般被称为郎中,牌九郎中也有许多惯用的手法。其一是认牌,通过刻苦训练,把 32 张牙牌全部暗记默识。有的是随意买一副牌,根据牌面竹丝的条理来生性记忆,这种方法比较困难,但是认牌中最为上乘之本领。有的是特制一副牌,要求每对牌用同一段竹子刻成,以便同一对牌牌面竹丝相同,记住一张牌,也就记住了一对牌,记住了 16 张牌,也就记住了全副 32 张牌。有的是将牌面染上极细微的污点等等。其二是掉牌,调换手中牌九以增加赢牌的机会。一种方法是预先将一张牌藏于袖中,必要时自袖中取出,跟某张牌调换,至末条洗牌时还要调还原牌,否则就会闹出三只牌的笑话。一种是从靠身一幢的牌尾脱下两只,而以无用之两只补上,还有的能从别幢角挖下两只,再以无用补之。其三是使骰,事先根据认牌的本领在翻牌、搅动和整理时凑成一副"对子"、"天杠"、"地杠"等大牌,随意放于出条子头二三四副中,然后再在骰子上做手脚,使其摇出自己所需的点数。

花会老板的输赢在于赌客投买门色与会局所开门色是否相符,因而根据赌客投买门色的集中程度改换彩筒中即将开彩的门色,就成为会局作弊的两个关键步骤。花会彩筒装入应开门色后,加锁并贴上封条,似乎做不了手脚。但事实上,彩筒的门做得较厚,中空而夹以薄板,置有弹簧。每次将两个门色各卷成一卷,一投入箱中,一夹于中空的门,然后加锁、贴封条。开筒的时候,可以根据赌客投买门色的多寡而避重就轻地开出对会局有利的门色。拉人入会的航船也叫跑封,他们把押会者要押的会门写在小方块纸上,下边写上押钱数,然后叠成小长方形,会封外面写钱数和押会人姓名。把会封写完,将"会封"和钱同时带到出会地点。一般来说,跑封的收入主要来自中彩赌户三十抽一的佣金上,他希望自己所带的赌户中彩,并且为其赌户保密。但是,当遇到某大户下注特别重或各注特别集中的时候,会局宁愿掏付超过佣金的贿赂,从跑封那里事先知晓赌注的情况,以做到心中有数,便于选择。更有甚者,有的会局竟私下偷拆全部会封,摸清一天内押注会门的情况,再选择所出会门的种类。会局总机关会所叫做大筒,大筒在各处的联络处叫做听筒,听筒自己不开彩,专听大筒所开的彩以定输赢。听筒虽然不开彩,但也有弊可作。它根据自己所收到的押注情况,买通大筒设法开出它的轻门,即押注较少的一门或空门,否则将亏本赔付。

赌客购买跑马场彩票,输赢的关键在于他们所投注的马匹是否跑了头马。哪匹马能够跑出头马,按理说应取决于马匹奔驰的速度,但是,跑马场、马主人或骑马师有时候出于一己之私利而相互勾结、暗中操纵,致使赌客们普遍看好的马匹不能取得好的成绩,买彩票的赌客不但中彩的机会化为泡影,他们的赌资也全部被吞没。跑马成绩被人为操纵的手段很多。一种是欲赢先输，故意造成赌客的识别错误。某匹马明明是骏马，完全可以夺得头马。但赛马会为骗取赌客赌本，授意骑马师让该马多次输掉，在赚取了一大批赌注、赌客逐渐对该马失去兴趣之后，马主人和骑马师却在购买该马彩票之后，让该马把潜在的优势全部发挥出来，一举夺得头马。奖金为马主人和骑马师所得，众多赌客则又投注失败。一种是私让头马，甲乙两马本来势均力敌，但两马的主人却在赛前暗中达成协议，约好由其中的某匹马取胜，二人都购买该马彩票，以顺利博得奖金。一种是转移铅饼。参赛的马匹，必须按照规定负重比赛，如马鞍与骑马师的重量不足规定的负重数时，应加铅饼。骑马师在拿着马鞍过磅之后，偷偷地将铅饼交给马夫，让马夫暗藏在身。比赛结束，卸鞍时再由马夫将身藏铅饼偷偷取出，放在马鞍袋里去复磅。参赛的马因负重较轻，自然跑得轻快，容易获胜。此外，跑马赛作弊的方法，还有给马注射或服用刺激药物、强迫利诱骑马师、包票部摇彩作伪等等。

赌博本来就是非正常活动，为了达到赢钱目的，许多人都使用奸诈、欺骗手段。回力球场以球员击球得分作为输赢，他们之间上下其手的事情自然难以避免。轮盘赌虽说是以机械动力带动圆盘，但执掌弹子旋转的人下手的轻重，以及脚下所安装的可使弹子跳入冷门的弹簧，都可改变弹子的落点。至于彩票，在中奖号码的产生上也经常有人做手脚。总之，俗话所说的“有赌就有假”确实广泛存在，尽管如此，还是有一大批不知深浅的人沉迷于赌博而不能自拔。赌博活动的盛行，给个人、家庭与社会带来了深重的灾难。

无论哪种形式的赌博，浪费时日耽误工作先且不说，还直接造成了财产的损失。赌博规模无论大小，其财产聚散速度都超过了正常收入的获得与积攒。一个赌徒往往在几天之内，就会断送他几年的积蓄。有的还因此债务缠身，道德沦丧，家破人亡。1920 年 9 月 26 日，哈尔滨道外十七道街某小铺柜伙，“因休息取乐，大推牌九，将数年积蓄百余元尽行输罄，并输外债百余元，该柜伙无力偿还，兼各债权追讨甚急，该柜伙乃乘隙逃至江沿拟自投而死,幸经人劝救送回"。① 在日伪统治时期,绥远集宁开设了许多以赌博为主要内容的俱乐部。九龙街有一个出名的姚画匠,手艺颇佳,每年收入甚好,但由于嗜好赌博,把钱都输在了赌场上,致使妻子儿女少吃缺穿,度日艰难。桥西有一贾铁匠,手艺精良,在集宁独一无二,收入颇为可观,家道堪称小康。涉足赌博后,不但把收入与积蓄输光,最后把妻子儿女也统统卖掉。更有甚者,一位唱戏的有名须生"刀子红",一时糊涂而陷入赌场,把数十年唱戏的积蓄几千元全部扔给了赌场,唱戏的行头被迫卖掉,山穷水尽之后,在赌场的掏宝棚内悬梁自尽。② 花会并不限于城市,乡村也极为盛行。河北滦县"各地偏僻之村,赌风甚炽,花会尤甚","设会者,多为土棍流氓,敛资肥己"。③ "各乡民多乐为之","以妇女为最众,十指操作所得微资,均付之一掷。因是丧名失节,比比皆是,窘极自杀者有之"。④ 赌博带给赌徒的命运往往是悲惨的,正如人所常说,"因赌而发家致富的很少听到,总是一败涂地者为多"。⑤

小户人家经不起赌博的损耗,富裕家庭也照样难以抵御。输赢较大的赌博,一夜之间就可剥夺一个人的全部财产。以上海"181"号赌场的转盘赌为例,有一个广西军阀,因武装贩运烟土致富,把20万元现款交给太太保管,存在上海银行里。他的太太偶尔喜欢上了轮盘赌,先拿一二百元小试锋头,赢了千把元,然后赌注加大,竟然一发而不可收,把20万元现款都输了进去。自觉愧对丈夫,服鸦片自尽。⑥ 一个黄埔系军官嗜赌成乞,成为江西新余茶余饭后的笑料。吴逊,江西新余县

① 《杂报·哈尔滨·赌博害人》,《盛京时报》1920年9月30日。
② 张汉臣:《日伪时期的集宁赌场见闻》,《近代中国江湖秘闻》上卷,第126页。
③ 《滦县花会盛行》,天津《大公报》1932年4月3日。
④ 《滦县严禁赌博》,天津《大公报》1932年6月9日。
⑤ 斯尔鑫:《轮盘赌琐记》,《旧上海的烟赌娼》,第141页。
⑥ 斯尔鑫:《轮盘赌琐记》,《旧上海的烟赌娼》,第141页。

人,毕业于黄埔第三期军官训练班,1933年复被选派庐山军官训练团学习,1943年回到新余,领导抗日斗争,建立了不少功勋。抗战胜利后开始不务正业,吃喝嫖赌,抽鸦片烟。后来竟发展到滥赌的程度,信奉所谓的"三光"政策,即赌资要输光、赌徒要走光、通宵赌到天光(亮)才能罢手。其行为的恶劣,自然招致新县长的不满,行政职务被撤销。穷困潦倒、走投无路之后,曾得到黄埔军校同窗的接济,但他拿到钱之后,当晚就在赌场输个精光,从此再无人对他寄予希望。吴逊由威武雄壮的军官沦为丢人现眼的乞丐,不久饥寒交迫而死。① 这些例子在深受赌博危害的人群中应该说仅为沧海一粟,因为很多人都谈到,赌场最欢迎那些初出茅庐、不服输的富家子弟,结果总是人财两空。

只要有一人嗜赌,这个家庭就在劫难逃,经常陷入家破人亡的境地。而一个社会如果有大批人嗜赌,其命运也是可想而知。赌博是侵蚀社会的蠹虫,除了产生一大批不事劳作的人群外,还恶化了社会风气,引发了盗匪、娼妓等社会问题。赌博本身就是流氓习气的表现,在一般人眼中,无论是聚众设赌者还是嗜好赌博者,都以流氓无赖及无业游民为主。1920年9月《盛京时报》报道奉天台安的一则赌博消息时指出,"赌为盗源,早悬例禁,讵无业游民时有以身试法,设赌抽头,不顾惩罚者,昨二十二日县东唐屯村住户唐小云召集一般无赖大肆赌博,无所顾忌"。② 赌博不仅容易招引流氓无赖,还经常是地痞流氓的制造者。李汉冲在回顾闽西上杭、永定及粤东之梅县、大埔一带的花会赌博时,认为赌博与流氓之间有着直接的关系,并且滋生了封建迷信、好逸恶劳、伤风败俗等社会风气。

当时我乡(上杭官田)从事花会赌博"职业"的包括头家、保利和带花会的就约有百余人,这些人以后一部逐渐上升为

---

① 涂苏中、易君:《一个嗜赌成乞的黄埔系军官》,《近代中国江湖秘闻》上卷,第202—203页。

② 《杂报·台安·赌犯送惩》,《盛京时报》1920年9月28日。

豪绅地主,一部变为地痞流氓,有些直接由花会赌博起家。因此,在解放后土改时,我乡便成为上杭东路地主流氓最集中的一个乡。……由于赌博各种迷信活动的关系和投机侥幸的思想,也大大影响了生产,民国14年花会最盛行那一年,我乡的皮丝烟叶产量就减少了1/3,因为有些人弃农就赌荒废了耕作,有些人因求神问卜放松了田间的管理和耽误了晒烟作业,还有个别的以为"辛苦了一年,倒不如中一次花会",因而产生了对农业生产的消极思想。至于因到荒山野冢去寻机觅兆,在黑夜中被人强奸抢劫,以及由此引起不正当的男女关系,甚至男盗女娼、拐骗诈讹等伤风败俗之事例亦不胜枚举。①

赌博对社会的影响,除了败坏社会风气之外,还直接引发了盗匪、娼妓等社会问题。经常参加赌博的人群,耳濡目染金钱在赌场中的瞬息转换,即使是输钱欠债的赌客,也很难再重新回归正常劳作的缓慢节奏。为了继续谋生或积聚赌资,他们很容易因谋求挣钱捷径铤而走险,赌博成为良民走向盗匪的桥梁。"赌为盗源"、"赌为引盗之媒"几乎成为当时社会的口头禅。1934年天津《益世报》载,河北平山盗匪众多与赌博盛行密切相关。"本县北区民智锢塞,风俗堕落,赌博之风甚炽,在民国17年间,该区公安分局长胡某,曾大放赌局,以致嗜赌之徒,卖家荡产,流为盗匪者,所在多有,因之该区盗匪丛生,抢劫案件,层出不穷,邻近居民受害良深"。② 1935年天津《益世报》社论在胪列盗匪猖獗原因时,把赌徒借债不能归还视作最为主要的一项。"俗语云'赌博出盗贼'。盖赌输则财匮,财匮则苟取,苟取则小而偷窃,大而劫盗,此土匪之所由生也"。③ 赌博对娼妓业的促进,一方面由于家中有人赌博引起的家庭变故,一方面由于烟赌娼的三位一体。为招徕顾客,妓院故

---

① 李汉冲:《花会赌博种种》,《近代中国江湖秘闻》上卷,第321页。

② 《平山赌博盛行》,天津《益世报》1934年5月7日。

③ 《冀省急应消弭匪患》,天津《益世报》1935年7月18日。

意筹设赌局,而赌场的兴起,同样也能促进娼妓业的繁盛。1932 年春,河北赵县赌风复起,"城内东南各三处,北街二处,邻封各县赌徒,闻风亦咸来与会,各饭馆妓院亦因之利市三倍"。①

综上所述,20 世纪上半叶的中国,赌博形式纷繁而复杂。从农村到城市,从青年男子到妇孺老少,都与赌博息息相关。赌博牵涉国内的各个地域与阶层,成为民众生活中极为突出的病态现象。赌博本身就是运气与智能的巧妙结合,大多数赌徒已经在二者面前焦头烂额,而无赌不诈的事实,更使赌徒们难以应付。他们怀着侥幸心理而参加,但绝大多数都在密布玄机的赌场上倾家荡产、贫困潦倒,给他们个人及家庭带来了深重的灾难。同时,赌博也给社会带来了深远的消极影响,除了供养一大批不事劳作的人口之外,还助长了好逸恶劳、投机取巧的不良社会风气,引发了赌博、娼妓等社会问题。

第四节　娼　妓

作为一个社会的非正常现象与次生社会群,娼妓已经存在了几千年,至 20 世纪上半叶,仍然具有相当规模。其从业人员、经营主家以及服务对象牵涉社会的各个阶层,对娼妓业自身的考察,可以捕捉到当时社会的广泛信息。娼妓业的畸形繁荣,是人口比例失调、文化素质低下以及贪婪人群操纵等因素综合作用的结果。在妓业繁盛的背后,大批女性沦为无辜牺牲品,而社会也饱尝了恶果。性病的蔓延、家庭的解体、财产的挥霍以及道德的沦丧,成为娼妓带给社会的深远影响。

一、娼妓的人数及来源

娼妓主要存在于城镇,与中国城市早期现代化呈骈进之势。自

---

① 《赵县赌场林立》,天津《大公报》1932 年 4 月 19 日。

1905 年设巡警部后,京师及各省先后征收"妓捐"以纳资于官厅,卖淫开始合法化,娼妓数目迅速增多。王书奴 1934 年写作《中国娼妓史》一书时,在分析比较了各个朝代的娼妓情况后指出,"民国后娼妓比前清反为发达而普遍"。① 民国时期娼妓的从业情况分为两种,一种是登记在册挂牌营业者,俗称"公娼"(亦称"官妓"),一种是私下拉客、逃税偷税者,称作"私娼",又名"暗娼"。至于其具体人数,各市只有一些零星的统计,而且多限于缴纳税捐登记在册的公娼。

表 10—6　　　　　　　各地公娼数目统计表

市别		北平 (1930)	天津华界 (1930)	济南 (1929)	开封 (1935)	广州 (1926)
妓院数 (家)	头等	43		64	17	70
	二等	53	37	18	11	42
	三等	208	258	176	17	16
	四等	42	141	20		
	其他		135			
	总计	346	571	278	45	128
娼妓数 (人)	头等	355		155	76	761
	二等	458	221	68	53	486
	三等	1788	1791	296	98	115
	四等	328	381	28		
	其他		517			
	总计	2929	2910	547	227	1362

资料来源:北平:北平特别市社会局印:《社会调查汇刊》第 1 集,1930 年 9 月;
　　　　　天津:《天津市社会局统计汇刊》,1981 年 8 月,杂类,天津市妓女妓户统计;
　　　　　济南:《济南市市政月刊》第 1 卷第 2 期,调查统计,1929 年 10 月;
　　　　　开封:《河南省统计月报》第 2 卷第 2 期,1936 年 2 月;
　　　　　广州:王书奴:《中国娼妓史》,第 333 页。

① 王书奴:《中国娼妓史》,上海生活书店 1934 年版,第 328 页。

娼妓一直处于流动变化过程,上表数据只不过反映了个别城市的点滴片段而已。而且,上表的公娼数目绝大多数来自政府部门的市政公报,经常低于实际数据。例如河南省会开封,据上表《河南省统计月报》记载有妓院 45 家,妓女 227 人,而据 1925 年一位在开封警察南区分署缮写统计文件的录事员回忆,当时公开营业的妓女,一等、三等各为 300 人,二等 400 人,总计 1000 人。开封小街小巷租屋卖淫的暗娼人数更多,"据说有一千多家"。① 北平娼妓的数据,也有另一份材料。据《北平娼妓调查》统计,1929 年北平共有妓院 332 家,而一、二、三、四等妓女分别为 328、528、1895 和 301 人,共计 3752 人。② 在首都南迁之前,北京娼妓的规模更为庞大。1922 年据乐户收捐处呈报,京师有一、二、三等妓馆 583 家,妓女 4714 人。③

娼妓广泛存在于国内的各个城市与乡镇。除上述城市外,其他地方也有不少公开营业的妓女。1909 年,汉口官方统计的妓女有 2857 人。④ 1930 年,全厦门的职业类别统计表中以妓女为职业者 845 人,以走唱为职业者有 368 人。⑤ 长沙公安局登记的娼妓,在 1500 人以上。⑥ 1931 年,太原娼妓为 559 人⑦,抚顺有中国妓女约 3000 人。⑧ 1932 年,长春妓馆百余家,妓女达 2000 余人。⑨ 1933 年,大批国民党军队驻扎

① 陈雨门:《古汴娼妓血泪录》,《文史精华》编辑部:《近代中国娼妓史料》下卷,河北人民出版社 1997 年版,第 254 页;段荣轩:《旧开封的娼妓》,《近代中国娼妓史料》下卷,第 264 页。

② 王书奴:《中国娼妓史》,第 329—330 页。

③ 《京畿写真·京师妓数锐减》,北京《益世报》1922 年 8 月 14 日。

④ 贺鸿海:《旧汉口的娼妓》,《近代中国娼妓史料》下卷,第 314 页。

⑤ 姚自强:《旧时厦门的娼妓》,《近代中国娼妓史料》下卷,第 236 页。

⑥ 谭文俊、渔叟:《旧长沙娼妓之兴废》,《近代中国娼妓史料》下卷,第 341 页。

⑦ 韩少峰:《三十年并门花事丛谈》,《近代中国娼妓史料》上卷,第 603 页。

⑧ 姚云鹏:《抚顺永安里妓院》,《近代中国娼妓史料》上卷,第 176 页。

⑨ 魏丽晶:《长春改造妓女史话》,《近代中国娼妓史料》上卷,第 244 页。

江西,形成了一个广阔的娼妓市场。1934 年,全省以国民党军人为主要服务对象的"军妓"大致有 1 万至 1.3 万人。① 成都妓女人数更多,仅据警察局发"乐女证"的编号看,就有 13565 号。② 一般来说,处于地下状态的私娼数目远过于缴纳乐捐的官娼。王书奴在《中国娼妓史》一书中指出,"据欧洲统计家谈:人口百万以上都市,每百万中有三千公娼,然私娼数目甚或十倍,或二十倍于公娼"。③ 北平在 1927 年左右有官娼 3500 人,而私娼不下 7000 人。④ 天津的公娼一般在两三千人左右,而 1946 年《大公报》载,"全市的明娼暗妓总数约在一万人以上"。⑤ 上海作为一个国际化的大型都市,其娼妓数目更是冠于全国。1920 年据上海工部局调查,除华界及虹口广东娼之外,全市各类娼妓 6 万余人。王书奴推测,加上咖啡馆女茶房、游戏场女招待、按摩院女侍者等变相娼妓,上海的娼妓总数应不下 12 万人。⑥

　　如此众多的娼妓来自哪里? 主要来自城市周边的乡村及城市贫民。对于娼妓的来源,通常认为有三种。以石家庄为例,"一种是三四岁被买来的,老板把她们抚养大,到了十六七岁开始接客,成了老板的摇钱树;一种是年轻姑娘或年轻妇女被人贩子从远方骗来的,倒手卖给老板,老板逼着她们给她挣钱;再一种是为生活所迫,自己男人没法养活全家,由于欠债或因天灾逃难来石无依无靠等原因,不得已而下水,出卖自己的肉体"。⑦ 也就是说,主要是迫于生计或被歹人拐骗。其实,这只是妓女堕落的一个方面,还有一个方面,是对纸醉金迷生活的

---

① 　涂苏中:《"围剿"期间江西的"军妓"》,《近代中国娼妓史料》下卷,第 230 页。

② 　白景纯:《解放前程度娼妓概况》,《近代中国娼妓史料》下卷,第 470 页。

③ 　王书奴:《中国娼妓史》,第 332 页。

④ 　王书奴:《中国娼妓史》,第 330 页。

⑤ 　《本市妓女检治工作》,天津《大公报》1946 年 8 月 19 日。

⑥ 　王书奴:《中国娼妓史》,第 331—332 页。

⑦ 　殷良夫:《石家庄妓院始末》,《近代中国娼妓史料》上卷,第 506 页。

留恋与向往。1929 年天津 2910 娼妓堕落的具体原因,分为下述种类:被押 1722 人,占 59.2%;被卖 98 人,占 3.4%;被租 38 人,占 1.3%;自甘堕落 866 人,占 29.7%;不明 132 人,占 4.5%。[①] 其中,自甘堕落者占据了相当大的比重,自愿或被引诱者都属于此列。有人在分析民国时期长沙娼妓的来源时,胪列了 10 种情况,具有很大的概括力。

> 一、农村妇女因受封建婚姻制度的迫害,不堪虐待,而只身进城谋生,辗转陷入娼门;二、良家女子或幼女,遭歹徒拐骗,卖入妓院,或因家境贫困,典押给妓院;三、妻子被丈夫遗弃,或染烟毒嗜好堕入青楼;四、因夫妻生活不谐,关系破裂,或丈夫远去,久未归家而寻求外遇者;五、为"三姑六婆"、"蝴蝶党"等帮会用金钱引诱或用骗术使其陷入火坑;六、个别女招待、弹子姑娘、舞女、歌妓、因羡慕虚荣而操妓业者;七、因收入不足难维生计,兼以卖淫为副业者;八、被拆白党等行骗秘密组织,用"仙人跳"、"放白鸽子"等骗术引入火坑者;九、因失恋自暴自弃而离家出走,生活无着而陷入虎口者;十、少数好逸恶劳,好吃懒做,追求享乐而堕入烟花柳巷者等。[②]

由上可见,堕入娼门的原因,不外乎被逼、被骗与被利诱三类。被逼主要是因生活所迫而自卖自身或被家人所卖,尤其是灾荒季节的人口买卖,更以幼女与青年妇女为交易大宗。1920 年北方苦旱,灾民外出逃荒者众多,贩卖人口案件自然屡有发生。天津市警察厅鉴于"杨柳青等处地方竟发现暗娼奸民乘机贩卖灾民幼女",特发布禁卖人口布告。[③] 而奉天对于关内难民到奉后的卖妻鬻女行为"未加干预,予以

---

① 河北省政府秘书处编制:《河北省统计年鉴》1931 年度附 1929、1930 年度,民政类,第 82 页。

② 谭文俊、渔叟:《旧长沙娼妓之兴废》,《近代中国娼妓史料》下卷,第 340 页。

③ 《本埠新闻·警察厅禁卖人口》,天津《大公报》1920 年 9 月 22 日。

保护,但不得卖入娼寮或转图渔利"。① 任何禁令都是针对现实有感而发,对卖入娼寮进行限制恰好表明当时这一现象非常普遍。与发布禁令时间几乎相同,《盛京时报》登载了两条购买幼女入娼的事例。"平康三等妓馆斌升班妓女秀铃之姘夫某甲,北京人,素以贩卖人口为业,日昨(9 月 14 日)又由关内买来灾民之幼女三名,当藏匿于小房子内现正待价而沽"。② 9 月下旬,"有天津人刘某者,现由难民中买来幼女三名,藏匿于东发里院内,每日出招顾主"。③ 1922 年直奉战争期间大批难民逃避入京,北京警察厅因屡有难民妇女"为匪人所诱买,送入娼寮为娼情事"发生,5 月 5 日"特通饬各区详查,如该管界内之娼寮,有无诱买难妇难女送入娼寮为娼情事"。④ 1929 年,绥远民众由于灾乱连年而难以维持生计,"于是父子哭别,夫妻离散,兄弟不相见,四出奔亡,各自逃生,拆散家庭者,比比皆是"。有记者报道,"固阳、托县、萨县等处,灾情大致相同,自去年(1928)一般灾民无法谋生,典房卖地不值一文,遂行卖妻鬻女,聊顾目前,他处闻风而来婚买者,每县约在数千妇女之多。今岁开春,此风尤为盛行,被灾各县城内旅店中,婚买妇女者,成群结伙,大有拥挤无以容纳之忧,统计约有千余人,一般贫民,视同利薮,三五成群,东奔西走,为其作戕,以占余润"。⑤

城市中的娼妓还有一部分来自城市贫民。她们多数是因生计困难而被家人典押,当然也不排除家中有奸诈之人贪图厚利,后者往往发生在血缘关系较为淡薄的群体之间。在男尊女卑的社会,年轻妻子是一个家庭中地位卑微之人,也是唯一一个和其他人没有血缘纽带的人。如果一定要有一个人为家庭做出牺牲,媳妇是比女儿更为合适的对象。另外,还有一些贪婪之人,经常把稍具姿色的妻子或儿媳视作一本万利

---

① 《杂报·奉天·灾民之卖妻鬻女》,《盛京时报》1920 年 9 月 8 日。
② 《杂报·奉天·贩来幼女》,《盛京时报》1920 年 9 月 15 日。
③ 《杂报·奉天·卖良为娼》,《盛京时报》1920 年 9 月 30 日。
④ 《京畿写真·警厅注重人道》,北京《益世报》1922 年 5 月 6 日。
⑤ 《买卖式的婚姻》,天津《大公报》1929 年 3 月 12 日。

的发财机会。她们没有被夫家所接受，还被视作别人家的女儿，是送上门的摇钱树。以天津为例，报纸就登载了不少被夫家逼良为娼的事情。1929 年 9 月，天津人杜连元，年 29 岁，"前系油漆匠，近日生意不佳，该在南市新华池塘内充差役，每日所获无几，不能维持生活，见其妻杜康氏（年二十五岁）年逾花信，尚具丰姿，故于前日逼其落水，以资进益，该氏坚决不从，以致互相争吵，已非一日"。杜仍不死心，坚决追逼，被其妻生母向警所控告。① 同年 10 月，曾在鲁军充当军官、并娶山东田姓女为妻的关外人魏福林在鲁军败退后携妻来津，"将其妻之衣饰当尽，逼令为娼，其妻不允，魏福林打骂不即休"，魏田氏逃出后告知岗警。② 逼妻为娼在当时社会很是普遍，俗所谓"民不告官不管"，只有那些出了差错的才成其为问题，否则都会悄无声息。童养媳也经常成为被典押的对象。父母不愿供养而送入夫家，夫家有时竟然把她们视作应急或养家的工具。1927 年，木匠周林山"携妻刘氏子富贵并童养媳高氏避难来津"。1929 年正月，19 岁的儿子突患肺病，家无余钱，遂将其童养媳押于住津塘沽人张世华为临时之妻，言明日后取赎。后因赎金不足，竟与张达成协议，实行共妻主义。③ 1934 年秋，天津施王氏 13 岁之幼女经媒说与张凤池之子为妻。"因施王氏经济不裕，当时将女送往张家童养。讵张某本非善类，见子媳貌秀认为有利可图，于今春（1935 年）押于日租界三顺班为妓，使押账二百元，言明五年期满"。④

　　沦落为娼毕竟为大多数人所不齿，即使是贫困家庭之女也不愿从事其业。因此，拐骗就成为另一条渠道，许多人在不知情的状态下被卖到娼寮。而拐骗的执行者，往往是利欲熏心的地痞无赖。1929 年 4 月 2 日和 3 日，天津《大公报》分别登载了骗女为娼的两条信息。山东邹

---

① 《绿化逼妻为娼》，天津《益世报》1929 年 9 月 3 日。
② 《军官逼妻为娼》，天津《益世报》1929 年 10 月 14 日。
③ 《典押养媳为子医病》，天津《大公报》1929 年 7 月 22 日。
④ 《十三岁童养媳被卖入娼门》，天津《益世报》1935 年 8 月 7 日。

县崔凤志,32岁,一年半前迫于饥寒与其弟凤云由原籍来津,凤以拉洋车糊口。妻王氏及弟妇庞氏,相依乞食,以资补助。1929年3月底,妯娌二人来到专以诱拐妇女为能事的周纵典门前时,周以要二人代洗衣服为名诱至屋内,闭门花言巧语,劝诱彼等,嗣后周令庞氏先在意租界某宅充当女仆,后携至廊坊变卖,得身价60元。① 南开电车公司前三号住户范玉芬,沧县人,妻邢氏,年40岁,膝下一女名小亭,年10岁。范借卖柴禾生活,经济拮据。同院裁缝师徐正福,1928年9月以带邢氏母女二人去辽宁佣工为名,将邢氏母女分卖于辽宁暗娼之中。邢氏寄函其夫,才于翌年4月得救。② 河北安次县有一倪子荣者,年31岁,素无正业,因见同村居住尹李氏之女小红,年将及笄,相貌可人,遂起不良之心。1935年2月,尹李氏罹疾沉重,倪遂诱其携女赴津就医。尹李氏就医后,果然痊愈,而倪亦达到目的,将小红押入南市娼寮操妓女生涯。③

至于被人诱惑或自甘堕落一项,现实中也不乏鲜活的实例。极少数富贵家庭的姨太太,因丈夫三妻四妾,寂寞无聊,常有借卖淫寻找刺激的。当然,也有一些已经习惯了妓院中醉生梦死生活的娼妓不愿从良者。天津某工厂之女赵宝珠年方登瀛,1920年春被该厂马某诱拐到辽宁营口卖于平康里某娼窑做皮肉生涯,得身价洋三百余元,改名月蟾。讵被其父查知来营,欲向法庭呈诉。该女以锦衣丰食处之怡然,不欲随其父赴津,甘给洋二百余元,仍操旧业,从此父女脱离关系。④ 总之,堕入娼门有多种多样的原因,女性文化水平低,缺乏谋生能力,也是不可回避的现实。一旦陷入生活困境,她们往往没有其他途径。出于上述原因,娼妓众多成了民众生活中的一种病态,影响社会非常广泛的

① 《花言巧语多么动听》,天津《大公报》1929年4月2日。
② 《同院人原是伪君子》,天津《大公报》1929年4月3日。
③ 《被诱来津医病,母虽痊愈女已为娼》,天津《大公报》1935年7月9日。
④ 《杂报·营口·甘堕苦海》,《盛京时报》1920年9月5日。

一个问题。

二、娼妓的从业情况

按照清律,上层社会只能在相公堂子摆酒打牌,寻欢作乐,而不许狎娼嫖妓。庚子事变之后,对妓业采取了"寓禁于征"的政策,只要上捐领照,就可以公开营业。娼妓这一行业从地下走向公开,其数目与规模自然也迅速庞大起来。经营妓院的老板,男的称作龟头,女的称为老鸨。龟头多出身地痞流氓、警宪或在"帮"黑道人物,负责对外拉拢警宪、官府,应付各种难缠之事。老鸨多是发了财的年老妓女,负责妓院的具体事务,妓女们一般称她为"妈妈"。妓院除了老板与妓女之外,还有许多杂役人员,如账房、厨师、伙计、更夫、侍妈(女佣人)等。妓院等级越高,勤杂人员越多,妓女的负担也就越重。以北平为例,妓院与仆役数目分如下表:

表10—7　　　　　1930年北平妓院仆役数目比较表

级别	仆役(单位:人)				妓院与仆役比例		妓女与仆役比例	
	男	女	侍妈	共计	户数	每户仆役数	妓女	每妓女仆役数
头等	606	97	328	1031	43	24.0	358	2.9
二等	580	57	285	922	53	17.4	458	2.0
三等	1041	195	467	1703	208	8.2	1788	1.0
四等	125	34	1	160	42	3.8	328	0.5
总计	2352	383	1081	3816	346	11.0	2929	1.3

资料来源:《平康入埠车马稀》,天津《大公报》1930年7月8日。

由上表可见,仆役数目与妓院等级之间呈正比例关系,等级越高,仆役越多。换句话说,等级较高的妓女与嫖客,可以得到较好的照顾,但他们也须为供养这些人而付出代价,因为仆役们一般被称为"依妓女而食者"。开设妓院需要一定的投资,上捐、租房子、铺设房间、雇用账房、跑厅等人,都需要开支。妓女是妓院营业的关键,正如一个戏园子要有一个或两个台柱子一样,妓院里也需要有一两个生意较好的红妓女,才能维持妓院的开销。延聘当红妓女,成为妓院生意兴旺的良方。1920年9月,奉天"青莲书馆前以游客稀少,生意日渐冷落,故该馆由京津等处邀到名妓金兰、桂红、金芳、灵芝等十余名,其中有一二能诗文,以故该馆门前车水马龙,大有发达气象"。① 当然,姿色才艺俱佳的妓女价钱也高,无论是购买还是搭帮,老鸨都需一笔不小的开支。另外,以取悦客人为谋生资本的妓女,少不得华丽的衣着穿戴。清末讲究珍珠宝石,置办一份动辄需要几千元钱。民国以后虽不时兴珠钻的头面,但红一点的妓女也短不了要戴一两个钻石,至少是宝石的戒指。如果该妓女卖身于妓院,这笔开销当然也由妓院负担。

妓女是妓院营业的资本,她们与妓院老鸨的关系,一般有三种形式。一种是卖身于妓院,有死契和活契之分。死契即卖绝,终身为老板所有,生杀予夺,父母及其本人均无权干涉。活契相当于典押,在卖身字据上,书明身价数目,至议定年限后,可备原价赎身。无论是卖绝还是年期,这些妓女在妓院期间毫无人身自由,吃穿住归妓院负担,但所有收入也全归老鸨所有。一种是自愿请求加入,也称作"自混"妓女。她们享有完全自由身份,借助于妓院找一个卖身挣钱的场所。这些搭伙妓女,营业收入要与妓院老鸨采取"三七""四六""五五"劈账的方式。她们随时可以离开妓院,如果她们收入欠佳,或者染有性病、疥疮,就会被妓院辞去。还有一种负债妓女,介于上述两者之间。她们因家庭遇到天灾人祸,走投无路,以向业主借债的方式把自己不完全地卖给了妓院。在协议期内,她们在妓院卖身。根据业主为之负担的吃、穿、住、税的多少,双方订立"三七""四六""五五"三种劈账规矩。她们靠卖身所得还清欠债后,就可离开妓院获得人身自由。不过,只有那些年貌俱佳者才能当上负债妓女,能够为业主带来丰厚的财源。这也是业

---

① 《杂报·奉天·妓馆发达》,《盛京时报》1920年9月5日。

主为什么在支付押金之后还要与其劈账的原因所在。

根据年龄与姿色的不同,公开营业的娼妓分为不同的等级,她们的价码与环境也有着相当悬殊。头等公娼条件最好,年龄都在14—20岁之间,姿色秀丽,有的稍通文墨,故有时也称为书寓。表示妓女只是出堂差、卖唱的,卖艺不卖身。头等妓馆住室清洁,门庭华丽。门内屏风悬有长方形玻璃镜框10余面至20余面,上系红绿彩绸,内书妓女花名。来这里的宾客级别较高,多为当时军政界上层和中上层人物及巨商豪绅与阔少爷、花花公子,也有一些不吝阮囊的文人、骚士、幕僚清客。按照规矩,在白天高级妓女不能与嫖客发生性关系,只能"开盘"或"出堂"。开盘又叫"打茶围",嫖客到妓院中,侍妈摆上水果糕点盘子和罐头香烟,选好的妓女为他们斟茶,嗑瓜子,陪坐谈笑,间或唱段京剧。一个钟头为一盘,价码为一两元。客人如果想在白天长时间"泡"在高等妓院里,就必须一个小时接一个小时地"开盘"子。嫖客之间有时为了彼此斗富、摆阔而炒买妓女"开盘"的身价,用高出几倍甚至几十倍的价钱来买一个小时要笑妓女的权利。"出堂"也叫"出条子",客人在酒店或旅馆。

二等妓女的规矩与头等相似,白天不能陪嫖客睡觉,主要为"端盘子"或"出条子"。尤其是尚未失身的"清倌",只能以这两项内容为营业范围。嫖客要留宿高等妓院,须费一番周折,经过"打茶围"和"做花头"两步之后,才能达到目的。打茶围的目的,主要是增强嫖客与妓女的接触。通过"打茶围"客人看中了某一姑娘,在给姑娘买衣饰、做衣裳后,才可以"做花头"。"做花头",即由嫖客在妓院打麻将、摆宴席。客人请来几个有钱的阔佬打麻将,每和一盘,从赢家所收和钱中取十分之一的抽头,四圈麻将后拉开宴席,抽头归娼主所有,姑娘陪酒劝酒,名曰"吃花酒"。做一个花头,客人需付妓院三四十元,然后才可以留宿过夜,即住局。遇到有名气的姑娘,一次须付2至5个花头钱。嫖客如果想和处于处女状态的清倌过夜,其程序就更为烦琐,俗称"摆房"。必须事先协议身价、酒筵费、杂支、姨娘及跑堂的小费等等,议妥后,一次付清,并择黄道吉日举行。届时,嫖客就像娶新媳妇一样,为妓女置办新衣服、新被褥、新家具,在妓馆大摆喜宴。本班妓女全部应局,停止对外营业,其他来客,恕不接待。妓院张灯结彩,鼓乐喧天,俨然如富家儿女新婚喜事的场面。嫖客一般连住3天,每宿按"住局"的双倍花钱。为一个清倌人"摆房",嫖客往往要花费上千元。

三、四等妓院没有太多讲究,纯粹是卖淫的场所。她们的接客方式,分为"关门"和"过夜"两种。关门是指白天妓女与嫖客关门上床发生性交。一般以一小时为限,钟点到后,俗称"大茶壶"的伙计就在门外低声提醒。过夜也称住局,指嫖客晚上住在妓女房间。这些妓女多数年老色衰,还患有性病,因而价钱便宜,顾客多为下层小市民及城市苦力。为招徕主顾,她们不得不经常到马路上拉客。下等妓女的待遇很差,远无法与高等妓女相比。1947年5月,有一记者曾到天津落马湖、烈女祠等五等娼寮所在地进行考察。落马湖还是其中条件较好的,烈女祠一带的一位乐户代表说:"和我们这儿相比,人家落马湖要好得多啊!"①尽管如此,落马湖的情形还是给人以人间地狱的感觉。

这一个地带是由横七竖八的几条仅能容一个人通行的小巷所组成。胡同两旁的矮房子,高不及六尺,毗连在一起。薄薄的墙壁,剥落了泥皮,露出了仅有一层的单层砖皮,看来岌岌可危。房间的格式,大致相同,有一扇向街半掩的破木门,房间大小除了一张床和一张小桌子外,最多容得开两个人转身。

房间里的设备很简单,并不像一般人想象的那样污秽,这或许是由于最近卫生局一次清洁运动的效果。有些房间里摆的是一张木板床,有的却是一个土炕,不管怎样,这个供人躺的地方,总是占去了小房间的十分之七八的空间。

---

① 《人间地狱(2)》,天津《大公报》1947年5月19日。

据一个涂满了脂粉仍然掩饰不住苍老苦痛的妓女说,她们吃了"早饭"便来上班。所谓的"早饭",自然是指普通人午饭后的一顿饭说的。妓女们夜晚都不在房间里睡觉,每到夜晚十一时便都各自归去。这间小屋十足是专门做生意的地方。每次交易,说她们的行话,叫做"关门",每次"关门"的代价最低是三千元,最高也不过五千元,若有热心的阔客人,多"要"些时候,多赏几文也没有限制。①

除公娼之外,不向警察局领照而与公娼以同样手段操卖笑生涯的私娼也是一个相当大的群体。她们与公娼一样,有着等级的差异,也经常叫条子做花头。暗娼虽然也像私娼那样逃避上捐领照,但她们处于地下状态,不敢公开营业。暗娼成分较为复杂,绝大多数不是专职的娼妓,而有着其他的身份。以湖南衡阳为例,暗娼的来源有三:

其一是青年少女、少妇,为生活所迫,不愿公开做合法妓女,少女则冒充女学生,少妇则冒充少奶奶或少老板娘骗人,在影院、剧院等公开活动场所勾引男性。一些涉世不深的青年受骗,竟以这些冒牌女学生作恋爱对象的。她们若即若离的使人神魂颠倒,当你满足她的一定物质要求时,才和你权作露水夫妻。对这样的暗娼,花费比二等妓女还多;其二是失宠的姨太太或丈夫有新欢而被冷落的所谓太太,不甘寂寞而找寻刺激。她们出入公共场所和影剧院,勾引男人,方式是速战速决,很快成交。花费仅是看戏剧、电影、上馆子、逛百货店,此外在物质上、经济上并无奢求,甚至"倒贴",即赔钱养汉;其三是农村妇女,她们羡慕城市生活,由于别人的引诱而入彀的。只是偶尔为之,也有渐渐适应这种生活而搞长期的。②

---

① 《人间地狱(1)》,天津《大公报》1947 年 5 月 16 日。
② 唐廷宝:《衡阳的"花街柳巷"》,《近代中国娼妓史料》下卷,第 360 页。

　　娼妓毕竟为社会所不齿,暗娼们不敢公开营业,一方面是没缴捐税,另一方面也是为了保守秘密,尤其不愿让家人及邻里知道。因此,她们卖淫的场所不是自己家里,而是到被称作"台基"或"钓台"的地方。在一些僻静的小街小巷里,有一些从外表上看和普通住家相似的房子,但内有床榻,如同旅馆、客栈。经营者是一些老妈或上了岁数的妓女,她们营业的内容主要是借房和招妓。两情相悦的青年男女,在旅馆幽会害怕被熟人或本夫本妇看见,便到台基或钓台奸宿,临走留下两三元的借宿费。迫于生计而私下卖淫的城市少女或少妇,往往与台基和钓台互有联络。遇有客人上门,台基或钓台问明客人需要的年龄、品貌后,派女工喊来二三人,双方中意并谈妥价钱后,引导他们至密室中歇宿。如果台基或钓台自己蓄养几个妓女,那就成了半公开营业的暗娼。不过,既然不上捐税,就难免遭遇警局的查禁,暗娼们过着偷偷摸摸的日子。一名记者记下了天津南市暗娼区的环境。"这里的人简直都像是鬼,探头探脑,我最初不明白,经一位老太太解释后才恍然大悟。她说:我们一天简直不知道要跑几回,只要警察一来,立刻奔避。这儿既是暗娼,自然要营小偷式的生活了"。一位涂脂抹粉的中年妇女私下对记者说:"这一带的暗娼总共有五六十人,无捐无税,没有招牌,表面上是好人家,背地里卖淫,偏有不少人,爱到这种地方来消遣,尤其是穷苦阶级的人们"。① 另外,还有一部分暗娼直接来自服务行业的女招待,而旅馆、客栈的招待员(旧称"茶房")也经常成为附近一些暗娼的介绍人。1948 年 1 月和 6 月,江西省会警察局对南昌市的嫌疑暗娼进行了两次调查。在 205 名鸨母或鸨头中,餐饮、旅店、浴室、理发和剧院等服务业的人数最多,总数为 62 人,将近三分之一。②

　　各类娼妓之间的待遇与环境有着很大的差异,但无论何种娼妓,都

---

　　① 《人间地狱(3)》,天津《大公报》1947 年 6 月 2 日。

　　② 涂苏中:《江西省会警察局对嫌疑暗娼的两次调查》,《近代中国娼妓史料》下卷,第 214 页。

难以摆脱悲惨苦楚的命运。妓女是老鸨或领家赚钱的工具,过于冷淡客人会招致一番责骂,过于热情周到也会引起老鸨的猜忌,担心妓女被嫖客携带拐逃。不管妓女如何地小心谨慎,都难免遭受领家的虐待。生意冷淡时,领家更会把责任全部推卸到妓女身上,打骂随之而至。为了使妓女们能够成为自己驯服的傀儡,很多妓院都设有专门惩治妓女的地窖和对付妓女的各种刑罚。一名妓女回忆说,"妓院的妓女连囚犯都不如,凡违反院规的、不听话的、不接客的、私自从良的、偷偷逃跑的,都要受家法的惩治。皮鞭是常见的一种,还有老虎钳子,把妓女身上的肉,拧得青一块、紫一块。最毒辣者,是给妓女灌屎汤,灌得妓女像个大肚子家雀,上头灌,下头流。为了让妓女接客,一般都不毁坏面容"。① 另外,弹唱是妓女吃饭的本领,但学艺的过程则充满了荆棘,经常受到师傅或鸨母的责打。至于学应酬,学规矩,少不得也遭受一番磨炼。1920年9月《盛京时报》的一篇报道,反映了幼女学唱受虐的普遍情形。奉天"平康里西头住有拉胡琴之刘凤起者,其妻某氏系妓女出身,心性毒狠,日前刘某由某处买来幼女二名,令其学唱,以资获利,讵其妻某氏时施鞭楚,并以钢针常刺该二女之嘴。有维持人道之责者,盖速取缔焉"。② 总之,自从跨入娼门,妓女们的苦难就开始。

妓业是非常赚钱的行业,光顾妓院的嫖客往往一掷千金,但是,妓女们赚得钱再多,也全归院主所有。客人留下的私房钱,也经常被鸨母搜去。很多妓女甚至怀疑杜十娘是否真的有百宝箱。负债妓女因为年轻漂亮,经常能在妓院走红,很快就赚到赎身的钱。但业主们为了牢牢控制她们,在她们走进娼门的那天起,就引诱其吸烟、赌博,负债累累,从而将她们长久地拴在妓院里。搭伙的妓女享有人身自由,经济上与妓院劈账分成。妓院也有对付她们的办法,为她们垫付华丽的衣服、被褥及饰物费用,再把房费、水费及杂项开支归入她们名下。这些人本来

①　康素珍:《恨忆当年》,《近代中国娼妓史料》上卷,第544页。
②　《杂报·奉天·鸨母儿心肠狠》,《盛京时报》1920年9月21日。

就经济困难,在妓院高利盘剥之下,所挣的钱也多数归了院主。因此,妓女们不但收入甚微,绝大多数还负有债务。当然,负债的原因和她们的生活负担也密切相关,她们一方面要供养家中父母,另一方面要负担院中伙计、姨娘的开支。1934 年河南省政府对开封娼妓进行调查时发现,287 名娼妓中,平均每人有 3 个人的生活负担,甲等 3.5 人,乙等2.9 人,丙等 3 人。[①] 至于妓女的负债比例及其负债数额,1930 年天津市社会局对华界 2910 名妓女做了详细的调查。

表 10—8　　　　1930 年天津市各等妓女负债比较表

项别	二等	三等				四等	五等	总计
		上三等	一元随便	下三等	六角随便			
各等负债妓女数(人)	121	416	181	791	104	281	367	2261
各等负债妓女百分比	54.75	80.15	67.04	89.18	90.43	73.75	80.84	79.42
各等妓女负债额(元)	50915	119542	40080	123376	20975	39935	35548	430371
平均每人负债额数(元)	420.78	287.36	221.44	155.97	201.68	142.12	96.86	190.34

资料来源:《天津市社会局汇刊》杂类　天津市妓户妓女统计,1931 年 8 月。

　　由上表可见,在天津市 2910 名妓女中,负债者为 2261 名,占总数的 79.42%,平均每人所负债务 190.34 元。这应该说是妓女生涯的真实写照,她们进入娼门之后,能够自己攒钱赎身的机会微乎其微。她们唯一的出路,就是在年老色衰之前找到一个合适的人从良。但妓女从良困难重重,愿意接纳她们并掏得起赎金的人很难遇到,即使从了良,也难保不被抛弃。妓女们长期从事卖淫工作,几乎没有其他谋生技能。

---

① 《开封社会调查》,《河南统计月报》第 2 卷第 1 期,1936 年 1 月。

1930 年 1 月济南社会局对市内 642 名妓女进行详细登记时发现,虽然志愿改业的占全数的 97.5%,但她们中"有技能者为数甚少,又多系歌妓,此外不过缝纫、洗涤之简单手工业,不加教养,伊等之生计,仍难解决。计能唱者 93 名,占全数 15%,能手工者 67 名,占 10%,无技能者,竟有 482 名,占 75%。至于读书者,尤属寥寥,识字者仅 11 名,占全数 2%,不识字者,即有 631 名,占 98%"。① 有鉴于此,侥幸自己赎身的妓女,往往也只是从卖身妓女上升为自混妓女,从事的仍然是原来的行业。1920 年 9 月,奉天"日站百花仙馆妓女宝宝因屡受其领家之虐待于日前潜往警察厅请求赎身,当经警厅判决,令该妓出洋三百元,与其假母完全脱离关系,当经双方认可,现在该妓搭住平康月顺班为自有花矣"。② 即便如此,有此境遇的妓女也不占多数。绝大多数妓女或者身染性病不治而死,或者年老色衰贫饿而亡。妓女们成了妓业繁荣的牺牲品。

娼妓业在给妓女本身带来不幸的同时,也对社会产生深远的不良影响。烟、毒、盗匪都借妓院而空前繁荣,相互之间形成连锁、助长的关系,从而使民间社会的生活病态愈加严重。大批女性从事妓业,势必造成一部分男子成婚的困难,妓业的繁盛也导致很多家庭夫妻反目,成为家庭解体的潜在祸源。娼妓业在破坏社会风气、败坏社会道德的同时,也使国民身体素质受到了威胁。妓院成为性病的最大传播源,漫无节制的性事既产生了性病,也使性病在社会上得以迅速传播。1934 年 12 月,据北平市卫生局妓女检治所查验,全市 5000 余名受检妓女中,"染有梅毒或淋病者有五分之四,即其余五分之一,已均染有含混性病,其传染性之烈,实为市民最严重之问题"。③ 妓女感染性病的比例未必有

---

① 《统计本市妓女概况》,《济南市市政月刊》第 2 卷第 4 期,公牍,社会类,1930 年 4 月。

② 《杂报·奉天·花放自由》,《盛京时报》1920 年 9 月 10 日。

③ 《平市妓女检验所更名,实施检治并重》,天津《大公报》1934 年 12 月 4 日。

如此之高,但妓女确实是患性病比例最高的群体,而且等级越低,性病比例越高,因为高等妓女感染性病之后,往往被转到下等妓院营业。1935年11月开封妓女的检验结果,177名妓女中,患病者55人,占全数的31.1%。其中一等妓女患病者10人,占检验人数66人的15.2%;二等妓女患病者8人,占检验人数45人的17.8%;三等妓女患病者32人,占检验人数66人的48.5%。① 三等妓女成了感染性病最大的群体。性病在妓女与嫖客之间迅速蔓延,其感染概率之高通过下面一则信息可以略窥一二。1920年10月2日《盛京时报》载,奉天"西门里住户胡有成、胡玉成兄弟二人,俱业鞋匠,日前中秋节放假,其弟玉成出逛一日,翌日不知如何步履维艰,经其兄逼问,始知其在九门花钱两毛关门取乐,有成遂百般痛责,谓其毫无出息,讵是晚其兄亦卧床不起,其弟问之,伪称头痛,迨出外便溺,玉成窥得其兄以头触墙,咬牙切齿,情知其非上头之痛,而实下头之痛,质问其兄,兄亦赧然。嗣为同行所知,咸呼之为难兄难弟"。② 性病对患者造成肉体上与精神上的双重苦痛,而这样的苦痛竟然一夜风流即可铸成,由此可见娼妓业对于社会民众之危害。

自20世纪初娼妓可以上捐领照公开营业之后,城市娼妓形成了蔓延之势。妓业的兴盛,应该说是空前广阔的供需市场共同推动的结果。一方面,大批经济困难的家庭缺乏谋生途径,走投无路时典妻鬻女成为经常的选择,而就业结构的设置也剥夺了女性自力更生的可能,将她们主要定位于色情服务业。另一方面,城市人口的迅猛增长与男女性别比例失调同步,许多男子不能通过正常渠道满足生理的需要,就必然求助于娼妓。城乡的二元对立促进了农民入城潮流,农村为城市提供了大多数妓女和一批入城打工娶不起老婆的嫖客。由这种供需现状所决

---

① 《开封省会娼妓状况统计表》,《河南统计月报》第2卷第2期,1936年2月。

② 《杂报·奉天·难兄难弟》,《盛京时报》1920年10月2日。

定,娼妓业在走向社会化的同时,也改变了先前主要迎合士大夫所好、以歌舞诗文风流于世的情况,成了纯粹的商业卖淫与人肉市场。妓女虽有等级区分,服务对象与方式也迥然不同,但她们命运的悲惨则如出一辙。进入娼寮,就意味着她们的生活毫无出路。娼妓业在牺牲大批妓女的同时,也使社会风气败坏、道德沦丧、性病泛滥。妓业的存在,对社会产生了深远的不良影响。

第五节　乞　丐

在《现代汉语词典》中,乞丐是指生活没有着落而专靠向人要钱要饭过活的人。在社会保障不足的社会里,只要遭遇天灾人祸、家庭变故,一个人、一个家庭甚至是一个社区内的群体很可能就暂时地或长期地失去了正常的生活来源,只好沿街乞讨以维持生命。如果他们长久地滞留于此业,就成了职业化的乞丐。乞丐为世人所不齿,一般人只到万般无奈的时候才不得已而为之。但是人又有很大的惰性与适应性,一旦抛开尊严与羞涩而涉足乞业,他们就已经变得无所谓。有的甚至在摆脱生活困境之后仍对不劳而获的乞讨方式恋恋不舍,乞讨不但是他们谋生的方式,还成了他们赚钱的生意。因此,乞丐有暂时性与职业化之分,在职业化乞丐中,往往有着严密的组织与行规。总起来说,由于 20 世纪上半叶灾荒频仍、战乱连年,以逃荒为目的的暂时性乞丐占了相当大的比重。社会接纳能力的有限,阻碍着他们向正常生活途径的转化,相当一部分暂时性乞丐沦为职业化乞丐。

一、以逃荒为目的的暂时性乞丐

一旦有灾荒发生,大批无以为生的灾民就会移境就食,到非灾区讨口饭吃。他们在外出逃荒过程中,或者沿途乞讨,或者依赖沿途的救济。灾荒过后,他们大部分仍归返原籍,继续从事农业生产。这种以逃荒为目的的暂时性乞丐,在 20 世纪上半叶有着相当高的比例。因为当时农民的离村,绝大多数是由于灾荒频仍以及生计困难。据 1935 年实业部中央农业实验所调查,全国 22 省农民离村的原因,水旱匪灾、经济困敝、地狭人稠等三项内容已占到农民离村原因总数的六分之五左右。① 离村原因的被动,决定了农民离村过程中浓郁的逃荒性。一部分农民明确以乞讨为目的的,另一部分则以务工为目的。二者虽然存在性质差异,但却有一共性,由于川资路费的缺乏,即便是以务工为目的的外出,也经常借助于施舍与救助。因此,逃荒性成为民国时期农民离村过程中的突出特征,沿街乞讨也成了他们维持生命的基本形式。

在 20 世纪上半叶,普通农民对于灾荒的承受能力极为有限,在正常年份尚勉强度日,一遇灾荒,其衣食更加无着,除一部分在家乡候赈或等待时局好转外,大部分视逃荒为赖以存活的唯一途径。1928 年华北旱荒中,华洋义赈会在致纽约电中云:"山东最困苦之灾民,总计有千万以上。约占全省人数四分之一。其中三百万已赴外省就食,或在省内寻觅生路,二百万在家忍饿,所余之五百万,则以草根树叶等充饥"。② 陕西灾情也极为惨重,关中之醴泉县,人民除死亡外,"多半向外省逃荒,全县八百余村,绝人者已二百余村",高陵县之"东北、西北两区,已有一百余村全无人烟,此外,东北屯村、高庙村、潇里村、上家村,亦只剩五六户二三户不等"③,其余如乾县、郑县、汭阳、蒲城等县,"绝户之村堡,自十数村至数村不等"。④ 1933 年冀南黄河水灾

---

① 实业部中央农业实验所:《农情报告》第 4 卷第 7 期,1936 年 7 月,第 179 页表格计算而得。

② 《鲁灾民数百万将饿毙》,天津《大公报》1928 年 4 月 24 日。

③ 《灾人直无生理矣,多数村庄已无人烟》,天津《大公报》1930 年 3 月 20 日。

④ 《绝户之惨》,天津《大公报》1930 年 1 月 18 日。

发生后,河北民政厅厅长向省府报告勘察情形时指出,长垣、东明、濮阳三县"灾民无衣无食,举室逃荒,络绎于途,情状至惨"。① 半年之后,三县无衣无食的灾民仍达三十万人左右,"民众逃荒在外者,不计其数"。②

　　灾民的外出逃荒,多是为了暂避一时,灾情缓解时仍返籍归里。由此之故,灾民在外出逃荒时,很难确定明确的目标,一般是四处流离,而逃荒的暂时性,也使他们不急于当然也不容易找到一份谋生的门路,因此,沿途乞讨便成为逃荒者共同的选择。1935 年 9 月,河北隆平某村"突来山东菏泽县难民七八十名,中以壮男最多,妇女次之,老弱最少,率皆形容憔悴,衣服褴褛","据称拟赴青海、宁夏等处觅地开垦"。③这里虽未明言其生活渠道,但字里行间已然带出。1937 年 3 月当这种现象在隆平重演时,记者则开诚布公地指明了他们的身份:"近来本县各村乞丐,忽然增多,成群结伙,衣服褴褛,为状极惨"。④ 对灾民来说,所谓的出外谋生,也就是变相的移境就食,而所谓的移境就食,则不过是名副其实的乞讨过活或者得过且过罢了。虽然很多人确定了谋生的目标,但他们实际上并不计较前往何方。因为出外的过程仅意味着生命的延续,多数情况下他们在转了一大圈之后重又返回原籍,中间未曾在任何地方停留,也未曾从事过任何工作。在他们的心目中,就食他乡不是出外的目的,而仅仅是逃避灾荒的一种手段,等灾荒过后他们仍然千方百计地返回原籍。虽然出外与回归时均两手空空,但生命却在这一离乡背井的过程中得以保存。这已然是预期的目的,对大多数贫困农民来说,生活本来就是维系生命。因此每逢衣食无着时,他们便故伎重演,复行外出。

---

① 《关于本省黄河水灾事项纪要》,《河北月刊》第 1 卷第 10 期,1933 年 10 月。

② 《民政厅魏厅长出巡之经过》,《河北月刊》第 2 卷第 7 期,1934 年 7 月。

③ 《隆平城东大批灾民过境》,天津《益世报》1935 年 9 月 27 日。

④ 《鲁籍灾民流浪隆平》,天津《益世报》1937 年 4 月 1 日。

　　有些离村农民虽然外出的目的不是逃荒而是做工,但由于川资路费的缺乏,其外出做工的旅途,经常是沿途行乞的过程。1934 年 10 月,河南西华县难民 500 余人行抵石门(今石家庄),拟"乘车赴平,转赴门头沟做挖煤小工"。而其到达的途径,须由各机关赈济。他们乘坐的列车是否免费不得而知,但他们在石门转车期间确实得益于商会的照顾。抵达石门后,难民派代表"率多人到商会请求发给食物充饥,该会即协同公安局派员到站照料,并发给饼子千余"。① 在经济萧条的社会状况下,尤其在灾发当时,做工是离村农民出外的目的,但能否找到谋生的工作尚在两可期间。一部分抱着良好企图而离村的农民,很可能是在做工与行乞的间隙中度过的,有机会时便做工,无工作时则乞讨。虽然颇感无奈与悲哀,但这又是社会的真实。1934 年,河北曲阳出外做工的贫农,有 5200 人之多。其原因,"本县近年来受农村破产之影响,一般耕农,债台高筑,致衣食无着,冻饿堪虞。是以今春多赴浙皖各省做工,以求生路"。年底返乡时,"皆蓬首垢面,服装褴褛,状如乞丐。状虽甚惨,但庆生还"。② 从记者的表述中,我们已然粗略猜测出了他们在外生活的情境。虽然我们不愿将这些为做工而离村的农民称为乞丐,但二者在很大程度上已难以截然分开。

　　受生计与环境所迫,无论是以乞讨为目的的离村,还是以外出做工为目的的离村,都经常呈现出浓郁的逃荒色彩。长期的贫困使他们缺乏积蓄,在家乡无力抵御灾荒,外出时又难以筹集足够的川资路费。另外,到达目的地后的谋生途径,也并非容易与稳定。因此,农民离村过程中的逃荒性不可避免。逃荒,与其说是为了逃避灾荒,不如说是为了逃避饥荒,虽然只有一字之差,但后者比前者更具说服力,也更能体现为生存而奔波的特性。虽然衣食住行是人类生活的基本要素,但在贫困逼迫下,灾民的生计已简化到仅剩"食"一项。贫困已威胁到他们的

① 《豫难民五百名抵石》,天津《大公报》1934 年 10 月 22 日。
② 《离乡谋生,死将千人》,天津《益世报》1935 年 1 月 12 日。

生存,活命成了他们最大的企盼。正因如此,沿街乞讨成了逃荒者共同的特征。

　　虽然都是以乞食为生,以逃荒为目的的暂时性乞丐又不同于职业化乞丐。职业化乞丐已堕落到专以乞食为目的,逃荒者则多把乞食视为度过灾荒的暂时性行为,等灾荒过后,他们仍然回返田园,重新从事耕作。他们的乞食方式也不同于职业化乞丐,不是单个人磕头作揖地乞求路人施舍,而是流动过程中的集群谋食。为了相互之间的照应,当然在某种程度上也是为了助长自己的声势,逃荒的队伍经常男女老幼数十人为一伙,有时甚至是整个宗族或村庄。由于内部存在着亲情或乡情,他们不必担心乞食时相互之间的排挤与竞争,因为每个逃荒队伍往往由其代表前去接洽赈济,内部实施同甘共苦的分配制度。如 1931年一批河南灾民,由平汉路乘车到达保定,徒步转赴满城,仍往西行,欲入山西,“一路之上,经过各村,咸由村长佐,指定大庙或空房,为该难民之憩址,并代筹措粮米,以供饱餐”。[①] 在这里,集群结伙不会影响逃荒队伍的生计,只会有助于他们相互之间的照顾。而且,灾区政府所颁发的出境逃荒护照,在原则上也是针对团体而非个人,这在一定程度上更刺激了灾民们集体逃荒的行为。有鉴于此,从当时报章所见,处处是成群结队的逃荒者。1929 年 10 月,河北献县西八里庄集合男女老幼40 余口,拟外出乞食以谋生活,派出代表向县府请发护照[②];11 月,河南淮阳、通许等县灾民 370 余口,经由无锡、汉口等处,先后抵达南京就食[③];1934 年 10 月底,河南西华县难民 80 余人,持有该县护照,由绥包徒步抵达张家口,“旋经公推代表十三人,运赴商会恳求救济”[④];与此同时,另有该县难民 250 余人,持照抵达怀安柴沟堡,派代表 2 人来县

　　①　《满城灾民载途》,天津《益世报》1931 年 11 月 24 日。
　　②　《献县·灾民出外谋食》,天津《益世报》1929 年 10 月 14 日。
　　③　《首都不住灾民》,天津《大公报》1929 年 12 月 2 日。
　　④　《豫省难民到张》,天津《大公报》1934 年 11 月 4 日。

向各机关恳求赈济。①

在灾荒频仍的年代,对逃荒者的境遇不应有过高的估计。移境就食民众的增多与各处一体贫困事实的结合,已使逃荒者生活的艰辛远不能用"颠沛流离"一词所能概括。对广大农民来说,威胁最大的不是劳动的强度,而是饥饿本身。如果有工作的机会,只要能糊口果腹,他们便不愿行乞。但事与愿违,工作机会不但短缺,乞讨也解决不了人的基本需要,逃荒者经常或者说是一直遭受着饥饿的威胁。1929年河北清丰连续两年绝收,故"出外逃难谋生者络绎不绝。该县民众,以在山西省做劳工者为最多,因去岁山西一带地方,年景亦荒,清地劳工大受影响,逃回本县者不少,而本县年景更坏,所以乞讨饥民比比皆是"。②虽迫不得已而乞讨,但行乞是逃荒者的目的,能否得到食物则取决于施舍者的状况与态度。种种迹象表明,行乞者的收获往往有限。"日不得饱,夜宿荒郊"是逃荒灾民们普遍的生活境地,而"扶老携幼、荷被担筐"则是他们最为贴切的写照。生活的磨难已使灾民们无法计较他们的形象,他们所关心的,只是如何去饷口果腹,但这个朴实的愿望在多半情况下还会落空。1935年河北深泽亢旱成灾,灾民多出外逃荒,"但因本年旱灾,已成普遍现象,虽百般央求,仍不得一饱"。③其实,就算到了非灾区,丰年储粮以备灾荒的习俗也使人们不愿轻易施舍,更何况逃荒者朝不保夕的处境很可能还会强化这种存储的观念。退一步说,即便有人慷慨赈济,也只能解一时之急,逃荒者仍是吃了上顿没有下顿。

饥寒交迫往往是外出乞讨者的真实写照,因为腹中饥饿的民众更无法抵御寒气的侵袭。1920年山东德州灾情奇重,"灾民流离,夜

---

① 《豫难民自动移垦绥远,现已行抵怀安》,天津《大公报》1934年11月7日。

② 《清丰秋收无望》,天津《大公报》1929年7月9日。

③ 《深泽结队乞食》,天津《益世报》1935年6月28日。

则露宿",因而入冬之后更为困苦,"一星期内,东北各村、唐村、高家庄一带灾民饿死者一百七十余人,冻死者九十余人,受疫而死者八十余人"。① 这种灾难尚发生在许多留守家乡者身上,颠沛流离者的悲苦比这更要多出数层。风餐露宿、食不果腹、冻饿交加……,都是逃荒者不得不忍受的苦痛。1928年1月天降大雪,"鹅毛大片,终日纷飞",天津各街巷难民"均团坐雪地,啼饥号寒,西关外并有难民一百余人,男妇老幼,相携而行,呼吁求助。据闻彼等系由沧县来者,已两日未尝得食"。② 对流离者个人来说,遭遇虽各不相同,但都难免悲惨的命运。

中国地域的广阔使灾民产生一种别处谋生也许容易的幻想,但在灾荒中讨口饭吃却并非容易。频繁的灾荒已使绝大部分民众对粮食、财物视若珍宝,对上门讨饭的灾民与乞丐虽具同情心,却又有一种天生的排斥感。河北高邑"居民闻难民过境辄相率闭门",致使于寒冬腊月到达此地的难民,"携男抱女,卧地休息,北风烈烈,寒冷及不能语,凄惨待救之状,令人酸鼻"。③ 在饥饿驱使下,灾民掠食现象时有发生。1935年9月,河北临城西中南等三区枣树歉收,"损失已属不资,乃近日突有曲周、管头一带水灾区难民,游乞至此,约六七百人,分往产枣各乡,大村四五十人,小村十数人不等,或住破棚或支棚架于村外,行乞之余,借拾枣为名,赴枣林攀枝撼摇,形同抢掠。农民苦于防止无术,乃将尚未十分成熟之枣,均行收摘"。④ 因黄河溃决,山东曹县、巨野、寿张、郓城、阳谷等各县被淹灾民,"因无法生活,拟投往晋南各县另谋生路"。邯郸因濒临东西大道,故常有灾民经过。"一般灾民,大都鸠形鹄面,衣服褴褛","每逢过境一时,见田间路旁成熟

---

① 《各地新闻·山东·德州灾民之状况》,天津《大公报》1920年11月27日。

② 《大雪中之难民》,天津《大公报》1928年1月9日。

③ 《高邑难民过境》,天津《大公报》1932年1月20日。

④ 《灾民抢枣》,天津《益世报》1935年9月10日。

之庄稼,即行摘取,以资果腹。园蔬瓜果,亦攀缘拔食,甚或沿门乞讨,窃捕鸡鸭,明讨暗偷,不一而足。乡人对此穷极流离之难民,亦莫可如何"。①

在饥饿驱使下,逃荒队伍的强乞恶讨有时与匪徒无异。河北省政府1928年所拟订的《取缔游民办法条例》,其出发点即在于:"北方各省荒歉之年,每有灾民结伙成队由县署发给护照出外谋食,一至邻境,即仗恃护照聚众勒索,甚或流为匪类,此宜严加限制"②。即便没有县署护照,灾民的抢掠行径也并不因此稍减。1933年1月,河北尧山祁村忽来河南难民三十余名,"衣衫异常褴褛,面容更属憔悴","经向该村,索粮取米。村民以既无执照,又无公文,难付支给。不意彼等,蛮气大发,宛如疯狂,大施横暴,竟拥入各户,开箱倒柜,搬柴弄米,捉鸡捕猎,无所不为。全村顿成恐慌状态,家家待欲闭门,早已拥进。所至之处,抢掠一空,骚扰二小时,始窜入他村,闻亦同样骚扰。查本县农民,秋收不佳,蓄粮无几,经此奇劫,所有米粮,一扫而空,朔风凛凛,寒气方深,米食无着,无以度岁"。③ 当然,逃荒民众在对当地居民造成骚乱的同时,他们自己也经常为这种抢掠行为付出代价。1910年冬,江苏昆山突来外地难民数百人,"向某董家盘踞滋扰,致犯乡民之怒,鸣锣聚众,焚毙难民计四五百名,所有焚余之尸均抛弃淀山河内,漂泊不定,惨不可言"。④

灾民逃荒的盲目性与行乞性,尤其是他们对社会治安的潜在危害,导致了流入地对他们的拒绝与排斥。对流入地来说,无论是收容安插,还是略施周济,都是一项急需筹措的耗资,尤其当逃荒队伍接连不断时,就更容易产生不堪其扰的反感与厌烦。因此,灾民虽迫于生计颠沛

①　《鲁境灾民沿途乞讨掠食》,天津《益世报》1935年9月20日。
②　《呈内政部奉令条陈取缔游民办法由》,《河北民政汇刊》第1编,公牍,救济,1928年12月。
③　《到处骚扰之豫省难民》,天津《益世报》1933年1月16日。
④　《江苏·难民而今可以暝目矣》,天津《大公报》1911年3月8日。

流离,沿途却处处遭受人为的阻隔与排拒。1920 年内政部一则"令准灾民下车"的训令,充分反映出中央机关对灾民见拒于各方的愤慨与无奈。

> 直隶省公署训令各县云,案准内务部咨开,本部现据报告,直鲁各省灾民近因荒旱,每多乘搭火车出赴邻境各处谋食,到境之时,该地方官厅往往禁止灾民下车,迫令仍返原处,灾民等在车冻馁过久,时多僵毙等语。查历来救荒办法,自当妥为安置,即使事前未奉长官命令或邻境知照,收容实有困难,亦应呈明,设法核办,乃概予禁止下车,致灾民等枵腹往来道路,饥寒交迫,僵毙中途情形,极堪悯恻,自应速筹办法,以安流移。现由本部咨请交通部迅予转饬国有各铁路各站站长,嗣后如遇有灾民乘搭火车出外谋食者,系在何站上车,即由该站长询明所往地点,先行电知灾民下车车站,由该站站长通知该处地方官设法安插,俾到站后得所栖止,如该处实有为难情形,亦应于下车之后稍使休息,设法另为安置,不得强令仍乘原车即刻运回,以免在途冻馁,若果该处地方官仍行禁止下车,应由该站长随时将实在情形迳电本部及交通部暨该省区行政长官,查核办理,除分咨外合行咨请查照。①

由内政部所颁文令可知,1920 年华北大旱时直鲁灾民外出逃荒现象严重,而各流入地为逃避赈济的责任均强行禁止灾民下车,也就是说,拒绝灾民到该境就食。问题的多发与严重已引起了内政部的关注与干涉,然而,这种拒绝灾民的现象并不因此而削减。1932 年 11 月 22 日,"豫境难民三千余人,因家乡荒芜,生活无依,结队沿平汉铁路步行抵平,北平当局以无处收容,当饬转沿北宁路线赴津,听候遣送。该难民等遂于昨日下午二时三十分抵达良王庄,津市府据报后,当以难民人

---

①《本埠新闻·赈灾事宜汇志》,天津《大公报》1920 年 11 月 29 日。

数过多,遽行来津,恐亦无地容身,经向河北省政府请示,决暂令留良王庄"①,以伺妥善安置。随后,这批灾民就陷入了被各个地方推来操去无人接收的困境:北平不准进入,改投天津;天津改送徐州,南京电饬阻止;原车返津后,津市又无力收容,连提供一顿稀粥都勉为其难;走投无路后,遣送原籍都成了莫大的恩赐,因为仅南下许可证便需等待数天。几经周折后,豫省难民数千人终于于12月6日被遣送回籍。灾民出外的目的地虽然未必明确,但这样见拒于各方显然更加剧了他们的苦难。

尽管如此,无以为生的灾民还是要大批地出外逃荒。即便在上述豫省难民被各方见拒之时,又有一批批的豫省难民离家北上。不唯河南如此,其他各省的灾民也与此无异,随时都有大批灾民背井离乡,乞讨过活。因此,灾民数额庞大与各地接收能力有限的矛盾,使灾民的流离生活更加悲苦。"鸠形鹄面"、"面黄肌瘦"并非逃荒者所独有,已成为各处灾民的通病,而外出谋生的灾民所经受的痛苦又较此多出数层。1934年河北献县水旱交织,毫无收获,"灾黎率多含泪乞食",入冬之后,"天气日益寒冷,衣服更觉单薄,难以护体,且腹内无食",故而灾民"负儿携女,唯有餐风宿露,忍此人世间莫大之痛苦而已"。②唐山在寒风料峭之时,"各大街小巷中,忽发现大批难民,横卧直睡,拥挤不堪",共计1500余人,"均皆携老带幼,身着单衣,数日均未进饮食,呼儿唤女,哭声震天,实惨不忍睹"。③

二、以求乞为生的职业化乞丐

灾民与乞丐之间并没有截然可分的界限,如果长期滞留于行乞一业,久而久之便会演变为职业化的乞丐。照当时的话说,叫做"难

---

① 《三千豫省难民结队逃来》,天津《大公报》1932年11月22日。
② 《献县灾黎逃亡》,天津《益世报》1934年12月16日。
③ 《天寒风劲难民麇集唐山》,天津《益世报》1934年11月24日。

民流为乞丐"。尤其是妇孺老弱,他们不像少壮男子还有从业的希望,转化为职业性乞丐的可能性也最为明显。1928年5月沧县的情形,可以很好地说明这一问题。"沧县自客岁以来,直南各县及鲁省难民,来者甚众。其中一小部分,日间在城内各处乞食,夜则宿于破庙或在郊外栖息。此辈多系妇孺老弱,闻少壮男子,均已转向他乡谋生,遂致父母不相顾,兄弟妻子离散"。① 与此同时,天津街头也被这两地的难民所充斥。"本埠各街巷近来乞丐异常众多,均操直南及山东等处口音,闻系直鲁难民,有一部分滞留津埠,以乞讨为生"。② 由此可见,只要行乞的难民于某地固定下来,便会转化为日常所说的乞丐。

城市以其繁盛的素名与救济机关的汇集而成为灾民逃荒的首选。以天津为例,作为北方数省有限的都市之一,往往成为灾民麇集的所在,自然也是乞丐众多的地方。1935年冬,河北青县灾民数百人,"扶老携幼,出外谋生",据云:"有赴天津救济院者,有去津沽一带乞讨者"。③ 长垣、东明两县灾民70余人,也由邢台徒步来津,拟"投明德慈济会在南市设立之冬令暖厂或贫民救济院"。④ 翌年冬季,冀北兴隆县的200余名难民途经玉田,"据云系赴平津各粥厂就食"。⑤ 同时,豫西灾民也"包头裹足,徒步于朔风中",拟"赴津谋生"。⑥ 一般来说,逃难到城市的灾民并不能算作城市的民众,但是,如果他们长期滞留此地,也极有可能被纳入到城市户口之中,尽管只是在某种程度上。1926年,由于频繁的战事,"各县人民多已无衣无食,故纷纷来津谋

---

① 《沧县·难民流为乞丐》,天津《大公报》1928年5月10日。
② 《难民流落津埠》,天津《大公报》1928年5月2日。
③ 《各县简讯》,天津《益世报》1935年11月12日。
④ 《长垣东明两县灾区难民来津》,天津《大公报》1935年12月29日。
⑤ 《玉田难民过境》,天津《益世报》1936年11月23日。
⑥ 《豫西灾民沿途乞讨抵青,将来津谋生》,天津《益世报》1936年12月7日。

生。据八善堂冬赈救济会调查员之报告,今年贫民户口,较从前增加数倍"。① 很显然,这部分增多的贫户,所指的便是逃难赴津的灾民。1930 年天津市社会局对该市贫户的统计材料,也可对此予以佐证。在 279 名特种贫民中,籍贯为天津者仅 13.98%,而属于河北、山东两省者则分别为 65.95% 和 13.98%。如果这一项仍不足以说明贫户也包括外地逃荒难民的话,还可以对照他们有无家庭的调查情况。在这批人中,有家庭者占 62.72%,无家庭者占 30.47%,另外尚有不明者 6.81%。其实,举室逃荒在当时相当普遍,有家庭并不能说明他们即属于天津市民,但如果他们没有家庭,则在相当程度上表明了他们的流离身份。这 279 名贫民维持生活的方法,证明了他们的乞丐身份。

表 10—9　　　1930 年天津市 279 名贫户户主维持生活方法调查表

(单位:名)

方法	乞食	纺线	拾柴	拾煤核	拾粪	拉车	缝纫	依赖兄弟	亲邻扶助	不明	总计
男	131	1	1	1		1		2	6	16	159
女	103	2			4		1		6	4	120
合计	234	3	1	1	4	1	1	2	12	20	279
百分比	83.87%	1.07	0.36	0.36	1.43	0.36	0.36	0.72	4.30	7.17	100%

注:纺线一项,有一男一女尚须邻人帮助,其余一女则尚须乞食;拾柴、拾煤核以及拾粪三项,除工作外尚须乞食。

资料来源:天津市社会局编印:《天津市社会局统计汇刊》,1931 年 8 月,慈善救济、贫户贫民统计。

由上表可见,天津市 279 名特种贫民中,绝大多数以乞讨为生,如果将赖乞食补助的纺线、拾柴、拾煤核、拾粪几项也包括在内的话,以乞讨为生者的比例将近 90%。联系这批人的籍贯以及有无家庭的区分

---

① 《贫民增多之原因》,天津《大公报》1927 年 1 月 11 日。

情况,大体可以推测,这些人多数是来自外地的职业化乞丐。职业化乞丐多数是年老体弱、身患残疾等没有谋生能力的人群,乞讨过活成为他们理所当然的生活途径。在天津279名特种贫户中,绝大多数没有自我生存能力。

表10—10　　　　1930年天津市279名特种贫户
户主老幼残疾状况分析表　　　（单位:名）

类别	衰老	年幼	无能谋生	孤独无依	目盲	耳聋	病发	疯痴	瘫	哑	四肢残伤	瘫	孀居	不明	总计
男	49	31	2	2	18	1	9	3	5		10	2		27	159
女	51	11	1	2	13	6	4	2	3	2			13	12	120
合计	100	42	3	4	31	7	13	5	8	2	10	2	13	39	279
百分比	25.84	15.05	1.07	1.43	11.11	2.50	4.65	1.83	2.87	0.72	3.58	0.72	4.65	13.98	100

　　资料来源:天津市社会局编印:《天津市社会局统计汇刊》,1931年8月,慈善救济、贫户贫民统计。

　　由上表可见,279名特种贫户户主之所以以乞讨为生,和他们的年龄结构及身体状况密切相关。一部分老幼鳏寡孤独无依,另一部分则身患残疾无力谋生。这种情况在职业化乞丐中相当普遍,1929年7月济南市公安局对城区乞丐进行了调查,在380名乞丐中,残疾者140人,将近全数的五分之二。[①] 当然,乞丐中并非都是没有谋生能力的。在工商业不够发展的时代条件下,社会不能创造出足够的工作机会,即使青壮年男子也很难充分就业,更遑论那些竞争力薄弱的人群。评论

---

　　① 《济南市公安局调查乞丐数目统计表》,济南市市政府秘书处编印:《济南市市政月刊》第2卷第1期,1930年1月。

家无妄认为,"中国乞丐之多,实冠于全球",其中"实系残废不堪谋生者,殆仅千百中之一二,大多数可以筋力易食者。乃不谋所以自养而甘流为乞丐,盖首由于失教,次由于失养耳"。[1] 乞讨是走投无路者无可奈何的选择,但生存环境的恶劣,使行乞也充满了压力。因此,为了能够得到施舍,职业化乞丐采取了各种各样的乞讨办法,有的竟然形成有着严密纪律的丐帮组织。

最文雅的一种方式,是靠吹拉说唱或者杂耍向人乞讨。其中一部分属于街头艺人,凭技艺任人施舍。1934年11月,有人对天津城南老三不管一带的杂耍卖艺进行了记述。在一堆堆密密围着的人圈里面,有的在摔跤、卖艺,有的在盘杠、耍叉。

摔跤:一片满铺了沙土的场子,几个裸臂的汉子一对对地轮流着摔跤的时候,上身穿了短短的坎肩,胸前敞着,拿绳子系上,布硬硬的厚厚的,仿佛是帆布,据说叫"褡裢"。二人拼命地摔,彼此下绊,涨红了脸,脑筋蹦起多高,呼呼的喘声里热汗滴了下来,一人被绊倒三次为败,分明了胜败就是求钱的时候,照例说几句"带着钱的爷儿们怜恤怜恤,没带钱的爷儿们也请站脚助威"等类的江湖话,敛了钱再换别人继续着摔。

卖艺:俗称"练把戏的",场子正中的边上,放了小桌,桌前立了各种的兵器,刀、枪、钩、剑等,他们在未练之先,常常是说自己从前当过某某镖局的镖主,到过奉天、吉林、黑龙江、热河等地,打败过几次接劫镖的贼寇等的夸耀自己英勇的话,练的时候也常说"行家们看门道,力巴瞧热闹","手、眼、身、法、走"江湖俗套,练完不求钱却是卖药,惟一的几乎百病都治的妙药,是大力丸,现在出名的"高大口""莲子李"。

盘杠:场子中央支了杠子——两头有龙头,两个正当为学时候的十二三岁的小孩子,在上练"玩艺"卖力气,甚么中指

---

[1] 无妄:《闲评一》,天津《大公报》1916年10月18日。

顶、燕子三超水，都是他们拿手的惊人的"玩艺"，表面是不求钱，实在也是为了卖糖、赚钱、混碗饭吃。

要叉：一面空场，四围没有板凳围着，头上没有布棚，大概是为了主人翁没钱赁的原故，矮矮的一个老头看来大约有六十多岁的样子，手里拿着一把叉，两头全是叉尖，中间的叉两柄外面缠了蓝白带，说不清里面是木棍，抑或是藤杆，耍的时候叉柄不离身子的前胸、后背、两肩、两臂转，有时被踢到半空，落下的时候不使落地仍然是转，转到头顶为止，也是求钱，常说"家里有八十多岁老娘，无衣无食，求爷儿们赏碗粥喝"。有没有老娘？人们不知道，但纯熟的武技，确是可观的。①

上述这些靠技艺吃饭的虽属江湖中人，但其实与乞丐无异，只是比靠苦口哀求要饭的体面一些而已。在有技艺的乞丐中，有的专靠吹拉弹唱为生。例如在吉林扶余，就有一些拉四弦胡、京胡的花子。他们有的能自拉自唱，有的一人拉另一人唱。多数是唱秦腔（也称梆子腔），也有唱西皮、二黄、京剧的。其中有些老艺人因年老体弱而被戏院解聘而流落以乞讨为生。这些说唱乞丐，有的选一角落自顾演唱，任凭路人施舍，有的则手拿呱嗒板儿到各户门上边敲边唱进行乞讨，尤其是做生意的商铺，更成为他们讨扰的主要对象。他们用"数来宝"的形式随机编出各种唱词，卖家为了做生意不得不赶快打发了事。② 这些沿门乞讨的卖唱乞丐被称作"跑海"的花子，语言诙谐，逗人开心，但经常死讨硬要，不给不走。

除开有技艺的花子之外，多数乞丐是苦口哀求向人讨要。一些鳏寡孤独、无所养者，腋下夹着打狗棍，手里提个要饭罐，一步一拐地挨门

---

① 《老三不管巡礼记》（上），天津《大公报》1934年11月19日。

② 关士杰：《旧社会扶余的花子房》，《近代中国江湖秘闻》下卷，第294—299页。

挨户乞讨,讨要残羹剩饭,赖以充饥。这应该说是大多数乞丐的典型形象,衣衫褴褛、饥寒交迫是他们共同的特征。在城市中,乞丐讨要的方法非常之多。1923年天津警察厅发布一取缔乞丐的训令,内中对乞丐之形象进行了胪列:

> 津埠一带,每届冬令,专有一种乡间妇孺,更有青年处女等,不顾丧失人格,均在各马路街巷口,向行人拦路要钱,有素面跪索者,有身后尾追者,有追逐洋车者,有追随汽车及电车,向乘客索钱者。然紧傍行人前后左右,口中喃喃,烦话听闻,令人心烦意燥,殊属讨厌。与钱则退,后暗唆同伙复行追索,不与则转脸骂街。此等妇孺非真乞丐,其家中均有存粮满囤,每年秋末收仓以后,照例携老扶幼,来津沿街索钱,以为营业者也。在南市洼中一带,赤身裸体之男乞丐,在空阔之处聚成群,彼此相藉为枕,横躺竖卧,形同尸骸。每逢隆冬严寒之时,冻死者不知凡几。①

上述内容是警察厅取缔乞丐理由的条陈,其对乞丐现象的描述确为事实,但对乞丐增多原因的分析则难免增添了几分武断。认定乞丐均非迫不得已,毫无疑问加强了取缔乞丐的可行性与必要性,但乞丐们宁可冻死街头也不愿回乡返籍的事实,恰好证实了他们乞讨生活的情非得已。乞丐的生命最为朝不保夕,饥寒交迫而死已成司空见惯之事。1935年11、12两月,天津街衢因饥寒交迫毙命的难民、乞丐为数众多,仅以天津《大公报》断断续续所提到者为限:11月4日7具②,5日13具③,15日5具④,16日17具⑤,17日10具⑥……仅11月天津街头发

---

① 《警察厅取缔乞丐训令》,天津《大公报》1923年10月17日。
② 《连日阴雨,南市发现七男尸》,天津《大公报》1935年11月4日。
③ 《倒毙昨又发现十三具》,天津《大公报》1935年11月6日。
④ 《昨日奇寒,冻毙者五人》,天津《大公报》1935年11月16日。
⑤ 《冻毙死尸,昨又发现十七具》,天津《大公报》1935年11月17日。
⑥ 《昨又发现十具尸体》,天津《大公报》1935年11月17日。

现冻毙死尸共计 320 具。① 自 12 月 1 日至 29 日,"一月之间,南市三不管、河北小王庄、日租界闸口、河东部庄子及西车站等处,共计发现无名倒毙男女尸体三百一十四具之多"。② 两个月间,倒毙街头的男女乞丐竟达 600 名之多。这尚是统计在案的数字,是否有所遗漏不得而知。而且,作为国内尤其是北方首屈一指的大型都市,天津的救济工作还算完备,至少要比其他中小城市或农村高出数倍。天津尚且如此,其他地方灾民与乞丐的命运就更是可想而知。

乞丐众多应该说是社会的悲哀,他们自己的生活悲惨困苦,给社会带来了诸多问题。首先,乞丐影响和损害了各地的治安与形象。从大处来说,有损于一个国家的文明形象。1916 年无妄评论道,"中国乞丐之多,实冠于全球,鹑衣鹄面,伸手求人之辈,不绝于道,外人之游历中原者,罔不传为笑柄,此固国民之耻,而亦国家之羞也"。③ 乞丐繁多,确实有损于城市的形象。已经沦为乞丐的群体,自然不会再对自己的言行有丝毫的顾忌,有时甚至故意变本加厉地嚣张其污秽恶劣的一面。处于社会底层的游民乞丐,多数已不再计较自己的尊严,因而顺手牵羊式的偷窃事件时有发生。天津三不管地段因无业游民的五方杂处,"偷劫情事恒有所闻"。1911 年 8 月 14 日,"该处茶摊丛姓失去洋钱五元,又饭铺田姓失去包袱一个"。④ 这或许仅是社会生活中的日常琐事,人们已司空见惯到不屑理睬的地步。据当时报载,游民乞丐"迫于饥寒,惯在人丛中或热闹场中,专门割包剪绺,亦有当街抢人油条馒头,随跑随吃,被人追打"。⑤ 乞丐抢劫活动的升级,便有可能蔓延为匪患,

① 《津市上月冻毙尸体共三百二十具》,天津《大公报》1935 年 12 月 1 日。

② 《昨又发现冻尸十七具,本月共达三百余》,天津《大公报》1935 年 12 月 30 日。

③ 无妄:《闲评一》,天津《大公报》1916 年 10 月 18 日。

④ 《本埠·游民何多》,天津《大公报》1911 年 8 月 15 日。

⑤ 《开封难民充斥之现象》,天津《大公报》1922 年 12 月 31 日。

因为"匪徒之中,大半为饥驱所致"。①

乞丐的强行索讨,不但对社会治安是一种威胁,还扰乱了城镇商业的经营与居民的安定。以保定为例,该地有一种恶丐,"白昼则挨户索讨,傍晚则沿街呼叫,甚至铺户开张及居民办理婚丧等事,每有贫苦残废之妇女聚伙成群,强索钱文,无理取闹,巡警上前禁阻,或敢悖妇逞刁,不服制止"。② 这种被称为"八大怪"的恶丐,屡禁不止,至1920年警察厅所发布的禁文仍云,"各街巷商铺营业正当繁盛之时,乃竟有无知男女流丐结队成群,沿途恶讨,叫嚣歌哭,任情滋扰,甚或闯入柜室,故作诸般丑态,更难寓目,似此等情事,殊于商业市政大有妨害,自非切实整理不足以维持秩序"。③ 当然,对于其禁止效果,我们仍不敢作过高期望。

乞丐众多是20世纪上半叶的综合社会环境造成的,灾荒、贫困所导致的无以为生是众多灾民流离乞讨的主要原因,工商业发展水平的低下也限制了对游离于农业之外劳动力的吸纳。当然,也不能排除一部分游手好闲之人对乞讨生活的适应与习惯。有鉴于此,治理乞丐问题极为棘手,任何简单的放任或驱逐均难收实效,冯玉祥与张福来对开封难民与乞丐的政策可为其中一例。冯玉祥督汴期间,将"本来乞丐及类似乞丐者,均一律驱逐出城,残废病瞽者,始收请救苦庙,城内黄昏即净街,路上断绝行人,致顶热闹的一座开封城,顿显严肃之气象。清净则清净矣,其如开封城外,十余里或数十里,即哭声震天,殍殣相望耳"。张福来接任后则改变政策,"难民复络绎归来矣。所以现在开封省城内,难民在坑坑满,在谷谷满,目所见者,皆难民穷饿褴褛之形相,耳所闻者,皆难民乞丐讨饭之声音"。④ 解决问题应该有的放矢,难民

① 《时评·一派苦消息》,天津《大公报》1918年5月18日。

② 《保定·示禁恶丐》,天津《大公报》1912年6月12日。

③ 《各地杂报·保定·警察厅取缔恶丐》,天津《大公报》1920年6月12日。

④ 《开封难民充斥之现象》,天津《大公报》1922年12月31日。

是乞丐的源泉。但是,在20世纪上半叶的中国,难民产生的原因很多。当时有人感慨,"以现在之中国,政治不良,社会不良,教育不普及,实业不发达,已无异于世界上一绝大制造难民总厂"。① 也就是说,难民众多与民国时期的很多社会环境关系密切。因此,乞丐问题的解决自然也就短期内难收实效了。

---

① 《开封难民充斥之现象》,天津《大公报》1922年12月31日。

第十一章 20世纪上半叶中国民众生活水平评估

　　生活水平本来是一个综合性概念,指在某一社会生产发展阶段中,居民用以满足物质、文化生活需要的社会产品和劳务的消费程度。它包括多项具体内容,如居民的实际收入水平、消费水平和消费结构、劳动的社会条件和生产条件、社会服务的发达程度、闲暇时间的占有量和结构、卫生保健和教育普及程度等等。但是,在物质资料还相对贫乏的20世纪上半叶,大多数中国人都在为基本的衣食住行而忙碌,与此相应,这些人类最基本生活要素的具备与否及其表现形式,就成了衡量各个阶层生活水平的重要标志。通过对农民、工人和公教人员三个阶层的生活环境的对比,我们可以明显看出劳动收入直接决定着中国民众生活水平的高低。当然,文化素质也影响到部分家庭的生活方式,从而使收入相同的家庭分属于不同的阶层。

第一节　普通农民的生活水平

　　与收入水平相适应,20世纪上半叶的中国农民基本生活在勉强维持温饱的水平上。勤俭与节约是长期贫困环境下养成的生活习惯,也是广大农民无可奈何的选择。衣食住行四项必须消费的内容,大体可以反映出普通农民的生活水平。

一、食品

从通常意义上来说,食品消费在总支出中的比例以及主副食支出中的比重均是反映人们生活水平高低的重要指数。但是,这两项国际通用标准对20世纪上半叶的中国普通农民还稍显不够,还必须详细剖析他们所食用主食的组成部分。因为,大多数农民已贫困到连维持基本生存的主食都难以保障的地步。在多数统计材料那里,农民的饮食费用在消费支出中的比重最高,其中饮食费用中又以米面等主食成分含量最高。但是,这里的米面只是主食的代称,而不是通常所说的大米与白面。大多数农民的主食尚做不到以米面为主,在他们的食谱中,粗粮占着相当的比重。从各地材料来看,能够常年吃得起米面的农户应为乡村中的佼佼者。1929年山东泰安县志记载,全县人民以大小麦为食者十分之二,每人日一斤;以谷黍为食者十分之一,每人日半斤;以高粱为食者十分之八,每人日半斤,其余以黄黑绿豆为食。① 河北清苑农家"率食粗粮或且杂以糠枇,食麦粉者每岁不过数日,或高年之人而已"。② 沧县徐官屯村"村民一年之中,长时间吃玉蜀黍做的饭,非过年节不吃点鱼肉,不吃顿白面"。③ 邢台、沙河以西的山区,农民生活极为俭朴,"即家庭十分富有者,食麦面者亦绝少,小米豆面为最优之食物,谷糠、菜蔬为日常生活所不可少"④。

米面不占普通农民食谱主位的原因是出于经济的考虑。李景汉在调查北平郊外乡村家庭饮食结构时指出,"本地虽产白米,但因米

---

① 《重修泰安县志》第4卷,《全县人民食粮统计表》,1929年铅印。
② 民国《清苑县志》第3卷,1934年版。
③ 毕问尧、解质文:《沧县徐官屯村概况调查》,《津南农声》创刊号,1935年9月。
④ 《西山之民生现况》,天津《益世报》1934年3月20日。

价颇昂且易消化,不若粗粮饱的时间耐久,故贫户不喜用白米。白面固为人人好吃之食品,但价钱较他种米面为高,每斤伏地面约为八分,机器面约为一角。村中只有少数人家常吃白面。调查时亦曾问及每家全年内用白面与白米的次数。百家中全年吃白面在五次以下者约占半数,除年节外平日几乎完全不见白面,竟有仅在新年吃一次者。吃五次至九次者各占十分之一,每日吃得起白面者共计五家"。①

华北是小麦的主要产地,但由于"内地人民节俭,不轻食麦粉"②,小麦主要用于市场交易。如河北盐山150家农户中,94.8%的小麦用于出售,仅5.2%留作自用,平均每家每年出售小麦得70.7元,占全年农作物销售总额81.5元的86.8%。③正因如此,粜细籴粗在各地乡村极为普遍,"农民恒食劣等谷物,而售其优者,以获其两者市价相差之利"。④农民这样做有其迫不得已的原因,卜凯认为:"中国农民所以能从一小块土地上,而得到生存的另一原因,就是通常自己所食者,都是粗劣的食粮,而将值钱者,完全出售"。⑤

以上为北方诸省的情形,由于中国地域的广阔,全国各地乡村居民在常年主要食粮问题上存在较大的差异。1936年实业部中央农业实验所举行了全国食粮消费调查,各省乡村居民常年食粮消费种类及比例大致如下:

---

① 李景汉:《北平郊外之乡村家庭》,上海商务印书馆1929年版,第44—45页。

② 胶济铁路车务处1934年编印:《胶济铁路沿线经济调查报告·总编》(上),农业,第3页。

③ 卜凯著、孙文郁译:《河北盐山县一百五十农家之经济及社会调查》,金陵大学农林科《农林丛刊》第51号,1929年,第63页。

④ 卜凯主编:《中国土地利用》,成都成城出版社1941年版,第549页。

⑤ 卜凯著、张履鸾译:《中国农家经济》,上海商务印书馆1936年版,第489页。

表 11—1　　中国乡村人民每人常年食粮中各种主要食粮重量之百分比（％）

省	稻谷	小麦	大麦	玉米	高梁	小米	糜米	黍米	燕麦	荞麦	大豆	蚕豆	豌豆	黑豆	绿豆	甘薯	马铃薯	芋头
察哈尔	0.6	2.4	0.3	0.7	10.2	39.1	0.7	7.4	5.0	1.8	1.1	0.2	0.1	0.6	0.9	1.4	27.5	
绥远		8.5	0.6	0.4	2.6	8.6	18.4	3.8	22.4	5.2	0.4	0.4	0.1	0.2	0.1		27.3	
宁夏	16.7	18.8	2.0	0.9	3.1	7.1	17.7	20.7	1.3	2.1	0.6	0.6				4.7	3.7	
青海	0.2	22.8	33.1	0.6		1.2	0.7	0.7	11.1	1.4	1.3	1.7	6.4			1.9	16.9	
甘肃	0.7	27.7	6.8	7.5	3.3	12.0	6.3	4.9	3.6	4.2	1.6	0.6	2.7	0.2	0.3	5.6	12.0	
陕西	7.0	38.6	2.5	13.5	3.6	13.7	4.4	1.5	0.3	3.7	2.1	0.6	1.4	1.1	1.6	1.5	2.9	
山西	0.7	20.1	0.6	10.9	8.7	24.0	2.7	3.4	8.9	1.5	2.1	0.2	1.1	1.2	0.1	1.3	10.7	
河北	1.7	11.4	0.8	24.0	15.0	0	27.0	0.7	1.8	0.2	1.3	3.1	0.1	0.2	1.3	3.3	7.4	0.7
山东	0.4	17.0	0.7	13.5	21.9	17.2	0.1	1.2	0.1	0.5	9.6	0.4	0.3	2.6	2.6	9.6	2.3	
江苏	42.0	15.1	9.8	5.9	5.0	0.8	0.1	0.2	·	0.5	3.9	1.5	1.3	0.1	1.5	11.5	0.4	0.4
安徽	51.7	15.5	2.5	2.4	6.5	0.7			0.1	0.2	2.0	2.7	1.5	2.4	0.1	3.1	8.6	
河南	4.1	27.2	2.1	11.7	13.6	15.0	0.1	0.6		1.0	4.4		1.8	0.8	5.6	10.3	1.7	
湖北	58.7	10.7	6.0	1.2	0.9	2.2		0.3	0.2	2.1	3.0	3.6	3.4	0.3	1.7	4.1	1.6	
四川	61.1	4.5	1.4	4.8	1.2	0.1		0.4		0.7	2.6	2.8	3.0	0.3	1.3	13.7	1.7	
云南	64.7	3.8	1.4	6.7	0.2	0.2		0.2	0.6	1.7	4.4	4.1	1.8	0.4	0.1	2.7	6.2	

省	稻谷	小麦	大麦	玉米	高粱	小米	糜米	黍米	燕麦	荞麦	大豆	蚕豆	豌豆	黑豆	绿豆	甘薯	马铃薯	芋头
贵州	58.9	3.1	2.1	10.5	1.1	0.6	0.5	0.5	0.5	2.0	4.8	1.9	2.5	0.4	0.7	7.8	2.1	
湖南	78.5	1.5	0.3	1.1	0.4	0.1		0.1		0.7	1.1	1.3	0.5	0.1	0.4	13.5	0.2	0.2
江西	78.3	1.4	0.6	0.7	0.1	0.9				1.2	2.9	0.6	0.5	0.5	0.5	7.8	3.9	0.1
浙江	75.8	4.5	0.6	4.1	0.1	0.1		0.1		1.0	2.4	1.3	1.2	1.4	0.5	6.2		0.7
福建	71.9	1.1	0.2	0.2	0.2	0.2		0.1	0.2	0.1	1.7	0.3	0.3	0.2	0.4	20.0	2.9	
广东	71.6	1.3	0.1	0.9	0.2	0.2		0.4		0.1	1.5	0.2	0.4	0.5	0.5	21.1		0.8
广西	77.7	0.8	0.3	5.4	0.7	0.3		0.2	0.1	0.5	1.4	0.3	0.6	0.3	0.4	9.2		1.1
全国	33.3	12.8	2.0	9.0	7.4	10.2	1.0	1.1	1.3	1.3	3.5	0.9	1.3	0.8	2.0	8.7	3.3	0.1

资料来源：实业部中央农业实验所：《农情报告》第 5 卷第 6 期，1937 年 6 月 15 日，第 194 页。

由上表可见，由于各地种植作物种类的不同，各地的饮食结构也有很大的区别。总体来说，"稻谷在我国南部各省，消费为最多，小麦在北部各省则较多，玉米之消费，在国内较为普遍，而高粱、小米及糜黍等，其消费量最多之区域，则在我国北部及绥远、陕北等地"。[1] 具体而言，"各种主要食粮重量所占之百分率，若按省而言，食稻最多者首推湖南、江西、广西等省，占 78%，次浙江占 76%，福建、广东两省各占 72%，云南占 65%，四川占 61%，以上数省，稻谷之消费量平均皆在食粮总消费量 60% 以上。湖北、贵州两省，稻谷之消费量亦甚高，均在

---

[1] 实业部中央农业实验所：《农情报告》第 5 卷第 8 期，1937 年 8 月 15 日，第 259 页。

55%以上,唯江苏、安徽两省较低,在50%左右,此由于该两省之北部多食其他食粮如小麦、甘薯等。小麦之消费量,在我国北部各省如青海、甘肃、陕西、山西、河南等省甚为普遍,均在20%以上。大麦之消费量,则以青海为最高,占33%。玉米之消费量,以河北为最高,占24%,而陕西、山东、河南等省亦甚巨。察哈尔次之占10%。小米、黍、糜等之消费量,以察哈尔为最高平均占24%,宁夏、绥远两省次之。甘薯之消费量,以福建、广东两省为最高均占20%以上,湖南、江苏两省次之。马铃薯之消费量,则以察哈尔、绥远两省为最高,占27%,青海次之,占17%"。①

上表每人常年食粮重量之得出,是在实地调查的基础上做了核算。即就各省农情报告员所报告各该地之乡民常年饭食中每人每年所消费各种主要食粮之重量,求得县平均,再由县平均而求得省平均及全国平均。因此,上表数字能涵盖各省普遍情形,但不一定能照顾到各县的具体状况。例如,稻谷是广西主要种植作物,因而稻米是该省乡民主要食粮自无疑义。但是,全省的作物种植并非一致,"中部东部产米最多,西部仅产杂粮;且北部仅一熟,而中部南部岁可二熟"。因此,就日常食粮而言,各区之间存在着显著的差异。"苍梧邕柳四道,日食米饭一次,米粥二次,小麦、荞麦、高粱、玉蜀黍则与米粥混合而食;至镇南田南,则多以杂粮为主要食物,如都安果德安同正左县及其以西各县竟多有终年食玉蜀黍者"。② 河南也是如此,据中央农业实验所调查小麦在该省消费量颇高,但据1934年铅印的《河南汲县》记载,食麦者则为数寥寥。"卫河流域本为产麦之区,富裕之家固终年以白面为食品,视黑面、红面、黄面、大麦面为粗粮。所谓白面即小麦面,所谓黑面即磨白面数次

---

① 实业部中央农业实验所:《农情报告》第5卷第6期,1937年6月15日,第190—191页。

② 行政院农村复兴委员会:《广西省农村调查》,商务印书馆1935年版,第24页。

后所磨之面,所谓红面即高粱面,所谓黄面即玉蜀黍面。但富者寡,贫者多,终年食白面之家屈指可数。中人以下,仅于麦子收获时稍食白面,余时多食高粱所制之窝窝头,或以高粱、大豆、玉蜀黍磨为粗粒,名之曰'糁',煮成稀饭,或煮小米稀饭,而配以麦子、玉蜀黍、高粱、小米合制之花卷。大抵农忙时三餐,平日两餐。亦有纯食红薯者。其佐餐之品,均属蔬菜。因肴馔太菲,饭复粗粮,故必食辣椒,借其刺激性以健胃力。肉类除富裕者外,小康之家亦只有岁时节令始尝肉味。倘能日得三餐,不受饥饿,即认为人生大幸"。①

农民日常的饮食结构既取决于其种植作物的种类、经济贫富的程度,也与年头的好坏密切相关。据实业部中央农业实验所 1936 年调查,"形成粮食不足之灾荒,以每隔四年至六年发生一次者最多"。荒年的时候,农民较常年多食之食物,"首推高粱,计有报告 1123 起,占有报告总数 21%;其次为甘薯、玉米、小米等,甘薯计有 715 起,占 13%,玉米计有 662 起,占 12%,小米计有 562 起,占 11%";较常年少食之食物,"以小麦与稻谷为最多,小麦计有报告 1558 起,占有报告总数 30%,稻谷计有 1204 起,占 23%;其次为小米与猪肉,计各有 330 起以上,约各占 8%"。丰年正好与之相反,较常年多食之食物,首推小麦、稻谷,其次为小米与猪肉;少食之食物,以高粱为首要,其次为玉米与甘薯。② 由此可见,普通农民的日常饮食,不但以主食为主,而且粗粮成为主食中的重要成分。

尽管如此,很多农民还是没有足够的食粮。为了节约粮食,许多地方流行农闲减餐的习俗。河北行唐磁沟庄村农民的食物,均为自家所产,且"往往又是他们收获物中最坏的,因为他们留着好的以多粜钱"。

---

① 《汲县今志》第 20 章,1935 年铅印,转见丁世良、赵放主编:《中国地方志民俗资料汇编·中南卷·上》,北京图书馆出版社 1991 年版,第 55 页。

② 实业部中央农业实验所:《农情报告》第 5 卷第 8 期,1937 年 8 月 15 日,第 258—259 页。

每到冬季农闲的时候,"他们一顿蒸白薯,可以饱上一天"。① 此处所用"饱"字令人犯疑,恐怕改称"熬"字可能更为合适。河北平乡、盐山及河南新郑等处,在冬季没有工作的时候,多数农民"自己仅吃些面汤,苟且敷衍"。② 由于粮食的短缺,河北灵寿"普通每年秋后,农民无力三餐,每日改为两次,多系菜叶和粟之稀粥。若食用小米饭者,则为中上之家矣"。③ 卜凯在分析调查资料时也发现,河南新郑农民在秋、冬、春三季每日只吃两餐。邢台、沙河、内丘西的太行山区农民,"忙时一日三餐,稍一闲暇,则每日两餐"。④

食盐虽为人们生活必需品,但由于其高昂的价位,许多贫困农户不得不缩减用量甚至避而不食。河北临城管等村三百户人家,"完全不吃食盐者有一百户,占总数三分之一;无充分食盐可食者,约有一百五十户,占全数二分之一;有力吃食盐者,仅五十户,占全数六分之一"。⑤ 正定食盐销售量也有大幅度缩减,"原因是农村中已有二分之一的农户,没钱买盐吃了"。⑥ 平山农村淡食之风亦甚盛行,"一则食盐太贵,农民不能食用;二则距城过远,购买不便,所以中等以下农家便多行淡食"。⑦

综上可以看出,普通农民在饮食方面以俭朴为主,多以维持生存为限。至于其佐餐之副食,也多是田间自种。正如河北南皮县志所云,"佐餐者,园蔬、野菜与酱、醋、白盐,虽有香油,而不多食;非遇婚娶丧祭,不用酒肉,芥菜、萝卜腌作咸菜。冬季所食,白菜最为大宗,若夏之

① 狄璞若:《河北磁沟庄村经济调查》,《中国经济》第5卷第5期,1937年5月。

② 冯和法编:《中国农村经济资料》,黎明书局1933年版,第47页。

③ 《灵寿县农民多喝稀粥》,天津《益世报》1934年10月25日。

④ 《灵寿县农民多喝稀粥》,天津《益世报》1934年10月25日。

⑤ 《河北省一个农村经济的调查》,《中国经济》第2卷第8期,1934年8月。

⑥ 章有义编:《中国近代农业史资料》,三联书店1957年版,第800页。

⑦ 王金珠:《平山县农民生活概况》,《津南农声》创刊号,1935年9月。

瓜果、冬之红薯,则不过副食品耳"①。李景汉对北平郊外挂甲屯村百户农家的蔬菜副食费用进行过统计。"本村最常用者为数种咸菜,其中以腌萝卜,腌水咯哒与腌咯哒缨占大多数,三种之价格按上列之次序为五分,六分与四分。此外,腌白菜,腌茄子,腌辣椒与各种酱菜亦有用者,但用的数量不多,次数亦少。此外全年常用者有葱,每斤约三分,豆类中有黄豆牙每斤二分七厘,绿豆牙每斤一分五厘,青豆嘴每斤三分,豆腐每斤三分。冬季最常用之青菜为白菜,每斤在一分三厘左右。白薯亦为冬季主要的食品,因其价格便宜,每斤约二分左右,且能代替米面的功用,故贫民多喜购食。春季最常用者为菠菜,每斤贱时约两三分,韭菜每斤贱时约四分。夏秋两季则有多种青菜,如黄瓜、茄子、南瓜、菜瓜等。百家中全年菜蔬费未满五元者约占三分之一,五至一四元者约占五分之二,一五元以上者约占五分之一,未有超过五〇元者。每家平均全年菜蔬费为一〇·八元,占一切食品费百分之一〇,每月合九角,每日三分"。至于肉类,"大多数的家庭只在新年,端午与中秋两节购用肉食,亦有全年只在新年吃一次肉者。此外吃得起肉者百家中不过二三家,数量与用费亦甚少"。水果费用也极微薄,"平均每家全年约四角,所吃者在夏季为本地所产之荸荠与藕,冬季为柿子与黑枣,吃得起他种水果者甚少"。② 挂甲屯村处于北平郊外之城乡结合部,村民中有相当一部分在城务工,其生活水平当高于纯粹农民。他们的生活尚且如此,其他地方农民生活程度之低微自然可以想见。

二、衣着

衣着对农户来说仍以实用为主,装饰价值不占主要地位。由于气候地理条件不同,农民日常所穿服装的质地在各地区以及贫富之间存

---

① 《南皮县志》14 卷,1933 年铅印,转见丁世良、赵放主编:《中国地方志民俗资料汇编·华北卷》,北京图书馆出版社 1989 年版,第 405 页。

② 李景汉:《北平郊外之乡村家庭》,第 46—49 页。

在差异。美国学者卜凯根据作物种植类别将全国划分为小麦地带与水稻地带,并将农民服饰根据穿着的场合分为工作服装与装饰服装两类。据其1929—1933年调查,"农民之工作服装材料,棉居十分之九。其百分比系小麦地带高于水稻地带,以水稻地带棉产不甚佳也。除西南水稻区及扬子水稻区及扬子水稻小麦区小部分外,丝未有用于制作工作服装者。春麦区天气寒冷,皮毛之需,较他处为甚,且较易罗致。小中大各组田场工作服装之材料,大略相似,但大田场农民之服装较小田场为多。水稻地带每场主平均所有工作服装多于小麦地带,究其原因,非独由于生活程度容有差异,亦以气候较为潮热,常须换衣。春麦区农民工作服装最少,而水稻茶区,四川水稻区及水稻两获区则最多"。至于装饰服装,棉占其材料四分之三,"其他以丝为最普遍……。纵水稻两获区用丝最多,其装饰服装丝制者每九件亦仅一件,春麦区之装饰服装,皮制者最多,与工作服装同。小田场棉制装饰服装较为常见,而中等田场及大田场则以丝及羊毛者居多。水稻地带每场主之装饰服装多于小麦地带,春麦区最少,大田场则又视中等田场及小田场为多"。[①]由此可见,棉布是全国乡村衣服之主料,南方由于气候潮热,其农民服装数目多于其他地带,大农户则由于经济富裕的缘故,比贫困者服装略多一些。

至于服装的款式及色彩,从河北南皮一县可以略窥一二。"南皮全境分为六区,以地势关系约划为南北两部,一、五、六区为北部,产棉少;二、三、四区为南部,产棉多。故南部各村,家家自为纺织,衣皆棉布,间有以洋纱相同织布者。种地在二、三十亩以上之家,类皆衣服完整,不至鹑衣百结。至北部三区,亦有自为纺织者,但十无四、五,余皆购用洋布或高阳布为衣。全境皆俭朴成风,新旧大衣辗转改作,至朽烂为度。鞋,则家做者多,式样不一;穿铺鞋者,皆机关或学生及好为交际

---

①　卜凯主编:《中国土地利用》,金陵大学农学院农业经济系、成都成城出版社1941年版,第619页。

应酬之人。农人以布为袜,夏则赤足;机关学校多着丝袜。冬戴瓜皮便帽,间有戴毡帽者,夏戴草笠,以麦莛、秫皮、马鞭草等为之,皆外境贩来。衣服之色,男子长衣以灰色为主,蓝次之,马褂纯用黑,单衣则白色与紫花色兼用;妇女之衣以蓝色为主,黑次之。要之,衣之种类不一,其料皆用土产,而务为外表美观者又多用印花洋布,实为漏卮,近更习于欧化,间或洋服而着皮履焉"。[①]

随着机织棉布的盛行,当家庭织布业在价格、花色和质量方面均无力与机织棉布竞争时,在衣着方面的消费上许多农户便选择了从市场购买一途。这与农民的节俭意识并不矛盾,因为自给自足小农经济的盛行,并非出于农民的意愿,而更多的是由于经济的拮据。为了减少开支,农民尽其所能地生产自己所消费的一切,只从市场上购买自己无法生产的必需用品,当然,如果购买比自产划算的话,农民也会顺应市场的导向。据各地调查,20世纪20年代农户衣服田场自给与市场购买比例大致如下:

表 11—2　　我国 7 省 13 处 2370 农家衣服之田场
供给和市场购买之比较表

调查地点		中国北部								中国中东部					平均	总平均
		安徽		河北			河南		山西	平均	安徽	福建	江苏				
		怀远	宿县	平乡	盐山	盐山	新郑	开封	武乡		来安	连江	江宁	江宁	武进		
价值	田场供给	8.65	5.90	1.19		0.27		22.16	0.61	4.85	2.02	0.06	0.07		0.18	0.47	3.16
	市场购买	7.76	15.78	2.84	6.68	6.96	6.07	2.50	10.48	7.38	16.34	43.01	37.03	21.88	6.60	24.97	14.15

①　《南皮县志》第 14 卷,1933 年铅印,转见丁世良、赵放主编:《中国地方志民俗资料汇编·华北卷》,第 405 页。

调查地点		中国北部								中国中东部					平均	总平均
		安徽		河北			河南		山西	平均	安徽	福建	江苏			平均	总平均
		怀远	宿县	平乡	盐山	盐山	新郑	开封	武乡		来安	连江	江宁	江宁	武进		
百分比	田场供给	52.7	27.2	29.5		3.7		89.9	89.9	39.7	11.0	0.1	0.2		2.7	1.9	18.3
	市场购买	47.3	72.8	70.5	100.0	96.3	100.0	10.1	10.1	60.3	89.0	99.9	99.8	100.0	97.3	98.1	81.7

资料来源:冯和法:《中国农村经济资料》,上海:黎明书局,1933 年版,1935 年 4 月再版,第 45—47 页。

注:河北盐山两份材料,前者调查年份为 1922 年,后者为 1923 年;江苏江宁两份材料,前者为淳化镇,后者为太平门。

　　由上表可见,由于各地情况与习惯的区别,农户衣服自产与外购的比例在不同县份存在着相当的差异。全年衣着由自家供给的部分,河南开封、山西武乡将近 90%,江苏江宁淳化镇与太平门则几乎为零。总起来说,中国北部农户衣服由自家供给者比例较高,将近五分之二,中国中东部则几乎全部购自市场,自家供给部分不足 2%。另外,农户购置衣服所花费用的绝对值,中东部也远高于中国北部。这表明,中国中东部的商品化不但相当盛行,那里农民的相对生活水平也比北方略高。不过,总体说来,中国农民在衣服方面是极为节俭的。民国县志多处谈到,"农村男女爱穿蓝色布服,愈深愈好。询其故,则日久不褪色,颇耐浣涤。直至破烂,仍不忍弃,必至破烂无可补缀时方肯拆解,用为铺衬"。① 湘中一带农民,"其衣服仅足蔽体,料子系极粗老棉布。农民衣裤常补缀甚多,终年赤足,只有到人家拜年时,始穿一双鞋袜。一二

---

① 《汝南县志》第 22 卷,1938 年铅印,转见丁世良、赵放主编:《中国地方志民俗资料汇编·中南卷·上》,第 216 页。

天后复收而藏之,预备明年此时之用"。① 贫富之间在衣着方面虽也有所体现,但区别的关键,往往是贫困农户无足够衣物可以避寒、替换,并常因穿得年头过久而破损不堪,家庭殷实之户不致落入如此尴尬境地而已。

三、住房

住房与婚丧嫁娶一样,对农民来说属于人生中的重大开支,往往需要耗费他们多年乃至一生的积蓄。住宅的差异能体现出经济收入对农家生活的影响。一般来说,由于气候条件的不同,中国农村房屋的用料与样式在南北各地存在差异。"假定一切情形均属相等,春麦区农民所需房屋必较南方所需者大为坚实,以御祁寒,而蔽风雪,唯其屋顶则不必建以耐雨。反之南方多绵雨,乃需瓦屋"。"窗少而小,非以其奢靡,而以防贼,且迷信窗多而大,不能聚财也"。② 在房屋高度上,"小麦地带田场房屋较水稻地带为低,冬麦高粱区房檐最低,而水稻茶区及水稻两获区最高。小麦地带房屋所以低者,欲其冬时温暖,水稻地带所以高者,则图夏日清凉"。③ 除气候地理原因之外,南北双方以及贫富之间在房屋建筑材料方面也有重大区别。

表11—3 南北双方以及各种田场房屋建筑材料比较表

类别	调查地区数目个	各种房屋采用下列材料所占百分比								
		草屋顶	瓦屋顶	其他屋顶	土墙	砖墙	其他墙壁	泥地	砖地	其他铺地
小麦地带	63	30	25	45	63	17	20	89	10	1

---

① 王清彬等编:《第一次中国劳动年鉴》,北平社会调查部,1928年,第1编,第537页。

② 卜凯主编:《中国土地利用》,第624页。

③ 卜凯主编:《中国土地利用》,第627页。

类别	调查地区数目 个	各种房屋采用下列材料所占百分比								
		草屋顶	瓦屋顶	其他屋顶	土墙	砖墙	其他墙壁	泥地	砖地	其他铺地
水稻地带	78	26	68	6	35	23	42	85	7	8
中国乡村	141	28	48	21	48	20	32	87	8	5
小田场	141	36	39	25	55	12	33	96	2	2
中等田场	141	29	48	23	46	21	33	86	9	5
大田场	141	19	58	23	42	27	31	79	13	8

注：其他屋顶，指小麦地带北部旱地一般泥土或泥土石灰所筑之平顶，或黄土高地之土窑而言；其他墙壁，大都包括水稻地带以竹或玉蜀黍杆所编之墙，时或不杂其他材料，时或涂以土泥，再施垩粉；其他铺地，指以木板为主的地面。

资料来源：卜凯主编：《中国土地利用》，第628—629页。

　　在调查者看来，房屋的各种建筑材料之间有着明显的优劣区别。瓦屋顶优于草屋顶，砖地强于泥地，木板又超过砖地。墙壁中最佳者为砖墙，最劣者其墙垣以高粱或玉蜀黍杆编之。由上表可见，中国乡村的房屋，以瓦屋顶、土墙、泥地为主。但其中的小麦地带，无论在屋顶、墙壁还是在地面问题上，都明显弱于水稻地带。如果田场的大中小足以代表农户贫富的话，从其房屋用料可以看出，大田场房屋瓦顶、砖墙、砖地或地板者，均较中等田场及小田场者为多。正如1926年左右东南大学教育科冯锐等人在江苏金坛王母观村的调查所言，该村房屋分为优劣两种。"大抵富者住房多为瓦房、砖墙、地板或砖地，而贫者所居者，则为茅屋、土墙及泥土地也"。[①] 在房屋的大小及人均面积方面，小麦地带与水稻地带之间以及农户的大小之间也存在差异。

---

① 国立东南大学教育科乡村教育及生活研究所编印：《江苏金坛县王母观村乡村调查报告》，第7页。

表11—4　　南北双方以及每田场各种房屋平均大小比较表（1929—1933 年）

田场类别	间数（间）			每间之平均面积（m²）			平均每人所有之平方公尺数					房檐之平均高度（m）			每人所有之立方公尺
	单作住宅	住宅兼农用房屋	农用房屋	单作住宅	住宅兼农用房屋	农用房屋	单作住宅	住宅兼农用房屋	住宅及住宅兼农用房屋	农用房屋	所有用途总计	单作住宅	住宅兼农用房屋	农用房屋	
小麦地带	5.6	1.3	3.5	11.80	11.33	9.85	7.43	2.51	9.44	4.18	14.12	2.59	2.41	2.44	25.27
水稻地带	4.5	1.5	2.8	16.07	16.44	11.89	9.29	3.99	13.28	4.55	17.84	3.05	3.05	2.71	40.47
中国	5.0	1.6	3.1	14.12	14.21	10.96	8.45	3.34	11.80	4.37	16.16	2.83	2.77	0.59	33.22
小田场	2.7	1.3	1.4	11.24	12.17	8.83	5.95	3.81	9.75	2.60	12.36	2.65	2.68	2.74	25.98
中田场	4.9	1.5	3.0	14.49	15.51	11.98	9.48	8.25	12.73	5.11	17.84	2.77	2.77	2.59	35.29
大田场	7.5	2.1	4.8	16.22	14.96	12.08	9.94	2.97	12.91	5.48	18.39	3.08	2.83	2.68	39.03

资料来源：卜凯主编：《中国土地利用》，第625—626 页。

　　所谓田场，按卜凯自己的话说，"系指场主所耕种或管理的土地之总计，田场乃场主及其家属的生活之主要来源"。[1] 因此，田场与

---

① 　卜凯著、张履鸾译：《中国农家经济》，第21 页。

家庭耕地面积并无多大区别。由上表可见,在所比较项目中,无论是房屋的间数、每间之平均面积、房檐之高度,抑或人均住房面积、人均立方体积,都与田场的大小呈正比例关系。大田场的房屋不但每间面积比小田场大出三分之一,就是间数也多出两倍左右。表中还有一个值得注意的现象,大田场虽在房屋的各种比较中绝大部分数值都高于小田场,但在住宅兼农用的房屋项中却并无优势,小田场房屋兼充住宅及农用者占39%,大田场占23%。其中的缘由,农户将房屋兼充住宅及农用往往并非出于自愿,而是有其特殊的原因:一是住房面积小,迫不得已;二是为防盗才与粮食、耕畜、重要农具等同居一室。因此,兼充住宅及农用的房屋所占比例越小,表明其住房条件越好。此外,小麦地带与水稻地带在房屋的使用与人均面积方面也存在一些明显的差异。水稻地带每户农民的房屋间数虽不及小麦地带,但由于每间面积较大,房屋较高,因此,人均占有房屋的面积与体积都超过小麦地带。另据调查得知,"水稻地带田场房屋平均价值高于小麦地带,前者六三三元,后者五二四元"。"大田场房屋总值几倍于中等田场,而中等田场又倍于小田场"。由此可见,乡村农民的住房,不但水稻地带明显优于小麦地带,其品质也与农户的贫富密切相关。

总体说来,农村的住房相对来说较为宽裕,其存在的问题除了一部分房屋过于破旧之外,还有农民生活习惯所造成的卫生环境的过于恶劣。许多到过中国农村的外国人都对农村的卫生环境深感忧虑。E. A. 罗斯将中国的乡村环境与日本相对比,"在日本的村庄,人们看不到在中国大多数乡村随处可见的这些街景:成堆的垃圾,粪堆,污池,泥坑,下陷的屋顶,倒塌的墙壁,腐烂中的草屋以及散乱的碎石"。① 有人在调查农村环境时说:"我一个农友,因住屋过少,把

---

① 〔美〕E. A. 罗斯著、公茂虹、张皓译:《变化中的中国人》,时事出版社1998年版,第6页。

小驴喂在厨房里,尿气屎臭,熏满全屋"。① 其实,把马厩与厨房合一的农户当时并不在少数。据卜凯等人20世纪30年代初所做调查,在华北诸省,以厨房兼作畜舍的农户约占30％。② 耕畜是农户重要的耕作帮手,也是农家的贵重财物,在家中房屋有限的情况下,农户舍不得将耕畜拴在院中,一怕丢失,更怕得病,故而只好将就着放诸厨房之中。在住屋内做饭,是为了节省取暖的费用,但却妨碍了环境的卫生。北方农村的睡床,均是土坯所垒之面墙土炕。土炕的下首,经常盘一地灶,天冷的时候便在屋内灶中做饭,借以取暖,以致烟灰充满墙壁,室内乌烟漆黑。

第二节　工人的生活状况

虽然也有一部分工人生活在农村,但通常意义上的工人,则主要分布于城市。一则城市是近代工商业的集中地,二则在生活方式方面城乡之间存在着显著的差异。因此,工农区别其实也就是城乡区别,因为他们分别是城乡居民的主体。农民与工人是中国人口的重要组成,虽然在收入与地位上较为接近,但二者所处地域以及劳动方式上的差异,使他们在生活方式上有着一定的区别。作为城乡居民来说,工人与农民的生活方式不能不受到他们所居住环境的影响,而中国的城市与乡村,又在消费结构方面存在较大的差异。这种城乡之间的消费结构差异,也可以称作是农民与工人在生活方式上的区别。巫宝三在1947年出版的《中国国民所得》一书中,胪列了1933年中国国民消费结构在城乡之间的异同。

---

① 《沧县季家屯村概况调查》,《津南农声》创刊号。

② 卜凯主编:《中国土地利用》,金陵大学农学院农业经济系、成都成城出版社1941年版,第641页。

表 11—5　　　1933 年中国国民消费需求结构百分比

项目	食品		衣着		房租		燃料灯火		杂项		合计
	城市	乡村	城市	乡村	城市	乡村	城市	乡村	城市	乡村	
下户	44.40	64.17	10.50	6.27	11.12	2.91	9.20	12.21	24.88	14.44	100.00
中户	17.54	62.70	20.27	6.35	11.96	2.38	5.78	10.59	44.45	17.87	100.00
上户	16.12	55.72	20.92	7.34	9.56	4.96	5.78	9.10	47.62	22.88	100.00
合计	29.52	59.82	15.93	6.80	11.28	3.77	7.32	10.36	35.95	19.25	100.00

资料来源:巫宝三:《中国国民所得(1933)》上册,中华书局 1947 年版,第 160、170 页。

　　由上表可以看出,食品在消费开支中的比重,城市远远低于乡村,而且,无论是城市还是乡村,收入越高的阶层,其恩格尔系数就越低,而主要用于改善生活质量的杂项开支所占比重就越高。农民是农村居民的主体,而工人则相当于城市中的下户,上表城乡恩格尔系数的对比基本可以代表农民与工人在消费结构上的区别。虽然同为劳动者阶层,工人家庭的生活水平却普遍好于农民家庭,这也是许多农民争相入城、努力跻身于工人行列的原因所在。

一、日常衣食

　　当然,无论是农民还是工人,其生活水平与消费结构都很难用一个统一的数据或比例来表示,而且,地区之间的差异也造成了统计上的困难。尽管如此,城市工人生活水平普遍高于乡村农民的结论,不但能从恩格尔系数的大小中看得出,还可以从二者的食品费用分配比例上来观察。据南开大学经济研究所张东刚搜集资料统计,各地工人与农民在饮食结构上存在一定的差异。

表 11—6　　　　近代中国劳工家庭食品费用比例分配(百分比)

地点	年份	业别	全年每家食品费用(元)	各类食品费分配比例					
				米面类	豆蔬菜类	鱼肉类	调味类	其他	合计
上海	1927—1928	工厂工人	218.53	53.42	19.20	13.02	10.51	3.85	100.00
上海	1929—1930	工厂工人	241.54	53.39	17.46	16.50	10.55	2.09	100.00
无锡	1933	工厂工人	139.09	41.06	19.92	19.85	12.24	6.93	100.00
天津	1927—1928	手工业工人	131.51	61.10	17.60	10.30	9.40	1.60	100.00
南京	1929—1930	手工业工人	263.30	44.60	9.25	12.77	33.38		100.00
北平	1926	各种工人	105.40	83.20	10.20	0.80	5.00	0.80	100.00
北平	1926—1927	人力车夫	99.74	79.20	8.99	3.21	6.65	1.95	100.00
南京	1933	棚户	105.07	68.69	17.66	3.05	10.60		100.00
北平	1926	农民	154.72	89.41	5.42	0.72	3.28	1.17	100.00
定县	1928—1929	农民	167.97	81.79	12.57	2.17	0.96	0.51	100.00
江宁	1934	农民	136.36	63.44	14.33	6.75	15.48		100.00
吴兴	1934	农民	127.27	80.24	6.10	4.56	7.72	1.38	100.00
余粮庄	1935	农民	145.29	72.03	11.04	7.43	9.50		100.00
上下伍镇	1935	农民	199.49	74.52	10.33	7.35	7.78		100.00
湘湖	1935	农民	156.22	82.54	5.38	7.78	4.30		100.00
乌江	1935	农民	309.96	72.34	7.28	10.06	10.32		100.00

资料来源:转见张东刚:《近代中国消费需求结构变动分析》,张国刚主编:《中国社会历史评论》第 2 卷,天津古籍出版社 2000 年版,第 291 页。

在衣食住行几项人生基本需求中,食品是最重要的一项,因为其他几项或许还可以迁就,唯独吃饭,是生命延续的起码要求。因此,对于收入低微的社会中下层民众来说,食品费用占了他们收入中相当大的比

例。尽管如此,在他们的食品消费结构中,还是能够区分出生活质量的
优劣。主副食支出的比值是反映食品消费结构优化程度的指标之一。
副食比值越高,主食比值越低,食品结构的优化程度就越高,实际生活水
平和享受的生活内容也就越高。反之亦然。由上表可见,上海、无锡、天
津、南京等地的工厂工人与手工业工人,消费结构基本相似,米面费用所
占比例也最低。相比之下,农民与城市苦力(北平的各种工人、人力车夫
及南京的棚户)不但食品分配比例悬殊,而且米面费在食品消费中也占
了绝对的成分,平均高达 3/4 以上。张东刚对上表数据进行统计后得
出,我国劳工家庭平均主副食支出比例(副食除以主食支出比)为1:
0.45。其中,工厂工人为1:1.03,手工业工人为1:0.89,农家为1:0.30,
苦力为1:0.29。也就是说,工厂工人家庭食品结构中,副食比例略高于
主食。手工业工人主副食比值基本平衡,而农民和苦力则主副食比值严
重失衡,生活质量极低。由此可见,生活质量的优劣,不仅表现在城乡之
间,更体现于业别之间。对此,1933 年胶济铁路车务处在对济南及其周
边乡村进行调查时明确指出,"生活程度,城乡大异。乡民重节俭,城区
尚奢华,居城者衣食住分三等,官绅巨贾最奢,普通工商市民居中,劳动界
生活较为困难。乡间农民,日常生活,尤其简单,尚不及市内劳动界"①。

　　工资是工人生活资料的主要来源,既然工资的高低在城市之间以
及技术与非技术工人之间存在差异,他们的日常生活程度自然也存在
区别。上海是国内开埠最早的城市之一,工业发展程度也首屈一指,因
而其工人生活程度也自然最高。1934 年上海市政府社会局通过比较
各地调查数据得出结论,"上海工人的食物费百分数,比任何地方为
小,杂项类百分数比任何地方为高"②。按照恩格尔系数定律,这恰好
是上海工人生活程度高于其他地方的突出证据。技术熟练程度也是区

---

　　① 　胶济铁路车务处编印:《胶济铁路沿线经济调查报告·分编》,"济南市民
生状况",1934 年,第 2 页。
　　② 　上海市政府社会局:《上海市工人成活程度》,中华书局 1934 年版,第 18 页。

分工人生活程度的关键,据上海青年协会职工部朱懋澄 1922 年调查,上海工人的生活费用在熟练与非熟练工人之间具有明显的差异。

表 11—7　　　熟练工人与非熟练工人生活费用比较表

消费项目	不熟练工及苦力最低生活费				半熟练工及熟练工生活费			
	单身(按月计)		成家(按月以一家五口计算)		单身(按月计)		成家(按月以一家五口计算)	
	实际需要(元)	%	实际需要(元)	%	实际需要(元)	%	实际需要(元)	%
食物	5.45	46	11.10	52	7.32	38	15.06	42
衣服	1.19	10	2.13	10	2.31	12	3.94	11
房租	1.78	15	2.78	13	3.09	16	5.02	14
燃料	0.47	4	1.92	6	0.57	3	2.51	7
交通费	0.71	6	0.85	4	2.12	11	2.15	6
杂用	2.25	19	2.56	12	3.85	20	7.17	20
共计	11.85	100	21.34	100	19.26	100	35.85	100

资料来源:《中国教会年鉴》(1923 年),第 21—22 页,转见刘明逵主编:《中国工人阶级历史状况》第 1 卷第 1 册,第 519 页。

由上表可见,无论单身者还是成家者,上海的不熟练工人与苦力的生活状况都无法与半熟练工人及熟练工人相比。不但在每月每项消费的绝对值方面落后于后者,而且在各项消费的分配比例方面,除了食物、燃料开支过高之外,余者也均弱于后者。而消费比例较高的食物与燃料,按照国际通用的恩格尔系数定律,恰是生活水平落后的主要标志。这表明,技术熟练程度在决定城市工人收入的同时,也制约着他们的生活水平。从表中还可看出,无论是不熟练工人及苦力,还是半熟练及熟练工人,单身者要比成家者的人均消费支出为高。这一方面与单身者的性别年龄有关,他们一般都是成年男性,开支自然较包括了妇女儿童的五口之家人均消费为高;另一方面由于缺乏家庭娱乐,他们在外所消磨时间增长,杂项开支自然也有所增长。这或许就是单身者在食物、燃料两方面的开支比例低于成家者,而在交通、杂用两方面则明显较高的原因所在。

关于城市工人日常消费支出的具体情形,1933 年实业部统计长办公处曾对江苏无锡 147 户工人家庭进行记账调查,据其统计结果,无锡工人家庭的日常消费用具详情如下表:

表 11—8　无锡工人生活费选出项目每月平均消费数量
（平均家庭包含 3. 343 等成年男子）

项目	单位	消费量	项目	单位	消费量	项目	单位	消费量
食物类 白粳	市升	61.72	服用类 棉花	市斤	0.16	房租类 楼房	间(43 立方公尺)	0.88
面粉	市斤	0.73	土布	市尺	3.35			
机器面	市斤	2.07	厂布	市尺	2.11			
腌菜	市斤	4.96	绒布	市尺	0.66	平房	间(48 立方公尺)	0.25
韭菜	市斤	2.75	洋布	市尺	0.29			
芽菜	市斤	1.86	竹布	市尺	0.06			
青菜	市斤	14.67	夏布	市尺	0.18	杂项类 水烟	市两	0.74
黄豆芽	市斤	3.44	香云纱	市尺	0.52	香烟	十支	0.25
面筋	市斤	0.22	印度绸	市尺	0.18	陈酒	市斤	2.16
笋干	市斤	0.22	黑生丝	市尺	0.07	茶叶	市两	0.13
辣椒	市斤	0.20	驼绒	市尺	0.36	开水	十勺	1.20
猪油	市斤	0.18	鞋帽	顶	0.06	神香	古	5.38
豆油	市斤	3.86	袜	双	0.29	牙烛	对	3.59
酱油	市斤	2.19	白棉线	市两	0.14	锡箔	块	0.49
白糖	市斤	0.36	燃料及灯光类 稻柴	市担	1.04	草纸	刀	1.26
盐	市斤	2.15	松柴	市担	0.09	肥皂	块	2.26
猪肉	市斤	3.64	麦柴	市担	0.08	毛巾	条	0.09
牛肉	市斤	0.09	洋油	市斤	4.02	牙粉	袋	0.04
鲫鱼	市斤	0.05	黑炭	市斤	0.05	扑粉	盒	0.02
腌鱼	市斤	1.22	洋火	盒	3.96			
鸭蛋	个	5.61	电	度	0.25			

资料来源:实业部统计长办公处编:《无锡工人生活费及其指数》,实业统计特刊之二,1935 年印,第 40 页。

由上表可见,由于消费习惯的差异,城市工人生活用品的种类远较乡村农民丰富。尤其在食物、服用及杂项等类,更体现了城市生活之特点。特别是城市女工,由于沾染了都市习气的缘故,在衣服装饰等方面的开支,不但远大于乡村妇女,而且经常与其自身收入不成比例。1935年有人专就此事著文指出,"一个女工月入虽极微少,而花在衣服装饰上的金钱,远过于它应占的成分。在上海方面有不少女工竟都高跟革履,烫发朱唇,俨然摩登女子"。①

二、住房条件

城市工人虽然在饮食、衣服及娱乐等方面的消费可能优于乡村农民,但其住房条件则普遍低于农村。因为,按照当时人的认识,"都市工业化了,人口增加了,土地的效用扩大,地价因此而上升,结果住屋成本昂贵,房租也跟着加高了,这几乎是近代都市的一般现象。房租加高,但是工人们的收入却有限,因为经济的压迫,不得不住较廉的房屋,因此而形成所谓贫民窟,这又是近代都市不易避免的现象"。②

城市工人的房屋质量,依照建筑的优劣,大致可以分为几个等级。以上海为例,其工人住屋主要列为三等。最优者大概为楼房,相对毗连成行,中间空出一条狭隘的甬道,标明某里某巷,夜间置有暗淡的油灯或电灯,地下装有沟渠,排泄污水。房屋的墙壁是砖石所砌,屋顶用瓦覆盖。屋内地面,大都用木板。每幢屋内装有自来水的很少,大都同住一巷的各户,合用一具,也有用水井的。这等房屋的租金,每幢每月自6元至20元不等。一幢屋内,往往四五家合住,每家所占面积,有不到100平方尺的。次等者大都是旧平房,屋面和墙壁的材料虽与甲种相同,但质料略差。窗户很少,阳光不易透入。屋顶或破漏不堪,墙壁或东倾西斜,地面大都是泥地。这等房屋的建筑,大抵是数间毗连一处,

① 何德明编著:《中国劳工问题》,商务印书馆1937年版,第204页。
② 上海市政府社会局:《上海市工人生活程度》,1934年,第53页。

入内有二三进深的,也有只一进的。每间之内,有时用板隔成二小间,或再附阁楼一层。每间月租在 2 元至 4 元之间,居住户数,或一户或二户不等。屋内电灯和自来水的设备,大都是没有的。最次者为棚户,主要为辗转来沪谋食的贫民。他们在沪市四郊旷僻之地和苏州河的河沿,租地结庐,搭建草棚。此等棚户,大都家无宿粮,构结草棚,或出于告贷,或出于借印子钱,大抵一座草棚所需要的材料,仅自十数元至数十元不等,两三天内即可完工。草棚大率建于泥地之上,四周墙壁,或用竹篱,或用泥草碎石等混凝物,顶覆稻草,一般都没有窗。通常一座草棚,是一大间,长 2 丈,宽 1 丈余,也有用芦席或板壁隔成小间,前部为炉灶或休憩之所,后部为卧室厕所。地下没有沟渠的设置,一遇天雨,积水无法排泄。① 致于上述三种房屋的分布情形,1930 年春上海市社会局曾做过详细调查。据其统计结果,上海各区工人的住屋,石库门式一楼一底的楼房为 10312 幢,东洋式一楼一底的楼房为 17980 幢,每屋平均居住人数分别为 15.08 人和 12.95 人。旧式平房有 27726 统间,每屋平均居住 8.80 人。草棚 20200 座,每屋平均居住 6.37 人。②

城市工人居住房屋之狭窄,通过每间居住人数可以略知。具体到上海 305 户家庭,其居住情形如下:

"记账家庭中,住楼房的占百分之六十,住平房的占百分之三十四,住草棚的占百分之六。若照间数分配,仅住一间(实际间)的家庭占百分之九点八。305 家平均每家住 1.65 间,以平均每家有 4.65 人或 3.28 个等成年计算,平均每间住 2.8 人或两个等成年。若依一个成年生理上的需要,再考察实际的情形,定 32 立方公尺为一标准间,305家平均每家住 1.41 个标准间。每标准间平均住 3.2 人或 2.3 个等成年。依据统计,平均每间居住的人数,是随收入的高低而增减,收入增

---

① 　上海市政府社会局:《上海市工人生活程度》,第 54—55 页。
② 　上海市政府社会局:《上海市工人生活程度》,第 56 页。

加,住屋自然跟着宽敞"。①

　　与上海相比,北平工人的居住环境同样恶劣。1926 年至 1927 年冬春两季,北平社会调查部对北平 48 户普通工人进行了 6 个月的记账调查。其具体居住情形如下:

表 11—9　　　　　**1926 年冬至 1927 年春北平 48 户**
工人家庭房屋居住情形表

收入组	家数	在家住宿者平均数		每家平均间数	每间住宿者平均数		6 个月房租平均数		
		人数	等成年数		人数	等成年数	每家	每人	每等成年
70 元以下	3	3.67	2.60	1.00	3.67	2.60	8.00	2.18	3.08
70—110 元	28	4.04	2.86	1.00	4.04	2.86	7.59	1.88	2.65
110—150 元	14	4.93	3.70	1.14	4.31	3.23	7.81	1.59	2.11
150—190 元	3	5.00	3.90	1.00	5.00	3.90	6.80	1.36	1.74
各组平均	48	4.33	3.16	1.04	4.16	3.04	7.63	1.76	2.43

资料来源:陶孟和:《北平生活费之分析》,商务印书馆 1930 年版,第 64 页。

　　由上表可见,北平 48 户工人家庭中,除了 2 家住两间房外,其余各家皆住一间房。平均每间房屋居住 4.16 人,合 3.04 等成年人。从数字来看,北平工人居住情形比上海还要拥挤。但由于被调查者身份的差异,上海调查的是纺织、机器、化工等产业工人,而北平调查的则主要是手艺工人、人力车夫、小贩等半技能与无技能群体,将两者进行简单对比或许会得出相左的结论。例如,上海社会局认为,"假定把上海工人的住屋状况和国内——如北平——相较,犹觉此胜于彼"②;而北平社会调查部则感觉,"大体言之,北平住房情形,在中国现状下,尚不能

　　①　蔡正雅:《上海工人生活程度的一个简要分析》,陈长蘅:《统计论丛》,上海黎明书局 1934 年版,第 259—260 页。
　　②　上海市政府社会局:《上海市工人生活程度》,第 59 页。

认为太坏,至上海、天津各大都市,住屋情形尤为恶劣。盖工商业发达之后,地价房租随而增高,市政当局若不设备工人住所,或谋交通之便利,则住宅之拥挤生活,乃当然之结果也"。① 虽然两地调查者的结论大相径庭,但从中我们可以看出,大型都市中工人住宿条件的恶劣已成社会的普遍共识。

北平调查表中还有一处情况与上海不同。在上海社会局看来,随着收入的增加,工人们的住屋自然会跟着改善。上海 305 户家庭中,若按收入分组,"平均每间和每标准间的全年房租,并不因收入的多少而有显著的变动,但平均每人和每等成年的全年房租,实际收入见增而有增加的趋势","这因为每人所占住屋的容积是随收入而增加的"。② 但是,从北平工人住房调查表中我们得出的几乎是相异的结论。收入越高,每间房屋所住的人数与等成年数越多,摊到每人及每等成年身上的房租越低。"换言之,家庭之进款愈高,其家人之同居一室者亦愈多也"。对于这一现象,陶孟和进行了解释。"房租之平均数,与各组收入之多少,并不发生关系。虽进款较多之家庭,其家人必多,然渠辈宁愿拥挤于一室,而不愿出资另租他房。收入丰富者,在食品方面,虽可多费数文,然在住宅方面,则不以拥挤为苦。此种事实,前已述及。盖家庭之收入较多,并非完全因个人工资之提高,因其家庭人口中增加赚钱分子故耳"。③ 这种情况表明,北平的非技能或手艺工人的生活方式与上海产业工人在生活程度方面还存在一定差距,前者基本上还是一种餬口经济,在衣食住行等基本需求中,还只能尽先满足吃饭一项,对于提高生活质量的住房尚无力顾及。

综上所述,从消费结构的总体情形来看,城市工人的生活程度普遍高于乡村农民。不但食物一项在总消费支出中的比例较低,而且饮食

---

① 陶孟和:《北平生活费之分析》,第 65 页。

② 上海市政府社会局:《上海市工人生活程度》,第 61 页。

③ 陶孟和:《北平生活费之分析》,第 64 页。

的主副食结构也优于农民。另外,在衣着花费上,其消费比例与实际数值也远高于农民。但是,在住房方面,由于城市地价以及房租的日增,城市工人不但无力拥有自己的房产,连租房也只能选择偏远、破旧的地方。在人均住房面积方面,城市工人也无力与乡村农民相比。与乡村农民一样,城市工人由于技术熟练程度而存在着收入高低的差异,其生活程度自然也存在好坏的区别。总体来说,熟练与半熟练工人对生活状况较为满意,而那些新近入城的普通农民,则多数充当着没有任何技能的城市苦力,其生活程度与乡村农民相差无几,甚至连后者都不如。

第三节 公教人员的生活状况

与工人、农民等下层劳动群众相比,公教人员可以称得上是社会的中间阶层。他们拥有一定的文化、较为稳定的工作以及相对适中的收入,尤为重要的是,他们具有工农所不可企及的受人尊敬的社会地位。小学教员虽然收入低微,与熟练工人无异,但由于其文化蕴涵与生活方式,习惯上也被认同为中产阶层。陶孟和根据 1926 年北平各阶层生活费的调查结果指出,"教员家庭,属于中间阶级"。[1] 前章已述,在公教人员中,小学教师的工资最低,普通公务员与中学教师相当。大学教师工资最高,处于中等阶层的顶端。因此,要了解公教人员在抗战爆发以前的 20 多年时间里的生活状况,只需分析处于最底层的小学教员即可。

一、抗战爆发前的生活状况

据北平社会调查部 1926 年调查,"小学教员家庭之生活状况,较工

---

① 陶孟和:《北平生活费之分析》,第 81 页。

人家庭为优,确属毫无疑义"。① 收入是决定生活水平的首要条件,小学教员虽然在公教人员中收入最低,与普通工人相比却绰绰有余。"北平小学教员之聘请,通常以一年为期,每月薪俸四十元。如管理学校行政事务,薪俸较多。但每星期授课时数不足二十四小时者,酌量减薪"。而所调查的48家普通工人,连同家主、妻子、子女在内,他们的每月平均收入尚不足20元,仅17.21元。② 这个数字并不夸张,工人收入低微是当时的普遍情形。除工头以月计薪外,普通工人多数以日计值,每日两三至四五角不等。能代表工人收入中等水平的地毯工人,每月工资6—9元,收入较高的开滦矿工,月平均工资也不过9—13元。③ 小学教员工资虽然微薄,与周围大多数工人相比,也算得上小康家庭。北平普通工人的"经济状况随环境而变迁,有时仅够维持最低之生活,有时则须倚赖各种经济"。④ 而"教员之每月薪金四十元,按期十足发放,四口及四口以下之家庭,仅有此项收入,已可应付各项支出而每月有盈余3.03元。再加以其他家人之收入,其盈余平均数,遂增至17.25元,四口以上之家庭,每家每月亦可盈余9.05元"。⑤ 这应该说是小学教员能够以微薄的工资而跻身于中产阶层的原因之一。

　　小学教员与工人家庭生活水平的差异,不仅体现在收支是否平衡上,还体现在生活的质量上:一是消费开支,教员之食品费,每月每等成年人平均4.7元,工人仅3.6元。其每月支出总数,教员平均每等成年

---

①　陶孟和:《北平生活费之分析》,第92页。

②　1926年冬至1927年春的6个月中,48户工人家庭的总收入自64.65元至163.40元不等,平均每户103.26元,每月仅17.21元。见第30—31页之间的插页第8表。

③　王清彬等编:《第一次中国劳动年鉴》,北平社会调查部,1928年,第1编。

④　王清彬等编:《第一次中国劳动年鉴》,北平社会调查部,1928年,第1编,第10页。

⑤　王清彬等编:《第一次中国劳动年鉴》,北平社会调查部,1928年,第1编,第87页。

12 元,工人仅 5 元;二是饮食结构,教员家庭以白面大米为主要食品,工人家庭则倚玉米面、小米面为生。教员之膳食,含有较大量之鱼肉食品,工人则无法与之相比。

　　中间阶层之所以作为一个独立的阶层,除生活方面的较为宽裕之外,还有一个明显的特征,便是普遍认同的社会地位。小学教员的收入,与某些技术熟练工人相仿,但二者的生活方式却迥然不同。除文化蕴涵的区别之外,已嫁妇女的工作与否也是主要标志。"中间阶级之已嫁妇女,与工人家庭之已嫁妇女不同,彼等除家庭琐事外,别无他种职业。彼等所从事之工作,如烹调裁缝之诸事,虽可认为一种家庭进款,然其金钱价值,则无法估计。中产阶级之妇女,纵有急需,亦不向家庭以外从事赚钱之工作。考其原因,则中产阶级之妇女,每自以为在社会上站于较高地位,与工人家庭之妇女不同。普通社会,称中产阶级之妇女为'太太',在彼辈亦俨然以'太太'自居,不甘与平常妇女为伍。故家庭以外之劳动工作,彼辈为维持'太太'之尊严计,不能参加也。小学教员由于收入的有限,几乎是勉强支撑着中产阶层的门面。中国中产阶级之妇女,虽可称为闲暇阶级,然小学教员家庭之妇女,则操作颇勤。据调查所得,教员家庭中,多无仆役,不特育儿为妻子之专职,即煮饭、洒扫、缝纫各事,亦均须由妻子担任"。[①]

　　应该指出的是,上述小学教师生活优于工人之结论,是在教员薪金十足发放的前提下,否则将难以成立。然而,拖欠工资一直是教育界的惯例,而且主要体现在小学教师的群体中。1926 年调查时发现,"近年来北平小学教员之薪金,拖欠甚多。政府因时政困难,支出非但减少,且常完全停止。学校经费遂常有拖欠半年之时。在此情形之下,教员之境况,颇感困难。有积蓄者,不得不先用自己的积蓄,无积蓄者,遂不得不求助于他人,以维持现状。即便政府财政情形较好,按期发薪之

---

　　① 王清彬等编:《第一次中国劳动年鉴》,北平社会调查部,1928 年,第 1 编,第 84 页。

事,仍属罕有"。①"教员家庭之生活,连带受其影响,其困苦情形,不减于工人家庭也"。②

　　公教人员中收入最少、地位最低的小学教员在工资十足发放时尚能做到量入为出、衣食无忧,工资高出小学教员几倍、十几倍的其他公教人员,其生活应更是令人仰慕。大学教师无论从收入,还是从社会地位上说,都是社会的佼佼者。小学教员的妻子,是勉力维持着"太太"的身份,虽不外出工作,但买菜、做饭、缝纫、带孩子等家务都得自己来做。大学教师的家庭则用不着任何掩饰。一个大学教授的工资除了抚养五口之家外,还能请得起5个用人。③除收拾家务的老妈之外,一般教授家庭还雇有人力车包车。在民国时期,与拥挤、颠簸的电车与公共汽车相比,人力车显得随机灵活、舒适高雅。尤其是私人包车,由于具备车身干净新颖、车夫年轻力壮等特点,成了身份与地位的象征。教授是人力车包车的固有人群,主要用来满足个人上班、孩子上学、妻子外出等家庭需要。《骆驼祥子》一书的主人公,就曾为一位高校老师曹教授拉过包车。在祥子眼里,曹教授是个很清贫的人物,在曹教授家里拉车,工资不高,格外的油水也几乎没有。即使这样,曹教授家仍然是雇有老妈子、包车的标准家庭。直到南京国民政府的最后几年,大多数教授虽然经济陷入困境,但仍然沿袭旧例雇有老妈子。1947年9月,据一名记者采访,北大西语系的教授袁家骅家的女仆"一直没有更动过,这是袁先生在院子里最大的荣誉"。④言外之意,其他教授家里的女仆更换频繁。吴晗解放前夕在清华大学任教授,1961年回忆当时收到别

　　①　王清彬等编:《第一次中国劳动年鉴》,北平社会调查部,1928年,第1编,第83页。

　　②　王清彬等编:《第一次中国劳动年鉴》,北平社会调查部,1928年,第1编,第92页。

　　③　姜良芹:《抗战时期高校教师工资制度及生活状况初探》,《南京师范大学学报》1999年第3期。

　　④　天津《大公报》1947年9月15日。

人馈赠收音机的情形时说,"像我这样的穷教授,忽然有了一架收音机,房顶要支上天线,是很引人注意的"。① 虽然贫困至此,当时他家里也雇有一名善于做菜的李妈。

总之,在抗日战争爆发之前20多年的时间里,作为社会中层的公教人员,由于工资牢靠,物价稳定,基本上过着丰衣足食、令人欣羡的生活。当时在公教人员的待遇问题上也不是没有问题,但涉及的仅是一部分人,而且还没有达到影响整个中产阶层基本生活的程度。这种其乐融融的景象在抗战爆发后很快成为回忆,到国民政府最后的几年中,更成为公教人员重大失落与反差的参照。

二、抗战爆发后的生活状况

抗战爆发以后尤其在抗战的中后期,由于战时的通货膨胀,物价上涨速度远远超过公教人员工资调整的指数,公教人员薪金的实际购买能力逐年下降。而且,在所有的行业中,靠国家薪金为生的公教人员的实际收入下降幅度最大。农民的生活资料主要来源于土地的出产,市场上物价的上涨不会影响到其切身利益,有时反会因此而获益。工人以及一般劳工虽依赖工资而生活,但他们多数以日计值,工资能够紧随物价而变动。只有拿国家薪金的公教人员,由于工资调整缓慢,最易受到物价上涨的冲击。时人声称,通货膨胀"是统治阶级对被统治阶级的一种剥削,尤其对公教人员,以及靠薪水和工资吃饭的人最不利"。② 大学教授曾经是社会的佼佼者,属于中产阶层的上乘,但自"抗战以来,由于物价剧烈上涨而薪金的增加远不及物价上涨的速度,于是薪金的实在价值如崩岩一般的降落"。③ 有人对抗战以后9年间昆明大学教授薪金实值的变化进行过统计,其具体情

① 苏双碧:《吴晗自传书信文集》,中国人事出版社1993年版,第32页。
② 《观察》第4卷第20期,1948年7月17日。
③ 《观察》第1卷第3期,1946年9月1日。

形如下:

表 11—10　　　　　昆明大学教授的薪金及薪金
实值表(1937—1946 年)　　（薪金单位:元）

年份		生活费指　　数	薪金约数	薪金实值	年份		生活费指　　数	薪金约数	薪金实值
1937	上半年	100	350	350.0	1942	上半年	5325	860	16.5
	下半年	108	270	249.5		下半年	12619	1343	9.9
1938	上半年	115	300	260.8	1943	上半年	19949	2180	10.6
	下半年	168	300	178.5		下半年	40499	3697	8.3
1939	上半年	273	300	109.7	1944	上半年	82986	9417	10.0
	下半年	470	300	63.8		下半年	143364	17867	10.7
1940	上半年	707	300	42.4	1945	上半年	430773	56650	10.9
	下半年	889	330	37.1		下半年	603900	112750	18.5
1941	上半年	1463	400	27.1	1946	上半年	514290	141660	27.3
	下半年	2357	770	32.6					

资料来源:杨西孟:《九年来昆明大学教授的薪金及薪金实值》,《观察》第 1 卷
第 3 期,1946 年 9 月 1 日。

说明:薪金约数以联大中等薪金和四口之家的津贴为标准。

　　由上表可以看出,抗战时期大学教授薪金增长与物价飞涨的幅度极为悬殊。到 1940 年年底,生活费指数已经增长到 1937 年的 8 倍,而教授的薪金却几乎丝毫未动。这就造成了大学教授薪金实际购买能力的大幅度下跌,从 350 元降到不足 40 元。1941 年后教授薪金开始增加,但始终跟不上物价飞涨的速度。从 1942 年下半年一直到抗战结束,一个大学教授薪金的实际购买能力只相当于战前的 10 元左右。薪金实值从 350 元跌到 10 元,原来的待遇被削减掉 97%,他们连应付基本的生活都勉为其难。"消耗早先的储蓄,典卖衣服以及书籍,卖稿卖文,营养不良,衰弱,疾病,儿女夭亡,等等"。"换句

话说,经常的收入不足,只有消蚀资本,而最后的资本只有健康和生命了"。①

在事后回忆中,许多教授对昆明时的贫困都印象深刻。吴晗抗战时在昆明当文史教授,他对当时生活总的评价是:"法币日益贬值,生活日渐困难"。② 1947年9月,记者对北大部分教授进行了走访。经济系的周作仁教授不无感慨地说,"在昆明时薪水买了米就不能买菜,买了菜便不能买衣服"。③ 北大西语系的袁家骅教授,则说他已经"十年没添衣服了,四年没买皮鞋了,身上的衣服是英国留学时候的,皮鞋是在昆明时买的缅甸货,换过两回底子里"。④ 朱自清由于子女较多,更比别人增添了几分贫困,"连御寒衣服也添置不起了。1942年的冬天是昆明十年来最冷的冬天,朱自清先生有一件旧皮袍,纽扣都掉了,破烂得不像样子。既没有大衣,也做不起棉袍,便在街上买了一件赶马人用的毡披风,披着从乡下进城来上课。就这样,对付了一个冬天"。⑤ 这种装束很是奇怪,南开大学的李广田教授回忆说,"以后我在街上时时注意,却不见有第二个人是肯于或敢于穿这种怪大衣"。⑥

与全国其他地方相比,战时的昆明物价极高,昆明教师薪金的实值在后方应该算最低的了。拿重庆来说,1943年5月的时候,"大学教授的薪金实值尚有战前的十七元有余,同时中学教师也有十四元八角"。由于大学教授的薪金实值已经降到了维持最低生活水平的程度,其他公务员与中小学教师已没有多少减少的余地,二者之间原本悬殊的待遇差距变得逐渐持平,大学教授成为感受反差与对比最为强烈的阶层。

---

① 《观察》第1卷第3期,1946年9月1日。

② 《吴晗自传》,第6页。

③ 天津《大公报》1947年9月17日。

④ 天津《大公报》1947年9月15日

⑤ 《吴晗自传》,第97页。

⑥ 刘克选、方明东:《北大与清华》,国家行政学院出版社1998年版,第270页。

西南联大外籍教授 Robert Payne 发现,一个乡下厨师的薪水在 1943 年时是大学教授的 8 倍。与之相应,原本待遇优厚的公教人员,其生活水准已经降到了与普通市民相仿甚至更差的地步。

抗战的结束为公教人员生活待遇的改善带来了希望,但并没有产生预期的结果。物价仅仅在抗战胜利后稳定了两三个月,随即迅猛增长。根据经济周报所发表的数据,上海的物价指数,1945 年 9 月为346,1946 年 12 月增长到 9713。一年零三个月的时间内,物价上涨了28 倍。当时有人预言,"只要为支付庞大军费的通货膨胀不停止,游资不纳入生产事业,物价绝对没有不上涨的道理"。① 确实如其所言,此后的物价更如脱缰的野马,一发不可收拾。以战前的 1937 年 6 月为标准,截至 1948 年 8 月,法币贬值 400 万倍,物价上涨近 500 万倍。1948年 8 月的金圆券改革,虽然以 1 元金圆券兑换 300 万法币重新调整了物价,但仅仅一个多月后,物价又以更加迅雷不及掩耳的速度飞涨。顾颉刚在日记中对金圆券贬值的过程进行了记述。仅以银圆与金圆券的兑换比例来说,在最初的时候,"银圆二合金圆券一,未及二月,而金圆券七合银圆一"。1949 年 1 月 18 日,"一切物价比刚发金圆券时加一百倍"。3 月 3 日,"近日银圆二千七百元"。3 月 31 日,"上午银圆价一万三千元,下午即达一万七千元"。银圆与金圆券的比价,4 月 5 日为二万八九千,10 日 6 万,15 日 13 万,16 日 18 万,22 日 46—49 万,27日 130 万,30 日 400 万。到了 5 月 19 日,"国行挂牌为九百六十万,然实际之价已为一千四百万"。翌日"下午升至二千三百万,及傍晚则升至三千万矣"。② 仅仅半年多的时间,金圆券竟贬值 6000 万倍,国民政府的经济已完全崩溃。

在抗战胜利后的物价飞涨声中,公教人员的待遇虽然一直在调整,

---

① 《观察》第 2 卷第 5 期,1946 年 3 月 29 日。

② 顾潮:《历劫终教志不灰——我的父亲顾颉刚》,华东师范大学出版社 1997年版,第 231、237—238 页。

但始终与物价相差甚远。他们的实际收入不停地下降，甚至连战时都不如。到 1946 年 5 月，米粮、燃料、布匹、房租较战前价格涨至 5000 倍至 10000 倍以上，工人的工资均在战前 3000 倍至 10000 倍以上，立法院拟请公教人员薪水至少按战前 1000 倍计算，竟未得行政院通过。①6 月，行政院做出决定，由于政府财政有限，各地公教人员生活补助费分地区增加倍数自 180 倍至 400 倍不等。办法公布后，各地公教人员普遍表示不满。虽略有补助，实际上仍不能解决生活问题。8 月，行政院再次调整公教人员薪金，增加倍数按地区自 320 倍至 750 倍不等。办法刚刚颁布，公教人员就发表意见，"据以往之经验，待遇提高之后，物价必随之上升"，"公教人员依然不能解决生活之苦。故公教人员要求不在赚一个大数目的钱，而希望物价下落，法币增值"。② 以后国民政府曾几次调整公教人员待遇，但由于物价的飞涨，每次都是"加薪变成减薪"。③ 至 1947 年 12 月，国务会议决定，1948 年 1 月至 3 月公务员之加薪倍数，京沪区为 8.6 万倍，平津区为 11 万倍，太原区为 15 万倍。尽管如此，公教人员的生活窘迫问题仍然十分突出。

由上可见，战时的通货膨胀政策给依赖工资为生的人群造成了严重的伤害。抗战进入中后期以后，漫无限制的物价飞涨已经使公教人员的实际收入大幅度下降，甚至连一般的工人都不如。在其中产阶层的优越地位受损的同时，他们的日常生活也受到了前所未有的威胁。忍耐 8 年之后，抗战的胜利非但没有带来生活的改善，反而造成了更大的恐慌。他们的生活进入了艰难困顿的非常时期。当时报纸公然宣称，"教书不如佣工"。百物腾贵之时，"劳力工资亦随物价转昂"，"小伙计亦索玉米十余石，比一般公教人员，待遇尚佳"。④ 1947 年 12 月北

① 天津《大公报》1946 年 5 月 14 日。
② 天津《大公报》1946 年 8 月 12 日。
③ 天津《大公报》1947 年 1 月 28 日。
④ 天津《大公报》1947 年 2 月 6 日。

大教职员在致行政院呈文中说,"薪金之调整有限,物价之上涨无穷,根据以往调整办法,瞻望未来,则不出数月,公教人员势将饿毙于办公室与教室中矣"。①

　　大学教授在第三次国内革命战争爆发后的几年里受到了不曾有过的艰辛。在民国前期供养一个五口之家、雇几个用人还绰绰有余的大学教授,现在却难以维持基本的花销。北京大学作为国内首屈一指的高校,按说教师待遇应冠于全国,但其经济情况并不乐观。对大部分教授来说,"除了房子较好以外,生活反而赶不上昆明的时候了,那时候吃得好"。② 1947 年 5 月 5 日中央社北平电讯,"北京大学经济危机日深,教授一百八十余人透支已达四亿元,其中最多者为六百余万元"。③透支自然不是解决问题的办法,"无非是'搬石头砸自己的脚',而且也不可能透支太多"。④ 农学院的一位教授向教育部告急:"我的薪水预支完了,预借完了,口袋中只有一万二千四百元,如果买了菜,连进城的车钱都没有"。⑤ 同年 9 月,记者子冈走访北大教授时发现,绝大多数家庭生活窘迫。西语系教授袁家骅薪水一百四五十万元,仍不够花。女儿患了肺病,"为了豆腐比鸡蛋便宜",改用豆腐来调养。教法文与诗歌的闻家驷先生,"维持一个六口之家感到空前吃力"。两个孩子到很远的地方上学,"每天得起早徒步",偶尔才坐一趟车。为了达到收支平衡,家里每天"吃一顿二米饭"⑥,"还不能添衣服"。⑦ 研究西域史的向达教授在北大的透支已经积到了三百万,为了购买冬天的三四吨煤,"他说要在休假一年中到南京中央博物院去坐坐办公室,多拿一份

---

① 天津《大公报》1947 年 12 月 22 日。
② 天津《大公报》1947 年 9 月 15 日。
③ 天津《大公报》1947 年 5 月 6 日。
④ 天津《大公报》1947 年 9 月 15 日。
⑤ 天津《大公报》1947 年 8 月 14 日。
⑥ 二米饭,即大米与小米的混合,质量次于大米饭。
⑦ 天津《大公报》1947 年 9 月 16 日。

薪水,来供家里还债过冬"。①

　　贫困成了各地大学教员的通病,连知名人士都难以幸免。季羡林在回忆往事时说,在政治经济完全崩溃的解放前夕,"学术界的泰斗、德高望重、被著名的史学家郑天挺先生称之为'教授的教授'的陈寅恪先生","到了冬天,他连买煤取暖的钱都没有"。胡适知道后赠送 2000美元,陈回赠藏书以作抵补。② 其实,作为北大校长的胡适,这笔钱应该是以前的积蓄,到了民国覆亡前的几年中,其生活也是入不敷出。1947 年 8 月,胡适在给教育部的信函中写道:"我的薪水一百九十七万,实只有四十二万元,这点钱我怎能够一月的用费啊"。③ 1948 年 2月 1 日,担任浙江大学校长的竺可桢在日记中写道:"二月薪水未发,一月份钱早用光。允敏(妻)说无钱买菜,真是巧妇难为无米之炊"。④作为一般的大学教授,其生活更是艰难。"有的经常吃窝头,大多数都没有存过一星期的粮食"。⑤ 1947 年 10 月的国立山东大学,"领最高薪给之教授其每月薪金一百数十万元,仅可够米一石,勉敷一家四五口之用,但柴、煤、油及菜蔬等所需之费尚无从出,至鱼肉类等更无购买之力"。⑥ 广州大学生物系教授熊大仁,"一家大小多口无法维持,故常遣其子女外出采摘野菜充饥,不幸于(1947)五月十三日误食毒菌,致全家中毒昏迷不省人事"。⑦ 北洋大学西语教授刘韵陶"家里有妻儿四人,平时吃饭还成问题"。1947 年旧历 9 月 17 日左腿受伤骨折后入院诊治,"请人代课要贴钱,住院费用无着落"。⑧ 南开大学校医室主任李

---

　　① 天津《大公报》1947 年 9 月 17 日。
　　② 季羡林:《东方赤子·大家丛书·季羡林卷》,华文出版社 1998 年版,第126 页。
　　③ 天津《大公报》1947 年 8 月 14 日。
　　④ 《竺可桢日记》第 2 册,人民出版社 1984 年版,第 1118 页。
　　⑤ 天津《大公报》1948 年 6 月 23 日。
　　⑥ 天津《大公报》1947 年 10 月 13 日。
　　⑦ 天津《大公报》1947 年 6 月 12 日。
　　⑧ 天津《大公报》1947 年 12 月 10 日。

廷光,薪水不足而人口众多。1948年4月"自学校领回了八尺配给白布,老太太、太太、小孩子都争着要做衣服"。李大夫百感交集,第二天竟投湖自杀身死,其妻服毒遇救。教授生活质量之低落,已引起社会关注。1946年至1949年年初,各地报纸屡次发出"救济和保障教授"的呼声。

与大学教员相比,中小学教师与普通公务员的生活更加糟糕。中小学教员的工资一直低于大学教员,1948年时大学教授的薪金"平均在四千万左右,助教及职员最低只有二千万的样子",而"中学教员平均每月收入五六百万,小学最低有到八十万一月的。舌耕一月只得四十个烧饼"。① 这还不是问题的全部,中小学教师不但薪金低微,还经常由于地方财政紧缺而不能按期发放。丰润城关附近教员1946年6—9月份的薪金,至10月底尚无着落,"教师们饿着肚子上课,逐渐感到无法支撑"。② 天津近郊唐官屯第一中心国民学校,"教职员之待遇,本极菲薄,今因县款支绌,教职员已两个月未能领到薪金,竟有断炊数日者"。③ 杨柳青镇中心国民学校的教员待遇,"每人每月除玉米一石二斗外,并自八月份起经县府批准,每月给生活费三万元,但至今将近三月,丝毫未发"。④

薪水的短缺必然造成中小学教员生活的困难。如果说大学教员面对的是生活质量恶化的话,中小学教师面对的则是基本衣食短缺下的无以为生。由于经济受困,许多教员已经债台高筑。1947年1月,河北博山某校教员外出,"路遇大饼铺掌柜拦道索取所欠食粮,并强脱教员大衣"。⑤ 青岛江苏路中心国民学校教员熊道宏,"非唯家中米面皆无,且索债者接踵而至",不得已乃"持枪闯入鱼山路32号中国银行职

---

① 天津《大公报》1948年6月23日。
② 天津《大公报》1946年11月2日。
③ 天津《大公报》1946年10月17日。
④ 天津《大公报》1946年10月25日。
⑤ 天津《大公报》1947年1月12日。

员陈洁泉家抢劫"。① 5月,洛阳省立洛中国文某教员上课时忽放声大哭。"经该校师生劝询,始悉因家中无力为炊,枵腹上课,乃悲不自禁而哭,后由耿校长送米至其家急救"。② 1948年6月21日,陕西鄜县县立中学教员6人,因生活无法维持,"放了学以后,一同下乡,在各村庄沿门乞讨"。③ 迫于饥寒,有的老师罢教,有的则希望改业。1946年10月,重庆警局招户籍警,报名者达2000名,内中80%为各地小学教员。

地方公务员的待遇与中小学教师相当,不但工资低微,且难以十足发放。他们也挣扎在基本衣食尚且难以满足的苦痛之中,"真是啼饥之外又要号寒"④,不少人还被生计逼上了绝路。河北省县级公务员待遇调整办法公布之后,芦台60名警士鉴于不能生活,于1946年9月6日相率交枪逃去。另有一名警士"因待遇菲薄,不能维持生计","七日午间用枪自杀"。⑤ 四川一水上警察局公务员闵宝善,因"每月薪金不足供养老母妻儿全家五口"而屡萌死念。11月1日晨,其妻再次拦阻时,宝善先将妻子砍死,然后自杀。12月2日晚,河北省府秘书处办事员田泽民生活困难,"服蓝墨水十二瓶,并以钢笔尖刺入脐眼,意图自戕"。⑥ 自杀的毕竟是少数,大多数公务员还得在痛苦中煎熬。归绥某县府科员"因为家里没米,好几天不敢回家,也不忍回家去看那幅悲惨的画面"。⑦ 太原的公务员,或是"替商家做工赚钱,或是挑着担子沿街叫卖西红柿、山药蛋"。⑧ 以上虽为个别的例子,但都在一定程度上反映了公务员生活之艰难与无望。

---

① 天津《大公报》1947年1月14日。
② 天津《大公报》1947年6月2日。
③ 天津《大公报》1948年7月4日。
④ 天津《大公报》1947年11月29日。
⑤ 天津《大公报》1946年9月10日。
⑥ 天津《大公报》1946年12月4日。
⑦ 天津《大公报》1947年8月24日。
⑧ 天津《大公报》1948年9月29日。

　　总起来说,到了中华民国的最后几年中,由于工资的增长落后于物价的飞涨,原本处于社会中层的公教人员真切地感觉到了生活质量的下降。他们的工资已经减少到不足以维持基本生活的地步,有时甚至连劳动阶层都不如。连中产阶层的生活都不能保障,这个政府的命运也就可想而知了。

主要参考文献

书目：

白寿彝：《中国交通史》，商务印书馆，1937年。

北宁铁路车务处1936年编印：《北宁铁路沿线经济调查报告》。

[英]贝思飞，徐有威译：《民国时期的土匪》，上海人民出版社，1992年。

卜凯主编：《中国土地利用》，金陵大学农学院农业经济系成都成城出版社，1941年。

蔡少卿：《民国时期的土匪》，中国人民大学出版社，1993年。

陈达：《人口问题》，商务印书馆，1934年。

陈达：《现代中国人口》，天津人民出版社，1981年。

陈东原：《中国妇女生活史》，商务印书馆，1937年。

《陈独秀著作选》，上海人民出版社，1984年。

陈鹤琴：《家庭与婚姻》，商务印书馆，1923年。

崔普权：《老北京的玩乐》，北京燕山出版社，1999年。

丹阳洪懋熙编：《最新中华形势一览图》，国民政府教育部审定，东方舆地学社发行，1931年新增订版。

《当代中国》丛书编辑委员会：《当代中国的卫生事业》，中国社会科学出版社，1986年。

《当代中国》丛书编辑委员会：《当代中国的邮电事业》，当代中国出版社，1993年。

《当代中国》丛书编辑委员会：《当代中国的浙江》，中国社会科学出版社，1988年。

邓伟志:《近代中国家庭的变革》,上海人民出版社,1994 年。

邓云特:《中国救荒史》(1937 年),商务印书馆,1993 年影印版。

樊百川:《中国轮船航运业的兴起》,四川人民出版社,1985 年。

方立天:《中国佛教简史》,宗教文化出版社,2001 年。

高有鹏:《中国庙会文化》,上海文艺出版社,1999 年。

龚学绪:《中国战时交通》,商务印书馆,1947 年。

故宫博物院明清档案部编:《清末筹备立宪档案史料》,中华书局,
　　1979 年。

顾倬、朱云泉等调查编:《江苏无锡县农村经济调查》,江苏省农民银行
　　总行,1931 年。

国民政府主计处统计局:《中华民国统计提要》(1935 年),商务印书
　　馆,1936 年。

郭双林、肖梅花:《中华赌博史》,中国社会科学出版社,1995 年。

韩延龙、常兆儒编:《中国新民主主义革命时期根据地法制文献选编》,
　　中国社会科学出版社,1984 年。

河北省政府秘书处 1930 年编:《河北省政府统计概要》(1928 年度)。

河北省政府秘书处编:《河北省统计年鉴》(1931 年度)。

何德明编著:《中国劳工问题》,商务印书馆,1937 年。

何西亚:《中国盗匪问题之研究》,泰东图书馆,1925 年。

胡绳:《中国共产党的七十年》,中共党史出版社,1991 年。

胡祥翰:《上海小志》,上海古籍出版社,1989 年。

黄逸平、虞宝棠:《北洋政府时期的经济》,上海社会科学院出版社,
　　1995 年。

黄永昌:《中国卫生国情》,上海医科大学出版社,1994 年。

黄宗智:《长江三角洲小农家庭与乡村发展》,中华书局,1992 年。

黄宗智:《华北的小农经济与社会变迁》,中华书局,1986 年。

黄尊生:《中国问题之综合的研究》,启明书社,1935 年。

金德群:《中国国民党土地政策研究》,海洋出版社,1991 年。

金维坚编:《铜山农村经济调查》,江苏各县农村经济调查丛书,江苏省农民银行总行,1931 年。

邝震鸣:《现代社会问题》,文化学社,1932 年。

来新夏编:《天津近代史》,天津南开大学出版社,1987 年。

郎啸苍:《毒祸鉴》,国难专报社,1934 年。

李德滨:《近代中国移民史要》,哈尔滨出版社,1994 年。

李景汉:《北平郊外之乡村家庭》,社会研究丛刊,商务印书馆,1929 年。

李景汉:《定县经济调查一部分报告书》,河北省定县宪政建设院,1934 年。

李景汉:《定县社会概况调查》,中华平民教育促进会,1933 年,中国人民大学出版社 1986 年重印本。

李新、陈铁健主编:《中国新民主主义革命通史》第 12 卷,上海人民出版社,2001 年。

李兴华:《中国伊斯兰教史》,中国社会科学出版社,1998 年。

李廷安:《中国乡村卫生问题》,商务印书馆,1935 年。

林颂河:《塘沽工人调查》,社会研究丛刊第 5 种,北平社会调查所,1930 年。

林耀华:《金翼:中国家族制度的社会学研究》,三联书店,1989 年。

刘长茂:《人口结构学》,中国人口出版社,1991 年。

刘方健、史继刚:《中国经济发展史简明教程》,西南财经大学出版社,2001 年。

刘明逵:《中国工人阶级历史状况》第 1 卷第 1 册,中共中央党校出版社,1985 年。

刘志琴:《近代中国社会文化变迁录》,浙江人民出版社,1998 年。

路遇、滕泽之:《中国人口通史》,山东人民出版社,2000 年。

[美]马若孟著、史建云译:《中国农民经济》,江苏人民出版社,1999 年。

梅公任:《亡国灭种之鸦片烟祸》,民友书局,1935 年。

牟钟鉴、张践:《中国宗教通史》,社会科学文献出版社,2000年。

潘允康:《家庭社会学》,重庆出版社,1986年。

庞新民著:《两广瑶山调查》,中华书局,1935年。

彭泽益编:《中国近代手工业史资料》,三联书店,1957年。

钱宇平等主编:《流行病学进展》,人民卫生出版社,1986年。

乔启明、蒋杰:《中国人口与粮食问题》,中华书店,1941年。

乔志强主编:《近代华北农村社会变迁》,人民出版社,1998年。

乔志强主编:《中国近代社会史》,人民出版社,1992年。

冉光海:《中国土匪(1911—1950)》,重庆出版社,1995年。

荣孟源、章伯锋主编:《近代稗海》第5辑,四川人民出版社,1985年。

沈飞德:《旧上海的烟赌娼》,百家出版社,1988年。

石原皋:《闲话胡适》,安徽人民出版社,1985年。

孙敬之:《中国经济地理概论》,商务印书馆,1983年。

陶亢德:《鸦片之今昔》,宇宙风社出版,1937年。

陶孟和:《北平生活费之分析》,社会研究丛刊第6种,社会调查所,
　　1930年,上海商务印书馆印行。

王清彬等编:《第一次中国劳动年鉴》,北平社会调查部,1928年。

王书奴:《中国娼妓史》,生活书店,1934年。

《文史精华》编辑部:《近代中国江湖秘闻》,河北人民出版社,1997年。

《河北文史资料》编辑部:《近代中国土匪实录》,河北人民出版社,
　　1993年。

《文史精华》编辑部:《近代中国烟毒写真》,河北人民出版社,1997年。

吴景超:《劫后灾黎》,商务印书馆,1947年。

吴毓顾:《民国24年邹平实验县户口调查报告》,中华书局,1935年。

厦门大学法律系、福建省档案馆选编:《中华苏维埃共和国法律文件选
　　编》,江西人民出版社,1984年。

谢振民编著:《中华民国立法史》,中国政法大学出版社,2000年。

忻平:《从上海发现历史》,上海人民出版社,1996年。

行政院农村复兴委员会:《广西省农村调查》,上海商务印书馆,
　　1935 年。

许涤新、吴承明主编:《中国资本主义发展史》第 2 卷,人民出版社,
　　1990 年。

徐杰舜主编:《汉族民间风俗》,中央民族大学出版社,1998 年。

言心哲:《中国乡村人口问题之分析》,商务印书馆,1935 年。

杨格:《一九二七至一九三七年中国财政经济情况》,中国社会科学出
　　版社,1981 年。

杨懋春:《一个中国村庄:山东台头》,江苏人民出版社,2001 年。

袁永熙:《中国人口》,中国财政经济出版社,1991 年。

张静如、刘志强主编:《北洋军阀统治时期中国社会之变迁》,中国人民
　　大学出版社,1992 年。

章有义编:《中国近代农业史资料》,三联书店,1957 年。

《浙江临安农村调查》,建设委员会调查浙江经济所,1931 年。

仲富兰:《图说中国百年社会生活变迁》,学林出版社,2001 年。

中共中央书记处编:《六大以前》,人民出版社,1980 年。

中国第一历史档案馆、北京师范大学历史系编选:《辛亥革命前十年间
　　民变档案史料》,中华书局,1985 年。

中国科学技术协会编:《中国科学技术专家传略》,中国科学技术出版
　　社,1993 年。

钟科文、杜镇远:《走出无知的迷宫》,社会科学文献出版社,2000 年。

朱邦兴、胡林阁、徐声:《上海产业与上海职工》,上海人民出版社,
　　1984 年。

朱贤枚主编:《中国国情学》,光明日报出版社,1997 年。

朱雨尊编:《民间歌谣全集》,上海普益书局,1933 年。

《邹容文集》,重庆出版社,1983 年。

邹依仁:《旧上海人口变迁的研究》,上海人民出版社,1980 年。

报刊:

《晨报》,1918—1920年。

《大公报》(天津),1911—1948年。

《东方杂志》,1911—1945年。

《妇女杂志》,1915—1933年。

《工部局年报》,1933—1936年。

《河北省民政汇刊》,1928—1929年。

《河北月刊》1—5卷,1933—1937年。

《河南统计月报》,1928—1933年。

《济南市市政月刊》1—4卷,1929—1931年。

《拒毒月刊》第1—110期,1926—1937年。

《劳动季报》1—8期,1934—1936年。

《劳工月刊》1—5卷,1932年—1936年。

《内政调查统计表》1—23期,1933—1935年。

《农情报告》1—5卷,1933—1937年。

《人口经济专刊》,1930年。

《社会学界》,1933—1935年。

《社会学杂志》,1928—1935年。

《盛京时报》,1918—1922年。

《益世报》(天津),1929—1937年。

《政治成绩统计》,1933—1936年。

《中华医学杂志》,1915—1936年。

后　记

　　关于社会生活的内容,目前国内学术界有不同的表述。中国社会科学出版社出版的"中国古代社会生活史书系",各卷所述的社会生活内容大致是衣食住行、婚丧嫁娶、宗教信仰、节庆娱乐等四大部分。乔志强主编的《中国近代社会史》中的"社会生活",讲了"物质生活"、"精神生活"、"人际生活"三大部分。在一些通史著作中,也常见有"社会生活",但内容也有差异。如张岂之先生主编《中国历史》的"社会生活"部分,即有关于社会结构、社会组织、社会风尚、灾害与荒政等内容。由此可见,学术界对"社会生活"的认识,并不一致。就我见,认为社会生活的研究内容应包含以下几个方面:

　　一是生活中的人及其群体。生活中的人及其因劳动生活差异形成的各类群体是社会生活研究的主体。由于职业不同、社会政治地位、经济地位形成了不同的社会群体。不同的社会群体有着不同的生活方式。因此,社会生活中的"人"及其"生活群体",无疑是首先研究的对象。

　　二是生活环境。社会生活环境主要应包括两个方面,即地理环境与人文环境。

　　地理环境又称自然环境。它是社会生活存在和发展的自然基础,是社会物质生活的必要条件。在某种程度上,地理环境直接决定或影响着生产方式的分布,不同地域的生产方式决定或制约着不同地区的生活方式,而生活方式的不同则深刻地影响着人们物质生活与精神文化面貌。如我国北方以高原、草原为主,水草丰茂,适宜放牧,因而北方草原地区的生产自古就以畜牧产品为主,人们吃的是牛羊肉,住的是帐篷,善于骑马射箭,民众性格粗犷豪放、勇猛彪悍,生活不拘小节,豪爽乐观。中部和南方主要以平原为主,适宜农耕,人们吃的是米面,住的是土木房,世代生活在同一块土地上,不善迁徙,安土重居,勤劳节俭。

人文环境是指社会生活所依赖的历史条件、经济基础与政治环境。这方面的情况,在不同的历史时期差异很大,变化很大。一般来说,经济基础的好坏直接决定着社会生活水平的高低,政治环境的宽松与否,则直接影响着生活质量的高低。正因为如此,社会生活研究内容也应包括人们生活的环境,如地理环境对生产方式及生活方式的影响;地形、气候等因素对人口、民族分布的影响;河流、沙漠变迁及自然灾害对历史进程的影响;经济区域的形成与变迁对历史政治、文化的影响等。

三是家庭及其日常生活。这是社会生活史的核心内容。众所周知,家庭是社会的基本细胞,从历史上看,无论社会如何变化,家庭作为人们生活的基本场所,一直未变。从日常生活来看,家庭主要是一个消费单位,同时又是个人社会化的一个教育单位。传统家庭同族共财、自给自足,既是一个经济单位,又是一个生产单位。家庭扩大,即成家族,家族扩大,即为国家。由此可见家庭生活研究的重要性。

家庭是社会生活的最小社会组织。社会生活不仅要研究这个生活单位,更要研究这个单位成员的日常生活。

日常生活通常包括三个方面:

首先是劳动生活。不同的生活群体有不同的劳动生活样式。

第二是物质生活。包括我们每天从事的衣食住行用等是物质生活的内容。不同时期的饮食、服饰、居住、交通、建筑、器用等,反映了当时物质生活的基本状况。

第三是精神生活。包括我们日常的文化生活和娱乐生活,也包括日常的礼仪、礼节、礼俗等,还包括日常必需的社会交往生活等。

四是生活态度与生活价值观。"生活态度"是指人们日常生活的倾向而言。"生活价值观"是指人怎样生活才会有价值。中国人历来重视道德修养,轻视物质的追求与享受,重气节,讲信用,提倡知足常乐,所有这些构成了社会"生活态度与生活价值观"的主要方面。但每个人都不是孤立的存在,都处于一定的社会关系之中,所以研究生活态度与生活价值观,应作具体分析,不能一概而论。作为社会生活研究内容,不同历史时期人们生活态度与观念的变化或变迁,一般应考虑如下几个关系:人与自我的关系;人与物的关系;人与他人的关系;人与群体的关系;个人与民族和国家的关系等。上述几个方面,既构成了我国传统的人生价值观的主要方面,又是社会生活史应着力分析并加以弘扬的地方。

综上所述,我认为,生活中的人和群体、生活环境、家庭及日常生活、生活态度和价值观等便是构成社会生活研究的主要方面。

社会生活卷所述的是 20 世纪中国社会生活变迁场景。20 世纪是东西方文化在中国激烈碰撞时期,也是中国由传统社会向现代社会急剧转型时期。中国历史这一特征,反映到社会生活的各个层面上,都呈现了"新""旧"并存的局面。如民众所处的生活空间,一方面是具有现代化气息的城镇在不断涌现,另一方面是广大的农村依然保持着传统的面貌。在日常生活中,更是中洋并举,新旧杂存。"传统"与"现代"两种生活方式并存的现象,即是 20 世纪中国社会生活的一道风景线。

社会生活卷的写作提纲由朱汉国拟定。

下列诸君撰写了社会生活卷(1900—1949)的初稿:刘仕平,第一章;朱汉国、王印焕,第二章、第九章、第十章;李少兵,第三章、第四章、第五章;朱华东,第六章;刘是今,第七章;彭世畦,第八章。朱汉国在初稿的基础上进行了修改和统稿。李少兵协助朱汉国作了统稿工作。

下列诸君撰写了社会生活卷(1949—2000)的初稿:刘仕平,第一章;耿向东,第二章、第八章;李少兵,第三章、第四章、第五章;刘是今,第六章;彭世畦,第七章;耿向东、王海亭、何志文,第九章。朱汉国在初稿的基础上完成了修改和统稿。耿向东协助朱汉国作了统稿定稿工作。

　　我们深知，要系统而全面地反映20世纪中国社会生活及其变迁的场景是困难的。我们的研究也只是尝试。企盼专家和读者批评指正。

朱汉国

2010年4月20日

责任编辑:乔还田
装帧设计:徐 晖
责任校对:王 惠

图书在版编目(CIP)数据

20 世纪的中国——走向现代化的历程(社会生活卷1900—1949)/
彭明 总主编;朱汉国 等著. –北京:人民出版社,2010.8
ISBN 978 – 7 – 01 – 007643 – 0

Ⅰ. 2… Ⅱ. 彭… Ⅲ. ①中国-历史-20 世纪 ②社会生活-历史-
中国-20 世纪 Ⅳ. K257 D693.9

中国版本图书馆 CIP 数据核字(2009)第 11386 号

20 世纪的中国——走向现代化的历程
(社会生活卷1900—1949)

20 SHIJI DE ZHONGGUO——ZOUXIANG XIANDAIHUA DE LICHENG

彭 明 总主编 朱汉国 李少兵 等著

人民出版社 出版发行
(100706 北京朝阳门内大街166 号)

环球印刷（北京）有限公司 新华书店经销

2010 年 8 月第 1 版 2010 年 8 月北京第 1 次印刷
开本:710 毫米×1000 毫米 1/16 印张:36.5
字数:495 千字 印数:0,001 – 4,000 册

ISBN 978 – 7 – 01 – 007643 – 0 定价:85.00 元

邮购地址 100706 北京朝阳门内大街 166 号
人民东方图书销售中心 电话 (010)65250042 65289539